D1848998

rororo

ro
ro
ro

Michael Hepp, Historiker, ist Mitarbeiter der Kurt-Tucholsky-Forschungsstelle an der Carl von Ossietzky-Universität in Oldenburg und Mitherausgeber der neuen wissenschaftlichen Gesamtausgabe der Werke Tucholskys. Hepp veröffentlichte zahlreiche Arbeiten über das «Dritte Reich», die Emigration nach 1933 und die Weimarer Republik.

Informationen zum Werk von Kurt Tucholsky befinden sich im Anhang dieses Buches.

MICHAEL HEPP

KURT TUCHOLSKY

Biographische Annäherungen

ROWOHLT TASCHENBUCH VERLAG

Veröffentlicht im Rowohlt Taschenbuch
Verlag GmbH, Reinbek bei Hamburg,
Juli 1999
Copyright © 1993 by Rowohlt Verlag GmbH,
Reinbek bei Hamburg
Alle Rechte vorbehalten
Umschlaggestaltung C. Günther / W. Hellmann
Foto: Schiller Nationalmuseum, Marbach a. N.
Gesamtherstellung Clausen & Bosse, Leck
Printed in Germany
ISBN 3 499 22629 4

Für Britta

INHALT

«Ich selbst bin dieses Guerillakrieges müde und sehne mich nach Ruhe, wenigstens nach einem Zustand, wo ich mich meinen natürlichen Neigungen, meiner träumerischen Art und Weise, meinem phantastischen Sinnen und Grübeln ganz fessellos hingeben kann. Welche Ironie des Geschickes, daß ich, der ich mich so gern auf die Pfühle des stillen beschaulichen Gemütslebens bette, daß eben ich dazu bestimmt war, meine armen Mitdeutschen aus ihrer Behaglichkeit hervorzugeißeln und in die Bewegung hineinzuhetzen! Ich, der ich mich am liebsten damit beschäftige, Wolkenzüge zu beobachten, metrische Wortzauber zu erklügeln, die Geheimnisse der Elementargeister zu erlauschen und mich in die Wunderwelt alter Märchen zu versenken... ich mußte politische Annalen herausgeben, Zeitinteressen vortragen, revolutionäre Wünsche anzetteln, die Leidenschaften aufstacheln, den armen deutschen Michel beständig an der Nase zupfen, daß er aus seinem gesunden Riesenschlaf erwache... Freilich, ich konnte dadurch bei dem schnarchenden Giganten nur ein sanftes Niesen, keineswegs aber ein Erwachen bewirken... Und riß ich auch heftig an seinem Kopfkissen, so rückte er es sich doch wieder zurecht mit schlaftrunkener Hand. [...]

Ich bin müde und lechze nach Ruhe.»

Heinrich Heine

«Hunger habe ich alle meine Lebtage gehabt. Hunger nach Geld, dann: Hunger nach Frauen, dann, als das vorbei war: Hunger nach Stille. Oh, solchen Hunger nach Ruhe. Mehr: Hunger nach Vollendung. Nicht mehr müssen – nicht mehr durch die Zeit fahren müssen –.»

Kurt Tucholsky

EINLEITUNG

> «...das breite Publikum will den Unfehlbaren, den, der sich nie irrt» *Kurt Tucholsky 1931*

Tucholsky, der linke Pamphletist, der prophetische Warner, der leidenschaftliche und bissige Kritiker, der moralische Zeigefinger der Weimarer Demokratie, der scharfzüngige Chronist einer Epoche, der heute noch so aktuell ist: so haben wir ihn liebengelernt, verehrten ihn auf den Altären unserer aufrechten Gesinnung. Ich auch.

An meine erste Begegnung mit den Schriften Tucholskys kann ich mich noch gut erinnern. Damals, Anfang der Siebziger, quälte ich mich durch Marx und Marcuse, Pflichtlektüre fast einer ganzen Generation. Zur Erholung las ich Hesse und Hölderlin. Ein Freund, der die Lektüre dieser «dekadent-bürgerlichen Schriftsteller für pubertierende Jünglinge» heftig kritisierte, legte mir eines Tages einen Band Tucholsky auf den Tisch. Mir ging es ähnlich wie diesem bei der Lektüre Schopenhauers: Es war, als hätte jemand das Fenster aufgemacht. Da schrieb einer mit Witz und Wut im Bauch, und was wir in langen, mühsam-quälenden Diskussionen doch nicht begriffen, Tucholsky hatte es mit wenigen Strichen «auf den Punkt» gebracht. Plötzlich verstand ich ohne Mühe Zusammenhänge, Tucholsky hatte es ja alles schon gesagt. Zu jeder Lebenslage, zu jedem Problem gab es ein passendes Tucholsky-Zitat. Klassenjustiz, Militarismus, Demokratiedefizite, zu allen aktuellen Entwicklungen fand ich Erklärungen. Tucholsky politisierte mich mehr als all die schwerverdaulichen theoretischen Schriften über Sozialismus.

Seine Buchbesprechungen brachten mir manchen Schriftsteller nahe, den ich sonst vielleicht nie gelesen hätte. Eine kleine Genugtuung empfand ich beim Lesen der sehr positiven Einschätzung Hesses durch Tucholsky. Kurt Tucholsky war eine Autorität für mich geworden. Die wenigen Biographien, die es gab, bestätigten mein Bild von diesem einzigartigen, aufrechten Kämpfer.

Als ich Ende der Siebziger die Briefbände las, veränderte sich das Bild langsam. Ich merkte, daß ich bislang nur den politischen Schriftsteller wahrgenommen hatte, Mensch und Werk waren für mich zu einer imaginären Einheit verschmolzen. Ich las nun auch seine Texte anders, entdeckte erste Widersprüche, Kontinuitätsbrüche. Leise Zweifel am vorherrschenden Tucholsky-Bild kamen auf. Aber meine Arbeiten über Konzentrationslager, über Albert Speer und dann über die NS-Sozialpolitik beanspruchten mich so, daß für gründlichere Nachprüfungen keine Zeit blieb. Als ich bei meinen Forschungsarbeiten über den Nationalsozialismus allerdings plötzlich in verschiedenen Archiven Dokumente über Tucholsky entdeckte, die bislang in keiner Arbeit über ihn aufgetaucht waren, war meine Neugierde endgültig geweckt. Die Tucholsky-Ausstellung in der Akademie der Künste in Berlin 1985/86 verstärkte dies noch, im Herbst 1986 stand dann für mich fest, daß eine neue Tucholsky-Biographie nötig wäre. 1988 erhielt ich schließlich ein Stipendium, das mir half, diese Biographie zu schreiben.

Zwei Jahre schienen mir eine ausreichende Zeit, denn noch ging ich davon aus, daß der größte Teil bereits erforscht sei, daß quasi nur die Ecken noch ausgeleuchtet, Ergänzungen und kleinere Korrekturen angebracht werden müßten. Ich dachte, daß ich «meinen Tucho» kannte. Nach einem Jahr war ich der Verzweiflung nahe. Wo ich konkrete Angaben und Daten erwartet hatte, fand ich Widersprüche, ich hatte den Eindruck, daß nichts mehr stimmte. Zu verschiedenen Ereignissen gab es gleich mehrere Daten zur Auswahl, Angaben über Personen aus seinem Umfeld entpuppten sich als falsch oder lückenhaft, zu einzelnen Bereichen seiner Biographie gab es so gut wie keine Unterlagen. Nach einigen freundschaftlichen Gesprächen mit Fritz J. Raddatz, dem Vorsitzenden der Kurt-Tucholsky-Stiftung, bekam ich schließlich die Genehmigung, auch alle unveröffentlichten und von Frau Tucholsky gesperrten Materialien einzusehen, einschließlich ihrer Briefe und Tagebücher. Doch dadurch wurde das Bild nur noch unklarer, verwirrender.

Da trat mir plötzlich ein Seiltänzer entgegen, ein Verzagter vor dem nächsten Tag, ein Suchender und Zweifelnder, ein oft Verzweifelter, kurz: ein Mensch, kein Denkmal. Meine wissenschaftliche Distanz brach zusammen, je mehr ich über Tucholsky erfuhr, und es entwickelte sich ein sehr emotionales Verhältnis.

Je mehr ich mich aber dem Tucholsky hinter dem offiziellen Bild näherte, desto mehr entzog er sich. Kaum meinte ich, ein biographisches Detail geklärt zu haben, war auch schon wieder das Gegenteil möglich. Je mehr Dokumente ich fand, desto widersprüchlicher wurde das Bild. Wie in einem Zerrspiegel bildeten sich die unterschiedlichsten Formen: verschwommen, verzerrt, zerrissen. Vexierbilder eines Lebens. Schnell merkte ich, daß mehr als eine Annäherung an eine Biographie nicht zu erreichen sei. Alles andere scheint mir auch heute noch vermessen.

Ich sammelte alles, was ich von oder über Tucholsky finden konnte. In Antiquariaten stöberte ich nach Büchern, die er besprochen hatte; daß ich alle seine Bücher in den Originalausgaben kaufte, war selbstverständlich; durch Zufall konnte ich noch die Totenmaske Tucholskys, die einst bei seiner Zürcher Freundin Hedwig Müller hing, kaufen, kurz bevor sie versteigert werden sollte; zum vierzigsten Geburtstag bekam ich dann auch noch einen seiner leinenüberzogenen Zettelkästen mit seinem Monogramm «K. Tu.» geschenkt. Viele Wochen verbrachte ich in Archiven, suchte auch noch in den entlegensten Aktenbeständen, immer in der Hoffnung, verloren geglaubtes Material zu finden. Manchmal waren die Wege irrwitzig und verschlungen: Prozeßakten aus München waren im NSDAP-Hauptarchiv gelandet, von dort kamen sie nach dem Krieg aber nicht in den entsprechenden Bestand, sondern ich fand sie im amerikanischen Document Center in Berlin; Beobachtungsakten aus der Weimarer Zeit tauchten in den Akten der «Deutschen Arbeitsfront» auf: es war eine aufregende Detektivarbeit. Aber die offenbar von der Gestapo angelegte zentrale Akte über Tucholsky konnte ich bislang leider nicht finden. Ebenso schwierig war es, die Nachlässe der Wegbegleiter Tucholskys aufzuspüren. Der Krieg hat auch hier eine breite Zerstörungsspur hinterlassen. Was gerettet wurde, ist dann manchmal von den Erben weggeworfen worden. So hatte ich nach über einjähriger Suche endlich die Adressen der Erben von Emil Jannings und Gussy Holl, nur um zu erfahren, daß fast alles auf einer großen Rutsche vom Dachboden in den Abfallcontainer gewandert war. Lediglich einige wenige Briefe Tucholskys entgingen dieser «Entrümpelungsaktion».

Langsam, aber stetig wuchs der Materialberg, und nach über zwei Jahren Forschungsarbeit wurden einzelne Konturen sichtbar. Nach und nach bekam ich auch den nötigen Abstand wieder. Nun sei die Zeit zum Schreiben gekommen, dachte ich. Aber als ich die Dokumente geordnet hatte und mich an die Maschine setzte, wich die Zuversicht schnell der Verzweiflung. Viele Fragezeichen zeigten deutlich die Lücken, die noch zu schließen waren. Fast jede Woche trafen neue Dokumente ein, Zeugenaussagen, Hinweise von Freunden und Bekannten. Antje Bonitz, die damalige Leiterin des Tucholsky-Archivs in Marbach, überfiel ich mit immer neuen Fragen und Wünschen, ohne ihre Hilfe wäre ich oft nicht weitergekommen. Einige Fragezeichen lösten sich auf, dafür kamen neue hinzu. Einzelne Kapitel waren bereits fast fertig, als neue Funde zum Umschreiben zwangen.

Inzwischen hat sich mein Verhältnis zu Tucholsky geändert. Gerade dadurch, daß er Ecken und Kanten zeigte, daß er eben nicht ein stromlinienförmiger linker «Heiliger» war, wurde er mir immer sympathischer. Denkmäler verstellen nur den Zugang zu Werk und Person. Sie sind zwar bequem, weil man sich die Auseinandersetzung ersparen kann. Gleichzeitig nimmt man die Person auf dem Sockel aber auch nicht ernst, verweigert ihr das Leben. Wenn wir Tucholsky endlich die Dimension des Menschlichen zurückgeben, die sein Werk auszeichnet, können wir uns vielleicht ein Stück weit in ihm wiederfinden mit unseren Ängsten, Sorgen, Problemen. Kurt Tucholsky, ein Mensch und grandioser Schriftsteller, der gerade durch seine Stärken *und* Fehler glaubhaft ist und der dadurch uns und der jüngeren Generation in diesen schwierigen Zeiten wieder etwas zu sagen hat.

Oldenburg, im Dezember 1992

EINS

«Mein Vater stammt aus kleinen Verhältnissen»[1]

Der am 9. Januar 1890 geborene Kurt Tucholsky war ein Kind aus gutbürgerlich-jüdischer Familie. Seine Eltern Alex und Doris Tucholsky gehörten bereits zur zweiten Generation assimilierter Juden, die durch Fleiß und Ausdauer den Aufstieg ins Bürgertum geschafft hatten. Schon der Großvater mütterlicherseits, Salomon Tucholski,[2] hatte sich mit Erfolg nach oben gearbeitet. Er betrieb zunächst in Posen am späteren Kaiser-Wilhelm-Platz ein großes Schuhgeschäft und wurde nach dem Umzug nach Berlin im Jahre 1870 Lederfabrikant. Die am 21. September 1861[3] geborene Tochter Doris bekam eine Ausbildung am Königlichen Lehrerseminar in Berlin.[4]

Auch Kurts Großvater väterlicherseits, Neumann Tucholsky, vermutlich Salomon Tucholskis sechs Jahre älterer Bruder, hatte es in der ersten Zeit der Judenemanzipation[5] zu erheblichem Wohlstand gebracht. 1824 in Obersitzko an der Warthe geboren,[6] drängte es ihn bald aus seiner Heimat, in der es immer wieder zu gewaltsamen Übergriffen gegen die jüdische Bevölkerung kam. Als 29jähriger zog Neumann Tucholsky am 1. Oktober 1854 in die altehrwürdige Universitäts- und Hafenstadt Greifswald, wo der kleinen jüdischen Gemeinde seit 1847 die bürgerlichen Rechte – wenigstens offiziell – zugestanden wurden. Am 13. November 1854 erkaufte er sich das Bürgerrecht für die damals stolze Summe von 28 Reichstalern und wurde als «Kaufmann im 1. Stand» eingetragen.[7] Die Greifswalder Bürgermatrikel vermerkte: «Religion hebräisch, hat nicht gedient.» Beides war sicherlich nicht sehr vorteilhaft, denn im militaristischen Preußen wurde bereits ein «ungedienter Zivilist» zum Menschen zweiter Klasse. Die Anfangsschwierigkeiten in seiner neuen Heimat, wo Neumann Tucholsky in den ersten Jahren einen Putz- und Seidenhandel in der Steinbeckerstraße 21 betrieb, dokumentiert auch der Vermerk in der Gewerbesteuerrolle: «Umsatz unter mittel».

Mitte der siebziger Jahre eröffnete Neumann Tucholsky in der Kapaunenstraße 14 eine Pfandleihe, die offenbar sehr gut ging: Für das Steuerjahr 1890/91 mußte er bereits einen Gewerbesteuerbetrag von 90 Mark entrichten, und die Behörden vermerkten «Geschäft sehr umfangreich». Der Rechtsanwalt Dr. Oskar Cohn, der später den Enkel Kurt Tucholsky in mehreren Prozessen vertrat, erinnerte sich sehr gut an Neumann Tucholsky und dessen «nobles» Verhalten: Der 18jährige Student Cohn lebte damals, etwa 1888, in Greifswald und war, wie üblich, in Geldnöten. Also nahm er seine Lehrbücher und ging damit zum Pfandleiher Tucholsky, der ihm jedoch den väterlichen Rat gab, die Bücher nicht zu versetzen, und ihm das Geld ohne Pfand lieh.[8]

Das gutgehende Geschäft setzte Neumann Tucholsky in die Lage, seinen Kindern eine solide Ausbildung zukommen zu lassen. Der am 11. Juli 1855 geborene Alexander wurde Kaufmann wie sein Vater, die Schwestern Berta[9], Flora und Agnes wurden Lehrerinnen.[10] 1895 verkaufte Neumann Tucholsky das Geschäft und zog nach Berlin, wo er am 12. Juni 1896 starb.

Kurt Tucholskys Vater Alex, der am 13.10.1887 seine Cousine Doris Tucholski geheiratet hatte,[11] war ein typischer Aufsteiger in der expandierenden Industriegesellschaft. Die aufstrebenden und neugegründeten Firmen brauchten große Mengen Geld. Private Geldverleiher konnten dieser anschwellenden Nachfrage nicht mehr gerecht werden, Banken traten zunehmend an ihre Stelle. Wer in diesem Kreislauf wenig Skrupel hatte und bereit war, hart zu arbeiten, kam relativ schnell zu Geld und Ansehen. So auch Alex Tucholsky: Als Buchhalter trat er in die 1856 gegründete Berliner Handelsgesellschaft (BHG) ein und arbeitete sich schließlich bis zum Direktor hoch.[12] Die BHG, eine Art preußische «Bank der Banken», war eine der sechs größten deutschen Banken und «bahnbrechend auf dem Gebiet der Industriefinanzierung tätig»[13]. Sie war unter anderem Hausbank der AEG Emil Rathenaus, verdiente aber auch kräftig am kaiserlichen Wahn von der rapiden Aufrüstung der Flotte und des gesamten Militärapparats. Es gab kaum einen Industriezweig, in dem die BHG nicht vertreten war: Sie finanzierte Bau- und Bodengeschäfte in Berlin-Moabit[14] und der Villenkolonie Wannsee, die Harpener Bergbau-AG, die süddeutschen Baumwollspinnereien, die westfälische Drahtindustrie, die Deutsche Kontinental-Gasgesellschaft Dessau, um nur einige zu nennen.[15] Seit Jahren finanzierte die BHG auch den rasch expandierenden Eisenbahnbau, denn durch dieses schnelle Verkehrsmittel wurde der wirtschaftliche Aufschwung wesentlich beschleunigt. Mitte der achtziger Jahre kam eine Verbindung zwischen zwei wirtschaftlichen «Wunderkindern» zustande, die für Alex Tucholsky von großer Bedeutung werden sollte. Obwohl die BHG im Eisenbahngeschäft schon schlechte Erfahrungen und Verluste hatte hinnehmen müssen, entschloß sich deren Chef Carl Fürstenberg, die weitgesteckten Pläne des etwa gleichaltrigen Friedrich Lenz zu finanzieren.[16] Lenz, 1846 in Pommern geboren, arbeitete sich zielstrebig vom Maurer zum Eisenbahn-Großunternehmer hoch. Durch Rationalisierung und Normierung von Bahnhöfen und Bahnanlagen erwies er sich als Organisationstalent. Zusammen mit dem finanziellen Rückhalt der BHG entwickelte sich die Firma Lenz & Co schnell zu einem der größten privaten Eisenbahnunternehmen Deutschlands.

1893[17] schickte Carl Fürstenberg den strebsamen Alex Tucholsky nach Stettin, um in der dortigen Filiale der Firma Lenz & Co in der Lindenstraße 29 die Interessen der Bank zu vertreten. In Stettin war auch die Vulcan-Schiffswerft, ebenfalls eine Industriefiliale der BHG, die neben Schiffen seit 1859 auch Lokomotiven baute. Daß Lenz den größten Teil der für seine Strecken benötigten Lokomotiven bei der Vulcan-Werft bestellte, versteht sich fast von selbst. Die «Vulcan» erledigte aber auch in großem Maß Aufträge für die kaiserliche Flotte, und gelegentlich kam der Kaiser selbst zur Taufe neuer Kriegsschiffe. Außerdem war Stettin der Handelsknotenpunkt nach Rußland, und die BHG war seit 1890 führend im Ostgeschäft tätig und offiziell «Bank der Russischen Regierung». Fürstenberg war der damals unbestrittene Meister der Geld- und Börsendispositionen und der Aktientransaktionen. Da die BHG als einzige der Großbanken über keine Filialen verfügte, brauchte sie an den wichtigsten Börsenplätzen zuverlässige Leute. In Stettin war einer davon Alex Tucholsky.

Die wenigen erhaltenen Akten zeigen, daß Alex Tucholsky, mit Prokura ausgestattet, in Stettin umfangreiche Börsengeschäfte für die BHG erledigte und äußerst erfolgreich für seine Firma arbeitete. Er war bei der Börseneinführung der Aktien im Nennwert von 3 Millionen Mark für die von Lenz gegründete Neustadt-Gogoliner Eisenbahngesellschaft beteiligt, auch in den anderen Berichten an die Berliner Zentrale, die Tucholsky mit unterschrieb, ging es meist um Millionenbeträge.

Inzwischen war die Lenz & Co zu einem weitverzweigten Konzern geworden. Die verschiedenen Eisenbahnstrecken mußten bald zu eigenen Firmen zusammengefaßt werden, damit der Überblick erhalten blieb und die Aktien auf dem Markt besser untergebracht werden konnten. So entstanden etwa die Ostdeutsche Eisenbahngesellschaft, die Ostpreußische Kleinbahnen AG, die Westdeutsche Eisenbahn-Gesellschaft. Über die BHG, die schon lange im Kolonialgeschäft tätig war, kam Lenz auch in den Genuß lukrativer «Auslandsaufträge». Der Begriff «Eisenbahn-Imperialismus» machte damals die Runde, auch Deutschland wollte im Wettrennen um Einflußgebiete in aller Welt einen «Platz an der Sonne» erobern. Der Eisenbahnbau war dabei zu einem zentralen Mittel zur Durchsetzung von Machtansprüchen geworden. Durch die «finanziell abgesicherte Erschließung mittels Eisenbahnen sollten Staaten und Gebiete»[18] in ein Abhängigkeitsverhältnis zu einer Großmacht gebracht werden. Eisenbahnen waren außerdem wichtig zur kolonialen Ausbeutung und zur Unterdrückung der dortigen Bevölkerung durch das Militär. So spielte die Bahn z. B. bei der Niederschlagung des «Herero-Aufstandes» in «Deutsch-Südwestafrika» Anfang 1904 eine zentrale Rolle. Lenz & Co baute Eisenbahnen unter anderem in Ägypten, Transvaal (Südafrika), Kamerun, Togo, Siam (Thailand), Serbien, Marokko, «Deutsch-Südwestafrika», «Deutsch-Ostafrika» und Südamerika. Der Lenz-Konzern drohte also aus allen Nähten zu platzen. Er mußte dringend umgestaltet werden.

Für diese Aufgabe hatte sich Alex Tucholsky inzwischen offensichtlich genügend profiliert, denn Fürstenberg berief ihn nach Berlin zurück. In der Zentrale der Firma Lenz & Co, in der Dorotheenstraße 11, bezog die Familie Tucholsky Anfang 1899 eine geräumige Dienstwohnung im vierten Stock. Von hier aus hatte es Alex Tucholsky nur ein paar Schritte in das neu erbaute Geschäftshaus der

BHG in der Behrenstraße, auch die verschiedenen Ministerien waren nicht sehr weit entfernt. Zügig machte er sich an die Arbeit, für die vielen Lenz-Firmen und -Aktivitäten eine solide Finanzierungsgesellschaft, also eine Art Holding, zu schaffen. Nach mehreren Zwischenschritten war es im Juni 1901 soweit: die Aktiengesellschaft für Verkehrswesen (AGV) mit einem Aktienkapital von 10 Millionen Mark konnte in das Handelsregister eingetragen werden. Aufsichtsratsvorsitzender wurde Carl Fürstenberg, den Vorstand bildeten Friedrich Lenz und Alex Tucholsky.[19] Gleichzeitig wurde Alex Tucholsky in das aus 14 Mitgliedern bestehende Direktorium der BHG befördert. Als «Bereichsleiter» war er hier zuständig für die Tochtergesellschaft Lenz & Co. GmbH, die dem Namen nach neben der AGV als eigenständige Firma bestehen blieb, in Wirklichkeit aber ein reines Zweigunternehmen der BHG war. Bei Lenz & Co bekleidete Alex Tucholsky auch noch den Posten des kaufmännischen Direktors und war bei den Beamten[20] dieser Abteilung äußerst beliebt. Er sei ein «humaner Vorgesetzter», bescheinigten ihm diese, «der sein tiefes Wissen und seine reiche Erfahrung jedem einzelnen von uns zugängig» machte und für jeden Beamten ein offenes Ohr hatte. Außerdem sei er ein «Vorbild treuester Pflichterfüllung».[21] Nebenbei gehörte Alex Tucholsky noch dem Aufsichtsrat der Eisenbahn-Gesellschaft Mühlhausen-Ebeleben an und war stellvertretender Vorsitzender des Aufsichtsrats der Hedwigshütte in Stettin[22].

Unter Alex Tucholsky weitete die Lenz-Gruppe auch ihre Kolonialgeschäfte aus, denn dieser expansionsfreudige Konzern war ein Lieblingskind des «Kolonialamts» im Auswärtigen Amt. Dessen Staatssekretär von Richthofen erklärte lobend, daß die BHG sich ihm gegenüber immer «sehr generös» gezeigt habe.[23] Nicht umsonst gehörte Carl Fürstenberg schließlich auch dem einflußreichen, nationalistisch-imperialistischen «Deutschen Kolonialverein» an, in dem so ziemlich alle, die in der Finanz- und Wirtschaftswelt einen Namen hatten, Mitglieder waren. Die Beziehungen zu hohen und höchsten Regierungsstellen funktionierten reibungslos, und das Auswärtige Amt bestärkte die AGV in ihren Plänen, weitere Bahnen in allen «Deutschen Schutzgebieten» in Afrika zu bauen und zu betreiben. Fürstenberg wollte denn auch nicht kleckern, sondern klotzen: auf breitester Kapitalgrundlage sollte eine Eisenbahngesellschaft für

Afrika errichtet werden. Ende 1904 wurde mit einem Stammkapital von 4 Millionen Mark die Deutsche Kolonial-Eisenbahn-Bau- und Betriebsgesellschaft gegründet. 95 % der Anteile gehörten der AGV, deren Vorstand immer noch aus Friedrich Lenz und Alex Tucholsky bestand. Bereits ein Jahr später genehmigte der Reichstag die Finanzierung einer Eisenbahnstrecke in «Deutsch-Südwestafrika», die die AGV in ein «steinreiches» Unternehmen verwandelte: Bei den Bauarbeiten wurden riesige Diamantenvorräte entdeckt, die sowohl der Firma als auch den Aktionären und Vorstandsmitgliedern erhebliche Gewinne einbrachten. In nur einem Vierteljahr wurden Diamanten im Wert von über 5 Millionen Mark gefunden. Hätte Alex Tucholsky nur wenige Jahre länger gelebt, wäre er ein äußerst vermögender Mann geworden.

Alex Tucholsky gehörte zu jener Schicht eher unpolitischer Juden, die sich in wilhelminischem Glanz und kapitalistischem Aufschwung häuslich eingerichtet hatten, aber auch die Gefahren der abenteuerlichen Außen- und Rüstungspolitik des Deutschen Kaiserreichs erahnten. Einerseits waren sie bereits assimiliert und hatten das Preußentum mit seinen Wertmaßstäben verinnerlicht, andererseits fühlten sie sich als «Träger einer Art Gesinnungsveredelung» des modernen Preußen, wie Walther Rathenau, zeitweise Vorstandsmitglied der BHG, das in seinen «Reflexionen» beschrieb.[24] Sie sahen durch die Politik ihre Grundwerte bedroht, die im Ethischen, Moralischen und Musischen begründet waren: «Glaube, Sprache, Geschichte und Kultur».

Vor allem diese musische Seite des Vaters blieb Kurt Tucholsky in steter Erinnerung. Das «schöne Klavierspiel» des Vaters hatte ihn fasziniert und begeistert. Immer wieder erwähnte er es später in seinen Artikeln und Briefen.[25] An Gespräche über Politik konnte er sich dagegen nicht erinnern: «sicherlich haben solche Unterhaltungen stattgefunden, aber eine starke Einwirkung ist mir nicht im Gedächtnis geblieben. [...] Politisch ist er niemals tätig gewesen.»[26] Tucholsky meint hier wohl parteipolitisch, denn die Tätigkeit des Vaters war ja in hohem Maße mit der Politik verflochten.

Alex Tucholsky ahnte wohl bereits aufgrund seiner Tätigkeit in Stettin, welche Folgen die kaiserliche Großmachtpolitik haben könnte. Im Dezember 1894 schrieb er in einem Brief: «Ich reiße mich nicht danach, mich als Futter für die Kater-Ideen der hohen Herren herzugeben, im Gegentheil, mir tut heute schon unser Junge leid, wenn ich daran denke, daß er mal als Vaterlandsverteidiger figurieren soll. Wenn ich Schriftsteller wäre, würde ich die Suttner[27] noch übersuttnern. Krieg heißt doch schließlich auf Deutsch privilegierter Mord; wenn die Leute an der Spitze in Verlegenheit sind und nicht mehr aus noch ein mit der Politik und ihren Finanzen wissen, dann wird aus der Rumpelkammer die Puppe Patriotismus herausgeholt und ihr Kleid und Mantel – Erbfeind und Heldenmuth – umgehangen, und dann ist der Popanz fertig. Jeder verficht dann natürlich die gerechte Sache, jeder packt seinen Privat-Gott an den Füßen, und schließlich haben die die dummen Männer und Weiber, Eltern und Kinder die Zeche zu bezahlen.»[28]

Zu dieser Zeit konnte Alex Tucholsky noch «unser Junge» schreiben, denn Fritz[29], der zweite Sohn, wurde erst eineinhalb Jahre später, am 8. Mai 1896, geboren. Am 23. Juli 1897 kam noch Ella-Ida[30], die von allen nur Ellen gerufen wurde, zur Welt. Bruder Kurt taufte sie später kurzerhand in «Hippel» um.

Daß sein Sohn Kurt zwanzig Jahre später tatsächlich als Soldat in den Krieg ziehen sollte, mußte Alex Tucholsky allerdings nicht mehr erleben; er war, für damalige Verhältnisse, unheilbar krank. Im Juni 1899 berichtete er aus dem Kurort Göggingen bei Augsburg, daß ihm ein Korsett angefertigt werde. «Inzwischen muß man die Schmerzen weiter aushalten. Der Arzt meint, daß man einen Erfolg erst nach 4–5 Monaten spürt. Da kann also noch Zeit vergehen, bis man Mensch wird.»[31] Im Jahre 1900 war Alex Tucholsky zur Kur in Baden-Baden, wohl zusammen mit seiner Frau, 1901 schrieb er aus dem Sanatorium Schlachtensee, 1902 kam eine Karte aus der Kur in Wiesbaden. Aus den wenigen erhaltenen Zeilen geht hervor, daß Alex Tucholsky spätestens seit 1899 ein Korsett trug und dauernd starke Schmerzen hatte. Der Beginn der Krankheit dürfte allerdings noch weiter zurückreichen. Bei den erhaltenen Kindergedichten von Kurt Tucholsky gibt es ein kleines Gedicht: «Papa krank», das etwa auf 1897 zu datieren ist: «Ich gehe wegen Krankheit schon auf Spitzen leis und sacht...»

Die wenigen Aussagen lassen darauf schließen, daß Alex Tucholsky etwa seit 1898 an dem «Tertiärstadium» der Syphilis litt.[32] In dieser letzten Phase trat in der Regel eine Schädigung des Nervensystems ein, die Schädigung im Rückenmark verursachte vielfältige Störungen. Eine nachhaltige Heilungsmethode war damals noch unbekannt, das Penicillin noch nicht gefunden. So waren das Korsett und die schmerzlindernden Spritzen wohl bereits das Äußerste an medizinischer Behandlungsmöglichkeit.

Trotz der starken Schmerzen und der zunehmenden Verschlechterung seines Gesundheitszustandes arbeitete Alex Tucholsky mit eiserner Disziplin und «treuester Pflichterfüllung» bis fast zuletzt. Die ordentliche Generalversammlung der AGV am 8. Mai 1905 im Büro der BHG in der Behrenstraße 32 bestätigte deshalb auch den «Direktor A. Tucholsky» als Vorstandsmitglied. Sechs Monate später mußte die Firma jedoch «einen schweren Verlust» bekanntgeben. Denn am 1. November 1905 um 18.30 Uhr starb Alex Tucholsky in Berlin-Zehlendorf und wurde am 5. November, nachmittags um halb vier, auf dem jüdischen Friedhof Weißensee beerdigt.[33]

Kurt Tucholsky hat diesen frühen Verlust des geliebten und verehrten Vaters nie überwunden, er blieb fast zeitlebens auf der Suche nach einem «Vaterersatz». Gleichzeitig übernahm er selbst für seine beiden jüngeren Geschwister die Vaterfunktion, wie die Schwester Ellen später erzählte.[34]

«Schade – mich haben sie falsch geboren»[35]

«Geboren am 9. Januar 1890 zu Berlin mit ungeheuern Nasenlöchern. Seine Tante Berta umsteht seine Wiege und hat es gleich gesagt. Gerät nach kurzen Versuchen, ein anständiger Mensch zu werden, in die Schlingen des Herausgebers S. J.»[36] So begann Kurt Tucholsky 1926 in der «Weltbühne» eine seiner drei zwischen Scherz und Ernst schwankenden Biographien. Für seine Kindheit oder Jugend fand er darin keinen Platz. Übermäßig fröhlich waren sie ja wohl auch nicht, wenn man seinen eigenen Aussagen glauben darf. Die Fotografien aus jener Zeit bestätigen sie: Ernst, verschlossen, dem Weinen näher als dem Lachen, so schaut uns schon das Kind Kurt Tucholsky meist entgegen.

In mehreren Artikeln und Gedichten klagte er später darüber, daß er keine Kindheit gehabt habe. Mit seinen eigenen Kindheitserfahrungen beschrieb er zugleich auch die bürgerliche Familientradition der Jahrhundertwende. Die mit der hohen gesellschaftlichen Stellung der Tucholskys vorgegebenen Zwänge und Unfreiheiten[37] verbanden und steigerten sich darüber hinaus noch mit der jüdischen Familientradition, die Tucholsky als einengende «Elementarkraft des Judentums» empfand: «Die Familie umschließt [...] wie ein Käfig. Diese Brutwärme der Liebe, die das gehegte Wesen zu Tode drückt, aber keineswegs gestatten will, daß es in der Freiheit aufblüht, dieser Backofen des Egoismus mit dem falschen Vorzeichen.»[38] Genau dies wollte Tucholsky nicht und stand mit seiner Haltung nicht allein, wie zahlreiche andere Biographien zeigen.

Heinz Ullstein etwa, der mit Tucholsky einige Zeit befreundet war, schrieb in seinen Memoiren, daß er seine Familie und die Kreise, denen sie angehörte, zu hassen begann. Er kritisierte insgesamt das Wesen dieser Leute und charakterisierte sie ähnlich wie Tucholsky: «innere Verlogenheit bei äußerer Korrektheit». Auch Ullstein lehnte wortreich seine Mutter ab: «Meine Mutter hatte positive und negative Eigenschaften. Aber keine liebenswerten.»[39] Sie sei jedoch keine Ausnahme, in jenen Kreisen sei das eher die Norm gewesen. «Jene Kreise» waren oft großbürgerlich-jüdisch, die Familie Tucholsky gehörte dazu. Auch der Tucholsky in vielen Bereichen so wesensverwandte Franz Kafka klagte: «Nichts wollen die Eltern, als einen zu sich hinunterziehen in die alten Zeiten, aus denen man aufatmend aufsteigen möchte. Aus Liebe wollen sie es natürlich. Das ist ja das Entsetzliche.»[40]

Der Elternkonflikt dieser Generation wurde noch verstärkt durch die Werke von Ibsen, Strindberg und Wedekind, die die Verlogenheit des bürgerlichen Alltags drastisch vorführten. Diese Autoren wurden von der jungen Generation regelrecht verschlungen; Tucholsky las Ibsen und Strindberg heimlich unter der Schulbank. Er sprach von dem «Knack, den es zwischen seiner Generation und der seiner Eltern gegeben hat, den ‹Fortschritt›, die aufbegehrende Opposition, die da sagte: Achtung! Jetzt kommen wir!»[41] Die Opposition war in erster Linie die neue Jugendbewegung, die um die Jahrhundertwende aus dem «Wandervogel» hervorging. Auch wenn sich nur die wenigsten den organisierten Bünden anschlossen: Die Ideen und Ziele des

«Wandervogels» wurden «zum Zauberwort für eine ganze Schülergeneration» (H. Pross). Die Hauptziele dieser in der Tradition von Rousseau und der Romantik stehenden Bewegung wie Bedürfnislosigkeit, Autonomie, Wandern, Naturerlebnis und Heimat wurden der als sinnlos erlebten Lebensform der Erwachsenen und ihrer Welt der Verbote entgegengesetzt. Das Bekenntnis der «Entschiedenen Jugend» war eine einzige Kampfansage: «Wir sind uns einig im Haß der Einrichtungen des Lebens und der Zeit. Unser Kampf wendet sich gegen dieses Leben und diese Zeit, mithin gegen diejenigen, die diese Einrichtungen geschaffen haben, das sind die Erwachsenen.»[42]

Haß gegen die sich rasch verändernde Zeit und gegen die «künstliche» Welt der Erwachsenen, das wurde bei aller Unterschiedlichkeit in der Zielsetzung[43] ein kollektiv erlebtes Gefühl, und viele hielten an dieser Grundeinstellung der Negation auch dann noch fest, als sie längst selbst Erwachsene waren. Die Geschichte der Jugendbewegung und ihrer Mitglieder ist «eine Geschichte des Weltschmerzes, des Ennui, der dunklen Schwermut großer Gefühle», wie Harry Pross feststellte.[44] Für Tucholsky trifft diese Kennzeichnung bis zuletzt zu, denn auch er wurde von dem Aufbruch entscheidend beeinflußt.

In einem Schulaufsatz vom Mai 1906, also nur ein halbes Jahr nach dem Tod seines Vaters, bezeichnete der 16jährige das Rousseau zugeschriebene Wort «retournons à la nature» (Zurück zur Natur) als «Sehnsuchtsschrei eines verlorenen Kindes nach der Mutter», und bedauernd fügte er hinzu, daß Rousseaus Lehre, «das Wort, das einst den in jeder Menschenbrust schlummernden Funken, das Sehnen nach einer besseren Welt, zur hellen Flamme emporlodern ließ», mit ihm gestorben sei.[45] Der Halbwüchsige maß seine Zeit an den Ideen Rousseaus und kam zu einem vernichtenden Urteil: Von dessen Forderungen war nichts erfüllt, die gesellschaftlichen Zwänge mit ihren Lebenslügen schienen ihm sogar noch schlimmer geworden zu sein. Für Kurt Tucholsky galt noch immer, was Rousseau Mitte des 18. Jahrhunderts gesagt hatte: «Wo gibt es noch einen Menschen der Natur, der ein wahrhaft menschliches Leben führt, der die Meinungen der anderen für nichts achtet und der sich nur von seinen Neigungen und von seiner Vernunft leiten läßt, ohne Rücksicht darauf, was die Gesellschaft, was das Publikum billigt oder tadelt? Man sucht ihn vergebens unter uns. Überall nur ein Firnis von Worten; überall nur das Haschen nach einem Glück, das lediglich dem Anschein nach besteht. Niemand kümmert sich mehr um die Wirklichkeit; alle setzen ihr Wesen in den Schein. Als Sklaven und Narren ihrer Eigenliebe leben sie dahin, nicht um zu leben, sondern um andere glauben zu machen, sie hätten gelebt.»[46] In späteren Briefen Tucholskys an seine Geschwister tauchten diese Gedanken in ähnlichen Formulierungen immer wieder auf, wenn er über seine Mutter schrieb.

«Ich entbehre meine Mutter heute noch...»[47]

Viele Leute, die Doris Tucholsky kennengelernt hatten, schilderten sie als «sehr gewandt, klug, lebhaft u. belesen»[48]. Sie war in Gesellschaft amüsant, freundlich und verstand zu repräsentieren. Aber alle drei Kinder hatten mit der Mutter erhebliche Probleme, und das lag sicherlich nicht nur an den kleinen Widrigkeiten und Alltagszwängen, die zur «Abneigung gegen die sparende Mutter und gegen den ruhigen, ordentlichen Vater und gegen diese ganze gräßliche Regelmäßigkeit des Hauses»[49] führten. Es ging auch nicht nur ganz allgemein um «die böse Geschichte mit der Kindesliebe, die zu fordern niemand berechtigt ist»[50], die Spannungen im Hause Tucholsky waren tiefgreifender und verliefen auf verschiedenen Ebenen.

Doris Tucholsky, die ihre Ausbildung am Königlichen Lehrerseminar in Berlin erhalten hatte, bewegte sich durchaus im Rahmen der Werte- und Erziehungsvorstellungen der damaligen Zeit. Vom ersten Tag seines Erdenlebens sollte das Kind an Ordnung, Mäßigung, Geduld und Gehorsam gewöhnt werden. Distanz statt «Affenliebe» war die gängige Devise.[51] Gegen diese rigiden und eher domestizierenden Erziehungsmethoden gab es jedoch seit der Jahrhundertwende bereits heftige Opposition. Gustav Wyneken etwa kam in seinem Buch «Schule und Jugendkultur», das einen Teil der damaligen Jugendbewegung beeinflußte, zu einem vernichtenden Urteil über die Erziehungsideale und -ziele.[52] Gerade in dieser Zeit des «Aufbruchs», der neu entdeckten Ideale, hinkten viele Eltern den Erfordernissen des Tages nach, versuchten die «Gemütlichkeit» des Biedermeiers zu bewahren. Aber die «Gemütlichkeit ist die Kehrseite jenes bekannten und verbreiteten Familienegoismus, den seine Vertreter noch ganz naiv für eine Tugend halten». Auch Tucholsky prangerte diesen «Familienegoismus» in vielen Arbeiten an und verwies auf die Doppeldeutigkeit des Wortes «Familienbande». Diese «Gemütlichkeit», in die sich die Menschen verkrochen, an die sie sich klammerten als letzten Halt gegen den frischen Wind, der da heraufzog, verstärkte die Abwehr der Jugendlichen noch mehr, bestätigte sie in ihrer Ablehnung und beschleunigte die Entfremdung zwischen den Generationen.

Diese Art von «Gemütlichkeit» des spätwilhelminischen Familienalltags war es auch, von der sich die Tucholsky-Geschwister erdrückt fühlten; ihre Ablehnung der Mutter wurzelte zum Teil hier. Fritz Tucholsky bezeichnete die Wohnung der Mutter als «Puppenwohnung», seine Frau Gertrud nannte den Putzfimmel und Sauberkeitswahn von Doris Tucholsky «krankhaft».[53] «Das innere Durcheinander wird dann durch die Zwangsidee der äußeren Hyperordnung zu kompensieren versucht», ergänzte Kurt Tucholsky[54] und sprach aus Erfahrung. Auch er war ein Pedant «aus Zwangsvorstellung» und führte das auf den «Rummel bei meiner Mama in der Jugend» zurück: «Dergleichen ist ja auch eine Erziehungsmethode.»[55] 1925 brachte er diesen «Rummel» seiner Mutter auf die eingängige Formel: «sie macht die Wohnung rein und sich schmutzig, sie führt Krieg mit den Polstern».[56]

Alle drei Kinder schilderten Doris Tucholsky als «Dämon», als herrschsüchtige Tyrannin, die aber nach außen den schönen Schein der heilen Welt aufrechterhielt. Die vorhandenen Briefe und Aufzeichnungen zeigen ein fast gespenstisch anmutendes Szenario des Elternhauses Tucholsky. Es enthält genug Stoff für ein Drama von Strindbergscher Gewalt, und es ist verwunderlich, daß Tucholsky dieses Stück niemals geschrieben hat. Einzelne Darstellungen in Schauspielerporträts und Artikeln zeigen jedoch in Ansätzen den von Tucholsky erlebten Alltag und die verheerende Wirkung der Mutter auf seine Entwicklung.

1914 schilderte er in einer Besprechung des Strindberg-Stücks «Scheiterhaufen» eindrucksvoll die Schauspielerin Rosa Bertens und deren Rolle. In einem Brief an seine spätere Frau Mary Gerold bekannte er, daß er damit gleichzeitig auch seine Mutter porträtiert habe. Dieser Artikel war ihm so wichtig, daß er ihn nicht mit einem seiner Pseudonyme, sondern mit vollem Namen zeichnete.[57] Das Stück muß Tucholsky ziemlich erschüttert haben, zeigt es doch nicht nur eine imaginäre Welt, sondern mit ein wenig Phantasie in vielen kleinen Szenen und Sätzen auch die Geschichte seiner Eltern. Der frühe Tucholsky-Biograph Klaus-Peter Schulz bemerkte dazu treffend, daß der Artikel «Anklage, Notschrei und glühende Verzweiflung»[58] gewesen sei. War für die Schwester Ellen die Mutter eher ein «Wedekindscher Typ», so stellte sich für Kurt das Tucholskysche Familienleben als Strindberg-Drama dar. Die «Visage eines machtbesessenen Weibes als Spiegelbild der eigenen Mutter: Selten wird so gnadenlos abgerechnet», konstatierte Roland Links.[59] Die Parallelen des Stücks zu Tucholskys eigenem Verhalten und zahlreiche Übereinstimmungen mit dem Familienleben scheinen allerdings in der Tat verblüffend: Kurt Tucholsky identifizierte sich mit dem Sohn aus Strindbergs «Scheiterhaufen»[60] – der Sohn als gebundener Delegierter, als Rächer des Vaters. Im Stück ist die Mutter in den Augen der Kinder eine durchtriebene Schauspielerin. Tucholsky äußerte dies ebenfalls in mehreren Briefen über seine Mutter. Im Stück wird gezeigt, daß Erinnerungen und ein Brief des verstorbenen Vaters den Sohn in die Lage versetzen, das Spiel der Mutter zu durchschauen. Dieser öffnet daraufhin auch seiner Schwester die Augen, und die Geschwister schwören Vergeltung und Rache: «wir wollen dafür leben, uns selbst und das Andenken an unseren Vater wieder aufzurichten!» Tucholsky mußte seiner Schwester die Augen nicht mehr öffnen, er ermutigte sie allerdings immer wieder, die Mutter «zur Raison zu bringen», damit die Schwester «nicht völlig kaput» gehe: «Lieber sie als Du.»[61]

Das Andenken an den Vater hielten die Kinder immer in Ehren, noch Mitte 1935 war es für Tucholsky fast unerträglich, «daß ein so wertvoller Mann wie Papa sterben mußte, als er an der Schwelle der Ernte seines Lebens war»[62]. Anfang des gleichen Jahres schrieb er bereits, mit Blick auf seine Mutter: «Aber das wird alt. Mein Vater ist mit 50 gestorben.»[63]

Bei der Schilderung der Mutter aus dem Strindberg-Stück kommt die ganze Wut und Verachtung Tucholskys für die eigene Mutter zum Vorschein: «Sie hatte geherrscht, fünfzehn Jahre, zwanzig, vielleicht länger, und es waren bittere Jahre gewesen. Sie hatte die ganze Zeit hindurch ihre Augen offen gehabt, sie, die ungekrönte Königin einer Fünfzimmerwohnung. Da war kein Scheit Holz, kein Stück Zucker, keine Scheibe Wurst, die nicht durch ihre Hände gegangen wären. Und so gehört es sich ja wohl. [...] Sie hockte auf ihren geretteten Scheiten Holz, die sie, vor Herrschsucht keuchend, aus dem Kamin gezogen hatte; sie stopfte sie unter das Sofa und saß knurrend da, wie ein Hund über dem Knochen. Es handelte sich gar nicht um das Holz: sie hatte ihren Willen, ihren verfluchten Willen.

Und es war nicht das Mogeln, die Nachlässigkeit in der Erziehung und der Geiz – es war nicht das. Es war die unbändige Herrschsucht der Familienglucke, die auf Küken und Hahn gleichmäßig hackte. Früher hatte die Geliebte dem Mann die Augen zugeküßt, sodaß er nichts mehr zu sehen vermochte – nun errichtete sie die heiligen Schranken der heimatlichen Hütte, worin sie regierte. Hier war ihr Reich; und der weite Horizont war verbaut. Hier herrschte sie, herrschte mit allen Mitteln. Mit Gewalt, mit Schlägen, mit der Lüge, ‹wenn man das Wort Lügen von jemand benutzen kann, der nicht weiß, was Wahrheit ist›. Der Familienversorger war da – Rechte hatte er nicht. (Weil er nicht die Kraft hatte, sie sich zu nehmen.)»[64]

Erlebter Alltag oder Imagination? Was Tucholsky in Strindbergs Stück fehlte, fügte er in seiner Besprechung aus eigenem Erleben hinzu. Er schilderte eine besonders eindringliche Szene, die im Stück auch nicht andeutungsweise vorkommt und von Schulz deshalb als Traum und Sehnsucht[65] bezeichnet wurde: «Und in all dem Brodem, in all den heißen Schlachten mochte vor dem gequälten Mann wie eine Lufterscheinung das friedliche Bild jener andern so seltenen Frau auftauchen, die nicht brauchte, was seiner so bitter nötig tat: eine harte Faust und einen eisernen Willen. Diese andre gab sich zufrieden, sie strich mit ihren schlanken Fingern dir durch das Haar, verachtete es, sich einen Sklaven zu halten, und liebte den Starken auch ohne die schimmernde Rüstung. Vielleicht war das gar keine Frau mehr? Umso besser: dann war es der beste Lebenskamerad. Und wohl dem, der eine solche Hand halten darf! Er halte sie ganz fest, denn sie ist ein Schatz, den nicht jeder findet. Hatte er so geträumt? Vielleicht. Aber nun war er tot.»

Diese «Lufterscheinung» hatte ein sehr reales Vorbild und war eine Hommage an Ida Richter, Freundin des Vaters und von den Kindern erhoffte Stiefmutter. Nach Aufzeichnungen von Ellen Tucholsky[66] stand die Familie Tucholsky zeitweilig kurz vor der Auflösung, und die Kinder hätten es gern gesehen, wenn Alex Tucholsky sich hätte scheiden lassen, um Ida Richter zu heiraten. Die Familie Richter, von der Ellen so schwärmte, wohnte gleich um die Ecke in der Universitätsstraße. Moritz Richter hatte viele Berufe: Er war Landwirt, betrieb Immobilienspekulationen, außerdem gehörte ihm die Firma Mississippi Grass Twine Company in Berlin, und während des Ersten Weltkriegs war er kurze Zeit im Auswärtigen Dienst.[67] Seine Frau Ida Gabriele, eine geborene Rothschild, war sehr musisch, mehr französisch- als deutschsprachig erzogen, spielte Harfe und Klavier und muß eine auffallende Schönheit gewesen sein. Ellen schilderte sie als einen «der wundervollsten Menschen, denen man begegnen kann. Für mich [...] war sie unsere Mutter.» Abgesehen von ihrer Schönheit war sie auch ein äußerst intellektueller und verständnisvoller Mensch. «Es wäre ein Paradies gewesen, hätten diese beiden sich geheiratet.» Hans Richter, der später als Maler und Filmemacher weltberühmt wurde und als 17jähriger Alex Tucholsky kurz vor dessen Tod porträtierte,[68] schilderte seine Eltern so: Der Vater war ein «‹großer, schwerer Dynamo, mit Sinn für Humor, der so groß war wie er selbst, der aus einer armen Familie vom Lande stammte und das älteste von 13 Kindern war›. Die Mutter ist in demselben Maße feinfühlig, zart und schön, wie ihr Mann robust, herzlich und offen.»[69] Ida Richter scheint den ebenfalls musischen und belesenen Alex Tucholsky sehr verehrt und geliebt zu haben. Und Ellen erinnerte sich, daß auch «Papa die gleiche Verehrung für sie» hatte. Die Tucholsky-Kinder waren mehrfach bei der Familie Richter zu Besuch oder in den Ferien auf deren Gut in Klein-Kölzig im Brandenburgischen, auch noch nach Alex Tucholskys Tod. Sie fühlten sich dort offensichtlich wohl und heimisch, und für Ellen wurde und blieb «Tante Ida» trotz des Altersunterschiedes «die beste Freundin, die ich hatte». Auch Fritz Tucholsky schwärmte in einem Brief an seine Mutter: «Heute war es sehr schön, denn ich war bei Richters!»[70] Der Kontakt zwischen Doris Tucholsky und der Richter-Familie hörte jedoch bald ganz auf. Nach Ellen Milo-Tucholsky hätten auch die sechs Richter-Kinder Dora, Fritz, Albrecht, Richard, Vera und Hans «nur zu gern gesehen, wäre eine Scheidung in beiden Familien erfolgt und Papa Tante Ida und ihr Mann unsere Mutter geheiratet hätte». Was daran Sehnsucht nach anderen Eltern war und was sich zwischen den Erwachsenen wirklich abgespielt hat, läßt sich nicht mehr sagen.

Kurt Tucholsky jedenfalls wollte mit Erreichen der Volljährigkeit das Elternhaus verlassen, wenn der Vater sich bis dahin nicht hätte scheiden lassen.[71]

Aber dieser starb vorher, und für Kurt Tucholsky blieb dessen letzte Zeit in quälender Erinnerung. Er hat niemals vergessen können, wie «sein Vater, gepeinigt von Schmerzen, in seiner Qual immer wieder nach Morphium schrie und die Mutter es ihm verweigern mußte»[72]. Mußte sie? An mehreren Stellen sagte Tucholsky, er könne seiner Mutter nie vergessen, daß sie so hart zu seinem Vater gewesen sei. 1918 notierte Mary Gerold ein Gespräch mit Tucholsky, in dem er ihr erzählte, er habe gesehen, «wie eine Frau einen Mann zu Tode quält, nie kann er das vergessen, und er ist zur Überzeugung gekommen, daß es Frauen gibt, die man ganz brutal züchtigen muß, mit der Reitpeitsche – dann werden sie erträglich»[73]. Auch hier klingen Parallelen zu Strindbergs «Scheiterhaufen» an, in dem ebenfalls die Mutter nach Ansicht des Sohnes den Vater zu Tode quälte: «Es gibt viele Arten des Mordens [...] und deine Methode hatte den Vorteil, nicht unter das Strafgesetz zu fallen!» Tucholsky faßte die im Stück verstreuten Stellen zu einer eindringlichen Schilderung zusammen: «Und da gab es einen toten Mann, der nicht auf dem Personenzettel stand – aber sie machte ihn leben. Ihre Augen weiteten sich vor Grauen, er könne wieder auferstehen, also war er da, spielte stumm und unsichtbar mit, schaukelte auf dem leeren Schaukelstuhl und geisterte im Zimmer umher. Sie ließ sein Bild von der Wand reißen, sie wirbelte mit dem Zugwind herum, klapperte und wühlte in allen Schubläden zugleich – er war da! er war da!»[74]

Tucholsky ging sogar so weit, daß er zur Charakterisierung der Ehe seiner Eltern das Strindbergsche Stück mit ausführlichen Zitaten aus Swedenborgs Kritik an der Sittenlosigkeit der Zeit[75] vermischte, durchsetzt mit eigenen bitteren Kommentaren:

«‹*Es gibt höllische Ehen in der Welt zwischen Ehegatten, welche inwendig die bittersten Feinde, äußerlich aber die herzlichsten Freunde sind*›, sagt Swedenborg und zählt die Gründe für diese ‹*ehelichen Verstellungen auf*›, die ihm lobenswert scheinen: die Erhaltung der Ordnung im Hauswesen, einmütige Sorge für die Kinder, der häusliche Frieden, der gute Ruf, allerhand pekuniäre Vorteile. So mochte es anfangs um sie gestanden haben. Aber dann kam doch der Krieg, der niederträchtige Kleinkrieg.

‹Der eigentliche Grund, weshalb Frauen zur Herrschaft gelangen, liegt darin, daß der Mann aus dem Verstande handelt und das Weib aus dem Willen, und daß der Wille sich verhärten kann, nicht aber der Verstand.› Oh, er verhärtete sich! *‹Es wurde mir gesagt›*, fährt Swedenborg fort, *‹daß die schlimmsten dieser Sorte, welche vom Streben nach Herrschaft ganz durchdrungen sind, an ihren eigensinnigen Forderungen bis zum letzten Atemzuge festhalten können.›* Bis zum letzten Atemzuge.»[76]

Im Brief Tucholskys vom 6. Januar 1916 an seine Schwester gibt es einen langen Absatz, der dieses Thema wiederaufnimmt: «die Frau versucht eben, auf alle Fälle ihren Willen (der übrigens nicht recht weiß, *was* er eigentlich will) durchzusetzen, und es ist ihr herzlich gleichgültig, ob sie dabei Leute ruiniert oder nicht. Daß sie auf Personen ihrer Umgebung Rücksicht zu nehmen hat, leuchtet ihr nicht ein. Ich meine nach wie vor, daß man sie dann eben dazu zwingen muß, wenigstens ein Mindestmaß von Anstand zu wahren.»[77]

Wenige Jahre später verschärfte Tucholsky das Bild sogar noch. In der Geschichte «Das Elternhaus» beschrieb er das täglich erlebte Auftreten der Mutter: «Laut knallten die Türen, und wir hörten einen schrillen Sopran. ‹Marie! Marie! Habe ich Ihnen nicht schon tausendmal gesagt, daß die Staublappen nicht in die rechte Schublade gehören? Marie! Wo ist mein Schlüsselkorb? Marie! Der Korb! Wo ist Bubi? Marie! Wo ist das Kind? Das Kind! Der Korb! –› Und aus einer Ecke kroch, mit totentraurigen Augen, ein kleines, verwahrlost aussehendes Geschöpf: ein Kind. Nein, ein Opfer.»[78] Ein Opfer «mit totentraurigen Augen», das kann nur schreiben, wer sich tief verletzt fühlt, diese Kinderhölle erlebt hat.

Die Schwester Ellen schilderte die häusliche Situation nicht viel anders. Die Kinder seien in einer Atmosphäre der Angst aufgewachsen, Anerkennung, Zärtlichkeit oder Liebe hätten sie nicht kennengelernt. Alles, was die Kinder taten, wurde heruntergemacht und kritisiert, «wir waren ein Nichts». 1927 erinnerte sie ihren großen Bruder an einen gemeinsamen Urlaub in Paris, in dem die Mutter dauernd drohte, aus dem Fenster zu springen, wenn die Kinder nicht artig wären, und sie beklagte sich über das ständige Gekreisch und Gezänk der Mutter. Jahre später, als Ellen zum erstenmal heimlich mit ihrem Freund Conrad Milo in Urlaub fuhr, wunderte sie sich: mit einem Menschen zusammensein, und «trotzdem ist kein Gebrüll um einen. – Und man braucht sich nicht zu zanken und wieder zu schreien. Es ist eigenartig!»[79] Noch 1979 schrieb sie an Mary Tucholsky, daß sie – wie auch ihr Bruder Kurt – dies nie vergessen konnte: «Brüllen, hysterische Anfälle waren an der Tagesordnung. Wenn ein Dienstmädchen, oder Kinderfräulein mehr als 2 Monate im Haus blieb, war es ein kleines Wunder, das allerdings seltenst vorkam. Es ist ein scheusslicher Ausdruck, aber das Wort Megäre könnte zugetroffen haben.»[80] Sie benutzte hier den gleichen Ausdruck, den Tucholsky immer wieder verwendete, wenn es um die Charakterisierung der Mutter ging. Er beschrieb die «alleinstehende Hausmegäre», die «tyrannische Mütterlichkeit», «die Hausfrau, die Megäre»[81], die «Ehefrau-Schlange»[82]. Auch die brüllende und schlagende Leiterin des Kinderheims, Frau Adriani aus Tucholskys 1931 erschienenem Roman «Schloß Gripsholm», die unter allen Umständen ihren Willen durchsetzen will, trägt deutlich Züge der Mutter. In einem späteren Brief bezeichnete Tucholsky sie als «ein Wesen, das in seiner Mischung von Torheit und Dummheit unendlich gefährlich werden kann»[83]. Das Bild seiner Mutter verarbeitete er auch in der Bemerkung: «Frauen aus einer bestimmten Schublade (ja nicht: die Frau – aber viele Frauen): Snobismus der Mode und bösartiger Klatsch; Medisance bis zur Tödlichkeit; wenig Kinder; Erotik des Kostümballs; Versachlichung gewisser Beziehungen; Lärm; Eile; Telefon; ein Heim wie eine Menschenschachtel.»[84] Sie «lebt ja in Clichés»[85], konstatierte er und beschrieb sie als völlig unnatürlich, unecht, niemals ruhig und gelassen.[86] «Ihre geistige Entwicklung ist wie die so vieler Bürgerfrauen im Alter von 18 Jahren stehen geblieben. Daher auch die Papageienhaftigkeit der Rede», urteilte er, nachdem er seine Mutter zum letztenmal nach ihrer Emigration nach Frankreich getroffen hatte.[87]

Die Erfahrungen, die Tucholsky mit seiner Mutter machte, führten zur Beschäftigung mit Autoren, die sein negatives Frauenbild bestärkten oder bestätigten. Zu erwähnen sind Strindberg, Schopenhauer und Otto Weininger, den er immer wieder zitierte. Waren schon für Strindberg fast alle Frauen «geborene Verbrechernaturen», ging Weininger noch einige Schritte weiter. 1903 wies er, wie vor ihm schon 1893 der Italiener Cesare Lombroso[88], die angebliche seelische und sittliche Minderwertigkeit des Weibes[89] «wissenschaftlich» nach, erregte damit größtes Aufsehen und erhielt breite Zustimmung. «Geschlecht und Charakter» wurde zu einem Kultbuch in den ersten dreißig Jahren dieses Jahrhunderts, bis 1925 erschienen 26 Auflagen. Nach Weininger war die Bestimmung der Frau das Verbrechen und ihr ganzer Wille fast zwangsläufig nur darauf gerichtet, andere Menschen ins Unglück zu stürzen. Bis etwa 1920 tauchten diese abstrusen Ansichten auch bei Tucholsky immer wieder auf, beispielsweise in dem Gedicht «Mit dem Weininger»:

Wisse, Mädchen, du bist null und nichtig!
bist ein subsidiäres Komplement!
Tier und Fraue! Nimmst nur eines wichtig:
Wenn der Phallus dich erkennt.

Mit den sieben heimelichen Lüsten
beugst du klaren, starken Mannessinn –:
Wenn wir nur nicht mit euch schlafen müßten!

Er hat recht, und *du* bist Königin![90]

Auch wenn Tucholsky langsam diese quälende Phase überwand, in bezug auf seine Mutter folgte er Weininger noch 1935: Er bezeichnete sie in einem Brief an den Bruder Fritz als mittelgradig schwachsinnig und als minderwertigen Menschen.[91]

Dem negativen Muttererlebnis stellte Tucholsky immer wieder ein «ideales», manchmal auch rührseliges Kontrastbild entgegen. Etwa in dem Gedicht «Mutterns Hände» oder sehr deutlich 1919 in «Elternhaus»: «Vor dem Haus saß ein blondes, junges Weib mit ungemein lustigen Augen. Vor ihr im Sande raffte ein kleiner Junge seine Spielsachen zusammen; er hatte einen frech gedrehten Haarbusch auf dem Kopf und einen kleinen dicken Bauch. Er schnaufte erschrecklich, weil er so viel zu tun hatte. Die junge Frau ging ins Haus. ‹Peter!› rief sie. ‹Peter!› und Peter wackelte aufjauchzend hinterdrein. Ich sah den Führer an. Er nickte. ‹Das sind meine›, sagte er leise. ‹Die werden nicht eingesperrt!›»[92]

Auch hier verarbeitete Tucholsky Alltagserfahrungen mit der Mutter, die alles überwachte und kontrollierte, die Schwester «einsperrte». So konnte der 26jährige Soldat Tucholsky seine Feldpost an die fast volljährige Schwester Ellen nicht nach Hause schicken, weil sie sonst «in unrechte Hände»[93] gekommen wäre. Statt dessen schickte er seine Karten und Briefe für die «Liebe Hippula» an seine damalige Verlobte Kitty Frankfurther in der Kantstraße und riet seiner Schwester: «‹Fliehe das Haus und nähre Dich redlich›, wozu jedes Mittel erlaubt ist.»[94]

Tucholskys unglückliche und fatale Beziehung zur Mutter bewirkte, daß er sich bald in sich verschloß und viel zu früh ernst und erwachsen wurde. Die frühen Fotos zeigen ein Kind, das skeptisch, traurig und trotzig in die Kamera schaut. Kein fröhliches Kinderlachen, selbst als Baby nicht. Um die vielfältigen Folgen einer solchen Kindheit wissen wir. Die ständigen, rastlosen Wohnungswechsel der Eltern finden sich später bei ihm ebenso wieder wie die vielen Reisen des Vaters. Auch die scherzhaft-zärtlichen Anreden wie «Unter-Sextaner Hochwohlgeboren» oder «Unter-Quintaner + Schmierpeter», die der Vater für den Sohn erfand, verfeinerte Kurt Tucholsky später in seinen Briefen bis zur Perfektion. Aber das sind nur Kleinigkeiten. Angst und Fluchtreaktionen vor dem Leben, Scheu vor Verantwortung, Suche nach Nähe und gleichzeitige Flucht davor, Unfähigkeit, sich ganz zu öffnen, Beziehungsunfähigkeit, Minderwertigkeitskomplexe[95], der heimliche Wunsch, ewig ein Kind bleiben zu können, das sind die viel gravierenderen Folgen. Der Psychologe Dan Kiley hat sie unter dem Begriff «Peter-Pan-Syndrom» zusammengefaßt.[96]

Detlef Berentzen beschreibt die Auswirkungen der Erziehung ähnlich: «Tucholskys Haß auf das weibliche Geschlecht, sein pseudo-väterlicher Habitus, sein ambivalentes Verhältnis zur Sexualität, sein Unverständnis der erwachsenen Welt gegenüber sind übliche Symptome vieler Männer seiner Generation – Symptome für eine nie gelungene Individuation, für eine nie endenwollende Adoleszenz, die dem Mann Kurt Tucholsky das Tor zur Rückkehr in seine Kindheit offenhalten sollte. Da war kein Abschied möglich: Der Schrei nach Mutter und Vater, nach Geborgenheit und Liebe blieb allzeit unbewußt in ihm lebendig. Seine Gefühle lebten nicht im Heute. Tucholsky klagte immer wieder ein, was die meisten Kinder seiner Zeit selten genug erfuhren: Verständnis und Empathie. Seine Umgebung sollte ihm *jetzt* das geben, was er *einst* entbehrte.»[97]

Bisher ist man meist davon ausgegangen, daß die Spannungen in der Familie nicht so sehr an der Mutter als vielmehr an dem sehr sensiblen Tucholsky lagen. Für die noch relativ junge Mutter wäre es nach dem frühen Tod des Vaters im November 1905 sicher nicht leicht gewesen, allein für die drei Kinder zu sorgen und so fort. Ellen Milo-Tucholsky wies diese Einwände schroff zurück. Es herrschte keine finanzielle Not, der Vater hinterließ ein Vermögen von 300000 Mark, dazu noch 100000 Mark, die in seiner Firma angelegt waren.[98] Entgegen dem Erbgesetz – der Vater starb, ohne ein Testament zu hinterlassen – behielt die Mutter die Hälfte des Erbes und teilte die andere Hälfte auf die drei Kinder auf.[99] Doris Tucholsky war also eine durchaus vermögende Frau. Daß sie später ihren Sohn Kurt immer wieder um Geld anging, lag nicht nur daran, daß sie in der Inflation einen Teil ihres Vermögens verloren hatte, sie spekulierte auch leidenschaftlich und verlustreich an der Börse. Trotzdem blieb ihr noch genug Geld, daß sie auf die kleinen Summen nicht angewiesen gewesen wäre.

Die Kinder liebten die Mutter nicht, sie fürchteten sie nur, und bedauernd schrieb Ellen über die Mutter: «Ich glaube ‹Liebe› hatte unsere Mutter für Niemanden, ein Gefühl, mit dem sie nicht bei Geburt beschenkt war.» Noch 1979 gellten ihr die Worte der Mutter im Ohr, die die Kinder immer wieder zu hören bekommen hatten: «Ich könnte wie ein Gott in Frankreich leben, hätte ich die verfl... Bälger nicht.»[100]

ZWEI

«Ich denke nicht mit Haß an meine Schulzeit zurück» [1]

Ostern 1896 wurde Kurt Tucholsky in Stettin eingeschult. Der Unterricht war patriotisch-preußisch, Ehre, Vaterland und Heldentod mindestens ebenso wichtig wie das Einmaleins und die Grammatik. Der Kaiser brauchte Untertanen, gehorsam und dankbar. In der Schule sollten sie ihm erzogen werden. Auch Kurt Tucholsky bekam dort diese «ehernen Werte» eingeimpft. Schon der Erstkläßler notierte, was er in der Schule gelernt hatte:

O wie ist es doch so schön ein Kind noch zu sein! [...]
Wenn sie in der Schule artig sind
Und so sitzen, wie ein artig Kind,
Wird ein Engel bei ihnen bleiben:
Lehrt sie Rechnen, Lesen, Schreiben,
Und der liebe Gott hat Freud an ihnen,
Wenn sie gut und fromm ihm dienen. [2]

Nicht nur Gott sollten sie dienen, sondern natürlich auch der angeblich von diesem eingesetzten weltlichen Macht. Tucholsky wurde jedoch schon früh zwischen der liberal-humanistischen Erziehung zu Hause und dem verordneten Hurrapatriotismus der Schule hin und her gerissen. In dem Gedicht «Die Jagd nach dem Glück» klagte der Achtjährige bereits: «O weh, mit der Zeit ist es schlimm bestellt. / Ein jeder drängt den Andern fort.» Im selben Jahr entstanden aber auch Arbeiten, die deutlich den Einfluß der Schule zeigen. Die Feiertage der «nationalen Größe», wie die Kaiserproklamation 1871 im Spiegelsaal zu Versailles oder der «Sedan-Tag», waren selbstverständlich

Anlässe, die mit Schulfeiern und Ansprachen des Direktors festlich begangen wurden. Das Ergebnis ist beispielsweise in Tucholskys Geschichte «Der echte Deutsche» von 1898 nachzulesen. In ihr schilderte er einen Mann, der während der Schlacht von Sedan aus dem Dorf floh und ein «herrliches» Schlachtlied sang. «Mit Gott für König und Vaterland. / So klingts durchs ganze Heer. / Nun haut auf den Feind. / Er fliehet ja schon – –» Nachdem der Mann schließlich von einer Kugel getroffen und gestorben war, schloß Tucholsky mit der damals üblichen Belehrung: «Das ist ein echter Deutscher, der, wenn er etwas Gott schwört, hält, und nicht vergißt, bis er sanft entschlafen ist.»

Noch glaubte Tucholsky an das, was ihm in der Schule beigebracht wurde, beschwor jedoch abwechselnd «der Freiheit goldnen Stern» und den Gehorsam bis zum Heldentod. Mit «kindlichem Herzen» bejubelte er auch die Militärparaden, die durch die Garnisonstadt Stettin zogen, stand vor dem «Herrn Hauptmann» und den Leutnants stramm:

> Und wenn dann die Trommeln und Pfeifen
> übergingen zum Preußenmarsch,
> fiel ich vor Freude fast auf den Boden –
> die Augen glänzten – zum Himmel stieg
> Militärmusik! Militärmusik![3]

Ende September 1898 kam der Kaiser mit großem Gefolge, darunter fünf Staatsminister, nach Stettin, um den neuen Hafen festlich zu eröffnen. «Unsere Zukunft liegt auf dem Wasser», verkündete der Kaiser und lobte die «echt pommersche Rücksichtslosigkeit und Starrköpfigkeit», mit der die Stadt Stettin das große Werk vorangetrieben hatte.[4] Offenbar beeindruckt von den Reden der Honoratioren und dem festlichen Gepränge, dichtete der fast Neunjährige eine Hymne, in der sich «Sedan-Tag» und patriotischer Jubel vermischten:

> Hoch lebe Deutschlands Kaiser, hoch lebe Volk und Land,
> Hoch lebe Deutschlands Fürsten, und mit ihm Volk und Land.
> O, Gott bewahr mein Vaterland
> Das liebe Deutsche Reich,

Das einst zu Ehren aufgebaut
Und von sich stößt auch keinen Laut
Des Schmerzes aus.
Wenn die Fransmänner kommen,
Dann haut in seiner Wucht
Der Deutsche ihm den Leib entzwei
Und jagt sie in die Flucht.
(2 mal zu singen.)
Sie lagen auf dem Rasen
Bei Sedan in der Schlacht,
Die andern liefen wie Hasen
Und wurden ausgelacht. [...]
Kein Land ist diesem Lande gleich,
Das ist das Deutsche Reich.

Alex Tucholsky war wohl besorgt darüber, was sein Sohn alles lernte. Während er sich Gedanken über den kaiserlichen Größenwahn machte und einen neuen Krieg befürchtete, wurden seine Kinder darauf vorbereitet. Um der staatlich verordneten Völkerverhetzung wenigstens etwas entgegenzuwirken, schickte er Kurt nach seiner Rückkehr aus Stettin auf das berühmte Französische Gymnasium, das nur wenige Minuten von der neuen Wohnung in der Dorotheenstraße entfernt lag. Es war bereits 1689 gegründet worden, ursprünglich nur für die Kinder der nach Berlin eingewanderten Franzosen. Da die französische Kultur damals bei den höheren Ständen immer mehr in Mode gekommen war und viele Potentaten der deutschen Königs- und Fürstenhöfe die französische Sprache besser beherrschten als die deutsche, wurden seit dem Ende des 18. Jahrhunderts zunehmend auch deutsche Schüler auf dieses Gymnasium geschickt, in dem die Unterrichtssprache ab der Untertertia in allen Fächern Französisch war. Auch die Lehrbücher für Mathematik und deutsche Geschichte, selbst die lateinische und griechische Grammatik waren in französischer Sprache geschrieben, lediglich der Deutschunterricht war davon ausgenommen. Ansonsten galt jedoch der Lehrplan der übrigen königlich-preußischen Gymnasien.

Das Kgl. Französische Gymnasium galt als «Wiege der humanistischen Bildung in Berlin» und hat immerhin so berühmte Schüler wie Julius Bab, Adelbert von Chamisso oder Maximilian Harden aufzuweisen.[5] Auch Adrien Turel, der während des Ersten Weltkriegs dort Lehrer war, empfand es als liberaler und weniger stumpfsinnig als die anderen königlich-preußischen Schulen: «Am französischen Gymnasium lebte noch etwas vom trotzigen Geist der französischen Hugenotten. Die politisch einigermaßen suspekte Schülerschaft bestand zum Teil aus jüdischen Kindern aus reichen Häusern (auch ein Ullstein war darunter), von denen später mehrere mir als Kommunisten bekannt geworden sind.»[6]

Victor Klemperer, der das Gymnasium kurz vor Tucholsky besucht hatte, beschrieb in seinen Erinnerungen die Zusammensetzung der Schülerschaft so: Söhne ausländischer und deutscher Diplomaten, die Jungen aus Adelshäusern und «zwei besondere Gruppen von Bürgerlichen, nämlich etliche solche, deren Namen und Physiognomien ihre währende Verbundenheit mit den alten Refugiés und Emigranten kennzeichneten, und viele, dem Prozentsatz nach erstaunlich viele Kinder aus wohlhabenden jüdischen Familien».[7]

In dieses traditionsreiche Gymnasium trat Kurt Tucholsky im April 1899 als Nachzügler ein. Mit ihm wurden noch drei weitere Schüler aufgenommen und von dem Klassenlehrer, Prof. Weber, auf ihre Plätze gewiesen: «Bach und Frenzel kamen auf die vorletzte Bank, Schönlank und Tucholsky auf die letzte.»[8] Auf diesem «Nachhut»-Platz blieb Tucholsky während des ganzen Schuljahres sitzen. Ein besonders guter Schüler war er nicht, begabt zwar, aber ohne Ehrgeiz.

Der Schulwechsel brachte zumindest den vom Vater erhofften Erfolg. Neben der umfangreichen Lektüre – außer «richtigen, dicken Jungenbüchern» las er auch Werke von Shakespeare, Glaßbrenner oder Hauff – trug das Französische Gymnasium wesentlich dazu bei, Kurt Tucholskys Weltbild zu verändern. Er glaubte bald nicht mehr einfach, was ihm da im Unterricht vorgesetzt wurde, sondern fing an zu zweifeln und zu hinterfragen, mit dem Ergebnis, daß ihn die Autorität der Lehrer schließlich zu Spott und Widerstand reizte. Auch den Typus des Strebers und Klassenprimus verachtete er und setzte ihm später ein «würdiges» Denkmal: «Können Sie sich noch auf unsern Klassenprimus besinnen? Kein dummer Junge, beileibe nicht. Fleißig, exakt, sauber, wußte alles und konnte alles und wurde – zur Förderung der Disziplin – vom Lehrer gar nicht gefragt, wenn ihm an der Nasenspitze anzusehen war, daß er diesmal keine Antwort wußte. Der Primus konnte alles so wie wir andern, wenn wir das Buch unter der Bank aufgeschlagen hatten und ablasen. Meist war er nicht mal ein ekelhafter Musterknabe (das waren die Streber auf den ersten Plätzen, die gern Primus werden wollten) – er war im großen ganzen ein ganz netter Mensch, wenn auch eine leise Würde von ihm sanft ausstrahlte, die einen die letzte Kameradschaft niemals empfinden ließ. Der Primus arbeitete wirklich alles, was aufgegeben wurde, er arbeitete mit Überzeugung und Pflichtgefühl, er machte seine Arbeit um der Arbeit willen, und er machte sie musterhaft. [...] Die Tugend des deutschen Primus ist ein Laster, sein Fleiß eine unangenehme Angewohnheit, seine Artigkeit Mangel an Phantasie.»[9]

Da wollte er nicht stören. Tucholsky war, wie sich ein Mitschüler erinnerte, ein Draufgänger, der die Lacher immer auf seiner Seite hatte. «Er war ein fröhlicher Kamerad und ein rechter Rebell, den wir gerade dann am ernstesten nahmen, wenn er uns zum Lachen brachte. Ein guter Schüler war er gewiß nicht und uns doch allen an Geist überlegen.»[10] Tucholskys Mitschüler Hans Fürstenberg – sein Vater war der Chef von Alex Tucholsky – erinnerte sich hauptsächlich an seinen Humor und die märchenhafte Kunst, «sich herauszulügen»[11]. Und sonst? Tucholsky saß in der letzten Bank und langweilte sich. «Wir saßen da, ließen langsam, aber sorgfältig eine lange Bahn Tinte die Bank herunterlaufen und bohrten zwischendurch ernsthaft in der Nase. Es war zum Sterben langweilig. Anstandshalber konnte man nicht immerzu nach der Uhr sehen. Fünf Minuten vor halb – das war ein Schicksalswort.»[12]

Tucholsky hatte einen feinen Instinkt für «falsche Töne» und durchschaute sehr schnell den Lehrbetrieb als Leerbetrieb. Mit Witz und Ironie deckte er die Widersprüche auf, wie sich ein Mitschüler erinnerte: «Die Zwielichtigkeit unserer Schule verlockte ihn ständig zu ironischen Bemerkungen über sie. Gewiß, wir liebten sie und waren stolz auf sie, weil sie hochangesehen und ein französisches Gymnasium war. Ein *königliches* französisches Gymnasium freilich – und Frankreich war *Republik*. Die Unterrichtssprache war französisch, und wir Jungen hörten beim Klange dieser Sprache stets die Marseillaise mitklingen. Aber das Französisch unserer Lehrer klang mehr nach ‹Heil dir im Siegerkranz› als nach der Marseillaise. Der Schuldirektor namens Schulz war ein Schwager des Großadmirals von Tirpitz und er war sehr stolz darauf. Er verpaßte keine passende und unpassende Gelegenheit, um uns darauf hinzuweisen. Auf Französisch versteht sich. So klang sein Französisch preußisch, ohne daß sein Preußentum dadurch französische Färbung bekommen hätte. ‹Monsieur Skülz› taufte ihn Tucholsky, der nicht oft genug seinen Witz an ihm üben konnte. Französisch war für uns Jungen die Sprache der großen französischen Revolution. Französisch als Unterrichtssprache machte uns das republikanische Frankreich zur zweiten Heimat [...] und allen Preußenzorn gegen den Erbfeind und dessen ‹welsches› Wesen verhaßt, den unsere ‹königlich-preußischen› Lehrer uns doch (in französischer Sprache) einzuflößen wenn nicht versuchten, so doch dienstverpflichtet waren. Die Komik dieser Situation war keinem in unserer Klasse deutlicher bewußt als unserem Mitschüler Tucholsky. Wir haben immer unsere helle Freude an dem Witz gehabt, mit dem er uns diese Komik offenbar machte.»[13]

Man kann sich Tucholskys Spott gut vorstellen, wenn der Direktor in der Aula vor der versammelten Schülerschaft in französischer Sprache den «glorreichen Sieg» der Deutschen über die Franzosen bei Sedan feierte oder den deutschen Kaiser hochleben ließ anläßlich der Feier der deutschen Kaiserproklamation im Spiegelsaal zur Versailles.

Victor Klemperer erwähnte – allerdings sehr zurückhaltend –, daß in der Schule «kein sonderlich zarter Ton» herrschte und sich die Lehrerschaft «sozial wie bildungsmäßig wenig von ihren Kollegen an anderen Schulen unterschied»: Es wurde viel geprügelt, nicht gerade grausam, aber gründlich. In der Sexta wurde der «Sträfling» noch über den Schultisch gelegt, in der Quinta «nur noch leicht an das Knie des Lehrers gelehnt, in der Quarta wurde mit dem Rohrstock auf die ausgestreckte Innenhand geschlagen, in der Untertertia gab es nur noch Ohrfeigen, und vereinzelte Ohrfeigen klatschten auch noch in der Obertertia.» Auch das Französisch einiger Lehrer forderte wohl eher Spott heraus: «Das Französisch des Gräzisten in der Obertertia klang nicht anders als das meines Bruders Berthold und war auch nicht viel reichhaltiger; der Satz: ‹Il zieht, fermez la fénéter, oben!› ist mir unvergeßlich.»[14]

Andere Mitschüler verteidigten das Französische Gymnasium hingegen vehement gegen solche Angriffe, die eine ungerechte Beurteilung seien. Aber was da als Erwiderung vorgebracht wurde, rechtfertigt eher Tucholskys Kritik. Heinrich Franck, inzwischen Professor an der Humboldt-Universität, schrieb 1957, er erinnere sich z. B. noch heute an den mittelhochdeutschen Literaturunterricht und könne aus dieser Zeit im Gedächtnis gebliebene Gedichte von Walther von der Vogelweide zitieren. Aber genau das kritisierte Tucholsky: «mittelhochdeutsche Gedichte wurden auswendig gelernt, niemand hatte einen Schimmer von ihrer Schönheit»[15]. Immerhin gab dieser Verteidiger des Gymnasiums zu, es habe auch schlechte Lehrer gegeben, und vielleicht «war unser Mathematikunterricht nicht sehr gut, denn ich erinnere mich genau, daß der Lehrer nicht verstand, das Interesse von Tucholsky für diesen Unterricht zu wecken»[16]. Offensichtlich hatten das aber auch die meisten anderen Lehrer nicht so recht verstanden.

An Michaelis, also am 29. September 1903 verließ Tucholsky als Obertertianer das Elitegymnasium und wechselte an das Königliche Wilhelms-Gymnasium (KWG) in der Bellevuestraße, das den Spitznamen «Lackstiefelgymnasium»[17] trug. Hier kam Tucholsky aber offensichtlich vom Regen in die Traufe. Er bekam keinen rechten Anschluß an seine Klassenkameraden, und auch die Lehrer waren nicht gerade begeistert von ihm. «Er war sich seiner geistigen Überlegenheit allzu bewußt», erinnerte sich ein Mitschüler.[18] Die «Einjährige Rundschau», eine Schülerzeitschrift des KWG zum Examen 1906, verulkte ihn als eine der «drei Grazien» der Klasse:

> O Kurt, von allen der schönste Du bist,
> Und auch sonst Du anders als and're bist.
> Und die schön gepflegten Hände vor allen
> Sind es, die immer besonders gefallen.[19]

Am Schluß des Heftes wurde allen Klassenkollegen ein lateinischer Spitznamen verpaßt: Prudens, Nobilis, Studiosus, Nervosus, Castus usw. Tucholsky bekam den Namen «Corruptor», also Bestecher, Verderber, Verführer. Darin galt er als Klassenprimus.

Den rebellischen Jungen, der unter der Schulbank die «linksradikale» Zeitung «Welt am Montag» las und der sich bereits mit Rousseau und anderen umsturzverdächtigen Autoren beschäftigte, konnten die Lehrer nicht mehr richtig unter ihre Kontrolle bringen. Die

Aufsatzthemen langweilten ihn, und aus Protest schrieb er manchmal nur zwei Seiten Hausaufsatz. Die schlechten Noten waren vorhersehbar. Im Mai 1906 hieß das Thema für den Hausaufsatz: «Der Frühling in Berlin». Tucholsky beschrieb aber nicht etwa Spaziergänge im Tiergarten oder im Grunewald und was so üblich war, er nahm das Thema zum Anlaß, um sich auf sechs Seiten mit den Gedanken von Rousseau auseinanderzusetzen:

«Die letzten Konsequenzen einer auf schwindelnder Höhe stehenden Kultur, eines auf die denkbar höchste Spitze getriebenen Raffinements und Luxus', und der Schweiß jahrhundertelanger, kraftvoller Mannesarbeit vereinigen und verkörpern sich in dem endlosen Häusermeer, dem brandenden, tosenden Leben der deutschen Reichshauptstadt.

Der Mensch, das Geschöpf der Natur, das Ebenbild Gottes, dessen Aufgabe es ist, in heiterem, im ‹leben und leben lassen› ausklingendem Lebensgenuß wunschlos glücklich zu sein und, ein freier Herr des um ihn grünenden und treibenden Lebens ‹in der Natur getreuen Armen zu frischem Leben zu erwarmen›, er baut sich selbst ein steinernes Grab, sitzt rechnend hinter dem Schreibtisch oder treibt rußgeschwärzten Antlitzes Maschinen. [...] Wo ein heisses, dankbares Flehen der zum Gott gewordenen Kreatur zum Schöpfer emporsteigen sollte, beobachtet der aufgeklärte Großstädter vornehme Zurückhaltung. Sich über Dinge, die sich in jedem Jahre mit derselben mathematischen Genauigkeit wiederholen, über blauen Himmel, sonnigen Frühling u.s.w. zu exaltieren, shockink! wie unmodern!»[20]

Das war für den Lehrer zuviel. Neben der Stelle «leben und leben lassen» stehen zwei empörte Fragezeichen, und überhaupt: diese Schrift! Mit roter Tinte vermerkte der Lehrer zum Schluß: «Die Arbeit enthält Ideen, die offenbar nicht Eigentum des Verfassers sind; sie kann im besten Falle als Einleitung zu dem Thema betrachtet werden. Für die Beurteilung der Leistungen des Verfassers scheidet sie einstweilen aus.»

Solche Bewertungen hat Tucholsky wohl öfters erhalten. 1920 verarbeitete er diese Erfahrung: «Seine Aufsätze waren nicht besser als die der anderen – aber sie waren so geschrieben, daß jeder neue Ordinarius zu fragen pflegte: ‹Wer hat Ihnen dabei geholfen? Selbständig arbeiten!› Aber er hatte sie ganz allein gemacht.»[21] Daß

Schüler sich zu Hause selbständig weiterbilden und dabei auf andere Gedanken kommen können als staatlich gelehrt, das sahen die wilhelminischen Lehrpläne nicht vor, konnte also auch nicht bewertet werden. Das kam einer Rebellion gleich und mußte mit schlechten Noten bestraft werden. Tucholsky hat später erkannt, daß «es nicht genügt, seine Muttersprache zu lieben – nein, man muß sie auch so schreiben, wie sich greise Schulamtskandidaten den deutschen Stil vorstellen»[22].

Um ein Haar wäre Tucholsky in diesem Jahr sitzengeblieben. Später schilderte er die Umstände in einer launigen Geschichte, die ihm als Junge aber sicher nicht so spaßig vorgekommen waren. «Vierzehn Tage vor der Versetzung nach Obersekunda wankte ich herum und gab Mamachen zu, daß es schief gegangen sei. Sitzengeblieben... Schülerselbstmorde kamen damals gerade auf, aber ich trug sie noch nicht – und um diese Versetzung war es besonders schade: sollte sie doch das Einjährige bringen, die Berechtigung zum Königlich Einjährig-Freiwilligen-Dienst – und weil es mit den Verben auf μι endgültig nicht klappte und bei den Gleichungen mit drei Unbekannten ein kleiner Ausrutscher zu verzeichnen stand, winkten zwei Jahre Dienstzeit. (Ich wußte damals noch nicht, daß es vier werden sollten.) Mamachen war nicht beglückt, und ich bekam ein paar hinter die Ohren. (‹In Ihrem Alter – Wie alt waren Sie damals? – Ich als Vater... Sie als Sohn... Erlauben Sie mal, gerade vom Standpunkt der pädagogischen Propädeutik... ich gehe von dem Standpunkt aus... meine Einstellung ist irgendwie...› – also wer nu hier? Ihr oder ich? Ich:) bekam also ein paar hinter die Ohren. Das war am 14. März. Am 28. war Zensurenverteilung, aber der 28. sah mich nicht in der Aula, wo die Klassen rauschend aufstanden, um zu hören, wer versetzt worden sei... begossenen Gemütes zogen die Sitzengebliebenen, Verachteten, Ausgestoßenen, Nichtmehrdazugehörigen in ihre Klassenzimmer... Ich war nicht dabei. Ich lag zu Hause im Bett und spielte den eingebildeten Kranken, was ich so besorgte, daß ich wirklich krank wurde. Zwei Tage später kroch ich in die Bellevuestraße und holte mir vom Schulpedell mein Zeugnis. [...] ich zottelte den langen Gang hinunter und traute mich gar nicht zu dem Kastellan hinein, der so eine Art Mittelding zwischen Feldwebel und Direktor war... Aber wider Erwarten freundlich gab er mir mein Zeugnis. Ich sah es an – und wollte es ihm zurückgeben. Das war nicht mein Zeugnis. Das war das Zeugnis eines, der versetzt worden war. Ich, ich war sitzen geblieben.

Da stand jedoch: Kaspar Hauser, und das war ich, und ich sah das Zeugnis an, und dann den Schuldiener (der wahrscheinlich heute Studienwachtmeister heißt), und dann ging ich ganz schnell wieder hinaus, aus Angst, sie könnten die Sache wieder rückgängig machen – und dann stelzte ich den langen Gang wieder herunter, froh, vergnügt, großer Mann... als ich auf der Bellevuestraße ankam, machte ich ein Gesicht wie: ‹Natürlich – was ist denn dabei? Ich habe mir nur mein Einjähriges abgeholt...!›»[23]

Tucholsky konnte aufatmen, er hatte es gerade noch einmal geschafft. Bald darauf mußte die Familie Tucholsky aus der Wohnung in der Dorotheenstraße ausziehen, denn nach dem Tod des Vaters wurde die Dienstwohnung für ein anderes Direktoriumsmitglied der BHG gebraucht. Doris Tucholsky zog mit ihren drei Kindern in die Motzstraße 42 in Wilmersdorf, knapp zwei Jahre später in die Helmstedter Straße 6/I.

Der Tod des Vaters belastete Tucholsky schwer, und darunter litten auch die Schulleistungen. Zum Jahresende 1906 hatte er noch in der Rangordnung der Klasse den 7. Platz von 26 belegt. Man fragt sich jedoch unwillkürlich: wie haben dann erst die Zeugnisse der anderen Schüler ausgesehen? Denn mit Ausnahme des «sehr gut» in Französisch war in allen Fächern ein «genügend» vermerkt, teilweise mit der Tendenz zu «mangelhaft».[24] Das Gesamtbetragen bewerteten die Lehrer als «im ganzen befriedigend bis auf die Neigung zum Schwatzen». Einträge im Klassenbuch oder Arrest gab es keine, was eigentlich eher verwundert, denn «Schwatzen» und Aufmüpfigkeit führten in der Regel sehr schnell zu einem Eintrag.

Im folgenden Jahr nahmen die Schwierigkeiten in der Schule zu, vor allem bei den Deutsch-Aufsätzen gab es immer mehr Ärger, schließlich setzte ein «mangelhaft» seinem «Streben einen Riegel vor». Er blieb nun wirklich sitzen.[25] 1907 war damit der ungeliebte Schulbetrieb für Kurt Tucholsky beendet, seine Mutter nahm ihn vom Gymnasium. Jahre später warf der Schriftsteller Kurt Tucholsky seine ganze Wut und Verachtung der Schule hinterher. In mehreren Artikeln kam Tucholsky auf seine Schulzeit zu sprechen und rechnete mit ihr ab. Eine sinnlose, vergeudete Zeit sei sie gewesen, und gelernt habe er nicht sonderlich viel. Was er wisse, habe er sich mühsam selbst beigebracht. «Wenn ich an meine Schulzeit zurückdenke, so tue ich das nicht mit dem Gefühl des Hasses, sondern mit dem einer unsäglichen Verachtung für die Typen, die uns da unterrichtet haben – und wie unterrichtet! [...] Dieser Unterricht war, in seinen großen Teilen und von erfreulichen Ausnahmen abgesehen, eine sinnlose Quälerei und das Fahrgeld nicht wert.»[26] Die Schule sei «beschmissen!» meinte er 1919 und bezeichnete sie als «Seelenmord und Seelenraub!». Dies sei um so schlimmer, als ein alter Erfahrungssatz lehre: «Wer die Schule hat, hat das Land.» Und die würde nur nationalistische Lümmel und Spießbürger erziehen:

Du hörst schon von weitem die Schüler schnarchen.
Da sitzen noch immer die alten Scholarchen,
die alten Pauker mit blinden Brillen,
sie bändigen und töten den Schülerwillen.
Und lesen noch immer die alte Fibel
und lehren noch immer den alten Stiebel:

Wie in den alten Zeiten die wichtigen Schlachten
die großen Völkerentscheidungen brachten,
wie die Fürsten und die Söldnerlanzen
den großen blutigen Contre tanzen,
und ohne die heilige Monarchie
sei die Hölle auf Erden – und schließlich, wie
die Völker nur eigentlich Statisten seien.
Man müßte ihnen die Dumpfheit verzeihen.
Könnten eben nichts weiter dafür...[27]

Mit seiner harschen Kritik befand er sich durchaus in bester Gesellschaft. In keinem Land wurden so viele Erziehungs- und Schulromane geschrieben wie in Deutschland. Oft waren es Tragödien über Verzweiflung und Schülerselbstmord, immer aber Anklagen gegen ein Schulsystem, das zwar den Ungehorsam des Heroen und den Kämpfer in der Geschichte lobte, die jungen Schulrebellen aber meist gnadenlos bestrafte. Aus der Menge herausgegriffen seien nur einige Beispiele, etwa «Der Schüler Gerber» von Friedrich Torberg; «Die Verwirrungen des Zöglings Törleß» von Robert Musil; «Frühlingserwachen» von Frank Wedekind und fast alle frühen Schriften von Hermann Hesse, besonders «Unterm Rad». Auch die Schulszenen aus Thomas Manns «Buddenbrooks» gehören dazu, wie Tucholsky in einem Brief bemerkte: «Hannos Schulzeit ist unser aller Schulzeit.»[28] Und wenn man die Jugendbriefe vieler später berühmt Gewordener liest, etwa von Hölderlin oder Mörike, überall findet man die gleichen Klagen: Erziehung zu Gehorsam und Autoritätsgläubigkeit, Unterdrückung von Phantasie und Eigen-sinn.

Kurt Tucholsky hatte dies bald erkannt und sich dagegen gewehrt: mit Verweigerung, Spott und Wut. Hesses Feststellung: «Eine Tugend gibt es, die liebe ich sehr, eine einzige. Sie heißt Eigensinn»[29], galt auch für ihn. Was Hesse 1919 in romantischer Umschreibung formulierte, klang bei Tucholsky zwei Jahre später so: «Denn nichts ist schwerer und nichts erfordert mehr Charakter, als sich in offenem Gegensatz zu seiner Zeit zu befinden und laut zu sagen: Nein.»[30] Tucholsky befand sich schon sehr früh in offenem Gegensatz zu seiner Zeit und deren Vertretern. Wenn er sein Nein auch oft hinter Scherz und Spott versteckte, war es doch deutlich vernehmbar.

Nachdem Tucholsky 1907 das Kgl. Wilhelms-Gymnasium verlassen hatte, wurde er von seiner Mutter zur privaten Vorbereitung auf das Abitur zu Studienrat Kraßmöller[31] geschickt. Es ist unklar, ob er in Pension gegeben wurde oder ob er nur täglich zum Unterricht und zu den Hausaufgaben dorthin marschierte. Sicher ist jedoch, daß Willi Kraßmöller den Lehrbetrieb nicht ernster nahm als unbedingt nötig und sich dadurch schnell Tucholskys Vertrauen erwarb. Noch 1929 schwärmte dieser: «ich verdanke dem Mann sehr, sehr viel; er war ein wunderherrlicher Einpauker».[32] Auch Heinz Ullstein, der bei Kraßmöller Nachhilfeunterricht bekam, bezeichnete ihn als eine Seele von Mensch, der «seine Gutmütigkeit hinter polterndem Wesen verbarg». «Er sagte mir auch, er sei auf verrückte Schüler spezialisiert oder auf solche, die irgendwas mit der Kunst zu tun haben wollten. Es kam für ihn auf eins heraus.»[33] Daß Tucholsky sich bei solch einem Lehrer wohler fühlte als in einem herkömmlichen Gymnasium, kann man sich gut vorstellen.

Wie wenig Kraßmöller mit der herrschenden Schulerziehung gemein hatte, zeigt eine kleine von Tucholsky überlieferte Geschichte. Damit er beim Abitur auch ja nicht durchfalle, überredete Kraßmöller ihn, das «Einjährige» vor einer militärischen Prüfungskommision in der Heidestraße am Lehrter Bahnhof noch einmal zu machen. Von schneidigen Offizieren und einigen traurigen Zivilisten wurde er im

Mai 1908[34] «scharf geprüft», von den zwölf Kandidaten kamen nur zwei durch. Einer davon war Kurt Tucholsky, der nun zwei «Einjährige» hatte. Die Generalprobe zum Abitur war gelungen.

Im Frühjahr 1909 wurde Tucholsky zur Reifeprüfung angemeldet und mit Beschluß des Provinzialkollegiums vom 12.8.1909 dem Königlichen Luisen-Gymnasium zugeteilt. Einige Wochen mußte er noch einmal die Schulbank drücken, dann begannen die Prüfungen. Derjenige, «der ein Abitur als Externer bauen wollte, [wurde] wie ein Verbrecher behandelt; man kam sich vor, als stehe man als Entlastungszeuge vor einem Staatsanwalt... so etwa war die Atmosphäre. Ich arbeitete wie ein Neger», erinnerte sich Tucholsky später.[35] Am 21. September bekam er endlich sein Abiturzeugnis. Die Noten schwankten zwischen «gut» in Griechisch, Französisch, Physik und «genügend» in Latein, Geschichte, Erdkunde und Mathematik. Auch in Deutsch gab es nur ein «genügend», mit dem Vermerk: «Seine schriftliche Arbeit genügte nur knapp» den Anforderungen, die «mündlichen Leistungen aber waren gut».[36]

> «Wir haben weißbärtige Professoren, von denen der eine den andern auszischt»
> oder
> «von der Lust des Lernens, das uns versagt ist»[37]

Am 7. Oktober 1909, zwei Wochen nachdem er sein Abiturzeugnis bekommen hatte, immatrikulierte sich Kurt Tucholsky an der Juristischen Fakultät der Friedrich-Wilhelms-Universität zu Berlin.[38] Mit etwa 9000 Studenten war die Berliner Universität die größte in Preußen und hatte sich einen internationalen Ruf erworben, sieben in Berlin lehrende Professoren hatten bereits den 1901 erstmals verliehenen Nobelpreis bekommen.[39] Jüdische oder gar sozialdemokratisch gesinnte Lehrer wurden jedoch nicht geduldet, notfalls konnte man solche «Elemente» mit dem kaiserlichen Disziplinargesetz von 1898 aus der Universität entfernen. Folglich war die Haltung der meisten Professoren staatserhaltend bis reaktionär, und sie fühlten sich, vom Kaiser mit Orden und Titeln ausgezeichnet, als «erstes Garderegiment

Wissenschaft»[40]. Auch bei der Studentenschaft überwogen die feudal-reaktionären Korpsstudenten, die sich darüber empörten, daß sie in den Hörsälen «jüdischen Kommilitonen» begegnen mußten. Die «Freien Studentenschaften», die 1896 in Leipzig als Gegenbewegung zu den reaktionär-antisemitischen Korporationsstudenten gegründet worden waren und von diesen als «jüdisch-sozialistisch verseucht» beschimpft wurden, hatten keinen großen Einfluß, überdies waren sie seit 1908 durch Programmstreitigkeiten entzweit.[41] Tucholsky urteilte wenig später über sie: «die Freistudenten unterliegen überall mit Recht. *Sie sind feige*. [...] Von jedem Arbeiter könnten sie lernen.»[42] Als er 1909 an die Universität kam, waren sie gerade vom Rektorat verboten worden. Nach energischen Protesten der Öffentlichkeit und da «verbotene Studenten» schlecht zu den anstehenden Jubelfeiern zum 100. Geburtstag der Universität gepaßt hätten, hob der Rektor das Verbot wieder auf.[43]

Tucholsky belegte im Wintersemester 1909/10 sechs Vorlesungen: deutsche Rechtsgeschichte, Einführung in die Rechtswissenschaft, System des römischen Privatrechts, Gerichtliche Medizin, Geschichte des römischen Rechts und Einführung in die Nationalökonomie. Die öffentlichen Vorlesungen sollten lediglich einen ersten Überblick verschaffen, wichtiger waren die sogenannten Privatvorlesungen, die allerdings bezahlt werden mußten. Für Begabte und fortgeschrittene Studenten gab es dann noch zusätzlich die «Privatissima», die verschiedene Dozenten anboten. Pflicht war jedoch, mindestens eine «Privatvorlesung» pro Semester zu besuchen, da dieses sonst nicht auf das Studium angerechnet wurde. So kostete ein Semester etwa 100 bis 180 Mark, eine ganz ordentliche Summe, wenn man bedenkt, daß ein Arbeiter damals nur durchschnittlich 1000 Mark im Jahr verdiente.[44]

Am 14. März 1910 meldete Tucholsky sich an der Universität Berlin schon wieder ab, um im Sommersemester in Genf zu studieren. Zum einen wollte er wohl der wilhelminischen Pracht- und Machtentfaltung während des Universitätsjubiläums entfliehen,[45] zum anderen gehörte es zur studentischen Tradition, nicht nur an einer Universität zu studieren. Mit der Stadt Calvins und Rousseaus freundete sich Tucholsky schnell an. Noch vier Jahre später schwärmte er von den «Treppen, die wir an warmen Sommernachmittagen herunterschlenderten, die großen Freitreppen an der Universität; der See; das wunderschön teure Essen im Hotel; die alte Stadt, hügelig, mit kleinen Gassen; und immer wieder die Rhônebrücke!»[46] Er mietete sich in der Rue de Carouge 8 eine Studentenbude bei Mme Faire, zog aber schon bald um in die Rue de Florissant 5, in der viele Studenten und Emigranten aus Osteuropa wohnten. Tucholsky erinnerte sich an dieses Völkergemisch, vor allem an die weiblichen Vertreter: «Der rothaarige Puck, der in seinem zerkauten Deutsch sagte: ‹Isch werden nie Schunge bekommen›; die vermaledeite Russin; die Polin, die mich vor dem Seziersaal, wo sie ein Kolleg hören sollte, fragte: ‹Est-ce qu'il y a des morts dedans?› (und sie war ganz grün vor Angst).»[47]

Für das Sommersemester von April bis Juli belegte Tucholsky drei Vorlesungen an der juristischen Fakultät, die zum Teil in deutscher Sprache gehalten wurden, außerdem Seminare an der Fakultät für Literatur- und Sozialwissenschaften über «Analytische Lektüre moderner französischer Autoren», über «Sitten und Institutionen im Frankreich des 17. Jahrhunderts», «Aussprache und französische Betonungen» und in der medizinischen Fakultät einen Kurs über «Pathologie».[48]

Am 25. Oktober desselben Jahres schrieb sich Tucholsky wieder an der Berliner Universität ein[49] und belegte Übungen zum Bürgerlichen Gesetzbuch, Vorlesungen über Handelsrecht, Familienrecht, Grundzüge des deutschen Privatrechts, Erbrecht, Reichsversicherungsordnung, Strafrecht, Kirchenrecht, Völkerrecht und Allgemeine Staatslehre. «Ihr müßtet nur einmal die Vorlesungen eines preußischen Professors über Staatsrecht mitangehört haben, um zu hören, was es alles auf der Welt gibt. ‹Der Staat ist mächtig, allmächtig, heilig, verehrenswert, Ziel und Zweck der Erdumdrehung – der Staat ist überhaupt alles.› Und vor allem: er trägt vor niemand eine Verantwortung!»[50]

Tucholsky übertrieb wohl nicht, wenn er die Ausführungen des Professors Bornhak, bei dem er Vorlesungen über Staatsrecht hörte, so hart kritisierte. Bornhak, seit 1896 an der Berliner Universität, war gleichzeitig Lehrer für Staats- und Völkerrecht an der Kriegsakademie und nach 1918 ein erklärter Gegner der Weimarer Verfassung. 1929 schrieb er ein Buch, in dem er die Kriegsschuld den anderen Ländern anlastete und zu dem Ergebnis kam: Der Kaiser «war zweifellos der bedeutendste staatsmännische Geist der nachbismarckischen Zeit und überragte alle seine politischen Ratgeber um mehr als Haupteslänge»[51]. Nach 1933 konnte Bornhak in Deutschland weiter ungehindert lehren und publizieren.

Auch Tucholskys andere Professoren waren meist von kaisertreuer Gesinnung und durch allerlei öffentliche Ämter stark in das System eingebunden. Prof. Martitz war Mitglied des preußischen Oberverwaltungsgerichts, Prof. Brunner Mitglied der preußischen Akademie der Wissenschaften und Mitglied der Zentralredaktion der «Monumenta Germaniae historica», Prof. Kohler galt als Anhänger der «Vergeltungslehre», und so fort. Ausnahmen bildeten etwa Prof. von Liszt, seit 1908 Mitglied des preußischen Abgeordnetenhauses und seit 1912 Mitglied des Reichstags, einer der führenden Vertreter der kriminologisch-soziologischen Strafrechtsschule, der entschieden für eine Reform des Strafrechts eintrat, sowie der eher liberale Prof. Anschütz, der sogar in der ersten Kriegsbegeisterungsphase 1914/15 eine öffentliche Rede dazu benutzte, überfällige Reformen anzumahnen, und «einen Radikalismus des Festhaltens am Bestehenden, einen konservativen Radikalismus» anprangerte: «Radikalismus rechts und links, Ablehnung aller Verhandlungen und Verständigungsversuche, wie der objektive Betrachter zugeben muß: öfter durch die Rechte als durch die Linke.»[52] Anschütz war maßgeblich an der Weimarer Verfassung beteiligt, war Mitherausgeber des fünfbändigen «Handbuchs der Politik»[53] und vertrat 1932 nach der staatsstreichartigen Absetzung der sozialdemokratischen preußischen Regierung Braun durch Reichskanzler Franz von Papen die preußische Regierung vor dem Staatsgerichtshof gegen das Reich. Aus politischen Gründen mußte er am 1. April 1933 emeritieren.[54]

Neben den juristischen Seminaren besuchte Tucholsky auch Vorlesungen bei Prof. Wagner über «Allgemeine und theoretische Nationalökonomie» und «Spezielle und praktische Nationalökonomie» sowie bei Prof. Schmoller über «Die Lage der arbeitenden Klassen». Das waren aber keineswegs marxistische oder auch nur sozialdemokratische Ansichten, die er da zu hören bekam. Wagner, ein glühender Patriot und Befürworter der Kolonialpolitik des Kaisers, war führend in der christlich-sozialen Partei des Pfarrers Stöcker[55] tätig, zeitweise konservatives Mitglied des preußischen Abgeordnetenhauses und seit 1910 Mitglied im preußischen Herrenhaus. Wagner war ein führender Vertreter des «Staatssozialismus», ähnlich wie Schmoller, der überzeugt war, daß die Beamten die «berufenen Vertreter des Staatsgedankens» und die «einzig neutralen Elemente im sozialen Klassenkampf» seien.[56] Wie Wagner war auch Schmoller für eine gemäßigte Sozialreform «von oben», um dadurch die Arbeiterschaft für das bestehende Regime zu gewinnen.

Tucholsky hat sein Studium nicht sonderlich ernst genommen und den Universitätsbetrieb sehr früh heftig kritisiert. Schon 1911 konstatierte er im «Vorwärts»: «Wir haben weißbärtige Professoren, von denen der eine den andern auszischt.»[57] Ein Jahr später schrieb er über das Referendarexamen einen Artikel, in dem er die Rückständigkeit und Praxisferne des Studiums und der Professoren anprangerte: «Begriffe wünschen sie definiert zu sehen, Theorien erörtert, Gesetze geschichtlich entwickelt...»[58] Hier wie auch in anderen Artikeln klagte Tucholsky darüber, daß die Studenten nicht für die praktische Arbeit ausgebildet, sondern daß aus «staubigen Wälzern» Theorien über die Gesetze der alten Römer und Germanen breitgetreten würden. «Sie fassen das Recht als eine Art Mathematik auf, als ein Schema starrer Dogmen, das vom Himmel auf ihre Köpfe fiel. [...] Was soll mir alles Geschrei über den Übergang des Eigentums bei den Römern, wenn ich mein Gehalt, das mir der Chef verweigert, nicht in einer Woche einklagen kann?»[59] Tucholsky schilderte an anderer Stelle einen Fall, in dem er «selbst tätig war. Ein Verleger entließ einen Zeichner», bevor dessen Vertrag ausgelaufen war. Die Gerichtsverhandlungen zogen sich über mehrere Termine hin, bis sich schließlich Verleger und Zeichner einigten. «Nun weiß ich zwar, wie lange eine Pflaume zum Reifen braucht, aber ein deutscher Prozeß steht sehr oft in scheinbar ewiger Blüte, ohne jemals an den Fruchtansatz zu denken. [...] Faktum: es war in diesem in wirtschaftlicher Beziehung ordinären Durchschnittsfall unmöglich, von einem deutschen Zivilgericht eine Entscheidung herauszubekommen.»[60]

Neben den vorgeschriebenen juristischen Vorlesungen besuchte Tucholsky ab und zu auch germanistische Veranstaltungen.[61] Für das Sommersemester 1912, das am 16. April anfing und sein letztes offizielles war, suchte Tucholsky im Vorlesungsverzeichnis auch nach «Deutscher Literatur»: «siebzehn Vorlesungen werden über diesen Gegenstand gehalten. Trübe wird der Blick, traurig der Sinn: [...]

Wer nie bei dem säuselnden Getön der professoralen Stimme Arabesken in die Bänke schnitt, wer diese Philologen nicht anhörte, ihr Ersaufen in Tatsachen, ihr dünkelhaftes Urteil über Künstler, die sie nie begriffen, – der mag glauben, daß aus dem Besuch der Vorlesung über den deutschen Roman bis zur Gegenwart oder Politik irgend etwas herausspringt. [...] Nur soviel: das papaliche Verstehen der ‹menschlichen Schwächen› der Dichter, das Herausklauben von Daten, – widerlich! widerlich!» Für ihn war das «einzige nutzbare, ehrliche Kolleg: Byzantinische Übungen. Mittwoch 6–8 abends. Gratis.»

Am 10. August 1912 verließ Kurt Tucholsky die Universität und bereitete sich auf das erste juristische Staatsexamen vor, zu dem er am 15. März 1913 zugelassen wurde.[62] Nach eigenen Angaben brach er das Examen während der Abfassung der schriftlichen Arbeit ab, um in die juristische Verlagsbuchhandlung Haude & Spener in Berlin einzutreten. Im Juni 1914 legte er der Universität Jena ein diesbezügliches Arbeitszeugnis vor.[63] Wenn Tucholsky auch das Staatsexamen, das ihn für eine höhere juristische Laufbahn befähigt hätte, abbrach, auf seinen Doktor-Titel wollte er nicht verzichten.[64] Die Studien, die er für seine Referendararbeit gemacht hatte, baute er zu einer Dissertation über das Hypothekenrecht aus: «Die Vormerkung aus § 1179 BGB und ihre Wirkungen.»[65] Viel Zeit hat er sich dafür nicht genommen, am 2. August 1913 schickte er die Arbeit bereits an die Universität Jena, mit der Bitte um Zulassung zur Promotion. Nach Möglichkeit sollte der Termin für die mündliche Prüfung noch im November stattfinden, wie er vermerkte.[66] Doch daraus wurde nichts. Die dünne Arbeit wurde Prof. Heinrich Lehmann von der juristischen Fakultät «zur gefälligen Begutachtung» vorgelegt, und da blieb sie erst einmal liegen. Am 21. Januar 1914 beantragte Lehmann in seiner Stellungnahme die «Abweisung», die Tucholsky bereits zwei Tage später zugeschickt wurde, zusammen mit seiner Arbeit, die er nun gründlich überarbeiten mußte.[67]

Am 12. Mai 1914 immatrikulierte sich Tucholsky noch einmal an der Berliner Universität, aber nicht, um für seine Doktorarbeit «nachzubüffeln». Er belegte bei Prof. Penck «Allgemeine Erdkunde», bei Dr. Spethmann eine Vorlesung über Asien und «Psychologie» bei dem Psychologen und Philosophen Benno Erdmann, der hauptsächlich durch seine Kant-Forschungen und seine Arbeiten zur

Logik und Erkenntnistheorie bekannt war. Psychologie hieß bei Erdmann in erster Linie «Psychologie des Denkens» oder «Psychologische Untersuchungen über das Lesen auf experimenteller Grundlage».[68] Tucholsky meinte wahrscheinlich diesen Professor, als er sich 1929 erinnerte, daß er «zu Füßen eines großen Lehrers» saß und dessen Kolleg «schand... schund? schund sein Kolleg. Da ging mir manches auf. Da verstand ich auf einmal alles, was vorher [...] dunkel gewesen war; *da* sah ich Zusammenhänge und hörte mit Nutzen und schlief keinen Augenblick; *da* war ich ein aufmerksamer und brauchbarer Student. Da – als es zu spät war.»[69] Am 8. August 1914 verließ stud. phil. Tucholsky die Universität wieder.

Inzwischen hatte er am 9. Juni 1914 seine überarbeitete Dissertation erneut bei der Universität Jena eingereicht und bat um eine Prüfung, «wenn angängig, noch im Sommersemester» 1914. Aber auch diese Fassung genügte noch nicht ganz den Anforderungen, die Arbeit ist mit zahlreichen Randbemerkungen des Doktorvaters versehen. Tucholsky mußte noch mal ändern und sich auf die mündliche Prüfung vorbereiten. Er empfand dies als «eklige, leere Zeit»[70]. Am 12. November 1914 wurde er endlich zur mündlichen Prüfung zugelassen, die bereits auf den 19. November, nachmittags 5 Uhr angesetzt wurde. Nachdem Tucholsky auch die 84 halbseitig beschriebenen Blätter seiner Dissertation («III. Entwurf») noch einmal handschriftlich verbessert hatte, bescheinigte Prof. Lehmann am 12. Januar 1915: «Der Druckerlaubnis steht kein Hindernis mehr im Wege.» Am 14. Januar wurde die Arbeit daraufhin von der juristischen Fakultät genehmigt. Am 12. Februar 1915 bestätigte ihm die Universität schließlich, daß er cum laude, also mit gutem Erfolg, bestanden hatte und sich künftig Dr. jur. Kurt Tucholsky nennen dürfe. Bis 1933, da wurde ihm von den Nationalsozialisten der Titel wieder aberkannt.[71]

Warum er seinen Doktor nicht in Berlin machte, ist nicht mehr zu ermitteln. Auch nicht, warum er sich in Jena bewarb, das er wenige Jahre später verspottete: «‹Haben Sie nicht in Jena studiert?› – ‹Ich war so frei›, sagte der junge Prinz. ‹Nun, nun›, begütigte der Alte, ‹das ist weiter keine Schande, es kann jedem passieren›.»[72]

DREI

«Ein Student mit einiger stilistischer Begabung, der vorläufig noch nicht weiß, was er werden soll»[1]

Tucholsky las seit seiner Kindheit sehr viel: Bücher, Zeitschriften, Zeitungen. Die Reste seiner Bibliothek, Bücherlisten und vielerlei Hinweise in seinen Artikeln geben ein beredtes Zeugnis davon. Seine Schwester Ellen erinnerte sich in einem Gespräch noch deutlich an den Kult, den Tucholsky mit seinen Büchern veranstaltete: Jedes neue Buch wurde «festlich gefeiert. Dann wurde ich in sein Zimmer geführt, und dann haben wir Verbeugungen gemacht vor dem Buch.» Damit die Geschwister an Kurts Freude über die Neuerwerbung teilhaben konnten, erfand er sogar einen «besonderen Gesang» für diese Zeremonien. Und die Bücher, die er besonders liebte, «ließ er wirklich wunderbar einbinden».[2]

Während seines Studiums fing Tucholsky auch an, aus den verschiedenen Zeitungen, die er las, für ihn interessante Artikel auszuschneiden und zu archivieren:[3] Artikel über Fürsorgeerziehung, Todesstrafen, politische Gesinnungsschnüffelei und immer wieder über Mißstände bei der Polizei und beim Militär. Und er las nicht nur eine Tageszeitung, sondern in der Regel vier bis fünf: «Berliner Tageblatt», «Tägliche Rundschau», «Vorwärts», «Berliner Zeitung», «Vossische Zeitung», manchmal auch die «Dresdner Volkszeitung», den «Tag» und die «Kreuzzeitung», nebenbei dann noch Zeitschriften wie «Simplicissimus», «Pan», «Die Schaubühne», «Süddeutsche Monatshefte», «Germania», «Kunstwart»: ein buntes Spektrum.[4] 1922 kritisierte Tucholsky die Leser, die immer nur eine Zeitung läsen und auf deren Meinung «wie auf die Bibel» schwörten: «Das Malheur ist nicht, daß die Leute Zeitungen lesen. Das Malheur ist, daß sie meist nur eine Zeitung lesen. Ihr Blatt. Das Blatt.»[5] Tucholsky wollte sich nicht eine «Zeitung wie einen Hund»[6] halten, er wollte eine Sache «von vorn und von hinten sehen»[7]. «Das Niveau eines Menschen ist außer an andern Dingen auch daran zu erkennen, wieweit er fähig ist, über seine Gruppe hinauszusehen. Nur der kann für voll genommen werden, der sich zwar aus Utilitarismus oder Überzeugung seiner Gruppe anschließt, aber doch genau weiß: man kann es auch anders machen, denn anderswo wird es anders gemacht.»[8]

1911 reizte Tucholsky ein Artikel in der konservativen Zeitung «Tag» über die angeblich notwendige Zensur für das Proletariat zum Widerspruch. Der Autor Oskar A. H. Schmitz meinte darin: «Es ist bekannt, daß die Frivolität der höheren Gesellschaftskreise nicht annähernd so bedenklich im Interesse der Allgemeinheit ist, wie die Verderbnis im Mittelstand oder gar im Volke.» «Alles für alle» sei Tyrannei, «jedes an seinem Platz» dagegen sei wahre Freiheit.[9] Als Schmitz auch noch bedauerte, daß der «Simplicissimus» zu billig und dadurch zum beliebtesten Familienblatt des Volkes geworden wäre, setzte sich Tucholsky an die Schreibmaschine: «Jedem Arbeiter sein Gebetbuch und jedem Legationsrat seine Aktstudien! [...] ‹Frivolität! Unzucht!› rufen sie, während sie es in ihren Kreisen: Freiheit, Sichausleben! nennen. Privilegierte Unsittlichkeit ist schlimmer als eine, die von der Unbildung her kommt, und ein Bauernknecht, der einer Magd ein Kind macht, steht höher als der Greis, der mit zitterigen Händen widerliche Bilder betastet.» Und er forderte, daß die Zensur dahin wandere, «wohin sie gehört, auf den – Kehricht!»

Dieser Artikel, der am 25. April 1911 im «Vorwärts» erschien, war der eigentliche Auftakt zu Tucholskys schriftstellerischer Laufbahn.[10] Noch schrieb er nicht, um davon zu leben, was bei acht bis zehn Pfennig Zeilenhonorar[11] auch äußerst schwierig gewesen wäre. Und bis Dezember 1911 erschienen lediglich 15 Beiträge von ihm im «Vorwärts», einer im «Pan». Aber Tucholsky hatte wie seine Tante Berta, die gelegentlich in der «Vossischen Zeitung» über Bücher, Schauspielerinnen und das «galante Zeitalter» schrieb,[12] seine Lust an der Formulierung entdeckt. Noch hatte der schreibende Student vor, Verteidiger zu werden, wie er im September gegenüber Franz Kafka beteuerte. Aber diese ersten Fingerübungen zeigen doch schon die Richtung an, lassen etwas von dem Tucholsky ahnen, der wenig später unter Siegfried Jacobsohns Einfluß zu einem der brillantesten

Autoren der Weimarer Republik wurde. Mit Lust an der Formulierung rieb er sich an der preußischen Justiz, am Reichskanzler Bethmann Hollweg, dem er zurief, er solle endlich aufwachen, denn: «Der Totenwurm pickt im Reichstagssaal, / Ganz Deutschland hört ihn hämmern,» [13] oder er spießte den satten Bürger auf:

> Das Auge tropft. Der dicke Bauch schlägt Wellen.
> Er schenkte was!! [...]
> Der Bürger denkt bei Tisch, nach süßen Torten
> und blauem Aal,
> (Hupp! stößt's ihm auf –): «Wie sind wir allerorten
> christlich-sozial!» – [14]

Kurz vor Weihnachten kam er noch einmal auf dieses Lieblingsthema zurück und karikierte die «bourgeoise Psyche», die Mitgefühl und Menschlichkeit als Atavismen empfand und sich dagegen panzerte: «Brave Bürger mit wohltemperierter seelischer Verdauung. Nur wirken leise soziale Gefühlchen zuweilen ein wenig störend.» [15] Der Moralismus, der fast alle Satiriker antreibt, wird hier bereits deutlich sichtbar. Die schärfsten Angriffe richtete Tucholsky damals noch gegen die hochgekommenen und korrupten Spießer und Schieber, die satten, denkfaulen Bürger ohne Kultur, die schikanierenden Beamten und die dreisten Schwindler, die sich selbst genauso belogen wie die anderen. «Ladenschwengel, Frauenzimmer, Pack, das sich mit Gewalt höher schrauben will und sich vornehm dünkt», das aber sogar «zu blöde» sei, «um unmoralisch zu sein», urteilte er 1912 im «Vorwärts» über die kleinen Leute mit den Träumen von der großen Welt. [16]

Heinz Ullstein beschrieb in seinen Memoiren den Tucholsky jener Zeit: «Wenn wir politisierten, taten wir es, ohne es im Grunde zu wissen. Wir lehnten alle ab, die ausschließlich dem Mammon nachjagten, aber wir verbanden damit keine antikapitalistischen Vorstellungen. Wir wußten, daß die Arbeiterklasse unterdrückt war, und wir fanden vieles reformbedürftig. Tucholsky war bereit, für die Interessen aller Unterdrückten einzutreten. Für ihn, den vollendeten Gentleman, gab es nichts Schlimmeres als Nichtachtung denen zu erweisen, die zu den Schwachen und Schwächsten gehören. [...] aber das war kein Grund, mit ausgebreiteten Armen jeden aufzunehmen, der vom Schicksal her auf der Seite der Enterbten stand. Auch sah Tucholsky keinen Sinn darin, sich bescheidener zu kleiden, als seine Verhältnisse zuließen.»[17]

Im Sommer 1911, als Deutschland unter extremer Hitze litt, verabschiedete sich Tucholsky im «Vorwärts» mit einem kleinen Gedicht in die Ferien: «Die Sonne glüht. Der Asphalt kommt ins Kochen, / daß jedes Pferd zusammenklappt.»[18] Zuerst fuhr er mit seiner Freundin, der Medizinstudentin Else Weil, für drei Tage nach Rheinsberg, anschließend verbrachten sie drei Wochen an der Ostsee. Zusammen mit seinem Freund, dem Maler Kurt Szafranski, reiste er dann Ende September nach Prag, um dort den Schriftsteller Max Brod zu besuchen. Besonders angetan waren sie von dessen Buch «Ein tschechisches Dienstmädchen». Brod erinnerte sich, daß eines Tages zwei junge Männer bei ihm erschienen, die so aussahen, «wie man sich zwei reisende Handwerksburschen vorstellt», und ihm eine Riesenschachtel als «Huldigungsgeschenk» mitbrachten: «öffnete man die, so sah man einen Karton, auf dem winzige Hütten aus Papier aufgeklebt standen, ditto Baumalleen und allerlei Tiere wie Kühe, Schweinchen, Gänse nebst einigen Männern, Bäuerinnen, Kindern. Ein tschechisches Dorf, wie es sich in der Phantasie der beiden Berliner Handwerksvagabunden darstellte, auf Grund vorerwähnter Dienstmädchennovelle, namentlich aber des dort zitierten erotischen Liedchens von der schönen Andulka, der Schafferstochter und Gänsehüterin, die nachts so gut küssen kann.»[19] Zwischen Brod und Tucholsky entwickelte sich rasch eine «innige Verbundenheit», die aber der «träumerisch dichterische[n] Seite» Tucholskys galt. Den politischen Publizisten lehnte Brod bald wegen dessen Radikalität ab. Später revidierte auch Tucholsky seinen anfänglich positiven Eindruck: Im Juni 1924 erklärte er, daß ihm Max Brod «nicht recht gefiel und mir in Prag und Berlin eine große Enttäuschung war»[20]. Die «große Enttäuschung» hinderte Tucholsky jedoch nicht daran, den Schriftsteller Brod auch weiterhin zu würdigen. Noch 1928 bekannte er, daß er Brods neue Arbeiten immer lese,[21] und schrieb ihm: «ich möchte ja nicht in die Abteilung Ihres Herzens gucken, in dem ich einmal eine Kammer gehabt habe, weil ich Furcht hätte, mich dort nicht mehr anzufinden.»[22] Rezensiert hat er jedoch nur zwei frühe Werke Brods, die ihm auch einige Anregungen für eigene Arbeiten gaben: «Über die Schönheit häßlicher Bilder» und «Die Höhe des Gefühls»[23]. Von seiner Reise nach Prag schwärmte Tucholsky noch 1926 in der «Weltbühne»: «Als ich noch ein ganz kleiner Junge war, Tanzstunden nahm und glaubte, daß Richter Leute seien, die Recht sprächen, da besuchte ich zusammen mit einem dicken Freunde den Max Brod in Prag. Brod war freundlich und nett, zeigte uns seine schöne Stadt, machte uns mit Oskar Baum bekannt, dem blinden, feinen Dichter – es waren leuchtende Tage.»[24]

Brod stellte die beiden Besucher auch seinem Freund Franz Kafka vor, der wie Tucholsky Jura studiert hatte und nun Angestellter einer Arbeiter-Unfall-Versicherung und literarisch noch fast völlig unbekannt war. Lediglich in der von Franz Blei geleiteten Zeitschrift «Hyperion» waren schon einige Geschichten von ihm veröffentlicht worden. Ende September notierte Kafka seine Eindrücke über Tucholsky: «ein ganz einheitlicher Mensch von 21 Jahren. Vom gemäßigten und starken Schwingen des Spazierstocks, das die Schulter jugendlich hebt, angefangen bis zum überlegten Vergnügen und Mißachten seiner eigenen schriftstellerischen Arbeiten. Will Verteidiger werden, sieht nur wenige Hindernisse – gleichzeitig mit der Möglichkeit ihrer Beseitigung: seine helle Stimme die nach dem männlichen Klang der ersten durchredeten halben Stunde angeblich mädchenhaft wird – Zweifel an der eigenen Fähigkeit zur Pose, die er sich aber von größerer Welterfahrung erhofft – endlich Angst vor einer Verwandlung ins Weltschmerzlerische, wie er es an ältern Berliner Juden seiner Richtung bemerkt hat, allerdings spürt er vorläufig gar nichts davon. Er wird bald heiraten.»

Ein ganz einheitlicher Mensch? Bereits im nächsten Absatz revidierte Kafka diesen Eindruck: «Gestern abend auf dem Nachhauseweg hätte ich mich als Zuschauer mit Tucholski verwechseln können. Das fremde Wesen muß dann in mir so deutlich und unsichtbar sein, wie das Versteckte in einem Vexierbild, in dem man auch niemals etwas finden würde, wenn man nicht wüßte, daß es drin steckt.»[25] Kafka, der Gespaltene, Melancholische, erkannte in Tucholsky den «Bruder». Er fühlte dessen Gespaltenheit und den Weltschmerz, vor dem sich Tucholsky so fürchtete, den er verdrängte und angeblich noch nicht spürte. Aber gleichzeitig hatte Tucholsky dieses Gefühl bereits in seinem Buch «Rheinsberg» beschrieben: «Glücklich sein, aber nie zufrieden. [...] Und es gibt keine tiefere Sehnsucht als diese:

die Sehnsucht nach der Erfüllung. Sie kann nicht befriedigt werden...»[26] Wie groß die Ähnlichkeit zwischen Kafka und Tucholsky war, zeigen Tucholskys Briefe an Mary Gerold, die Fritz J. Raddatz zu Recht mit den Briefen Kafkas an Felice Bauer verglich.[27] Nicht nur in Details, auch in fast übereinstimmenden Formulierungen finden sich Gemeinsamkeiten. Und so verwundert es nicht, daß Tucholsky Kafka «liebte», wie er Mary Gerold 1924 schrieb. Er erlebte ihn in Prag «als einen langen, magern, braunen Menschen, dunkel, sehr schweigsam, sehr schüchtern und zurückhaltend»[28]. Tucholsky liebte an Kafka die «tiefe Melancholie», die er selbst immer stärker in sich spürte, und so war nicht nur auf Kafka sein Satz gemünzt: «hier ist der ganz seltene Fall, daß einer ‹das Leben nicht versteht› und recht hat.»[29] Auch während Kafkas Besuchen bei seiner Verlobten in Berlin 1913/14 hatten sich die beiden getroffen,[30] und Tucholsky war einer der ersten, der seit 1913 auf Kafkas Bücher hinwies: «Ein Gott formt eine Welt um, setzt sie neu zusammen». Aber diese Welt ist kein Märchen und kein Traum: «Also ein Traum? Nichts ist für mein Gefühl verkehrter, als mit diesem verblasenen Wort Kafka fangen zu wollen. Dies ist viel mehr als ein Traum. Das ist ein Tagtraum.»[31] Betroffen stellte er fest, daß Kafka mit anderen Mitteln beschrieben hatte, wogegen auch er seit Jahren kämpfte, gegen den «Apparat»: «Nie läßt sich der ganze Apparat völlig übersehen; in allen Büchern Kafkas gibt es solch einen ungeheuern, umständlichen, endlosen Apparat, der keine Allegorie ist, sondern Niederschlag des Lebens in einem sieghaft Wehrlosen. [...] ich bin mit Max Brod der festen Meinung, daß die Zeit dieses wahren Klassikers der deutschen Prosa noch einmal kommen wird.»[32]

Wahrscheinlich lernte Tucholsky in Prag auch den gleichaltrigen Franz Werfel kennen,[33] dem er 1913 in dem von Brod herausgegebenen Jahrbuch «Arkadia» seine Geschichte «Kindertheater» widmete.[34] In diesem Jahrbuch, das Beiträge unter anderem von Robert Walser, Werfel, Blei, Moritz Heimann und Brod enthielt, war auch Kafka mit seiner Novelle «Das Urteil» vertreten. Zu Werfel entwikkelte Tucholsky in späteren Jahren ein zwiespältiges Verhältnis. In der «Weltbühne» verspottete er ihn 1922 als langweiligen Menschheitsdichter «Rabindranath Werfel» («Zu diesem Werfel»)[35], und 1928 warf er ihm seine «Rentenphilosophie» vor. Gleichzeitig rühmte er jedoch seine «großen dichterischen Qualitäten»[36].

1912 erweiterte sich Tucholskys Spektrum,[37] er wurde vielseitiger und auch schärfer in der Diktion. Neben Theater-, Buch- und Filmkritiken schrieb er kleinere Glossen und Satiren, in denen er z. B. den Polizeipräsidenten als «Harun-al-Raschid» verspottete, die Unfähigkeit der Justiz und die Todesstrafe scharf angriff und sich über die Tagespolitik oder einzelne Parteipolitiker lustig machte. Ein Thema rückte jedoch langsam ins Zentrum von Tucholskys Schaffen, das ihn bis zu seinem Tode nicht mehr loslassen sollte: Das Militär und der Krieg. Im Januar besprach er im «Vorwärts» das Buch «Aus den Tagen von Sedan» von Camille Lemonnier, das Ende Oktober bei Axel Juncker erschienen war. Bereits hier, während der Kaiserzeit mit dem allmächtigen Militär und der allgegenwärtigen Zensur, schrieb Tucholsky Sätze, die ihm später in der demokratischen Weimarer Republik erheblichen Ärger einbrachten. Er forderte pazifistische Aufklärung der Massen und «dem Krieg den Krieg zu erklären». Für ihn war klar, daß «die letzte Ursache der Kriege» in der Wirtschaft liege, daß die Soldaten nicht für Ehre oder Vaterland sterben würden, sondern für «Schemen» und das «Portemonnaie» der Industrie. Und voller Zustimmung zitierte er Lemonnier: «Über all diesem Jammer flatterte die schmutzig-weiße Fahne des Roten Kreuzes wie die Schürze eines Metzgergehilfen.»[38] Tucholsky kam auf dieses Thema immer wieder zurück. Im März prangerte er die pensionierten Offiziere als «Kriegshetzer» an und bescheinigte den «gefürchteten Hauptleuten», daß sie nur «eine helle Stimme und ein halbes Hirn» hätten. Er kritisierte die fast täglich erscheinende Flut von Büchern aktiver und ehemaliger Offiziere, die alle den Krieg forderten und verherrlichten. Im November 1911 kündigte das «Börsenblatt des Deutschen Buchhandels» zum Beispiel ein zweibändiges Werk von Fr. v. Bernhardi an: «Vom heutigen Kriege». Der Verlag pries das Buch als «modernen Clausewitz», es sei «eine zusammenfassende Lehre vom modernen Kriege» und «entwickelt die Grundsätze des praktischen Handelns, wie sie im nächsten Kriege zur Geltung kommen werden».[39] Nach 1918 wollte aber keiner wahrhaben, daß der Erste Weltkrieg psychologisch gut vorbereitet war und Deutschland die Hauptschuld am Ausbruch des Krieges hatte.

In einem dieser patriotischen Bücher fand Tucholsky eine Stelle, an der er die Widersinnigkeit des Krieges festmachte. Bei der Belagerung von Paris 1870, so die Schilderung des Buches, hätten deutsche und französische Posten sich gegenseitig mit Kartoffeln oder Getränken ausgeholfen. Tucholsky sah in dieser kleinen Szene eine deutliche «Diskreditierung des Krieges»: «Es waren sicher Familienväter, Arbeiter, Landleute, die man in einen farbigen Rock gesteckt hatte, mit der Weisung, auf andersfarbige zu schießen. Warum schossen sie nicht? Offenbar waren doch der Nationalhaß, der Zorn, der angeblich das ganze deutsche Volk auf die Beine rief, nicht mehr so groß, wie damals Unter den Linden, als es noch nicht galt, auf seine Mitmenschen zu schießen. Damals hatte mancher mitgebrüllt, weil alle brüllten, und das verpflichtete auch zu nichts. Aber hier waren Leute, die einen Sommer und einen Winter lang an den eigenen Leibern erfahren hatten, was das heißt: Töten, und was das heißt: Hungern. Und da verschwand der ‹tief eingewurzelte Haß›, und man aß gemeinsam Kartoffeln... Dieselben Kartoffeln; dieselben Kapitalisten. Aber andere Röcke. Das ist der Krieg!»[40]

Im Mai 1912 schrieb Tucholsky im «Vorwärts» dann erstmals einen Satz, der ihm zwanzig Jahre später einen Prozeß einbringen sollte: Er ließ den «Herrgott» den Krieg «Mord!» nennen.[41] Im April 1914, also kurz vor Kriegsausbruch, wurde das Gedicht noch einmal in der «Schaubühne» nachgedruckt. Doch Tucholsky stand mit diesem Vergleich nicht allein. Im sozialdemokratischen «Vorwärts» wurde der Krieg ebenso mit einem «Blutbad» verglichen und die Opfer mit «Hingemordeten»[42], wie in der französischen Zeitschrift «Assiette au beurre», in der 1907 etwa eine Zeichnung von Delannoy erschien mit der Unterschrift: «Krieg heißt: Diebstahl, Notzucht, Mord»[43]. Rosa Luxemburg forderte im Herbst 1913 auf einer Kundgebung: «Wenn uns zugemutet wird, die Mordwaffe gegen unsere französischen oder anderen Brüder zu erheben, dann rufen wir: Das tun wir nicht.»[44] Aber selbst Monarchen wie Kaiser Friedrich III. sahen bereits den Krieg als «Blutarbeit», und König Ludwig von Holland postulierte: «Der Krieg ist nichts als organisierte Barbarei.»[45]

«Aber was in dem Buch da ist: das weiß ich schon. Eine bessere Zeit, und meine ganze Jugend.»[46]

Am 15. November 1912 erschien im Axel Juncker Verlag in Berlin ein kleines Büchlein, das schnell Aufsehen erregte: «Rheinsberg. Ein Bilderbuch für Verliebte» mit Bildern von Kurt Szafranski. Ganze Generationen hätten danach «vom Blatt geliebt», schrieb Tucholsky später.[47] In Anlehnung an die alte religiöse Formel für Maria, «Unsere liebe Frau», widmeten Tucholsky und Szafranski ihr Buch «Unsern lieben Frauen M. W. K. F. C. P.». M. W. war Mania, die Freundin Szafranskis, K. F. war Tucholskys damalige Verlobte Kitty Frankfurther[48]. Neben dieser offiziellen Verlobten – nach Heinz Ullstein «nicht neben ihr, sondern in der Hauptsache» – hatte Tucholsky noch eine Freundin, die auch bei den nächtlichen Streifzügen durch die Berliner Lokale und Cabarets meist mit von der Partie war: Else Weil, genannt Claire Pimbusch. Für sie stand das C. P. in der Widmung. Sie wurde im Juni 1889 geboren, machte nach privater Vorbereitung 1916 das Abitur im Hohenzollern-Gymnasium. Im Oktober 1910, als Tucholsky aus Genf zurückkehrte, immatrikulierte sie sich an der Universität Berlin für Philosophie, wechselte aber bereits ein Semester später zur medizinischen Fakultät.[49] Heinz Ullstein beschrieb sie als «nicht hübsch, aber anziehend», Peter Jacobsohn schildert sie noch heute als eine «sehr aparte, attraktive Person, mit einem wundervollen Sinn für Humor».[50] Den brauchte sie auch, um sich den Spitznamen Claire Pimbusch gefallen zu lassen, denn die Vorlage aus Heinrich Manns Roman «Schlaraffenland» war alles andere als anziehend: «Der Kopf saß wie eine farbenprächtige, gedunsene Giftblume auf einem zu dünnen Stengel.»[51] Verheiratet war die sich als Kokotte gebärdende Claire Pimbusch mit einem Schnapsfabrikanten, «der glaubhaft versichert, seine Frau sei von jeher außerstande gewesen zum Vollzug körperlicher Liebe, ersatzweise erleidet sie im Theater immer mal hysterische Lach- und Schreikrämpfe oder delektiert sich daheim an einem halben Teelöffel Äther, der ihr in wirren Träumen beschert, was ihr in Wirklichkeit versagt bleiben muß».[52] Trotzdem hatte sie eine starke Wirkung auf den jungen Studenten Zumsee: «Sie war geradezu das verkörperte Laster, er meinte von ihr träumen zu müssen.»

In der Tat scheint auch die Beziehung zwischen Tucholsky und Else Weil eine sehr starke erotische Bindung gehabt zu haben. Seiner späteren Frau Mary erzählte er einmal, daß er seiner Claire vier Jahre lang treu geblieben sei. Und Else Weil, die im Freundeskreis den Ruf einer «Vollbluterotikerin»[53] genoß, habe ihm gestanden, daß sie immer, wenn sie mit ihm zusammenkam, eine Art Rausch befiel. Sie sei noch ganz vernünftig, wenn sie die Treppe hochkomme, aber dann sei es aus.[54] Dieser Claire setzte Tucholsky mit seinem Buch ein unvergängliches Denkmal.

Das genaue Datum, wann Kurt Tucholsky und Else Weil in Rheinsberg waren, läßt sich nicht mehr feststellen. Sicher ist jedoch, daß es bereits im Sommer 1911 gewesen sein muß, und nicht erst, wie immer wieder behauptet, im Sommer 1912.[55] In der Besprechung «Die Mark Brandenburg in Farbenphotographie», die am 22. März 1912 im «Vorwärts» erschien, klingt an, daß Tucholsky Rheinsberg damals schon gekannt hat: «du *mußt*, wenn du das Bild siehst, weiter denken, an den lauen Sommerwind, an ein Rascheln, es ist reichlich warm, das Sonnenlicht zwinkerte durch alte Bäume – aber ferne, auf den Hügeln, lag es ausgegossen – und neben dir stand die, die du nie vergessen wirst.»[56] Nach den vorliegenden Informationen läßt sich die Entstehungsgeschichte des Buches in etwa rekonstruieren: Im August 1911 verbrachten Tucholsky und Else Weil einige Tage in Rheinsberg, danach fuhren sie an die Ostsee. 1921 berichtete Tucholsky: «Erlebnis und Schreiben waren ja – wie immer – zweierlei, und was in den drei Tagen leicht und grün vorübergeglitten war, wurde an der See in ebensoviel Wochen würgend langsam in kleine Notizbücher geschrieben. Es wollte gar nicht vom Fleck – es wäre viel lustiger gewesen, zur Claire ins Nebenzimmer zu gehen, ihr ein paar alte Socken um den Hals zu binden und ein bißchen ‹Arzt und krankes Kind› zu spielen, anstatt an dem Salat da herumzuschreiben... Aber es wurde doch durchgebissen, und in einem September kam ich mit den Büchelchen müde zu Hause an.»[57] Diese erste Fassung schickte er im Spätsommer 1911 an Max Brod. In einem langen Brief an ihn schwärmte er Anfang 1912 von dessen Versen, die «Witz und Griechentum» vereinten, und von seinen Aufsätzen über die Freude am Geschmacklosen. Und fragend fügte er hinzu, ob er sich bei dieser offensichtlichen «Verwandtschaft» noch dafür entschuldigen müsse, «daß ich, ohne Sie zu kennen, Ihnen das ‹Tagebuch› übersandte?»[58] Nach einer ermutigenden Reaktion Brods fuhren Tucholsky und Szafranski dann Ende September nach Prag. Im Oktober schickte Brod schließlich ausführlichere Anmerkungen zu dem Manuskript, für die sich Tucholsky am 24. Oktober 1911 bedankte: «ich danke Ihnen vielmals für Ihren Brief, und vor allem für Ihre Kritik. Ich bin sehr vergnügt, daß Sie auch getadelt haben. Den Schluß habe ich geändert, (die Idee des ersten stammte übrigens von Szafranski, na ja...).»[59]

Unter diesen Umständen würde auch Kafkas Hinweis auf Tucholskys «Vergnügen und Mißachten seiner eigenen schriftstellerischen Arbeiten» einen Sinn ergeben. Denn bis zum September 1911 hatte Tucholsky ja erst insgesamt 11 kleinere Gedichte und Artikel veröffentlicht. Tucholskys Angabe, daß der Verlag das Manuskript erst ablehnte, läßt vermuten, daß sich Max Brod, dessen Buch «Der Bräutigam» gleichzeitig als Band 4 der Orplid-Bücher erschien, bei Axel Juncker für den noch unbekannten Tucholsky eingesetzt hatte.[60]

«Rheinsberg» ist auf den ersten Eindruck die Geschichte eines jungen Liebespaares aus Berlin, das heimlich drei fröhliche, unbeschwerte Tage weitab vom Großstadtlärm verbringt. In der Anzeige im «Börsenblatt» hieß es denn auch: «Der ganze Duft einer jungen zarten Liebe steigt aus den Blättern empor; in das Ganze sind Episodenfiguren von heiterem liebenswürdigem Humor verwoben.»[61] In jener Zeit der geheuchelten Prüderie samt der neuromantischen Gegenbewegung mit ihrem «Heiligen Rausch», «bei dem die eine Hand betet, während die andere genießt»[62], kam das knapp hundert Seiten dünne Büchlein einer erotischen Rebellion, einer «Revolution der Natürlichkeit»[63] gleich. Neben der verlogenen und verkitschten Form, in der die Erotik meist dargestellt wurde, gab es aber auch bereits die Dramen von Wedekind, Ibsen, Strindberg oder die Romane Heinrich Manns, die in zugespitzter Form das Verhältnis zur Sexualität problematisierten und auf eine ganze Generation entscheidenden Einfluß hatten. Tucholsky kam mit seinem Buch also genau zur richtigen Zeit, das Thema lag sozusagen in der Luft. Arno Holz hatte einige Jahre zuvor bereits seine «Freß-, Sauff- und Venus-Lieder» veröffentlicht, und im gleichen Jahr wie Tucholskys «Rheinsberg» erschienen von Franziska Gräfin zu Reventlow die «Amouresken» «Von Paul zu Pedro».

Julius Bab hob daher in seiner Besprechung auch hervor, daß das Buch «nichts von der rührend-lächerlichen Pathetik bemondeter Maiabende» habe, «aber noch weniger von der parfumbelasteten Salondämonie der ‹großen Welt›».[64] Auch Hans Erich Blaich, Mitarbeiter des «Simplicissimus», jubelte: «Gottlob, Eichendorff ist noch nicht tot» und pries die jugendliche Frische, den Humor und die Grazie des Buches. «Ein verliebtes Pärchen, der brave Wolfgang und Claire, die Medizinerin, entwischt für ein paar Spätsommertage aus Berlin, nistet sich in einem obskuren märkischen Kleinstadtwinkel ein und erlebt da, in anspruchslosen drolligen Begebnissen, sich selbst und alle sieben Himmel seines Glücks und seiner Sehnsucht.» Es sei eine «Idylle für moderne Kulturmenschen».[65]

Auf den ersten Blick mag das so wirken. In dem kleinen Band sind jedoch zahlreiche politische und gesellschaftskritische Anspielungen versteckt, und leichte Melancholie überschattet die Verspieltheit. Tucholsky formulierte hier bereits klar und deutlich, was ihn sein Leben lang beschäftigen und quälen sollte: die unbefriedigte, nicht zu befriedigende Sehnsucht nach der Erfüllung: «Viel, fast alles auf der Welt war zu befriedigen, beinahe jede Sehnsucht war zu erfüllen – nur diese nicht. Was war, von oben betrachtet, ein Liebender? – Ein Narr. [...] wir haben einander ganz und doch sehnen wir uns. Was ist das, das uns forttreibt, weiter, höher, vorwärts?»[66] Es war der leise Beginn eines Themas, das sich von da ab durch viele Artikel und Briefe wie ein roter Faden ziehen sollte.

Das Buch war auch ein bewußt gestaltetes Gegenmodell zur erlebten Wirklichkeit. Die Gegensätze von Großstadthektik und beschaulicher, kleinstädtischer Atmosphäre, von verkrusteter Bürgerlichkeit und jugendlicher Boheme, von anerzogener Wohlanständigkeit und spielerischer Sinnenlust zeugen von einer Oppositionshaltung, die viel zu der Beliebtheit des Buches beitrugen. Zudem erschien es mitten im Jubeljahr zum 200. Geburtstag Friedrichs des Großen, der einige seiner schönsten Jahre im Schloß Rheinsberg verbracht hatte. Rheinsberg war deshalb auch in allen Publikationen und Ausstellungen würdig vertreten. Ausgerechnet dort siedelte Tucholsky seine unkonventionelle Liebesgeschichte an, machte sich über Schloß und Konventionen lustig.

In dem Buch tauchen aber auch fast alle Themen auf, mit denen sich Tucholsky in dieser Zeit beschäftigte: Kritik am Bürgertum mit seiner Sexualmoral und seinen Erziehungsmethoden, Filmkritik, Sprachkritik, Kritik am Verhalten der Damen aus besserem Hause, und er spottete über den Krieg und die Verherrlichung des Heldentods: «Sehssu, mein Affgen, das is nu deine Heimat. Sag mal: würdest du für dieselbe in den Tod gehen?» Und er schwor ihr, daß er nur für seine Claire in den Tod gehen werde.[67] Die geschilderte Schloßführung ist eine Parodie gleich in mehrfacher Hinsicht. Tucholsky machte sich darin respektlos über die preußische Geschichte und «den zweiten Friedrich» her und ließ so ganz nebenbei noch revolutionäre Anklänge aufblitzen, etwa wenn er Wolfgang und Claire sich als «Ehepaar Gambetta aus Lindenau» vorstellen ließ. Léon Gambetta (1838–1882), Republikaner und entschiedener Gegner der Monarchie, hatte schon 1869 das allgemeine Wahlrecht gefordert, die Trennung von Kirche und Staat und die Verwirklichung der bürgerlichen Freiheitsrechte. Lindenau, der industrielle Vorort von Leipzig, paßte ebenfalls nicht ganz zu der königlich-preußischen Schloß-Idylle.[68] Die Anspielungen kommen so beiläufig daher, daß man sie erst mal überliest. Aber sie haben Widerhaken. Die Dinge werden ironisiert und damit der Kritik die Schärfe genommen. Sie kommt lachend daher, getreu Tucholskys Lebensmotto, das er ebenfalls in «Rheinsberg» formulierte: «Kämpfen – aber mit Freuden! – Dreinhauen – aber mit Lachen!»[69]

Daß das Lachen nicht zu kurz kam, dafür sorgte Tucholsky immer wieder. Im November 1912 eröffnete er zusammen mit Kurt Szafranski auf dem Kurfürstendamm eine sogenannte «Bücherbar»[70]. Das Presseecho war erstaunlich. Von Hamburg bis Graz, von Straßburg bis Prag berichteten die Zeitungen über die «alkoholische Buchhandlung»[71]. Sie sei die «kurioseste Buchhandlung des deutschen Reiches», stellte die «Rigasche Rundschau» am 16. Dezember fest: «Sie hat die Literatur dem Schnaps, beide dem Kunstgewerbe, alle drei dem Ausdruck eines sanften Irrsinns vermählt.» Am Eingang lud ein Gedicht Goethes die Vorübergehenden ein:

> Warum stehen Sie davor,
> Ist nicht Türe da und Tor?
> Kommen Sie getrost herein,
> Sollen wohl empfangen sein.[72]

Viele Leute kamen, um sich diesen Spaß anzusehen, und trugen sich in das «Goldene Buch» ein. Unter anderem auch Ernst Rowohlt, der sich später erinnerte: «Das war für mich die richtige Kombination, Schnaps und Bücher, und vor allem denke ich an die fröhlichen Gespräche, die wir, befeuert vom Geist der Bücher und vom Geist des Alkohols, in den dazu aufgebauten Klubsesseln führten.»[73] Die «Bücherbar» war nur als kurzer Jux geplant, «weil ein guter Ulk immer ephemer ist», wie Tucholsky schrieb. Nach Weihnachten machte der Laden wieder zu. 1921 erinnerte sich Tucholsky: «Nun hatten wir damals auf dem Kurfürstendamm die ‹Bücherbar› aufgemacht, einen richtigen Studikerunfug, über den sich die Leute halb krank ärgerten, weil wir ein polyglottes Schild am Laden hatten, darauf in allen lebenden und toten Sprachen – auch auf gemauschelt – zu lesen war, daß es darinnen billige Bücher zu kaufen gäbe. [...] Die Presse brachte sich um. Die ‹Breslauer Zeitung› war dagegen, die ‹Vossische› dafür, Prag und Riga verhielten sich neutral [...] und der ‹Sankt Petersburger Herold› vom achtzehnten Dezember 1912 schrieb, wer einen Wilde erstehe, der bekäme Whisky Soda, und wer Ibsen kaufte, einen nordischen Korn. Das stimmte aber nicht – wir tranken selber. Und verkauften schrecklich viele ‹Rheinsbergs›.»[74] Daß der Scherz gar nicht so ephemer war, konnte Tucholsky im Januar 1932 der «Neuen Zürcher Zeitung» entnehmen. In Mailand hatte der junge Verleger Valentino Bompiani eine «Libar» aufgemacht. Libar stand für Libro und Bar, zu deutsch also eine Bücherbar. Tucholsky unterstrich die entsprechenden Stellen des Artikels und legte ihn in seinem Archiv ab.

Anfang Januar 1913 fuhren Tucholsky und Szafranski nach Bruck (heute Fürstenfeldbruck), um den «Simplicissimus»-Dichter Hans Erich Blaich zu besuchen und ihn «über Busch und Raabe» auszufragen, die dieser noch kennengelernt hatte. Blaich war aber zur wöchentlichen Redaktionssitzung des «Simplicissimus» in München, und so konnten sie nur ihr kleines Buch «Rheinsberg» mit einem Gruß hinterlassen. Da Blaich auch für die nächsten Tage «allerhand Verpflichtungen» hatte, kam es nicht zu einem Treffen.[75] Er besprach jedoch umgehend das Buch, und Tucholsky dankte ihm in einem langen Brief dafür. Bald entwickelte sich eine Art «Freundschaft», die bei Tucholsky zwischen Verehrung und Kollegialität schwankte, ähnlich der Beziehung zu Max Brod: Vaterersatz, Lehrmeister, Mentor und Anerkennung durch eine Autorität.

Von Blaich lernte Tucholsky vor allem für seine Gedichte sehr viel. Als «Papa» des Gedichtbandes «Fromme Gesänge» bezeichnete er ihn deshalb 1919 in der «Weltbühne»[76] und begründete dies in einem Brief: «Sie glauben nicht, wie stark ich da von Ihnen abhängig bin. In allem: in der Form (die Gott sei Dank bei Ihnen so gar nicht Posen-Paris ist), in der Anschauung der Dinge, die Sie nie so ganz für voll nehmen und doch sehr ernst begucken – in dem plötzlichen Umkippen vom Spaß in den Ernst – wo wäre ich ohne Sie?»[77] Blaich verschaffte Tucholsky auch die Möglichkeit, ab und zu eine Arbeit im «Simplicissimus» zu veröffentlichen, nachdem die Redaktion bislang seine Manuskripte mit der Begründung: nicht «genügend straff komponiert»[78] wieder zurückgeschickt hatte. Zusammen mit dem väterlich-kollegialen Ton Blaichs erinnert der Briefwechsel stark an das Verhältnis, das sich später zwischen Tucholsky und seinem väterlichen Freund und Lehrmeister entwickelte, den er im Januar 1913 kennenlernte: Siegfried Jacobsohn, den Herausgeber der «Schaubühne».

Am 28. Januar 1881 geboren, schrieb Jacobsohn seit 1901 Theaterkritiken für die von Hellmut von Gerlach geleitete «Welt am Montag». Er sagte bereits damals seine Meinung «in vollster Unabhängigkeit und Rücksichtslosigkeit» und wurde schnell berüchtigt und verhaßt.[79] 1904 erschien in der «Welt am Montag» eine Theaterkritik von Siegfried Jacobsohn, in der er angeblich 20 Zeilen plagiiert hatte. Die zum «Fall Jacobsohn» aufgeplusterte Affäre sollte den unbeliebten Kritiker zu Fall bringen, und es schien tatsächlich so, als sei seine Laufbahn damit beendet. 1905 gelang es Jacobsohn jedoch, einige berühmte Leute wie Hugo von Hofmannsthal und Arthur Schnitzler für seine Idee einer neuen Theaterzeitschrift zu gewinnen. Am 7. September 1905 erschien das erste Heft der «Schaubühne», Herausgeber: Siegfried Jacobsohn. Das Blatt wurde schnell zu einem Begriff, und 1930 konstatierte Tucholsky rückblickend: «Was im Blatt stand, das drang weit ins Land – totschweigen half nicht, kreischen half nicht, nach ‹Motiven› suchen half nicht, denn es waren keine anderen da, als nur eines: der niemals zu unterdrückende Drang, die Wahrheit zu sagen.»[80] Jacobsohn war ein Arbeitsfanatiker, besessen vom Theater und leidenschaftlich kämpfend für seine Ansichten. Tucholsky bescheinigte ihm schon 1913 eine «Mischung von Schlauheit, Klugheit und Gerissenheit», aber auch Sauberkeit und eine «anständige Gesinnung».[81]

Tucholsky «verschlang» die Zeitschrift und fühlte sich schnell als «zur Familie gehörig». Im Januar 1913 traute er sich endlich, einen kleinen Artikel an Siegfried Jacobsohn zu schicken: «Ich hatte mich im damaligen Herrnfeld-Theater krank und wieder gesund gelacht [...] ich versuchte, das aufzuschreiben. Und platzte vor Stolz: S. J. ließ mich kommen. Und hat mich dann nie wieder losgelassen.»[82] Am 9. Januar, seinem 23. Geburtstag, erschien Tucholskys erster Artikel in der «Schaubühne»: jene Theaterbesprechung «Die beiden Brüder H.». Bald wurden in jedem Heft wenigstens ein oder zwei seiner Beiträge veröffentlicht, die meisten unter Pseudonym. Allein im ersten Jahr der Zusammenarbeit standen rund hundert Arbeiten von Tucholsky im «Blättchen», wie die roten Hefte liebevoll genannt wurden. Jacobsohn ermunterte ihn zu kleinen Versen, von denen dieser ihm bei seinem ersten Besuch einige Proben gezeigt hatte, und er hetzte ihn auf «Bühnen, Bücher und Büldung». Jacobsohn wurde für Tucholsky zum Lehrmeister, und dieser gestand später offen ein, daß der «kleine Mann» ihn «erst zu dem gemacht» habe, was er wurde.[83] «Er liebte den Kleinen Mann», erinnerte sich Mary Tucholsky, «natürlich sah er seine Schwächen und Fehler und den ganzen ‹jüdischen Betrieb› des Verlages, aber: S. J. ließ Tucho gewähren, ließ ihn schreiben, förderte ihn, lockte die Dinge aus ihm heraus, hatte Humor und das vor allem war eine befruchtende Basis.»[84]

Tucholsky durfte mit ihm zusammen manchen Artikel schreiben, der dann anonym erschienen ist, Jacobsohn nahm ihn richtig in die «Schule»: «welch ein Lehrmeister! Er war unerbittlich, er ließ nicht nach, mogeln galt nicht – es war ein ehrliches Spiel.»[85] «Er merkte alles. Tadelte unerbittlich, aber man lernte etwas dabei. Ganze Sprachlehren wiegt mir das auf, was er ‹ins Deutsche übersetzen› nannte. Einmal fand er eine Stelle, die er nicht verstand. ‹Was heißt das? Das ist wolkig!› sagte er. Ich begehrte auf und wußte es viel besser. ‹Ich wollte sagen...› erwiderte ich – und nun setzte ich ihm genau auseinander, wie es gemeint war. ‹Das wollte ich sagen›, schloß ich. Und er: ‹Dann sags.› Daran habe ich mich seitdem gehalten. Die fast automatisch arbeitende Kontrolluhr seines Stilgefühls ließ nichts durchgehen – kein zu starkes Interpunktionszeichen, keine wilde Stilistik, keinen Gedankenstrich nach einem Punkt (Todsünde!) – er war immer wach.»[86] Jacobsohn schreibe das sauberste Deutsch, das derzeit in der Publizistik zu lesen sei, meinte Tucholsky nach gut einem halben Jahr «Lehrzeit» und führte das auf eine ausgeglichene Mischung von «Lessing und einem Schuß Judentum» in ihm zurück.[87] Er lebte sichtlich auf, weil er in SJ einen Redakteur gefunden hatte, der seine Artikel nicht nur einfach druckte, wie er das von den anderen Blättern gewohnt war. Jacobsohn forderte ihn, ohne ihn einzuengen oder zu bevormunden. «Es war der fast einzig dastehende Fall, daß dem Gebenden ein Nehmender gegenüberstand, nicht nur ein Druckender. Wir senden unsere Wellen aus – was ankommt, wissen wir nicht, nur selten. Hier kam alles an. Der feinste Aufnahmeapparat, den dieser Mann darstellte, feuerte zu höchster Leistung an.»[88] Tucholsky lernte schnell und gründlich. Vergleicht man seine ersten Arbeiten aus dem «Vorwärts» mit den späteren Artikeln und Gedichten von 1913 / 14, stellt man fest, daß seine Sprache kräftiger, zielsicherer geworden ist.

In der ersten Zeit schrieb Tucholsky für die «Schaubühne» hauptsächlich Theaterbesprechungen, Buchrezensionen und Impressionen vom Berliner Cabaret-Betrieb. Er wurde bald Stammgast im damals berühmten «Wintergarten», im «Metropoltheater» oder im «Linden-Cabaret». Mit einem Grundsatzartikel über die «Berliner Cabarets» eröffnete Tucholsky am 6. März seine regelmäßigen Berichte. Das, was er bisher als Varietékritik in den Zeitungen gelesen hatte, brachte ihn auf die Palme: «eine gute Varieténummer erfordert mehr Fleiß und Gewissenhaftigkeit als ein alberner Schwank [...] Aber trotzdem schickt man Zeilenreporter in diese Vorstellungen, und weil ein unverständiges Publikum entscheidet, gibt es drei üble Faktoren: den Geist, den Kitsch (Unterabteilung: den Hurrakitsch) und die Tierquälerei.»[89] Von da an sorgte Tucholsky fast wöchentlich für einen neuen Ton in der Kritik. Egal, ob er einer Tänzerin nachrief: «der Himmel sei mit ihr» oder ob er dem «Metropoltheater» ins Stammbuch schrieb: «Kinder, auch das ist ja alles nicht wahr»: wenn man die kleinen Arbeiten heute liest, kann man sich immer noch vorstellen, was Tucholsky damals erlebte. Wichtig war für ihn, daß man sich nicht langweilte, Geist sei da nur hinderlich. Er wollte unterhalten werden, liebte die Clowns und die gute alte Posse, und seine Verehrung flog denen zu, bei denen er nicht zu denken brauchte.[90] Immer wieder sang Tucholsky das Lob des «Wintergartens», weil er sich dort fast immer amüsierte: «Immer war es bunt und lustig und manches Mal unheimlich, aber fast immer gut. [...] Und ich hebe meine Fanfare an den Mund und blase ein schmetterndes Dankgebet dem lieben Gott und der Direktion des Wintergartens.»[91] Nur wenig später: «Gott schütze den Wintergarten! Denn er ist die aristokratische Ausnahme unter den Bürgervarietés.»[92] Dieser Vorliebe für die leichte Unterhaltung blieb Tucholsky treu, auch als er selber Chansons schrieb.

Wichtiger als diese kleinen Skizzen waren aber seine Schauspielerporträts, die bis heute nichts von ihrer Kraft eingebüßt haben. Bereits im Februar 1913 erschien seine erste Besprechung über Max Pallenberg. Es ist ein völlig neuer Ton in dieser Arbeit, mit den Artikeln im «Vorwärts» läßt sie sich überhaupt nicht vergleichen. Das war keine Theaterbesprechung mehr, das war ein Menschenporträt:

«Wahrlich, diesen hat die Hölle ausgespien, aber Gott Vater gab ihm den kindlichen Sinn und die fröhliche Unachtsamkeit des Blödrians. Dieser Einzige ist imstande, wahrhaft grotesk zu sein: bis zu der Grenze, an der die Komik in Grauen umkippt. Er ist nacheinander rührend und grausam und beschränkt und giftig und von einer fast schmerzlichen Lustigkeit. [...] Wenn es eine menschliche Würde gibt – Pallenberg tritt sie mit Füßen. Es macht ihm Behagen, leere Gesten bloßzulegen, Inhalte als luftig abzustreifen, Hohlheiten aufzuzeigen: So seid ihr – seht! so sind wir!

Einmal packte ihn – außerhalb des Rollentextes – das Lachen, er kugelte sich auf seinem Thron, konnte seine Rede nicht beenden, kreischte und spuckte, und eine Wolke von Mißbehagen blies das vergnügte Scheusal um sich herum. [...] Und so verbirgt er Haß, Neid, Wut, Impotenz hinter seiner holden Blödheit, die ihn grinsend selbst die Krone zum Gruß lüften läßt. Hier und da spuckt er und bricht heraus, und man ist erstaunt über so viel Gift und so viel Galle!

Er ist ein Teufel, ein entgleister Gott, ein großer Künstler.«[93]

Tucholsky erfaßte blitzschnell das Wesentliche, vergaß die Rolle, die die Person da oben zu spielen hatte, und konzentrierte sich nur auf den Kern und die darstellerischen Möglichkeiten der Person. «Ein schnoddriges Berlinertum, Bachstelze, Erotik hinter tausend

Vorhängen, Seidenkissen mit einem hitzigen Parfum, einen Eiskübel über den Kopf, ein helles Frauenlachen: Massary.»[94] Mit wenigen Worten stellte er die so Beschriebene noch einmal auf die Bühne, machte sie erlebbar. Wie sehr er den Kern seiner «Opfer» erfaßt hatte, zeigt eine Besprechung, die er Pallenberg widmete. Auf vier Seiten entwickelte er eine Komödie, in der dieser das Double Napoleons spielt: «Welch ein Tyrann aus zweiter Hand! Wie kann er die Augenbrauen bis zur Unwahrscheinlichkeit hochziehen, wie kann er blitzende Blicke um sich streuen! Welch eine Geschäftigkeit im Unterzeichnen von Todesurteilen: wie ein Affe setzt der kleine Mann auf Bogen und Bogen des riesigen Aktenstapels seinen Namen und starrt die gloriose Unterschrift zärtlich an. Er gibt Befehle, er geht zum Tisch, blättert in den Karten, deren Sprache er gar nicht versteht – niemand kümmert sich um ihn. [...] Und er sitzt da, den riesigen Mantel fast bis übers Gesicht gezogen, in der Hand eine kleine Bonbondose, aus der er als Napoleon so oft Süßigkeiten genascht hat, tastend fühlt er sie ab, sie ist leer, er läßt sie zu Boden fallen und sagt ganz leise, wimmernd, traurig: ‹Aber ich war doch ein Kaiser! Ich war doch ein Kaiser!›»[95] Dieses Stück gab es gar nicht, Tucholsky hatte es erfunden, Pallenberg auf den Leib geschnitten.

Jacobsohn erkannte schnell, wen er da «entdeckt» hatte, und versuchte, Tucholsky immer enger an das Blatt zu binden. Schon bald übertrug er seinem neuen Mitarbeiter redaktionelle Arbeiten wie Manuskripte sichten und beurteilen, manchen Artikeln gab Tucholsky auch den «letzten Schliff», indem er sie völlig umschrieb. Heinz Ullstein, der 1913 zwei kleinere Arbeiten[96] bei der «Schaubühne» einreichte, die von Tucholsky «überarbeitet» werden mußten, schilderte dessen Arbeitsstil: «Tucholsky sah meine Arbeit durch. Dann spannte er einfach eine Seite ein und ging mit mir Satz für Satz, besser gesagt, Wort für Wort durch. Als wir fertig waren, sagte er: ‹So, nun wollen wir wirklich anfangen.› Wir schrieben die Arbeit noch vier- oder fünfmal um.»[97]

Tucholsky lernte nicht nur bei SJ, auch sein eigener Einfluß auf den «kleinen Mann» und die «Schaubühne» dürfen nicht unterschätzt werden. Er machte schon bald Vorschläge zur Veränderung der Zeitschrift, regte neue Themen und Rubriken an und versuchte, neue Autoren für das Blatt zu gewinnen. Im Oktober 1913 schrieb er dem

«Simplicissimus»-Dichter Dr. Owlglass (mit bürgerlichem Namen Dr. Blaich), den er zur Mitarbeit einlud: «dies Theaterblatt hat seit einiger Zeit mich und die Ambition, über seinen alten Kreis hinauszugehen. Wir möchten gern – was wir auch seit einiger Zeit tun – mal über etwas anderes berichten als über Premieren.»[98] Politik hatte damals in der «Schaubühne» noch nicht viel zu suchen, außer, man akzeptiert Jacobsohns Sicht, daß auch das Theater als gesellschaftliche Institution Politik ist. Für Jacobsohn waren Theater und Musik die Zentren, von denen aus er die Welt betrachtete. Tucholsky konstatierte deshalb, daß SJ einen Fehler habe: «er überschätzt das Theater und unterschätzt sich. Denn wenn *der* einmal (wie Harden) vom Theater los und zur Politik und Kultur kommt, – dann gnade euch Gott!»[99] Tucholskys tat alles, um ihn dahin zu bringen, und unter seinem Einfluß wandelte sich das Blatt ganz langsam, zuerst fast unmerklich. Ende September tauchte unvermittelt ein Artikel über den Tabaktrust im Heft auf, und Jacobsohn begründete dies in einer «Antwort»: «Wenn hier neun Jahre das Theater und nur das Theater betrachtet worden ist, so habe ich damit noch nicht das Recht verwirkt, einmal andere Dinge betrachten zu lassen und zu betrachten. [...] Jetzt also wollen wir öfters das Fenster des Arbeitszimmers öffnen, ein wenig hinausblicken und Ihnen dann berichten, was es draußen gibt – liebste aller meiner Leserinnen.»[100]

Das Fenster wurde zwar etwas geöffnet, aber für Tucholskys vielfältige Interessen war noch nicht genug Raum. Seine politischen Gedichte und Artikel schrieb er weiterhin meist im «Vorwärts», hinzu kamen Glossen und Satiren für den «Simplicissimus» und die von Alfred Kerr herausgegebene Zeitschrift «Pan»,[101] Theaterbesprechungen für die «Dresdner Volkszeitung» und kritische Betrachtungen für die von Hermann Hesse und Ludwig Thoma gegründete Zeitschrift «März» und den bürgerlich-konservativen «Kunstwart» von Ferdinand Avenarius. Darüber hinaus schrieb er für die «Frankfurter Zeitung» Buchkritiken[102] und für die «Zeit im Bild». Durch seinen «dicken Freund» Szafranski bekam Tucholsky auch Einblicke in Welt der Plakatmaler und deren Probleme. 1913 mischte er sich in deren Zentralorgan «Das Plakat» mit einer Reihe von Artikeln in die laufende Diskussion über die zunehmende Verkitschung und Kommerzialisierung der Werbung, die geistige «Amerikanisierung», ein. Für seine Forderung nach «Niveau, Anständigkeit, Gesinnung» auch in der Werbung wurde er jedoch heftig angegriffen.

Zahlreiche Diskussionen der damaligen Zeit sind heute hauptsächlich durch Tucholskys Artikel bekannt, die Hintergründe dazu fehlen uns. So werden ihm teilweise aus dieser Unkenntnis heraus Vorreiter-Rollen zugeschrieben, die so nicht stimmen. Helga Bemmann hat bereits darauf hingewiesen, daß viele Arbeiten Tucholskys auch vor dem Hintergrund seiner Mitgliedschaft in zahlreichen Organisationen gesehen werden müssen.[103] Nicht wenige Artikel, Glossen und Gedichte entstanden in direktem Zusammenhang mit Aktionen der einzelnen Gruppen. «Ich bin ausgezeichnet, wenn ich einer noch dumpfen Masseneinsicht Ausdruck geben kann»[104], dieser Satz ist einer der zentralen Schlüsselsätze zum Verständnis Kurt Tucholskys. Er war kein Mann, der neue Doktrinen aufbaute, er schrieb «aus dem Bauch», sein Instinkt leitete ihn oft besser als sein Wissen.[105] Es waren aber nicht nur unbestimmte Strömungen, die Tucholsky witterte und zu Papier brachte.

Als Tucholsky 1914 zum Beispiel in der «Schaubühne» feststellte: «Das Buch ist eine Ware»[106], war er nicht etwa ein einsamer Rufer in der Wüste. Zu dieser Zeit war ein öffentlicher Streit um die Institution Buchhandel und die «Ware» Buch entbrannt, an dem sich Tucholsky als Autor und Leser beteiligte. Einer der Mitbegründer des «Schutzverbandes deutscher Schriftsteller» (SDS), Walter Fred, hatte im Auftrag des Verbandes 1911 ein Buch veröffentlicht mit dem Titel: «Literatur als Ware. Bemerkungen über die Wertung schriftstellerischer Arbeit». Diese Arbeit kannte das SDS-Mitglied Tucholsky[107] und hat sie indirekt immer wieder verwendet, ausführlich beispielsweise 1920 in dem Artikel «Schriftsteller», in dem er sich auch mit der «Organisation der freien Schriftsteller» auseinandersetzte.[108] Auch dieser Artikel muß wieder im Gesamtkontext gesehen werden. Einige Nummern vorher hatte der Schriftsteller Walter Oehme in der «Weltbühne» einen Angriff auf den bisherigen Vorstand des SDS veröffentlicht,[109] Tucholsky mischte sich ebenfalls aktiv in die inneren Verbandsquerelen ein. Als sein Artikel in der «Weltbühne» erschien, war er dann bereits offizieller Vertreter des SDS, denn auf der Sitzung vom 30. Mai 1920 wurde er – zusammen mit Kurt Hiller – als Schriftführer in den Vorstand gewählt.[110] Auch später hat sich Tucholsky immer wieder in die laufenden Debatten eingeschaltet, mancher Artikel ist lediglich die journalistische Umsetzung von Verbandsbeschlüssen. Tucholskys Arbeiten zu diesen Themen müssen also immer im Zusammenhang mit den jeweiligen Strategien des Schriftstellerverbandes gesehen werden.

An einem anderen Beispiel wird ebenfalls deutlich, wie sehr sich Tucholsky in die Auseinandersetzungen der damaligen Zeit einschaltete. Er hat sich immer wieder zu den Fragen der Literatur zwischen Kunst und Tendenz geäußert. Eine der frühesten Stellungnahmen war der bereits erwähnte Artikel «Stirbt die Kunst?» vom Juni 1911 aus dem «Vorwärts». Tucholsky setzte sich darin mit Victor Aubertin auseinander und dessen Thesen zur Kunst in Literatur und Theater. Der etwas aufgesetzt wirkende Schlußsatz: «Ich erlaube mir, Herrn Victor Aubertin auf die Existenz eines Proletariats aufmerksam zu machen», hat inzwischen zu den verschiedensten Deutungen geführt. Der Hintergrund ist jedoch sehr einfach: Im «Vorwärts» fand seit August 1910 eine heftige Debatte über «Kunst und Klassenkampf» statt, die sich bis 1912 hinzog. Zu den Autoren gehörten u. a. Heinz Sperber (das ist Herman Heijermans[111]), Friedrich Stampfer, Heinrich Ströbel, Franz Mehring und andere.[112] Tucholskys Polemik gehörte zu dieser Strategiediskussion. Auch die späteren Artikel Tucholskys zu Kunst und Literatur stehen meist im Zusammenhang größerer Debatten in verschiedenen Zeitungen und Zeitschriften. Die Interpretation und Darstellung Tucholskys nur aus *seinem* Werk heraus verstellt den Blick auf die Zusammenhänge, auf Entwicklungen und die Einbindung in seine Zeit.

«Pseudonyme sind wie kleine Menschen»

Bereits im ersten Jahr seiner Mitarbeit wurde Tucholsky zum Hauptautor der «Schaubühne» und war mit mehr Beiträgen[113] im Heft vertreten als alle anderen Autoren, einschließlich Jacobsohn. Er veröffentlichte allerdings nicht nur unter Kurt Tucholsky, er hatte sich in mehrere Personen «gespalten». Am 6. Februar 1913 gab «Ignaz» sein Debüt im «Kasperltheater», am 20. Februar kam Ignaz Wrobel dazu, am 20. März eröffnete Peter Panter die Rubrik «Tagebuch», und am

18. September kam noch Theobald Tiger, der Verseschmied, hinzu. Ignaz, der neben Ignaz Wrobel bis dahin ein kurzes Eigenleben führte und für Gereimtes verantwortlich war, verschwand am 4. September dafür wieder.[114] Auch Ignaz Wrobel war noch nicht so ganz festgelegt, er berichtete noch von Modeausstellungen oder machte sich über die kleinstädtische Theaterkritik lustig. Aber bald hatte jeder seinen festen Wirkungskreis: Ignaz Wrobel, der bissige, scharfzüngige Kritiker, legte sich mit den geheiligten Institutionen des Staates an und «trommelte auf den Sturmhelmen» der Reaktion. Auch in den politischen Organisationen war meist nicht Kurt Tucholsky, sondern Ignaz Wrobel Mitglied. Peter Panter wurde der Feuilletonist, der seiner Leidenschaft für Bücher und Theater ausgiebig frönte und «kleine Begebenheiten» des unzulänglichen Alltags auf die «Weltbühne» stellte. Theobald Tiger griff «der Muse unter ihre Röcke»[115] und himmelte in erotisch-frecher Form seine Geliebten an. Er war für gereimte Leitartikel zu allen möglichen Tagesereignissen ebenso zuständig wie für zahlreiche Schlager und Chansons in den Kabaretts der Weimarer Republik. Kaspar Hauser wurde der melancholischste von allen. Er setzte sich bereits im Diesseits auf eine himmlische Wolke, betrachtete die Welt nachsichtig von oben und machte sich so seine Gedanken. Wenn seine Nachsicht allerdings überstrapaziert wurde, konnte er auch die schärfsten Satiren gegen den deutschen Spießer schreiben, für den er den Namen «Wendriner» erfand.

Die Vorlagen zu seinen Pseudonymen lieh sich Tucholsky von seinem juristischen Repetitor[116] an der Universität. Die Personen, an denen dieser die juristischen Fälle erklärte, hießen nicht Meier gegen Huber, sondern Benno Büffel, Isidor Iltis, Leopold Löwe und eben Peter Panter und Theobald Tiger. Wrobel hieß der Herausgeber der Arithmetik-Lehrbücher für die preußischen Gymnasien,[117] «und weil mir der Name Ignaz besonders häßlich erschien, kratzbürstig und ganz und gar abscheulich, beging ich diesen kleinen Akt der Selbstzerstörung und taufte so einen Bezirk meines Wesens»[118].

Im Vorwort zu seinem Sammelband «Mit 5 PS» erläuterte Tucholsky 1927 die «tiefere Bedeutung» seiner Pseudonyme, zu denen er offensichtlich auch seinen eigenen Namen zählte: «Aus dem Dunkel sind diese Pseudonyme aufgetaucht, als Spiel gedacht, als Spiel erfunden – das war damals, als meine ersten Arbeiten in der ‹Weltbühne› standen. Eine kleine Wochenschrift mag nicht viermal denselben

Mann in einer Nummer haben, und so entstanden, zum Spaß, diese homunculi. Sie sahen sich gedruckt, noch purzelten sie alle durcheinander; schon setzten sie sich zurecht, wurden sicherer; sehr sicher, kühn – da führten sie ihr eigenes Dasein. Pseudonyme sind wie kleine Menschen; es ist gefährlich, Namen zu erfinden, sich für jemand anders auszugeben, Namen anzulegen – ein Name lebt. Und was als Spielerei begonnen, endete als heitere Schizophrenie. Ich mag uns gern. [...] Und es war auch nützlich, fünfmal vorhanden zu sein – denn wer glaubt in Deutschland einem politischen Schriftsteller Humor? dem Satiriker Ernst? dem Verspielten Kenntnis des Strafgesetzbuches, dem Städteschilderer lustige Verse? Humor diskreditiert.

Wir wollten uns nicht diskreditieren lassen und taten jeder seins. Ich sah mit ihren Augen, und ich sah sie alle fünf: Wrobel, einen essigsauern, bebrillten, blaurasierten Kerl, in der Nähe eines Buckels und roter Haare; Panter, einen beweglichen, kugelrunden, kleinen Mann; Tiger sang nur Verse, waren keine da, schlief er – und nach dem Kriege schlug noch Kaspar Hauser die Augen auf, sah in die Welt und verstand sie nicht. Eine Fehde zwischen ihnen wäre durchaus möglich. Sie dauert schon siebenunddreißig Jahre.»[119]

«Selbstzerstörung», «heitere Schizophrenie», das sind Signalwörter, die man nicht übersehen darf. Bereits 1911 fürchtete sich Tucholsky vor einer «Weltschmerzlichkeit», wenige Jahre später gab er diesem «Bezirk seines Wesens» den Namen des tragischen Kaspar Hauser. «Heitere Schizophrenie», gibt es das eigentlich? War Tucholsky überhaupt «heiter»? Er hat heitere und lustige Geschichten geschrieben, war in Gesellschaft witzig und amüsant und konnte die Leute zum Lachen bringen, aber war das nicht eher ein Schutzschild, ein «tragischer Witz»? Fast inflationär, wie eine ständige Beschwörungsformel durchzieht das Wort «lächeln» Tucholskys Werk.[120] Man könne über alles lächeln, meinte er immer und immer wieder, Max Herrmann-Neiße bezeichnete ihn daher auch als lächelnden Rebellen, als einen «Empörer, der lachend Schläge austeilt»[121]. Und doch gibt es kaum ein Foto, auf dem Tucholsky lächelt, geschweige denn lacht. Er habe das Lachen eines Clowns, vertraute er Claire Goll an, «aber innen weint es»[122]. Schon 1913 stellte er fest, daß sich «letzten Endes Tragik und Humor» berühren, zusammengehören.[123] Die vielen witzigen Formulierungen, über die wir uns immer noch herrlich amüsieren, waren der Verzweiflung abgerungen, manchmal spürt man auch dieses trotzige Auflachen, das so fern ist von dem stillen, entspannten, überlegenen Lächeln, das Tucholsky so oft beschwor und so sehnsüchtig zu erreichen suchte. Seinem letzten Buch, 1931 erschienen, gab er den beziehungsreichen Titel «Lerne lachen ohne zu weinen». Die «heitere Schizophrenie» war traurige, selbstzerstörerische, aber gerade dadurch überaus produktive Realität.

Die Erklärung, die Tucholsky für seine Aufspaltung in mehrere Pseudonyme gab, ist nur vordergründig einleuchtend. Denn er versteckte sich nicht nur als Autor hinter verschiedenen Namen, auch in seinen persönlichen Beziehungen war er selten Kurt Tucholsky. Briefe an Freunde unterschrieb er oft mit «Edgar» oder «Adolf», manchmal ließ er sich witzige Namen einfallen wie «Martha Knautschke, bessere Tage gesehen habende Zimmerwirtin»[124] oder «Horst Preßsack»; Jacobsohn und Tucholsky nannten sich gegenseitig «Kalwunde» und so fort. Auch in seinen Beziehungen zu Frauen war er selten Kurt. Die Briefe an seine Frau Mary unterschrieb er bald mit «Nungo», für seine spätere Freundin Lisa Matthias hieß er «Daddy», für Hedwig Müller war er das «Hasenfritzli» oder «Arnold». Tucholsky beschränkte sich jedoch nicht nur darauf, seine eigene Person zu vervielfachen, auch seinen Partnern ließ er selten den wirklichen Namen: Aus Walter Hasenclever wurde «Max», George Grosz nannte er «Golle», Kate Kühl wurde zu «Kulicke», sein Bruder Fritz zu «Kohn», seine Freunde Erich Danehl und Hans Fritsch zu «Karlchen» und «Jakopp». Seine Frau Mary nannte er «Meli» und «Matzlein», «Zentralsonnenfingerchen» oder «Malzen», sogar seinen Abschiedsbrief kurz vor seinem Tod richtete «Nungo» an «Mala». Aus Lisa Matthias wurde das «Lottchen», mit allen Variationsmöglichkeiten wie «Pipilottgen»[125] oder «Oberlottchen», seine Zürcher Freundin Hedwig Müller taufte er «Nuuna», also Nonne, und erfand zahlreiche Ergänzungen dazu wie «Liebe fünfzehngradunternullnuuna» oder «Liebes Friehjahrs- und Baugeräusch-Nuunchen». Seine schwedische Freundin Gertrude Meyer wurde zum «Fröken» und zum «monkey» oder zur «Tydde».

Tucholsky verbarg sich selbst hinter seinen verschiedenen Namen, suchte damit auch sein eigentliches, sehr verletzliches Ich unsichtbar zu machen, legte falsche Spuren für die, die den Menschen Tucholsky suchten. Selbst Leute, mit denen er «freundschaftlich» korrespondierte und mit denen er zusammenarbeitete, fragten sich: «aber habe ich ihn wirklich gekannt?»[126] Er war ein Mann, der in der Öffentlichkeit stand und doch meist Sehnsucht nach der Zurückgezogenheit hatte, nach der Geborgenheit in der Stille und Einsamkeit, die er gleichzeitig suchte und sich darüber beklagte, daß sein tiefstes Gefühl sei, immer allein zu sein.[127] Er fragte sich: «Was bin denn ich allein?»[128]

Der zutiefst Einsame, Gespaltene stellte ein Feuerwerk von Figuren auf die öffentliche Bühne, baute Wände aus Wörtern um sich auf, einerseits als Ablenkungsmanöver, als Wächter, die Kurt Tucholsky vor allzu neugierigen Blicken schützen sollten, andererseits als Gesprächspartner seiner Einsamkeit. Er schrieb gegen die seit 1918 immer stärker werdende Todessehnsucht an, gegen seine Depressionen und seine Melancholie, man könnte fast sagen: er schrieb um sein Leben. «Die meisten Schriftsteller», so Václav Havel, «schreiben eigentlich ein wenig deshalb, um an ihr Schreiben die eigene Verzweiflung abzugeben und sie damit zu überwinden.»[129] Tucholsky mußte gleich unter fünffachem Namen gegen seine Resignation und Schwermütigkeit anschreiben. Als er 1932 öffentlich verstummte, beschrieb der Lebensmüde seine Verzweiflung in Hunderten von Briefen, die über weite Strecken lediglich Monologe mit sich selbst waren, und mehrfach entschuldigte er sich bei «Nuuna», daß er sie so hemmungslos als «Klagemauer» benutzte.

Tucholsky sehnte sich nach einem Gegenüber, nach einem Du, ließ aber andere Menschen nicht an sich heran. Er verwandelte sie in «homunculi», denen er neue Namen gab, und hielt sie damit auf Distanz. Selbst die Frau, die er wohl am meisten geliebt hat, verfremdete Tucholsky, indem er sie mit «Er» anredete, auf seine männliche Ebene zog, denn «die Wirklichkeit ist ängstigend». So verwundert es auch nicht, daß Tucholsky sich seinen Sohn nur auf dem Papier erfand, ausgestattet mit dem Namen Ludolf. Er verlieh ihm ein fiktives Leben, ließ ihn sogar Briefe schreiben in krakeliger Kinderschrift. Aber es blieb eben nur ein «homunculus», auch wenn er fast flehentlich versuchte, sein Kind in Versform zum Leben zu erwecken. 1918 ging Tucholsky ganz ernsthaft davon aus, daß er mit Mary einmal ein Kind haben könnte: «Ludolf ist ein Spaßname, für uns zwei beide gemacht – aber heißen soll die Ratte einmal Peter, weil das lustig und nett ist.»[130] In seinem Abschiedsbrief an Mary vom November 1935[131] kam Tucholsky auf dieses Kind zurück, das jetzt 12 Jahre alt sein könnte, «wäre die Zeit normal (und ich auch)». Tucholsky lebte im Zwiespalt, «der Leiden schafft», war sich dessen bewußt und konnte dies auch ausdrücken. Nur daran ändern konnte er nichts:

> Hinter den dicken Stäben meiner Ideale
> lauf ich von einer Wand zur andern Wand.
> [...]
> Ich möcht so gern hinaus. Ich streck und dehn mich –
> die habens gut, mit ihrer großen Zeit!
> Sie sind gewiß nicht rein, und doch: ich sehn mich
> nach der Gemeinsamkeit.
>
> Der Tiger gähnt. Er käm so gern geloffen...
> Doch seines Käfigs Stäbe halten dicht.
> Und ließ der Wärter selbst die Türe offen:
> Man geht ja nicht.[132]

Dieses «Man geht ja nicht», 1918 geschrieben, hat etwas Quälendes, Selbstzerstörerisches und erinnert stark an Kafka, der es zwei Jahre später ganz ähnlich formulierte.[133] Tucholsky gab hier ein Stück von sich preis, versteckte sich aber gleichzeitig hinter der Leichtigkeit und Vergnügtheit der Verse, die so einen Käfig um den «Käfig» bilden. Das Gedicht gibt ein plastisches Bild von seinem lebenslangen Kampf zwischen Ideal und Wirklichkeit. Die Bereitschaft zu ständiger Veränderung konkurrierte mit dem Wunsch nach Beständigkeit, hektische Betriebsamkeit mit dem Wunsch nach Ruhe.

Es zeigt gleichzeitig eine der zentralen Wurzeln seiner Produktivität: Seine Artikel waren nicht nur Kampf mit der Umwelt, sie waren oft gleichzeitig ein Kampf mit sich selbst. Fritz J. Raddatz bemerkte zu Recht, daß Tucholsky die feinsten Nervenschwingungen an sich beobachtete und analysierte, sich selbst ununterbrochen Subjekt und Objekt zugleich war.[134] Er konnte deshalb so scharf mit dem Bürgertum abrechnen, weil er selbst ein Teil von ihm war, weil er aus eigener Erfahrung die Schwachstellen kannte und spürte. Dies gilt für fast alle Bereiche, ob das die kritische Auseinandersetzung des ehemaligen Offiziers Tucholsky mit dem Militarismus oder die des Juden

Tucholsky mit Teilen des Judentums war, immer kritisierte er mit den anderen zugleich sich selbst, denn Schreiben heißt, Gericht über sich selbst abzuhalten. So hat es Ibsen einmal formuliert, ganz ähnlich Jules Renard, mit dem Tucholsky oft übereinstimmte: «Wenn man die Fehler der anderen ganz deutlich sieht, so nur deshalb, weil man sie selbst hat.»[135] Tucholskys «Soll ich einmal –? Ich kann denen erzählen...»[136] zog sich durch das ganze Werk. An Siegfried Jacobsohn schrieb er: «Ich arbeite fast jeden Tag von morgens bis abends, ich gebe mir Mühe, und man kann gewiß nicht mehr Skrupel und Selbsthaß haben als ich.»[137] Und in der «Weltbühne» gestand er: «Auch ich lebe nicht so, wie leben müßte. Selbsthaß ist der erste Schritt zur Besserung.»[138]

Kurt Tucholsky war immer auch ein Suchender, einer, für den es nie nur eine, allein gültige, Wahrheit gab. Schon gar nicht eine alleinseligmachende Parteiwahrheit. Nicht irgendeine Parteidoktrin war deshalb Ausgangspunkt seiner Kritiken, sondern seine eigenen Vorstellungen, Befindlichkeiten, Alltags- und Lektüreerfahrungen.[139] Tucholsky liebte auch weniger die Realität, sondern *seine* Idee der Realität: die Idee Frau, die Idee Liebe, die Idee Sozialismus, die Idee Mensch. Er war darin ein gelehriger Schüler Schopenhauers, der feststellte, daß nur die Urbilder, die ewigen Ideen das allein Seiende und Unvergängliche wären und daß nur in der Idee «der Wille zum Leben eigentlich wurzelt und sich manifestiert»[140]. «*Der* Löwe, das ist die Idee, *ein* Löwe, das ist bloße Erscheinung und kann folglich nicht Gegenstand reiner Erkenntnis sein.»[141] Dieses Diktum Schopenhauers übertrug Tucholsky auch auf seine Sicht der Dinge: «wir lieben in den Menschen den Gedanken an die Menschheit»[142], schrieb er bereits 1919 in seinem Grundsatzartikel «Wir Negativen», und ein Jahr später jubelte er über Heinrich Manns Buch «Macht und Mensch»: «Die Idee, diese Idee in ihrer vollen Reinheit, die Idee der Demokratie – sie lebt in diesem Buche.»[143] Seine Ideen beschrieb Tucholsky fast ein Leben lang. Der einzelne Mensch aber durfte ihm nicht zu nahe kommen. Er kämpfte *gegen* die Welt mit ihren Ungerechtigkeiten und beschwor «den Mut, das Ideal zu fordern, als sei es erreichbar»[144], aber er kämpfte nicht *für* August Schulze oder Hinrich Müller. Für die war er höchstens brieflich erreichbar, «Post Weltbühne», denn seine Adresse mußte gehütet werden wie ein Staatsgeheimnis: «Lieber Peter, Deine Adresse sage ich natürlich keinem Menschen und dem 45köpfigen Personal ist auch diese Anweisung gegeben worden»[145]; «Lieber Tucho, [...] Adresse von Ihnen würde ich auch keiner Behörde sagen»[146]. Nach 1933 erfuhr nicht einmal der Bruder, wo sich Tucholsky aufhielt, seine Post ging über mehrere Deckadressen in der Schweiz und in Schweden.

Tucholsky zählte sich selbst zu den «nie Zufriedenen»[147]. Die «Biographie für viele», die er 1920 schrieb, ist auch ein Stück Autobiographie: «Er sah. Er fühlte. Und sagte das Seine und sagte es stark, denn er glaubte daran, und ihm war, als dürfe es so nicht sein, wie es da herging. Er rieb sich an der Welt, und Funken sprühten auf. Er verglich diese Welt mit einer nicht existierenden, mit seiner, mit einer anderen – und der Vergleich fiel nicht sehr heiter aus. Negierte er? Wie töricht war dieses Wort. Man sagt ja nicht einfach Nein – Negieren ist Vergleichen – Negieren heißt: Du bist nicht so, wie ich dich wünschte. Ich weiß um etwas anders... Und er lernte, sein Chaos zu bändigen, und lernte die Form und wußte um die Wirkung seiner Sätze.»[148]

Tucholsky schrieb gegen die Realität an, zeigte mit ausgestrecktem Finger auf die Schwächen, die er treffsicher bei «Freund» und Feind entdeckte. Nicht nur die Herrschenden griff er an, legte ihren Machthunger bloß, er verzweifelte bald auch an seinen Mitmenschen. Immer wieder prangerte er die «Freude des Unterworfenen» an, die Untertanenseligkeit: «Der Deutsche strahlt, wenn er nichts zu sagen hat. Er fühlt die starke Hand [...] Er weiß, wenn *das* einmal aufhört, kann er sich begraben lassen. Sie brauchen das: diese Schlösser vor den Mäulern, die Faust, den Rohrstock. Daß sie dann Phrasen donnern, ist verzeihlich, da sie ja nicht sprechen können.»[149] «Es ist doch ein Bedientenvolk, das deutsche.» Keiner wage es, gegenüber dem Heiligsten des Deutschen, der Uniform, aufzumucken, zu sagen «Halloh! Hier bin ich!». Bei der Uniform «hört der Spaß auf», und das sei «die Misere des deutschen Lebens».[150] Heinrich Manns Roman «Der Untertan» bezeichnete er als «das Herbarium des deutschen Mannes»: «sklavisches Unterordnungsgefühl und sklavisches Herrschaftsgelüst» seien die bestimmenden Merkmale des Deutschen.[151]

Immer wieder beschwor Tucholsky die Auflehnung gegen die bestehende Ordnung und beschrieb gleichzeitig sehr anschaulich, was mit denen passierte, die dies versuchten. Ein typisches frühes Beispiel ist der Artikel «Die Kinderstube»[152], in dem sich ein Schüler gegen die Unterdrückungen und Schikanen des Lehrers wehrte und dachte, «die ganze Mehrheit hinter sich zu haben». Als er für diese «Rebellion» Prügel bekam, stand keiner der Klassenkameraden zu ihm, sie verspotteten ihn sogar noch und schrien hinter ihm her: «Hat's weh getan? Nun seht euch bloß den Caspar an! Bäh, Caspar, bäh!» Zur gleichen Zeit berichtete er in der «Schaubühne» darüber, daß der Redakteur Meyer vom «Vorwärts» für drei Monate und Rosa Luxemburg für ein Jahr ins Gefängnis mußten, weil sie sich gegen das Militär und den Krieg ausgesprochen hatten. Als sie sich nach Hilfe umsahen, war es «öde und leer. Sie standen allein.» Aber auch Kurt Tucholsky stand nicht hinter ihnen. Er bezeichnete ihre Artikel als schlecht und empfahl den Verurteilten, sich einer besseren Ausdrucksweise zu bedienen: «Denn wer die deutsche Sprache beherrscht, wird einen Schimmel beschreiben und dabei doch das Wort ‹weiß› vermeiden können. Eine Satire sei keine strafbare Handlung!»[153]

Tucholskys Stellung zu den «Linken» war damals wie später ambivalent. Der Bürger im Maßanzug schrieb über die Sorgen des Arbeiters, «und das phänomenale an Ihm ist, daß Er Gedichte schreiben kann, als ob Er das Elend eines Proleten selbst durchgemacht hätte», vermerkte 1932 Mary Tucholsky.[154] So schrieb er bereits 1912 eindringliche Artikel über das unwürdige Leben der Arbeiter und ihre Ausbeutung, spielte geschickt mit anschaulichen Vergleichen: «Wer verbietet das ‹Doping› der Arbeiter?! – Kein Mensch. Der Arbeiter wird durch den Hunger ‹gedopt› oder durch die Furcht daran, durch den einfachen, klaren Denkprozeß: entweder – oder du liegst auf der Straße. Was ist das anderes als Doping, wenn man die Bergleute in unsichere Schächte hineinjagt, ihnen keine Zeit läßt, ihr Leben zu sichern: arbeiten! arbeiten! – Sie gehen drauf, wie die Fliegen gehen sie drauf... Aus diesen Leuten wird das Letzte herausgeholt, mit 35 Jahren sind sie alt, über 40 wird keiner – Doping. Hetzen, treiben, mehr, mehr, immer noch mehr – Doping.»[155]

Kennengelernt hatte Tucholsky die Arbeiter und ihre Sorgen

1911/12, als er einige Zeit bei den Sozialdemokraten mitarbeitete. Bürgerlich-jovial bewunderte er die «kleinen Leute», sie seien «zu einer Disciplin (ohne Machtmittel) erzogen, die ihresgleichen sucht».[156] Auch für «die fabelhafte Organisation unserer Socialdemokraten» brachte er damals noch Anerkennung auf. Über die Einflußmöglichkeiten der «Linken» machte er sich allerdings nur wenig Illusionen. Zwar hatte er, wie er Max Brod schrieb, aktiv im Wahlkampf 1911/12 bei der SPD mitgearbeitet[157] und hoffte, daß das Ergebnis erhebliche Folgen haben werde. Wenig später befürchtete er aber bereits, daß die Linke bald wieder «fallen» werde. Mitte Februar glossierte er spöttisch das Schachern innerhalb der SPD um den Reichstagspräsidentenposten, und scherzhaft schrieb er an Brod: «Nun will ich auch nie wieder politisch sein!» Sein tiefes Mißtrauen gegen die SPD, das schließlich nach 1919 in radikale Ablehnung umschlug, hat seine Wurzeln auch in den Erfahrungen und Enttäuschungen aus dieser Zeit seiner kurzen parteipolitischen Betätigung. Hier lernte er auch den internen Parteibetrieb kennen, den er später so treffend verspottete, und den Unterschied von Reden und Handeln, parteipolitischem Wollen und den letztendlichen Kompromissen. Und er bekam mit, daß radikalere Positionen, wie etwa die von Rosa Luxemburg, die den Standpunkt «einer kühnen und grundsätzlichen Klassenkampftaktik»[158] vertrat, innerhalb der eher bedächtigen Parteispitze um den nüchternen Taktiker Friedrich Ebert keinerlei Chancen hatte.

Die Zerstrittenheit der SPD wurde von ihm erst satirisch verspottet, seit 1914 aber prangerte er die Phrasen und «diesen Ausverkauf in Rebellion» immer schärfer an: Die politische Opposition, vor allem die Sozialdemokratie habe sich gründlich diskreditiert, und «unsre Radikalen mögen wir ja bloß deshalb nicht, weil sie keine sind. [...] Es gehört eine starke Selbstüberwindung dazu, im Wässerchen dieser Banalitäten mitzuplätschern.»[159] Für den «Vorwärts» schrieb er danach nur noch zwei Antikriegsartikel.

Obwohl Tucholsky 1913 engagiert an der «Schaubühne» mitarbeitete, war das Berufsziel Schriftsteller oder Journalist für ihn noch kein Thema. Zwar war ihm bereits klar, daß «es mit der Juristerei nichts ist», aber noch konnte er sich nicht vorstellen, einmal mit Schreiben sein Geld zu verdienen, zumal auch Jacobsohn zwar zahlte, «aber herzlich und wenig». Sein Geld verdiente Tucholsky damals hauptsächlich mit Nachhilfeunterricht. Und weil «die Trottel und Adeligen nie alle werden», wollte er «mit einem Oberlehrer eine Presse – so nennen wirs hierorts – aufmachen; also ein refugium für Jungens mit Webefehlern und solchen, die nicht mitkommen. Wir treiben das privat schon eine Weile, und es bringt viel Geld.»[160] Der Oberlehrer war sein ehemaliger «wunderherrlicher» Einpauker Kraßmöller, mit dem Tucholsky sich immer noch gut verstand und der ihm auch später noch ab und zu schrieb. Tucholsky verkörperte in pädagogischer Hinsicht das Gegenteil von Kraßmöller. Für Heinz Ullstein war er «einer der preußischsten Preußen, die mir je begegnet sind. Er war die verkörperte Disziplin, und er war für Drill. Seine Schüler, denen er Nachhilfeunterricht erteilte und die er mit dem Rohrstock behandelte, mußten mit gefalteten Händen dasitzen, durften sich nicht mucksen und ungefragt nicht reden.»[161] Tucholsky wandte also alle die Mittel an, die er einst als Schüler so bekämpfte und die er später in vielen Artikeln kritisierte.

Ein anderes Projekt aus dieser Zeit zeigt deutlich elitäre Züge und wurde deshalb schon bald heftig kritisiert: «Orion. Ein Jahrkreis in Briefen». Die Idee war zwar nicht neu, aber bisher stand sie nur als eine aus Schnaps geborene Idee in Otto Julius Bierbaums Roman «Stilpe»: «Es kann eine ganz nette Zeitschrift geben [...], dachte sich Stilpe, aber es ist mir unklar, ob irgendeine Nummer davon unverboten bleiben wird. Man wird sie als Brief versenden müssen und von vornherein darauf schreiben: Nicht für die Öffentlichkeit. Holla! Ein neuer Trick. Ein unöffentliches Blatt! Das ist ja eine unbezahlbare Idee!»[162] Während die Idee in Bierbaums Roman in einer Orgie aus Cognac und Gin unterging,[163] griffen Tucholsky und Szafranski im Herbst 1913[164] den Plan auf und präsentierten ihn in veränderter

Form dem Publikum. Eine auf 260 begrenzte Zahl von Abonnenten sollte alle 14 Tage einen faksimilierten Brief von bedeutenden Zeitgenossen erhalten. Zur Mitarbeit wurden u. a. eingeladen: Morgenstern, Rilke, Schnitzler, Hesse, Kipling, Hamsun, Th. Mann, Wedekind, Mauthner, Rathenau, Freud und Damaschke. Auf der Liste standen Mitte Oktober 37 Literaten, 38 Persönlichkeiten aus Politik, Wirtschaft, Philosophie, Theater, Musik, Medizin und Justiz, 19 Maler und Graphiker, darunter Klimt, Kubin, Barlach, Kollwitz, Orlik und zahlreiche «Simplicissimus»-Zeichner wie Heine, Gulbransson und Sieck.[165] Im September war die Liste noch wesentlich länger, allein 46 Literaten waren vorgesehen, darunter auch Kafka, Brod und Werfel.[166] Aber inzwischen hatten etliche der Angeschriebenen bereits abgesagt: Schnitzler, Simmel, Hardekopf, Landauer, Liebermann, Freud, Arno Holz wegen Arbeitsüberlastung, Heinrich Mann, da er dafür «nicht geeignet» sei, Morgenstern wollte erst die Entwicklung abwarten, Rilke sagte erst begeistert zu und schickte gleich einen Text mit, lehnte jedoch später in Briefen an den Verleger Kurt Wolff das Projekt ab, da es «zu laut» sei. Der von Tucholsky geschätzte Eduard von Keyserling sagte dankend zu, Meyrink schickte gleich ein Manuskript mit, während Alfred Kubin und Käthe Kollwitz mit dem Honorar von 100 RM nicht ganz einverstanden waren.

Von Februar bis April 1914 lief die Werbung für den «Orion». Ein ganzseitiges Inserat im «Börsenblatt des Deutschen Buchhandels» und ein vierseitiger Prospekt kündigte den Interessierten an, daß sie sich für 180 RM pro Jahresabonnement in «einen Freundeskreis von vierzig feinen Menschen hineingestellt» sehen könnten: «Unsere Mitarbeiter werden in den Briefen eben jene Dinge aussprechen, die sich für eine breite Öffentlichkeit nicht eignen, sie werden Bekenntnisse und Erkenntnisse persönlicher Art niederschreiben [...], und werden Kulturerscheinungen und wirtschaftliche Verhältnisse weit offener besprechen, als dies anderswo möglich ist.»[167] Während die meisten Zeitungen sich mit einem kurzen Hinweis auf die «reizvolle Neuerung» begnügten, sahen einige andere darin den Gipfel des Snobismus: «Ach, wie reizend, da schickt mir eben Klinger eine furchtbar ulkige Karikatur und Gerhart Hauptmann meint, wie er mir hier schreibt..., doch das will ich lieber diskret behandeln, wer weiß, ob es Gerhart recht ist!»[168] Am schärfsten reagierte «Die Aktion» von Franz Pfemfert. Unter der Überschrift «Ein Tucholsky und vierzig alte Herren», womit die Mitarbeiter des «Orion» gemeint waren, hieß es: «Die vierzig alten Herren mögen diesen Tucholsky dafür durchpeitschen. Die vierzig alten Herren, die einen Namen haben, sollen ihr Maul auch aufmachen, wenn sie zu der Öffentlichkeit reden. Oder sie mögen sich aufhängen, wenn sie den Schutz einer (zahlungsfähigen) Exklusivität brauchen.»[169]

Im Juni 1914 war der Traum bereits vorbei. Statt der erwarteten 260 Abonnenten kamen nur knapp hundert Bestellungen, und Kurt Wolff stellte das Unternehmen noch vor dem Erscheinen des ersten «Briefes» wieder ein. Tucholsky und Szafranski mußten den Autoren mitteilen: «Wir haben den ‹Orion› in den Sattel gesetzt, und er ist glorreich heruntergefallen. [...] Wir müssen Ihnen also als Mensch und Mitarbeiter weinend mitteilen, daß der ‹Orion› das ist, was er vorher war: ein Sternbild, fern und unerreichbar.»[170]

Ein anderes Vorhaben Tucholskys aus dieser Zeit ließ sich ebenfalls nicht verwirklichen. Im Oktober 1913 erkundigte er sich bei Gustav Landauer nach dem Verbleib von Oskar Panizza, von dessen «grandiosem» Drama «Das Liebeskonzil» er begeistert war, und regte eine Gesamtausgabe seiner Werke an. Landauer, der die «verdienstlichen Absichten»[171] Tucholskys unterstützte, leitete die Anregung an das Ehepaar Croissant in München weiter, die Panizza gut kannten. Nach einigen Recherchen schrieb Hermann Croissant an Tucholsky, daß Panizza – seit 1905 entmündigt – in einer Nervenheilanstalt lebe und daß die Erben sich gegen eine Neuauflage heftigst sperren würden: «Die Mutter Panizzas lebt noch: sie ist eine harte Protestantin, ich würde sie als Mucker bezeichnen. Die Schriften ihres Sohnes waren ihr Sünde.»[172] Tucholsky bat Croissant, weitere Erkundigungen anzustellen, und fragte: «Gibt es denn gar keine Möglichkeit, diese genialen Dinge vor der Makulatur zu retten?» Er wolle alles tun, «um diese Herausgabe zu erzielen»[173]. Ein anderer kam Tucholsky zuvor: 1914 edierte Hanns Heinz Ewers einen Teil von Panizzas Erzählungen unter dem Titel «Visionen der Dämmerung», allerdings in «gereinigter» Form. Tucholsky schlug den Croissants dafür vor, ihre Materialien und Erinnerungen in der «Schaubühne» zu veröffentlichen. Er selbst beabsichtige schon lange, «über Panizza als Künstler» zu schreiben. Der Briefwechsel zog sich noch einige Zeit hin, bis der Krieg diese Pläne zunichte machte.[174]

Der bevorstehende Krieg zeigte sich bereits immer deutlicher in der ideologischen Offensive, die Tageszeitungen waren voll mit Kriegsgeschrei. Tucholsky nahm das Thema jedoch nur noch selten auf. Im Artikel «Der Sadist der Landwehr» schrieb er vom «mordenden Säbel» und zitierte einen Stabsarzt, der in einer Broschüre wörtlich gefordert hatte: «Erziehung zum Haß! Erziehung zur Liebe zum Haß! Organisation des Hasses! Fort mit der unreifen Scheu, mit der falschen Scham vor Brutalität und Fanatismus! Auch politisch gelte das Wort: Mehr Backpfeifen, weniger Küsse!»[175] Diese «nichtswürdige Regie der kriegerischen Massenverhetzung, das ungeheuerliche System der Volksinfizierung mit den jahrelang gezüchteten Bakterien einer Haß- und Begeisterungspsychose»[176], wie Mühsam das nannte, hatte Erfolg. Am 27. Juli, einen Tag bevor Österreich-Ungarn Serbien den Krieg erklärte, erschienen im «Vorwärts» Tucholskys «Demonstranten-Briefe»: «Am Vorabend eines Krieges! Er wird, er muß kommen! Dafür werden wir schon sorgen.» Die Demonstranten lärmten wie «die Tollhäusler» und forderten: «Er *muß* jetzt kommen, der Krieg. Du ahnst gar nicht, wie ich mich darauf freue. [...] Frisch auf, mein Volk, die Flammenzeichen rauchen! Vorwärts immer, rückwärts nimmer! Deutschland, Deutschland, über alles –!» Tucholsky faßte in diesen drei fiktiven Briefen die Stimmung eines Teils des Volkes zusammen und zeigte am Schluß in einem P.S. auch noch, wie diese Stimmung gesteuert wurde: «Ew. Exzellenz zur ergebenen Nachricht, daß Absichten glänzend gelungen. Durch Agenten Menge von vier- bis fünftausend Köpfen glücklich zusammengebracht, Zug organisiert, Stimmung entfacht. Auch Botschafter-Ovationen, wie gewünscht. Preßtelegramme über Bundes- und Kriegsbegeisterung Deutschlands bereits unterwegs. Erwarte weitere Instruktionen und Bankanweisung...»[177]

Gegen die geballte Wucht der Kriegshetzer war die Friedensbewegung weitgehend machtlos. Die Arbeiterbewegungen Europas hatten zwar den Kampf gegen den Krieg in ihren Programmen verankert, und auch bürgerliche Pazifisten engagierten sich für die Völkerverständigung. Die 1892 gegründete Deutsche Friedensgesellschaft (DFG) hatte bis 1914 rund 10000 Mitglieder, und Ende Juli 1914 demonstrierten in den deutschen Städten noch Hunderttausende gegen den Krieg[178], nachdem am 25. Juli auch die SPD zu Friedenskundgebungen aufgerufen hatte. In einer Extraausgabe des «Vorwärts» beschworen die Sozialdemokraten «den unerschütterlichen Friedenswillen des klassenbewußten Proletariats» und verkündeten: «Wir wollen keinen Krieg! Nieder mit dem Kriege! Hoch die internationale Völkerverbrüderung!»[179] Einen Tag zuvor hatte der Reichstagsabgeordnete Hermann Müller sogar noch auf der Konferenz des Internationalen Sozialistischen Büros in Basel geschworen, «daß die deutschen Sozialdemokraten bei Kriegsgefahr die Kredite verweigern würden»[180].

Dies war aber nicht etwa der Versuch einer offenen Machtdemonstration der Arbeiterbewegung gegen die Regierung und ihren Kriegskurs. Denn bereits am 29. Juli ließ der SPD-Vorstand unter Ebert dem Reichskanzler von Bethmann Hollweg mitteilen, daß von seiten der Arbeiterbewegung bei einem Kriegsausbruch keine Streikaktionen geplant seien. Und am 4. August stimmte die sozialdemokratische Reichstagsfraktion einstimmig den Kriegskrediten zu,[181] der Vorsitzende der SPD-Fraktion Haase erklärte im Reichstag: «Für unser Volk und seine freiheitliche Zukunft steht mit einem Sieg des russischen Despotismus, der sich mit dem Blut der Besten des eigenen Volkes befleckt hat, viel, wenn nicht alles auf dem Spiel. Es gilt, diese Gefahr abzuwehren, die Kultur und die Unabhängigkeit unseres eigenen Landes sicherzustellen. Da machen wir wahr, was wir immer betont haben: Wir lassen in der Stunde der Gefahr das eigene Vaterland nicht im Stich.»[182] Für die SPD zahlte sich die Zustimmung schnell aus: bereits wenige Tage danach wurden zahlreiche Verbote, die die SPD betrafen, aufgehoben.

VIER

«Uns Junge hat es umgerissen –
wir stehen draußen so im Feld...»[1]

Nach dem Beginn des Kriegs verstummte Tucholsky fast schlagartig, nur zwei Artikel, die bereits in der Redaktion der «Schaubühne» lagen, wurden noch gedruckt. Über ein Jahr lang schwieg er in der Öffentlichkeit, kein Artikel, kein Brief gibt Auskunft über die Motive. Während ein großer Teil der Schriftsteller, vom patriotischen Rausch befallen, den Krieg hymnisch feierte, stellten Tucholsky und seine Pseudonyme ihre Arbeit ein. Die bisher angeführten Gründe wie «durch den Kriegsausbruch erzwungene Pause» oder der obligatorische Hinweis auf die Zensur taugen nur bedingt zur Erklärung. Immerhin machte ja auch Jacobsohn mit seiner «Schaubühne» weiter, und selbst der sozialdemokratische «Vorwärts» unter Rudolf Hilferding und Heinrich Ströbel[2] gehörte zu den Blättern, die anfänglich noch in Opposition zur Fraktionsmehrheit standen und die Kriegsbegeisterung nicht mitmachten. 1920 bestätigte Tucholsky auch der «Berliner Volkszeitung», daß sie in dieser «Woge der Betrunkenheit» nicht mitgeschwommen war.[3] Tucholsky hätte also durchaus noch publizieren können, und seit Ende 1915 schrieb er ja auch wieder für den «Simplicissimus», den «Ulk» und die «Weltbühne». Seine Bemerkung «Uns Junge hat es umgerissen» ist wohl wörtlich zu nehmen, für ihn zerbrachen im August 1914 die Wertmaßstäbe.

Zahlreiche Autoren, die Tucholsky schätzte und die er noch vor wenigen Monaten zur Mitarbeit am «Orion» eingeladen hatte, sangen nun das «hohe Lied vom Krieg»: Alfred Kerr, René Schickele, Gerhart Hauptmann, Julius Bab, Richard Dehmel, Ludwig Thoma, um nur einige zu nennen, feierten allenthalben das Blutvergießen. Allein im August 1914 entstanden – nach zeitgenössischen Schätzungen – etwa 1,5 Millionen Kriegsgedichte, also durchschnittlich 50000 pro Tag.[4] Rilke jubelte in seinen Kriegsgesängen: «Endlich ein Gott. Da wir den friedlichen oft nicht mehr begriffen, ergreift uns plötzlich der Schlacht-Gott, schleudert den Brand [...] Heil mir, daß ich Ergriffene sehe.»[5] Viele Dichter und Künstler begrüßten «die große läuternde Kraft»[6] und die vermeintliche Einigung, die endlich alle Klassenschranken überwunden hätte. Rilke, inzwischen ernüchtert, drückte es in einem Brief vom September 1914 so aus: «Damals stürzten wir alle in das plötzlich aufgerichtete und aufgetane gemeinsame Herz.»[7] Hermann Hesse schrieb im November 1914 unter dem Titel «O Freunde, nicht diese Töne»: «Andere nehmen am großen Geschehen teil, indem sie den Krieg ins Studierzimmer tragen und am Schreibtisch blutige Schlachtgesänge verfassen oder Artikel, in denen der Haß zwischen den Völkern genährt und ingrimmig geschürt wird. Das ist vielleicht das Schlimmste.»[8] Aber selbst der so nachdenkliche Hesse beschwor in der «Jugend» und im «Simplicissimus» den Krieg, seine Gedanken hingen «dankbar und bangend am lieben Vaterland». Und zu Weihnachten 1914 dichtete er über «Heilands Geburtstag»:

> Diesmal bist du nicht das blonde Kind
> In der Krippe mit den süßen Mienen [...]
> Diesmal bist du uns der Mann und Held,
> Dem der Sieg aus stillen Augen strahlte,
> Der sein Werk im Kampf mit einer Welt
> Ruhig mit dem eignen Blut bezahlte.[9]

Auch Hans Erich Blaich, für Tucholsky während des Kriegs einer der wichtigsten Briefpartner, schrieb:

> Septemberklar... Und eine Stimme schrie:
> Heimat! es geht um dich in diesen Tagen!
> Durch Glanz und Bläue dröhnt des Schicksals Wagen...
> So sah ich dich, so liebt ich dich noch nie!

Tucholsky bezeichnete diese Strophen später als «eines von den fünf oder sechs wertvollen Gedichten, die zu Kriegsbeginn erschienen».[10]

Deutschland befand sich in einem Freudentaumel, dem sich nur wenige entziehen konnten und wollten und der heute nur noch schwer zu verstehen ist. Der Ansturm der Freiwilligen, darunter auch so Prominente wie Ernst Toller, Carl Zuckmayer, Richard Dehmel, Fritz von Unruh, Franz Marc und Max Beckmann, konnte kaum noch bewältigt werden. Nur wenige, wie etwa Karl Liebknecht und Oskar Maria Graf, verweigerten den Kriegsdienst.[11] Tucholsky verglich die Stimmung mit «dem Seelenzustand durchgehender Pferde»[12] und erinnerte sich: «Als ich [...] die Kantstraße in Berlin hinunterging, rasten die Leute in patriotischer Besoffenheit. Sie rissen sich Extrablätter aus den Händen, gestikulierten wild, liefen hinter dunkelhäutigen Menschen her, die sie in ihrem Wahnwitz für Spione hielten, und erstarben in Ehrfurcht, wenn irgendeine Uniform monokelblitzend nahte.»[13] In Berlin sang am 1. August 1914 die vor dem Schloß versammelte Menge bei Verkündung der Mobilisierung den Choral «Nun danket alle Gott!», und bald kursierte der Spottvers:

Jeder Schuß – ein Russ'!
Jeder Stoß – ein Franzos'!
Jeder Tritt – ein Britt!
Jeder Klaps – ein Japs! –
Auch in Serbien soll'n sie sterbien –[14]

Züge mit den ins Schlachtfeld fahrenden Soldaten waren mit Sprüchen wie «Zum Frühstück auf nach Paris» bemalt,[15] die Professoren hielten Vorträge über die Notwendigkeit des Krieges, den neidische Nachbarn Deutschland aufgezwungen hätten[16], und in Berlin konnte man im Oktober 1914 in der Operette «Extrablätter» hören:

So lang der Storch den deutschen Müttern
noch immer stramme Jungens bringt,
braucht unser Volk noch nicht zu zittern,
wenn es der Feind voll List umringt.[17]

Fast die gesamte Presse überschlug sich vor Kriegsbegeisterung. Tucholsky hielt ihr nach dem Krieg immer wieder den Spiegel vor und erinnerte an ihr völliges Versagen. Ende 1915 veröffentlichte er die «Klage des Kriegsbarden», in der er die patriotischen Artikel und Gedichte bereits vorsichtig verspottete:

Wie schäbig dünkt uns jetzt der Ruhm der Alten,
Wie minderwertig ein antiker Held!
Was unser Heer bis jetzt schon ausgehalten,
Das hielt kein Heer noch aus in dieser Welt!

Es fliegt von Sieg zu Sieg im Windessausen!
Ich leg' die Leier hin, mich packt ein Graus:
Ich müßte es besingen ohne Pausen,
Und das – das hielt selbst unser Heer nicht aus![18]

In dieser Situation zog sich Tucholsky erst einmal zurück. Für ihn war der Krieg kein Grund zum Jubeln, sondern unvereinbar mit seinen Vorstellungen. Geist und Humanismus waren in dieser Zeit nicht sonderlich gefragt, und der Gedanke daran, daß auch er sein bürgerliches Leben bald gegen das im Schützengraben eintauschen sollte, war ihm ziemlich «lästig». Noch saß Tucholsky allerdings an seiner Doktorarbeit und unterrichtete Schüler,[19] aber am 12. Februar 1915 promovierte er zum Dr. jur., und nun sollte auch er an die Front.

In einem Wilmersdorfer Bierlokal, wo an den Wochenenden gewöhnlich die Dienstmädchen mit ihren Verehrern tanzten, wurde Tucholsky im März 1915 gemustert. Unter den Hunderten von Männern, die an diesem Tag auf ihre Militärtauglichkeit getestet wurden, befand sich auch sein Schulkamerad vom Französischen Gymnasium, Hans Schönlank, der nach Kriegsausbruch stellvertretender Feuilleton-Redakteur beim «8-Uhr-Abendblatt» geworden war. Beide hatten sich mit starken Zigaretten eingedeckt, die sie ununterbrochen rauchten, um sich den untersuchenden Stabsärzten als nicht besonders feldtauglich zu präsentieren. «Wir stellten übereinstimmend fest, daß wir mit diesem Krieg *innerlich* nichts zu tun hatten, und ihm deshalb auch äußerlich so lange wie möglich fernbleiben wollten.»[20] Aber der Trick half nur bedingt: Hans Schönlank wurde Militärkrankenwärter, Tucholsky kam als Armierungssoldat zum Landsturm. Laut Militärpaß war sein Dienstantritt am 10. April 1915 bei der 3. Kompanie des Armierungsbataillons Nr. 26, das zur 6. Kavalleriedivision unter General von Heidborn gehörte.[21] Tucholskys

Einheit war zunächst Teil der 10. Armee unter Generaloberst von Eichhorn und wurde ab August 1915 der Njemenarmee unter dem General der Infanterie Otto von Below unterstellt, deren Einsatzgebiet Litauen und Kurland umfaßte. Nach Auflösung der Njemenarmee am 30. Dezember 1915 kam Tucholskys Einheit zur neuformierten 8. Armee.[22] Der militärisch unausgebildete Dr. Kurt Tucholsky, laut Militärpaß 1,66 m groß und «etwas füllig»[23], mit dem Befähigungszeugnis zum «einjährig-freiwilligen Dienst», wurde sofort im Memelgebiet als «Schipper» im Stellungskampf zwischen Augustow, Mariampol und Pillwiski eingesetzt.

Nach den Tagebuchaufzeichnungen von Frank Thieß, der am 9. April seinen Dienst antrat und in Tucholskys Kompanie kam, wurde das Bataillon weiter südlich in Jasionow eingekleidet und «auf seine Majestät vereidigt». Einkleidung war wohl etwas übertrieben, denn die Schipper bekamen irgendwelche Uniformteile, die nicht zusammenpaßten, teilweise alt und gebraucht waren. Auch Tucholsky bekam solch eine Drillichjacke und das obligatorische «Krätzchen», eine randlose Feldmütze mit der Kokarde auf der Stirnseite. Auf das Foto, das ihn in dieser Verkleidung zeigt, schrieb er: «Ach Gottchen –! Panter.» Lang mußte er diese Uniform jedoch nicht tragen.

Die ersten Wochen waren für Tucholsky besonders hart. Schon der sechstägige Transport der etwa 2000 Mann,[24] die als Armierungsbataillon 26 vom Berliner Ostbahnhof nach Suwalki fuhren, war grauenvoll, wie Frank Thieß ausführlich darstellte: kaum zu essen, nur selten einmal ein Kommißbrot, meist nur «eine grauflüssige Materie, [...] die unter dem Namen ‹Blauer Heinrich› den Ruhm genoß, nur im Zustand wütenden Hungers genießbar zu sein»,[25] eisiger Wind und faulendes Stroh als Schlafunterlage. Auch die Unterkunft im Standort Suwalki in einer ehemaligen russischen Husaren-Kaserne war alles andere als einladend, wie Tucholsky sich erinnerte: «Der Bataillonführer hatte es nicht für nötig gefunden, für seinen eintreffenden Ersatz auch nur Stroh zu besorgen; die durch sechstägige Bahnfahrt total erschöpften Menschen lagen auf den kalten Fliesen umher, grölten, spektakelten und liefen in der Finsternis herum; die Luft war dick und stinkig, die Türen, hinter denen die freien deutschen Männer hockten, waren verschlossen. Die Stimmung in diesen Nächten war entsetzlich.»[26] Die Erinnerungen von Thieß und Tucholsky ergänzen sich in vielen Dingen und vermitteln einen guten Einblick. Thieß schilderte die Vorgesetzten, die sofort versuchten, die Mannschaft einzuschüchtern: der Hauptmann stieß nur Drohungen aus, und auch der glatzköpfige Feldwebel versuchte nach besten Kräften, den Haß in der Mannschaft zu fördern: er war zu nichts anderem fähig, «als so wahnsinnig zu brüllen, wie ich noch nie jemanden brüllen gehört hatte».[27] Tucholsky beschrieb die Vorgesetzten ebenfalls nicht gerade positiv: «Als wir auf dem Marsch in die Stellungen von Suwalki waren, der tropenkollerige Offizierstellvertreter umjagte die gehorsame Herde auf seinem Gefechtsesel, der Hauptmann kollerte, und die Unteroffiziere taten ihr Menschenmöglichstes, um sich wichtig und die Mannschaft madig zu machen – als wir auf diesem Marsche verschwitzt, müde und dreckig einherkrochen, hörte ich meinen Nebenmann vor sich hinmurmeln: ‹Wenn ich hier wieder rauskomme... !› Ich sehe noch die grimmige Bewegung, mit der er sich den Tornister hochzog.»[28] Tucholskys Einheit lief der Ruf voraus, eine «Assessorenkompagnie» zu sein. Tatsächlich befanden sich unter seinen Schipperkollegen ein Dutzend Juristen, Privatdozenten, Lehrer, Schauspieler, Opernsänger, Kapellmeister, Artisten, Schriftsteller, Buchhändler und so fort.[29]

Tucholskys Alltag hieß nun für eine kurze Zeit: Um halb fünf Uhr aufstehen, Marsch zu den Stellungen, von 7 Uhr bis 6 Uhr abends Stellungen bauen, Gräben ausheben, zerstörte Unterkünfte ausbessern, Laufgräben anlegen, und das alles teilweise unter feindlichem Beschuß. Die «Schipper», Arnold Zweig nannte sie «Armierungsindianer»[30], mußten jedoch nicht nur kriegswichtige Arbeiten verrichten, vor allem die Offiziere in der Etappe wollten ordentliche Wohnungen mit gepflegten Vorgärten und Einzäunungen aus Birkenholz.[31] Schlimmer als die ungewohnte Arbeit war für Tucholsky aber: er mußte sich unterordnen und sollte sich in eine Zwangsgemeinschaft einleben. In einem Gedicht beschrieb er bereits Ende April seine Stimmung:

> Der Philosoph mit Schopenhauer
> und Busch und Raabe eng versippt,
> bedenkt sich manches nicht genauer -
> und schippt.[32]

In den ersten Monaten war Tucholskys Kompanie von einer Stellung zur anderen unterwegs. «Wir laufen hier immer herum und fangen Streit an mit die Russen und die Flöhe»,[33] meldete er seiner Schwester. Für die «Schaubühne» schrieb er 1917 einen längeren Bericht über sein damaliges Alltagsleben: «Unterwegs 1915». Stundenlanges Warten, verladen auf Eisenbahnwagen und Schiffe, Märsche: «Viele Kilometer ohne Pause, halbtote Pferde und fluchende Kutscher – es war nicht schön. Aber als wir abends verärgert, erschöpft, verschmutzt ankamen, genügte das Lied von den zehn Nonnen, ein Viertel Bier und die riesige Lebenskraft des Feldwebels, alles vergessen zu machen: den Marsch und die Anstrengungen und alles. Das Quartier war gut, das Bier auch.» Tucholsky freundete sich mit dem Kutscher an und ließ sich fahren, er wohnte «bei den Obrigkeiten», prügelte sich mit dem Koch des Kompanieführers, der nach seiner Ansicht «ein kleiner verwunschener Zwerg aus Tausendundeine Nacht, mit gackerndem Gelächter, kleinen listigen Äuglein und ein bißchen diebisch veranlagt» war. Dazwischen kleine Beobachtungen über Land und Leute, mit einigen deutlichen Spitzen gegen die Juden. Abends spielte Tucholsky manchmal auf der Gitarre, der Feldwebel organisierte, auch ohne Alkohol, lustige Abende: «Er bringt Leben in die Bude, er schmeißt das Ding, er machts.»[34]

Insgesamt scheint sich Tucholsky recht schnell mit dem Soldatenleben arrangiert zu haben. Frank Thieß schilderte in seinen Aufzeichnungen ein Gespräch mit Tucholsky, in dem dieser ihm zu verstehen gab, «daß man durchhalten müsse, so lästig es sei. [...] Es habe keinen Zweck, gegen die Macht des Militärs den kindlichen Willen des Ungehorsams zu stellen. Der einzelne sei im Krieg eine Null.»[35] Tucholsky glaubte auch im Krieg noch «an den endlichen Sieg der Vernunft. Im Kriege dürfe man von ihr freilich nichts erhoffen, um so mehr aber müsse man abwarten, denn sie werde eines Tages wieder heraufgespült werden. Ja, sagte ich, wie eine Leiche nach dem Sturm. Er schüttelte den Kopf – obwohl er das Bild nicht übel fand –, denn er hielt die Vernunft für unsterblich. Dieser Glaube wurde durch seinen Humor gestützt. Was mir eklig war, amüsierte ihn. In der schmutzigen Ambiente des Armierungsbataillons waren ihm die Flöhe lästiger als die Menschen [...] Er sah das Gemeine und Niedrige als eine Abart menschlicher Unbildung, Dummheit, Denkträgheit und wußte sich darüber mit Witzen hinwegzusetzen. [...] Wohltuend an ihm war, daß er nicht wie die andern dauernd nach der Heimat stierte. ‹Wenn Sie zurückkehren›, meinte er, ‹werden Sie es daheim nicht besser finden als hier. Mit der Ausnahme: Sie können täglich ein Bad nehmen.› [...] Seiner Überzeugung ‹durchzuhalten› ist er treu geblieben, wohl kaum aus unerschütterlichem Glauben an den Sieg, sondern weil er nach Lage der Dinge die ihm zugefallene Situation für die bestmögliche hielt. [...] Er ließ sich Bücher schicken und las, ohne sich gestört zu fühlen».[36]

Daß Tucholsky die Situation so ohne weiteres hinnahm und sie für die bestmögliche hielt, darf bezweifelt werden, zumindest, was seine Stellung als einfacher «Schipper» betraf. Er arrangierte sich und tat alles, um sich den lästigen Posten so erträglich wie möglich zu machen. «Ich befinde mich augenblicklich ‹im Felde›, wie man zu sagen pflegt, und versehe meinen Dienst zur Zufriedenheit meiner Vorgesetzten und zu meiner eigenen, wie ich wohl behaupten darf. Und ich bin immer zu Diensten, immer dabei und bereit, zu tun, was man von mir verlangt.»[37]

Schon bald hatte er sich einen Posten in der Schreibstube[38] erobert und mußte nicht mehr jeden Tag mit geschultertem Spaten ausrükken. Zusammen mit dem Komponisten Wilhelm Gruner wurde er Kompanieschreiber und führte ein «verhältnismäßig friedliches Leben», wie sich Ludwig Pinner, der als Ordonnanz beschäftigt wurde, erinnerte. Tucholsky hatte sich bereits aus Berlin eine anständige Uniform und Reitstiefel sowie seine Schreibmaschine mitgebracht. Nach dem Krieg gab es deshalb in nationalistischen Blättern einige heftige Angriffe von ehemaligen Kameraden: «Als wir im April 1915 als Schipper zum Armierungs-Bataillon 26 nach Suwalki eingezogen wurden, hatten wir einen unter uns, der ganz besonders feldmarschmäßig ausgerüstet und bepackt war. [...] Das sehr gewichtige Geschütz, das er bereits von Berlin aus mit sich führte, war – – – eine Schreibmaschine. Ignaz Wrobel war der erste in der Kompanie, der sich, trotzdem es verboten war, auf Schleichwegen eine richtige feldgraue Uniform verschaffte; hierzu Koppel und Seitengewehr und feldgraue Offiziersschirmmütze. Kleider machen Leute und die Leute darin eine Figur. Das wußte Wrobel ganz genau.»[39] Frank Thieß, der Tucholsky eher schätzte als ablehnte, bestätigte: «Er sah schmuck aus, und das wollte er auch.»[40] Die Angriffe in der rechten Presse sind also nicht einfach plumpe Verleumdungen und Tucholskys Gegendarstellungen auch teilweise merkwürdig matt und ungenau. In einem Brief an Bernhard Scheick schrieb er 1929 sogar: «alles andere, was ich sonst gemacht habe, müßte doch in erster Linie von den Kameraden, die dabei gewesen sind, enthüllt worden sein – denn die haben es ja alles miterlebt. Das ist nun bald zwölf Jahre her – aber bisher wars damit nichts.»[41] Das stimmte allerdings nicht ganz, und Tucholsky wußte dies auch. In seinen Sammelmappen finden sich zahlreiche Angriffe, die er dort archiviert hatte. 1922 veröffentlichte er in der «Bremer Volkszeitung» einen ausführlichen Artikel darüber, verbunden mit einer Gegendarstellung. Und Mary Gerold teilte ihm in einem Brief vom 14. 12. 1918 das «Urteil» eines ehemaligen Kameraden aus Alt-Autz mit: «er war ein ganz kluger Kerl, besaß eine fabelhafte Unterhaltungsgabe, war aber als Mensch ein krasser Egoist, der für den anderen nicht das geringste Mitgefühl besaß. Um im Leben vorwärts zu kommen, sei das wohl das richtige, aber er hätte für solche Menschen nichts übrig, die nur an ihre Person dächten.»[42] Die Angriffe kamen also nicht nur aus dubiosen Ecken und aus der «Schipper»-Zeit, sondern auch von späteren Offizierskollegen.

Die Hauptvorwürfe lauteten: Tucholsky habe sich im Krieg wie jeder andere Offizier benommen. Er habe die Soldaten als «Kerls» tituliert, sich als Vorgesetzter aufgespielt und es verstanden, den «Nimbus des ‹allgewaltigen Schreibstubenhengstes› um sich» zu verbreiten. Außerdem habe Tucholsky darauf geachtet, daß er ordentliches Essen bekam, und deshalb auch nicht mit der Mannschaft, sondern mit dem Feldwebel am Tisch gegessen und sich überhaupt bei den Vorgesetzten lieb Kind gemacht; auf den Märschen habe er sich im Wagen fahren lassen, kurz: er sei der «bestgehaßte Mann» der Kompanie gewesen. Sicherlich war vieles daran «Kompanieklatsch», wie Tucholsky es bezeichnete. Aber so ganz aus den Fingern gesogen waren die Vorwürfe nicht. Wer sich die Bilder Tucholskys aus der Kriegszeit ansieht, kann feststellen, daß er sicherlich nicht unter Auszehrung gelitten hat. Im Gegenteil: er nahm deutlich zu. Kurt Szafranski machte Anfang 1916 eine Fotocollage, in der er Tucholsky zwischen die beiden dicksten Soldaten montierte und sein Gewicht mit «386 Pfd.» angab.[43]

In dem schon zitierten Artikel «Unterwegs 1915» finden sich zu verschiedenen Vorwürfen einige Hinweise: «Ich lasse mich fahren, sein Gepäck trägt keiner.» – «Das Quartier – ich wohne bei den Obrigkeiten – ist mäßig.» – «Ich klimpere auf der Gitarre, die Judenmädchen sitzen an den Wänden, mit den Kerls...» Daß Tucholsky keine Lust hatte, mit den Schippern im Dreck zu buddeln, geht auch aus einem Brief an Mary Gerold hervor, in dem er sich erinnerte: «Aber am 1. September [1915] flog ich aus der Schreibstube, wegen menschenunähnlicher Handschrift. (Meine Maschine war damals noch auf dem Marsch.) – Ich sehe mich noch sehr unglücklich und sauer in Reih und Glied stehen, mit einer riesigen grünen Brille auf der Nase. Der Kompanieführer wollte, daß ich mit den andern Dienst machte, das gelang ihm aber daneben – ich wurde Fourier oder tat doch wenigstens so...»[44] Ähnliches tauchte auch in dem Artikel in der «Wahrheit» auf: «Etwa mit schippen gehen, mit den anderen ‹Kerls›, denen gegenüber er vorher den großen Herrn gespielt hatte? Sich womöglich mit diesen ‹Kerls› auslachen lassen?: ‹Siehste, Tucholski, sorum mußte schippen, nicht andersrum› – nein. Niemals! Wozu hatte man sich denn schließlich einen einflußreichen Vorgesetzten zum Duzfreund erobert?»[45] Natürlich spricht hier auch der Neid dessen, der es nicht schaffte, einen ruhigen Druckposten zu bekommen, und so ganz hoch können Tucholskys Beziehungen in der ersten Zeit nicht gewesen sein. In einem Brief an Blaich schrieb er am 30. September 1915, daß sich der größte Teil der «Intelljenz» längst zur Feldpolizei oder zur Zivilverwaltung gedrückt habe, nur er harre noch aus. «Welche Tugend man auch anders benamsen kann; aber jener schmale Pfad führt durch die Kehrseiten so mancher Vorgesetzten, und ihn zu wandeln ist nicht jedem gegeben.»[46]

Tucholskys Briefe aus der Kriegszeit zeigen einen ziemlich verunsicherten Menschen, sie machen gleichzeitig aber auch seine ambivalente Haltung deutlich. So beschrieb er schon damals recht ausführlich die negativen Folgen des Kriegs im In- und Ausland, prangerte das Verhalten der Offiziere an, das gute Leben von größenwahnsinnig gewordenen Kleinbürgern in der Etappe, das Schiebertum, also all die Verhaltensweisen, die er später in der «Weltbühne» auch öffentlich in den Mittelpunkt seiner Kritik stellte. 1917 äußerte er sich gegenüber Blaich, nachdem er bei einer Erschießung von russischen Spionen «mit den Gerichtsakten» assistiert hatte: «Die Menschheit hackt sich durch Fleisch und Blut einen Weg der ‹Idee› durch lebendige Menschen – in den Fibeln liest sich das nachher recht hübsch, man darf nur nicht dabeisein.»[47] Im August 1918 schrieb er an Mary: «es ist noch nicht – nach 6000 Jahren noch nicht – in die Köpfe gegangen, daß Blut Blut ist und daß es keinen geheiligten Mord geben darf. Natürlich ist kein Unterschied. Nur die Betrachtungsweise dieser Tiere macht einen: der Mörder ist ein Unhold, Richthofen ist ein Held. Dabei sind beide mitunter beides.»[48] Trotz dieser klaren Erkenntnis hatte Tucholsky aber kurz zuvor geschrieben: «Ich muß sagen, ich wünschte nicht, daß der Krieg nun auf einmal ein Ende hätte – ein Jahr brauche ich ihn noch.»[49] Schon einige Tage vorher meinte er, daß ein schneller Friede schlecht sei, schlecht für Deutschland und schlecht für ihn und Mary und ihre gemeinsamen Pläne.

Er brauche den Krieg noch, weil er sich eine gesicherte Stellung aufbauen wollte, für Tucholsky die Voraussetzung dafür, daß er Mary zu sich holen und ihr ein «geordnetes», sorgenfreies Leben bieten könne. Mehrfach informierte er sie über seine Pläne, ausführlich z. B. am 30. September 1918: «Mein Plan war dieser – um einmal alle Karten aufzudecken: Hier unten Kommissar zu werden, das ist nicht mehr allzulange – und dann zu versuchen, nach Kurland zu gehen, und von einer Kriegsstellung sachte in eine Friedensposition hinüberzugleiten. Pekuniär ist kaum ein Unterschied mit Berlin – denn wenn ich in Kurland ein ganz bescheidenes Gehalt – sagen wir einmal 4000 M – bekomme, so braucht man dafür wenig – und in Berlin mögen es 9000 [im Jahr, MH] sein, aber sie gehen rettungslos drauf.»[50] Gleichzeitig berichtete er davon, daß Theodor Wolff ihm das Angebot gemacht hatte, die Redaktion des «Ulk» zu übernehmen. Wenige Tage später überlegte Tucholsky: «Gehe ich nicht nach Berlin, dann werde ich mich hier nach Möglichkeit befördern lassen und den Versuch machen, im Staatsdienst zu bleiben – wenn irgend erreichbar: in Kurland.»[51] Er hatte zwar die Redakteursstelle im Prinzip schon zugesagt, aber Mitte Oktober kamen ihm doch Zweifel daran, ob er sich für Berlin entscheiden solle: «Geht dann der Krieg weiter, dann kann man nachher anstandshalber nicht in Berlin sitzen bleiben – denn dann gehts an [sic!] Messer und um die Wurst.»[52] Am 25. Oktober berichtete Tucholsky: «Die Beförderung ist gestern nacht angekommen – mir ist es weniger um diesen hervorragenden Titel Feldpolizeikommissar, als um das, was damit verbunden ist: so das Äußere. Die Bezahlung ist anständig, mit allem, was drum und dran hängt, etwas mehr, als ein Hauptmann bekommt. [...] Ich weiß nicht, ob Du das kennst [...] – es ist eine kleine Befriedigung, wenn man das durchgesetzt hat, was man wollte. Aber gleich sucht der Wille etwas Neues (‹Denn euer Wille ist ein hungriger Wille›, hat der alte Herr Schopenhauer gesagt) – und ich habe auch schon etwas Neues. Na – wollen mal sehen.»[53] Er schwankte immer noch zwischen dem Redakteursposten und einer Militärkarriere: «Es ist ja ein zweischneidiges Schwert: hier gibt es gut zu essen, anständiges Gehalt [...] – andererseits komme ich so vor der allgemeinen Demobilmachung nach Hause – und die Stellung habe ich dann. Man muß das sehen.»[54]

Diese Haltung Tucholskys ist eigentlich unverständlich, sie läßt sich nicht einfach mit Opportunismus oder Anpassung an das Unvermeidliche beschreiben. Er taumelte in dieser Zeit nach eigener Aussage «im Irrgarten des Militärs»[55] herum, eine Ambivalenz, die sich aber auch noch Jahre nach dem Krieg sehr deutlich erkennen läßt. (Siehe die Kapitel sechs und sieben.) 1926 berichtete Tucholsky rückblickend: «Ich habe mich dreieinhalb Jahre im Kriege gedrückt, wo ich nur konnte – und ich bedaure, daß ich nicht, wie der große Karl Liebknecht, den Mut aufgebracht habe, Nein zu sagen und den Heeresdienst zu verweigern. Dessen schäme ich mich.»[56] Tucholsky drückte sich in der Tat mit vielen Mitteln davor, an die Front zu kommen. Er wollte sich weder heroisch auf dem «Altar des Vaterlandes» opfern, noch wollte er andere Menschen in staatlichem Auftrag «ermorden». 1919 erinnerte er sich in einem Brief, daß er sein Gewehr einfach an eine Hütte lehnte und wegging.[57] Aber den Heeresdienst verweigern? Er brauchte den Krieg noch, als sich dessen Ende bereits deutlich abzeichnete, und selbst als sich die Gelegenheit dazu geboten hätte, den Kriegsschauplatz zu verlassen, griff er nicht zu, machte sich um seine finanzielle Stellung Sorgen und wollte sich «anstandshalber» nicht vom Soldatsein drücken.[58]

In seinen Briefen herrscht auch ein merkwürdiges Nebeneinander von Anklagen des Etappenlebens und Schilderungen eigener Freß- und Sauforgien. Am 23. Oktober 1918 warnte er Mary Gerold: «Du mußt nicht vergessen (was die Leutnants vergessen wollen), daß das ganze Leben, das ihr da führt und das tausend andere in den Etappen führen, ein Scheindasein ist. Das, was die Jungens euch und sich – meist mit Mitteln, die ihnen nicht zustehen – zu bieten haben, das hört zu Hause definitiv auf: Geld, Essen, Wohnung, Geselligkeit, Freiheit und das ganze Drum und Dran. Wer kann denn das heutzutage in Deutschland? Ein paar ganz Reiche – aus. Der Rest wird sich verflucht krümmen müssen, um wieder in die kümmerlichen alten Kleider zu schlüpfen.»[59] Zwei Briefe später erzählte er von seiner Abschiedsfeier: «Zum Abschied gab ich im Kasino ein großes Volksfest, und es war sehr heiter. Es dauerte bis abends, nein, nachts um... und weil es zum Schluß Punsch gab, so kannst Du Dir die Herren denken.»[60] Wenige Zeilen weiter berichtete er von langen «Rotweinabenden» mit einem anderen Kommissar und über seine neue Dienststelle: «Bureau und Wohn- und Schlafzimmer liegen in einem Haus – das Ganze mäßig, für den Krieg sehr nett. Essen leider nicht im Kasino – das ist hier nicht, ich werde vielleicht eine eigene Wirtschaft aufmachen.» Solche Schilderungen von stillen Rotweinbesäufnissen und regelrechten Freßorgien ziehen sich durch den ganzen Briefwechsel jener Jahre. Und Mary Gerold wurde von ihm immer wieder ermuntert, sich in den Trubel zu stürzen und zu tanzen, «denn wer weiß, wie lange dieser Zauber noch geht»[61].

In seiner Abrechnung mit den Vorgesetzten, zu denen er als Vizefeldwebel[62] selbst gehörte, heißt es dazu: «Die sittliche Haltung der deutschen Offiziere war deshalb so mangelhaft, weil sie in frechem Hochmut den eigenen Landsleuten *das* wegnahmen, was denen zukam, und weil sie das (dienstlich absolut notwendige) Vorgesetztenverhältnis auch stillschweigend auf die Verteilung der Speisen und Getränke übertrugen.»[63] Natürlich «fraß» Tucholsky den Soldaten nicht alles weg, wie ihm später von Schipperkollegen mehrfach vorgeworfen wurde,[64] aber der Schreibstubenunteroffizier Tucholsky in feiner Uniform und später sogar in Zivil lebte sichtlich wesentlich besser als die «alten Landsturmleute», die «schmutzig, alt, grau, schlecht genährt, schlecht gekleidet, krumm und gebeugt» herumliefen.[65] Nach eigener Aussage war er so dick, «daß es eine Schande ist»[66], und Mary Gerold empfahl ihm deshalb dringend, eine Diät zu machen. Auch er verschickte Butter und anderes in die Heimat, auch er hatte Geliebte (nicht nur Mary Gerold), denen er Eier, Milch, Zigaretten, Wein und andere Sachen zukommen ließ.[67] Er machte das alles nicht in großem Stil, sondern versuchte lediglich, sein privates Leben aus Berlin im Kriege halbwegs fortzusetzen. Was ihn hauptsächlich störte, war die Geistlosigkeit der meisten «Kollegen», die er als «Pachulken» bezeichnete. Er fühlte sich unter den Kameraden, «die ja recht ungebildete Leute» waren, nicht wohl, wie der ehemalige Oberleutnant Bode berichtete. Dieses Thema tauchte in Tucholskys Briefen immer wieder auf und natürlich auch in der «Militaria»-Serie: «Daß es in den meisten Kasinos bei der Fidelitas nicht nur unfein, sondern als Gegengewicht gegen die offiziell immer noch anerkannte Steifheit geisttötend zuging, nebenbei.»[68] Wenn er einen Offizier mit Bildung kennenlernte, atmete er richtig auf und berichtete davon begeistert an Mary nach Alt-Autz. Ansonsten zog er sich lieber mit seinen Büchern zurück.

Viele seiner Briefe und Artikel vermitteln den Eindruck, als ob es zwei verschiedene Kurt Tucholskys gegeben hätte, die nebeneinanderstanden und sich gegenseitig beobachteten. Die Schärfe, in der er später vor allem mit den Etappenoffizieren abrechnete, steht in deutlichem Kontrast zu seiner eigenen Haltung während des Krieges. Sie war nicht nur Ergebnis der vielfältigen Beobachtungen, die er fast vier Jahre lang an der Ostfront machen konnte; was Tucholsky in den Artikeln nach 1918 so vehement anklagte, war auch ein Stück seines eigenen Verhaltens. Er war sicherlich nicht dieser arrogante, überhebliche Offizierstyp, doch die vielen versteckten autobiographischen Anspielungen in seinen Artikeln verraten eine tiefe Verunsicherung und Selbstanklage. Über den generellen Angriff auf das Militär hinaus warf er sich selbst sein eigenes Versagen vor; er war dies seiner Selbstachtung schuldig. Überspitzt könnte man sagen, die «Militaria»-Artikel waren auch eine Art öffentliche Selbstanalyse.

Die radikale Ablehnung des Offiziersgeistes beruht unter anderem auf der Erfahrung der eigenen Verführbarkeit. Die Gruppendynamik in der Armee war so stark, daß sie labilere Menschen wie Tucholsky in ihren Bann ziehen konnte, obwohl er den Mechanismus des Militarismus längst erkannt und schon vor 1914 angeklagt hatte. Er, der bereits 1912 Krieg mit Mord gleichgesetzt hatte, wurde durch das System des Militärs teils gezwungen, teils verführt, sich eben diesem System anzupassen, mitzuspielen. «Das Gemeinschaftsgefühl erstickt das Persönlichkeitsgefühl des einzelnen fast völlig; wenn sie sich unter eine Fahne scharen, ist es, als seien sie allesamt vom bösen Geist besessen, und der Wille der Schar ist nicht etwa die Summe der einzelnen Personen, sondern etwas völlig Neues. Dieser Gemeinschaftsgeist beschattet die Gehirne der einzelnen wie die heilige

Taube, und die Leute sind nun unter dem Einfluß dieses neuen Gemeinschaftswillens zu Handlungen fähig, die sie niemals als Einzelpersonen vorgenommen hätten.»[69]

Die Alternative zum ziemlich sorglosen und üppigen Etappenleben wäre die Front gewesen und der mögliche Tod, aber zum Helden oder Märtyrer war Tucholsky nicht geboren, wie er mehrfach selbst schrieb. «So tat ich, was ziemlich allgemein getan wurde: ich wandte viele Mittel an, um nicht erschossen zu werden und um nicht zu schießen – nicht einmal die schlimmsten Mittel. Aber ich hätte alle, ohne jede Ausnahme alle, angewandt, wenn man mich gezwungen hätte: keine Bestechung, keine andre strafbare Handlung hätt' ich verschmäht. Viele taten ebenso.»[70] Sein Ausspruch «Uns Junge hat es umgerissen» muß ebenso ernst genommen werden wie sein Bekenntnis: «Dessen schäme ich mich.» Tucholsky hatte den Mechanismus der Verführbarkeit am eigenen Leib erlebt, und deshalb lehnte er nach 1919 so radikal den Offiziersgeist der alten Schule ab, der auf blinden Kadavergehorsam gegründet war. Es war «eine schleichende und stillschweigend vereinbarte und anerkannte Korruption auf sittlichem Gebiet»[71], konstatierte er 1919. Ihm war klar: gelänge es nicht, das Militär in seiner bisherigen Form zu zerschlagen, würde es immer weiter auch gebildetere Menschen verführen und verderben, «das Volk bis ins Mark»[72] vergiften. Denn Tucholsky erkannte an seinem eigenen Beispiel, daß nicht nur die sogenannte Masse verführbar ist: Auch lauter «kluge Leute», zur Masse zusammengeballt, vergessen in der Herde ihre Klugheit, «denn sie sind nur einzeln klug», «und sie benehmen sich alle zusammen wie die wilden Kanaken. Das ist ein allgemeines Gesetz, auf der ganzen Erde.»[73] In die Scham über seine eigene Verführbarkeit mischte sich die Wut und der Haß auf die Verführer. Sein Bekenntnis: «So tat ich, was ziemlich allgemein getan wurde»[74], war der innere Ausgangspunkt seiner Kritik. Der mitreißende und eindringliche Ton seiner Antimilitärartikel ist also auch eine Folge dieser Auseinandersetzung mit seinem eigenen Verhalten.

Tucholsky glaubte, seine Lektion gelernt zu haben, seine Devise hieß nun: Nie wieder! und Aufklärung! Immer wieder beschwor er sich selbst: «Versprich es dir. Lege ein Gelöbnis ab. Wirke. Arbeite. Sags den Leuten. Befreie sie von dem Nationalwahn, du mit deinen kleinen Kräften. Du bist es den Toten schuldig.»[75] Bis zum Schluß kämpfte er gegen den militärischen Größenwahn, dessen verheerende Wirkung auf das gesamte Staatsgebilde er deutlicher als andere erkannte, und selten hat einer derart treffsicher zugeschlagen wie Tucholsky. Von verschiedenen Seiten wurde ihm dies immer wieder als Konjunkturreiterei vorgeworfen. Nichts ist falscher als das. Gerhard Zwerenz hat dazu treffend bemerkt: «Über so lange Zeiträume brennt kein Strohfeuer, einen solchen Atem bringt kein bloßer Trittbrettfahrer historischer Ereignisse auf.»[76] Das Erlebnis des eigenen Versagens ließ Tucholsky ungleich radikaler zu seinen Ansichten vor dem Krieg zurückfinden. Schon vor der großen «Massenschlächterei» hatte er ja zahlreiche Angriffe gegen das Militär geschrieben. Jetzt untermauerte er seine eher emotionale Ablehnung von damals mit den wissenschaftlichen Erkenntnissen der Soziologie und Psychologie über Herrschaftsinteressen, Macht und Verführbarkeit des einzelnen in und durch die Gemeinschaft. Das Kriegserlebnis und die daraus gewonnenen praktischen Erkenntnisse der Massenpsychologie wurden entscheidende Triebfedern seiner weiteren Arbeit.

> «Vor meinen *Flieger*-Gedichten habe ich mich
> einigermaßen geschämt...»[77]

Im Herbst 1916 wurde Tucholskys Schipper-Kompanie nach Alt-Autz verlegt, wo eine Artillerie-Fliegerschule für 4000 Mann entstand. Am Weihnachtstag 1916 erschoß sich ein junger Rekrut, und Tucholsky assistierte dem Gerichtsoffizier, Oberleutnant Bode, bei der Aufklärung. Nach Abschluß der Vernehmungen fragte Tucholsky ihn, ob er nicht etwas für ihn tun könne, er fühle sich in seiner Einheit nicht recht wohl. Bereits im September hatte sich Tucholsky überlegt, daß er «zum Stab müßte» und daß endlich etwas zu geschehen habe, damit er nicht in seiner Kompanie verkomme.[78] Nun war eine günstige Gelegenheit, denn Bode war von dem intelligenten und tüchtigen Schreiber, dessen Führung stets mit «sehr gut» bezeichnet wurde,[79] höchst angetan. Nach kurzer Zeit gelang es ihm, «Kurt Tucholsky nach Alt-Autz zu nehmen, wo der Stab der neuen Schule errichtet wurde. Er wurde als Schreiber beim Stab eingestellt. Nach ganz kurzer Zeit rückte er dort infolge seiner Fähigkeit auf, wurde Gefreiter und Unteroffizier. Und am Ende unserer gemeinsamen Alt-Autzer Zeit war er praktisch Bürochef.»[80] Der Jurist Tucholsky wurde vom Gerichtsoffizier Bode auch später immer mal wieder herangezogen. So mußte er etwa am 18. Februar 1917 mit den Gerichtsakten bei einer Erschießung von russischen Spionen assistieren.

Die Fliegerschule in Alt-Autz[81] glich fast einer Kleinstadt in Friedenszeiten. Es gab dort Friseur, Buchhandlung, Bibliothek, Kirche, sieben Kasinos, fünf Mannschaftskantinen, in denen man auch Lebensmittel, Getränke oder Zigaretten kaufen konnte, einen «Lunapark» mit sonntäglichem «Schwof», «sonnabendlichen Kinobällen», Fußballspielen und Sportfesten. Jeden Donnerstag und Sonntag wurde ein großes Platzkonzert auf dem Marktplatz gegeben, und im großen Fliegerheim mit Getränkeausschank und Leseraum fanden an den Wochenenden oft Vorträge, Konzerte und Theaterabende statt. Das «Lichtspiel-Theater» wechselte jeden Montag und Donnerstag sein Programm, und manchmal gab es statt dessen auch einen «Bunten Abend». Wer wollte, konnte einen Stenographie- oder Französischkurs belegen (viermal wöchentlich) oder in der «Musikvereinigung der Artillerie-Fliegerschule» zweimal wöchentlich musizieren.[82] Für Abwechslung war also gesorgt. Hinzu kam, daß in Autz eine große Anzahl von weiblichen «Hilfsdienstmutwilligen», wie Tucholsky sie nannte,[83] beschäftigt war, die nach einer stehenden Redewendung eigentlich nur «zur Unterhaltung der Offiziere da» waren.[84] Die Alt-Autzer «Feste und Tänzereien» waren an der ganzen Ostfront bekannt, «auch daß die Offiziere nicht Dienst tun, sondern sich amüsieren, daß die Pferde für Spazierfahrten mit Damen benutzt werden» und so fort. Mary Gerold berichtete immer wieder in ihren Briefen von Festen, «daß es in den Straßen hallt»[85], vom großen Herbstfest oder von einem großen Umzug mit Blumenkorso und Zirkuswagen anläßlich des zweijährigen Bestehens der Fliegerschule im August 1918. Hinzu kamen die fast täglichen kleinen Feiern in den zahlreichen Kasinos und die kleineren und größeren Trink-Gelage. Die Damen ließen sich auch gerne einladen, denn die normale Verpflegung war offensichtlich nicht gerade üppig, obwohl zur Fliegerschule ein landwirtschaftlicher Betrieb von etwa 250

Hektar gehörte. Die Offiziere jedoch schwelgten im Überfluß. Mary Gerold schrieb von Essensportionen, von denen «in Friedenszeiten eine zehnköpfige Familie satt geworden wäre». Besonders im Gutsschloß Weitenfels, in das eine Abteilung der Schule einquartiert war, merkte man nichts davon, daß eigentlich Krieg war: «Zuerst gab es eine Tasse Bouillon, dann gebratenes Fleisch, als dritten Gang Gänsebraten mit Äpfeln und Salat u. als Schluß Kuchen, dazu französischen Sekt, gute Zigaretten.»[86] Diese Schilderung ist durchaus kein Einzelfall. Immer wieder taucht in den Briefen Mary Gerolds die Bemerkung auf, daß sie sich rund und dick gegessen haben. Auch Schiebereien im großen Stil gab es natürlich bei den Fliegern in Alt-Autz. So erinnerte sich etwa Erhard Milch an «verbotene Butterankäufe von uns allen, die dann zu Zusammenstößen mit der Armee führten, und wie wir dabei siegreich blieben»[87].

Alt-Autz war durchaus typisch für die Etappe im Ersten Weltkrieg. Es gab zwar jede Menge Arbeit, aber auch viel Freizeit und ein relativ sorgloses Leben. Tucholsky konnte auf dem «Kriegsschauplatz» herumreisen, hielt Vorträge, fuhr nach Berlin, um neue «Hilfsdienstwillige» für Alt-Autz zu holen,[88] und er schrieb auch wieder mehr. Im «Ulk» erschienen seit Januar 1916 bereits kleinere Arbeiten, die im Stil an Roda Roda erinnern, und für den «Simplicissimus» lieferte er einige Geschichten, die 1920 unter dem Titel «Träumereien an preußischen Kaminen» als Buch erschienen. Vor allem las Tucholsky sehr viel, das Ergebnis seiner Lektüre konnte man dann in der «Schaubühne» in zahlreichen Besprechungen nachlesen.[89] In dem Artikel «Die letzte Seite» schilderte er sein Leseverhalten: «Mein Beruf zwingt mich, viel und ausgiebig zu lesen [...] und so lese ich Nacht für Nacht, alles durcheinander: Romane und Reisebeschreibungen und zarte, sinnige Geschichten aus edler Frauenhand, und was man eben so liest.»[90] Sein «Beruf» zwang ihn tatsächlich, denn erstens leitete er die Bibliothek der Fliegerschule,[91] zweitens war in der Bibliothek auch das Geschäftszimmer der Soldatenzeitschrift «Der Flieger» untergebracht, und Tucholsky mußte seit dem Herbst 1916 diese Feldzeitung mit Texten und Rezensionen versorgen.

Im September 1916 entwickelte Tucholsky[92] das Konzept für eine Feld-Zeitung, die ihm eine einigermaßen ruhige Stellung in der Etappe sichern und ihm darüber hinaus die Möglichkeit bieten sollte, sich wieder in seinem eigentlichen Metier zu betätigen. Es ist nicht mehr festzustellen, auf welchem Weg und mit wessen Hilfe Tucholsky die Zeitung ins Leben rief. Möglicherweise bekam er Kontakt zu Oberleutnant Erhard Milch, der im Spätherbst 1916 von der Westfront nach Alt-Autz versetzt und Adjutant von Eduard Zimmermann, dem Kommandeur der Fliegerschule, wurde. Milch war von Januar 1917 an, nach Tucholskys Versetzung zum Stab, dessen direkter Vorgesetzter[93] und zeichnete ab 15. April 1917 auch als verantwortlicher Schriftleiter des «Fliegers».[94] Da Tucholsky damals noch keinen Dienstrang besaß, war damit zwar offiziell ein Stabsoffizier verantwortlich, aber Tucholsky hatte innerhalb bestimmter Grenzen doch ziemlich freie Hand und war der eigentliche Herausgeber. Seine tatsächliche Verantwortlichkeit geht auch aus einer Notiz im «Flieger» vom 28. April 1918 hervor, in der die «Tätigkeit unseres scheidenden Kameraden» gewürdigt wurde: «Mit der heutigen Nummer verabschiedet sich der bisherige Schriftleiter. Was unsere Zeitung ihm zu verdanken hat, weiß der, der von Anbeginn dem Entstehen und Werden des Fliegers gefolgt ist. Aus den kleinsten Anfängen hervorgegangen, zuerst auf der Schreibmaschine geängstigt, hat er sich dank der rastlosen Tätigkeit seines Verantwortlichen zur heutigen Höhe emporgearbeitet.»[95]

Am 26. November 1916 erschien die erste Nummer der Soldaten-Zeitschrift «Der Flieger» mit acht Seiten Umfang, Preis 10 Pfennig. Ein Impressum gab es noch nicht, aber Tucholskys Handschrift ist deutlich zu spüren. Ganz im Stile seines Lehrmeisters Siegfried Jacobsohn schrieb er in dem der «Schaubühne» nachempfundenen «Briefkasten»: «Alter Abonnent. Nein, diese erste Nummer gibt nur den Ton an und ist kein Muster für alle andern. Der ‹Flieger› macht es wie seine Kollegen in der Luft – heute hier und morgen da – wo es etwas von Belang gibt, da ist er zu finden. Er startet alle Sonnabend und wenn die Kameraden aufpassen und Spaß an ihm haben, dann gibt es sobald keine Notlandung! –» Eine Notlandung gab es in der Tat nicht. Das anfänglich recht einfach gemachte Blatt wurde in der Druckerei der Fliegerschule – die seit 1917 Tucholsky unterstand – in einer Auflage von 200 Stück hergestellt. Der Nummer 13 vom 17. Februar 1917 kann man entnehmen, daß erstmals 400 Stück gedruckt wurden, und im Mai 1918 war die Auflage immerhin auf 1000 gestiegen. Mitte April 1917 notierte Oberleutnant Milch in seinem Tagebuch sogar eine Belobigung «von oben», also vom Armeekommando, für den «Flieger», der die erste deutsche Fliegerzeitung war.

Bei den ersten 16 Nummern konnte sich Tucholsky offenbar ziemlich frei entfalten: Sie unterscheiden sich nicht nur äußerlich, sondern vor allem im Inhalt deutlich von den späteren Ausgaben. Geschickt versuchte er sich zwischen den Fronten von Zensur und Hurrapatriotismus hindurchzulavieren. Er wollte das «Welt- bezw. Käseblatt» so «anständig machen», wie es nur ging,[96] und Blaich ermunterte ihn: «Redigieren Sie denn in Gottes u. S^{ti} Militarismi Namen Ihr Blatt tapfer weiter, o Onkel Kasimir.»[97]

Eine Feldzeitung mußte natürlich auch über den Krieg berichten. Um nicht die aktuellen Lobhudeleien drucken zu müssen, wählte Tucholsky für jede Nummer Kriegserlebnisse und -beschreibungen von bekannten Dichtern, etwa ein Stück aus Raabes Erzählung «Der Marsch nach Hause», Schlachtenbeschreibungen von Liliencron oder «Was gilt es in diesem Kriege?» von Heinrich von Kleist. Und da die Zeitung für Flieger bestimmt war, brachte Tucholsky immer wieder historische Beschreibungen über das Fliegen mit Fesselballons oder über alte Vorstellungen von Flugmaschinen, und auch hier griff er gern auf große Namen wie etwa Wieland zurück. Dazwischen tauchten Gedichte von Goethe, Mörike oder Busch auf, und Tucholsky empfahl seinen Lesern immer wieder Bücher, die über die Feldbuchhandlung bezogen werden konnten. Im hinteren Teil des Heftes war ein buntes Sammelsurium aus praktischem Ratgeber, Kinoprogramm-Anzeiger, Rätselecke, Anekdoten und einer Briefkastenseite. Das jeweilige Titelbild und den Heftschmuck zeichnete Unteroffizier Lunkebein, der später auch namentlich im Impressum genannt wurde.

Bereits in der dritten Nummer vom 10. Dezember 1916 griff der «Flieger» die Lebensmittelschiebungen an. Das Titelbild zeigt einen mit Rucksack und Kisten bepackten Offizier auf dem Weg in den Urlaub. Darunter zitierte Tucholsky aus der Kriegsverordnung: «Es ist Militärpersonen gestattet, ‹geringe› Mengen von Lebensmitteln auf Urlaubsfahrten mitzunehmen.» Den Vorgesetzten wird das nicht sonderlich gefallen haben, ähnliche Angriffe unterblieben in Zukunft auch. In der Nummer 13 beschäftigte sich Tucholsky mit den Kriegsberichterstattern und kritisierte vorsichtig deren unsachliche Arbeit: «Sie können es nicht: denn sie sind nicht dabei und stehen nicht im Graben und schwitzen nicht auf dem Marsch.» Als Vorbild stellte er die Arbeiten von Georg Queri vor und empfahl den Lesern, sich dessen Buch zu kaufen.[98] Tucholsky versuchte also auf allen Ebenen, ein «vertretbares» Blatt zu machen, an das man auch noch nach dem Krieg ohne Scham denken sollte.[99] Er kritisierte in diesen Nummern noch Mißstände, zwar nur sehr vorsichtig, aber wohl bis an die Grenzen des Möglichen. Blaich gratulierte ihm denn auch im März 1917: «Ihre Fliegerzeitung hat mir gut gefallen, das ist doch mal was andres als die üblichen Feldblättchen mit ihrem Gemäre.»[100] Als Blaich dies schrieb, konnte er noch nicht ahnen, daß dies nicht mehr lange so bleiben sollte.

Bis zur Nummer 15 tauchten die Wirtschaftsprobleme während des Krieges oder Kriegsanleihen allenfalls nebenbei auf, patriotische Heldenverehrungen so gut wie gar nicht. Das sollte sich schlagartig ändern. Am 1. März 1917 vermerkte Oberleutnant Milch in seinem Tagebuch: «Besprechung wegen Presse und 6. Kriegsanleihe».[101] Zwei Nummern später beschäftigte sich «Der Flieger» bereits ausgiebig mit dem Thema. Auf der Seite 2 findet sich dann noch der Hinweis: «Die Schriftleitung des ‹Fliegers› (Abteilung I z) gibt gern jede Auskunft über Kriegssparkarten und Einzahlungen zur Kriegsanleihe.»[102] Im folgenden Heft dichtete Tucholsky über den Hilfskreuzer «Möwe»:

Sie strich der Flaggen bunte Reihe
und senkte manchen Kahn zur Ruh...
Das brachte sie zur Kriegsanleihe –
Und du?[103]

Im «Briefkasten» vom 31. März antwortete Tucholsky: «Kleiner Zeichner. Doch! Gerade diese ‹paar Mark› nützen. Bei den bisherigen Anleihen haben die kleinen Zeichner – also die nicht mehr als 2000 M gezeichnet haben – insgesamt acht Milliarden aufgebracht. Viele Wenige machen ein Viel! [...] Die Artillerie-Fliegerschule Ost muß und soll rühmlich auffallen – durch die Kriegssparkarten ist es jedem, ausnahmslos jedem Kameraden möglich gemacht, sich mit einem kleinen Betrag zu beteiligen. Es kommt nicht auf die Masse des Geldes, es kommt auf den guten Willen und die gute Gesinnung an! – Patronen ins Gewehr? Granaten ins Rohr? Brot im Magen? Geld in den Beutel, mein Sohn! Zeichne Kriegsanleihe!»[104] Von da an wurde in vielen Nummern Kriegsanleihepropaganda in Wort und Bild gedruckt. Im Januar 1916 hatte Tucholsky sich darüber noch im «Ulk» lustig gemacht. Eine Siegesanleihe, «das ist, wie wenn einer kein Haus hat und will darauf eine Hypothek aufnehmen!»[105] Nun machte er selbst bei der Propaganda mit und bekam im April 1918 dafür auch noch das «Verdienstkreuz für Kriegshilfe» verliehen. Jahre später schrieb er: «Da sind die Anreißereien zu allen deutschen Kriegsanleihen – mit welchen Gefühlen mag das heute der betrogene, getäuschte, ‹aufgewertete› Zeichner ansehen, der damals seinem Staat vertraut hat...!»[106] Und mit welchen Gefühlen mag Kurt Tucholsky das gesehen haben?

Auch sonst veränderte sich das Heft langsam. Artikel über «Unsere erfolgreichsten Jagdflieger» und wie viele Flugzeuge sie bereits abgeschossen hatten, Beiträge über «Deutschlands Wirtschaftsmacht allen voran!» und ähnlich Patriotisches beherrschten zunehmend die Zeitschrift. Mit der Nummer 19 vom 15. April 1917 erschien der «Flieger» in grundlegend veränderter Form, und er bekam «neue Aufgaben und Ziele», wie es auf der Titelseite hieß. Die Texte wurden nicht mehr nur mit der Schreibmaschine geschrieben und lithographiert, sondern richtig gesetzt. Das Blatt erhielt auch einen gleichbleibenden Titelkopf, und die acht Seiten wurden in zwei Blöcke aufgeteilt.

Die ersten drei Seiten enthielten in der Regel Aufsätze über das Kriegsgeschehen, über die Aufgaben der Kriegswirtschaft oder patriotische Artikel wie «Mit dem deutschen Kronprinzen an die Front». Dazu wurden oft erläuternde Graphiken oder Lageskizzen abgedruckt. Die Vorlagen zu diesem Teil kamen meist vom Kriegspresseamt unter Oberst Nicolai, das direkt der Obersten Heeresleitung unterstand.[107] Tucholsky versuchte, soweit das in seiner Macht stand, die chauvinistische Kriegs- und Durchhaltepropaganda, die ihm da zum Druck geliefert wurde, durch andere Texte zu ersetzen. Aber dies gelang ihm nur bedingt. Im Mai 1917 schrieb er an Blaich: «Ich tue das Menschenmögliche im *Nicht*-Hereindrucken, aber Sie wissen doch... (Unter uns: neulich habe ich eine halbe Nase bekommen, weil ich ein Gedicht von Hochstetter aus den ‹*Lustigen Blättern*› partuh nicht bringen wollte – die Nase kam von sehr, sehr hoch oben –)»[108] Statt dessen versuchte er auch weiterhin, wenigstens im zweiten Teil, der als «1. Beilage» bezeichnet wurde, seinen Kameraden die Literatur näherzubringen, die er für wertvoll hielt.[109] So druckte er in Fortsetzungen Storms «Ein grünes Blatt» ab, «Die Pest im Vintschgau» von Jakob Wassermann, Gedichte von Eichendorff, Goethe oder den «Chor der Toten» von C. F. Meyer. Auch die von ihm verehrten Autoren Kerr und Dr. Owlglass bat er mehrmals um Beiträge.

Die aktuellen Themen griffen jedoch schnell auch auf diesen Teil über, und bald überwogen Kartenskizzen zum monatlichen «Kriegskalender» und Beiträge über «Die Kriegstreiber in Wall-Street» oder «Ein Tag bei einer Feldfliegerabteilung im Osten». Auch der «Briefkasten» wurde immer kleiner und verschwand Ende des Jahres ganz. Seit Mitte 1917 schrieb Tucholsky kaum noch ein Gedicht für das Blatt,[110] die Arbeit daran befriedigte ihn immer weniger. Tucholsky war sich ohnehin bewußt, daß er eine Gratwanderung machte zwischen moralischer Selbstachtung und moralischer Selbstaufgabe. Die zunehmenden Veränderungen zwangen ihn inzwischen fast zur Kapitulation, über die er sich im August 1917 bei Blaich beschwerte: «Über den ‹Flieger› sind wir uns doch einig; ich arbeite nur noch mit dem größten Widerwillen daran; es ist nicht möglich, mit Behörden etwas Gescheites zu machen, und ich verspüre keine Lust, mich etwa zum Märtyrer einer Sache aufzuwerfen, die mich nichts angeht. [...] Resultat: merde». Schon im Juni hatte er vermerkt: «ich nuckele zu allem ‹ja› – denn schließlich: was gehts mich an?»[111]

Tucholsky leistete immer weniger Widerstand, das Blatt lag schließlich völlig auf der Linie der Obersten Heeresleitung, wie eine Bekanntmachung in der Nummer 6 vom 2. Dezember 1917 zeigt: Laut einer Verfügung der Presseabteilung beim Oberbefehlshaber Ost wurde der «Flieger» zum offiziellen Berichterstatter von Alt-Autz und Umgebung für die Ober-Ost-Zeitungen bestimmt, der «Flieger» lieferte also praktisch die «Lokalnachrichten» für die zentralen Ostfrontblätter.

In seiner «Militaria»-Serie meinte Tucholsky später, daß die Feldzeitungen in der Anfangszeit «hübsche, nette Publikationen» gewesen seien, «mit nicht mehr Patriotismus, als eben grade notwendig war, mit viel Ulk und wenig Roheit, mit wenig Phrasen und viel gesundem Humor». Den «Flieger» in seiner *zweiten* Phase vor Augen, fuhr er fort: «Als die Feldprediger und die philologischen Reserve-Offiziere und die politisierenden Generalitäten aber das Ding in die

Hand nahmen, stieg aus diesen Blättern – es gab annähernd fünfzig – eine unsagbare Scheußlichkeit auf. Nur wenige hielten sich von der allgemeinen Schlammflut frei [...], und so gab es noch hier und da weiße Raben. Aber auch sie waren gezwungen, die Lügen und Verdrehungen des offiziellen Nachrichtendienstes abzudrucken, sonst hätte man sie verboten. Man war gradezu darauf aus, die Tendenz überall ins Alldeutsche zu kehren.»[112] Diese Tendenz ist auch beim «Flieger» zu beobachten, Tucholsky hatte den Kampf aufgegeben. Sein Blatt war es ja schon lange nicht mehr. Sollte er sich aber deshalb mit seinen Vorgesetzten anlegen?

Tucholsky paßte sich aus «Opportunitätsgründen»[113] dem Soldatenbetrieb an, wie er Blaich mitteilte, der «Flieger» sollte ihm lediglich eine ruhige Stellung in der Etappe sichern, was ja auch weitgehend gelang. Allerdings waren nicht nur Opportunitätsgründe für sein Verhalten ausschlaggebend. Der «Artist» in Tucholsky, der später selbst noch bei Hitler «das Künstlerische» bewundert hätte, «wenn es da wäre»,[114] war manchmal so überstark, daß ihm die Inhalte zur Nebensache wurden. Zu erinnern ist in diesem Zusammenhang an seine Bemerkung: «Ich bin Schriftsteller und *wie* ich meins sage, ist oft besser als das, *was* ich sage.»[115] Damit wären manche Schwankungen, manches Hin und Her bei Tucholskys Meinungen und Handlungsweisen erklärbar. Ein kleines Beispiel zeigt deutlich die Widersprüche, die bei ihm immer wieder zu beobachten sind.

Im Juni 1918 druckte die «Weltbühne» eine «Briefbeilage», in der Tucholsky über die ausländischen Kriegszeitschriften berichtete. Er zeigte, wie das Ausland auch mit Kitsch, Fälschungen und Lügen die Deutschen darstellte, und kam zu dem Schluß: «Aber ich muß doch sagen: mein erster Gedanke war der des Bedauerns. Warum haben wir das nicht? Sie sind so geschickt, und so gemein. Und so wirksam. [...] das ist zwar alles nichts. Aber es wirkt. Aber es ist infam geschickt und gewandt hergestellt. Aber es zieht. Warum machen wir das nicht? Sie schrecken vor nichts zurück, wenn sie damit irgend einer These, einem moralischen Satz zur Wirkung verhelfen können. [...] Sie schrecken vor nichts, aber auch vor nichts zurück. Bis auf die schmierigen Sudeleien: warum wir nicht auch? Warum arbeitet unser Nachrichtendienst nicht im großen Stil mit der Tendenzfotografie wie sie? Warum bearbeiten wir nicht das Ausland wie sie. Warum zeigen wir nicht Ähnliches in unsern eigenen Blättern wie sie?»

Tucholsky forderte: «Hier kann man aggressiv arbeiten. Wir verteidigen uns brav: wir veröffentlichen saubere Statistiken, wie gut unsre Schulen arbeiten, und wieviel Kriegsanleihe wir gezeichnet haben – *eine* Zeichnung Raemaekers wirft das alles um. So kann man dem Betrachter nicht kommen. Man muß ihn unterhalten, einfangen, packen.»[116]

Die Kriegspropaganda war Tucholsky also offensichtlich noch nicht scharf und verlogen genug, und das zu einer Zeit, als bereits der Ruf nach Frieden immer lauter wurde und nachdem er doch eineinhalb Jahre lang unter der Arbeit des Kriegspresseamts gelitten hatte. Dies war auch nicht etwa nur ein Ausrutscher, wie seine spätere Tätigkeit bei der Zeitschrift «Pieron» zeigt. Und noch 1922, als er sich unter dem Einfluß von Le Bon und Freud intensiv mit den Problemen der Massenpsychologie beschäftigte,[117] schrieb er: «Wenn man auf Massen einwirken will, muß man unbedenklich, demagogisch, völlig subjektiv und hemmungslos arbeiten.»[118] Der Artikel Tucholskys mutet auch seltsam an, angesichts der Tatsache, daß er nur wenige Monate später, im Februar 1919, den Chauvinismus der Zeitungen während des Krieges anprangerte. In der «Militaria»-Serie schrieb er vom «schmutzigen Handwerk» und der «schändlichen Tätigkeit» des Kriegspresseamts, das ein «prasselndes Agitationsfeuer» auf die Leser entfachte: «Der große Teil der Publikumslieblinge aber tat – reklamiert oder aus freier Neigung oder des Geldes wegen – mit und log das Blaue vom Himmel herunter über die Minderwertigkeit der Feinde und über die gottgefällige Verfassung des deutschen Heeres.»[119] Tucholsky hatte versucht, *sein* Blatt so anständig wie möglich zu machen. Daß ihm das nicht sehr lange gelungen ist, hatte er auch dem Kriegspresseamt zu verdanken, das er nun plötzlich als zu lasch und zu lahm rügte.

In Alt-Autz traf Tucholsky zwei Menschen, die in seinem weiteren Leben eine entscheidende Bedeutung erhielten. Am 11. November 1917 lernte er die knapp neunzehnjährige Mary Gerold aus Riga kennen, die seit dem Herbst 1917 als Helferin nach Alt-Autz dienstverpflichtet war und in der Kassenverwaltung arbeitete. Ihr erster Eindruck von Tucholsky war: «Er sieht sehr gut aus und ist furchtbar mokant.»[120] Tucholsky hingegen war von ihrer Stimme fasziniert. Er meinte, sie hätte nicht ihre eigene Stimme, sondern «die Stimme von oben»[121]. Aus einem Geplänkel wurde schnell Freundschaft, und Tucholsky war sich angeblich bewußt, «am Anfang eines sehr steilen, sehr schwierigen Weges zu stehen». Nach etlichen Mißverständnissen und Trennungen wurde Mary Gerold 1924 seine zweite Frau. Ihr ist ein eigenes Kapitel gewidmet.

Ende März 1917 lernte er den Juristen Erich Danehl kennen, mit dem ihn bald eine «enge Männerfreundschaft» verband und der als «Karlchen» später immer wieder in seinen Arbeiten auftauchte. Oberleutnant Bode erinnerte sich: «Er [Danehl] war damals Gerichtsassessor und als kaiserlicher Bürgermeister und Friedensrichter in Goldingen eingesetzt. Militärisch war er nur Landsturmmann. In Goldingen hat er dann irgendetwas ausgefressen,[122] so daß er abgesetzt wurde und als einfacher Landsturmmann in der Armeeschlächterei Libau eingesperrt wurde, die damals als allgemeines politisches Gefängnis galt. Es glückte ihm, mir nach Alt-Autz eine kurze, fettgeschmierte Nachricht zu geben, in der er seine Not klagte. Dank dem Entgegenkommen des Oberkriegsgerichtsrates in Libau glückte es dann weiter, Danehl für die Fliegertruppe freizumachen und mir zu unterstellen. Ich brachte ihn dann schnellstens quartiermäßig mit Tucholsky zusammen.»

Erich Danehl wurde am 22. Juni 1887 in Osterburg/Altmark geboren[123] und war wie Tucholsky promovierter Jurist.[124] Bis zur Einberufung am 2. Januar 1916 arbeitete er bei verschiedenen Staatsanwaltschaften, zuletzt in Celle. Im März des gleichen Jahres kam er nach Libau/Kurland zur Feldartillerie, wurde jedoch bereits im Mai zur Polizei «Ober-Ost» versetzt. Vom 29. März bis zum 3. Mai 1917 war er in Alt-Autz stationiert, danach ging er zur Zentralpolizeistelle in Bukarest beim «Oberkommando Mackensen», wo er am 24. Januar 1918 Feldpolizeikommissar bei der Politischen Polizei wurde.[125] Danehl und Tucholsky verstanden sich auf Anhieb. Beide waren «kluge, gut beobachtende Leute mit großem Humor», wie sich Bode erinnerte. Und Tucholsky blühte förmlich auf, als er endlich wieder einen Partner für intensive Gespräche hatte. Aber der eine Monat war viel zu kurz. Danehl schlug Tucholsky vor, sich ebenfalls zur Polizei versetzen zu lassen, und als er am 3. Mai 1917 in Alt-Autz wegfuhr, sagte er zum Abschied zu Tucholsky: «Weißt du, ich hol dich noch nach!»[126] Doch erst am 6. April 1918 kam die Anforderung aus Bukarest, und Tucholsky nahm sich vor, sich dort einen guten Posten zu verschaffen «und viel, viel Geld» zu verdienen.[127] Am 24. April 1918 verließ der inzwischen zum Vizefeldwebel ernannte «unterzählige Überoffizier»[128] Tucholsky Alt-Autz und fuhr erst einmal auf Urlaub nach Berlin.

Über seine Heimatstadt war er sehr erschrocken. Der Krieg hatte auch hier tiefe Spuren hinterlassen. 1916/17 war in Deutschland eine Hungersnot ausgebrochen, und der berüchtigte «Steckrübenwinter» war noch nicht vergessen. Anfang 1917 war es bereits zu zahlreichen Streiks gekommen, im April 1917 traten allein in Berlin 319 Betriebe mit rund 300000 Arbeitern in den Streik, allerdings gegen den Willen der Gewerkschaften. Anfang April 1917 gründete der linke Flügel der SPD eine eigene Partei, die USPD, und im Juli 1917 brachte die linke Mehrheit des Reichstages eine Friedensresolution ein, in der ein Verständigungsfrieden gefordert wurde ohne Annexionen und Kriegsentschädigungen. Der neue Reichskanzler Michaelis[129] übernahm diese Resolution teilweise in sein Regierungsprogramm. Die eigentliche Macht im Staate hatte aber nicht der Kanzler, sondern die Oberste Heeresleitung, und die setzte weiter auf Krieg und Annexionen. Nach dem Ausbruch der russischen Revolution wurde in Brest-Litowsk 1918 zwischen Deutschland und Rußland ein Friedensvertrag «verhandelt», der nur als pure Unterwerfung bezeichnet werden kann.[130] Nach Bekanntwerden der Vertragsbedingungen brach deshalb in den Rüstungsbetrieben in Berlin ein Streik aus, dem sich etwa 300000 Arbeiter anschlossen. Auch in Hamburg, Kiel, Bremen, Danzig, Leipzig und München kam es zu Streiks, in denen die sofortige Beendigung des Krieges gefordert wurde. Ende Januar wurden aufgrund der Unruhen der verschärfte Belagerungszustand über Berlin verhängt und außerordentliche Kriegsgerichte eingesetzt. Am 8. Januar 1918 veröffentlichte der amerikanische Präsident Woodrow Wilson sein 14-Punkte-Programm, in dem er eine Weltfriedensordnung, basierend auf dem Selbstbestimmungsrecht der Völker, vorschlug. Am 3. März 1918 wurde der «Friedensvertrag» mit Rußland unterzeichnet und am 22. März vom Reichstag gegen die Stimmen der USPD gebilligt. Die SPD enthielt sich lediglich der Stimme, da ja nach dem Vertrag endlich Frieden an der Ostfront herrschen sollte. Deshalb wollte sie den Vertrag auch nicht ablehnen. Inzwischen kündigten sich erneut Unruhen wegen der immer schlechter werdenden Lebensmittelversorgung an. In diese aufgeheizte und gereizte Stimmung kam Tucholsky auf Urlaub.

Hatte er noch über seinen Urlaub im Sommer 1916 geschrieben: «Berlin war schön wie je»[131], so war er jetzt, zwei Jahre später, von dieser Stadt angewidert: «Berlin [...] ist ja niemals eine mondäne Großstadt gewesen, aber jetzt ist es durch Materialknappheit aller Art, Aufeinanderplatzen der Gegensätze zwischen Knallprotzen und Hungerleidern widerlich. [...] eine scheußliche Schicht von Mitbürgern kommt hoch, das Geld regiert nicht, es rast und tyrannisiert. An den Krieg denken nur die, dies unbedingt müssen.»[132] Entgegen seinen ersten Eindrücken lebte er jedoch sichtlich auf. Er konnte wieder ins Theater gehen, besuchte Ausstellungen, und als Gipfelpunkt empfand er eine Lesung des Schriftstellers Karl Kraus.[133] Endlich konnte Tucholsky wieder mit alten Bekannten wie Siegfried Jacobsohn vernünftige Gespräche führen, die ihm in Alt-Autz so gefehlt hatten. Dort war «der Gipfel der Geistigkeit erklommen», «wenn einer mit schmierigem Lächeln verblümt andeutete, daß Männer und Frauen unterhalb der Tischplatte doch nicht so ganz gleich wären.»[134] Trotzdem empfand er Berlin als «unentwegt scheußlich» und war froh, daß er wieder abreisen konnte. Der Satz «Das will man hier alles gar nicht»[135] deutete einen neuen Grundton in seinem Leben an. Bereits im Juni 1917 hatte er an Blaich geschrieben, daß er Deutschland nach dem Krieg verlassen wolle: «Seit 2 Jahren habe ich Schweden im Kopf.»[136] Mit diesem Deutschland und mit dieser «(guß)eisernen Zeit» wollte er nicht mehr viel zu tun haben: «Es bleibt schon dabei, daß man sich in sein Gehäuse verkriecht, und nicht mitmacht. Denn das Postea wird derartig schrecklich schön werden, daß man lieber nicht dran denkt.»[137] Aber noch war Krieg, und Tucholsky wollte sich «anstandshalber» nicht von dem «Menschlichkeitsdrama» beurlauben lassen. Am 8. Mai 1918 verließ er Berlin und fuhr zu seiner neuen Dienststelle in Rumänien.

Vier Tage war Tucholsky fast ununterbrochen unterwegs, bis er über Bukarest endlich am 12. Mai in Craiova[139] landete, das er als «trostloses Nest» empfand. Am 20. Mai kam er dann schließlich in Turn-Severin nahe der rumänisch-serbischen Grenze an. Zwar war er noch «ärgerlich wie ein Papa mit Drillingen», weil sein Gepäck weg war,[140] aber die Stadt und die Umgebung gefielen ihm ganz gut. Er fühlte sich dort wie in der Sommerfrische. Als Hilfsfeldpolizeibeamter unterstand er seinem alten Bekannten Danehl, der die Polizeistelle leitete. In seinem ersten Brief klagte er aber bereits darüber, daß er zu spät gekommen sei: «Die Sahne in Rumänien ist weg – die hätte man kurz nach der Okkupation – wie überall – abschöpfen können.» Trotzdem wolle er versuchen, noch möglichst viel, «vor allem mit Rücksicht auf später» aus der gegebenen Situation herauszuholen.[141]

Tucholsky konnte endlich die ungeliebte Uniform ausziehen und seinen Dienst meist in Zivil verrichten. Es gab wenig zu tun, und wenn er Mary Gerold über die Freizeit berichtete, fehlten natürlich die üppigen Mahlzeiten ebensowenig wie die ausgiebigen Rotweingelage. Nur scheinen sie nicht ganz so primitiv wie in Alt-Autz gewesen zu sein: «Du kannst Dir gar nicht denken, wie wohltuend hier dieser Gegensatz ist; ich habe hier Abende mitgimacht, wo alles – bis auf die Flügeltüren – reichlich voll war; kein häßliches Wort, kein Spektakel, kein Zank, alles gemütlich und nett; und jeder wußte noch um drei Uhr nachts was er tat, und wenn es einer nicht wußte, dann benahm er sich aus Instinkt anständig.»[142]

Zu denen, die Tucholsky hier schilderte, gehörte auch Hans Fritsch, neben Danehl der zweite im Bunde der «Männerfreundschaft». Hans (eigentlich Johannes Hermann) Fritsch, genannt Jakopp, wurde am 20. August 1889 in Neujannowitz/Schlesien geboren[143] und hat von 1908 bis 1911 in Tübingen und Bonn Jura studiert. Bis zu seiner Einberufung war er bei verschiedenen Amtsgerichten als Referendar tätig. Am 18. November 1915[144] wurde er als Landsturmpflichtiger der 2. Kompanie des Infanterieregiments 76 eingezogen und mußte bis Ende Januar 1916 «Dienst mit der Waffe» tun. Am 29. Januar 1916 wurde er aufgrund einer alten Krankheit[145] in das Reservelazarett Altona eingeliefert. Nachdem er am 6. Juli 1916 aus dem Lazarett zur Truppe entlassen wurde, war er bis zum März 1917 in der juristischen Abteilung der Spionage-Abwehr des stellv. Generalkommandos, IX A.K. in Altona. Vom März 1917 bis zum November 1918 gehörte er dann als Feldpolizeikommissar in Craiova zur Politischen Polizei des Oberkommandos v. Mackensen in Rumänien.[146] In Craiova war Tucholskys vorgesetzte Dienststelle stationiert, und wenn er auch die Vorgesetzten als den «Krebsschaden der deutschen Armee»[147] bezeichnete, mit Hans Fritsch kam er gut aus, wie seinen Briefen an Mary Gerold zu entnehmen ist. Er empfand ihn als wertvollen und guten Menschen und verplauderte «lange Rotweinabende» mit ihm.[148] Er war zwar mit vielem bei Karlchen und Jakopp nicht einverstanden, aber er schätzte ihre humorvolle Art und daß man sich in jeder Lebenslage auf sie verlassen konnte. «Das findet man so selten.»[149]

Kurz nach seiner Ankunft in Rumänien wurde Tucholsky bereits krank. Von da an tauchte in seinen Berichten immer öfter der lapidare Hinweis auf, daß er mit Fieber und Grippe im Bett liege. Zwischendurch lag er auch mit Bauchbeschwerden im Krankenrevier.[150] Ende September fragte Mary Gerold vorsichtig an, ob er das Klima nicht vertrage, da er so oft mit «Fieber und Bauch» gequält würde. Um verschiedenen Krankheiten vorzubeugen, wurden Impfungen und die Einnahme hoher Dosen Chinin verordnet, worauf Tucholsky jedoch allergisch reagierte. Im Oktober klagte er resigniert: «Die Grippen schreibe ich aber nun nicht mehr auf; bald kann ich eine goldene 125 an meine Tür malen, durch die sie ein- und ausgehen, meistens aber ein. Es ist etwas Übles – mit allem Comfort.»[151] Als Übel empfand Tucholsky auch, daß er nachts oft nicht einschlafen konnte. Beim «Schein einer freundlichen Lampe» vertrieb er sich die Zeit dann grübelnd im Bett, oder er las.

Manchmal konnte er aber auch nicht schlafen, weil ein Hund vor seinem Haus kläffte. Dann steckte er sich seine Pistole ein und ging auf Hundejagd. Doch jedesmal vergebens. Ausführlich schilderte Tucholsky diese Erlebnisse in seinen Briefen: «Heute nacht hat mich das Gekläff eines verd+++ Köters so geärgert, daß ich trotz meiner Abneigung gegen die Uniform dieselbe anzog, mit einem Spazierstock und einem Revolver ausging, den Hund zu erschlagen bezw. (wie das die Bureaukraten so schön sagen) zu erschießen. Es war stockduster, man sah nicht die Hand vor Augen. Ein paar Mal war ich ihm ganz nahe – er witschte im Dunkel um mich herum, aber ich traute mich nicht, auf das Weiße – so groß wie eine Ratte – zu schießen – denn es gingen manchmal Menschen umher. Und wenn in ganz Rumänien keiner gewesen wäre – an der Stelle wäre sicher einer gewesen. Und dann kam ein Offizier mit einem rumänerischen Gendarmen an und sprach mich an. Ich legitimierte mich so einigermaßen – der Leutnant – ich kannte ihn – hatte einen erheblichen Schwips und ließ sich von dem Gendarmen nach Hause bringen. [...] ‹Was machen Sie hier – stehen Sie Tag und Nacht Posten?› Ich nannte meinen Hund. Ich *hörte* ihn ordentlich grienen – er dachte sicher ‹Wo wohnt das Mädchen?› – Und dann ging er, und ein leiser Regen sank nieder; und dann muß der Hund wohl seinen Regenschirm holen gegangen sein – denn er kam nicht wieder. Und ich ging nach Hause.»[152]

Tucholskys Urteil über Land und Leute war bereits nach einer Woche vernichtend: Rumänien sei ein widerliches Land, die Menschen ungepflegte, «uninteressante Lumpen» ohne Kraft, kurz: «die Affen Europas». Auch wenn er zugestand, daß dieses Urteil nicht aus der Erfahrung käme, sondern ein «durch kurzen Augenschein bestätigtes Vorurteil» war, hielt er an ihm doch fest, sogar noch weit über das Kriegsende hinaus.[153] In vielen Briefen tauchten abschätzige Bemerkungen über Rumänien auf, die so weit gingen, daß er Rumänien keine Existenz wünsche: «Das verdient nicht, ein Staat zu sein oder zu heißen.» Man müsse hier energisch auf den Tisch klopfen und herrschen.[154] Gegenüber Blaich vertrat er die Ansicht, daß man die Rumänen «auf alldeutsche Art und wenig völkerpsychologisch» behandeln sollte.[155] Dementsprechend trat Tucholsky dort auch auf.

Ansonsten empfand er seine Arbeit eher als gemütlichen Trott, er lebte «ganz beschaulich, wie ein dicker Rentner»[156], nur die Hitze machte ihm zu schaffen. «Vormittags gehts ja noch, da klappre ich mit Todesverachtung alles herunter, damit ich ja nachmittags meine Ruhe habe. Bis fünf Uhr ist es so heiß, daß man immer nur leise weinen kann. Und dabei Berichte machen und pantern und Briefe und nochmals Briefe und so allerhand.»[157] Das Lesen hatte er in dieser Aufzählung allerdings vergessen. Denn auch hier verschlang er Berge von Büchern, von der «Weltbühne» kamen viele Pakete, «und jetzt aale und siele ich mich in Büchern und Heften und Broschüren»[158]. Über manches Buch berichtete er dann in Jacobsohns «Blättchen», überhaupt: «Peter Panter [...] ist mächtig bei der Arbeit», meldete er Anfang Juni 1918 nach Alt-Autz.[159]

Dies war jedoch nur die eine Seite. Tucholsky verfiel gleichzeitig immer häufiger in depressive Stimmungen, sah nicht mehr, wie es weitergehen sollte, und trauerte der vergangenen Zeit nach. Auch die geliebten Bücher halfen dann nicht weiter: «Und ich schmökere und lese und blättere und lese ernsthaft – und manchmal kann man dann alles um sich herum vergessen [...]. Bücher sind beinahe alles. Und gar nichts, wenn man sie hingelegt hat und dem Wehen eines Blattes zusieht oder dem Gang eines schönen Pferdes...»[160] In den Briefen läßt sich seine versuchte Flucht vor der Realität deutlich ablesen: sich zurückziehen, still beobachten, seinen Gedanken nachhängen, «die Natur beobachten, die Vögel und die Wolken und die weiten Felder – dabei wird man ganz gesund und vernünftig und hat dann auch einen ganz anderen Blick für menschliche Dinge». Tucholskys absoluter Glaube an die Aufklärung, wie er noch 1915 im Gespräch mit Frank Thieß anklang, wich im Laufe des Krieges weitgehend einer skeptischeren und pessimistischeren Beurteilung. Dazu trug nicht nur das Erlebnis der eigenen Verführbarkeit bei, sondern auch die ausgiebige Lektüre Schopenhauers, der in dieser Zeit zu seinem «Privat-Gott» geworden war.

Obwohl Tucholsky immer wieder schrieb, daß eigentlich alles unwichtig und gleichgültig sei, was die Menschen machten, war ihm gleichzeitig klar, daß er sich nicht so völlig zurückziehen könne, und zitierte Morgenstern: «Es zieht einen doch immer wieder hinein!»[161] Tucholsky beneidete Fontane und den alten Goethe, weil sie in Ruhe lesen und arbeiten konnten,[162] ohne Geldsorgen und Verpflichtungen. Er fühlte sich dagegen als geborener Millionär: «Aber ohne Millionen. Was zu peinlichen sentiments führt, mitunter.»[163] Diese Sehnsucht nach der Stille und nach der «Literatur am See» verließ Tucholsky nie mehr, Walter Jens nannte ihn sogar einen «Gourmet der Idylle»[164]. «Man muß aus der Stille kommen, um etwas Gedeihliches zu schaffen. Nur in der Stille wächst dergleichen.»[165] Er war sich allerdings auch bewußt, daß er den langen Atem dafür nicht hatte. Er fühlte sich nicht als Genie – «Ich bin ja nur ein Talent»[166] –, und es war ihm klar, daß der Traum von einem Haus an der See und stiller Produktion eben nicht mehr als ein schöner Traum war. «Also seien wir schlau, packen wir andere Dinge am Wickel.»[167]

Neben seinen Plänen für eine Beamtenstelle nach dem Krieg bemühte er sich auch um Kontakte zu verschiedenen Zeitungen. Unter den vielen Briefen, die Tucholsky schrieb, befanden sich deshalb auch zahlreiche Anfragen bei großen Redaktionen. So bot er beispielsweise der «Frankfurter Zeitung» an, regelmäßiger für sie zu schreiben.[168] Am 29. Juni 1918 schrieb die Feuilletonredaktion jedoch zurück, daß eine ständige Mitarbeit aus Platz- und Papiermangel nicht in Aussicht gestellt werden könne. «Gelegentlich bringen wir Sie gern. Wir hoffen, daß Sie unseren Ton treffen, der, wie Sie wissen, nicht immer so ‹kratzig› ist, wie *Sie* ihn (manchmal) lieben!»[169] Tucholsky reagierte beleidigt und wollte erst gar nichts schicken: «Ich bin doch kein Gelegenheitsarbeiter.»[170] Im Herbst 1918 erschienen dann aber doch neben seinem Gedicht «Trotzdem» zur Kriegsanleihe noch zwei Buchbesprechungen von ihm in der «Frankfurter Zeitung».[171] Seit September lieferte er auch wieder mehrere Beiträge für das «Berliner Tageblatt».

Im Herbst 1918 bahnte sich dann eine weitreichendere Mitarbeit an. Theodor Wolff, der als Chefredakteur des «Berliner Tageblatts» auch für dessen satirische Wochenbeilage «Ulk» zuständig war, suchte einen neuen Herausgeber für dieses Witzblatt.[172] Ob Tucholsky sich bei Wolff beworben hat oder von Jacobsohn vorgeschlagen wurde, läßt sich nicht mehr ermitteln.[173] Ende September schrieb Tucholsky jedenfalls, daß ihm in Berlin eine «nicht schlecht bezahlte Redakteurstellung angeboten» worden sei und daß er zugesagt habe.[174] Tucholsky glaubte, daß seine Zeit gekommen sei, daß man jetzt zupacken müsse. Auch die Bezahlung fand er ordentlich, und Wolff versprach, Tucholsky bei den Militärbehörden anzufordern. Nur wenig später hatte Tucholsky bereits wieder erhebliche Zweifel, eigentlich wollte er gar nicht mehr. «Denn was sich da zu Hause begibt...»[175] Ende Oktober traf die Reklamierung in Rumänien ein, aber Tucholsky drängte nicht darauf, freigestellt zu werden, und so wurde er als unabkömmlich erklärt. Die Situation in Deutschland schreckte ihn ebenso ab wie die Reise, er hoffte dennoch, daß ihm die Stellung nicht entginge.[176] Tucholsky steckte in der Zwickmühle: Einerseits wäre er vor der allgemeinen Demobilisierung nach Hause gekommen und hätte bereits eine Arbeitsstelle gehabt, andererseits befand er: «hier gibt es gut zu essen, anständiges Gehalt»[177], und der Posten, den er eben erst erhalten hatte, war nicht allzu anstrengend.

Am 20. Oktober 1918 war Tucholsky mit einer oberen Beamtenstelle als Feldpolizeikommissar «beliehen» worden. Beigetragen hatte dazu ein «propper Protzbericht», wie Tucholsky vermerkte.[178] Außerdem hatte er noch ein «Manko» in seiner Vita beseitigen müssen: Er war am 1. Juli 1914 aus dem Judentum ausgetreten,[179] und als «Dissident» wurde man beim preußischen Militär schwerlich Offizier. So ließ sich Tucholsky am 21. Juli 1918 in Turn-Severin von dem Feldgeistlichen Löffler evangelisch taufen,[180] und der Beförderung stand nichts mehr im Wege. Am 24. Oktober traf sie in Turn-Severin ein, und Tucholsky veranstaltete ein großes Abschiedsfest, bei dem der Wein in Strömen floß. Auf der Rechnung über umgerechnet etwa 350 Mark sind neben 14 Essen auch 46 Flaschen Wein, drei Flaschen Schnaps sowie zahlreiche Gläser Likör und Rum vermerkt. Am nächsten Tag mußte er sich bei seiner vorgesetzten Behörde in Craiova melden, deckte sich dort auch noch einmal ordentlich mit Seife, Kragen und dergleichen ein – er habe die «halbe Stadt eingikauft»,[181] notierte er –, und am 31. Oktober trat er in Calafat seinen Dienst als neuer Leiter der Polizeistelle an. Belustigt schrieb er an Blaich, daß er nun Chef von fünf Männern sei «und regiere. (Eigener Größenwahn im Hause.)»[182] Er hatte allerdings nicht vor, sich von der Arbeit umbringen zu lassen, denn in einigen Wochen, so schätzte er, sähe die Welt ohnehin ganz anders aus. Er war eher froh, wieder etwas Ruhe zu haben, «mit Büchern und Bildern und Nachdenken».[183] Aber dazu blieben ihm nur wenige Tage Zeit. In Deutschland brach die Revolution aus, der Kaiser dankte ab, und die Kriegsfronten lösten sich auf. Tucholsky bekam zwar den Befehl, als letzte Dienststelle mit der kämpfenden Truppe abzurücken, aber da er seinen «halben Hausstand» dabei hatte – Bücher, Schreibmaschine, Zivilkleider –, bekam er die Erlaubnis, vorher abzureisen. Er fuhr erst nach Craiova zu Karlchen und Jakopp und mit diesen dann zusammen über Hermannstadt, Budapest, Wien, München nach Berlin.[184] Es muß eine recht vergnügliche Fahrt gewesen sein. 1919 erinnerte er sich noch einmal an die Rotweinnächte im Eisenbahncoupé, an die vielen bunten Schnäpse im großen Bad in Budapest und an das Gejohle und Hallo.[185]

Am 19. November 1918 benutzte Tucholsky seinen Aufenthalt in

München, um Hans Erich Blaich zu besuchen, mit dem er während des Krieges so ausführlich korrespondiert hatte. Tucholsky war von Blaich sehr beeindruckt, «ein seltener Mensch, sauber und beinahe edel», schilderte er ihn Mary Gerold.[186] Blaich hingegen war von Tucholsky nicht so ganz überzeugt. Er unterhielt sich zwar mit ihm «eine Stunde lang recht gut», notierte dann aber in seinem Tagebuch: «Um 1^{h} kommt Tucholsky, ein untersetzter beleibter Herr, nicht unsympathisch, aber nicht sehr fest in sich, Journalistennatur, kein Ja- u. Nein-Sager – soll Redakteur des Ulk werden.»[187]

Als Tucholsky im Herbst 1919 auf seine Zeit in Rumänien zurückblickte, empfand er sie insgesamt eher als «eine freundliche Zeit. [...] Zivil, nichts zu tun, schönes Wetter, immer schönes Wetter, Karlchen, gutes Essen, gute Weine – tje... Es war wohl ein hübscher Krieg.»[188] 1934 war der Rückblick schon wesentlich selbstkritischer: «Ich habe mich im Krieg als Beamten gesehn – eine reine Freude war das auch nicht.»[189]

FÜNF

«Seinem schönsten Märchen,
unwirklich in einer wirklichen Liebe –!»[1]

Diese Buchwidmung Tucholskys von 1923 an Mary Gerold erhellt schlaglichtartig das Drama dieser Beziehung. Die reale Person konnte er nur zeitweise lieben, das «Märchen» Mary liebte er bis zu seinem Tod. Aber ihre Briefe und Tagebücher[2] zeigen deutlich, daß nicht nur Tucholsky auf der ewigen Suche war. Auch sie äußerte in ihren Aufzeichnungen, daß die Nähe letzten Endes immer enttäusche.[3] Zwei Menschen, die nicht gelernt hatten, sich offen zu geben, unterschiedlich in ihren Lebensanschauungen – zusammengehalten durch ihren Traum vom jeweils anderen und durch einen Briefwechsel, der zu den schönsten dieses Jahrhunderts gehört. Mary Gerold stand Tucholsky nicht viel nach, es gibt Briefe von ihr, die mindestens ebenso ausdrucksstark wie die seinen sind. Und da sie oft spontaner und eruptiver sind, berühren sie an vielen Stellen sogar mehr als Tucholskys Briefe.

Die Briefe ersetzten das reale Leben, man kann fast sagen: Tucholskys eigentliches Leben fand in der Korrespondenz statt. Egal, ob es seine Artikel waren, die er auch nur als Briefe an Siegfried Jacobsohn betrachtete,[4] oder die unzähligen Briefe an seine Frauen und «Freunde», das Schreiben wurde für ihn zum Lebensersatz, die realen Menschen zu Empfängern degradiert, zu «Beichtbüchsen», wie er Mary Gerold und Hedwig Müller gleichermaßen nannte. Und es war mehr als eine Freudsche Fehlleistung, als er an Mary schrieb: «Ich möchte jemanden [...] haben, mit dem ich es mir erzählen kann, dem ich es alles sage und mit dem ich alles noch einmal sehe.»[5] Der andere war nicht so sehr als Dialogpartner erwünscht, er wurde mehr zur Lebenserleichterung gebraucht: «Es ist ja eine merkwürdige Sache: man sehnt sich ja nicht nach dem Verstand des anderen, nach seinen Gaben, die irgendwie intellektuell in Frage kämen. (Wie hat Kerr einmal geschrieben? ‹Jeist hab ick alleene!›)»[6] Dazu paßte es dann auch, daß Tucholsky Strindbergs Bekenntnis «Wenn wir nur nicht mit ihnen schlafen müßten!» gleich mehrfach in seinen Arbeiten verwendete.[7] Das wäre die Vollendung: auf niemanden angewiesen sein. Aber Tucholsky bildet hier keine Ausnahme.

Viele Künstlerbiographien fast aller Zeiten zeigen die Frauen, Partner, Freunde lediglich als stimulierendes Anhängsel und letztlich als psychische oder physische Opfer.[8] Als eigenständige, etwa gar denkende Personen waren sie weniger gefragt. Auch bei Tucholsky finden sich «verräterische» Sätze wie: «Es entscheidet aber, daß der Gedanke an eine Frau den Mann steigert. Die Dinge gehn besser in Gedanken an Dich. Es strafft den Willen, der Kopf ist höher gerichtet, und es geht alles viel rascher und schneller vonstatten. Das allein ist von Belang.»[9] Der Beruf der Frau ist, Frau zu sein, Mutter und Märchen in einem. Dafür gibt es viele Belege in Tucholskys Briefen und Werken. Im Februar 1919 stand im «Ulk» ein Gedicht, das die Berufstätigkeit der Frauen aufs Korn nahm:

O Maries! Rosalien! Josephinen!
Müßt ihr wirklich so viel Geld verdienen?
Kehrt zurück in der Familien Schöße!
Küßt dem Mann die Stirn und bratet Klöße,
daß uns armen Männern dies nicht länger fehle:
heile Strümpfe und die liebend warme Seele![10]

In einer Buchwidmung an Mary Gerold finden sich folgende Zeilen: «Wir Menschen brauchen nun einmal die Märchen und den Zauber und das Verwunschene und die Träume. Und – die Frauen.»[11] Die Menschen brauchen die Frauen. Also sind Frauen keine Menschen? Und sonst? Tucholsky brauchte jemanden, der ihm alles «so schön hinstellt»[12] und ihm den lästigen Alltagskram vom Leibe hielt. Nach der Heirat hatte sich seine Frau Mary darum zu kümmern: «Ich müsste mich zerreissen, wenn ich alles täte, was Er wünscht. Ich bin täglich meine 8–9 Stunden unterwegs», schrieb sie ihm 1926 und entschuldigte sich auch noch dafür, daß sie etwas vergessen hatte.[13] Acht Jahre vorher hatte sie ihm noch stolz entgegengehalten: «dein Herr u. Gebieter sein, deinem Manne gehorchen, das gibts bei uns Russen nicht; hier gibt es Gleichheit. –»[14] Nun war sie seine Ehefrau und Sekretärin und Finanzverwalterin, Muttterersatz und «Beuteltier». Nur seine Geliebte war sie nicht mehr. Das wird auch in ihren Briefen sehr deutlich, die nach der Heirat bald in einen geschäftsmäßigen Ton übergehen. Die Leichtigkeit des Anfangs blitzt nur noch ab und zu durch die Zeilen. 1928 trennte sie sich von ihm, aber der rote Faden riß nie ganz ab, im Gegenteil. Dadurch, daß sie entfernt war, kam sie ihm wieder näher.

Da Mary Tucholsky[15] sich immer geweigert hat, über sich selbst zu erzählen, wissen wir eigentlich sehr wenig von ihr. Und das wenige kommt noch gefiltert aus Tucholskys Briefen, also in seiner Sichtweise. Wer war diese Frau, der Tucholsky so viele Kosenamen gegeben hat, die ihn ein Leben lang beschäftigte und die nach dem Krieg sein Erbe mit so großem Einsatz verwaltete?

Mary (Meri) Alice Lilija Gerold wurde am 28. November 1898 in Mordangen bei Riga geboren. Ihr Vater Friedrich war Buchhalter in einer großen Fabrik. Eigentlich wollte er Veterinär werden, mußte jedoch sein Studium nach zwei Jahren aufgeben, da sein Vater starb und kein Geld mehr vorhanden war.[16] Ihre Mutter war Erzieherin im Hause des Landrats in Riga. Auch wenn die blonde Mary viel vom Äußeren ihrer Mutter geerbt hatte – der Vater hatte ganz schwarzes, welliges Haar und war eher ein dunkler Typ –, das Wesen hatte sie von ihrem Vater. Sie beschrieb ihn als sehr verschlossen, menschenscheu, von allen abgesondert, ernst und streng. «Er war, glaube ich, kein leichter Charakter.» Die Mutter hingegen wurde als zu schwach, zu gut, zu wenig konsequent empfunden. Mary wurde Vaters Liebling und sein ganzer Stolz, die beiden älteren Brüder Erich und Herbert durften sie in seiner Gegenwart nicht einmal schief ansehen. Bald fing der Vater jedoch an, kränklich zu werden. Erst hieß es, er habe ein Magenleiden, dann waren es die Gallensteine, dann angeblich Krebs, die Ärzte konnten ihm jedenfalls nicht helfen. Nach mehreren Anfällen starb er am 8. November 1906.

Die Ersparnisse der Familie waren durch die Krankheit des Vaters aufgebraucht, die Mutter mußte wieder arbeiten. Sie lernte im Krankenhaus Geburtshilfe und Krankenpflege, die Kinder kamen zeitweise zu Verwandten. Mary zog ein Jahr zu ihrer «Taufmutter», und dieser Aufenthalt war sehr prägend für sie: Sie verbarg allen Kummer und alle Freude, verarbeitete ihre Probleme allein, konnte sich anderen nur schwer anschließen. «U[nd] in diesem ganzen Jahr, in dem ich mich einlebte und wie zu Hause fühlte, ging ich kein mal zu meiner Taufmutter, schmiegte mich nie an oder küßte sie, wie Kinder es so oft tun – ich konnte das nicht [...] Ich glaube dieser Aufenthalt hier hat viel Einfluß auf die Entwicklung meines Charakters gehabt: ich wurde selbständig u. verschlossen, was man mir jetzt zu oft vorwirft.» Eigentlich wollte sie ein Junge sein und prügelte sich auch zeitweise wie ein Junge mit ihren älteren Brüdern herum.[17]

Zurückgekehrt nach Riga, besuchte sie das «Progymnasium» und machte das «Elementarlehrerin Examen». Sie trat dann in die Städtische Töchterschule ein und blieb dort zwei Jahre, bis die Schule wegen des Krieges evakuiert wurde. Das zweite Examen konnte sie nicht mehr ablegen, da sie an Typhus erkrankte. Am 4. Oktober 1917[18] wurde Mary Gerold nach Alt-Autz dienstverpflichtet und arbeitete in der Kassenverwaltung im Stab der Artillerie-Fliegerschule Ost. Am 11. November 1917 traf sie schließlich den Mann, der ihr Schicksal wurde, Kurt Tucholsky. Ein Wahrsager prophezeite ihr später: «76 Jahre lang werden Sie nur einen einzigen Mann lieben...»[19]

Als Tucholsky die junge Baltin kennenlernte, war es für ihn erst mal nur Spaß, wie er später selbst zugab. Auch die berühmten ersten Liebesbriefe müssen unter diesem Gesichtspunkt gesehen werden. Er war sich eben nicht bewußt, «am Anfang eines sehr steilen, sehr schwierigen Weges zu stehen»[20], wie er der damals achtzehnjährigen Baltin bereits am dritten Tag schrieb. Das resolute junge Mädchen mit der tiefen Stimme gefiel ihm, und er wollte sie haben. Daß er bereits ein Verhältnis mit einer anderen Dienstverpflichteten hatte,[21] störte ihn dabei wenig, war er doch zumeist mit zwei Frauen gleichzeitig liiert. In Berlin war er zu dieser Zeit ja auch noch mit Kitty Frankfurther verlobt, außerdem hatte er eine Beziehung mit der Medizinstudentin Else Weil, die eigentlich seine Hauptfreundin war. Mary Gerold war also nur als «Eroberung» eingeplant.[22] Doch sie war nicht so leicht zu bekommen, Tucholsky stieß auf ungewohnten Widerstand. Er zog alle Register der Verführungskunst und ging ganz auf ihre Abwehrhaltung ein: Da sie das Erotische entschieden ablehnte, begann er sehr schnell, sie als «anständigen Kerl», als «ganzen Mann» zu bezeichnen. Er machte sie zu seiner «Kameradin» und leugnete das «langweilige Bedürfnis nach physischer Zärtlichkeit»[23]: Er wolle nichts von ihr, das Erotische könne er woanders leichter haben, er habe sie gern um ihrer selbst willen, er wolle doch nur ihre Freundschaft.

Für Mary Gerold war es am Anfang lediglich ein «Genuß, mit einem gebildeten, geistreichen und witzigen Menschen»[24] Gespräche zu führen. Etwas anderes kam ihr überhaupt nicht in den Sinn. Im Gegenteil, vor seiner lockeren Art, mit Frauen umzugehen, hatte sie regelrecht Angst. Liebe und Beziehung waren ihr noch gänzlich unbekannt, und so reagierte sie auch fast panisch auf die ersten direkten Annäherungsversuche. Als er ihr am 24. November sagte, daß er sie nicht nur als platonische Freundin, sondern ganz haben wolle, war sie erschüttert, daß Tucholsky ihr das zuzumuten in der Lage war. Flirten ja, aber sie sei doch nicht der Typ, der sich einfach wegwerfe und mit dem ersten Besten ins Bett ginge, wie sie in ihrem Tagebuch vermerkte. Zutiefst empört, brach sie die «Beziehung» ab: «Ich hielt alles für Scherz, ich duldete Gespräche, weil ich sie für Scherz hielt.»[25] Tucholsky, der sich auch Mary gegenüber immer wieder als Frauenkenner aufspielte,[26] hatte sich verrechnet. So etwas war ihm offenbar noch nie passiert, und nun setzte er erst recht alles daran, die stolze Baltin doch noch zu erobern. Gerade die kühle Ablehnung seiner Werbungen reizte ihn besonders, wie er ihr ganz offen erklärte.[27] Nach etlichen Verwicklungen wurden Mitte Januar 1918 «Friedensverhandlungen» aufgenommen. Aber Mary Gerold blieb bei ihrer Abwehrhaltung, auch wenn Tucholsky ihr dauernd im Kopf herumspukte. Sie fürchtete sich vor sich selbst, hatte Angst, sich zu verlieren. Doch Tucholsky gab nicht auf. Er trennte sich nun sogar von seiner anderen «Geliebten» und konzentrierte sich ganz auf Mary Gerold.

Wie schon zuvor mit Else Weil erfand er auch mit ihr ein fiktives gemeinsames Kind,[28] das auf dem Kriegsschauplatz herumgeführt wurde und das für allerlei Späße herhalten mußte. Wann immer es ging, trafen sie sich, in der Bibliothek, in seinem Zimmer, zu einem gemeinsamen Spaziergang; und kaum war er wieder allein, setzte er sich an die Schreibmaschine und schrieb ihr Gedichte, Lieder und

Briefe, obwohl er noch Anfang des Jahres zur Beruhigung Mary Gerolds konstatierte: «Wir sind uns ja darüber einig, daß Liebesbriefe eine ziemlich törichte Einrichtung sind.»[29] Sosehr sie sich auch dagegen wehrte, sie wurde fast jeden Tag «hinter den Vorhang» gesteckt, das heißt, er hatte irgendeine Kleinigkeit für sie in einer Nische seines Zimmers versteckt.

Seine ständigen Briefe und Geschenke[30] beeindruckten sie insgeheim doch, auch wenn sie sich das nicht eingestehen wollte. Und nach einem langen Versöhnungsgespräch notierte sie in ihr Tagebuch: «Er übt eine Macht über mich aus, die ich kaum verstehe...»[31] Zwei Dickköpfe waren aneinandergeraten. Es begann ein ständiger Kampf, sobald sie zusammen waren, erst die Entfernung machte weicher, verklärte die Erinnerung. Tucholsky stellte dies bereits zwei Monate nachdem er Mary Gerold kennengelernt hatte, sehr deutlich fest: «was Du bist, wie Du bist, empfindet man erst richtig, wenn Du nicht da bist»[32]. Und sie zitierte zustimmend Jean Paul: «man liebt nie zarter und eigennütziger, als wenn man vom Gegenstand seiner Liebe getrennt ist»[33].

Tucholsky hatte sich bald in Mary «verbissen», der Spaß ging fast unmerklich in Ernst über. Er fühlte sich in ihr gespiegelt, gleichzeitig sagte er der Neunzehnjährigen: «Mätzchen, ich komme zu Dir nicht nur wie zu einer Freundin, sondern auch wie zu einer Mutter.»[34] Nur wenige Monate später schrieb Tucholsky: «Aber ich weiß auch, daß ich mich bei keiner so aufgehoben fühle, so – ich weiß nicht, wie ich das sagen soll – zu Hause. Ich entbehre meine Mutter heute noch.»[35]

Bei ihr kämpften noch widersprüchliche Gefühle. Sie hatte Angst vor der Liebe, die in ihren Vorstellungen mit Qualen und Schmerzen verbunden war, und konnte mit der neuen Situation noch nicht richtig umgehen: «Wir sind noch jung, fangen eben erst an zu leben, wir wollen Abwechslung haben, wollen tollen und mit anderen poussieren», schrieb sie am 8. Februar 1918 in ihr Tagebuch. Doch da hatte sie sich bereits in Tucholsky verliebt, auch wenn sie es ihm nicht eingestehen wollte und sich nur dem Tagebuch anvertraute.

Aus dem Briefwechsel und dem Tagebuch von Mary Gerold lassen sich die verschiedenen Phasen der Beziehung recht deutlich ablesen. Vom ersten «Du» am 21. Januar 1918 über die erste Erwähnung «Ludolfs» am 6. Februar 1918 bis zum ersten «Er» Tucholskys, das in einer Buchwidmung vom 14. März 1918 steht.[36] Noch war für Tucholsky das «Er» nur eine von mehreren Anredemöglichkeiten, aber Mary Gerold sprach ihn nur sehr kurz mit «Du» an und ging bald zum «Er» über.[37] Im Gegensatz zu ihm blieb sie darin unbeirrbar, denn es entsprach durchaus ihrem Temperament. 1953 bekräftigte sie ihre Haltung: «ich dagegen bin gegen das Duzen – auch in der Ehe –, denn mit dem Moment wird man plump vertraulich, Distanz und gute Manieren werden fallen gelassen und man nimmt sich das Recht, dem anderen unangenehme Dinge zu sagen. [...] Polgar hat den Satz geprägt: ‹lass uns vom steifen Sie zum trauten Sie übergehen.› Wie recht hat der Mann: man sollte diese Plattform erst gar nicht verlassen.»[38] Tucholsky schwankte zwischen Zustimmung und Ablehnung dieser indirekten Anrede. Laut Fritz J. Raddatz hatte er Mary Gerold gebeten, ihn niemals «Du» zu nennen,[39] aber das kann nur zeitweise gegolten haben. Im Januar 1920 schrieb er ihr in einem Gedicht: «Doch einmal, einmal sollst du leise kommen / vom Er zum Du. –»[40] Tucholsky empfand dieses «Er» auf Dauer als kalt und abweisend, es war aus dem Eroberungs-Spaß geboren und hatte nun eigentlich seine Schuldigkeit getan. Er selbst hatte Mary 1919 in seinen Briefen zunehmend geduzt. Doch auf seinen Vorwurf antwortete sie ihm: «Nungo, ‹du› sage ich zu so vielen, habe ich gesagt u. werde wohl noch sagen, aber ‹Er› – gibt es nur einen.»[41] Dabei blieb es, von seltenen Ausnahmen abgesehen, bis zum Abschiedsbrief von 1935.

Je mehr Mary Gerold seinen Werbungen nachgab, desto mehr fing Tucholsky an, sie auf ein Podest zu stellen, sie in fast unerreichbare Ferne zu rücken. Sie sei eine junge Frau, die allerhöchste Ansprüche stellen könne, sie müsse eigentlich einen sehr reichen Mann heiraten, der ihr allen Luxus bieten könne und so fort. Sogar die «Liebe Heilige» fehlte nicht in seinen Anreden,[42] und dazu passend schrieb er ein «Gebet», in dem er den Bogen von der «Heiligen Mutter Marie» zu «Mutter Mary» zog.[43] Auch die Umbenennung Mary Gerolds in «Meli» gehört hierzu: Maeterlincks Melisande war die Verkörperung der reinen Liebe, der Tucholsky ebensowenig gewachsen war wie der Prinz Golaud des Stückes.[44] Er baute also eine künstliche Distanz auf, wo ihr Widerstand langsam wegschmolz. Allerdings bestritt er heftig, daß *er* Mary aufs Podest gestellt habe,[45] sie habe sich selbst darauf gestellt, und sie würde auch darauf bleiben: «Du darfst nicht vergessen, *wer* Du bist, und das wirst Du – und die Nase recht hoch stecken. – Du wirst noch was.»[46] Aber auch Mary Gerold baute sich immer wieder Barrieren auf. Sie hielt sich für zu häßlich, zu dumm: «Er mich heiraten? Nein. Ich wäre ihm ein Hindernis, er könnte das nicht schaffen, was er allein schaffen wird, ich würde seinem Flug hinderlich sein. Ich bin zu klein, zu arm, zu gering.»[47] Diese Selbstzweifel bekamen auch immer wieder Nahrung. Als Mary Gerold im Frühjahr 1919 an der Volksuniversität in Riga Vorlesungen belegte und Prof. Kupfer über Gerhart Hauptmann sprach, mußte sie sofort an sich und Tucholsky denken: «ein Künstler darf nur dann heiraten, wenn er sehr reich ist, daß ihm durch die Frau und das Haus nicht Ketten erwachsen, denn der Künstler kann nicht schaffen – und Brot verdienen, darum sind auch die meisten Künstlerehen unglücklich...»[48]

Tucholsky drückte das – mit umgekehrten Vorzeichen – einige Jahre später so aus: «Aber wenn ich mir und Ihm das Leben schwer mache, so geschieht das aus Heidenangst. Ich habe Angst, daß ich Ihm nicht genüge. Ich habe Angst, daß ich zu alt für Ihn bin. Ich habe Angst, daß Ihn meine Sorgen scheu machen – und vor allem jene äußerlichste, dümmste Sorge. Und so habe ich Furcht. [...] ja *darfst du denn überhaupt* einen anderen Menschen an deinen Jammer ketten, an dieses unerfüllte, halb gescheiterte, kaputt gemachte und deutsche Leben niederster Observanz? Und noch dazu eine, die so viel Wärme und Glätte brauchte, so viel Leichtigkeit und so viel geölte Scharniere...!»[49] Es war ein «Aneinandervorbeileben», das ihnen völlig bewußt war, und es ist bezeichnend, daß sich beide in kritischen Situationen nicht etwa aussprachen, sondern Briefe von Zimmer zu Zimmer schrieben. «Ich verstehe dich nicht, du verstehst mich nicht, wir verstehen uns nicht – die alte Liebesconjugation»[50], die Schnitzler schon 1894 beschrieb, galt auch für Tucholsky und teilweise für Mary Gerold.

Aber erst einmal war am 24. März 1918 so eine Art Verlobung. Er steckte Mary Gerold den Ring seines Vaters, den er immer trug, an den Finger, und nahm dafür ihren Konfirmationsring.[51] Der fast verbissene Kampf zwischen seinem Werben und ihrem Bremsen ging jedoch weiter. Nach außen gab sie sich weiterhin kühl und spröde, konnte nicht über ihren Schatten springen. Immer wieder fragte sie sich, warum sie ihm nie erzählen könne, was sie fühle, warum sie ihm immer widersprechen müsse. «Ich saß unbeweglich da und ließ mich von seinen Worten wie von einer Woge umspülen – ich saß ruhig da – und wäre am liebsten aufgesprungen, hätte meine Arme um seinen Hals gelegt, hätte, wenn es in meiner Macht gelegen hätte, ihn zum glücklichsten Menschen unter der Sonne machen wollen, doch das andere ‹ich› in mir ließ es nicht zu, fesselte und knebelte mich...»[52] Dieses Problem zieht sich über viele Jahre durch ihr Tagebuch, ihr anderes ‹ich› stand sehr oft im Weg. Da halfen auch Tucholskys Zeilen nicht: «Gibst du dich keinem –? Bist du nur blond und kühl?/ Demütigt dich ein starkes, heißes Gefühl?/ Wir sind allein. –»[53] Gerade wenn sie allein waren, konnte sie sich nicht so geben, wie sie fühlte. Sie war in seiner Nähe befangen, scheu, weil er ihr so überlegen war, wie sie notierte. Unter seinem Einfluß änderte sich zwar manches, aber in diesem Punkt konnte er sie nicht «erziehen»[54]. Rückblickend notierte Mary Tucholsky: «Er hat es mit mir schwer gehabt, aber [...] das war für ihn der Norden, wo sich die Geliebte, die Frau, das Mädchen, lieber die Zunge abbeisst, als dem Mann zu sagen: ich liebe Dich! Ja, wenn er es nicht fühlt! Und er hatte einen solchen Hunger nach Zärtlichkeit, die ihm in seiner Kindheit nicht zuteil geworden war. Und ich glaubte mir etwas zu vergeben, wenn ich ihm zeigte, dass er für mich *‹mein Leben›* war!»[55]

Ihr «Widerspruchsgeist» war letzten Endes auch schuld an der ersten langen Trennung. Als am 6. April 1918 in Alt-Autz die Anforderung Tucholskys zur Feldpolizei eintraf, fragte er sie, was sie davon halte, was zwischen ihnen bisher gewesen sei: Spaß oder Ernst. Als die vor Schreck sprachlose Mary ihm daraufhin nur antworten konnte: «Er soll tun, was das Beste für ihn ist», ging er zum Adjutanten und erklärte, daß er mit seiner Abkommandierung einverstanden sei. Er habe ein Ziel im Auge, das er hier nicht erreichen könne.[56] Nur zwei Wochen vorher hatte Mary Gerold in ihrem Tagebuch eine Szene festgehalten, in der sie die Tragik ihrer Beziehung für einen Augenblick vorausahnte. «Ratsch spielte ‹Ases Tod› – und er sprach von Peer Gynt, wie er durchs ganze Leben tollt – immer wieder Enttäuschungen, nicht das Richtige, Lug und Trug – und wie er dann nach Hause kommt, zu *ihr* – und erkennt, sein ganzes Leben ist unnütz gewesen – hier ist das, was er gesucht und nicht gefunden – er hätte nicht fortgehen sollen...»[57] Ihr stiegen die Tränen in die Augen, und obwohl sie den Gedanken als Unfug verdrängte, kam ihr in den Sinn: «das ist Er und ich, er geht umher und sieht nicht, er geht aus, das Glück zu suchen – und das Glück war immer sein.»[58] Dieses Gefühl des Weitergetriebenwerdens, des ewigen Suchens, zieht sich durch das ganze Werk Tucholskys, von «Rheinsberg» bis zu den «Briefen aus dem Schweigen». Aber auch Mary Gerold war diese Erfahrung nicht fremd: «weil ich das, was ich besitze, nicht – schätze. – Und so ist es immer ... – bis ich es nicht mehr habe, ja dann ...»[59] In seinem Abschiedsbrief schloß Tucholsky den Kreis, er wies auf vier Zeilen aus dem Schluß von «Peer Gynt» hin:

> Eine, die Treue hielt – und einer, der vergaß.
> Einer, der sein Leben verspielt – und eine, die wartend saß.
> O, Ernst! – Und nimmer kehrt sich das um!
> O, Angst! – Hier war mein Kaisertum![60]

Nach Tucholskys Zustimmung zur Versetzung nach Rumänien blieben ihnen nur noch knapp drei Wochen des Zusammenseins. Sie nutzten und genossen sie zwar in vollen Zügen, hatten gleichzeitig aber Angst vor der Trennung. Besonders Mary Gerold war es elend zumute. Als Tucholsky ihr seine Pläne von einem «blonden Glück» unterbreitete und ihr sagte, daß er sie gerne heiraten würde, wenn er ihr ein gesichertes Leben bieten könne, wehrte sie erschrocken ab. Das sei doch alles Unsinn, er sei der geborene Junggeselle. Doch Tucholsky ließ den Einwand nicht gelten: Wenn sie nicht den Prinz von Kurland heirate, «dann wirst Du meinen Namen tragen». Er könne ihr zwar nicht «zwanzig Zimmer und galonierte Diener» bieten, aber «ein mittelbürgerliches Leben solide fundiert». Darauf werde er hinarbeiten und notfalls mit dem Kopf durch die Wand gehn.[61] Genau einen Monat nach der inoffiziellen Verlobung, am 24. April, verließ Tucholsky Alt-Autz. Die Trennung solle keinen Tag länger dauern als unbedingt nötig, schrieb er ihr aus seiner neuen Dienststelle in Rumänien. Es dauerte aber rund zwanzig Monate, bevor er sich endlich zu dem «Komm her» durchrang.

Fast kein Tag verging, an dem sich Kurt Tucholsky und Mary Gerold nicht wenigstens einen Brief schrieben. Sie hielt ihn über das Leben in Alt-Autz auf dem laufenden, erzählte kleine und große Erlebnisse, alles, was ihr so in den Sinn kam. Über ihre Gefühle jedoch schrieb sie ihm nicht – die vertraute sie nur ihrem Tagebuch an. Einerseits waren ihr seine Briefe und die Gedanken an ihn eine Oase mitten im Krieg, andererseits stellte sie sehr schnell fest: «er entschwindet mir», «er wird mir immer fremder».[62] Sie fühlte sich wieder freier, und die «ganze Lebenstollheit» ihrer jungen Jahre brach sich Bahn. «Herrlich, ein freier Vogel zu sein, mit allen zu poussieren – man amüsiert sich tausendmal mehr.»[63] Das hieß allerdings nicht, daß sie nun mit anderen Männern ein Verhältnis anfing, aber sie tanzte ausgelassen auf den Bällen, ließ sich zum Essen einladen und genoß das Etappenleben, so gut es eben ging. Solange Tucholsky in ihrer Nähe war, stand sie in seinem Bann, fühlte sich wie unter Hypnose. Die Entfernung relativierte dies etwas, und Mary Gerold wurde auch ihrem Nungo gegenüber freier und unbefangener. Je länger die Trennung dauerte, desto widersprüchlicher wurden allerdings ihre Gefühle. Dicht nebeneinander stehen Einträge wie: «mich friert so entsetzlich nach Ihm»[64] und «Mit Nungo denke ich wird es aus sein, wir werden uns zu sehr entfremden»[65]. Aber die Gedanken an ihn zogen sich wie ein roter Faden durch ihren Alltag, sie sehnte sich nach einem Wiedersehen – und hatte gleichzeitig Angst davor.

Nach dem Ende des Krieges ging Tucholsky nach Berlin, um seine Stellung beim «Ulk» anzutreten, Mary Gerold blieb noch bis Ende Dezember 1918 in Alt-Autz zur Abwicklung der Dienststelle und fuhr dann nach Hause zu ihrer Mutter nach Riga. Durch die Revolutionswirren in Berlin wurde der Kontakt zwischen den beiden mehrmals unterbrochen, auch die sich überstürzenden Ereignisse im Baltikum behinderten den Briefverkehr. Am 3. Januar 1919 übernahmen die Bolschewiki in Riga die Macht, wurden aber am 22. Mai von den deutschen Baltikumtruppen wieder vertrieben.

Besorgt erkundigte sich Tucholsky immer wieder nach seinem «Mätzchen»[66] und machte sich Sorgen um sie, als die Russen in Riga einmarschierten. Auf die Idee, Mary zu sich nach Berlin zu holen, kam er jedoch nicht. Finanzielle Vorwände, die seine Briefe durchziehen, wirken grotesk angesichts der Schilderungen, die Mary Gerold von ihrer Situation im Baltikum gab: «Dicker [...], was ich in diesen 5 Monaten erlebt und gelitten, das kann man nicht erzählen u. nicht beschreiben, es war zu schrecklich... Das war kein Leben, das war ein Hinschleppen, ein allmähliches Sterben. Ich erkenne mich nicht mehr wieder, was ist aus mir geworden, ich bin eine alte, gesetzte, versauerte Dame geworden!»[67] In einem achtseitigen Brief beschrieb sie die katastrophalen Zustände, Hungersnot, Krankheiten, die permanente Angst vor Verhaftung oder Hinrichtung, nachdem die Russen die Parole ausgegeben hatten: «Schlagt den Bourgeois tot – es lebe das freie Proletariat.» Tucholsky hatte dem nichts anderes entgegenzusetzen als seine engen bürgerlichen Lebensentwürfe: «Und will, daß meine Frau eine Dame ist, oder sie ist nicht meine Frau. Ich mag nicht an zerlatschte Schuhe denken und an all das – an schlecht aufgeräumte kleine Zimmer mit herumgeworfenen Sachen... Pfui. Es soll um Dich und um mich sauber und ordentlich aussehen – deshalb brauchst Du keine Fußböden zu scheuern – eben deshalb nicht. Aber es soll gepflegt und pünktlich und ordentlich und reinlich sein.»[68] Zwar schrieb er ihr auch, daß sie ihm nur schreiben müsse, «wenn es da nicht mehr weitergeht –!»[69], aber das war eher eine Höflichkeitsfloskel. Denn immer wieder teilte er ihr ausführlich mit, daß seine finanzielle Situation es angeblich noch nicht erlaube, sie nach Berlin kommen zu lassen: «Der Schornstein raucht... aber noch lange nicht genug.»[70]

Als die Russen Ende Juni erneut vor Riga standen, floh Mary Gerold mit den abrückenden deutschen Truppen aus der Stadt und nahm ihre alte Beschäftigung bei der Kassenverwaltung wieder auf.[71] Das paßte Tucholsky nun auch wieder nicht. Besorgt fragte er an, was denn da für Offiziere und Leute seien. «Anständig? Nett? Das muß Er alles schreiben.» Er sei zwar nicht gouvernantenhaft oder philiströs, aber er gebe ihr den Rat, nicht soviel herumzuziehen und wieder nach Riga zu gehen: «Es ist nun richtig so, daß die stille Jungfrau in der Welt herumzieht, und der reisige Held zu Hause auf der Karte verfolgt, wo sie sich gerade befindet. Wenn Du aus dem Feld nach Hause kommst, fliege ich in Deine Arme – wie auf den Bildern – und stecke Dir Veilchen ins Gewehr. Du hast hoffentlich eines.»[72] Tucholsky war das Verhalten von Mary nicht ganz geheuer. Seiner stehenden Redewendung «Wo treibt sich rum?» und der ausdrücklichen Bitte, nach Riga zurückzukehren[73], hielt Mary nur trotzig entgegen: «Aber Dicker, es ist famos!» und schilderte ihren Zustand als ziemlich verwildert, aber erleichtert. «Es nuckelt ihm die Nasenspitze Sein ‹Flintenweib›.»[74] Auch ein Brief des fiktiven gemeinsamen Kindes Ludolf konnte daran nichts ändern. Mary amüsierte sich wie in alten Autzer Tagen, berichtete von wilden Tanzereien, von denen sie nie genug bekommen könne, von ausgezeichnetem Essen und einigen Flirts. Tucholsky war das mehr als unangenehm. Zwar betonte er, daß das nichts mit Eifersucht zu tun habe, «weil ich die nicht kenne»[75], aber in fast jedem Brief forderte er sie auf, das Vagabundenleben aufzugeben: «weil ich Ihn für viel zu wertvoll halte, als daß Er nun da immer mit den Soldaten im Land herumfährt und schließlich doch dauernd – mit einigen Ausnahmen – mit Leuten unterhalb Seines Ranges zusammen ist.»[76] Ihre Abenteuerlust schade ihr, «denn eine Nomadin – das ist auf die Dauer nichts, und Er weiß nicht, wie leer das einen Menschen macht». Und obwohl Mary Gerold wegen der dort herrschenden Hungersnot und wegen verschiedener Seuchen, denen Hunderte von Menschen zum Opfer fielen, nicht zurück nach Riga konnte, sollte sie wieder dorthin zu ihrer Mutter gehen. Denn nach Berlin könne sie noch nicht kommen. «Ich mache mir Vorwürfe – habe sie mir wenigstens gemacht – und sehe immer wieder und wieder: ich kann Dich nicht aus einer Unordnung in eine andre holen. Die Verantwortung trage ich nicht.»[77]

Spätestens hier stellt sich die Frage, ob diese hinhaltend-abwehrenden «Argumente» nicht nur ein bewußter Vorwand waren, denn Tucholskys finanzielle Lage war keineswegs so schlecht, wie er sie darstellte. Immerhin konnte er 1919 dem Herausgeber der «Weltbühne» ein Darlehen von 4000 Mark geben,[78] für damalige Verhältnisse – der Wochenlohn eines Arbeiters lag bei etwa 30–50 Mark – sehr viel Geld. In seinen Briefen berichtete er Mary Gerold laufend von sich häufenden Aufträgen und daß er sich teuer verkaufe. Auch die ständigen Beteuerungen, daß es ohne sie nichts wäre und daß er wissen wolle, für wen er sich abrackere, dürfte nur die halbe Wahrheit gewesen sein, denn in Berlin lebte er keineswegs mönchisch zurückgezogen und nur auf seine Arbeit konzentriert. Noch in Alt-Autz hatte er Mary Gerold zugegeben: «mich läßt man nicht sechs Wochen allein, mich darf man nicht allein lassen.»[79] Und hier ging es ja schon nicht mehr um Wochen. Seit seiner Rückkehr aus Rumänien war denn auch Else Weil wieder seine ständige Begleiterin. Bereits am 20. Dezember 1918 tauchten Mary Gerold und Else Weil in einem Gedicht von Theobald Tiger direkt nebeneinander in einer Gedichtzeile auf, deutlicher konnte man es nach außen nicht dokumentieren.[80] Seine Liebes- und Sehnsuchtsbriefe an die «Liebste Blonde» waren sicher echt, gleichzeitig waren sie aber auch «Literatur, Lüge, Betrug»[81].

Sein Verhalten ihr gegenüber läßt sich jedenfalls als unverantwortlich bezeichnen. Wenn Mary Gerold seinen Aufforderungen gefolgt und nach Riga zurückgekehrt wäre, hätte sie durchaus wegen aktiver Unterstützung der Deutschen mit ihrer Verhaftung und Erschießung rechnen müssen. Mary Gerold ging zwar in ihren Antworten nie direkt auf die hinhaltenden Passagen in Tucholskys Briefen ein, fragte sich aber im Oktober 1919 in ihrem Tagebuch: «Wenn Nungo wüßte, wie es mir geht, ob er dann anders denken würde? Ist es nicht ein wahnsinniger Egoismus von ihm, daß er sich ganz und gar nicht um mich kümmert?»[82] Er wußte aus ihren zahlreichen Briefen sehr genau, wie schlecht es ihr ging, welche Entbehrungen und Strapazen sie durchmachte. Sie schrieb ihm ja deutlich genug, daß ihr Leben dem «Tanz auf dem Pulverfaß» glich.[83] Ihr: «es ist famos» war nicht mehr, als ein: Wenn Du mich noch nicht in Berlin haben willst, komme ich auch ohne Dich zurecht. In letzter Zeit scheute sie sich auch, ihm offen zu sagen, wie es um sie stand, «er soll keine Sorgen haben, er soll auch nicht den Unterton, der sich in die letzten Briefe ungewollt hineingeschlichen hat, merken. Mein Mund lacht und redet dummes Zeug, um den Ernst und die Sorgen zu verbergen.»[84] Sie hielt sich an ihren Wahlspruch, der schon in Alt-Autz an der Wand in ihrem Zimmer hing: «Durchhalten, Aushalten, Maul halten!»[85] In dieser Zeit wurde Tucholsky ihr ziemlich fremd. Sie dachte zwar weiterhin an ihn, und seine Briefe waren wie «Sonnenstrahlen mitten in stürmischen Gewittern»; aber mehr und mehr wurde er nur noch ein Name für sie, dem sie treu blieb, die Person dahinter entglitt ihr langsam. Immer öfter fragte sie sich: «Warum führe ich dieses Leben? Aus lauter Treue? [...] Ich sehne mich nach Ruhe, Ruhe, Ruhe.»[86] Sie wollte sich zu ihm flüchten, aber er schrieb ihr nur, daß er noch nicht genug Geld habe, um sie kommen zu lassen. Ende Oktober 1919 bestätigte er ihr zwar, daß ihr letzter Bericht «bedrohlich» klinge, wehrte aber sofort ab: «Man mag mich allzu vorsichtig schelten. Ich habe schon ein paar Mal daran gedacht, Dich hierher zu bitten – und ich wage es nicht. Bevor ich nicht die volle Verantwortung tragen kann – und noch kann ich es nicht – will ich das vermeiden.»[87] Sie verstand seine Briefe nicht mehr und fragte sich, ob Tucholsky «wirklich der ‹Richtige›» sei.[88]

Im November rückte ihre Dienststelle nach Berlin ab, da Nungo sein «liebstes Mätzchen» jedoch immer noch nicht in Berlin haben wollte, blieb sie zurück. Statt dessen floh sie schließlich im Dezember mit der «Eisernen Division»[89] vor den heranrückenden Russen und kam mit ihrer Einheit Mitte Dezember in einem Gut in der Nähe von Memel unter. Erst jetzt, nachdem Mary Gerold ihm in langen Briefen die Flucht geschildert hatte und die Grausamkeiten, die von den Angehörigen der «Eisernen Division» begangen wurden, schrieb er ihr: «Aber nun soll Er da heraus. Ich möchte Ihn gern wieder gebadet haben – so bis in jene Fingerspitzen Dame – rosig und von einer Blondheit.» Und wenn sie sich miteinander geirrt hätten, er würde sie in Berlin schon unterbringen. Sie solle ihm umgehend schreiben, welche Formalitäten zu erledigen seien, «daß ich Dich herbekomme». Tucholskys: «ich habe es nun satt. Ich meine, das geht nun nicht mehr. Komm her»[90], brachte Mary Gerold derart in Rage, daß sie sich in einem langen Brief zum erstenmal Luft machte, ihr lief «der Mund vor Wut» über: «dieser Grasaffe, was der sich eigentlich einbildet, Er denkt, so ein kleines Provinzmädchen, mit der kann man es versuchen Ball zu spielen. [...] Der große Mann, so von oben herab, jetzt gefällst Du mir nicht mehr, aus Großzügigkeit bringe ich Dich irgendwo unter. [...] Das[s] er das nicht lernen kann, dass ich eine Russin bin, dass man mich nicht herbekommen kann, sondern dass ich komme oder nicht komme, dass ist es wieder, ihr deutschen Männer behandelt die Frauen als Gegenstand u. nicht als ein Euch gleichgestelltes Wesen. [...] Wie haltet ihr denn eure Mädchen, eure Frauen? Im Glasschrank unter Verschluss, oder mit einer Batterie Bewachung? Na, ich danke dann Gott, dass ich keine Deutsche bin. [...] na, ich meine blos, Herr Doktor...»[91] Sie warf ihm vor, daß er sich erst jetzt, wo sie relativ bequem in einem deutschen Gutshof untergebracht sei, darum sorge, daß sie wieder in einem richtigen Bett schlafen könne. Die schlimmste Zeit liege hinter ihr, und sie habe ihn in der ganzen Zeit nie zu einem Entschluß gedrängt. Außerdem sei sie nicht zum Faulenzen geboren, sie sei eine Frau der Tat. Bevor sie nach Berlin käme, wolle sie erst Kontakt mit ihrem alten Büro aufnehmen, das inzwischen auch dort sei. Das Weitere würde sich dann ergeben.[92] Weihnachten und Neujahr verbrachte sie noch bei ihrer Einheit in Memel, doch als Tucholsky ihr am 1. Januar erneut schrieb, daß sie kommen solle, setzte sie sich in den Zug und fuhr nach Berlin.

Am 4. oder 5. Januar 1920[93], kurz vor Tucholskys 30. Geburtstag, kam Mary Gerold in Berlin an. Sie war zwar äußerlich ruhig, aber innerlich aufgeregt und ängstlich, fürchtete sich vor der Begegnung. Ein Satz aus einem seiner Briefe ging ihr dauernd durch den Kopf: «Ihr liebt nur noch die Idee eurer selbst, die Körper kennen sich nicht mehr.»[94] Die erste Enttäuschung: Tucholsky war nicht am Bahnhof. Sie rief ihn an und fuhr dann mit einer Droschke in die Nachodstraße. Als sie sich endlich wieder gegenüberstanden, durchzuckte sie blitzartig der Gedanke: «dieser fremde Mann ist es, den Du zwei Jahre so geliebt hast?» Dieser Eindruck verstärkte sich in den nächsten Tagen und Wochen noch. Sie suchte den Nungo aus der Autzer Zeit, aber es war «eine Mauer um ihn, ich kam nicht an ihn heran»[95]. Auch Tucholsky fühlte schnell, daß etwas zwischen ihnen stand: «Es ist irgend etwas wie tot – wie erstorben. [...] Es ist keine Verbindung mehr da.»[96] Tucholsky nahm ihre Formulierung, daß sie ihn zwar sehen könne, aber daß eine Mauer um ihn sei, auf und präzisierte sie: er sprach von einer «Glaswand», die zwischen ihnen sei. In seinem Abschiedsbrief von 1935 sollte er dieses Wort erneut verwenden.[97]

Mary Gerold war ihm fremd geworden, die ganze Situation war ihm lästig: Die Arbeit nahm ihn sehr in Anspruch – für Max Reinhardts Großes Schauspielhaus schrieb er gerade eine Parodie-Fassung von Nestroys «Judith und Holofernes»[98] – Karlchen war bei ihm zu Besuch, und Mary war so ganz anders als die Berliner Mädchen, und vor allem: sie war ganz anders als Else Weil. «Ich weiß heute alles. Wie Du im ungünstigsten Augenblick kamst, [...] wie mir das alles fremd, unbequem, fremd, fremd und noch einmal fremd war – wie ich Dich liebte und wie Du mich zugleich abstießest – abstießest, ohne es zu wollen – wie ich viel, viel zu ungeduldig war, zu rasch, zu schnell – zu schnell im Erotischen wie im Menschlichen – wie ich Fehler auf Fehler beging – und wie ich wußte, daß ich sie beging.»[99]

Mary Gerold fühlte sich in der großen Stadt unsicher, Tucholsky kam ihr so überheblich und überlegen vor, daß sie in seiner Nähe völlig befangen war. Sie fühlte sich bei ihm wie ein kleines, dummes Schulmädchen und sehnte sich doch nur nach seiner Nähe und Wärme. Beide standen vor einem Rätsel: «wie ist es möglich, daß man solche Briefe schreiben kann und ganz anders im Leben ist?»[100] Anfang Februar beschlossen Mary Gerold und Kurt Tucholsky, daß sie es bei der Ouvertüre belassen, daß sie sich nicht weiter gegenseitig das Leben zur Hölle machen wollten. Sie hatten versucht, an ihrem zwei Jahre dauernden Traum vom jeweils anderen festzuhalten, aber die Wirklichkeit, die realen Personen konnten sie nicht akzeptieren. Wie die Figuren bei Strindberg quälten sie sich, machten sich gegenseitig mürbe.[101] Tucholsky verabschiedete sich am 5. Februar – nur vorübergehend, um besser nachdenken zu können, wie er ihr sagte – mit «tiefem Dank für zwei Jahre»[102], am 10. Februar war es für ihn endgültig aus. Ihre Briefe, die sie ihm in der Zwischenzeit schrieb, hatte er gar nicht mehr gelesen.

Dabei offenbarte sie ihm gerade in diesen Zeilen ihre ganzen Gefühle, gab sich so grenzenlos offen, wie er es immer von ihr verlangt hatte. Diese Briefe sind qualvolle, eruptiv hervorbrechende Schreie einer großen Liebe, die ihre Verfasserin an der Grenze zur masochistischen Selbstaufgabe zeigen. In ihr war etwas zerbrochen, die Tage schleppten sich grauenhaft lang und leer dahin, und sie dachte nur an ihn: «Nungo, ich halte es nicht mehr aus, ich schäme mich nicht es zu gestehen, daß ich ein so schwaches, hilfloses zitterndes Wesen bin. Warum habe ich Ihn so wahnwitzig gern, warum denke ich mit jedem Atemzuge nur an Ihn. – Ich bin nicht zärtlich, hat Er gesagt, wenn Er sehen könnte, wie hingebend u. nur für Ihn lebend ich in meinem Inneren bin, vielleicht hätte ich es auch äusserlich gelernt, wenn Er etwas mehr Geduld mit mir gehabt hätte. [...] er gehörte allen anderen aber nicht mir, ich kann [mich] aber nicht mit einem Rest zufrieden geben, entweder ganz bis zum letzten Stäubchen, oder – u. doch, wie wahnsinnig schwer das ist. So leben kann ich nicht, ich muss etwas besitzen, dass mich restlos ausfüllt, für das ich lebe, für das ich denke u. fühle.»[103] Bis zu ihrem Tod lebte sie für Kurt Tucholsky und sein Werk, war restlos von ihm ausgefüllt.

Es ist dies einer von vielen Briefen, die zeigen, daß Mary Tucholsky keineswegs nur die kalte und schroffe Frau war, als die sie oft erscheint. Als Tucholsky Monate später die Briefe öffnete, war ihm recht scheußlich zumute. Doch wenn er sie gleich gelesen hätte, wäre es dann anders gekommen? Im «Blauen Tagebuch» verneinte er es.[104] Gerade diese Briefe hätten ihm noch mehr angst gemacht, denn da war jemand, der ihn völlig besitzen wollte, bis «zum letzten Stäubchen». In der Literatur macht sich das ganz gut. Aber im realen Leben?

Da war seine Claire (Else Weil) aus der Rheinsbergzeit doch ganz anders: Selbständig, frech, eine «Vollbluterotikerin». Auf den Tag genau 11 Wochen nach der endgültigen Trennung von Mary Gerold heiratete er am 3. Mai 1920 in Berlin-Wilmersdorf Else Weil.[105] Am 6. Mai gab Theobald Tiger in der «Weltbühne» seinen «Abschied von der Junggesellenzeit» bekannt und bezeichnete dies als «Geliebtendämmerung».[106] Nur wenig später entschuldigte er sich, ebenfalls in der «Weltbühne», bei Else Weil für seine Eskapaden, für die vergangenen und die zukünftigen:

> Daß man nicht alle haben kann –!
> Das läßt sich zeitlich auch nicht machen...
> Ich weiß, jetzt wirst du wieder lachen!
> Ich komm doch stets nach den Exzessen
> zu dir und kann dich nicht vergessen.
> So gib mir denn nach langem Wandern
> die Summe aller jener andern.
> Sei du die Welt für einen Mann...
> weil er nicht alle haben kann.[107]

Am 9. Mai wurde die Vermählung öffentlich im «Berliner Tageblatt» bekanntgegeben, die neue Adresse lautete nun: Berlin-Friedenau, Kaiserallee 79. Jetzt war plötzlich Geld da für eine neue Wohnungseinrichtung, und auch das Dienstmädchen fehlte natürlich nicht. Die finanziellen Vorwände für den Bruch mit Mary Gerold, die auch später immer wieder als Entschuldigung aufgeführt wurden, waren offensichtlich nur eine billige Ausrede. Auch der Einwand, daß Else Tucholsky ja als Ärztin mitverdiente,[108] kann so nicht gelten. Mary Gerold arbeitete seit Ende Januar 1920 als Sekretärin im Büro von Dr. A. Hofrichter, später wechselte sie zum Verlag für Staats- und Wirtschaftsliteratur.[109]

Die Frage, warum Tucholsky so überstürzt geheiratet hat, ist oft gestellt und nie beantwortet worden. Mary Gerold hat eine der rührendsten Antworten in ihr Tagebuch geschrieben: «Vielleicht hat er geheiratet, weil er die Leere nach unserem Auseinandergehen nicht ertragen hat? – Ach, es gibt dafür so viele Gründe. – Ob er glücklich ist?»[110] War Tucholsky glücklich? Aber war Tucholsky überhaupt jemals glücklich, wenn er mit einem Menschen längere Zeit zusammen war? In die Zeit der Ehe mit Else Tucholsky fiel offenbar ein

Selbstmordversuch, in einem Abschiedsbrief bat er Mary Gerold um Vergebung für das, was er ihr angetan hatte. «Liebste, es geht nicht mehr. […] Er soll manchmal an mich denken. Ich wünsche Ihm alles Gute! Sein N.»[111]

Auch im Briefwechsel mit Siegfried Jacobsohn kann man häufig über schwere Depressionen lesen, und immer öfter tauchen als Entschuldigung in seinen Briefen Klagen über Stirnhöhlenvereiterung oder «die übliche Grippe» auf. Wieweit dies psychosomatische Erkrankungen waren, läßt sich nicht mehr nachprüfen. Wenn er krank oder unpäßlich war, «dann benahm er sich wie ein richtjes Baby»[112], berichtete Else Tucholsky, und seine eheliche Ärztin mußte ihn pflegen. Er blieb auch deshalb so lange bei ihr, weil er jemanden brauchte, der ihn hegte und pflegte, weil er nicht allein sein konnte. Denn die Ehe mit ihr war für Tucholsky schneller zu Ende, als es das Scheidungsdatum erscheinen läßt. Schon im September 1921 tauchte eine verräterische Unterschrift auf: «Pibeins sel. Mann». Die Abkürzung «sel.» steht in der Regel für «verstorben». Und Pibein war ein weiterer Name für Else Tucholsky.[113] Die Unterschrift könnte also übersetzt heißen: Der für Else Tucholsky gestorbene Kurt Tucholsky.

Das träfe den Sachverhalt auch ziemlich genau: Bereits am 4. August 1920 schickte Tucholsky wieder Rosen und Peter Nansens «Die Romane des Herzens» an Mary Gerold, zwei Tage vorher hatte er das «Blaue Tagebuch» angefangen, dem er anvertraute, daß er nur einmal geliebt habe: Mary Gerold; eine Formel, die er fast wörtlich fünfzehn Jahre später noch einmal in sein «Sudelbuch» schreiben sollte. «Es zieht. Es zieht zurück» und «Ich habe Angst! Komm wieder»[114], schrieb er drei Monate nach der Hochzeit mit der anderen. Am 9. September 1920 stand in der «Weltbühne» das von Tucholsky namentlich gezeichnete Gedicht «Auf ein Kind»: «ich seh dich an und such beständig / die Züge einer lieben Frau. / […] Was bin denn ich allein?»[115] Im September 1920 trafen sich Mary Gerold und Kurt Tucholsky zufällig, und von da an kamen auch wieder ziemlich regelmäßig Briefe und Geschenke bei ihr an: Er schickte ihr Karten zu seiner Lesung am 23. November 1920 im Saal der Berliner Sezession[116] und einige Exemplare seines Buches «Träumereien an preußischen Kaminen», das «Einer jungen Schrumpelhexe aus Kurland in altem Gedenken» gewidmet ist. Mary Gerold revanchierte sich mit einem «lachenden Morgengruß» und einem Strauß Mimosen

(Tucholsky hatte sie in Autz einmal so getauft), und in ihrem Tagebuch fragte sie sich: «Ich war damals nicht reif, Ihn zu lieben. Zu lieben schon, aber nicht reif, Ihm Kameradin zu sein. Bin ich es jetzt?»[117] Zwei Tage später, nach einem Brief, unterschrieben: «Doch: Sein Nungo»[118], notierte sie: «Die zwei Jahre laufen weiter. Mir scheint es, wir sind beide viel weiter, als wir im Januar 1920 waren. Mir scheint, die Schlacken sind nun weg... alles Kleinliche ist abgefallen. – Ich kann es nicht verstehen, wieso zwei Menschen, die sich lieben, auseinandergehen – ohne jeglichen Grund. – Vielleicht ist es aus der Entfernung viel schöner – die Nähe enttäuscht letzten Endes immer.»[119]

Die Ehe mit Else Tucholsky war also nach knapp drei Monaten für Tucholsky bereits zu Ende, zumindest innerlich. Bis er den endgültigen Bruch vollzog und die Wohnung verließ, dauerte es jedoch noch eine ganze Weile. Erst Mitte Juni 1923 teilte er seinem Freund und Trauzeugen Siegfried Jacobsohn mit, daß er die gemeinsame Wohnung verlassen und sich von Else Tucholsky scheiden lassen wolle.[120]

Aber warum dauerte es noch ganze drei Jahre, bis Tucholsky endlich die Trennung vollzog, wenn ihm doch schon im August 1920 klar war, daß seine überstürzte Heirat ein Fehler war? Einer der wichtigsten Gründe dürfte gewesen sein: er war sich lange nicht sicher, ob Mary Gerold jemals zu ihm zurückkommen würde. Der Entschluß, aus der ehelichen Wohnung auszuziehen, fällt zeitlich eng zusammen mit ihrem Ja.

Tucholsky warb drei Jahre lang um seine «Meli», schickte ihr manchmal jedes Wochenende Blumen, Bücher und natürlich zahlreiche Briefe. 1922 gingen sie auch schon mal gemeinsam spazieren oder ins Theater. Tucholsky ließ ihr also jetzt Zeit zum «Eingewöhnen», was er 1920 nicht getan hatte. Mary Gerold konnte allerdings auch nicht einfach über ihren Schatten springen. Innerlich war ihr längst klar: «und wenn Er sagte: Es ist alles beim Alten, komm! – es war eine dunkle Leere, diese lange Zeit – ich ließe alles stehen und folgte Ihm...»[121] Dies zugeben aber konnte sie noch nicht. Sie war sich auch nicht sicher, ob der «rote Faden» nicht doch gerissen war. Zudem blieb für sie noch ungeklärt, ob «er» es war, nach dem sie sich sehnte, oder ob nur die große Leere in ihr sie so krank machte. Sie hatte Angst davor, sich erneut so ganz zu verlieren, denn «es ist mein Verhängnis, daß ich mich zu sehr in meine Liebe verbeiße, daß ich mich, mein Ich, völlig aufgebe und nur noch für und in dem anderen lebe»[122]. Und die Qualen, die sie 1920 durchgemacht hatte, wollte sie nicht noch einmal erleben. So dauerte es bis Mitte November 1922, bis sie nach heftigen Kämpfen mit sich selbst einen kleinen Brief wieder mit «Seine Meli» unterschrieb. Tucholsky reagierte prompt und überfallartig: «Für immer?» fragte er in seiner Antwort. Sie ignorierte die Frage zwar, aber er ließ nun nicht mehr locker. Sie trafen sich wieder häufiger, telefonierten oft miteinander, und der Briefverkehr von Haus zu Haus nahm schnell wieder den gewohnten Umfang an. Am 20. Februar 1923 schrieb er ihr: «So, wie ich noch nie eine Frau geliebt habe, Freundin, Kamerad, Frau, Mädchen und nah in der Nacht – so liebe ich Ihn. Er ist mir Alles. Will Er mir Alles sein? Nie loslassend Sein, Sein, Sein Nungo.»[123] Mary Gerold gingen die ewigen Fragen auf die Nerven: «Nungo, Sein Brief hat mich ganz krank gemacht. Immer fragt u. fragt Er, und fühlt nichts und glaubt nichts. – [...] Ich bin doch da, ich kann gar nicht näher kommen!», und unterschrieb mit: «Immer nur Seine Meli.»[124]

Bevor Tucholsky am 1. März 1923 seine Stelle im Bankhaus Bett, Simon & Co antrat, fuhr er am 21. Februar erst mal für ein paar Tage ins Kurhaus Zippendorf bei Schwerin. Mit Mary Gerold hatte er vereinbart, daß sie nachkommen solle, und vom 24. bis 28. Februar verbrachten sie als «falsches Ehepaar» fünf glückliche Tage am Schweriner See. Tucholsky war nun nicht mehr zu bremsen, aber ihr ging das alles viel zu stürmisch: «Nungo, dräng Er nicht zu sehr, dadurch macht Er mich noch befangener»[125], «Er soll nicht immer drängen, daß ich Ihm was sagen soll. Vielleicht werde ich es nie tun können, ich weiß es heute nicht, aber Er muß doch bedenken, dass Er noch vor einer Woche ein ganz fremder Mann war – und dass das bei mir nicht von heute auf morgen geht. Es ist das nicht eine Willenssache, es muß ganz von allein kommen u. da sein»[126], schrieb sie ihm immer wieder. Erst Anfang April kam das erlösende Ja. Zwei Monate später war Tucholsky aus der gemeinsamen Wohnung mit Else Tucholsky ausgezogen. Später quälte ihn «ein immenses Schuldbewußtsein» über die Art und Weise, wie er sich von ihr getrennt hatte: «Ich war nicht alt und reif genug, um das mit Takt und Delikatesse zu machen – ich war plump, roh, dumm. Ich tat weh, obgleich ich wissen mußte, weh zu tun – und ich tat unnötig weh. [...] Die Frau war mir damals über – man hat das nicht gern, als Mann.»[127]

Im August 1923 kriselte es bereits wieder: Als Mary Gerold von einem Urlaub im Riesengebirge zurückkam, gestand sie ihm, daß sie nicht glücklich sei. Tucholsky sei zwar rührend um sie besorgt, aber er gebe sich nicht ganz, er sei so bedrückt und abgequält und müde, und sie habe Angst, daß sie es sei, die so auf ihm laste.[128] Er wehrte ab, er sei nur bedrückt wegen seiner Stellung und Lebensführung, die so gar nicht zu ihm passe und die ihn depressiv mache.[129] Sie versuchte ihn aufzuheitern, übernahm das Ressort «Lebenshilfe», aber gegen Tucholskys wachsende Depression kam auch sie nicht an: «Warum immer so gedrückt? Es geht anderen nicht besser, und könnte auch Ihm noch hundertmal schlechter gehn. Wenn Er immer wieder sagt, es macht Ihm alles keinen Spass mehr und Er möchte nicht mehr mitmachen, Ihm ist alles ganz egal, dann könnte ich mich totheulen, weil er so kalt und gleichgültig ist. [...] Er hat im Spass gesagt, Er könnte in aller Ruhe und ohne Bedauern ein Ende machen, und wenn ich ihn dann gefragt habe, ob ich auch was abbekomme, hat Er gelacht und gesagt: Warum Du? Du wirst leben –»[130] Zu dieser resignativen Stimmung paßt auch die Widmung, die Tucholsky ihr in das Zigarettenetui eingravieren ließ: «Ganz innen – aber so Gott will – immer allein».

Tucholsky hatte endlich bekommen, was er sich lange gewünscht, erträumt und erfürchtet hatte. Aber glücklich war er deshalb nicht. Im Gegenteil. Er war dem Tode gleich nah wie dem Leben. Die äußeren Gründe spielten sicher eine Rolle: Der Scheidungsprozeß zog sich hin, 1923 war der Gipfel der Inflation erreicht, und bereits das nackte Überleben bedeutete einen ständigen Kampf. Tucholsky hatte nur noch einen Wunsch: raus aus Deutschland. In mehreren Briefen an Emil Jannings, der sich mit seiner Frau Gussy Holl zu Dreharbeiten in Italien aufhielt, schilderte er die trostlose Situation in Deutschland und empfahl: «Liebe Beide, wenn Ihr klug seid, dann kommt Ihr nicht mehr wieder. Ich wenigstens glaube, dass es hier endgültig aus ist – und ich sehe nicht mehr so sehr viel. [...] Lieb[er] Gott, mache, dass ich hier heraus komme! – Dies wünscht Euch Euer tiefbetrübtes germaniabekleckertes Tuchochen.»[131]

Zu seinem Geburtstag 1924 wünschte ihm Mary Gerold, daß er im neuen Jahr ganz glücklich werden solle, «und wünscht Ihm Raum und Zeit und einen Piepmatz an der Wand, und hohe breite Fenster auf einen Park hinaus und ein Land, das Er bejaht, und ein Leben, das lebenswert ist»[132]. Ihr Wunsch sollte bald in Erfüllung gehen. Am 14. Februar wurde die Scheidung von seiner Frau Else Tucholsky rechtskräftig, und am 15. Februar schloß er mit Siegfried Jacobsohn einen Mitarbeitervertrag ab, der ihm auch längere Auslandsaufenthalte genehmigte.[133] Anfang April war Tucholsky bereits in Paris, allein. Denn Entfernung war für diese Beziehung immer besser als zu große Nähe. Von da an ging es ihm merklich besser, er lebte förmlich auf; seine Briefe wurden wieder fröhlicher, er nahm am Leben wieder intensiv teil. Aufatmend verkündete er in seinem «Pariser Dankgebet»: «Hier hat es noch einen Sinn, am Leben zu sein. [...] Es tut so wohl, auch einmal Ja zu sagen.»[134] Nach einem Tag voller Streifzüge durch Paris und Umgebung schrieb er an sein «Vielliebes Beuteltier» Mary: «Hat zum ersten Mal verstanden, was das heißt: ‹Ein Land atmet Frieden.› Es ist bezaubernd.»[135]

Am 26. Juli 1924 kam Tucholsky für kurze Zeit nach Berlin zurück, um bei der Vorbereitung der vom Ullstein Verlag geplanten Zeitschrift «Uhu» mitzuhelfen[136] und um sein «Mätzchen» endlich zu dem zu machen, wie er sie schon mal scherzhaft in seinen Briefen anredete: «Sehr geehrte Frau Tucholsky»[137]. Am 30. August 1924 heirateten der Doktor der Rechte Kurt Tucholsky und die Privatsekretärin Mary Gerold im Standesamt Berlin-Friedenau. Die Hochzeitsreise fiel allerdings erst einmal aus. Bis 16. September mußten sie noch in Berlin bleiben, da die Vorarbeiten zum «Uhu» noch nicht abgeschlossen waren.[138] Auch nach der Rückkehr nach Paris mußte Tucholsky erst einmal arbeiten, seinen Rückstand bei der «Weltbühne» und bei der «Vossischen» reinarbeiten. Dabei hatte sich Mary Tucholsky so auf Paris gefreut und dachte, nun geht das Leben erst richtig los. Als Frau des berühmten Auslandskorrespondenten erwartete sie große Feste und Empfänge, Premieren und die große Welt. Statt dessen saß Tucholsky am Schreibtisch und arbeitete. «Und ich durfte die Post aufgeben.»[139] Sie war enttäuscht, und es war genau das eingetreten, was Tucholsky noch kurz vorher befürchtet hatte: «ich denke immer, wenn Du nur mit einem Mann zufrieden bist, der so still und nucklig dahinlebt wie ein alter pensionierter Oberst. Wenns Dich nun juckt und Du tanzen und Golf spielen und Boot fahren willst –!»[140]

Tucholskys Wünsche waren in Erfüllung gegangen: Er war aus Deutschland heraus, hatte seine Mary doch noch bekommen, konnte wieder Artikel schreiben... Kurzfristig war er wohl erleichtert, aber er war alles andere als glücklich und zufrieden. Gründe dafür lagen nicht nur in Äußerlichkeiten wie seine sich verschlimmernde Nase, die er behandeln lassen mußte.[141] Auch seine Depressionen wurden immer stärker. Selbst in der Zeit der ersten euphorischen Begegnung mit Paris konnte er seine pessimistisch-schwermütigen Gedanken nicht ganz unterdrücken, fühlte er sich als alter «Pechtopf»: Ich weiß «ja immer ganz genau, welch Popel ich bin, und in welch wirtschaftlicher Lage ich mich befinde und so. Aber es drückt – wenigstens im Moment – nicht so doll.»[142] Und zustimmend zitierte er einen alten indischen Weisheitsspruch: «Geh an der Welt vorüber, sie ist nichts.»[143] In dieser Zeit setzte sich Tucholsky auch intensiv mit der Abhandlung über den Ödipuskomplex von Sigmund Freud, «dem großen Wiener Seelenforscher», auseinander, über verdrängte Komplexe und den «Knacks im Verhältnis zu allen anderen Frauen», der vom «Verhältnis zur Mutter» herkommt.[144]

Auch die Ehe mit Mary Tucholsky war nicht das, was er sich erwartet und erhofft hatte. «Wir sind nie entfernter von unsern Wünschen, als wenn wir uns einbilden das Gewünschte zu besitzen»[145], heißt es in Goethes «Wahlverwandtschaften». Tucholsky mußte diese schmerzliche Erfahrung immer wieder machen. Mary Tucholsky war ebenfalls nicht sonderlich glücklich und schrieb 1925 «Die Tragödie vom Beuteltier nebst Inhalt», wobei das Beuteltier diesmal Kurt und nicht, wie meist, Mary Tucholsky war.[146] Die Geschichte handelt davon, daß Tucholsky/Känguruh glaubte, er habe sein Kind/Mary gerettet. «Beuteltier steckte seine Schnauze in den Beutel, fuhr aber sofort wieder zurück wie im Leben.» Das Tier in seinem Beutel war ihm fremd, es hatte sich völlig verändert, das war nicht sein Kind. Das war ein fremdes Tier. Und obwohl «Matz» mit der Zeit manche Känguruhgewohnheiten annahm, blieb es doch fremd. Diese kleine Geschichte kennzeichnete recht deutlich die Situation. Das «Märchen» Mary war ihm zu nahe gekommen, und da schaute es plötzlich ganz anders aus, zu alltäglich. Er hatte nichts mehr zum Träumen.[147]

Eine große Reise in die Pyrenäen, die Tucholsky im Spätsommer 1925[148] zusammen mit seiner Frau unternahm, wurde zu einer Katastrophe. Auf einer Karte der Pyrenäen trug Tucholsky die Stationen der Reise mit zwei verschiedenen Symbolen ein, die beiden Zeichen bedeuteten: «Malchen beese» und «Malchen sehr beese».[149] Es ist sehr bezeichnend, daß Mary Tucholsky im «Pyrenäenbuch» nicht mit einem Wort erwähnt wird. Ganz im Gegenteil, in dem Kapitel «Allein» vermittelte Tucholsky dem Leser den Eindruck, als habe er die Reise tatsächlich ganz allein gemacht. Und Jahre später gab er zu, daß er nie «unglücklicher, zerrissener, ungeklärter und mehr durcheinander»[150] war als 1925/26.

Im Juni 1925 schickte er der «Weltbühne» zwei Texte, die seinen Zwiespalt sehr gut wiedergeben: Es waren die ersten beiden von insgesamt zwanzig «Nachher»-Texten.[151] Tucholsky saß im Jenseits auf einer Wolke und unterhielt sich mit einem anderen Teil seines Ichs über die Nichtigkeiten und Lächerlichkeiten des Erdenlebens: «Zweiundsiebzig Jahre auf der Erde, das bedeutet: neunundsechzig Jahre lang gelogen, Empfindungen versteckt, geheuchelt; gegrinst, statt zu beißen; geschimpft, wo man geliebt hat...»[152] Das Thema, «was nachher ist», beschäftigte Tucholsky schon seit vielen Jahren,[153] aber erst jetzt in dieser niedergeschlagenen Stimmung versuchte er, seine Gedanken in Worte zu fassen. Was dabei herauskam, war eine Art Selbstanalyse, ein Klärungsversuch, der sich stellenweise wie ein Hilfeschrei liest: «Hunger habe ich alle meine Lebtage gehabt. Hunger nach Geld, dann: Hunger nach Frauen, dann, als das vorbei war: Hunger nach Stille. Oh, solchen Hunger nach Ruhe. Mehr: Hunger nach Vollendung. Nicht mehr müssen – nicht mehr durch die Zeit fahren müssen –.»[154] Oder wenn er über die Liebenden schrieb: «Das war nicht schön. Hören Sie: das war ekelhaft. Welch ein Puppenspiel. Was treibt sie? Es ist, als bewegten sie sich nicht, als bewegte es sie. Das sind nicht mehr sie, die dieses Auf und Ab vollführen – das ist ein andres. Sie sehen es tausend und tausendmal beim O – schließlich scheint es eine zeremonielle Förmlichkeit, man möchte rufen: Aber so wechselt doch einmal! Tut doch einmal etwas andres! Nein – das Repertoire ist so klein... Sie nähern sich einander, gehen umeinander herum, lächelnd, und dann immer dasselbe, immer dasselbe... Sagen Sie: Haben wir uns auch so albern benommen, damals?»[155] Tucholsky war wieder bei seiner Position aus der «Rheinsberg»-Zeit angelangt: «Was war, von oben betrachtet, ein Liebender? – Ein Narr.»[156]

Tucholsky quälte sich mit der Arbeit, die Selbstzweifel und Rastlosigkeit nahmen beständig zu. Am 1. Mai 1925 zog das Ehepaar Tucholsky von Paris nach Le Vésinet, in einen «Pavillon» mit fünf Zimmern, Küche, Badezimmer und Garten, wie Mary Tucholsky ihrer Mutter mitteilte, im Oktober 1926 mieteten sie in Fontainebleau eine Wohnung in einem ehemaligen Kardinalssitz.[157] 1926 begann Tucholsky auch wieder zu reisen: Berlin, Wien, St. Valéry, Garmisch, München, Sils-Maria, Bretagne, Berlin, rund vier Monate war er unterwegs. Rückblickend bezeichnete Mary Tucholsky dies als «Manneskrise»: «KT hat genau eine solche Krise durchgemacht, als wir nach Fontainebleau zogen und nur ab und zu für einige Tage im Monat nach Paris fuhren. Ihm fehlte die Stadt, die Reibung mit der Stadt – obwohl er sich nach Stille und Einsamkeit sehnte. Die Einsamkeit bedrückte ihn, machte ihn kribblig, nervös, so nach der Melodie: ‹Da, wo ich nicht bin, da ist das Glück …›»[158]

Nach dem überraschenden Tod Siegfried Jacobsohns am 3. Dezember 1926 übernahm Tucholsky widerwillig für ein halbes Jahr die Leitung der «Weltbühne» in Berlin, Mary Tucholsky blieb in Paris.[159] Danach zog er sich für eineinhalb Monate nach Dänemark zurück,[160] allerdings ohne seine Frau, mit der er im Jahr zuvor noch überlegt hatte, ob sie nicht in ein Landhaus in Dänemark ziehen sollten.[161] Die nächsten Jahre hetzte Tucholsky durch Europa, als wäre er auf der Flucht. Seine Briefe zeigen das ganze Ausmaß der Verzweiflung, einige haben bereits den scharfen, ablehnenden, teilweise auch ungerechten Ton, der sich ab 1933 durch die Korrespondenz mit Hedwig Müller zieht. Dünnhäutig, sensibel und äußerst verletzbar, schlug Tucholsky manchmal wild um sich, lehnte alles ab, was ihm zu nahe kam. «Ob es Überanstrengung ist oder Schluß: ich sehe ja selbst ein, daß diese Monomanie mir den ganzen Horizont verstellt und es für andere unerträglich und uninteressant ist, auf Dauer.»[162]

Von da an sahen sich Kurt und Mary Tucholsky nur noch selten, fast immer war einer von beiden unterwegs. Die anwachsende Briefzahl[163] ist ein Gradmesser der Entfernung, nicht nur der äußeren. Daß es in der Ehe seit längerer Zeit kriselte, geht aus den Briefen deutlich hervor. Sein zaghafter Vorschlag zu einem Neuanfang:

«wenn Er herkommt und es geht gut, dann soll wieder Mala sein und zusammenwachsen und da sein»[164] war auch nur noch halb ernst gemeint, denn seit Januar 1927 hatte Tucholsky eine neue Freundin: Lisa Matthias, das Vorbild für die «Lottchen»-Geschichten, die ab 1928 in der «Vossischen Zeitung» erschienen. Sie beschäftigte ihn, während er mit seiner Frau zusammen war, und war er bei Lisa Matthias, sehnte er sich nach seiner Frau, «weil ja immer große Liebe, wenn entfernt»[165]. Sehnte er sich, oder war es nicht nur ein Festhalten an Vertrautem? Lisa Matthias versuchte Tucholskys Verhalten zu verstehen: «Man trägt doch – normalerweise – keinen alten Anzug bis er zerfällt, weil man Angst vor einem neuen hat. Man trägt ihn, weil man noch kein Geld für einen neuen hat. Macht man es anders, denn ist man eben krank.»[166] Sie hatte den Eindruck, daß er an Mary nur deshalb noch hing, weil er sie keinem anderen gönne.[167] Als Mary Tucholsky im Sommer 1928 in Italien Urlaub machte und ihm von einem Verehrer berichtete, schrieb er zurück: «Was macht? Lehnt sich trostbedürftig an einen an? Gut, dann muß aber jenner bezahlen, das ist so ausgemacht. Zur[ü]ck ins Fresstöpfchen ist nicht.»[168]

Mary Tucholsky hatte den Kampf inzwischen aufgegeben, sie war kraftlos, «ganz down und zusammengeklappt»[169]. Hatte sie ihm Ende 1926 noch geschrieben: «ich will nicht teilen, meine Puppe gehört mir»[170], notierte sie im Juni 1928 in ihr Tagebuch: «es ist nicht nur eine Grenze zwischen uns, sondern ein Weltall – ich höre ab und zu seine Worte, aber Nebel liegt vor meinen Augen und Ohren. Ich habe auch nicht mehr die Kraft, stark und inbrünstig zu wünschen...»[171] Wie schon einmal 1920 quälten sie sich wie Strindbergsche Figuren und liefen dabei immer weiter auseinander. Die Realität konnte nicht halten, was der Traum einst versprochen hatte. Und diesmal half auch keine Entfernung, das «Märchen» war zu Ende.

Ende September 1928 kehrte Tucholsky noch einmal zu Mary zurück, wollte es noch einmal versuchen. Sie solle keine Angst haben, er sei gar nicht mehr nervös, sondern ganz «gelassen und richtig». Unterschrieben ist der Brief mit «Dein ehemaliger Ausreiser und Gatte Nangel»[172]. Doch knapp zwei Monate später, am 20. November[173] verließ sie ihn, diesmal endgültig. Zurück blieb ihr Abschiedsbrief, den er bis zu seinem Tod in der Brieftasche bei sich trug.

«Lieber Nungo, immer wieder setzt sich einer seit elf Jahren in den Zug und fährt fort, und immer wieder blutet es von Neuem.

Ist sein Beuteltier, ist der Pygmalion, hat erzeugt und reißt sich jetzt los mit ungesäumten Ohren, geht fort auf zitternden Beinen und hat Angst vor dem Leben und vor den fremden Menschen und vor dem Alleinsein.

Aber es war zu groß u. zu schön als es anfing, um es hässlich enden zu lassen. Kommt, wenn braucht und ruft – ist der rote Faden.

Seine Meli»[174]

SECHS

«1918/1919 habe ich überhaupt nichts verstanden – aus dieser Zeit datieren meine dümmsten Arbeiten...»[1]

Als Tucholsky in der zweiten Hälfte des November 1918 nach Berlin zurückkehrte,[2] kam er mitten in den verwirrenden und sich oft überstürzenden Zusammenbruch des Kaiserreichs. Von der Front aus hatte er bereits skeptisch nach der Heimat geblickt, von der Zukunft erwartete er nicht viel Gutes: «Das, was man lieb gehabt hat, ist in Stücke geschlagen – das geistige Leben kann natürlich in diesem wüsten Gemisch nicht gedeihen – und es bleibt ein ekler Brei von Staats- und anderen Aktionen...» Sein Fazit: «Es wird böse. So böse, wie man es nie geglaubt hat – und das Allerschlimmste ist, daß wir – wir beide und alle – es ganz unmittelbar merken werden»[3], schrieb er am 19. Oktober 1918 an Mary Gerold, und in der Tat standen zu der Zeit in Deutschland die Zeichen bereits auf Sturm. Der Weltkrieg hatte die schon vorher vorhandenen Gegensätze zwischen Volk und Herrschaft, zwischen Unternehmern und Arbeiterschaft weiter verschärft und zugespitzt. Während das Volk hungerte, machte die Rüstungsindustrie Riesengewinne. Gegen Ende des Kriegs war ein neuer Menschen-Typus entstanden: der Schieber, im Volksmund schnell als «Raffke» verspottet. Seit der größte Teil der Bevölkerung nach dem Hungerwinter 1916/17 unter dem Existenzminimum lebte, kam es immer häufiger zu Streiks und offener Auflehnung gegen die Kriegspolitik und die politische Unterdrückung. Die Massenstreiks im Januar 1918 zeigten, daß die staatlichen Durchhalteparolen und Strafandrohungen kaum mehr Wirkung hatten. Um einer «Revolution von unten» vorzubeugen, verfügte Kaiser Wilhelm II. am 30. September 1918 per Erlaß die Einführung des parlamentarischen Systems. Einen Tag zuvor hatte die Oberste Heeresleitung (OHL), also Hindenburg und Ludendorff, die sofortige Einleitung von Waffenstillstandsverhandlungen gefordert, da der Krieg nicht mehr zu gewinnen sei. Nachdem der bisherige Reichskanzler, Georg Graf von Hertling, zurückgetreten war, wählte der Reichstag am 3. Oktober erstmals mit Prinz Max von Baden selbst einen Kanzler. Im Laufe des Oktober wurde die Bismarcksche Reichsverfassung in den entscheidenden Punkten geändert und am 26. Oktober Ludendorff aus der OHL entlassen. Deutschland war also bereits Ende Oktober im Prinzip eine parlamentarische Monarchie, in der der Kaiser nur noch Repräsentationsaufgaben hatte. Die tatsächliche Macht lag nun bei der Reichsregierung, der neben dem Zentrum auch die Sozialdemokraten und die Fortschrittspartei angehörten. Der alte Traum der SPD von der Machtteilhabe war endlich Wirklichkeit geworden. Die Reichstagsmehrheit hatte sich für Waffenstillstand und Frieden ausgesprochen, die Militärherrschaft war beseitigt, die Offiziere unterstanden nun dem Reichstag, das allgemeine Wahlrecht war gesichert, die politischen Gefangenen weitgehend amnestiert.[4] Auch die Industrie erkannte nun die Gewerkschaften als legitime Vertreter der Arbeitnehmer an und schloß mit ihnen am 15. November ein «Arbeitsgemeinschaftsabkommen»[5].

Am 29. Oktober verweigerten die Matrosen in Kiel das Auslaufen der Flotte zu einem letzten Einsatz, die Meuterei griff schnell auf andere Städte über. Die neugebildeten Arbeiter- und Soldatenräte riefen zum Generalstreik auf und verlangten den Rücktritt des Kaisers. Einige SPD-Führer versuchten zwar, den sich überstürzenden Ereignissen noch entgegenzusteuern, und warnten die Arbeiter vor einem Generalstreik, aber am 7. November forderten auch sie den Rücktritt des Kaisers, um die Massen zu beruhigen und hinter die Regierung zu bringen, wie Friedrich Ebert dem Reichskanzler erklärte: «Wenn der Kaiser nicht abdankt, dann ist die soziale Revolution unvermeidlich. Ich aber will sie nicht, ja, ich hasse sie wie die Sünde.»[6] Eine Revolution von unten konnte nach Ansicht der SPD und der Gewerkschaften das eben erst Erreichte ernsthaft gefährden. Und so wurden schon bevor die Revolution überhaupt richtig ausbrach, die Weichen falsch gestellt.

Am 9. November rief der SPD-Abgeordnete Philipp Scheidemann die freie deutsche Republik aus, sehr zum Ärger von Ebert, der «dunkelrot vor Zorn» wurde und Scheidemann anbrüllte.[7] Zwei Stunden später proklamierte Karl Liebknecht, der Führer des Spartakusbundes (aus dem wenig später die KPD entstand), die sozialistische Räterepublik. Max von Baden trat als Kanzler zurück und beauftragte Ebert mit der Führung der Geschäfte; erzwungenermaßen hatte inzwischen auch der Kaiser abgedankt. Nach Verhandlungen mit der USPD, dem 1917 aus der SPD ausgetretenen linken Flügel, konstituierte sich am 10. November der «Rat der Volksbeauftragten» mit je drei Vertretern von SPD und USPD. Am gleichen Tag schloß Ebert jedoch auch ein Geheimabkommen mit General Groener, das den Offizieren weiterhin ihre führende Rolle zusicherte, wenn die Truppen sich im Gegenzug dafür der Regierung Ebert zur Ausschaltung der «linksradikalen» revolutionären Kräfte zur Verfügung stellten.

Der erste Putschversuch kam allerdings nicht von links. Am 6. Dezember nahmen Offiziere und Soldaten des Gardegrenadierregiments «Kaiser Franz» in Berlin die Mitglieder des Vollzugsrates der Arbeiter- und Soldatenräte gefangen und besetzten das Reichskanzlerpalais. Der SPD-Politiker Otto Wels, Stadtkommandant von Berlin, bat die Berliner Reichswehrtruppen um Hilfe. Bei dem Zusammentreffen eines Protestzuges des Spartakusbundes mit diesen regulären Truppen wurden 16 Spartakisten erschossen. Das Blutbad verstärkte das Mißtrauen gegen die Regierung bei einem großen Teil der Arbeiterschaft, die zu Recht vermutete, daß sich Ebert mit dem Militär verbündet hatte. Als am 24. Dezember die Volksmarinedivision «meuterte», ersuchte Ebert die Oberste Heeresleitung, rasch einzugreifen. Diese, ohnehin darauf erpicht, die bewaffneten Gruppen der Revolutionäre zu zerschlagen, gab darauf den Befehl zum Angriff. Bei der anschließenden Straßenschlacht und dem Sturm auf das Schloß, in dem die Marinedivision ihr Quartier hatte, wurden 67 Menschen getötet. Aus Protest verließen daraufhin die Mitglieder der USPD die Regierung, für sie rückten Rudolf Wissell und Gustav Noske von der SPD nach. Eberts «Blutweihnacht» hatte das Vertrauen der Arbeitermassen in die Regierung noch weiter untergraben; auch innerhalb der SPD wuchs der Unmut über die ausgebliebene Abrechnung mit dem verhaßten Militär.

Die SPD-Führung war jedoch an einem eindeutigen Bruch gar nicht interessiert. In der vergeblichen Hoffnung, sich die Reichswehr nicht zum innenpolitischen Gegner zu machen, wollte sie vielmehr mit ihr zusammenarbeiten. Außerdem verkörperte das Militär eine gewisse Kontinuität, die Ebert durchaus für wünschenswert hielt. Noske, inzwischen «Oberbefehlshaber der Regierungstruppen», ging sofort daran, Freiwilligenverbände aufzustellen, die notfalls den Schutz der Regierung übernehmen sollten, denn alles, «was es in Berlin und im Reich zu dieser Zeit noch an revolutionären Impulsen gab, war ihnen zutiefst suspekt»[8]. Die Regierung hatte sich inzwischen in ein Feindbild hineingesteigert, das alle revolutionären Gruppen links von der SPD mit Bolschewismus, Terror, Gewalt und Bürgerkrieg gleichsetzte, obwohl diesen Gruppierungen «in den ersten beiden Monaten nach der Novemberrevolution Gewaltaktionen tatsächlich nicht nachgewiesen werden konnten»[9].

Als die Regierung am 4. Januar 1919 den in der Bevölkerung beliebten Berliner Polizeipräsidenten Eichhorn (USPD) absetzte, begann der sogenannte «Spartakusaufstand», der der SPD-Regierung die ersehnte Handhabe zum harten Durchgreifen bot. USPD und die am 30. Dezember 1918 von den Spartakisten gegründete KPD riefen gemeinsam zu Massendemonstrationen auf; über hunderttausend gingen auf die Straße, verbittert und enttäuscht über die «verratene Revolution», die ihnen bisher so wenig gebracht hatte. Einige hundert bewaffnete Demonstranten besetzten Pressehäuser, Kasernen, Polizeiwachen und Bahnhöfe, die große Masse der Demonstranten ging abends jedoch wieder nach Hause. Obwohl keine reale Gefahr für die Regierung bestand und es sogar einen Vermittlungsausschuß zwischen Aufständischen und Regierung gab,[10] übernahm Noske die «Niederwerfung» der Unruhen mit den berühmt gewordenen Worten: «Meinetwegen! Einer muß der Bluthund werden, ich scheue die Verantwortung nicht!»[11] Noske lehnte jeglichen Kompromiß ab, in der Nacht vom 10. auf den 11. Januar griffen die Regierungstruppen an und gingen mit größter Brutalität gegen die Aufständischen vor. 14000 Soldaten standen gegen knapp 1000 schlecht bewaffnete «Spartakisten», 180 von ihnen wurden erschossen, manche, nachdem sie sich bereits ergeben hatten. Am 15. Januar wurden auch Rosa Luxemburg und Karl Liebknecht heimtückisch ermordet. Noske brachte die darüber erschrockene SPD-Führung allerdings schnell wieder auf Kurs: «Ihr habt Nerven wie hysterische alte Weiber. Krieg ist Krieg.» Als Anfang März 1919 erneut Unruhen ausbrachen und der Generalstreik gegen diese «Mörder» und Verräter der Revolution ausgerufen wurde, ließ Noske 32000 Soldaten unter General Lüttwitz (der ein Jahr später den Kapp-Putsch leitete) aufmarschieren. Sie schossen auf unbewaffnete Demonstranten und lieferten sich auch mit regierungstreuen Volkswehren Straßenschlachten. Das Ergebnis waren 75 tote Soldaten und 1200 tote Aufständische. Von da an herrschte Ruhe im Land, Friedhofsruhe.

Die Entwicklung seit Oktober 1918 trug maßgeblich dazu bei, daß die Republik mit erheblichen Geburtsfehlern zu kämpfen hatte und sich eigentlich nie richtig stabilisieren konnte. Durch die Parlamentarisierung Deutschlands trugen nicht mehr die Militärs die Verantwortung für den verlorenen Krieg, weder Hindenburg noch Ludendorff unterzeichneten am 11. November die Waffenstillstandsbedingungen,[12] sondern der Reichstagsabgeordnete Erzberger. Durch das Abkommen mit Ebert sicherten sich die Militärs jedoch auch im neuen Staat weitreichenden Einfluß, der sich sehr schnell negativ auswirkte. Die gewaltsame Niederschlagung der Proteste und Aufstände spaltete die Arbeiterbewegung endgültig in zwei feindliche Blöcke, die auch später, angesichts des drohenden Nationalsozialismus, nicht mehr zur Handlungseinheit zusammenfanden. Die Truppen, die zur Unterdrückung der Revolution eingesetzt wurden, waren an den Putschversuchen und Fememorden sowie an der Errichtung der nationalsozialistischen Diktatur maßgeblich beteiligt.

Kurt Tucholsky kehrte, wie viele seiner Generation, psychisch und physisch angeschlagen aus dem Weltkrieg zurück, die Fotografien aus dieser Zeit zeigen einen skeptischen, ängstlichen, um nicht zu sagen: verzweifelten Tucholsky. Nicht umsonst taufte er ausgerechnet in dieser Zeit ein weiteres Pseudonym auf den Namen Kaspar Hauser: er schlug «die Augen auf, sah in die Welt und verstand sie nicht»[13]. Die sich fast stündlich verändernden politischen Geschehnisse konnte er nur schwer einordnen, und in der Rückschau stellte er 1935 fest: «1918/1919 habe ich überhaupt nichts verstanden – aus dieser Zeit datieren meine dümmsten Arbeiten, die ich teils selbst auf dem Gewissen habe, zum Teil ließ ich sie publizieren, verleitet durch den etwas dümmlichen Mann, den Du neulich kennengelernt hast».

Damit spielte er auf seine Zeit als Redakteur des «Ulk», der humoristischen Beilage des «Berliner Tageblatts» (BT) an, der «etwas dümmliche Mann» war demnach sein damaliger Chef Theodor Wolff, Chefredakteur des «Tageblatts».[14] Während des Krieges war der 1872 erstmals erschienene «Ulk», wie fast alle anderen Witzblätter auch, ziemlich heruntergekommen. Kritik wurde durch Anpassung ersetzt, und kriegsbegeistert war der «Ulk» nicht weniger als der «Simplicissimus». Der Chefredakteur Fritz Engel mußte sich vom «Vorwärts» verspotten lassen: «Ach könnte ich wie Fritze Engel reimen. / Es wär so schön, allwöchentlich im Ulke / dem sogenannten liberalen Vulke / das Oberstübchen gründlich zu verschleimen!»[15] Theodor Wolff war deshalb schon länger auf der Suche nach einem neuen Chefredakteur, der aus dem «Ulk» wieder ein anständiges Witzblatt machen sollte. Für Tucholsky schien das eine berufliche Herausforderung, die liberale Linie des «Berliner Tageblatts» entsprach durchaus seinem eigenen damaligen Standpunkt. Zahlreiche Mitarbeiter des BT schrieben ja wie er gleichzeitig auch für die «Weltbühne»: der politische Leitartikler Erich Dombrowski als Johannes Fischart, der Militärkritiker Lothar Persius oder der Wirtschaftsjournalist Felix Pinner. Und Theodor Wolff war immerhin so etwas wie eine «nationale Einrichtung», unter seiner Leitung entwickelte sich das «Berliner Tageblatt» zu einem Weltblatt, wie es sich auch selbst in Anzeigen bezeichnete.[16] Er schrieb gegen das nationalistische Machtstreben unter der Kaiserzeit genauso an wie gegen die Annexionsgelüste der Militärs im Weltkrieg.[17] So freute sich Tucholsky 1918 noch auf eine Zusammenarbeit: «Was er will, will ich auch.»[18] Außerdem war der «Ulk» mit einer Gesamtauflage von rund 600000 nicht nur die Beilage zum «Berliner Tageblatt», sondern gleichzeitig auch die der eher linken «Berliner Volks-Zeitung» (BVZ). Erwartungsvoll trat Tucholsky also Anfang Dezember 1918 seine Stelle als Chefredakteur des Blattes an, in dem schon 1907 seine ersten beiden Arbeiten veröffentlicht worden waren. In der «Weltbühne» verabschiedete sich am 5. Dezember Theobald Tiger mit einem Gedicht, in dem er den Lesern seine Namensänderung in Kaspar Hauser mitteilte und sie bat: «Bleibt mir weiter treu!»[19] Das Pseudonym Tiger blieb nun ausschließlich dem «Ulk» vorbehalten.

Die erste Nummer vom 13. Dezember 1918, für die Tucholsky verantwortlich zeichnete, unterschied sich nicht grundlegend von den vorhergehenden. Bereits unter Hugo Frenz, der im Oktober 1918 kommissarisch die Redaktion von Fritz Engel[20] übernommen hatte, war das Blatt wieder bissiger und frecher geworden. Es verspottete die neureichen Schieber genauso wie die alldeutschen Annexionisten und machte sich mit Berliner Humor über die kleinen alltäglichen Widrigkeiten wie Wohnungsnot und überfüllte Bahnen lustig. Josef Wiener-Braunsberg, der auch unter Kurt Tucholsky stellvertretender Chefredakteur blieb, begrüßte jubelnd am 1. November 1918 den neuen Geist, der in Deutschland einzog: «Neuer Geist, der du, geboren/ In den Stunden höchster Not,/ Riegel sprengst an finstren Toren,/ Strahlst in gold'gem Morgenrot!» Das Gedicht war eine Kampfansage an den Militarismus und zugleich ein Aufruf: «Mannhaft für die Freiheit kämpft». Seit der Einführung des parlamentarischen Systems im Oktober 1918 standen die Leit-Gedichte von Wiener-Braunsberg unter Überschriften wie «Neuer Geist», «Zuversicht» oder «Freiheit!».

Schon bald nach seinem Dienstantritt merkte Tucholsky, daß sich seine Vorstellung von Satire nicht mit der des Hauses deckte. Sie sollte unterhalten, aber nicht verletzen, witzig sein, aber nicht bissig. Dabei hatte er doch eben erst in der «Weltbühne» verkündet, daß er das Erbe von Lukian antreten wolle, dem frechen Hund, dem nichts heilig war:

> So schenk mir deinen Spöttermund!
> Die Flamme gib, die sturmentfachte!
> Heiß ich auch, weil ich immer lachte,
> ein frecher Hund![21]

Aber schon der nur etwas frechere und direktere Ton, den Tucholsky ins Blatt brachte, sorgte für Aufregung und zahlreiche Leserproteste: Der «Ulk» ekle einen an, er verletze die guten Sitten usw. Tucholskys Antwort darauf war ein Grundsatzartikel im «Berliner Tageblatt», in dem er seiner Leserschaft klarzumachen versuchte, daß Satire nicht negativ, sondern blutreinigend und daher positiv sei. Hatte er in diesem Artikel die Frage «Was darf die Satire?» noch mit «Alles» beantwortet, mußte er in der Praxis schnell erkennen, daß sie sehr viel weniger durfte. Nach den ersten Wochen konstatierte Tucholsky resignierend: «Dies ist hier nichts.» Es mache keinen Spaß, nur halbe

Satire zu machen, und das Blatt sei eine «Ausgabe für das Volk, gereinigt und durchaus in usum delphinorum abonnentium... Schade, ich fühle mich gar nicht wohl in meiner Haut.»[22] Der «Ulk» sei wohl nur als Sprungbrett zu betrachten, denn er sei lediglich «Anhängsel eines Anhängsels einer Annonce-Expedition»[23], und er fragte den Simplicissimus-Autor Blaich immer wieder, ob er ihm nicht eventuell in München eine bessere Stellung besorgen könne.

Blaich lobte Tucholsky zwar für seine erste Ausgabe, bemängelte aber, daß die Zeichnungen, die für so ein Witzblatt ja das Entscheidende sind, teilweise unter Mittelmaß seien. Tucholskys sah das nicht anders, seine Suche nach neuen Illustratoren verlief jedoch nur teilweise erfolgreich, denn der Verlag zeigte sich nicht bereit, höhere Honorare für bessere Zeichner zu bezahlen.[24] Weder bekam er Heinrich Zille, der während des Krieges bis Mitte 1918 in fast jeder Nummer vertreten gewesen war,[25] noch George Grosz, den er im Mai schriftlich um Mitarbeit bat. Auch dessen erste Arbeit war 1910 im «Ulk» erschienen, und seit 1913 hatte er dort häufiger veröffentlicht.[26] Doch auf das neue Angebot von Tucholsky antwortete er nicht einmal. Es ist allerdings mehr als fraglich, ob der Verlag einer Mitarbeit von Grosz überhaupt zugestimmt hätte, denn seine schonungslosen Karikaturen hätten kaum ins Blatt gepaßt. Auch der Simplicissimus-Zeichner Erich Schilling war nicht für eine Mitarbeit zu gewinnen, da er einen Exklusivvertrag hatte. So konnte Tucholsky nur nach und nach einige Zeichner auswechseln,[27] neue Autoren kamen ebenfalls nur wenige, etwa Hans Reimann, Hans Heinrich von Twardowski und Roda Roda, die aber nur gelegentlich mitarbeiteten. Die Hauptarbeit leisteten Tucholsky selbst und Josef Wiener-Braunsberg.

Die Position des «Ulk» war unter Tucholsky gemäßigt fortschrittlich, links war sie sicher nicht. Die Begeisterung für das Neue, wie sie noch in Gedichten wie «Landratsdämmerung» oder «Das Volk steht auf...»[28] zum Ausdruck kam, war nicht mehr zu spüren. Sein «Jetzt kommen wir: Die andern!»[29], das er noch am 31. Oktober 1918 den alten Herrschaftsschichten entgegengeschleudert hatte, blieb ohne Folgen. Natürlich: es ging in erster Linie gegen die Ewiggestrigen, gegen die Schieber und Kriegsgewinnler und gegen die verschlafenen Bürger, die Sehnsucht nach ihrer Zipfelmütze hatten. Bald schon richtete sich die Kritik auch gegen den Militarismus. Auffällig ist jedoch, daß der «Ulk» erst unter Tucholsky auch so vehement gegen links losschlug.[30] Es waren dies nicht nur einige wenige Ausrutscher; in den ersten Monaten bekam alles, was sich links von der SPD einordnen ließ, in fast jedem Heft Prügel. Am 17. Januar 1919 war der Standort klar beschrieben worden: Links die Barrikadenbauer seien ebenso abzulehnen wie rechts die alten Unheilstifter: «Denk an die Zukunft des Deutschen Reiches! Wir stehn in der Mitte!» Noch deutlicher wird Tucholskys damaliger Ausgangspunkt in dem Gedicht «Gegen rechts und gegen links», das am 21. März 1919 im «Ulk» erschien:

Und rechts und links die Terroristen
und jeder, der Gewalt verehrt,
die Reventlows, die Spartakisten,
und wer von Unterdrückung zehrt –
Ihr sollt nicht raten und nicht taten.
Denn gegen jene Unterschicht,
da helfen wahre Demokraten.
Ihr nicht!

Auch im Jahresrückblick auf 1919 stellte er noch fest:

Bilanz: das Ding ist diesmal nichts geworden.
Prozente: Null. Der Stand des Ladens: flau.
Rechts: Reaktion – links: Bolschewistenhorden.[31]

Für das, was sich auf den Straßen Berlins abspielte, konnte er nur wenig Verständnis aufbringen, es war ihm suspekt und störte seinen bürgerlichen Ordnungssinn. Die Berliner Verhältnisse waren für ihn «oberfaul», die aufbegehrenden Bürger «unvernünftig», die Revolution sei in eine «erpresserische Lohnbewegung»[32] ausgeartet: «Sie arbeiten nicht mehr, sondern halten Versammlungen ab und toben herum.»[33] Das Volk auf der Straße beschrieb er als Pöbel, Mob, Banausen und «üble Gesichter». Der zeitweilige Einfluß von Le Bons «Psychologie der Massen» war deutlich zu spüren: «Die Gasse grölt. Sie schlagen Schaum. / Ich hing sie gern in deine Zweige, / o Tannebaum!»[34] – «Was achtundvierzig heilig war, / ist heut Spektakulum. /

Ich will den Umsturz gleich in bar», reimte er Mitte Januar 1919 im «Ulk».[35] Die Freiheit glühe nicht mehr in der Brust der Menschen, wie er schrieb, sie machten auf der Straße Radau und störten den geordneten Ablauf des Lebens. Wie wenig er damals von den «revolutionären Massen» hielt, zeigt auch deutlich sein Nachruf auf Liebknecht. Dieser habe das «Menschenheil in den Straßen» gesucht, wollte «die Unterdrückten heben». Doch die Massen hätten den «Idealisten betrogen,/ den Meergott verschlangen die eigenen Wogen./ Sie knackten die Kassen, der Aufruhr tollt –/ Armer Kerl, hast du das gewollt?»[36] Wenn das die neue Zeit sei, dann wäre Deutschland ein «untergehendes Land», mit seiner Vorstellung von Erneuerung war das alles nicht zu vereinbaren.

Erst 1922 distanzierte er sich auch öffentlich von dieser Fehleinschätzung: «Ich habe immer wieder und wieder grade in diesem Deutschland, grade unter diesen erbärmlichen Lebensumständen, in diesen mit Menschen vollgepfropften Stuben, in diesen Tuberkuloselöchern so viel Herzensgüte gefunden, so viel Idealismus, so viel Herzenstakt, daß die Phrase, ‹die Revolution ist nur eine Lohnbewegung›, doch wohl falsch sein muß.»[37]

Auch die revolutionären Führer wurden von ihm verspottet und angegriffen. Bereits in der ersten von ihm gemachten Nummer des «Ulk» findet sich eine Zeichnung, auf der Kurt Eisner mit dem Spazierstock Geschirr von den Regalen schlägt. Die Bildunterschrift dazu lautet: «Was machen Sie denn da, Herr Eisner?» – «Deutsche Politik!» Nach Eisners Ermordung schrieb Tucholsky in der «Weltbühne» dann jedoch einen Nachruf, in dem er ihm bescheinigte, daß er ein Mann war, der an Ideale geglaubt hatte und tatkräftig und tapfer darangegangen war, die alten, morschen Verhältnisse umzukrempeln.[38]

Es gab fast kein Heft, in dem Tucholsky nicht mindestens einen Angriff auf die Arbeiter- und Soldatenräte oder auf die Kommunisten abdruckte. «Karl Liebknecht, wie bist du rein und fanatisch,/ auf Dauer wirkst du doch unsympathisch»[39] – «Botokuden, die im Gegensatz zu den Bolschewisten noch die bessern Menschen sind»[40] – «Wir wollen die Freiheit des deutschen Geschlechts,/ aber nicht der Freiheit Affen»[41], und so beliebig fort. Wobei der Vergleich mit «Affen» in der Tradion von 1848 lag.[42] Überhaupt ist auffällig, daß

Tucholsky zahlreiche Anleihen bei der polemischen Auseinandersetzung mit der 48er Revolution machte.

Auch in den Zeichnungen wurde dieses Thema immer wieder dargestellt. Am 17. Januar 1919, zwei Tage *nach* der Ermordung von Rosa Luxemburg und Karl Liebknecht, war auf dem Titelblatt der Tod dargestellt, behaglich im Lehnstuhl sitzend und sich den dicken Bauch streichelnd. Unterschrift: «Tod, Spartakus & Co. – ‹Nach vier Jahren Krieg war ich schon beinahe auf Hungerration gesetzt. Aber keine Furcht, alter Junge, unter Spartakus hat der Tod ein gutes Leben!›»[43] Auf der letzten Seite finden sich dann unter der Überschrift «Die Revolution in der Schule» Schulaufsätze, in denen Luxemburg und Liebknecht als Hetzer und Verrückte dargestellt werden (andere Aufsätze von Schülern der gleichen Klasse brachte Anfang Januar bereits die «Weltbühne»[44]): «Liebknecht war der anführer der streiker, seine Frau hieß Rosa von Lukzenburg, ich kann ihn nicht leiden den er siht aus wie ein Straudieb.» Auf dem Titelbild vom 23. Februar 1919 wurden unter der Überschrift «Vater und Sohn» die Schwerindustrie und die Revolutionäre als zusammengehörig dargestellt: «Die Schwerindustrie: ‹Junge, was bist du rüde!›/ Der Radikalismus: ‹Das habe ich von dir, Papa!›»

Gegen die Spartakisten lief fast die gesamte Presse Amok, ob sozialdemokratisch, liberal oder deutschnational. Die sogenannte «Masse» wurde als gefährlich dargestellt, als unberechenbar und meist den Falschen nachlaufend. Zwar waren bis auf die deutschnationale Rechte beinahe alle für die Revolution, solange sie lediglich die Ablösung der Monarchie und des Militarismus zum Ziel hatte, alles andere aber wurde als drohende soziale Nivellierung, als chaotische Pöbelherrschaft empfunden und bekämpft. In dieser Einheitsfront der Ablehnung gab es nur wenige, die genauer hinsahen und sich ein differenzierteres Urteil bildeten. Carl von Ossietzky begrüßte beispielsweise bereits im Dezember 1918 den Umsturz mit Goethes «Stirb und werde», nur «matte Hirne, schwache Herzen» könnten dies ablehnen: «Und doch gibt es genug Menschen, die nichts Besseres zu tun haben, als sinkende Konjunkturen zu bejammern oder zu beklagen, daß sich die Revolution nicht abwickle wie eine Parade.»[45] Den Spartakisten brachte allerdings auch Ossietzky nicht viel Sympathie entgegen.

Sogar innerhalb der «Weltbühne» finden sich sehr unterschiedliche Stimmen zu den Tagesereignissen. Das lag teilweise an der Sichtweise und Einschätzung der einzelnen Autoren, aber auch die verwirrenden Erscheinungsformen der spartakistischen Kämpfe nach außen und innen trugen erheblich dazu bei. Siegfried Jacobsohn unterstützte zeitweise den «Rat geistiger Arbeiter», erklärte dies allerdings schnell als «Revolutions-Psychose eines Menschen, den die Kriegs-Psychose vom ersten bis zum letzten Tag verschont hatte»[46], und trat Mitte Dezember 1918 schon wieder aus. Goldschmidt, Gumbel, Lehmann-Rußbüldt und Olf waren zwar durchaus nicht auf der Linie von Spartakus, warnten aber eindringlich davor, einen «Popanz des deutschen Bolschewismus» aufzubauen und gehässig auf diesen «Bürgerschreck» einzudreschen: «Mit unsagbarem Haß bedenkt man die Radikalen. Man bespeit ihre Ideologie, man nennt sie Narren, Bluthetzer, Ordnungsschänder, Zusammenbruchsschürer.»[47] Gleichzeitig wurden die «Diktatur des Proletariats» als Krankheit,[48] Liebknecht und Luxemburg als psychotische Fanatiker dargestellt.[49] In einem dreizeiligen Nachruf in der Rubrik «Antworten» schrieb Jacobsohn dann aber: «Die Obduktion der Leiche Karl Liebknechts ergab – in der Presse stand davon nichts –: Gestorben an Idealismus und Tatkraft. In Deutschland ist das seit jeher tödlich.»[50] Das heimliche Manifest der «Weltbühne», das sie bereits während der russischen Revolution verkündete, blieb die Tradition der französischen Aufklärung und des deutsch-jüdischen Bildungsbürgertums: «Es fälschen stets zur blutigen Sklavenposse/ die Robespierres, was rousseau'sch war geglaubt.»[51] Der politische Redakteur Jacobsohn, der am 4. April 1918 seine «Schaubühne» in «Weltbühne» umbenannt hatte, konnte mit der neuen Welt, die da heraufzog, also in doppeltem Sinne nicht viel anfangen, sie zog an ihm teilweise vorbei.[52]

Auch wenn Tucholsky sich der großen Linie des «Berliner Tageblatts» anpassen mußte und der «Ulk» durchaus im bürgerlichen Trend lag, in dieser Schärfe und in diesem Umfang hätte er nicht auf die revolutionäre Linke einschlagen müssen, wenn es nicht auch sein eigener Standpunkt gewesen wäre. Diese Gleichsetzung von rechts und links ging nicht auf das Konto «Ri-Ra-Rücksichten»[53], sie deckt sich durchaus mit Privatäußerungen Tucholskys aus dieser Zeit, wie sie in den Briefen an Mary Gerold oder Hans Erich Blaich nachzulesen sind.[54] Vergleicht man verschiedene Artikel außerhalb des «Ulk» (vor allem in der «Weltbühne»), stößt man allerdings auf deutliche Gegensätze und Widersprüche, die nachdenklich machen.

Einen Tag bevor er im «Ulk» die Spartakisten als Verbündete des Todes darstellen ließ und Liebknecht verspottete, erschien in der WB ein Gedicht von ihm, in dem es heißt: «Wenn die Regierung einen wie Liebknecht hätt! [...] Unterdessen schwillt der Spartakus/ zur Macht empor, weil er will und muß. [...] Spartakus packt die Geschichte beim Schopf./ Der Bürger wackelt empört mit dem Kopf.» Man könne den Revolutionären nicht einfach mit Beschimpfungen und Abwertungen wie «Lumpen! Deserteure! Proleten!» entgegentreten: «Ist Ruhe die erste Bürgerpflicht,/ die von Empörern ist es nicht.»[55] Nachdem am 15. Januar 1919 die allgemeine Mordhetze[56] gegen Rosa Luxemburg und Karl Liebknecht in die Tat umgesetzt wurde, schrieb Tucholsky in der «Weltbühne» den beiden Ermordeten einen Nachruf, der in deutlichem Gegensatz zu den «Ulk»-Anpöbelungen steht, auch wenn er selbst hier Liebknecht als «Wirrkopf von mittleren Maßen» bezeichnete:

Aber das eine bleibt von den beiden:
Wie man sich selbst die Treue hält,
wie man gegen eine feindliche Welt
mit reinem Schilde streiten kann,
das vergißt den beiden kein ehrlicher Mann!
Wir sind, weiß Gott, keine Spartakiden.
Ehre zwei Kämpfern!
Sie ruhen in Frieden![57]

Und einen Monat später, nach der Ermordung Kurt Eisners, wurde auch dieser für Tucholsky zu einem positiven Vertreter der Revolution. Ungeachtet seiner Angriffe im «Ulk» forderte er nun, natürlich nur in der «Weltbühne»:

Wo braust Empörung auf? Wo lodern Flammen,
die Unrat zehrt, und sie heilsam brennen?
Die Bürger nicken. Schlecht verhohlne Freude.
Sie wollen Ordnung – das heißt: Unterordnung.
Sie wollen Ruhe – das heißt: Kirchhofstille.

Erst jetzt, nach der gewaltsamen Niederschlagung der «Revolution», forderte auch Tucholsky, daß man «schlagen, brennen, stürzen» solle, und konstatierte, daß durch Deutschland ein tiefer Riß ginge.[58] Bei einigen der Führer wie Eisner oder Liebknecht erkannte er nun eine intellektuelle Verwandtschaft, sah in ihnen die Vertreter eines neuen Deutschland, Kämpfer gegen einen gemeinsamen Feind. Im «Revolutions-Rückblick» von 1920 nannte er die ermordeten Revolutionäre bereits «Unsere Führer»[59], und im Juli 1922 rechnete er sich selbst dazu: «Wir sind zweihundert. Seit vier deutschen Jahren/ schießt man uns einen nach dem andern ab.»[60] Das hinderte ihn vorerst allerdings noch nicht, im «Ulk» weiterhin gegen die Linken zu polemisieren.

Selbst innerhalb des Forums «Berliner Tageblatt» vertrat Tucholsky zwei unterschiedliche Meinungen. Am 29. März 1919 erschien von ihm im BT der Artikel «Fratzen an den Mauern», in dem er zur ernsthaften Auseinandersetzung mit den Kommunisten aufrief und die einseitige Verteufelung durch die «Liga zur Abwehr des Bolschewismus» als «scheußlich» und ohne «Sinn und Verstand» ablehnte: «Da schleichen schauerliche Gespenster mit Affenarmen einher, im Maul halten sie zwei Säbel und eine kleine Kanone.»[61] Als wollte er seinen eigenen Artikel illustrieren, erschien am 18. April im «Ulk» ein Titelblatt mit der Unterschrift «Der Prediger», auf der so ein fratzenhaftes Gespenst im Blut watet, über der Schulter ein Gewehr, in der Hand einen Dolch, in der Tasche eine Handbombe mit bereits rauchender Zündschnur, am Rednerpult, auf dem aufgeschlagen ein Buch «Bolschewismus» liegt, hängt seitlich ein Revolver und so fort.

Dieses Auftreten mit so unterschiedlichen Standpunkten brachte Tucholsky schon damals in verschiedenen Blättern den Vorwurf ein, Konjunkturritter zu sein.[62] In einem «Offenen Brief» kritisierte etwa J. Wolfsohn, daß Tucholsky am Donnerstag in der «Weltbühne» «einen Tiger und Panther durch rote Reifen springen läßt und in der Feuer-Dressur zeigt» und am Freitag im «Ulk» «seine Kunststücke sanft und manierlich wie ein dressierter Pudel auf einer schwarz-rot-goldenen Kugel macht».[63] In der Tat muten die sich zum Teil kraß widersprechenden Aussagen in seinen Arbeiten seltsam an, vor allem, wenn man sie von Tucholskys eigenen Forderungen und Ansprüchen aus betrachtet. 1916 mokierte er sich z. B. über die Haltung von Fritz

Mauthner: «Mich hat das immer ein bißchen geärgert, was der Verfasser der Kritik der Sprache, die ich sehr gut kenne, alles so in den Tageszeitungen unter sich läßt. Is er denn e Ozean, daß er kann sein zegleich tief und flach?»[64] 1911 erinnerte Tucholsky gar Hauptmann an seine angebliche Pflicht: Er dürfe nicht seinen Namen an Ullstein oder an Mosses «Berliner Tageblatt» verkaufen, denen «die fettgedruckte Überschrift wichtiger ist als der Inhalt», die nur mit Hauptmanns Namen protzen wollen: «Hauptmann durfte das nicht.»[65]

Gemessen an seinen eigenen hohen Postulaten müßte man also sagen: Tucholsky durfte das nicht. Ian King kam zu der Einschätzung, daß Tucholsky unsicher zwischen den Fronten taktierte, ohne einheitliche politische Linie und geprägt von einer erstaunlichen Naivität, Unerfahrenheit und Inkonsequenz, die bis zum Opportunismus reichte.[66] Das ist sicher richtig, berücksichtigt jedoch nicht den geistigen Hintergrund von Tucholskys Ambivalenz. In dieser frühen Phase wird seine Zerrissenheit greifbar deutlich. Das «Zwar-Aber», das er später so entschieden ablehnte, zieht sich durch sein ganzes damaliges Schaffen. In diesen Übergangsjahren schwankte er zwischen dem «nicht mehr» und «noch nicht» und fürchtete sich vor dem radikalen Umbruch, den er gleichzeitig forderte. Zwar lehnte er die revolutionären Strömungen – auch unter ästhetischen Gesichtspunkten – als zu gewalttätig ab, empfand aber gleichzeitig eine gewisse Sympathie für einige ihrer Führer. Zwar hoffte er auf einen politischen und vor allem moralischen Neuanfang, hatte jedoch gleichzeitig Angst vor dem Untergang der «alten Welt», in der er sich doch ganz «gut eingerichtet» hatte. Vor allem fürchtete er den Untergang der geistigen Werte, die für den Bildungsbürger Tucholsky so maßgeblich waren.

> «... aber Altes aufnehmen und auf das Neue anwenden, das sollte man schon. Es gibt ja kaum etwas Neues.»[67]

Aufgewachsen im gehobenen deutsch-jüdischen Bürgertum des Wilhelminischen Kaiserreichs, lagen Tucholskys geistige Wurzeln im 19. Jahrhundert und der Tradition der Emanzipation und der Aufklärung. George Grosz bezeichnete ihn treffend als «Erbe Glas[s]brenners und des vormärzlichen Humors»[68]. Er verkörperte das, was man im positiven Sinn als klassischen Bildungsbürger bezeichnen kann. Georg L. Mosse hob zu Recht hervor, daß die «zentrale Stellung des Bildungsideals im deutsch-jüdischen Bewußtsein» nicht genug betont werden könne. Denn dieses Ideal «war grundlegend für das jüdische Engagement im Bereich von Liberalismus und Sozialismus»[69]. Bildung, Kultur und Ästhetik galten seit der Epoche der Aufklärung als wichtige Voraussetzungen für Moral und Vernunft, der «moralische Imperativ» werde erst durch Wissen und Bildung aktiviert.[70] Gerade die deutsch-jüdischen Intellektuellen wurden seit Ende des letzten Jahrhunderts zu den eigentlichen Hütern dieser Tradition Humboldts und des klassischen Bildungsbegriffs, der zunehmend ausgehöhlt und mit nationalistischen und romantischen Inhalten neu gefüllt worden war. Vor diesem Hintergrund wird Tucholskys Festhalten an den «heiligen Gütern der Nation» verständlich, verkörperten sie doch die Tradition der Aufklärung und des Humanismus.

Schon in den Arbeiten vor 1914 tauchte die Sehnsucht danach auf und blieb, mal stärker, mal schwächer, bis zu seinem Tode vorhanden: «Mich haben sie falsch geboren», war ein heimlicher Grundtenor seines Lebens. Bereits der Sechzehnjährige hatte die Welt an den Ideen des großen Aufklärers Rousseau gemessen. Im März 1916 zählte Tucholsky in einem Brief an Blaich dann auf, welche Autoren für ihn wichtig und prägend waren: Schopenhauer, Raabe, Busch, Chr. Wagner, Fontane, Hesse, Strauß, Wassermann, Liliencron, Eichendorff und Mörike.[71] Ende 1919 bekundete er auch öffentlich seine Seelenverwandtschaften: «Durch die Jahre, durch die Jahrzehnte war der alte Fontane ein Wappenschild, so, wie der alte Raabe eins war oder Wilhelm Busch oder vielleicht noch Keller. Einem Induktionsstrom gleich glitt durch unser Herz derselbe Takt des Blutes, wenn wir ihn lasen...»[72] Darüber hinaus waren für ihn noch einige fremdsprachige Autoren wichtig, wie etwa Hamsun, Shaw, Ibsen, Tolstoi, Strindberg oder Courteline, der zu seinen «Lieblingen» gehörte. Die «heiligen Güter der Nation» blieben zeitlebens für ihn Grundlage seines Denkens. Auch 1934/35, als er sich «eine halbe Bibliothek in den Magen» stopfte,[73] las er hauptsächlich Goethe, Storm, Keller, Raabe, Meyer, Schopenhauer, Lichtenberg, Hamsun. Es gab für ihn nur wenige «Neuentdeckungen», wie etwa Kierkegaard und Charles Péguy. Nimmt man noch Tucholskys Vorliebe für Hebel («mit einem b») und Kleist, die er als «Reinigungsbad der Seele»[74] empfahl, oder Dickens, Heine und Jean Paul hinzu, lassen sich einige Übereinstimmungen erkennen: Viele dieser Autoren waren ausgesprochene Pessimisten oder humorvolle Melancholiker, und fast alle vertraten das klassische Humanitätsideal: Gerechtigkeitssinn und das Eintreten für die Schwächeren. Sie rieben sich an der Diskrepanz zwischen Ideal und Wirklichkeit, und ihr «satirischer Haß» richtete sich gegen die kapitalistische oder adelige Oberschicht und gegen die lächerliche Borniertheit der Bürger. Viele ihrer Helden vertreten die Ideale einer untergegangenen Welt und versuchen, sie in die sich schnell wandelnde Zeit hinüberzuretten.[75]

Tucholskys Berufung auf den munteren Witzbold und Freigeist Lukian ist ebenfalls bezeichnend, geißelte dieser doch mit sozialethischem Spott und Sarkasmus die Gebrechen seiner Zeit und maß die Gegenwart an der Vergangenheit. Manches war auch nur zweckfreier Ulk. Seine Lebensmaxime war: den Augenblick genießen, «über alles lächelnd, ohne etwas ernst zu nehmen»[76]. Ein skeptischer Spötter und Witzbold, das kam den Vorstellungen Tucholskys schon sehr nahe.

Während des Krieges hatte Tucholsky sich in diese Literatur geflüchtet, die politischen Realitäten bekam er situationsbedingt nur ausgewählt und einseitig mit, obwohl er durch umfangreiche Zeitungslektüre versucht hatte, sich ein Bild von der Lage zu machen.[77] Seine Bezugspunkte hießen damals nicht Lenin oder Bebel; in seinem Zimmer in Alt-Autz hingen Bilder von Nietzsche, C. F. Meyer, Chesterton und Daumier.[78] Als er Ende 1918 nach Berlin zurückkehrte, prallte also zwangsläufig die «gute alte Zeit» mit der lärmenden, revolutionären Realität zusammen; er empfand diese als Schock: abstoßend, eklig und häßlich. Fast verzweifelt flüchtete er wieder in «die guten alten Bücher – und ich fresse täglich ein halbes Pfund. Das ist der Junggarten und Quellbrunnen, oder wie Avenarius so etwas nennt – und wenn das nicht wäre.»[79] An diesen guten alten Büchern maß er immer wieder die Gegenwart, ein Vergleich, der fast zwangsläufig zu negativen Ergebnissen führen mußte. Es waren ja gerade nicht die Werke von Marx, Lassalle oder Wilhelm Liebknecht, die er verschlang, sondern das Erbe des klassischen Bildungsbürgertums.

«Wenn wir Raabe und Storm und Keller und Fontane lasen, so bemerkten wir, uns umsehend, wie wenig doch das neue Deutschland noch mit diesem vergangenen guten da zu tun hatte: die alten Herren erzählten von Zügen feinster Menschlichkeit, und über den staubigen Asphalt der Gegenwart kullerten wild gewordene Petroleumschieber und solche, die es werden wollen. Stetigkeit? wir haben keine Zeit; Charakter? wenn darunter die Zähigkeit verstanden werden mag, Geld und unter allen Umständen Geld zu verdienen, dann ja –.»[80]

Vor allem in seinen Texten der Jahre 1919 und 1920 hielt Tucholsky der neuen Zeit die Klassiker der Aufklärung, die «ewigen Werte», das «edle Menschentum» entgegen, beschwor «unsere alte Welt, an der wir – trotz allem – so gehangen haben».[81] Hier war seine Liebe verankert, aus der sein Haß auf das träge und korrupte Bürgertum und die Bildungsphilister gespeist wurde; hier war auch seine Ambivalenz gegenüber den radikalen neuen Strömungen begründet. Man kann dies an etlichen Stellen nachlesen, in der Rezension von Christian Morgensterns Notizen- und Aphorismen-Sammlung «Stufen» wird es greifbar deutlich: «Es ist mir und meinen Freunden, die an diesem Blatte mitarbeiten, so oft ‹Frechheit› vorgeworfen worden. Ich weiß sehr gut, daß wir scharf zugepackt haben. Aber ich beiße niemals schärfer, ich bin nie frecher, als wenn ich etwas so Abgeklärtes, etwas so Weises, etwas so Gütiges kennen gelernt habe, wie zum Beispiel Morgensterns Vermächtnis.»[82]

Doch welches Weltbild hat nun eigentlich Tucholsky, der Bildungsbürger, der Citoyen, wie ihn Walter Jens nannte,[83] diesen «Quellbrunnen» entnommen? Sicherlich kein marxistisches. Nach seiner eigenen Einschätzung war er ein «immer Suchender ohne festes Weltbild». Seine sozialistischen Vorstellungen waren eher geprägt durch die Sozial-Ethik des Judentums,[84] die in der Zeit der Emanzipation sehr eng mit der Aufklärung verknüpft wurde, durch Kants Ethik der Vernunft und durch die apolitisch-skeptische Philosophie Schopenhauers. Hans Mayer bezeichnete Tucholsky deshalb treffend als einen pessimistischen Aufklärer, der die «Widersprüche als Portionen seiner Existenz darzubieten» pflegte.[85] Mosse nannte in seiner Studie über «Jüdische Intellektuelle in Deutschland» die «Weltbühne»-Mitarbeiter «kantianische Sozialisten», die den ewigen Imperativ von Gerechtigkeit und Freiheit sowie kritisches, vernunftgeleitetes Denken über die konkrete politische Arbeit stellten.

Die Unbestimmtheit der eigentlichen Ziele «ist typisch für viele Anhänger des kantianischen Sozialismus [...] Einig waren sich aber alle kantianischen Sozialisten darin, daß der Gebrauch von Gewalt und politischer Taktik zur Verwirklichung der Revolution diese korrumpiere und deshalb zu verwerfen sei.» Viel wichtiger sei der «Glaube an das Gute im Menschen, an sein aufgeklärtes Wesen, das es nur zu wecken gilt, um eine Änderung der Gesellschaft herbeizuführen»[86]. Der Klassenkampf wurde dem ethischen Individualismus, dem rein Menschlichen untergeordnet, nur das «richtige Bewußtsein» könne eine Befreiung der Menschen bewirken. Tucholskys Redaktionsassistent in der «Weltbühne» Wolf Zucker machte dies 1927 in seinem «Lob der Negativität» deutlich. Die Klassenkämpfer würden sich mit vollem Recht gegen die Intellektuellen wehren. «Denn dieser sucht die Gerechtigkeit, jener aber kämpft für sein Recht. Das ist nicht dasselbe und ist durch kein dialektisches Kunststück miteinander zu vereinen.» Das Vorrecht der Vernunft sei es, «das Ideal, das stets unerfüllbare Ideal einer Gerechtigkeit über den Institutionen, zu postulieren». Die positiven Ziele wie «die Erringung der größtmöglichen Freiheit der Person, die Durchsetzung der Menschenrechte, wie sie 1789 postuliert wurden», seien Forderungen der «Individualethik», seien die «Verteidigung des Individuums gegen die Institution, des Lebendigen gegen das Erstarrte, des Unendlich-Ewigen gegen das Zeitliche. Wohl uns, daß wir negativ sein dürfen.»[87]

Hier wird auch Tucholskys Standort sichtbar. Sein Glaube an den «endlichen Sieg der Vernunft», wie er ihn 1915 Frank Thieß dargestellt hatte, wurzelt hier ebenso wie sein Glaube an die Macht des Geistes und der Aufklärung, den er nach 1918 so oft beschwor. Auf seinem Redaktionsschreibtisch beim «Ulk» stand ein Bild von Thomas Mann,[88] dessen 1918 erschienene «Betrachtungen eines Unpolitischen» eine klare «Parteinahme für die demokratie- und politikfeindliche unpolitische bürgerliche Kulturtradition» waren,[89] und die Thomas Mann selbst als «ein Rückzugsgefecht großen Stils – das letzte und späteste einer deutsch-romantischen Bürgerlichkeit»[90] bezeichnete. Wie dieser war auch Tucholsky durch Nietzsche, Schopenhauer und andere zu einer höchst skeptischen und pessimistischen Haltung gegenüber allen Ideologien und Dogmen gekommen. Revolution war für ihn folgerichtig in erster Linie eine geistige Erneuerung des einzelnen Menschen: «Es kommt nur auf den einzelnen an. Das Volk, und das Ganze, sind eingebildete Dinge, die wir uns gemacht haben.»[91] Genaue Vorstellungen davon, was politisch und wirtschaftlich zu geschehen habe, hatte Tucholsky zu dieser Zeit nicht. Den Zusammenhang von ökonomischen, politisch-sozialen Bedingungen und humanitären Einstellungen erkannte er noch nicht, wenn ihm auch durchaus bewußt war, daß die wirtschaftlichen Gesetze sehr stark waren. Während das Volk um Lohnerhöhungen, Tarifautonomie, Betriebsverfassungsgesetz und andere existentielle Dinge kämpfte, beschwor Tucholsky immer wieder die «Menschlichkeit» und die «höheren Werte», und statt konkreter Vorschläge tauchen ständig nur die abstrakten Forderungen nach einer «Gedankenrevolution»[92] auf, nach einer «Hebung der sittlichen Kräfte», wie sie damals bei vielen Intellektuellen üblich waren.[93]

Die Frauenrechtlerin Helene Stöcker, später mit Tucholsky im Vorstand der «Gruppe revolutionärer Pazifisten», rief beispielsweise im Januar 1919 «Zu den Waffen – des Geistes und der Güte!». Die geistige und moralische Elite müsse nun endlich eine Kultur und Moralreform durchsetzen, zur vollen «Entwicklung der individuellen Seele» und um der Bequemlichkeit und Denkträgheit des einzelnen entgegenwirken zu können.[94] Auch Tucholskys Position lag in etwa auf dieser Linie. «Gegen Gewalt den Geist!» forderte er im Januar 1919, und «Der unbedingten Solidarität aller Geldverdiener muß die ebenso unbedingte Solidarität der Geistigen gegenüberstehen». Noch im August stellte er fest: «Wir werden dafür zu sorgen haben, daß ohne zerschlagene Fensterscheiben und ohne politische Morde in den Köpfen unserer Volksgenossen eine geistige Revolution entsteht, wie sie bisher gefehlt hat.»[95] Das entsprach auch dem in der «Weltbühne» abgedruckten Programm des «Rates geistiger Arbeiter» vom November 1918: Der Rat «begrüßt alle Methoden der Umwälzung, die nicht zur Anarchie, das heißt: zur Vernichtung der Kulturgüter und zur Blutherrschaft einer Minderheit führen»[96]. In seinem Grundsatzartikel «Wir Negativen», im März 1919 in der «Weltbühne» erschienen, verlangte er ebenfalls immer wieder eine «anständige Gesinnung», denn «alle positiven Vorschläge nützen nichts, wenn nicht die rechte Redlichkeit das Land durchzieht».

Seine Forderung nach einer «Führung der Geistigen» erinnert stark an Platos Staatsidee mit den Philosophen als Herrscher und an die Ideen des deutschen Idealismus. «Wozu führen denn letzten Endes die Erkenntnisse des Geistes, wenn man nicht ein Mal von den Höhen der Weisheit herunterklettert, ihre Ergebnisse auf das tägliche Leben anwendet und das zu formen versucht nach ihrem Ebenbilde?»[97] Fünfzehn Jahre später urteilte Tucholsky in einem Brief an Walter Hasenclever völlig anders darüber. Auch seine eigene, nicht gerade rühmliche Rolle 1918 diente ihm als Beleg dafür, daß die Geistigen eben nicht zur Führung geeignet seien: «Möchten Sie sich von unsern Intellektuellen regieren lassen? Ich nicht. Es gibt da Ausnahmen, famose Kerle, die wirklich reiten können. Aber der Rest...? Ich meine das nicht boshaft, um so weniger, als ich mich nicht ausnehme.»[98]

Welch emotional-ethische Vorstellung von Demokratie Tucholsky hatte, kommt nirgends klarer zum Vorschein als in seiner begeisterten Besprechung von Heinrich Manns Buch «Macht und Mensch»: «Die Idee, diese Idee in ihrer vollen Reinheit, die Idee der Demokratie – sie lebt in diesem Buche. [...] Nun kann nur Nein sagen, wer das Ja tief in sich fühlt und dieser weiß, was das ist: Demokratie. Dieser hat begriffen, daß sie nichts ist, was nun in den politischen Kegelklubs zu Hause ist und überhaupt etwa nur in den traurigen Parlamenten – sondern daß sie eine Sache des Herzens ist. [...] Und nur so kommen wir weiter, wenn wir das menschliche Niveau erhöhen.»[99] Neben Manns Roman «Der Untertan» wurde dieses Buch für einige Zeit zu Tucholskys Bibel. Zahlreiche Übereinstimmungen lassen sich nachweisen, bis hin zur Ablehnung des Bolschewismus und der Einschätzung, daß die Revolution lediglich eine wirtschaftliche Klassenrevolte sei.[100]

Hier wird erkennbar, daß Tucholsky eine andere Vorstellung von Republik und Demokratie hatte als die Regierenden und auch die Revolutionäre, die er einem «ins Räuberhafte entarteten Bolschewismus»[101] zurechnete. Ihm wie vielen anderen[102] schwebte ein Kulturstaat im Sinne von Fichte und Lassalle vor. Weder das marxistische System, das ja gerade die bürgerlichen Ideologien und den Idealismus bekämpfte, noch die pragmatische Variante der «Formaldemokratie» war sein Ziel, sondern «Demokratie als Kulturziel». Nach dieser Lehrmeinung läßt sich der demokratische Gedanke nur dann verwirklichen – ohne die Kultur zu schädigen –, wenn die verschiedenen Bevölkerungsschichten in ihrem wirtschaftlichen und kulturellen Leben nicht allzusehr voneinander abweichen. Damit die höheren Schichten nicht auf das Niveau der niederen herabgezogen werden, muß eine deutliche Hebung der unteren Schichten erfolgen. Das heißt: «Der Druck der Armut, die wirtschaftliche Abhängigkeit und die Unterlegenheit an Bildung müssen hiernach zunächst beseitigt werden.»[103] Dies war eine Demokratievorstellung mit liberal-aristokratischer Tendenz, in der freiheitliches Ethos, Sozialreform, Gemeinschaftsgefühl, internationale Friedenspolitik und kulturelle Entwicklung gefordert wurden.

Die Linksintellektuellen wie Tucholsky waren keine Politiker, sondern sozial wägende Ethiker, wie Mühsam das in seiner «Abrechnung» nannte. Der «Primat der Ethik» stand über allen gesellschaftlichen Realitäten, denn: «Wer den Glauben an die Zukunft der Freiheit hat, wird ihn sich durch die Einwendungen der handfest praktischen Gegenwart nicht rauben lassen.»[104] Dies war auch Tucholskys Thema in seinem Aufsatz «Wir Negativen». «Wir wissen wohl, daß man Ideale nicht verwirklichen kann, aber wir wissen auch, daß nichts auf der Welt ohne die Flamme des Ideals geschehen ist, geändert ist, gewirkt wurde.»[105] Diese Absolutheit der Idee ist in der Geistesgeschichte des letzten Jahrhunderts fest verankert. Von Humboldt über Schopenhauer bis zu Theodor Herzl, der 1895 festgestellt hatte: «Die Macht einer Idee besteht darin, daß es vor ihr kein Entkommen gibt.»[106] Immer wieder beschwor Tucholsky den «Mut, das Ideal zu fordern, als sei es erreichbar»[107]. Nur: sein Ideal konnte er nicht klar benennen, es blieb im Gegensatz zu seinen sehr deutlich formulierten Ablehnungen und Kritiken sonderbar verschwommen. «Wir sollen positive Vorschläge machen. Aber alle positiven Vorschläge nützen nichts, wenn nicht die rechte Redlichkeit das Land durchzieht. Die Reformen, die wir meinen, sind nicht mit Vorschriften zu erfüllen, und auch nicht mit neuen Reichsämtern [...]. Wir glauben, daß das Wesentliche auf der Welt hinter den Dingen sitzt, und daß eine anständige Gesinnung mit jeder, auch mit der schlechtesten, Vorschrift fertig wird und sie gut handhabt. Ohne sie aber ist nichts getan. Was wir brauchen, ist diese anständige Gesinnung.»[108]

Die anständige Gesinnung als Zentral-Idee, das ist die idealistische Forderung der Aufklärung, darin steckt auch Schopenhauers Vorstellung von der Absolutheit der Idee. Das ist aber auch die biblische Generalforderung der Verantwortlichkeit des einzelnen im Judentum: «Nicht der vollkommene Staat mit seinem vollkommenen Gesetz ist hier das eine, das not tut; der Mensch ist es mit seiner Tat, mit seiner Kraft, das Gute zu schaffen. [...] Nicht so ist es, daß der neue Staat den neuen Menschen bringt, sondern so, daß durch den neuen Menschen die neue Gesellschaft gestaltet wird, durch die sittliche Persönlichkeit die sittliche Gemeinschaft.»[109] Dies war aber auch eine der zentralen Thesen Landauers und Mühsams, die einen Sozialismus aus neuem Geist forderten und deren Vorstellungswelt sich Tucholsky zeitweise verwandt fühlte.

Ein solches – durchaus ideales und erstrebenswertes – Demokratieverständnis birgt natürlich die Gefahr einer elitären Haltung und führt fast zwangsläufig zu dem meist vergeblichen Kampf einer kleinen, aktiven Minderheit um, manchmal auch gegen die eher träge Mehrheit mit ihrer «Tendenz zum materiellen und geistigen Kleinbürgertum»[110]. Die Geschichte der letzten zweihundert Jahre zeigt dies deutlich. Davon allerdings abzuleiten, daß diese Minderheit für den Untergang der Demokratie verantwortlich sei, wie dies etwa Golo Mann oder zuletzt Wolfgang Graf Vitzthum[111] taten, ist abwegig. Eine radikaldemokratische Minderheit, zu der Tucholsky gehörte, ist eher der Sauerteig einer Demokratie.

Angesichts der oben beschriebenen Vorstellungen Tucholskys wird verständlich, warum er mit den revolutionären Geschehnissen nicht viel anfangen konnte und sie ablehnte. Er hatte sich von der Revolution eine radikale geistige und moralische Umwandlung der Gesellschaft erwartet, eine Einlösung der Versprechen der Französischen Revolution und der Aufklärung. Statt dessen erlebte er Bürgerkrieg, ein Bürgertum, das gar keine Veränderungen wollte und eine Regierung, die nie gelernt hatte zu regieren. Zwei, drei Monate hoffte er noch, daß die SPD-Regierung ihre Versprechen einlösen würde, daß tatsächlich neue Zeiten anbrechen könnten. Langsam erkannte er jedoch, daß die von den Sozialdemokraten in ihren Ämtern belassenen Rechten eine wesentlich größere Gefahr darstellten als die revolutionäre Linke und daß die SPD nicht in der Lage war, die Verhältnisse grundsätzlich zu verändern.[112] Welch ethische und utopische Vorstellung viele Intellektuelle von der Revolution hatten, wird auch in der Ansicht von Maximilian Harden deutlich. Er und der bayerische Gesandte in Berlin, Friedrich Muckle, beurteilten die Regierenden als

«Klein- und Spießbürger», als Menschen «ohne Leidenschaft und Schwung, denen die Revolution kein heiliges Erbe ist, das es zu mehren gilt, sondern irgendein politischer Vorgang, den man hinnimmt wie einen Punkt der Tagesordnung einer Parlamentssitzung». Kein «Drang zur Höhe», kein «feierlicher Ernst» weihe das gewaltige Ereignis. Es seien Kleinbürger ohne tiefere Bildung, die das Ideal kalt lasse. «Und Männer solchen Schlages sollen dazu berufen sein, ein Volk, das in einem Abgrund stöhnt, wieder ans Licht zu führen.»[113] Alle Leitmotive der Aufklärung und des deutsch-jüdischen Bildungsbürgertums klingen hier an: Bildung, Drang zur Höhe, heiliges Erbe, aus dem Dunkel zum Licht[114] und die Ansicht, daß nur die wirklich Geistigen zur Führung berufen seien. Die «Weltbühne» beschrieb die Enttäuschung der linken Intelligenz darüber recht eindeutig: «Der proletarische Karneval vom neunten November 1918, den man hierzulande mit dem stolzen Namen ‹Revolution› zu schmücken pflegt, hat zwar die Throne und Thrönchen der vielen Dynastien im Deutschen Reich umgeworfen, aber sonst alles so ziemlich beim alten gelassen.»[115] Und Alfred Döblin faßte zusammen: «Es ging der merkwürdigen deutschen Sozialdemokratie in jener Zeit mit der Revolution wie der Jungfrau mit dem Kind: Sie wußte nicht, wie sie dazu gekommen war.»[116]

Tucholsky reagierte auf diese Enttäuschung mit Sehnsucht nach der alten Zeit und Rückzugsgedanken. Im Prinzip tat er genau das, was er schon im Dezember 1916 an Blaich geschrieben hatte: «greinend der neuen Zeit nachzukeifen»[117]. «Hätt ich Geld, ich kehrte – ein alter, aber verzeihlicher deutscher Erbfehler – den Leuten die Seite, wo (bei dem Esel) der Wedel sitzt»[118], teilte er bereits im Februar 1919 Blaich mit. Der «Tanz um die goldenen Kälber und Kühe» war ihm eigentlich zuwider, und er wollte aus Berlin weg in die Einsamkeit und Stille. Sehnsüchtig schwärmte er vom alten Fontane, dessen «schmerzlich-freundliche Ironie» auch nur in der Stille gewachsen sei.[119] Seine ganze Arbeit dagegen sei ja doch nur für den Tag gemacht, urteilte Tucholsky abschätzig, das «degradiert zum Handwerker», und menschlich gehe er dabei vor «die Hunde»[120]. Er wolle sich «ein paar dicke klotzige Mauern gegen die Umwelt» bauen, denn das, was da in der «Republike» vor sich gehe, sei zum Davonlaufen.[121] Das Wichtigste sei auch nicht dieser ganze Rummel, sondern «zu sich selber zu kommen – was ja schliesslich das Wertvollste für die Menschen ist, und wofür sie eigentlich auf der Welt sind».[122] (Diese Sehnsucht hinderte ihn allerdings nicht daran, bei dem Rummel kräftig mitzumachen.)

Tucholsky beschwor die Kraft des Glaubens an eine bessere Zukunft, in der Bücher, Kultur und die Insignien eines bürgerlichen mittelständischen Lebens, «die Anzüge, die Krägen, die Möbel und die Teppiche» wieder selbstverständlich zum gewohnten Alltag gehören: «Und ich weiß zwar nicht, ob die Nationalökonomen, die restlos alles nach ökonomischen Gesetzen erklären wollen, lächeln werden: aber ich denke, daß dieser Glaube stärker ist als wirtschaftliche Gesetze. Laßt nicht ab! Bleibt diesem Glauben treu! Es ist euer Bestes. Wir alle sehen, wie es bergab geht, unaufhaltsam bergab, und wie wenig Hoffnung ist, daß wir jemals wieder die Zeiten des billigen Inselbuches (das mir geradezu als Symptom dieser Schicht erscheint), wieder erleben werden. Glaubt dennoch!»[123] Er träumte vom «Kleinen Theater» der Kaiserzeit, wo «alles so gemütlich und witzig und freundlich» war, und fragte traurig: «Wo ist das geblieben? [...] Wo ist das alles hin?»[124] Ende des Jahres hoffte er sogar, daß einige alteingesessene Familien, «in deren Salons eine alte, feine Geistigkeit früher einmal zu Hause war» und die sich auf ihre Vergangenheit besännen, die angeblich untergehende Kultur retten könnten. Er schloß den Artikel, den er mit «Krankheit und Besserung» überschrieb: «Und denkt an das schöne Wort des gefallenen Hermann Löns: ‹Die Füße fest auf der Heimaterde, aber die Gedanken darüber: so soll es sein.› Es wird an uns sein, diese Heimaterde sauber zu erhalten.»[125]

Die gesellschaftlichen Umwälzungen, die sich nach dem verlorenen Krieg andeuteten, waren Tucholsky suspekt, vor allem zu laut und zu radikal. Im März 1920 schrieb er: «Ich fühle nur dumpf, daß da etwas herankriecht, das uns alle zu vernichten droht. Uns: das ist unser altes Leben, das sind die grünen Inseln, die wir uns im Strom des lächerlich lauten Getriebes noch zu bauen verstanden haben – uns: das ist unsre alte Welt, an der wir – trotz allem – so gehangen haben. Wohin treiben wir?» Und doch meinte er gleichzeitig: «Eine Welt wankt, und ihr haltet an den alten Vorstellungen fest und wollt euch einreden, sie seien so nötig und natürlich wie die Sonne. [...] Daß uns das die Kunst kosten wird, nebenbei. Daß wir die ‹ewigen

Werte› draufgeben müssen, sei erwähnt.»[126] Gleich darauf träumte Tucholsky aber schon wieder vom «Gestern»: «Das war eine andre Zeit und wir waren sehr glücklich. Kommt das je wieder?»[127] Obwohl er seine Arbeiten teilweise für «viel zu weich und bourgeoishaft»[128] hielt, formulierte er mitten in den Revolutionswirren auch sein heimliches Leitmotiv: «ich sehne mich so nach Harmonie»[129].

Wenig später griff Tucholsky dieses Rückwärtsgewandte des Bürgertums heftig an. In dem Artikel «Alte Schlager» zeigte er auf, daß es zu allen Zeiten dieses «Damals war es noch besser» gab, daß aber die «gute alte Zeit» auch damals schon als «O schlimme Zeit!» bezeichnet wurde, daß «jedes Damals relativ genauso hart, so laut und so erbarmungslos gewesen [ist] wie jedes Heute»: «Es ist ein Volk des ewigen Gestern, dieses deutsche. Gestern, gestern, nur nicht heute [...] nur der Schwächling verliert sich in der gefühlvollen Rückbetrachtung.» Nur die «Invaliden des Lebens» schleppten den «Leierkasten der Erinnerung auf dem Buckel» und spielten ewig die gleiche Melodie.[130]

Neben den Rückzugstendenzen ist bei Tucholsky seit 1919 zunehmend auch Haß und Verachtung zu spüren. Er reagierte damit wie sein Vorbild Fontane, der 1895 an Maximilian Harden geschrieben hatte: «Hohn war immer eine berechtigte Form geistiger Kriegsführung.»[131] Dies war nicht sein Land, seine Republik, wie er immer wieder schrieb.[132] Er reagierte aus Enttäuschung mit Ablehnung und war sich gleichzeitig bewußt, daß dies auf Dauer eine problematische Haltung ist: «Ich bekenne: ich habe gehaßt, vier, fünf, sechs Jahre lang, und ich hasse heute noch mit der ganzen Kraft, deren ich fähig bin. Ich weiß, daß es nicht recht ist. Ich weiß, daß ich so nur das Korrelat eines alldeutschen pensionierten Obersten bin. Ich weiß, ich weiß. Und doch hasse ich den Typ des Deutschen, wie er sich in diesen Stabsärzten, in diesen Offizieren, in diesen Verwaltungsbeamten, in diesen Subalterngeistern darstellt, und fühle mich dem letzten slawischen Bauern näher als diesen da.»[133] Die Wendung «Haß aus Liebe» wurde 1919/20 bei Tucholsky zu einem häufig gebrauchten Begriff. Der «Haß» und die Negation sind bei ihm deutlich erkennbar, die «Liebe» dagegen weit weniger. Oft ist die Bejahung in seinen Arbeiten nichts weiter als affirmatives Pathos und aufgesetzter Zweckoptimismus.[134] Daß er mehr haßte als liebte, schilderte er

1919: «Laß mich noch kämpfen, Toller. Kämpfe du mit dem Kreuz, ich kann es noch nicht. Ich will zu dir kommen und dir sagen, wenn ich den langen Weg gegangen bin, der zur Liebe führt.»[135] Ein langer Weg, der angeblich zur Liebe führe: Wie in seinen privaten Liebesbeziehungen wird auch hier deutlich, daß sich Tucholsky künstliche Hindernisse und Ausreden erfand, die ihn vom Erreichen des Ziels abhielten und gleichzeitig Entschuldigungen vor sich selbst darstellten.

Zehn Jahre später sollte er erneut darauf zurückkommen, allerdings in einer radikalen Formulierung, die erschreckt: «Wer mit 40 Jahren die Menschen nicht haßt, der hat sie nie geliebt.»[136] Haß schärft die Sprache, aber er verstellt oft auch den klaren Blick, wie Tucholsky selbst erkannte.[137] Hier wird jener Teil seines Wesens sichtbar, der sich am klarsten unter dem Pseudonym Ignaz Wrobel artikulierte. Der Haß auf die «Schinder», den er noch im November 1935 formulierte,[138] trieb ihn vorwärts, ließ ihn nach immer neuen Formen der Aufklärung suchen, machte ihn so überaus produktiv und emotional mitreißend. Er hatte dies schon frühzeitig erkannt und dargestellt: «Es ist wirklich erstaunlich, zu welch aufreizend hübschen Dingen einen das Mißbehagen treiben kann.»[139] Dieser Haß politisierte ihn in zunehmendem Maße, wenn auch die Zielrichtung teilweise sehr einseitig war und ihn Ende der zwanziger Jahre in ein Dilemma brachte, das fast als «Politikunfähigkeit» bezeichnet werden kann (siehe Kapitel 10).

Das ständige Wechselspiel zwischen Anspruch und Realität, ein Kampf, der oft zugunsten der Realität ausging, ist von Tucholsky immer wieder beschrieben worden; aus diesem Spannungsverhältnis resultierte ein erheblicher Teil seiner schöpferischen Produktivität. Lisa Matthias notierte einen Ausspruch, der den Kampf des Idealisten Tucholsky mit dem Epikuräer Tucholsky deutlich zeigt: «Ich verlangte damals ‹Gesinnung› von allen Leuten u. trug sie auch selbst. Nur Klinger sagte: ‹Ja, es ist doch aber so schön, in guten Hotels wohnen u[nd] so…› Meine ganze Christlichkeit ging in die Binsen.»[140] Kürzer kann man es nicht ausdrücken. Ausführlicher schilderte Tucholsky diesen innern Kampf in der Geschichte «Interview mit sich selbst», die wie eine Verarbeitung des Gesprächs mit Julius Klinger wirkt und trotz satirischer Übertreibung zahlreiche autobiographische Elemente enthält: «‹Aber die Wahrheit? Aber die Ideale?› rief ich lauter, als schicklich war. ‹Aber das, wofür zu leben sich verlohnt? Noch bin ich ein Stürmer und Dränger, und das will ich bleiben! Mord Mord heißen, auch wenn eine Fahne darüber weht, einen Streber einen Streber, auch wenn er Geheimer Regierungsrat ist, eine Clique eine Clique, und stände eine ganze Stadt dahinter! Das ist es, was ich will! Helfen Sie mir!› [...] Der Meister lächelte. Der große Meister Peter Panter lächelte. [...] ‹Sie werden sich beugen. Sie müssen sich beugen. Eines Tages werden Sie auch Ihrerseits Geld verdienen wollen, und Sie beugen sich. Es ist so leicht. Es ist so süß; ein kleines Nachgeben, ein leichtes Wiegen des Kopfes, ein winziges Verleugnen der Grundsätzchen, und Sie sind ein beliebter, angesehener, überall freundlich aufgenommener junger Mann!›»[141] Diesem Spannungsbogen zwischen «es ist so angenehm, ein gemachter Mann zu sein!» und «Wir alle sind angestellt, den Menschen die Wahrheit zu sagen!» werden wir bei Tucholsky – in unterschiedlicher Intensität – bis zum Schluß begegnen. Max Herrmann-Neiße hat das knapp und allgemein gültig beschrieben: «...darin ist kein Widerspruch, wer selbst ein vielfältiger, hin und her gerißner Dichtermensch ist, kennt das, wie man dicht nebeneinander lindeste Schwärmerei, schadenfrohen Zynismus, Liebenswertes und Selbstzerstörerisches haben kann und muß.»[142]

Der Zwiespalt, den Tucholsky auch öffentlich lebte und ausdrückte, wird unter anderem in seiner hektischen Betriebsamkeit deutlich. Er wollte sich eine finanziell gesicherte Grundlage schaffen und dafür sorgen, daß sein Name möglichst bekannt wurde. Die Briefe an Mary Gerold aus dieser Zeit sind voll mit Schilderungen darüber, mit wem er alles verhandle und daß er sich möglichst teuer verkaufe.[143] «Literarisch ist es nun so bewegt und bunt, wie ich nur wünschen kann – Publizität und Geld und Rummel und Bekanntschaften.»[144] So ist es nicht verwunderlich, daß dies seine produktivsten Jahre waren. Das ganze Ausmaß seiner «Arbeitswut» wird erst erkennbar, wenn man sieht, was er neben seiner Redaktionstätigkeit beim «Ulk» noch alles machte. Für 1919 und 1920 sind bisher je rund 250 Titel (davon jeweils 115 für die «Weltbühne») bekannt, also durchschnittlich 5 Arbeiten pro Woche.[145] Hinzu kommen noch zahlreiche Chansons, die er ab 1919 für verschiedene Bühnen schrieb, und mindestens ein Theaterstück für Reinhardts Großes Schauspielhaus, das am 9. Februar 1920 seine Uraufführung hatte. Nebenbei erschienen die Gedichtsammlung «Fromme Gesänge» (1919) und die «Träumereien an preußischen Kaminen» (1920). Gleichzeitig wurde Tucholsky Mitglied in verschiedenen Organisationen und übernahm dort auch arbeitsintensive Funktionen. Er war Mitglied im «Bund neues Vaterland» und im «Friedensbund der Kriegsteilnehmer» und gehörte 1920 zu den Initiatoren des «Nie-wieder-Krieg»-Aktionsausschusses. Am 1. März 1920 trat er in die USPD ein und beteiligte sich auch an redaktionellen Aufgaben in der Parteipresse. Im Juli 1920 übernahm er noch die Redaktion des gegen Polen gerichteten «Witzblattes» «Pieron», mit dem die Regierung die geplante Volksabstimmung in Oberschlesien zu ihren Gunsten zu beeinflussen versuchte. Und im Herbst 1920 leitete er auf Anregung von Erich Mühsam eine Spendenaktion für die politischen Gefangenen in Bayern ein. Seine sehr umfangreiche Korrespondenz sei nur der Vollständigkeit halber ebenso erwähnt wie seine Lesungen aus eigenen Schriften Ende 1920, diverse Reden und Auftritte in politischen Versammlungen und verschiedene Reisen nach Hamburg, Mecklenburg, Oberschlesien und Baden.

Tucholsky war allgegenwärtig. Es ist fast unvorstellbar, wie er dieses Pensum bewältigte. Er mußte ja für seine Artikel und Gedichte Theateraufführungen und Filme besuchen, Bücher lesen, von der umfangreichen täglichen Zeitungslektüre ganz abgesehen. Für seine Chansons und Kabarett-Texte saß er oft Abend für Abend mit den Interpreten zusammen, um sie ihnen «auf den Leib» zu schreiben. Von der ersehnten Stille war bei diesem Lebensstil natürlich nichts zu merken. Deutlich wird dagegen, daß Tucholsky auf der Suche war und seine Fähigkeiten und Möglichkeiten ausprobierte. Die Arbeiten zeigen ein breitgefächertes Spektrum von Interessen, das neben der Politik auch seiner Verspieltheit und der Liebe zu zarten Tönen breiten Raum gab. Diese beiden Pole seines Wesens, die durch die verschiedenen Pseudonyme in Erscheinung traten, stritten oft um die Vorherrschaft, Konflikte konnten dabei natürlich nicht ausbleiben. Es soll hier jedoch nicht der «verspielte» Tucholsky gegen den politischen aufgewogen werden oder umgekehrt. Sichtbar wird aber, daß sein Leben ein permanentes Wechselspiel war, daß Tucholsky manchmal auch Kapriolen schlug, bei seinem Seiltanz gelegentlich abrutschte und trotzdem immer wieder in die Arena des politischen

Tageskampfes stieg. Die bisher oft vorgenommene Aufteilung in «Tucholsky als Chansondichter» oder «Tucholsky als politischer Schriftsteller» verstellt zudem den Blick auf die Gleichzeitigkeit: Tucholsky ging am Vormittag in die Redaktion des «Ulk», am Nachmittag schrieb er für die anderen Blätter wie «Weltbühne» oder «Berliner Volks-Zeitung», und abends machte er noch Kabarett-Texte. Das heißt, an einem Tag konnten durchaus so unterschiedliche Sachen entstehen wie ein kleines erotisches Gedicht, eine Buchbesprechung oder eine Theaterkritik, eine scharfe Abrechnung mit dem Militär, eine Abhandlung über die politische Situation in der Provinz und ein lustiges Chanson, dazu kam noch die Beantwortung der Leserpost. Im Extremfall konnte dies aber auch bedeuten, daß er vormittags die Redaktionsarbeit für den «Pieron» besorgte und nachmittags für eine USPD-Zeitung einen Artikel gegen diese Art von Propaganda schrieb. Erst dieses Nebeneinander macht den Spannungsbogen Tucholskys sichtbar, zeigt die innere Zerrissenheit. Und es macht auch deutlich, daß sich Tucholsky jeder Einordnung in ein geschlossenes Weltbild entzieht, daß er eben kein ganz einheitlicher Mensch oder Sozialist war, wie bislang oft behauptet.

> «Erst habe ich gemerkt [...], wie es ist. Und dann habe ich verstanden, warum es so ist – und dann habe ich begriffen, warum es nicht anders sein kann. Und doch möchte ich, daß es anders wird.» [146]

Die Stimmung in Deutschland war im Frühsommer 1919 ziemlich schnell umgeschlagen, als die Friedensbedingungen bekannt wurden: erhebliche Verluste deutscher Gebiete im Osten und Westen, Verlust aller Kolonien, Besetzung des Rheinlandes durch alliierte Truppen für 15 Jahre, Reparationsleistungen in gigantischer Höhe, Reduzierung der Reichswehr auf 100000 Mann und weitgehende Vernichtung der Waffen, Anerkennung der deutschen Alleinschuld am Krieg und Auslieferung von Kriegsverbrechern wie etwa Kaiser Wilhelm II. Die allgemeine Empörung über dieses «Diktat» fand ihren Ausdruck in dem Satz von Ministerpräsident Scheidemann, daß die Hand verdorren müsse, die Deutschland in solche Fesseln lege und den Vertrag unterschreibe. Vergessen war die Zeit, als Deutschland mit Rußland und Rumänien «Diktatfrieden» abgeschlossen hatte, vergessen auch die Annexionsankündigungen der Deutschen während des Krieges. Die «Oberste Heeresleitung» führte sogar eine Umfrage unter der Bevölkerung durch, wie sie zu einer Wiederaufnahme des Krieges angesichts dieses «Gewaltfriedens» stehe.[147] In der «Weltbühne» dichtete Kaspar Hauser nachdenklich:

Bis zum Ende grade stehen?
Lieber «in Ehren untergehen»?
Untergehn, wenn der Sturmwind braust?
 Ein Volk geht nicht unter –
 ein Volk verlaust.

Werden wir also nicht unterschreiben?
Wird uns was andres übrig bleiben?[148]

Im «Ulk» war Theobald Tiger am nächsten Tag nicht ganz so vorsichtig. Hier appellierte er an die deutsche Nationaltugend «Deutsche Treue!» und forderte: «Trotzt den feindlichen Gewalten –!»[149] Eine Woche später warf er den Siegern vor, daß sie die «dicksten Imperialisten», die «dicksten Annexionisten» seien, die den Besiegten kurz und klein schlügen und ihn verdorren ließen. «Friede? Das ist der blanke Hohn!/ Und ihr?/ Die fettesten Nationalisten!»[150] Am 8. Mai fanden in ganz Europa Protestveranstaltungen gegen den «Gewaltfrieden» statt, der Berater des amerikanischen Präsidenten trat sogar unter Protest aus der Friedensdelegation aus. Die britische Labour Party verurteilte den Vertrag ebenso wie die französische Gewerkschaft C.G.T. Und der amerikanische Außenminister Lansing notierte: «Haß und Verbitterung, wenn nicht Verzweiflung, müssen die Folgen derartiger Bestimmungen sein. Es mag Jahre dauern, bis diese unterdrückten Völker imstande sind, ihr Joch abzuschütteln, aber so gewiß wie die Nacht auf den Tag folgt, wird die Zeit kommen, da sie den Versuch wagen.»[151] Genau dies sah auch Tucholsky voraus. In dem aufrüttelnden Gedicht «Krieg dem Kriege» wandte er sich an die Friedensfreunde in aller Welt und sagte nebenbei den Zweiten Weltkrieg auf das Jahr genau voraus:

Geben sie uns den Vernichtungsfrieden,
ist das gleiche Los beschieden
unsern Söhnen und euern Enkeln.
Sollen die wieder blutrot besprenkeln
die Ackergräben, das grüne Gras?
Brüder! Pfeift den Burschen was!
Es darf und soll so nicht weitergehn.
Wir haben alle, alle gesehn,
wohin ein solcher Wahnsinn führt –

Das Feuer brannte, das sie geschürt.
Löscht es aus! Die Imperialisten,
die da drüben bei jenen nisten,
schenken uns wieder Nationalisten.
Und nach abermals zwanzig Jahren
kommen neue Kanonen gefahren –
Das wäre kein Friede.
Das wäre Wahn.
Der alte Tanz auf dem alten Vulkan.[152]

Besonders die Vorschriften über die Verringerung der Reichswehr und die Anerkennung der Alleinschuld am Krieg entwickelten sich in den folgenden Jahren zu gefährlichen politischen Sprengsätzen. Und mit der Behauptung, daß die Reparationszahlungen die «Versklavung» von vielen Generationen bedeuten, fand die wiedererstarkende Rechte ein zugkräftiges Argument zur Beeinflussung der Massen.[153] Tucholsky forderte deshalb schon früh eine intensive Gegenpropaganda. Nicht solch «zahme Fibelsprüche», die die Republik als politische Plakate ausgebe: «Das sitzt nicht. Das haut nicht. Das peitscht nicht.» Da müsse ein Zeichner her, «der hassen kann und sie alle mitreißt: den Droschkenkutscher und den Obstverkäufer und den Eisenbahner und den geworbenen Soldaten und alle.»[154] Aber woher sollte diese Überzeugungskraft kommen, wenn die Republik nicht einmal an sich selber glaubte? Konsequente Aufklärung erschien Tucholsky deshalb als vordringlichste Aufgabe: Aufklärung über das eigene Annexionsgeschrei während des Kriegs, Aufklärung über die verderbliche Rolle des Militarismus, Aufklärung über die Kompromißpolitik der SPD-Regierung, Aufklärung über das völlige

Ausbleiben einer Demokratisierung in Verwaltung, Justiz, Bildung und Militär. Daneben hoffte er aber immer noch auf den Geist und die Vernunft, hoffte, daß es nicht zu einer «Verpöbelung Deutschlands»[155] komme.

Tucholsky wollte den Menschen auch den Funktionszusammenhang von gesellschaftlichen Bedingungen, menschlichen Verhaltensweisen und Psyche klarmachen, denn «die Grausamkeit der meisten Menschen ist Phantasielosigkeit und ihre Brutalität Ignoranz»[156]. Er kämpfte gegen die dumpfe Untertanenseligkeit und die satte Bequemlichkeit des Bürgertums, gegen Standesdünkel und hohle Prunksucht. In der Besprechung von Heinrich Manns «Der Untertan» formulierte er seine Ziele ganz deutlich: «So wollen wir kämpfen. Nicht gegen die Herrscher, die es immer geben wird, nicht gegen Menschen, die Verordnungen für andre machen, Lasten den andern aufbürden und Arbeit den andern. Wir wollen ihnen *die* entziehen, auf deren Rücken sie tanzten, *die,* die stumpfsinnig und immer zufrieden das Unheil dieses Landes verschuldet haben, *die,* die wir den Staub der Heimat von den beblümten Pantoffeln gerne schütteln sähen: die Untertanen!»[157] Er wollte dem deutschen Michel die Schlafhaube vom Kopf reißen, ihn aufrütteln, aufwecken. In der «Militaria»-Serie wird bereits diese Mischung aus «Publikumsbeschimpfung» und versuchter Aufklärung über die gesellschaftlichen und psychischen Mechanismen sichtbar. «Die militaristische Schande Deutschlands ist nur möglich gewesen, weil sie die tiefsten und schlechtesten Instinkte des Volkes befriedigt hat.»[158] In alter Zähigkeit klammere sich das Volk, das nichts Besseres gelernt habe, an die militärischen Formen und Posten.[159] Das sei allerdings auch kein Wunder, denn ein Volk, das so lange unterdrückt war und sich darin auch noch häuslich eingerichtet habe, könne kaum aus eigenem Antrieb heraus plötzlich all das abschütteln. Aus Ägyptern werden nicht einfach Römer, zitierte er zustimmend Oskar Panizza.[160] Dagegen hoffte Tucholsky, daß er die Massen mit Aufklärung über die oft verdeckten Herrschaftsinteressen und die gezielten Manipulationen zum Nachdenken bewegen könne.

Daß dies der berühmte Kampf des Sisyphos mit dem Felsen war, mußte Tucholsky schnell erkennen. Ende 1919 formulierte er öffentlich seine Enttäuschung, bekannte das Scheitern «seiner» Idee von einer schnellen geistigen Revolution: «Es scheint aussichtslos. Wir kämpfen hier gegen das innerste Mark des Volkes, und das geht nicht. [...] Ich resigniere. Ich kämpfe weiter, aber ich resigniere. Wir stehen hier fast ganz allein in Deutschland – fast ganz allein.» Nach dem Wiedererstarken des Militärs sah er nun auch noch die Rechtsprechung «wanken», und bitter fragte er: «Ist denn moralische Sauberkeit wirklich nicht mehr das absolut erste Erfordernis des öffentlichen Lebens? Wohin geraten wir? Wo treiben wir hin?» Das Resümee seiner Anstrengungen war niederschmetternd: «Pathos tuts nicht und Spott nicht und Tadel nicht und sachliche Kritik nicht. Sie wollen nicht hören. Sie hangen mit ihrem ganzen Herzen an den ‹Herren›, an Menschen, die nicht einmal leidenschaftlichen Haß verdienen, sondern nur Verachtung.»[161] Um seine Resignation zu überwinden, rief er sich immer wieder öffentlich zur Ordnung: «Wirke. Arbeite. Sags den Leuten. Befreie sie von dem Nationalwahn, du mit deinen kleinen Kräften.»[162] Im «Revolutions-Rückblick» vom November 1919 nahm er dann resigniert Abschied von seinem «November-Ideal»: «Tatü-tata – es wär zu schön gewesen, / behüt dich Gott, es hat nicht sollen sein!»[163] Interessant ist, daß Tucholsky auch hier keine klaren Aussagen über seine Vorstellungen einer Revolution machte, nur die Ablösung der Offiziere nannte er direkt. Das Gedicht verblieb ansonsten im Allgemein-Verbindlichen – «Hier wird nun Ernst gemacht», «Man wird sich nicht genieren» – und läßt so Raum für viele Interpretationen. Tucholskys Arbeiten waren manchmal schöne rhetorische Feuerwerke, wenn «man jedoch über die dort enthaltene politische Botschaft nachdenkt, stellen sich mehr Fragen, als Antworten vorhanden sind»[164].

Die Erkenntnis «Sie wollen nicht hören» zwang ihn zum Überdenken seiner Strategie: Die geistige Elite war über den rechten Weg zerstritten, und auch die sozialistischen Parteien bekämpften sich teilweise heftig. Die Massen ahnten zwar dumpf, was da vor sich gehe, könnten sich aber nicht ausdrücken und würden unterjocht. Außerdem hätten sie den schlimmsten Feind in sich selbst: den Hang zum Kleinbürgertum. Das «revolutionäre Subjekt» Arbeiter wolle auch nicht viel andres als «spießige Behaglichkeit».[165] Zudem zweifelte Tucholsky mehr und mehr an der Möglichkeit, überhaupt auf die «Massen» positiv einwirken zu können, da er schon vor Freuds «Massenpsychologie und Ich-Analyse» die autoritären Persönlichkeitsstrukturen in den verschiedensten gesellschaftlichen Gruppen und Bereichen erkannt hatte. Um an das Volk heranzukommen, waren andere Mittel nötig als nur Appelle und satirische Angriffe.[166]

Sein Redaktionsposten beim «Ulk» befriedigte ihn ebenfalls nicht mehr, er hatte inzwischen eine völlig andere Vorstellung von Satire und Taktik. Am 11. Februar 1920 kündigte Tucholsky deshalb. Weniger politische Unterschiede bewogen ihn angeblich zu dem Schritt als rein literarische und satirisch-strategische Überlegungen, wie er seinem Chefredakteur Theodor Wolff schrieb.[167] Angesichts der zahlreichen Klagen Tucholskys in den Briefen an Blaich und Mary Gerold dürfte dies jedoch nur eine Höflichkeitsfloskel gewesen sein. Für diese Annahme spricht auch, daß er am 1. März 1920 in die USPD eintrat und ab Mai für deren Zeitschriften und Zeitungen schrieb.[168]

Wichtig schien ihm jetzt erst einmal, die gewählten Volksvertreter aufzurütteln, ihnen noch einmal eindringlich vor Augen zu führen, welche Gefahren lauerten, wenn die Republik ihre Macht nicht einsetze. Seine bislang eher spöttischen Bemerkungen über Regierung und Minister wichen langsam einer nüchterneren Bestandsaufnahme; bei aller Schärfe der Kritik war eine gewisse Solidarität jedoch nicht zu verkennen. Immer wieder forderte er, endlich den Verwaltungsapparat zu reorganisieren, den militärischen reaktionären Geist zu bekämpfen und offen für die Demokratie und die Republik zu werben. Vor allem in der Provinz werde die Republik völlig ignoriert und abgelehnt, die untergeordnete Verwaltung boykottiere und bekämpfe konsequent sämtliche demokratischen Anordnungen aus dem «roten Berlin». Aber die Politiker «paktieren ängstlich mit einer Welt, die sie nie für voll nehmen wird, und die sie haßt, haßt, haßt. Wackelnd und lavierend bejahen sie noch den schlechtesten deutschen Typ, der heute so aussieht, wie Bismarck ihn haben wollte –: willenlos nach oben, roh nach unten [...]. Aber tüchtig, nicht wahr? Und das bejahen sie. Statt hier zu sagen: Nein! Grade das nicht! Statt hier ins Mark zu treffen und den Provinzspießer, den Nurverdiener, den unbedenklichen Beamten zu verneinen. Und Geschehnis gliedert sich an Geschehnis, und keiner will sehen, wie wir offenen Auges ins Verderben laufen. Weit, weit hinter das Jahr 1914 zurück», und prophetisch fügte er hinzu: «Diese Regierung regiert nur, weil die Leute zu müde sind, sie davonzujagen.»[169]

Knapp einen Monat später, am 13. März 1920, war es soweit: die Marinebrigade Ehrhardt marschierte in Berlin ein und besetzte das Regierungsviertel; rechte Politiker unter der Führung von Kapp und General von Lüttwitz erklärten die Regierung für abgesetzt. Hintergrund dieses Putsches war nicht nur die allgemeine Republikfeindlichkeit vieler Militärs, es war eine offene Auflehnung gegen die Bestimmungen des Versailler Vertrags, der am 10. Januar 1920 in Kraft getreten war. Vor allem die darin bestimmte Verringerung der Reichswehr auf 100000 Mann, die nun bis zum 31. März 1920 durchgeführt werden mußte,[170] führte zum erbitterten Widerstand und zur offenen Befehlsverweigerung einzelner Truppenteile. Die Regierung unter Reichskanzler Bauer und Reichspräsident Ebert mußte aus Berlin fliehen, nachdem fast die gesamte Generalität und der Chef des Truppenamts, General von Seeckt, den Einsatz von Reichswehr-Truppen gegen die Putschisten mit den Worten abgelehnt hat: «Truppe schießt nicht auf Truppe.»[171] Durch einen Generalstreik, dem sich etwa 12 Millionen Beschäftigte anschlossen, konnte der Putsch trotzdem in wenigen Tagen niedergeschlagen werden. Die Gewerkschaften nutzten die Gunst der Stunde, um mit der Regierung über die nun endlich erforderliche Demokratisierung der Verwaltung und des Militärs ein Abkommen zu schließen und eine Regierungsumbildung durchzusetzen. Erst nachdem die Regierung dies zugesagt hatte, brach die Gewerkschaft am 22. März den Generalstreik ab. Zahlreichen Arbeitern war dieses Verhandlungsergebnis jedoch zuwenig, sie fühlten sich erneut betrogen. In Mitteldeutschland und im Ruhrgebiet kam es deshalb zu zahlreichen Arbeiteraufständen, in denen sich die Enttäuschung über die politische Entwicklung entlud.

Die Niederschlagung des Putsches weckte bei Tucholsky noch einmal neue Hoffnungen. Seine Forderungen deckten sich weitgehend mit denen der USPD und der Gewerkschaften: Umwandlung der Reichswehr in eine Volksmiliz; Abschaffung der Militärjustiz; Auflösung sämtlicher Einwohnerwehren und der Freikorps; Reorganisation der Schulen und der Universitäten; Reorganisation der Verwaltung; Entfernung aller reaktionären Beamten. «Und nun wird ganze Arbeit gemacht werden müssen. Die Forderungen, die man der Regierung abgerungen hat, sehen auf dem Papier ganz nett aus – wichtig ist, wie und von wem sie durchgesetzt werden. [...] Wenn die Republik Deutschland, erweckt durch den Militärputsch, *das* nachholt, was sie im November 1918 versäumt hat: dann ist er nicht umsonst gewesen.»[172] Statt der erhofften neuen Revolution kam es zu weiteren brutalen Ausschreitungen gegen revoltierende Arbeitermassen. Die neue Regierung dachte gar nicht daran, sich an das Abkommen zu halten; die am Putsch beteiligten Freikorps und Truppen wurden im März und April 1920 erneut gegen die streikenden Arbeiter an der Ruhr eingesetzt, wo sie bestialisch wüteten. Am Ende dieses Aufstandes waren weit über tausend Tote auf seiten der Arbeiter zu verzeichnen und rund neunhundert Verurteilungen zu Freiheitsstrafen. Von den Anführern des Kapp-Putsches wurde dagegen – außer dem ehemaligen Berliner Polizeipräsidenten Jagow – keiner zur Rechenschaft gezogen.

In seinem langen Artikel «Militärbilanz» warf Tucholsky der «machtlosen Regierung» vor, daß sie sich nicht traue, gegen die Hochverräter vorzugehen, daß die beteiligten Offiziere alle noch regulär bei der Truppe seien, Arbeiterführer dagegen mißhandelt und ermordet werden. Abschließend konkretisierte er nochmals seine Forderungen, nannte den Regierenden zur Erleichterung sogar die jeweiligen Paragraphen. Die Satire war fast verstummt, der Ton vorwärts drängend: «Hier setzt den Hebel an», «Hier hakt ein. Hier arbeitet.» Aber auch seiner Skepsis gab er Raum: «Hilfe? Von dieser Regierung nicht. Sie beschwert sich über die Aktionen der Gewerkschaften – der betrunkene Kapitän lehnt in der Ecke, ein beherzter Matrose ergreift das Steuer, und sein Vorgesetzter lallt: ‹Das ist eine Nebenregierung!› […] Auch diese Warnungen, auch dieses Tatsachenmaterial, auch diese Deduktionen werden nicht gehört, werden nicht beachtet werden. Der zweite Putsch kommt und muß kommen. Und dann glückt er. […] Dem Reichswehrminister wird auch diesmal sein Apparat wichtiger sein als unsre Forderungen. Als Forderungen, die nicht aus Haß gegen die Offiziere, nicht aus Haß gegen den einzelnen Mann gestellt werden, sondern gegen eine Welt – eine Welt von Hirnlosigkeit, Unmenschlichkeit und Kastenegoismus. Wir warnen wieder, der Reichswehrminister wird wieder schlafen, wir werden wieder die traurige Genugtuung haben, am Ende recht zu behalten. Es wird wieder nur zweierlei geben: Sklaven und Sklavenhalter, Gefangene und Gefangenenwärter, Vorgesetzte und Untergebene.»[173] Und wie schon 1919 versuchte er den Regierenden klarzumachen, daß sie endlich eine offensive republikanische Propaganda machen müßten, denn die Militaristen und Reaktionäre beherrschten weitgehend die öffentliche Meinung.

Daß alle Warnungen von links vergeblich und die Radikaldemokraten fast hoffnungslos in der Minderheit waren, zeigten die Wahlen vom 6. Juni 1920, knapp drei Monate nach dem mißglückten Kapp-Putsch. Ausgerechnet die «monarchistisch-militaristischen Revanchekriegsparteien» Deutschnationale Volkspartei (DNVP) und Deutsche Volkspartei (DVP) konnten ihre Stimmen auf 29 Prozent verdoppeln, während die republikanischen Parteien der «Weimarer Koalition», SPD, DDP und Zentrum, fast 18 Prozent verloren.[174]

Tucholskys Eintritt in die USPD veränderte langsam seine politische Position. Es waren keine radikalen Änderungen, aber durch die Lektüre von Marx und besonders Lenin wurde ihm allmählich der ökonomische Hintergrund der sozialen Misere deutlicher.[175] Zahlreiche Artikel aus dieser Zeit beschäftigten sich mit den Mißständen und ihren Ursachen, dabei änderte sich auch seine Einstellung zu den «Massen». Waren Anfang 1919 die Revolutionäre für ihn noch «Pöbel» und «Mob», so hielt er nun die von allen Seiten bekämpften und unterdrückten Arbeiterorganisationen für das einzige Gegengewicht gegen die immer stärker werdende Reaktion. Eine Massenbewegung, hoffte er, würde den republikanischen und antimilitaristischen Forderungen Nachdruck verleihen. In dieser Zeit stellte er auch fest, daß man nicht immer nur reden und schreiben könne, man müsse auch aktiv mitarbeiten.[176] Das hieß für Tucholsky aber nicht, daß er sich von den Organisationen, in denen er tätig wurde, völlig vereinnahmen ließ. Wie Kurt Hiller war er der Meinung, daß «sich der Geist nicht in das Schema eines Parteiprogrammes sperren lasse»[177]. Auch als «Mitglied» bewahrte Tucholsky sich deshalb seine Unabhängigkeit, ließ sich nicht auf «Parteilinie» trimmen. Seine Mitgliedschaft in der USPD hinderte ihn beispielsweise nicht daran, sich Organisationen wie dem «Republikanischen Reichsbund» anzuschließen, in dem die SPD, die Deutsche Demokratische Partei (DDP) und das Zentrum dominierend waren.

Wie Hans Prescher feststellte, hat sich die Mitgliedschaft in der USPD nur wenig in Tucholskys Schriften niedergeschlagen, in wesentlichen Punkten stand er sogar im Widerspruch zu dieser Partei.[178] Für ihn waren Parteien ohnehin eher Notlösungen, die die

Probleme der Zeit nicht bewältigen konnten. Trotzdem blieb er bis zur Auflösung im September 1922 in der USPD und erklärte auch öffentlich, warum: weil man «nicht diese deutsche Folgerung ziehen und nun der Partei den Rücken kehren darf. Grade nicht. Denn *das*, was wir wollen, wird sich vielleicht niemals realisieren lassen, und das mag wohl gut sein... Man soll doch bei der Stange bleiben und nicht nachlassen. Wenns auch noch so schwer fällt. Denn es ist ja nicht nur schwer, weil es Geld kostet – ganz richtig Geld in allen Formen –, sondern weil das Herz nicht immer will, wie der Verstand befiehlt.»[179]

Ein Grund für Tucholskys Mitgliedschaft wurde von Prescher bereits angedeutet: er hatte Angst vor einer Isolation und brauchte Anschluß an Kampfgefährten, um seinen ständig wachsenden Resignationsgefühlen entgegenwirken zu können. Im September 1919 hatte er bereits an Mary Gerold geschrieben, daß er im Moment so wenig gesellschaftlichen «Verkehr» habe, daß ihm ganz bange sei.[180] Da er in die gute, «edle» Gesellschaft nicht hineinkam, weil er zuwenig Geld habe, wie er ihr schrieb, hoffte er, wenigstens Anschluß an die intellektuellen Kreise zu bekommen, die in der USPD als Mitglieder oder Sympathisanten anzutreffen waren: von Kurt Hiller und Emil Julius Gumbel über Anna und Hans Siemsen bis zu Walter Hasenclever und Rudolf Leonhard. Auffallend ist, daß sich Tucholskys Bekanntenkreis – «es spielt sich alles unter zweihundert Menschen ab»[181] – seit dieser Zeit zu einem erheblichen Teil aus diesem Umfeld zusammensetzte.[182]

Ein weiterer, wohl ausschlaggebender Aspekt für Tucholskys Eintritt in die USPD war deren radikaler Antimilitarismus. Im Dezember 1918 waren die USPD-Mitglieder sogar aus dem «Rat der Volksbeauftragten» ausgetreten, weil die «Rechtssozialisten» das «erste Gebot der Revolution» preisgegeben und verraten hätten: «Die völlige Niederwerfung des Militarismus»[183]. Hier hoffte Tucholsky Verbündete gegen seinen Hauptgegner Militär zu finden und über die Partei auch eine breite Massenbasis zu erreichen. Im Oktober 1919 gehörte er bereits, neben Ossietzky, Vetter, Gumbel, Nicolai und anderen, zu den Mitgründern des «Friedensbundes der Kriegsteilnehmer», die eine verstärkte Beeinflussung der Massen beabsichtigten. Unter der Parole «Nie wieder Krieg» sollten jedes Jahr am Tag des Kriegsausbruches Massenveranstaltungen organisiert und öffentlichkeitswirksam gegen den Militarismus und für eine Völkerverständigung und Völkerversöhnung demonstriert werden.[184] In dem Gedicht «Drei Minuten Gehör!», das 1922 auf der großen Demonstration in Berlin vorgetragen wurde, forderte er in «wachrüttelndem Tonfall»:

Ihr seid die Zukunft!
Euer das Land!
Schüttelt es ab, das Knechtschaftsband!
Wenn ihr nur wollt, seid ihr alle frei!
Euer Wille geschehe! Seid nicht mehr dabei!
Wenn ihr nur wollt: bei euch steht der Sieg!
– Nie wieder Krieg –![185]

Was er sich von dieser Basis erhoffte, schrieb er 1922 in seiner Rückschau «Vor acht Jahren»: «Für uns Sozialisten kann es nur eine einzige Lehre dieses Krieges geben. Und wenn noch einmal ein größenwahnsinnig gewordenes Beamtentum und eine Clique geldgieriger Kanonenfabrikanten, Brotwucherer, reklamierter Redakteure, abgedankter Fürstlichkeiten mit ihren eitlen, ruhmsüchtigen Frauen zum Kriege hetzen, dann möge der anständigere Teil der deutschen Nation, dann möge die gesamte Arbeiterschaft wie ein Mann aufstehen, ihnen Helm und Fahne aus der Hand schlagen und, belehrt durch Blut, gehärtet durch Leid in den Ruf ausbrechen: *Nie wieder Krieg!*»[186]

«Deutschland – ein Kasernenhof!»[187]

Während des Kaiserreichs bildete das Militär innerhalb der Gesellschaft einen bevorzugten, elitären Stand, die Offiziersränge waren überwiegend in der Hand des Adels. Nur dem jeweiligen Monarchen unterstellt und außerhalb der Kontrollmöglichkeiten durch das Parlament, entstand im Offizierskorps ein ständischer Dünkel und das Gefühl feudaler Exklusivität.[188] Der Zusammenbruch der Monarchie und der verlorene Weltkrieg erschütterten deshalb die Armee in besonderem Maße, sowohl in ihrem Selbstbewußtsein als auch in ihrer politischen Struktur. Viele Offiziere befürchteten in den ersten Tagen der Revolution von 1918, daß der alte preußisch-deutsche Militarismus endgültig vernichtet würde. Schnell zeigte sich jedoch, daß die neue Regierung das Militär auch weiterhin benötigte: Nur die alten Kommandeure konnten den geordneten Rückzug der Truppen und die Demobilisierung organisieren. Zudem bat Ebert bereits am 10. November 1918 die Oberste Heeresleitung um Unterstützung der neuen Regierung bei der Aufrechterhaltung der Ordnung im Innern. Ludendorffs Nachfolger, General Groener, versicherte Ebert die Loyalität des Offizierkorps, «um die Ausbreitung des terroristischen Bolschewismus in Deutschland zu verhindern». Als Bedingung nannte Groener jedoch, daß das «Offizierkorps in seiner Geschlossenheit und in seiner Autorität, in seinen Rangabzeichen und Würden erhalten bliebe»[189].

Durch den Einsatz als innenpolitische Ordnungstruppe bekam das Militär nach der Niederlage im Krieg eine neue Aufgabe, durch die es seine Position festigen konnte und gleichzeitig neues Selbstvertrauen gewann. Die regulären Truppen, die durch Freiwillige ergänzt wurden, und die Freikorps entwickelten sich schnell zu einem antirepublikanischen Machtfaktor, der sich wiederum weitgehend der parlamentarischen Kontrolle entzog. Die SPD unterstützte zeitweise diese verhängnisvolle Entwicklung, indem sie 1919 in ihren Zeitungen monatelang für die Freikorps warb, darunter für so berüchtigte Einheiten wie «Brigade Reinhard» («Schützt Euch selbst vor Spartakus!») oder «Freikorps Hülsen»[190]. Aus diesen «Landsknechtstrupps» kamen die späteren Fememörder und Putschisten, viele landeten dann in den Sturmtruppen Hitlers.[191] Die Bestimmungen des Versailler Vertrags begünstigten darüber hinaus noch die negative Auslese im Offizierkorps: Die Reduzierung auf ein Berufsheer von hunderttausend Mann erlaubte der Reichswehrführung die Umgestaltung der Armee zu einer exklusiven Truppe mit sorgfältig ausgewähltem Personal. Die Armee wurde so bis in die Mannschaftsgrade hinein zu einer Domäne konservativ-nationalistischer Anschauungen.

Die wachsende «Selbstherrlichkeit der Armee, die sich zunehmend als eigentlicher Garant politischer Stabilität begriff»[192], zeigte sich deutlich 1920 beim Kapp-Lüttwitz-Putsch. Seit Monaten kursierten bereits Gerüchte über die Ausrufung einer «nationalen Diktatur» durch das Militär, ohne daß die Reichsregierung darauf reagiert hätte.

Das dann vor dem Putsch nach Stuttgart geflohene Kabinett war ursprünglich sogar zu Verhandlungen und weitgehenden Zugeständnissen bereit, bevor der Generalstreik das Militärregiment beendete. Aber auch jetzt benutzte die Regierung die Chance nicht zu der nötigen und von breiten Bevölkerungskreisen geforderten Kurskorrektur: Weder wurden die Putschisten juristisch bestraft, noch wurde die Reichswehr neu organisiert und demokratisiert. Das Reichswehrgesetz vom März 1921 versuchte lediglich, die Armee zu «neutralisieren», indem es den Soldaten jegliche politische Betätigung, auch die Teilnahme an politischen Versammlungen und an den Wahlen, verbot. Damit erhielt das Militär jedoch wieder den Status, der «der geistigen Herkunft der Armee aus der Monarchie entsprach, wo die vermeintliche Erhebung über den Parteienstreit als Auswirkung ihrer Bindung an den Herrscher gegolten hatte»[193]. Erreicht wurde mit dieser Entpolitisierung das Gegenteil, die Reichswehr wurde zu einem Staat im Staat, sie widersetzte sich auch zunehmend den Befehlen des Reichswehrministers und betrieb eine eigene Politik.

Der Chef der Heeresleitung, General von Seeckt, knüpfte seit 1923 enge Verbindungen zu Ludendorff und den Führern der paramilitärischen rechten Wehrverbände, um sie im Falle eines Konflikts in die Reichswehr einzugliedern. Reichswehrminister Otto Geßler erließ zwar ein förmliches «Verbindungsverbot», trotzdem kam es mit ausdrücklicher Zustimmung von Seeckts zu einer regen Zusammenarbeit mit den nationalistischen Verbänden einschließlich der sog. Schwarzen Reichswehr. Zugleich entwickelte von Seeckt Pläne zur Übernahme der Macht durch das Militär. Sein «Regierungsprogramm» sah unter anderem vor: berufsständischer Umbau der Verfassung, Verbot aller sozialistischen Parteien und Gewerkschaften, Aufhebung des Tarifvertragssystems.[194] Unterstützt wurde er bei diesen Plänen nicht nur von einflußreichen Kreisen der Schwerindustrie, sondern offenbar auch von Reichspräsident Ebert. Hugo Stinnes schilderte dem amerikanischen Botschafter die Pläne: Sobald die für den November befürchteten kommunistischen Umsturzversuche begännen, «werde eine Militärdiktatur mit Zustimmung Eberts das parlamentarische System aufheben»[195]. Anlaß der Befürchtungen war unter anderem die Aufnahme von KPD-Ministern in die SPD-Minderheitsregierungen in Thüringen und Sachsen. Der Hitler-Putsch vom 9. November 1923 durchkreuzte jedoch alle Pläne, denn von Seeckt wollte die Macht auf äußerlich legale Weise übernehmen, nicht durch einen Putsch. Trotzdem bedeutete die «Krise» des Herbstes 1923 einen Höhepunkt in der Machtstellung der Armee, da Ebert die vollziehende Gewalt des Reiches auf den obersten militärischen Befehlshaber, General von Seeckt, übertrug mit dem Auftrag, «alles zu tun, was die Sicherheit des Reiches erfordere»[196]. In Sachsen und Thüringen ging die Reichswehrführung mit aller Härte gegen die Regierungen vor, Thüringen wurde sogar militärisch besetzt, einen Einsatz der Reichswehr gegen das rechte Bayern verweigerte Seeckt hingegen. Bei der Arbeiterschaft rief dieses Verhalten bittere Erinnerungen an die Kämpfe 1918/19 wach. Der «Deutsche Republikanische Reichsbund» kam in seinem Schreiben an Reichspräsident Ebert zu dem Ergebnis, daß die Reichswehr ganz offensichtlich ein starker antirepublikanischer Feind im eigenen Haus sei und in ihrer derzeitigen Zusammensetzung «eine zuverlässige Macht» gegen die Republikaner. Wenn sie gegen die eigentlichen Feinde der Republik eingesetzt werden solle, versage sie dagegen völlig.[197]

Die Armee hatte sich inzwischen als innenpolitischer Krisenregulator (Hürten) etabliert und nutzte gezielt die Freiräume, die ihr die zögerlichen Politiker ließen. Ziel der Reichswehrführung war es, das deutsche Volk «wehrhaft» zu machen und entgegen den Bestimmungen des Versailler Vertrags heimlich eine schlagkräftige Armee aufzubauen. Fast im ganzen Reich entstanden nach 1924 sogenannte Sportschulen, in denen unter dem Deckmantel des «Volkssports» eine militärische Grundausbildung betrieben wurde, als Sportwarte dienten ehemalige Offiziere.[198] Mit diesen ausgebildeten Zivilisten sollte im «Notfall» die reguläre Armee «aufgefüllt» werden. Geplant wurde seit 1925 mit 21 Infanteriedivisionen (statt der erlaubten 7), 39 Grenzschutzdivisionen sowie mit Luftstreitkräften, die gänzlich verboten waren. Um diese Armee auch bewaffnen zu können, betrieb die Reichswehrführung mit der Unterstützung aller Regierungen eine heimliche Aufrüstung in erheblichem Umfang. Von Anfang an hatte sie geheime Waffenbestände angelegt, und Teile der Industrie waren gerne bereit, mit dem Heereswaffenamt zusammenzuarbeiten;[199] nationale Einstellung und Gewinnstreben verbanden sich hier in idealer Weise. Der überdimensionale Reichswehr-Etat (1925 z. B.

562 Millionen RM) wurde zu einem ständigen Zankapfel in Parlament und Presse.

Seit Ende 1921 kam es auch mit Zustimmung des Reichskanzlers Wirth zur Zusammenarbeit zwischen Reichswehr und Roter Armee, die Wirth anfänglich jedoch sowohl dem Kabinett als auch dem Reichspräsidenten verschwieg. Die deutsche Industrie beteiligte sich an der russischen Rüstungsindustrie, was ihr gleichzeitig die Weiterentwicklung eigener Waffen ermöglichte. Darüber hinaus bauten die Junkerswerke in Rußland Flugzeuge für die Reichswehr, die Piloten wurden auf dem eigens dafür angelegten Flugplatz in Lipezk ausgebildet. Auch Granaten und Giftgas konnte die Reichswehr in Rußland durch deutsche Firmen herstellen und erproben lassen, und eine Panzerschule wurde eingerichtet.[200] Wer diese klaren Verstöße gegen geltende Gesetze anprangerte, wurde wegen Landesverrats angeklagt und eingesperrt.

Mit dem Amtsantritt des neuen Reichspräsidenten von Hindenburg im Mai 1925 wurde ein Militär aus der alten kaiserlichen Armee der offizielle Repräsentant Deutschlands, die Reichswehr fand bei ihm ein offenes Ohr und Unterstützung. Trotzdem gelang es ihr erst in der Krise von 1929/30, entscheidenden politischen Einfluß zu gewinnen. 1930 verkündete der Reichswehrminister Groener selbstbewußt: «Im politischen Geschehen Deutschlands darf kein Baustein mehr bewegt werden, ohne daß das Wort Reichswehr ausschlaggebend in die Waagschale geworfen wird.»[201] Der starke Mann im Hintergrund wurde Kurt von Schleicher, Chef des Ministeramts im Reichswehrministerium. Er nutzte seine Vertrauensstellung zu Hindenburg, um eine politische Kurskorrektur nach rechts durchzusetzen, ohne jedoch die immer stärker werdende NSDAP zur Macht kommen zu lassen. Zwar sollte die «nationale Welle» für die eigenen «weitgefächerten, rüstungstechnisch, militär- und verfassungspolitisch motivierten Ambitionen nutzbar» gemacht werden,[202] gleichzeitig verbot der Reichswehrminister Groener 1929 jeglichen Kontakt zur NSDAP: Sympathisanten dieser Partei könnten nicht gleichzeitig Offiziere sein. Diese Anordnung war aber nicht einmal im Reichswehrministerium unbestritten und ging völlig an den Realitäten vorbei. Vor allem viele jüngere Offiziere machten aus ihrer Nähe zu den Nationalsozialisten keinen Hehl. Der Chef der Heeresleitung, General Heye, stellte sich offen gegen seinen Minister: Der Erlaß habe zu einer Vertrauenskrise innerhalb der Armee geführt. «Wie wir im Volk eine Radikalisierung – getragen in erster Linie von der Jugend – feststellen, hat auch in der Armee die Jugend das Recht, radikal zu sein. Daß diese Bewegung sich in rechtsradikaler Richtung auswirkt, liegt in dem nationalen Charakter, den jede Armee in sich tragen muß, will sie ihre Aufgabe erfüllen.»[203] Im Januar 1932 lenkte dann auch der Minister teilweise ein. Nach einem Treffen mit Hitler notierte er: «Sympathischer Eindruck, bescheidener, ordentlicher Mensch, der Bestes will. Im Auftreten Typ des strebsamen Autodidakten. Minister hat klar zum Ausdruck gebracht, daß er legale Bestrebungen Hitlers mit allen Mitteln stützen wird, andererseits wird gegen Unruhestifter aus Nazikreisen weiter bekämpfend vorgegangen werden.»[204]

Im Sommer 1932 verhandelte Schleicher erfolglos mit Hitler über eine Einbindung der SA in die Reichswehr. Beide zusammen sollten die «Machtbasis eines autoritären Wehrstaates sein, in dem Hitler Reichskanzler, Schleicher jedoch als Reichswehrminister der eigentliche Inhaber der Macht sein sollte»[205]. Hitler wollte sich jedoch nicht «einbinden» lassen, er strebte nach der alleinigen Macht. Im Dezember 1932 wurde General Schleicher für 57 Tage Reichskanzler, bevor am 30. Januar 1933 Hitler auch mit Unterstützung der Reichswehrführung die Macht übernahm.

Das Militär ist von vielen Seiten angegriffen worden, aber nur wenige – etwa Alfred Polgar[206] – trafen so zielsicher den Kern wie Tucholsky. Er begnügte sich nicht mit so frommen Wünschen, wie sie Siegfried Jacobsohn Anfang 1919 in der «Weltbühne» formulierte: «Wir wollen nie mehr was von euch wissen. Fahrt alle miteinander zur Hölle, die euch schmoren möge, daß euch die Lust vergeht, sie uns je wieder auf Erden zu bereiten.»[207] Er schlug nicht einfach blind auf die Militärs ein und warf ihnen imperialistisches Machtstreben und Größenwahn vor, Tucholsky verwendete viel schärfere Waffen: er maß das Militär an dessen eigenen Ansprüchen, an dessen eigenen Normen. In seiner «Militärbilanz», in der er die Entwicklung des Militärs zu einer gesellschaftlich prägenden Kaste darstellte, gestand er dem «friderizianische[n] System» immerhin einige Tugenden zu. «Sie waren teuer erkauft, aber sie waren immerhin da. Unbedingter Gehorsam, Sparsamkeit, Unbestechlichkeit, Reinheit in der einmal adaptierten Gesinnung.»[208] Diesem preußisch-militärischen Geist, den General von Seeckt auch 1919 noch als oberste Tugend für Reichswehr und Volk ansah, stellte Tucholsky die Realität des Weltkriegs gegenüber. Der Vergleich war vernichtend: Von Tüchtigkeit, Mut und Mannhaftigkeit des Offizierskorps keine Spur. «Die höhern Dienstgrade hatten meist überhaupt jeden Zusammenhang mit der Erde verloren und standen da, den Kopf in den Wolken verhüllt, auf ihren Vorteil bedacht und rücksichtslos ihr eigenes Wohl in den Vordergrund schiebend.»[209] Die Kluft zwischen Offizier und einfachem Soldat war unüberbrückbar. Fast jeder kleine Feldwebel fühlte sich wie ein kleiner Gott, die Masse der Soldaten war hingegen «Menschenmaterial». Von Sparsamkeit, Unbestechlichkeit und Reinheit keine Spur: es wurde gestohlen und unterschlagen, requiriert, geschoben und gelogen, die Korruption war allgegenwärtig. «Angewidert wurde man durch die große Geste der Reinheit, die der deutsche Nachrichtendienst bei den Engländern gerne ‹cant› nannte: kühl, herausfordernd unliebenswürdig, pochend auf Reinheit – und dann doch korrumpiert.»[210]

Tucholsky machte deutlich, daß die brutale und arrogante Haltung der Armee das Ansehen der Deutschen im Ausland nachhaltig geschädigt hatte und daß all die Mißstände wesentlich zu dem gesellschaftlichen und militärischen Zusammenbruch von 1918 geführt hatten. Für ihn war die alte Armee «ein trüber Haufe voller Qual und Greuel, Weltenklüfte zwischen Offizier und Mann, Unterschlagung und Diebstähle von Lebensmitteln zugunsten der höhern Ränge, Requisitionen ohne Ziel und Maß, falsche Schwäche und falsche Härte den fremden Landeseinwohnern gegenüber, Vaterländischer Unterricht, Mantel der Lüge über all den Jammer und alle Verbrechen: ‹Unser Militär›.»[211] In dem raschen Wiedererstarken des alten militärischen Geistes sah Tucholsky eine ungeheure «moralische Gefahr» für den Bestand der Republik. Er setzte alle ihm zur Verfügung stehenden Mittel ein, um dagegen anzukämpfen. Immer wieder rief er die Regierung auf, endlich die Reichswehr zu demokratisieren, endlich einmal hart durchzugreifen: «Dies soll hier nur stehen, um in acht Jahren einmal zitiert zu werden. Und auf daß ihr dann sagt: Ja – das konnte eben keiner voraussehen! Ich halte es für meine Pflicht, noch einmal die beiden sozialdemokratischen Parteien auf die Gefahr aufmerksam zu machen, die von der Reichswehr droht. [...] Fast gänzlich unbeachtet, in aller Stille, reift hier ein Werk, das heute noch abzutöten ist. Über die Notwendigkeit einer Reichswehr läßt sich streiten – über die Beschaffenheit dieser Reichswehr gibt es nur eine Meinung: sie muß geändert werden. [...] Einst wird kommen der Tag, wo wir hier etwas erleben werden. Welche Rolle die Reichswehr bei diesem Erlebnis spielen wird, beschreiben alle Kenner auf gleiche Weise. Der Kapp-Putsch war eine mißglückte Generalprobe. Die Aufführung ist aufgeschoben.» Tucholsky irrte sich nur um knapp drei Jahre, als er 1922 abschließend hinzusetzte: «Bedankt euch in acht Jahren bei dieser Regierung, diesem Staatsrat, diesem Reichstag.»[212]

Nicht nur die Politiker, auch ein erheblicher Teil der Bevölkerung stand weiterhin hinter dem Militär. Resigniert stellte Tucholsky fest: «Der Deutsche neigt dazu, den Militärgeist zu bejahen, wenn man ihm nur Gelegenheit gibt, ihn auch für sein Teil zu betätigen. Der ‹roteste› Portier ist auf seinem Hof ein kleiner Militärdiktator, weil er sich Ordnung nicht anders vorzustellen vermag.» Das zeige, daß sie «einem innern Drang, einem Trieb folgen, den sie nicht unterdrücken können. Sie brauchen diese Über- und Unterordnerei, sie brauchen dies Kollektivbewußtsein, das die Verantwortung in allen Fällen so schön verteilt – sie brauchen das.»[213] Diese Massen waren noch keine Verbündeten für ihn, aber ihnen galt seine Hoffnung, sie wollte er überzeugen und gewinnen. «Und mit derselben Macht und mit derselben Faust wie die bunten Burschen [die Militärs], aber getrieben von strömendem Herzblut, ringen wir um die schlafenden Seelen Deutschlands. Land! es gibt Höheres, als vor der Geliebten mit einem Rang zu prunken! Land! wir Deutsche sind Brüder, und ein Knopf ist ein Knopf und ein Achselstück ein Achselstück. Kein Gott wohnt dahinter, keine himmlische Macht ist Menschen gegeben. Doch: eine. Die Menschen zu lieben, aber nicht, sie mit Füßen zu treten. Wir speien auf das Militär – aber wir lieben die neue, uralte Menschlichkeit!»[214]

Die Wahl des kaiserlichen Feldmarschalls Hindenburg zum Nachfolger des verstorbenen Reichspräsidenten Ebert im Jahre 1925 bestätigte Tucholskys schlimmste Befürchtungen. Sarkastisch schrieb er: «Dem der Krieg wie eine Badekur bekommen ist, der wird Präsident der Deutschen Republik, die es nun wohl nicht mehr lange sein wird», und schloß prophetisch: «Was nun –? Nun eine bittere, schreckliche, blutige Lehre. Die tausendfach verdient ist.»[215] Die Sozialisten, Demokraten und gemäßigten Pazifisten hätten mit Hindenburg geerntet, was sie gesät haben: den Militarismus.[216] Wie Jacobsohn glaubte er nicht an eine plötzliche und gewaltsame Veränderung der Politik, die Republik werde vielmehr eine Position nach der andern laut- und kampflos räumen.[217]

Für Tucholsky und viele andere war nun klar, daß ein neuer Krieg als «Rache für die Schmach von Versailles» immer wahrscheinlicher wurde. Der alte «Frontkämpfergeist» hatte bereits wieder regen Zulauf: zahlreiche Sportverbände dienten der verdeckten vormilitärischen Ausbildung, wodurch der Sportplatz zum Kasernenhof wurde, wie Tucholsky anmerkte,[218] die Memoiren und Rechtfertigungsschriften der Militärs des Weltkriegs fanden reißenden Absatz, und unter den Studenten kursierte eine Neufassung der Nationalhymne, das «Deutschland, Deutschland über alles, über alles in der Welt» war ihnen noch viel zu zahm:

> Bismarcks Schöpfung ward vernichtet
> Unser Kaisertum zerbrach
> Und der Haß der Feinde schichtet
> Auf das Haupt uns Schimpf und Schmach.
> Zu erneuern Deutschlands Ehre
> Nach der Schande Last und Pein
> :Schwöre, deutsche Wehrschaft, schwöre,
> Wehrhaft, treu und deutsch zu sein.:
> […]
> Was die Feinde auferlegen
> Uns in frevlem Übermut
> Sei bezahlt mit blankem Degen
> Sei getilgt mit ihrem Blut.
> Deutschland von des Joches Schwere,
> Von der Knechtschaft zu befrein,
> :Schwöre …[219]

Auch der «Überbrettl-Baron» Ernst von Wolzogen dichtete für sein Vortragsbuch: «Deutsche Zähne, lernet beißen! / Lerne hassen, deutsches Herz!»[220] Und so beliebte Vortragskünstler wie etwa der Münchner Komiker Weiß Ferdl waren offen zu den Nationalsozialisten übergelaufen. Tucholskys Warnungen vor der versteckten und offenen geistigen Militarisierung wurden immer deutlicher und drängender, seine Sprache immer härter und aufwühlender, etwa der flehend-anklagende Ton seines «Gebets nach dem Schlachten»:

Herrgott!
Wenn du wirklich der bist, als den wir dich lernten:
Steig herunter von deinem Himmel, dem besternten!
Fahr hernieder oder schick deinen Sohn!
Reiß ab die Fahnen, die Helme, die Ordensdekoration!
Verkünde den Staaten der Erde, wie wir gelitten,
wie uns Hunger, Läuse, Schrapnells und Lügen den Leib zerschnitten!
Feldprediger haben uns in deinem Namen zu Grabe getragen.
Erkläre, daß sie gelogen haben! Läßt du dir das sagen?
Jag uns zurück in unsre Gräber, aber antworte zuvor!
Soweit wir das noch können, knien wir vor dir – aber leih uns dein Ohr!
Wenn unser Sterben nicht völlig sinnlos war,
verhüte wie 1914 ein Jahr!
Sag es den Menschen! Treib sie zur Desertion!
Wir stehen vor dir: ein Totenbataillon.
Dies blieb uns: zu dir kommen und beten!
Weggetreten![221]

Tucholsky begnügte sich jedoch nicht mehr nur mit solchen Appellen an das Gefühl, er ging zum Frontalangriff auf die heiligsten Güter der Rechten über. In zahlreichen Artikeln und Gedichten bezeichnete er Soldaten als Mörder, Generale als «telefonierende Menschenschlächter» und uniformierte «Verbrecher», die Gefallenen des Kriegs als «für einen Dreck hingemordete Opfer», verurteilte er «dieses Geschmeiß von Eltern», die freudig ihre Kinder zum Militär schickten und damit mitschuldig an «dem Mord von Hunderttausenden» waren. Besonders das Verhalten vieler Frauen im Krieg brachte Tucholsky auf. Wenn er auf die sich am Krieg berauschende Bürgerin zu sprechen kam, wurde seine Stimme scharf vor Haß und Verachtung:

«Neben den evangelischen Pastören hat es im Kriege noch eine

Menschengattung gegeben, die gar nicht genug Blut saufen konnte: das war eine bestimmte Schicht, ein bestimmter Typus der deutschen Frau. Die hat wirklich himmlische Blutrosen ins irdische Leben geflochten. [...] Wer aber mitangesehen hat, wie zur Zeit, als die Oberste Heeresleitung das deutsche Volk täglich einmal herrlich belog, beim Eintreffen der scheußlichsten, widerwärtigsten Nachrichten diese deutschen Frauen vor Freude hüpften, mit glänzenden Augen Hurra schrien, den hat es geschüttelt, wenn er ein Herz in der Brust hatte und nicht nur einen Brustbeutel davor.»[222] Tucholsky beschrieb in diesem Artikel die Frauen, die «ernsthaft und kleingehirnig» bedauerten, nicht noch einen Sohn zu haben, den sie dem Vaterland opfern konnten und die freudig den Krieg bejubelten. Über die Rolle der Frau im Krieg gab es Ende 1918 auch eine längere Auseinandersetzung in der «Weltbühne», und Siegfried Jacobsohn erinnerte die Frauen, die nun Tränen über die Kriegskrüppel vergossen: «Aber habt ihr nicht 1914 Hurra geschrien?» und konstatierte: «Wem hat die Frau, die Dame, das Weib, das Mädchen noch immer zugejubelt? Dem Sieger oder...?»[223] Für Tucholsky war dies mit das Widerlichste, das er sich vorstellen konnte.

Der Krieg war für ihn eine «Weltlatrine voll Blut, Kriegsanleihen, Stacheldraht und Haßgesängen»[224], für die es keinerlei Ausreden oder Beschönigungen geben durfte. Deshalb griff er 1927 die Frauenrechtlerin Gertrud Bäumer an, weil sie in einem Bericht über Verdun nicht klar und deutlich gesagt hatte, daß diese Schlacht Wahnsinn gewesen sei, sondern sich undeutlich mit «Treue des einzelnen» und ähnlichem um eine klare Aussage gedrückt habe. Tucholsky empfand diese Art von Pazifismus schlimmer als reinen Hurrapatriotismus, weil er «der Reaktion aus Dumpfheit, aus Schlappschwänzigkeit, aus Halbbildung, aus Instinktlosigkeit die allerübelsten Vorspannerdienste geleistet hat» und so zu einer Gefahr für die Demokratie und den Pazifismus werde. Diese Haltung verpflichte zu gar nichts, im Gegenteil: Unter der Maske des Pazifismus werde da eigentlich Patriotismus verkauft, Patriotismus, der zu einem neuen Krieg führen müsse. Und wieder würden Frauen bereit sein, ihre Männer und Söhne «in den Dreck» zu hetzen und zu opfern. Und diese Frauen hätten eine Mitschuld daran, sie seien Vertreterinnen «eines Geschlechts, das das Niedrigste darstellt, was es zur Zeit gibt: Mitläufer, Zutreiber, Zuhälter des Vaterlandes».[225]

Tucholsky hatte erkannt, daß man der immer stärker werdenden patriotisch-militaristischen Agitation von rechts nicht mit harmlosen pazifistischen Gedichtchen entgegentreten könne. Um Wirkung zu erzielen, müsse man genauso radikal seinen Standpunkt vertreten, angreifen und sich nicht immer nur verteidigen oder gar für seine pazifistische Haltung entschuldigen. So finden sich in seinen Artikeln auch scharfe Sätze, die von den Gegnern bis heute gerne ausgeschlachtet werden, zuletzt von Ernst Nolte im «Historikerstreit». 1927 etwa schrieb Tucholsky, daß der Verfasser des «Dienstunterrichts für den Infanteristen» verdiene, «an eine solide Laterne gehängt zu werden».[226] Im selben Jahr hoffte er, daß den Propagandisten des Militarismus im nächsten Krieg «die Gedärme, so zu hoffen steht, auch in den Städten über die Stuhllehne» gehängt werden. «Möge das Gas in die Spielstuben eurer Kinder schleichen. Mögen sie langsam umsinken, die Püppchen. Ich wünsche der Frau des Kirchenrats und des Chefredakteurs und der Mutter des Bildhauers und der Schwester des Bankiers, daß sie einen bittern, qualvollen Tod finden, alle zusammen. Weil sie es so wollen, ohne es zu wollen. Weil sie herzensträge sind. Weil sie nicht hören und nicht sehen und nicht fühlen. Leider trifft es immer die Falschen.»[227]

Das waren nun nicht mehr kleine satirische Nadelstiche oder aufklärerische Zustandsbeschreibungen, Tucholsky hatte das Florett mit der Streitaxt vertauscht. Mit fast prophetischer Klarheit sah er bereits Mitte der zwanziger Jahre Deutschland auf einen neuen Krieg zutreiben; die zahlreichen Reden, Friedenskongresse und Zusammenkünfte von Pazifisten und «gutgläubiger Außenseiter» würden daran ebenso wenig ändern, wie alle Übereinkünfte vor 1914 etwa den Weltkrieg verhindert hätten. «Wir stehen da, wo wir im Jahre 1900 gestanden haben. Zwischen zwei Kriegen.»[228] 14 Jahre nachdem Tucholsky diesen Satz geschrieben hatte, begann der Zweite Weltkrieg, seine Voraussage hatte sich erfüllt: «Aber es ist gewiß, daß das Land in seiner jetzigen, völlig unveränderten Geistesverfassung wieder in eine Katastrophe hineintaumeln wird, genau wie im Jahre 1914: dummstolz, ahnungslos, mit flatternden Idealen und einem in den Landesfarben angestrichenen Brett vor dem Kopf.»[229] Dabei hatte er im März 1925 bereits die Reihenfolge der künftigen Eroberungen vorausgesagt: erst Österreich, dann die Tschechoslowakei, dann Polen, denn «man kann auch auf einem andern Wege als über Belfort der Stadt Paris beikommen – nämlich über Warschau». Fast gespenstisch mutet Tucholskys Voraussage an: «Sie [die Deutschen] können fast alles, was nun folgen wird, ohne Mühe erreichen. Ihr Plan gleicht gewissen deutschen Komödien: die ersten beiden Akte sind ausgezeichnet, aber nach der großen Pause wird es nicht weitergehen.»[230] Auch hiermit sollte er recht behalten. Aber noch kämpfte er gegen diese Entwicklungen. Einen Satz von Victor Hugo, den Tucholsky selbst mehrfach verwendete, könnte man als ein zentrales Leitmotiv seines Lebenskampfes bezeichnen:

«Déshonorons la guerre! Entehren wir den Krieg.»[231]

Dies war aber nur eine Seite der Auseinandersetzung. Tucholsky sah das Militär nicht losgelöst als Einzelinstitution, er zeigte in seinen Arbeiten immer wieder den Zusammenhang von gesellschaftlichen Autoritätsverhältnissen und der gesellschaftlichen und psychischen Entwicklung der Einzelpersonen auf. Dabei bediente er sich bereits sehr früh der Instrumente der damals noch jungen Sozialpsychologie und der Soziologie. Mit ihrer Hilfe machte er deutlich, daß die autoritätsfixierte Unterwürfigkeit der Deutschen das Ergebnis der staatlich geförderten militärischen Erziehungsmaßnahmen war, daß die «innere Formung der Jugend nach Regeln und Grundsätzen eines unfreien Geistes» erfolgte. «Wer waren die Erzieher? Die Erzieher waren ehemalige Kadetten, die nicht einsehen konnten, warum es andre besser haben sollten, als sie es selbst einmal gehabt hatten, und die sich einredeten, ‹doch auch recht tüchtige und ordentliche Menschen geworden zu sein›.» Das Ergebnis dieser Erziehung war ein «verhetztes Volk», das bewußt und systematisch von «einer verkommenen und in Roheit verluderten Schicht» in innerer Unfreiheit gehalten wird. «Die militärische Erziehung macht den Menschen zu einem Gruppenbestandteil und stützt die Fiktion mit den schlechtesten Mitteln. Sie appelliert dabei an tiefe barbarische Urinstinkte des Menschen, an seine Eitelkeit, an gewisse Berührungspunkte der Sexualität mit dem Sadismus, an das Männchen im Mann und an das Fleischfressende im Menschen. Die Verantwortung ist so aufgeteilt, daß niemand sie mehr trägt, und hier ist an die vorzügliche Stelle aus Simmels Soziologie zu erinnern: ‹Ebenso gefährlich wird dem einzelnen die Zugehörigkeit zu einer Gesamtheit auch nach der Seite des Tuns, hier handelt es sich darum, daß das wahre oder das vorgebliche Interesse einer Gemeinschaft den einzelnen zu Handlungen berechtigt oder verpflichtet, für die er als Einzelner die Verantwortung nicht tragen möchte... Korporationen politischer... Art üben so empörende Unterdrückungen individueller Rechte – wie es dem einzelnen, wenn er als Person sie verantworten sollte, doch unmöglich wäre oder doch ein Erröten abzwingen würde.› Die Faulheit und geistige Unfähigkeit von Erziehern und Vorgesetzten, wirtschaftliche Interessen und ein Tiefstand der öffentlichen Gruppenmoral haben das deutsche Militär groß gemacht. Dieser Militarismus ist in alle Berufszweige und Schichten so tief eingedrungen, daß er die Deutschen unfähig gemacht hat, koordiniert zu arbeiten. Sie können nur subordiniert. Die dauernd gestellte Frage, wer ‹mehr zu sagen› hat, schiebt sich als tote Last in jeden Arbeitsorganismus ein. Eine unproduktive Hemmung, eine Verderbnis der Seelen und ein Mord an Tausenden und aber Tausenden der jungen Generation.»[232]

Alfred Polgar hatte dies schon 1919 in verschiedenen Artikeln dargestellt, z. B. in «Zahnarzt» oder noch drastischer in «Die Uniform»: «Der Mensch ist eine Fortsetzung der Uniform nach innen. [...] Ihre bündig ausgesprochene Idee: Du hast aufgehört, Zweck zu sein, und bist Mittel! Die Pflichten gegen das eigene Ich, mit ihrem ganzen Komplex sittlicher und ästhetischer Martern, endeten, ersetzt durch die einfache Pflicht, dieses Ich dem Verdrecken und Verrecken preiszugeben. Mit der Uniform zog man ‹einen andern Menschen an›: den Un-Menschen, den Anti-Menschen.»[233] Tucholsky sah das genauso: «Wenn ich beim nächsten Krieg der liebe Gott wäre, würde ich die Heere gegeneinander aufmarschieren lassen und dann den Befehl geben: Uniformen ausziehen! – Und der Krieg wäre vorbei.»[234]

Daß mit derart psychisch «verkrüppelten» und unfreien Menschen keine grundlegende Änderung der herrschenden Zustände zu erreichen war, hat Tucholsky immer wieder aufgezeigt. Seine logische Schlußfolgerung: dieses Militär hat jegliches Recht verloren, im neuen Staat eine führende Rolle zu spielen. Es hat nicht nur seine eigenen Tugenden und Normen pervertiert, sondern ein ganzes Volk zu unterwürfigen Autoritätsanbetern gemacht und deshalb als «Schule der Nation» völlig versagt. Seine Forderung war daher anfänglich eine radikale Reform der Reichswehr, Entlassung aller reaktionären Offiziere und demokratischer Neuaufbau. «Das neue Heer, das mit jenen nichts gemein habe, sei die Schule des freien Mannes, eine lebende Einheit von Offizieren und Mannschaften. Ein Bruch mit der alten Armee – das sei die neue. [...] Der Offizier sei ein befehlender Kamerad. Das geht nicht? Dann lernts.»[235] Nach dem Kapp-Putsch und der Ermordung zahlreicher Politiker mußte Tucholsky jedoch erkennen, daß ein solcher Neuanfang illusorisches Wunschdenken war. Im Gegenteil: das Militär hatte mit Unterstützung der SPD seit 1919 wieder eine solche Machtstellung erreicht, die eigentlich nach dem verlorenen Krieg undenkbar schien.

Tucholskys jahrelanger Kampf gegen das Militär ist nicht nur auf die Gefahr eines möglichen neuen Krieges zurückzuführen, er kämpfte auch um die Veränderung des gesellschaftlichen Bewußtseins, indem er – allerdings vergeblich – versuchte, über permanente Aufklärung aus machtanbetenden Untertanen verantwortungsbewußte Individuen zu machen. Tucholsky erkannte bald, daß die einzelnen Institutionen wie Reichswehr, Justiz oder Beamtentum nicht der eigentliche Kern des Übels, sondern nur Symptome eines übergeordneten Interesses waren: der Macht an sich. «Es ist so schön, anzubeten – die Macht anzubeten, einfach: die Macht. Und es zeigt sich [...], wie die Macht den Menschen tötet – es zeigt sich auch [...], daß der schlimmste Götzenglaube feuerländischer Insulaner Mathematik ist gegen diesen europäischen Glauben: den Glauben an die Macht.»[236] Dies war das zentrale Thema, um das sich fast die gesamte Kritik Tucholskys an den einzelnen Institutionen gruppierte. In der Zusammenschau betrachtet, wirken seine Artikel wie sozialpsychologische Detailuntersuchungen über das Verhalten des Individuums in der Massengesellschaft und seine Einbindung in die Mechanismen von Herrschaft und Macht. Seine Bücherlisten belegen, daß er sich ausgiebig mit der entsprechenden Literatur beschäftigte. Nicht nur Georg Simmel und Sigmund Freud finden sich dort wieder, sondern auch Werke von Le Bon, Prinzhorn, Squillace, Rosenstock, Brupbacher oder Lou Andreas-Salomé. Verblüffend ist dabei, daß Tucholsky in vielen Arbeiten sozialwissenschaftliche Erkenntnisse unserer Zeit vorweggenommen hat. Anton Austermann machte bereits darauf aufmerksam, daß beispielsweise der 1929 entstandene Essay «Die Anstalt» bereits alle wichtigen Ergebnisse der erst 32 Jahre später erschienenen grundlegenden Arbeit des Amerikaners Erving Goffman zur «Theorie der totalen Institution» enthält.[237] Auch zahlreiche andere Texte Tucholskys sind soziologische Alltagsuntersuchungen und psychologische Fallstudien; Czokor nannte sie 1952 in seiner Rezension «klinisch beobachtende und unerbittlich kommentierende Prosaskizzen».[238]

«... wo die Geistigen dieses Landes so häufig und die politischen Mörder so selten stehen: auf der Anklagebank»

Tucholskys unermüdliche Hinweise auf die Gefahr, die von der völlig unveränderten Reichswehr ausging, wurden von den Politikern nicht zur Kenntnis genommen, im Gegenteil: Wegen «Beleidigung des Offizierskorps» hatte die Reichswehrführung mehrere Prozesse gegen ihn angestrengt. So stellte der Minister Noske Strafantrag gegen Kaspar Hauser und Siegfried Jacobsohn wegen Beleidigung der Truppen, weil Tucholsky/Hauser in seinem Gedicht «Unser Militär!» geschrieben hatte, daß die Freikorps von «Pater Noske» Gesindel mit schmutzigen Händen seien und in übelster Art gehaust hätten.[239] Auch durch den Artikel «Offiziere» in der USPD-Zeitung «Freiheit» fühlte sich die Reichswehr angegriffen, Tucholsky stand im November 1921 schließlich da, «wo die Geistigen dieses Landes so häufig und die politischen Mörder so selten stehen: auf der Anklagebank» in Moabit.[240] Das Gericht verneinte jedoch schon damals den Begriff der «kollektiven Personeneinheit», und die Offiziere seien auch nicht «in Bezug auf ihren Beruf» beleidigt worden, wie Carl von Ossietzky in seinem Bericht für die «Berliner Volks-Zeitung» aus dem Urteil zitierte.[241] Das Verfahren endete zum Ärger der Militärs mit einem Freispruch. Schon wegen eines Titelblatts des «Ulk» hatte die Reichswehrführung 1920 ein Verfahren gegen Tucholsky eingeleitet, weil er «den uniformierten Hochverrätern einen Klaps versetzt» hatte.[242] Ein kleines Mißgeschick Tucholskys verhalf der Reichswehr 1922 endlich zu ihrem ersten und einzigen Erfolg. In dem Artikel «Die Erdolchten», in dem er sich ausführlich mit dieser «Mischung aus Brutalität, Stumpfsinn, Überhebung und Mangel an Zivilcourage» des Offizierkorps beschäftigt hatte, verwechselte er die Namen von zwei Offizieren. Er entschuldigte sich zwar sofort persönlich und öffentlich in der «Weltbühne» bei dem zu Unrecht beschuldigten Oberst, fügte jedoch hinzu: «Die politischen Folgerungen und Urteile meines Aufsatzes bleiben von dieser Berichtigung selbstverständlich unberührt.»[243] Nachdem er den Prozeß schließlich verloren hatte,[244] konnte man im November 1923 in der «Weltbühne» lesen: «Nachdem ich mich überzeugt habe, daß die von mir in dem Artikel [...] gegen die Offiziere der Reichswehr im Allgemeinen und gegen einzelne von ihnen im Besondern erhobenen Vorwürfe sachlich unbegründet sind, nehme ich diese mit dem Ausdruck des Bedauerns zurück. Ignaz Wrobel.»[245]

Nicht nur Tucholsky wurde ständig mit Beleidigungsverfahren konfrontiert, die Zeitung «Die Republik» schrieb über die «ewig ‹beleidigte› Reichswehr», daß diese inzwischen in den «Ruf eines Reichs-Mimosen-Vereins» gekommen sei, wegen der «übergroßen Empfindlichkeit gegenüber der durchaus berechtigten Kritik der Presse. Es regnet geradezu Strafbefehle...»[246]

Nachdem der Reichswehrminister im Juli 1923 erneut Strafantrag gegen Tucholsky gestellt hatte, fragte er sich resigniert: «Warum quälen wir uns eigentlich mit dieser Republik herum? Regierungsrat will keiner von uns werden, und einen Orden wollen wir auch nicht – wir haben nur Kummer, Arbeit und sonst nichts davon. Gut. Aber nun auch noch von eben dieser Republik dauernd auf den Kopf zu kriegen, weil wir uns im Endeffekt schließlich gegen ihre Feinde wenden – dieses, Verehrte, fällt uns uff. [...] Immer und immer wieder raffen wir uns auf; immer und immer wieder haben wir geraten und zu helfen versucht; immer wieder, im Interesse der Sache und im Interesse der Republik, haben wir geschwiegen und da nichts gesagt, wo wir vielleicht hätten schaden können – immer und immer wieder haben wir Stange gehalten. Wofür eigentlich –?»[247]

Die Republik dachte gar nicht daran, lästige Warner wie Tucholsky zu schützen. Im Gegenteil: Ende Mai 1923 fand im Reichsjustizministerium eine Chefbesprechung statt, auf der deutlich schärfere Gesetze gegen die Presse verlangt wurden. Reichskanzlei und Justizministerium forderten eine Notverordnung des Reichspräsidenten, um Zeitungen schon beim Verdacht, «dass sie in Zukunft in einer die Interessen des Deutschen Reichs gefährdenden Weise» schreiben würden, verbieten zu können. «Seitens des Staatssekretärs Fritze vom Preussischen Justizministerium wurde vorgeschlagen, die Fassung nicht zu eng zu nehmen, sondern eine Generalklausel zu schaffen. Er legte insbesondere Wert darauf, dass diese Zeitungsverbote nicht nur dann zulässig sein sollten, wenn die Zeitung eine strafbare Handlung begangen habe, sondern schon dann, wenn nach der schädlichen, aber den Tatbestand einer strafbaren Handlung noch nicht erfüllenden bisherigen Schreibweise der Zeitung eine solche Schädigung in Zukunft zu erwarten ist.»[248] Es handelte sich hier nicht etwa um Forderungen aus dem Kreis der rechten Parteien, Preußen wurde damals von der SPD regiert, und auch der Reichspräsident Friedrich Ebert, der am 10. August 1923 das als «Verordnung des Reichspräsidenten zur Wiederherstellung der öffentlichen Sicherheit und Ordnung» bezeichnete Pressegesetz unterzeichnete, gehörte der SPD an. Um die Presse besser überwachen zu können, ordnete das Justizministerium später noch an, daß die Pressestellen der einzelnen Gerichte gleichzeitig die «Presseüberwachung» zu übernehmen haben. Angriffe auf die Justiz oder «Vorwürfe gegen Gerichtsurteile, gegen Handlungen von Richtern oder Staatsanwälten oder gegen Maßnahmen der Strafanstaltsverwaltung» mußten unverzüglich an die vorgesetzten Dienststellen gemeldet werden. Auch die Staatsanwaltschaften wurden zur gezielten «Pressebeobachtung» zu «dem Zwecke der Strafverfolgung» angewiesen. Der Kammergerichtspräsident von Berlin meldete daraufhin, daß in der Pressestelle in Moabit 41 Zeitungen und Zeitschriften durchgesehen würden, darunter alle Organe, in denen Tucholsky schrieb: vom «8-Uhr-Abendblatt» über die «Vossische Zeitung» bis zur «Weltbühne». Interessant dabei ist die feine Unterscheidung der Parteirichtungen. Die «Vossische» rangierte noch unter «demokratisch», «Die Weltbühne» dagegen als «republikanisch», für viele Juristen bereits ein Schimpfwort. Zuständig für die Überwachung war seit 1927 Landgerichtsrat Dr. Becher, der früher in der Redaktion der «Weserzeitung» gearbeitet hatte, für die auch Tucholsky und SJ gelegentlich geschrieben hatten.[249]

Nachdem sich der Jurist Dr. Kurt Tucholsky zunehmend auch mit der verhängnisvollen Rolle der Justiz beschäftigte, landete er schnell auf deren roter Liste. Wiederholt warf er der großen Mehrheit der Richter und Staatsanwälte vor, daß sie autoritär, monarchistisch bis offen reaktionär seien und sich nicht an die Verfassung hielten. Auch hier traf Tucholsky mit seiner Kritik meist ins Schwarze, denn die «Klassenjustiz» der Weimarer Republik war nicht nur in seinen

Augen «alles Mögliche», nur keine Justiz. Und wieder die prophetische Vorausschau: «Angemerkt mag sein, daß der heutige Typus noch Gold ist gegen jenen, der im Jahre 1940 Richter sein wird. Dieses verhetzte Kleinbürgertum, das heute auf den Universitäten randaliert, ist gefühlskälter und erbarmungsloser als selbst die vertrockneten alten Herren, die wir zu bekämpfen haben. [...] wenn diese Jungen einmal ihre Talare anziehen, werden unsre Kinder etwas erleben. Ihr Mangel an Rechtsgefühl ist vollkommen.»[250] Mit solchen Angriffen machte sich Tucholsky bei den Juristen nicht gerade beliebt. So ist es nicht weiter verwunderlich, daß 1929 Staatsanwälte selbst Bemerkungen in einer Nazi-Zeitung über angebliche Aussprüche Tucholskys zum Vorwand nahmen, gegen ihn ein Verfahren einzuleiten. Bedauernd mußte der Oberstaatsanwalt von Wiesbaden dem an diesem Vorgang sehr interessierten preußischen Justizminister dann allerdings berichten, daß das Verfahren eingestellt werden mußte, weil die Vorwürfe nicht haltbar waren. Auch das Verfahren wegen «Gotteslästerung», das 1928 aufgrund Tucholskys Gedicht «Gesang der englischen Chorknaben» von der Berliner Staatsanwaltschaft angestrengt wurde, mußte schließlich eingestellt werden.[251]

Gleichzeitig war in München ein Verfahren gegen Tucholsky anhängig wegen seines Artikels «Verhetzte Kinder, ohnmächtige Republik». Tucholsky warf dem Bearbeiter eines Geographie-Schulbuches vor: «Herr Wührer ist ein Fälscher und ein Lügner. Dieses Buch enthält eine Fülle von tatsächlichen Unwahrheiten, von verhetzenden Tendenzlügen übelster Art, von Stammtischgeschwätz, das lediglich zu dem Zweck aufgenommen ist, die Wahrheiten der ‹Münchner Neuesten Nachrichten› in wehrlose Kinder hineinzupressen.»[252] In einer fünfseitigen Stellungnahme an das Amtsgericht München bekräftigte Tucholsky im November seine Angriffe und fügte hinzu: «Diese Arbeit hat meine pacifistischen Gefühle verletzt, die genau, genau so schutzbedürftig sind wie die nationalen Gefühle.» Das Gericht sah das anders und schlug in der Verhandlung am 13. Dezember 1928 einen Vergleich vor, den Rechtsanwalt Apfel als Verteidiger Tucholskys auch noch annahm: Tucholsky mußte öffentlich widerrufen, eine «Buße» von 2000 Reichsmark zugunsten der Münchner Jugendfürsorge zahlen und die Gerichtskosten sowie die Kosten des Klägers übernehmen. 2000 Mark war damals eine enorme Summe, und Tucholsky zahlte sie in monatlichen Raten von

300 Mark.[253] Der Artikel «Die Geldstrafe» ist eine direkte Reaktion auf seine eigene Verurteilung. Tucholsky erregte sich darüber, daß die Richter wahllos Strafen von «Tausend Mark – zweitausend Mark – achthundert Mark» verhängten, ohne sich um die wirtschaftlichen Möglichkeiten des Verurteilten zu kümmern. «Wofür werden diese Geldstrafen entrichtet? Für die juristische Belehrung, die der Angeklagte empfangen hat? Für die Erlaubnis, mit beamteten Juristen in Berührung getreten zu sein? Für die Strafverfahren? Dann normiere man die Geldstrafen und setze einen Einheitspreis fest: Eine Mark fünfundneunzig, mit Rabatt.»[254]

SIEBEN

«... ich selbst habe die Hände in diesem Bottich gehabt, ich hätte es nicht tun dürfen, und ich bereue, was ich getan habe» [1]
Tucholsky über den Kampf um Oberschlesien

Als Folge des verlorenen Krieges mußte Deutschland mehr als 70000 Quadratkilometer, also rund 13 Prozent seines Staatsgebietes, abtreten, wobei der Verlust der Kolonien nicht mitgerechnet ist. Durch eine der wenigen Änderungen, die die deutsche Regierung im Vertrag von Versailles erreichen konnte, wurden für einige Gebiete wie Nordschleswig und Oberschlesien Volksabstimmungen vorgesehen, in denen die Bevölkerung über die künftige Staatszugehörigkeit entscheiden sollte. In Oberschlesien war die Lage besonders kompliziert, da 597 Gemeinden eine polnische und 664 Gemeinden eine deutsche Mehrheit hatten. Der polnische Präsident Marschall Piłsudski versuchte nach Ende des Krieges die Gunst der Stunde zu nutzen, um den alten polnischen Nationalstaat wiederherzustellen, in den Grenzen vor der sog. Ersten polnischen Teilung 1772.[2] Unterstützt von Frankreich, verlangte er deshalb auf der Pariser Friedenskonferenz auch die Abtretung Oberschlesiens ohne Abstimmung; Posen und Westpreußen waren durch Artikel 87 des Vertrags ohnehin bereits Polen zugesprochen worden. Nachdem sich die Engländer dieser Forderung widersetzten, wurde Oberschlesien bis zur endgültigen Entscheidung unter alliierte Verwaltung gestellt und Anfang 1920 von französischen, italienischen und englischen Truppen besetzt. Bei der Volksabstimmung am 20. März 1921 votierten rund 60 Prozent der Bevölkerung für den Verbleib bei Deutschland. Im Mai brach daraufhin ein polnischer Aufstand aus, der in erbitterte Kämpfe ausartete. Im Oktober 1921 beschloß der Völkerbund, Oberschlesien zwischen Deutschland und Polen aufzuteilen, wobei das wichtige Industriegebiet zwischen Kattowitz, Beuthen, Ratibor und Rosenberg den Polen zugesprochen wurde.

Die Abtretung ehemals von Preußen annektierter Gebiete im Osten erzürnte die Deutschen in besonderem Maße; keine der Weimarer Regierungen wollte sich mit dieser «Verstümmelung» des Reiches abfinden. Auch Tucholsky dichtete zum Jahresanfang 1919 im «Ulk» über die «klemmenden Zangen» im Osten und Westen und fragte:

> Wie ist das zunächst mit Oberschlesien?
> Sind da die Herren Schwarzröcke im Spiel gewesien?
> Oder markieren alldort die lieben Polen
> den Teufel, der die Deutschen will holen?

Und mit vielen Ausrufezeichen versehen forderte er: «Ein Deutschland!», «ein Vaterland!»[3] Der Widerstand gegen eine Abtretung hatte besondere Gründe: Oberschlesien war das Gebiet mit dem größten Steinkohlevorrat des gesamten europäischen Festlands; dort befanden sich riesige Eisen-, Zink- und Bleierzvorkommen. Sie bildeten die Basis für eines der wichtigsten Industriereviere Deutschlands mit Zink- und Bleierzgruben, Silberhütten, Kohlegruben, Hochöfen, Eisen- und Stahlwerken, in denen insgesamt etwa 280000 Arbeiter beschäftigt wurden. Da das Deutsche Reich nach dem Versailler Vertrag jährlich rund 40 Millionen Tonnen Kohle an die Siegermächte liefern mußte, war dieses riesige Industriegebiet lebensnotwendig. Die abzuliefernde Menge entsprach etwa der jährlichen Förderung in Oberschlesien.

Statt auf friedliche Verständigung mit den Polen setzte die deutsche Regierung anfänglich auf militärische Präsenz und schürte somit die ohnehin vorhandenen Nationalitätenkonflikte in diesen Gebieten. Der Chef der Heeresleitung, Hans von Seeckt, hatte die Marschrichtung vorgegeben: «Um Polen, diesen Todfeind Deutschlands, Geschöpf und Bundesgenosse Frankreichs, Räuber deutschen Bodens, Vernichter deutscher Kultur, vor dem Bolschewismus zu retten, darf sich keine deutsche Hand rühren, und will der Teufel Polen holen, wir sollten ihm helfen.»[4] Die erste Quittung für ihre verfehlte Sozial- und Bevölkerungspolitik der letzten Jahrzehnte bekamen die Deutschen bei den Kommunalwahlen in Oberschlesien im November 1919: in den ländlichen Gemeinden erreichten die polnischen Vertreter eine deutliche Mehrheit.[5] Erst jetzt begriffen die verantwortlichen Politiker, daß Oberschlesien an Polen verlorengehen könnte, daß die Abstimmung nicht zwangsläufig zu ihren Gunsten ausgehen mußte. Hellmut von Gerlach informierte 1919 in einer Broschüre des «Bundes Neues Vaterland» über die verhängnisvollen Folgen der deutschen «Prestige»-Politik gegenüber Polen und schilderte die verheerenden Auswirkungen, die beispielsweise der Einsatz von Reichswehrtruppen und Freikorps in den östlichen Gebieten hatte. Überschrieben war der Bericht mit dem Titel: «Der Zusammenbruch der deutschen Polenpolitik». Gerlach forderte zum Schluß: «Die Vergangenheit war grauenhaft und schuldbeladen; arbeiten wir statt für eine Zukunft der Völkerverhetzung für eine Zukunft der Völkerverständigung, für eine Zukunft des Rechts und der Gerechtigkeit!»[6]

Für solch ein friedliches Zusammenleben fehlte aber auf beiden Seiten die Bereitschaft. Die Polen wurden in ihren Nationalstaatsplänen offen von den Franzosen unterstützt, die an einer Schwächung des Deutschen Reichs interessiert waren. Die Deutschen dagegen versuchten mit allen Mitteln, eine Abtrennung Oberschlesiens vom Reich zu verhindern. Den «Grundzug und das Wesentliche des deutschen Kampfes» bildete eine antipolnische Propaganda auf allen Ebenen. Das Ergebnis war ein Konflikt, der «in Oberschlesien Haus um Haus anfraß, Nachbarn entzweite, Väter zu Feinden ihrer Söhne, Kinder zu Hassern ihrer Eltern gemacht hat»[7] und in den folgenden Jahren immer wieder zu gewalttätigen Auseinandersetzungen führte. Im August 1919 weitete sich ein Streik zu einem offenen Aufstand der polnischen Bevölkerung gegen Deutschland aus, nachdem die Reichsregierung Truppen gegen die Streikenden eingesetzt hatte. Im August 1920 kam es wieder zu schweren Zusammenstößen zwischen Deutschen und Polen, die sich schließlich zu einem erneuten Aufstand der Polen ausweiteten. In Berlin demonstrierten daraufhin rund 50000 Menschen für ein deutsches Oberschlesien, selbst in den liberalen Blättern setzte eine polemische Hetzkampagne gegen die «polnischen Horden» ein. Über viele Monate hinweg war Oberschlesien ein beherrschendes Thema in der gesamten deutschen Presse und Öffentlichkeit. Sogar für Briefe und Mitteilungen gab es

Aufkleber mit verschiedenen Motiven, etwa: «Du mußt frieren, wenn wir O.S. verlieren» oder «Pieronie lach nicht. Ich wähle Deutsch.»[8] Pieronie war ein Schimpfname, abgeleitet von Pieron: Dich soll der Blitz treffen.

In Oberschlesien selbst erschien eine breite Palette von Zeitungen und Zeitschriften, die die deutsche «Heimattreue» festigen sollten, das Land wurde mit Papier überschüttet, fast zugedeckt. Ein großer Teil dieser Presse wurde direkt oder indirekt von der preußischen Regierung oder vom Reich finanziert und unterstützt.[9] Da es dabei viel Geld zu verdienen gab, tummelten sich auf diesem Gebiet bald zahlreiche Gruppen und Grüppchen, so daß es zur Zersplitterung der Propaganda kam, die sich schnell nachteilig auswirkte. Für die deutsche Abstimmungspropaganda zeichnete der Landrat des Kreises Rybnik, Hans Lukaschek[10], verantwortlich, er war «gleichsam der führende Generalstäbler»[11] und zudem Leiter des «Schlesischen Ausschusses».[12] Er versuchte die Aktivitäten der verschiedenen Organisationen zu koordinieren und warnte immer wieder das Innenministerium vor dubiosen Vereinigungen, die lediglich schnell Geld verdienen wollten.[13] Vor allem beklagte er, daß immer mehr Gruppen in Berlin entstünden, die von Oberschlesien und seinen Problemen überhaupt keine Ahnung, dafür aber gänzlich falsche Vorstellungen von den Möglichkeiten und Aufgaben hätten. Die ganze Propagandaarbeit sei aber nur dann sinnvoll, wenn sie in Oberschlesien selbst gemacht und auf das Land und die Bewohner zugeschnitten werde.

Solche Kenntnisse waren in der Tat erforderlich, galt es doch, die immer stärker werdenden polnischen Einflüsse zurückzudrängen und den polnischen Zeitungen wirksame Propagandamittel entgegenzusetzen. Der polnische Abstimmungskommissar Korfanty[14], als ehemaliger Reichstagsabgeordneter mit der deutschen Mentalität gut vertraut, hatte inzwischen eine zentral und straff geführte Propagandamaschinerie ins Leben gerufen, deren Aktivitäten den Deutschen zunehmend zu schaffen machten und die wirkungsvoll die polnischen Massen gegen ihre ehemaligen Ausbeuter, die Deutschen, aufstachelte. Nachdem die Polen am 17. Juni 1920 ein ausgezeichnetes Witzblatt namens «Kocynder» (Tagedieb) auf den Markt gebracht hatten, reagierte die deutsche Seite sofort mit der Gründung der Zeitschrift «Pieron»[15]. Regierungsrat Dr. Spiecker[16], unter anderem preußischer Staatskommissar für Oberschlesien, beauftragte das renommierte Nachrichten- und Korrespondenzbüro Dr. Rudolf Dammert[17] in Berlin mit der Aufgabe, geeignete Mitarbeiter zu werben. Dammert wiederum wandte sich an Tucholsky, der dann Ende Juni die Redaktion des «Pieron» übernahm.[18] Bald bekam auch Siegfried Jacobsohn Briefe seines Mitarbeiters mit dem neuen Briefkopf: «REDAKTION DES ‹PIERON› DR. KURT TUCHOLSKY», Redaktionsadresse war seine neue Wohnung in Berlin-Friedenau, Kaiserallee 79.

Tucholsky hatte als Redakteur des «Ulk» gezeigt, daß er durchaus auch bissig und scharf sein konnte, mitunter auch derb und verletzend. Da der polnische «Kocynder» alles andere als zahm war und die Deutschen ungeniert und mitunter drastisch verspottete, durfte ein deutsches Gegenstück nicht nur lahme Witzchen machen, es sollte angreifen und dem polnischen Blatt an Derbheit nichts schuldig bleiben. Gerade während der Revolutionszeit hatte Tucholsky bewiesen, daß er diese Art von Polemik beherrschte. Da er beim «Pieron», anders als beim «Ulk», auch nicht mit Geld sparen mußte, konnte er die besten Karikaturisten einkaufen: Fritz Wolff, Willi Steinert, Paul Halke, Erich Wilke, Olaf Gulbransson, Heinrich Zille, Arthur Johnsohn, «die ganz besonders gemeinen und abscheulichen Sachen» übernahmen Walter Trier und Kurt Szafranski.[19] Welche Autoren Tucholsky zur Mitarbeit gewinnen konnte, läßt sich nicht mehr feststellen, da alle Beiträge anonym oder mit Pseudonymen wie Jeremias, bimbam oder Schmock erschienen sind. Lediglich der oberschlesische Mundartdichter und Lehrer Hans Pilot, der die Breslauer Redaktion übernommen hatte und später für das übelste antisemitische Hetzorgan «Der Stürmer» arbeitete, lüftete seine Pseudonyme: Hans Siling, Stefflik Klappidudek, Der kräftige Oberschlesier und Der lustige Pieron.[20]

Tucholsky ist in dieses Abenteuer nicht versehentlich hineingeschlittert, an Warnungen hatte es zuvor nicht gefehlt. Zudem war er durch die Zeitungen, an denen er mitarbeitete, ausführlich über die Vorgänge in Oberschlesien informiert, besonders die USPD-Presse lehnte die Politik der Regierung in dieser Frage völlig ab. Auch Siegfried Jacobsohn, den Tucholsky erst nach Abschluß des Vertrags mit Dammert über seine neuen Aktivitäten unterrichtete, war nicht sehr erbaut davon. «In Sachen Dammert bin ich ziemlich besorgt – nicht meinet-, sondern Ihretwegen. Wenn man so miteinander steht wie wir beide, schreibt man von dergleichen nicht nachher, sondern vorher.»[21] Einen Monat später war Jacobsohn dann auch seinetwegen besorgt, denn Tucholsky lieferte kaum noch Beiträge für die «Weltbühne»: «das ist leider alles Lüge oder gar, was noch schlimmer wäre, Selbstbelügung. Sie konnten nur nicht mehr für mich arbeiten, weil andre Stellen besser zahlten, keineswegs, weil Sie leer waren. Was ich an andern Stellen von Ihnen gesehen habe, war durchaus respektabel. Aber mit dem Verleger der ‹Berliner Volks-Zeitung›, der Parteikasse der U.S.P.D. und Herrn Dammert kann ich eben nicht konkurrieren.»[22] Jacobsohn traf mit dieser Bemerkung ins Schwarze, denn Tucholsky brauchte gerade zu dieser Zeit viel Geld. Nach der plötzlichen Heirat mit Else Weil mußte er nun die neue, gemeinsame Wohnung einrichten, was bei seinem gehobenen Geschmack nicht ganz billig war, ein Dienstmädchen mußte eingestellt werden, und für den Sommer war eine längere Urlaubsreise geplant.[23] Im April 1920 bat er deshalb Jacobsohn um die Rückzahlung des Darlehens von 4000 Mark, das er der «Weltbühne» gegeben hatte.[24] Schon im November 1919 hatte er jährlich 30000 Mark als Minimum veranschlagt, um ordentlich leben und eine vernünftige Ehe führen zu können.[25] Die dauernden «Geldsorgen» ärgerten Tucholsky, und so war ihm das lukrative Angebot Dammerts höchst willkommen.

Der «Pieron» löste seit seinem Erscheinen die heftigsten Reaktionen aus und gehörte schnell zu den drei wichtigsten und einflußreichsten Presseorganen im Abstimmungskampf.[26] Die «saftige Sprache» und die «scharfen Karikaturen» stachelten die Emotionen bei den Deutschen genauso wie bei den Polen in Oberschlesien auf, und es gab vom ersten Heft an Schwierigkeiten. Gleich der Auftakt mißlang: Die Zeichnungen waren zu erotisch, der redaktionelle Teil so wenig auf die oberschlesischen Belange ausgerichtet, daß das erste Heft gar nicht zur Auslieferung kam.[27] Dem gesamten Stil des «Pieron» merkte man – auch in den weiteren Heften – an, daß er in Berlin und nicht in Breslau gemacht worden war: «Schärfste Luft aus Großstadtgassen mit ihrer schonungslos bitteren Satire, draufgängerischem Spott, aber zugleich auch zynischer Weltweisheit», so charakterisierte Rudolf Vogel das Blatt. Der «beißende Spott der Berliner

Zeichner, unterstützt durch die Routine und die Schulung in der Weckung von erotischen, revolutionären und sentimentalen Instinkten, über die die Künstler in reichem Maße verfügten», schlug trotzdem fast blitzartig in Oberschlesien ein und bescherte dem Blatt die sehr hohe Auflage von wöchentlich fast 45 000 Exemplaren. Die polnische Seite versuchte anfangs noch, den «Pieron» lächerlich zu machen und druckte spaltenlange Entgegnungen in ihren Zeitungen. Als die Angriffe des «Pieron» gegen die Polen aber immer drastischer wurden, drohte Korfanty öffentlich, daß alle an dieser Zeitschrift beteiligten Herausgeber, Mitarbeiter und Verteiler in alle Ewigkeit mit exemplarischer Bestrafung zu rechnen hätten, auch wenn allen anderen Deutschen längst vergeben sein sollte. Der «Pieron» druckte diese Drohung unter der Rubrik «Witze» ab und überwies Korfanty sogar noch 20 Mark Verfasserhonorar.[28] Unzählige Drohbriefe gingen ein, und amtliche deutsche Stellen schickten Warnungen, die Anzeichen würden sich mehren, daß die Redaktion des «Pieron» demnächst in die Luft gesprengt werden solle.

Tucholsky war in der Tat nicht sehr zimperlich. Er setzte hier seine Erkenntnis um, daß man «unbedenklich, demagogisch, völlig subjektiv und hemmungslos arbeiten» müsse, wenn man auf «Massen» einwirken wolle.[29] Das Ergebnis war dementsprechend: Die Polen wurden grundsätzlich als dreckig, faul, feige, verworfen und versoffen dargestellt, auch geistig mehr ins primitive Tierreich gehörig als zur ordnungsliebenden Menschheit. Nicht selten wurde der Pole als Wanze oder Laus dargestellt, als Neandertaler in Lumpen, als polnisches Ungeziefer. Ein Mann, der bis zum Hals in einer Latrine steckt, wird beispielsweise gefragt: «Was machst du denn da unten, Mensch?» Antwort: «Ich fang langsam an, mich an polnische Zustände zu gewöhnen!» Die Unterschrift zu einem Bild, auf dem eine Laus mit polnischer Militärmütze auf dem Kopf abgebildet ist, lautet: «Ich wähle polnisch!» Das Titelblatt vom 25. September 1920 zeigt einen Wald mit einem Kreuz zwischen den Bäumen: «Hier ruhen zehn Männer, deren Verbrechen es war, deutsch zu denken.» Auf den Innenseiten geht es dann munter weiter: Willi Steinert zeichnete «Polnische Insurgenten», bis an die Zähne bewaffnet, mit viehischem Gesichtsausdruck, kurz: «Untermenschen». Der Textteil bietet kaum anderes. Polnische Hexen trinken Blut, weil Mord ihnen Trost ist, sie bringen Aufruhr ins Land und brauen «Lügenschnaps» und

«Verleumdungs-Gestreiften»: «Wir polnischen Hexen – wir spein auf den Frieden –/ Wir säen die Hetze – wir sind nie zufrieden!»[30] Dies ist eines der Gedichte, das mit ziemlicher Sicherheit von Tucholsky stammt.

Hier wurde systematisch das Bild vom «polnischen Ungeziefer», vom «Polenschwein» gezüchtet, das sich an ordentlichen deutschen Menschen vergreift und die blühende deutsche Wirtschaftsregion Oberschlesien annektieren will. Die «Arbeit haßt [der Pole] fast noch mehr wie den Deutschen. Deshalb verlangt er lieber die fertigen Betriebe in Oberschlesien.» Der gemeingefährliche Irre Korfanty und seine Meuchelmörder würden dabei auch vor Terror und Mord nicht zurückschrecken. Die Deutschen hingegen seien anständige, gebildete Leute, die nur das Wohl der Oberschlesier im Sinne hätten.

Fairerweise muß man dazu sagen, daß auch die polnische Agitation unter dem polnischen Abstimmungskommissar Korfanty nicht besonders zahm war. Beide Seiten gingen derb, hart und schonungslos mit dem jeweiligen Gegner um. Das Ergebnis dieser gegenseitigen Volksverhetzung war katastrophal.[31] Immer öfters entluden sich die Spannungen zwischen den Nationalitäten in blutigen Zusammenstößen, in Streiks und Aufständen. Die deutschen Sicherheitswehren und Freikorps wüteten nicht weniger als Korfantys Stoßtrupps. 1928 kam während eines Prozesses noch einmal an die Öffentlichkeit, daß «in Oberschlesien in den Jahren 1920–23 von insgesamt 160 Fememördern nicht weniger als 200 Femegerichte abgehalten wurden, und zwar im amtlichen Auftrag des allerchristlichsten Zentrumsmannes Dr. Spiecker, damals Reichskommissar für das oberschlesische Abstimmungsgebiet, des Sozialdemokraten Zimmer, heute noch Oberpräsident in Breslau, und des Sozialdemokraten Ernst, früher Polizeipräsident in Berlin, dann in Breslau. Spiecker gab seine Aufträge unter Decknamen über die Nachrichtenstelle des Oberkommissars an die Femerichter».[32] Diese von «Klerikalen und Sozialdemokraten amtlich betreuten Umlegegerichte in Schlesien», wie Erich Mühsam sie nannte, bekamen demnach ihre Weisungen also ausgerechnet von Tucholskys Chef Karl Spiecker über die Geschäftsadresse in Breslau, die auch für den «Pieron» zuständig war. Im Stettiner Fememordprozeß 1928 bestritt Spiecker alle Vorwürfe und behauptete sogar, er wisse von solchen Morden in Oberschlesien nichts.[33] Aber auch Berthold Jacob, den Steinert abschätzig «Fehmeausschlächter Salomon»[34] nannte, machte in der «Weltbühne» deutlich, daß Spiecker in dem Prozeß lediglich seine Leute gedeckt habe, Leute, die in halbamtlichem Auftrag gemordet hatten.[35] Spieckers geheime Machenschaften waren damals auch durchaus bekannt gewesen. So mußte er sich im Juni 1920 in der «Grenzzeitung» beispielsweise öffentlich fragen lassen, ob er sich noch erinnere, welche Aufträge er Wulsow, Meyer und Auenstein gegeben habe. Auenstein war identisch mit dem berüchtigten Fememörder Hauenstein, der als Angeklagter 1928 gestand, daß allein er damals «zweihundert Morde begangen oder angestiftet habe»[36].

Spiecker, der sich meist unter verschiedenen Decknamen in Oberschlesien aufhielt, war die wohl geheimnisvollste und schillerndste Figur des Abstimmungskampfes. Seine Organisation, die sich offiziell «Presseabteilung Spiecker» nannte, war die «Abteilung des Bevollmächtigten des Staatskommissars für öffentliche Ordnung und Sicherheit» in Breslau. Die Herausgabe von Kampfblättern, Flugblättern und sonstigen Schriften war nur ein kleiner Teil seiner Aufgaben. Daß ihm so ziemlich jedes Mittel recht war, zeigte er aber auch hier: Er hielt sich zum Beispiel offiziell auch als «Spezialist zur Bekämpfung der Bolschewistengefahr» in Oberschlesien auf, was ihn allerdings nicht daran hinderte, ein regelmäßig erscheinendes Flugblatt herauszugeben, das von Kommunisten verteilt wurde und «Der Marxist» hieß.[37] Spieckers eigentliche Aufgaben hießen jedoch: Aufbau eines geheimen Nachrichten- und Propagandadienstes sowie Organisation des sog. «Deutschen Selbstschutzes» und des politischen Abwehrdienstes. Spiecker führte einen Kampf, der «mit allen Mitteln der Verschwörung, der Bespitzelung, des Terrors, des Raubens und Mordens geführt worden ist», wie er rückblickend selbst schrieb.[38] Daß er als Spezialist für «stille Propaganda» auch Auftraggeber der Fememörder war, machte sogar Vogel in seinem durchaus wohlwollenden Bericht über ihn deutlich, entschuldigte dessen «unangenehmste Aufgabe» aber damit, daß in Oberschlesien ein «latenter Kriegszustand» geherrscht habe.[39]

Das alles konnte Tucholsky nicht verborgen bleiben. Beschützt von Leibwächtern, reiste er zusammen mit Willi Steinert und Spiecker im Herbst 1920 durch Oberschlesien; in Pressekreisen war Spieckers Arbeit zum großen Teil durchaus bekannt, man sprach mit einer «geheimnisvollen Scheu» und gleichzeitig Bewunderung von ihm. Daß Tucholsky auch das Treiben der Freikorps nicht ganz unbekannt geblieben war, zeigen einige seiner Artikel in der «Freiheit», in denen er die «sinnlose und unnütze Arbeit» dieser Truppen anprangerte und sie als «Geschmeiß bewaffneter Militaristen» bezeichnete.[40] 1929 wurde er dann wesentlich deutlicher: «Auf beiden Seiten ist gemordet und spioniert worden, verraten und gekauft und verkauft; bestialische Untaten sind verübt worden und ungesühnt geblieben.»[41] Tucholsky war also in denkbar schlechter Gesellschaft, die mit seinem sonstigen Engagement zu dieser Zeit nicht in Einklang zu bringen ist. Er war sich dessen auch durchaus bewußt und notierte im August 1920 im «Blauen Tagebuch», daß er ein «gespaltenes und nervöses» Leben führe, «glatt, verbindlich, zum Teil verlogen und schlängelnd».[42] Wie gespalten, schlängelnd und zum Teil verlogen Tucholskys Verhalten tatsächlich war, wird deutlich, wenn man sich den Artikel «Zehn Prozent» ansieht, der am 6. Oktober 1920 in der USPD-Zeitung «Freiheit» erschien. Während er für den «Schlesischen Ausschuß» arbeitete und aktiv an dessen Propaganda mitmachte, verurteilte er genau diese Art von Tätigkeit als Verschwendung von Steuergeldern: «Von deinen paar Lappen zahlt er [der Staat] die ‹Propaganda›. Ich weiß nicht genau, was das ist, aber jeder zweite Mensch in Deutschland macht heutzutage Propaganda. Weil die Engländer sich bei einer klugen Sache der Propaganda bedienten, glauben diese Hohlköpfe, die Propaganda genüge, und auf die kluge Sache käme es nicht an. Und nun machen sie eine Wirtschaft mit Pressestellen und Flugblättern und Heften, die kein Mensch liest, und mit Plakaten... Sie stehen sich ganz gut dabei.»[43] Tucholsky wußte, wovon er schrieb, verdiente er doch selbst ausgezeichnet an diesen Sachen, von denen er angeblich nicht genau wußte, was das ist. Seine Redaktion war ja auch nicht nur für den «Pieron» zuständig, auch zahlreiche Plakate und Flugblätter wurden dort entwickelt.[44]

Es läßt sich nicht mehr ermitteln, wieviel Tucholsky tatsächlich verdiente, sein Kollege Steinert jedenfalls konnte sich von den Einkünften aus der Zeitschrift ein Haus auf Fehmarn kaufen, das er «Villa Pieron» nannte.[45] Die noch erhaltenen Überweisungsblätter für 1921 belegen Tucholskys Aussage, daß hier Steuergelder in erheblichem Umfang verschleudert wurden. So bekam etwa Willi Steinert in nur knapp vier Monaten, von Januar bis April 1921, über 66000

Mark. Für eine Zeichnung im «Pieron» wurde mehr bezahlt, als Tucholsky von der «Weltbühne» in einem ganzen Monat bekam.[46] Unter diesen Umständen ist es verständlich, daß er nicht gerade begeistert darüber war, seine Redakteursstelle Ende 1920 aufgeben zu müssen, und er tat es ja auch nur nach außen hin, um den immer stärker werdenden Angriffen zu entgehen.

Seit seinem Erscheinen war der «Pieron» wachsender Kritik ausgesetzt. In der polnischen «Gazeta Opolska» hieß es: «Aus jedem Wort sieht man, dass ihn fremde Maler und Schriftsteller erzeugt haben, die mit dem oberschlesischen Volke so viel Gemeinsames haben, als dass sie von seinem Gelde leben wollen.»[47] Daß die polnische Presse auf das deutsche «Witzblatt» schimpfte, ist verständlich. Aber auch in gemäßigten deutschen Kreisen stieß der «Pieron» von Anfang an auf heftigen Widerstand. Das Zentrumsblatt «Germania» vermerkte nach den ersten sechs Nummern, daß das Witzblatt «an Geschmacklosigkeit und Verstößen gegen die guten Sitten – Zille gehört zu seinen Illustratoren! – das denkbar mögliche zu leisten sucht». Im November 1920 setzte dann auf breiter Front eine Diskussion um den «Pieron» ein. Zwar wurde anerkannt, daß das deutsche Blatt besser sei als sein polnisches Gegenstück, aber beide hätten den gleichen Fehler: «Die Gegensätze zwischen dem Deutschtum und dem Polentum werden durch sie immer mehr verschärft und der Haß zwischen beiden Nationalitäten vergrößert. Darum fort mit dem ‹Kotzynder› und ‹Pieron› aus Oberschlesien.» In Hans Reimanns Zeitschrift «Der Drache» wurde bemängelt, daß «das in Berlin unter Staats-Ägide erscheinende» Heft «ein gut Teil der zehnprozentigen Einkommenssteuer verschlingt», und der Berichterstatter der «Vossischen Zeitung» schrieb am 29. November, es sei dringend notwendig, «daß das geschmacklose Witzblatt *‹Pieron› von der Bildfläche verschwindet.* Denn es ist, von einem mit oberschlesischen Verhältnissen in keiner Weise vertrauten Berliner politischen Literaten geleitet, nicht dazu angetan, die so notwendige Versöhnung der zweistämmigen Volksteile in Oberschlesien zu fördern».[48]

Nachdem ihm deshalb auch noch die Mitarbeiter der Redaktion der «Freiheit» durch Mehrheitsbeschluß eine weitere Mitwirkung an der USPD-Zeitung untersagten, entschloß Tucholsky sich, die Leitung des «Pieron» offiziell abzugeben. Er bat den Leiter des «Schlesischen Ausschusses» darum, zum 31. Dezember 1920 seinen Vertrag aufzulösen. «Man hat mir in maßgebenden politischen Kreisen Berlin[s] meine Mitarbeit an der Schlesischen Propaganda aus innerpolitischen und persönlichen Gründen derart verübelt, daß schwerwiegende Angriffe auf die gesamte Propaganda sowie auf meine Person nicht ausgeblieben wären. Beide hätten meines Erachtens ein Ausmaß erreicht, das der Propaganda geschadet und mich selbst unmöglich gemacht hätte. [...] Ich lege daher die mir erteilten Aufträge auf den Gebieten des Pieron, des Werbedienstes und der gesamten sonstigen Propaganda in Ihre Hände zurück und danke Ihnen vielmals für das mir bewiesene Vertrauen sowie für Ihre große Unterstützung in unserer Zusammenarbeit.»[49] Er wolle dann mit Herrn Dammert abrechnen und das gesamte Material an Willi Steinert übergeben. Das Überweisungsheft von Willi Steinert beweist jedoch, daß Tucholsky sich nur vordergründig zurückzog. Für Januar und Februar 1921 bekam er noch 4322 Mark, ausgewiesen als «Spesen»,[50] Tucholsky hatte aber auch weiterhin Zugriff auf das Konto: Die letzten Abrechnungen von Mitte März bis zur Auflösung am 18. April sind von seiner Hand eingetragen. Noch 1924 fühlte er «sich seinerzeit ein wenig im Stich gelassen», wie er Willi Steinert schrieb,[51] und mit Dr. Spiecker, den er sehr schätzte, blieb Tucholsky noch lange Jahre in engem Kontakt.[52]

Dieser «halbherzige» Ausstieg nutzte Tucholsky jedoch bei der USPD vorerst nicht viel. Weder für das Zentralorgan «Freiheit» noch für die illustrierte Wochenschrift «Freie Welt» durfte er wieder schreiben. Dabei war gerade auch die «Freie Welt» den Polen gegenüber nicht besonders zimperlich. Am 24. Oktober 1920 zierte zum Beispiel eine Zeichnung von Karl Holtz das Titelblatt, auf der ein polnischer Kindergreis mit Bleisoldaten, Galgen, umgestürzten Häusern und Kanonen spielt. Der Untertitel lautet: «Was der kleine Pole schon alles gelernt hat: Völker knechten, fremde Städte besetzen, Arbeiter hängen und das Soldatenspiel». Die USPD gab in Oberschlesien sogar ein eigenes Organ heraus, die «Zukunft Oberschlesiens», das die Aufrufe des deutschen Plebiszitkommissars abdruckte und unbedingt für den Verbleib bei Deutschland eintrat.[53] Es dauerte noch über ein Jahr, bis sich der Parteivorstand mit dem Zerwürfnis zwischen Redaktion und Tucholsky beschäftigte. Auslöser dafür war ein Brief Fritz Danzigers von Anfang April 1922 an den Genossen Wilhelm Dittmann von der Parteiführung, daß es keine Persönlichkeit gebe, «die von größerem Nutzen für die ‹Freiheit› sein kann, soweit Kampf gegen Militarismus, Soldatenwesen, Unfreiheit, Sklaverei, dann aber für geistvolle Dichtung, Belletristik und andere wichtige Dinge sein kann» als Tucholsky.[54] Zwei Monate später beauftragte das Zentralkomitee der USPD eine Schiedskommission unter Parteichef Ledebour und Künstler damit, den Fall Tucholsky zu prüfen. Das Ergebnis war eine Entlastung Tucholskys, da seine Tätigkeit für den «Pieron» nicht «als antisozialistisch, antirepublikanisch oder überhaupt gegen die Bestrebungen der U.S.P.D. gerichtet ausgelegt werden» könne. Seine regelmäßige Mitarbeit an den Parteiblättern sei deshalb durchaus erwünscht, wie das Protokoll vom 17. Juni 1922 zum Schluß festhielt.[55] Nach elf Beiträgen Tucholskys war aber bereits wieder Schluß. Im September 1922 löste sich die USPD auf, ein Teil der Mitglieder ging zur KPD, der Rest verschmolz mit der SPD, und die «Freiheit» stellte am 30. September ihr Erscheinen ein. Ihre Leser wurden an den «Vorwärts» verwiesen. Wie Tucholsky selbst schrieb, blieb er nach der Auflösung der USPD Mitglied der SPD, aktiv wurde er in dieser Partei sicher nicht mehr.[56]

Auch zu einer erneuten Zusammenarbeit mit dem «Vorwärts» kam es nicht mehr, wenn man von dem Gedenkartikel zum 9. November absieht, der 1922 unter dem Titel «Revolution beim preußischen Kommiß» erschien.[57] Danzigers Bemerkung über die Redaktionskollegen der «Freiheit», die geistvoll sein wollten und deshalb oft unverständlich und langweilig schrieben und denen Tucholskys populäre Art unangenehm sei, hätte auch auf den «Vorwärts» gepaßt; sie deckte sich völlig mit Tucholskys Ansicht: «Der *‹Vorwärts›* ist heute noch so verkalkt wie damals, als ich bei ihm anfangen wollte»[58].

«Was tut eigentlich die Republik für die Republik?»

1921 ging Tucholskys Produktion drastisch zurück, statt 250 Arbeiten wie im Jahr zuvor erschienen nicht einmal mehr 100 Beiträge in den verschiedenen Blättern. Für die USPD-Organe durfte er wegen seiner Mitarbeit im «Schlesischen Ausschuß» nicht mehr schreiben, auch in anderen Blättern wie «Berliner Tageblatt» oder «Berliner Volks-Zeitung» waren weder Kurt Tucholsky noch eines seiner Pseudonyme vertreten. Selbst in der «Weltbühne», in der nun der größte Teil seiner Arbeiten erschien, tauchten immer häufiger Peter Panters Betrachtungen über Theater, Bücher und das Varieté auf, seltener wurden dagegen Ignaz Wrobels bissige Zeitkommentare oder Theobald Tigers gereimte Leitartikel. Nach einigen Gesprächen mit «Regierungsmitgliedern und ihren Freunden» kam Tucholsky zu der Einsicht, daß sein Kampf wohl vergeblich war: Sie hätten eine verblüffende Menschenunkenntnis und jeden Kontakt mit den «unruhig quirlenden Massen» verloren. Sie läsen keine oppositionellen Zeitungen mehr, «es sei denn, um gegen sie einzuschreiten», und der funktionierende Apparat sei ihnen wichtiger als sachliche Veränderungen und Ziele.[59]

Angesichts solcher Erfahrungen fragte sich Tucholsky immer öfter, warum er sich eigentlich noch mit dieser «zufälligen Republik» herumplagen sollte. Leben konnte er von den Honoraren der «Weltbühne» ohnehin nicht, seine Haupteinnahmequelle war zu dieser Zeit die Arbeit an den Nelson-Revuen. Sich weiterhin täglich mit den politischen Widrigkeiten abmühen? Im Oktober 1921 hatte Tucholsky schon eine Buchbesprechung zum Anlaß genommen, seine Gedanken darüber offen auszusprechen: «Macht es nicht müde, tagaus, tagein dasselbe zu sagen und zu schreiben, sich vorwerfen zu lassen: Ah, schon wieder! – und es dann doch wieder zu tun, nicht aus Armut, sondern aus dem Gefühl heraus, daß gewisse Anschauungen in die deutschen Köpfe gehämmert werden müssen? Es macht müde. Und es kommt wohl bei allen, die nachdenken, der Punkt, wo sie zögern, zaudern, zweifeln... Sollen wir noch?»[60] Derartige Zweifel finden sich in den Heften der «Weltbühne» häufiger. Siegfried Jacobsohn hatte sie jedoch schon Anfang 1919 mit einem Goethe-Zitat beantwortet: «Daß man geplagt ist mit kleinen Geschäften, ist einmal Schicksal. In der Jugend traut man sich zu, daß man den Menschen Paläste bauen könne, und wenns um und an kommt, so hat man alle Hände voll zu tun, nur ihren Mist beiseite zu bringen. Es gehört immer viel Resignation zu diesem eklen Geschäft, indessen muß es auch sein.»[61]

Nach dieser Devise raffte sich Tucholsky erneut auf, «den Leuten *das* einzuhämmern, was sie doch erst einmal wissen müßten, bevor sich die Grundlage für ihre Wandlung bilden kann»[62]. Noch rief er den Politikern sein «He, Republik –!»[63] zu, erklärte geduldig-ungeduldig, was «hier gespielt wird». Als sich im Dezember 1920 einige Politiker der «Weimarer Parteien» (SPD, DDP, Zentrum) mit Mitgliedern von bürgerlichen und pazifistischen Gruppen trafen, um gemeinsam eine Art Schutzbund für die Republik vorzubereiten, sah Tucholsky darin eine Möglichkeit, direkt auf die Regierung Einfluß nehmen zu können. Anfang März 1921 wurde der «Republikanische Reichsbund» (RRB) offiziell ins Leben gerufen; der Gründungsaufruf, der gleichzeitig Bundesprogramm war, wurde auch von Tucholsky unterschrieben. Der RRB verstand sich als überparteiliche Organisation, die sich zum Ziel gesetzt hatte, «die idealen Grundlagen und Werte republikanischer Staatsgesinnung» ins Volk zu tragen und den Einfluß reaktionärer und antidemokratischer Gruppen im Staatsapparat zurückzudrängen.[64] Obwohl so einflußreiche Politiker wie der amtierende Reichstagspräsident Paul Löbe oder der «Vater der Weimarer Verfassung», Hugo Preuß, zu den Mitgliedern des RRB gehörten, mußten Tucholsky und Ossietzky schnell feststellen, daß der Bund praktisch kaum etwas bewirken konnte. Bitter bemerkte Tucholsky: «Die Sozialdemokratie hat zwar 180 Abgeordnete, aber soviel Einfluß, wie eine Fliege wegtragen kann.»[65] Ossietzky hielt den RRB bereits 1922 für gescheitert, auch Tucholsky sah ein, daß die Real-Politiker sich kaum beeinflussen ließen. Am 12. Juni 1922 schrieb er in der «Welt am Montag» einen wütend-resignativen Artikel, in dem er der Regierung vorhielt, daß die schönsten Erlasse nichts nützten, wenn sich «im Dorf und in der Stadt keiner darum kümmert». Man müsse diesen antirepublikanischen Gesellschaftsschichten die Macht zeigen, «die unlogische, nicht objektive, ungerechte, einfache Macht».[66] Das Volk hingegen müsse die Republik mit Massenveranstaltungen an sich binden, denn «der Deutsche braucht seiner ganzen Natur nach diese Massenballungen – er war von je ein Massenmensch, trotz und gerade wegen seiner starken Eigenbrötelei. Die tiefe Sehnsucht einsamer und still arbeitender Menschen nach diesem Massenrausch, die benutzen – die andern. [...] Wir alle, ohne Unterschied der Parteifärbung, stehen ihr [der Republik] zur Verfügung. Warum ruft sie uns nicht?»[67]

Tucholsky versuchte also erneut, sich aktiv in die Politik einzumischen, nach dem Motto: Wenn die Politiker schon nichts für die Republik tun, dann müssen wir es wenigstens. Seine ständige Forderung nach einer schlagkräftigen Propaganda für die Republik verband er allerdings kaum mehr mit der Erwartung, daß staatliche Stellen sie übernehmen könnten. Wie sollte da auch etwas Wirkungsvolles herauskommen, wenn selbst die Regierungsparteien nicht mehr geschlossen hinter der demokratischen Idee standen. «Wenn man auf Massen einwirken will, muß man unbedenklich, demagogisch, völlig subjektiv und hemmungslos arbeiten. Eine republikanische Propaganda gibt es schon deshalb nicht, weil es in den entscheidenden Stellen nur wenig Republikaner gibt.»[68]

Adolf Köster (SPD), der im Oktober 1921 Innenminister im Kabinett von Reichskanzler Wirth (Zentrum) geworden war, bemühte sich zwar, aus seinem Ministerium einen «Ort der Gestaltung republikanischer Staatsform» zu machen, und entließ zahlreiche unzuverlässige Beamte, aber sein offenes Eintreten für den neuen Staat wurde von der Zentrumspartei deutlich gerügt. Als Köster im Reichstag nachdrücklich ein neues, demokratisches Staats- und Nationalbewußtsein forderte, antwortete der Abgeordnete Schreiber vom Zentrum, daß seine Partei dieser Staatsauffassung «kritisch» gegenüberstehe, und verlangte, daß der Minister «diese Dinge» vor den Beamten seines Ministeriums und vor dem Parlament mit mehr «Zurückhaltung» behandeln solle.[69] Köster ließ sich jedoch nicht entmutigen. Mit Arnold Brecht[70] holte er sich einen erfahrenen Verwaltungsjuristen und aktiven Republikaner als Ministerialdirektor ins Haus. Brecht und Köster waren sich darin einig, daß der Staat nicht nur den Verstand der Bürger, sondern auch ihre Gefühle ansprechen müsse. Diese Erkenntnis hatte Tucholsky schon seit 1919 den Verantwortlichen «einzuhämmern» versucht. Den neuen Männern traute er nicht und hielt deren Bemühungen lediglich für einen Trick, um neue Ämter zu schaffen. Auch die «Weltbühne» hielt Köster schlicht für «eine Katastrophe»: Er verkörpere «als Journalist und Politiker leider einen Typ der übelsten Sorte: das geschmeidige Strebertum, die vollendete Charakterlosigkeit»[71]. Trotzdem kam es wenig später zu einer Zusammenarbeit.

Als am 24. Juni 1922 Reichsaußenminister Walther Rathenau ermordet wurde – es war der 354. politische Mord durch Rechtsextreme –, erkannten plötzlich auch die Politiker die Bedrohung der Republik durch die Vertreter des alten Geistes. Auf eilig angebrachten Plakaten erließ die Regierung einen Aufruf an das Volk: Der Mord an Rathenau «hat die schweren Gefahren enthüllt, denen Deutschland durch innenpolitische Gärungen ausgesetzt ist». Es müsse nun schnell gehandelt werden, denn die «Republik ist in Gefahr!»[72] Eine Woche vorher hatte Tucholsky noch in der «Weltbühne» gefragt: «Was tut eigentlich die Republik für die Republik?» und den Verantwortlichen vorgeworfen, daß sie nicht einmal die einfachsten Grundsätze der menschlichen Psyche begriffen und die allereinfachsten Erfordernisse ihres Selbsterhaltungstriebs außer acht ließen: «Sie wird täglich und stündlich beschimpft und bespieen, verhöhnt und mißachtet. Heute sind Kino und Varieté, Generalanzeiger und Feste aller Art die Hochburgen reaktionärer Propaganda und Politik. Und die Republik? Schweigt. [...] Vom Erzberger-Mord über die Kronprinzen-Memoiren bis zum Attentat auf Scheidemann ist keine Gelegenheit ausgewertet worden.»[73] Die zentralen Stellen dieses Artikels wurden am 18. Juni 1922 auch vom «Vorwärts» als «beachtenswerte Anregungen» nachgedruckt. Jetzt plötzlich, nach dem Mord an dem amtierenden Außenminister durch rechtsextreme, antisemitische Nationalisten, wollte die Regierung die Versäumnisse im Eiltempo nachholen. Der Trauerakt für Rathenau wurde die «erste große und eindrucksvolle Selbstdarstellung der Republik»[74], und im Innenministerium dachte man über weitere Aktivitäten nach, mit denen den Bürgern ihr Staat nähergebracht werden konnte. Tucholsky zählte in der «Weltbühne» noch einmal alle Fehler auf und forderte: «Walther Rathenau soll nicht umsonst gefallen sein. Wenn ihr wollt, dann habt ihr an seiner Bahre endlich die Republik!»[75]

Am 3. Juli 1922, als sich das «Deutsche Friedenskartell» zur «Rathenau-Versammlung» traf und unter anderen Harry Graf Kessler, Ignaz Wrobel und Max Hodann zum Thema «Mordhetze, Nationalismus und Erziehung» sprachen, wurde ein neuer Mordanschlag auf einen prominenten Publizisten verübt. Maximilian Harden, der in seiner Zeitschrift «Die Zukunft» mit unerbittlicher Strenge seit vielen Jahren gegen den Kaiser und die Reaktion anschrieb und so etwas wie eine öffentliche Instanz war, wurde von Offizieren mit Eisenstangen zusammengeschlagen. Daß er das Attentat überlebte, glich fast einem Wunder. Von nun an fühlte sich auch Tucholsky nicht mehr sicher, Jacobsohn fragte ihn, halb scherzhaft: «Wer kommt nach Ihnen ran, der Sie nach Harden rankommen?»[76] Auch Mary Gerold schrieb ihm besorgt: «Man darf Ihn nicht schiessen!»[77] Die Angst war nicht unbegründet, seit einiger Zeit bekam Tucholsky anonyme Anrufe und Briefe, in denen er als «Gift speiender Jude», «verdammter Bolschewik», «dämlicher Judenlümmel» und «Vaterlandsverräter» beschimpft wurde: «Du dreckiger Judenjunge [...] Paß mal auf, wenn Du mal aus deiner Redaktion [...] kommst u. an nichts denkst, dann kriegst du eine gewischt, daß dir Hören und Sehen vergeht.» Unterschrift: «Nebbich».[78]

Trotzdem hatte Tucholsky die Hoffnung, in dieser aufgeschreckten Stimmung nach den Attentaten mehr zu erreichen, und er wollte es diesmal nicht nur bei einigen aufrüttelnden Artikeln oder Reden belassen. Zudem lud Ministerialdirektor Brecht Tucholsky, den Generalintendanten von Berlin Leopold Jeßner und andere ins Ministerium, «um uns zu befragen, wie wir uns die erste Verfassungsfeier der deutschen Republik dächten. Der Beamte war ein Mann von saubérster Gesinnung, von bestem Willen, von untadeligem Ruf.»[79] Doch die Vorstellungen Brechts zeigten, daß die Verantwortlichen keinerlei Ideen zur «Inszenierung der Republik» hatten. Nach dem ernüchternden Gespräch im Innenministerium arbeitete Tucholsky mit Karl Vetter[80], dem politischen Redakteur der «Berliner Volks-Zeitung» und Vorstandsmitglied des «Deutschen Republikanischen Reichsbunds», ein 99-Punkte-Programm zur «Verlebendigung der bis dahin trockenen Republik von Weimar»[81] aus, das beide dem Innenminister Köster vortrugen. Bei dem Gespräch waren auch gute «Freunde und Förderer» Tucholskys und Vetters dabei: Kösters Referent Hans Simons[82] und Arnold Brecht. Die Herren, geduldige Zuhörer zwar, zweifelten jedoch, ob diese Ideen zu einer fröhlichen Verfassungsfeier am 11. August bei den Parteien und beim Volk ankommen würden. Denn den beiden schwebte kein bombastischer Staatsakt vor, sondern ein richtiges Volksfest: «um alles sollte nur eine kleine schwarzrotgoldene Schleife gebunden sein – und dann die schöne Melodie als Hymne des neuen Staates darüber». Die «schöne Melodie», die Tucholsky und Vetter dem Innenminister vorschlugen, war das Deutschlandlied von Hoffmann von Fallersleben.

Obwohl die Politiker des Innenministeriums skeptisch waren,[83] versuchten sie doch zu helfen. Brecht schrieb zahlreiche Briefe an Schriftsteller und Künstler, in denen er sie um die Mitarbeit bei den von Vetter und Tucholsky geplanten Veranstaltungen bat. Dabei käme es darauf an, «die hohen Ideale, die den Gedanken der Republik und Demokratie zu Grunde liegen, mit weniger verbrauchten Worten als es diese Begriffe und die darüber täglich gewechselten Schlagworte sind, dem Herzen nahe zu bringen und zugleich vaterländische Gefühle zu wecken».[84] Auch der «Deutsche Republikanische Reichsbund» rief in den Zeitungen dazu auf, den 11. August als «Geburtstag der Reichsverfassung» im Berliner Lustgarten mit einer großen Kundgebung zu feiern. Das Ergebnis war überwältigend. Statt der erwarteten 50000 Besucher kamen über 500000. Karl Vetter, der unermüdliche «Regisseur» dieser Veranstaltung,[85] erinnerte sich 1952: «Unvergeßlich das Bild vor dem alten Schloß, als 25000 Fakkeln (gestiftet von aufgeschlossenen Berliner Bürgern) brannten, die Musiken pausenlos spielten, Wilhelm Dieterle, Heinrich George, Leo Menter, Martin Wolfgang und mehr der jungen Talente von damals rezitierten und ein paar Journalisten und junge Gewerkschaftler von Platz zu Platz eilten, um 5-Minuten-Reden zu halten.» Auch der vorher so zweifelnde Köster kam zu dem Fest und wurde mit stürmischem Jubel gefeiert. Ein großer Fackelzug bewegte sich dann zum Staatstheater, wo der offizielle Staatsakt stattfand. Als Reichspräsident Ebert und Reichskanzler Wirth den Festakt verließen, um den ankommenden Demonstrationszug mit einer kurzen Rede zu begrüßen, wurden sie mit minutenlangen Hochrufen empfangen. «Die ‹Internationale› brauste auf [...] und da geschah es: die Masse, von den Kapellen geführt, sang hinreißend die dritte Strophe des Deutschlandliedes (der Text war vorher in die Menge geworfen).»[86] Die «Berliner Volks-Zeitung» erschien am nächsten Tag mit der Schlagzeile: «Die Republik muß leben, und wenn wir sterben müssen!» Auch das «Berliner Tageblatt» hob hervor, daß die «Republik eine Angelegenheit der Massen geworden» und die von Vetter organisierte «republikanische Abendfeier» der Höhepunkt gewesen sei. Innenminister Köster bedankte sich bei den Organisatoren: «Was diese Versammlung und der Fackelzug vor das Schauspielhaus an diesem Tag für die Republik gewonnen haben, brauche ich Ihnen nicht zu sagen.»[87]

Tucholsky sah das etwas nüchterner. In der «Freiheit» warf er der Regierung vor, daß sie die Republikaner praktisch allein gelassen habe und die «kümmerliche Vorbereitung» durch die Beamten eine wirkliche Feier mit der gesamten Bevölkerung im gesamten Reich verhindert habe. «Verfassungsfeiertag –? Treibt es die Republik so weiter, wird sie nicht mehr oft in die Verlegenheit kommen, ihn feiern zu müssen.»[88] Auch der Leitartikel von Otto Flake in der «Weltbühne» war wenig optimistisch überschrieben mit «Durchgreifen, Republik!». Die «verschrieenen Intellektuellen» hätten den bessern Blick für die Probleme der Republik gehabt, die Politiker müßten deren «Aufrüttelungen» nun endlich folgen.[89]

Die Erfahrungen dieses Sommers hatten Tucholsky ziemlich desillusioniert, deprimiert zog er sich weitgehend zurück. Zwar entstanden in dieser Zeit noch zwei eindrucksvolle, kämpferische Arbeiten: das Gedicht «Drei Minuten Gehör!» sowie das Chanson «Rote Melodie», das er ironisch Erich Ludendorff widmete und ihm darin sein «Schieb ab –!» entgegenschleuderte: «General! General! Wag es nur nicht noch einmal!»[90] Aber seine Hoffnung auf eine grundlegende politische Änderung war verflogen, Ekel vor diesem Land und seiner Politik traten zunehmend an ihre Stelle. So ist auch sein Artikel «Wir alle fünf» von Ende August 1922 nur noch ein rhetorisches Bekenntnis: «wir gehören zusammen, wir alle Fünf, und werden sie auf die hohlen Köpfe hauen, daß es schallt, und daß die braven Bürger denken, die kaiserliche Wache ziehe noch einmal auf und der Gardekürassier schlage noch einmal die alte Kesselpauke. Wir sind fünf Finger an einer Hand. Und werden auch weiterhin zupacken, wenns not tut.»[91] Acht Tage nachdem dieser Artikel in der «Weltbühne» erschienen war, schrieb er an Siegfried Jacobsohn, daß er nun kein aktuelles Gedicht und keine neuen Artikel mehr schicken wolle und daß er sich entschlossen habe, sich «ein wenig in der Welt nach Verdienstmöglichkeiten umzusehen»[92]. Was 1921 noch Beobachtung seiner Umgebung war, sollte nun auch für Tucholsky Realität werden: «Viele von uns rutschen langsam ab: in das ‹wirkliche Leben›, wo man Geld mit Trikotagen und Leitartikeln verdienen kann – und langsam, ganz langsam kommt die Wertschätzung dieser neuen Tätigkeit, schließlich nimmt man sie ernst, und zum Schluß verlacht man, was einstens Altar war und Flamme...»[93] Und die Republik? «Die Republik fängt an, mir lächerlich zu werden!»[94]

ACHT

«Adieu, adieu – Geist, Weimar und Idol! Lebt wohl!»[1]

Am 1. März 1923 gab Tucholsky die «kümmerliche Freiheit» eines freien Schriftstellers auf und trat in das Bankhaus Bett, Simon & Co als Volontär ein. Angeblich zwang ihn die galoppierende Inflation zu diesem Schritt, eine Behauptung, die bei näherer Betrachtung nur noch teilweise als Erklärung dienen kann. Bereits im Herbst 1922 war es zwischen Tucholsky und Jacobsohn zu einer längeren Auseinandersetzung über den Sinn des Schreibens und seine Entlohnung gekommen. Tucholsky hatte eine schwere Depression, und verschiedene Anzeichen deuten darauf hin, daß er in diesem Herbst einen ersten Selbstmordversuch unternahm. Er hatte die Nase voll, wollte nicht mehr vergeblich kämpfen. 1922 gestand er Maximilian Harden, daß «Ekel an Atmosphäre und Wesen dieses Journalismus» ihn aus dem Beruf treibe, selbst die «Weltbühne» mache keinen Spaß mehr, er könne «nicht mehr atmen».[2] Ähnliches schrieb er am 1. September 1922 auch an Siegfried Jacobsohn. Es war also nicht nur der finanzielle Aspekt, der Tucholsky zum Rückzug aus dem Journalismus bewog, auch wenn dieser eine wichtige Rolle in seinen Überlegungen spielte: «Nun immer wieder keinen Anzug und immer wieder nicht... darin denken Sie ja nun anders – aber Sie werden verstehen, daß ich nicht runterkommen will.» Der letztlich ausschlaggebende Grund für seine Entscheidung aber war, daß Tucholsky einen «bösen Zweifel an allem» bekommen hatte. Schon Ende März 1922 hatte Theobald Tiger in der «Weltbühne» gedichtet:

> Ach, Muse, pack die rote Fahne ein!
> Und roll sie säuberlich zusammen.

Die alten Ideale tu darein –
die können keinen mehr entflammen.
Die Barrikade und der Aufruhrschrei:
das ist vorbei. [...]
Pust, großer Heros, deine Fackel aus!
Die Zeit braucht keine Helden – nur Beamte.[3]

Die «vollkommene Aussichtslosigkeit unserer werten Bemühungen» bedrückte ihn, Resignation überlagerte den Kampfwillen. Er sah keinen Sinn mehr in dem ständigen «Fortwursteln», mit dem er nichts erreichte und obendrein seine finanziellen Ansprüche nicht befriedigt wurden. «Es fängt an, langweilig und gleichgültig zu werden. Und das möchte ich nicht mehr – schriftstellerisch – erleben», teilte er Jacobsohn mit.[4]

Dieser nahm Tucholskys Ankündigungen nicht ganz ernst und antwortete ihm in einem langen Brief: «Mein Äffgen [...] Voriges Jahr hatten Sie diese obligate Depression am Anfang des Sommers, dieses Jahr haben Sie sie am Ende. Und wie Sie sie damals überwunden haben, werden Sie sie jetzt überwinden. Denn so, wie Sie die Dinge schildern, gibts nur eine von zwei Lösungen: entweder Selbstmörder werden oder Schieber. Sie haben weder hierzu noch dazu Talent, und somit wird alles weitergehen...» Gleichzeitig griff SJ – noch sehr zurückhaltend – Tucholskys Lebensstil an und wies seine ständigen Geldklagen zurück: «Sie haben einen Haufen Anzüge und Mäntel: ich habe einen Sommer- und einen Winteranzug und keinen Wintermantel, dafür aber auch kein Geld, mir einen zu kaufen. Sie haben eine vernünftige, anspruchslose Frau, die sogar ein bißchen hinzuverdient [...] Ich sehe keine ‹ökonomische Divergenz unsrer Propaganda und unsrer Lebensführung›, wenigstens nicht bei mir, der ich keinerlei Passionen, nicht einmal kostenlose, habe, nicht rauche, nicht trinke, nicht hure, nicht tanze, nicht spiele, nicht Bücher kaufe, auf Reichs- und Stadtbahn nur Dritter Klasse fahre, auf der Durchreise durch Hamburg bei Freunden umsonst wohne und esse und weiter nichts als einen Schreibtisch brauche. Je schwerer es wird, desto mehr wird man eben arbeiten – aber doch nicht aufhängen. Wenn Sie ‹neben dem Leben her schreiben›, so heißt es: nicht das Verbum nachstellen, sondern die Präposition...»[5] Um seinen wichtigsten Mitarbeiter, ohne den das Blatt kaum noch vorstellbar war, doch noch umzustimmen, erhöhte SJ 1922 Tucholskys Pauschale: «Du kriegst für Dein Geschreibsel Geld und zwar von mir, wenn Du Dir den September über ausruhst, vom 1ten Oktober an für dieselbe regelmäßige Mitarbeit wie bisher monatlich [3].000 Mark, solange eben der Vorrat reicht.»[6] Dabei muß man allerdings berücksichtigen, daß die Inflation bereits weit fortgeschritten war und ein Brot im November 1922 etwa 55–80 Mark kostete, ein Kilo Schweinebauch 1200 Mark usw.[7] Monatlich 3000 Mark war also nicht eben üppig. Es ist deshalb zu vermuten, daß Jacobsohn seinen Hauptmitarbeiter in Goldmark bezahlte.

Tucholsky war jedoch nicht mehr umzustimmen, seit Herbst 1922 war er auf der Suche nach einem Job in der Wirtschaft. Schließlich hatte er ja auch einmal seinen Dr. jur. gemacht, und nun sollte ihm auch zugute kommen, daß er damals ausgiebig Wirtschaftsrecht studiert hatte. Er bewarb sich bei verschiedenen Unternehmen, teilweise mit Empfehlungen von Freunden und Bekannten ausgestattet. So schrieb er z. B. am 29. Oktober 1922 an den Geheimrat Renaud von der 1916 gegründeten Mitteleuropäischen Schlaf- und Speisewagen A.-G. «Mitropa»: «Sie waren seinerzeit so freundlich, mich – auf Empfehlung von Herrn Rechtsanwalt Dr. Oskar Cohn – zu empfangen. Wir sprachen damals über meine etwaige Verwendung in Ihrer Gesellschaft, und Sie erwähnten Pläne, die Rußland betrafen.» Für den Fall, daß «sich die von Ihnen angedeutete Konstellation inzwischen verwirklicht hat [...] stehe ich Ihnen jederzeit gern zur Verfügung»[8]. Aus diesen Plänen wurde nichts, aber Maximilian Harden hatte einen anderen Vorschlag: «Resultat unserer Beratung (wenns so feierlichen Namen verdient): H. Simon.»[9] Nachdem klar war, daß Hugo Simon ihn in seiner Bank einstellen würde, schrieb er an Mary Gerold: «Ich gebe jene kümmerliche ‹Freiheit› auf, die mir nichts mehr trägt – und ich fange noch ein Mal ganz von vorn an, in einem Leben, wo nichts gilt, was ich zehn Jahre hindurch exerziert habe.»[10]

Der damals zweiundvierzigjährige Hugo Simon[11] war für Tucholsky kein Unbekannter. Nach einer Banklehre wurde er Mitgründer des Bankhauses Carsch, Simon & Co. 1911 kam für Otto Carsch der Jurist Kasimir Bett als Mitinhaber dazu, und die Bank hieß von nun an Bett, Simon & Co[12]. Während des Krieges gehörte Simon von

Anfang an zur Gruppe der Kriegsgegner innerhalb der SPD, deren Mitglied er seit jungen Jahren war. Mit Ernst Reuter, Kurt von Tepper-Laski und Lehmann-Rußbüldt gründete er im November 1914 den «Bund Neues Vaterland», dem bald auch Albert Einstein, Georg Graf Arco, Hans Wehberg, Walther Schücking, Helene Stöcker, Arthur Holitscher, Emil Gumbel, Gustav Landauer und Kurt Eisner, um nur einige Namen zu nennen, beitraten. Hervorgegangen aus einer Gruppe um Tepper-Laski, die sich um eine deutsch-französische Verständigung bemühte, war nun das oberste Ziel des Bundes die Beendigung des Krieges. Simon trat schließlich auch von der SPD zur USPD über und wurde nach der Novemberrevolution am 14. November 1918 im ersten Kabinett Hirsch preußischer Finanzminister.[13] Als am 3. Januar 1919 alle USPD-Minister aus der Regierung austraten, war auch für Hugo Simon der kurze Ausflug in die «hohe Politik» fast beendet.[14] Er konnte sich wieder ganz seinen Bankgeschäften widmen und seinen vielfältigen Verpflichtungen in zahlreichen Aufsichtsräten bedeutender Bank- und Industrieunternehmen.[15] Obwohl er nicht mehr Mitglied war, verwaltete er in den zwanziger Jahren die Gelder der SPD und war an der Gründung der gewerkschaftseigenen «Bank der Arbeiter, Angestellten und Beamten» beteiligt. Auch der «Bund Neues Vaterland» hatte sein Konto bei der Bank von Hugo Simon.

Besonders wichtig war dem international als Sammler und Mäzen bekannten Simon die Kunst: Er war Mitglied der Ankaufskommission der Nationalgalerie und und saß im Vorstand zahlreicher Kunstvereine. Berühmt war auch die Gastlichkeit in seiner Villa in der Drakestraße, Ecke Rauchstraße am Tiergarten oder in seinem «Schweizerhof» in Seelow. Fast alles, was Rang und Namen hatte, kam hier zu Tee und politischen oder literarischen Gesprächen zusammen: Otto Braun und Rudolf Hilferding ebenso wie die Brüder Mann, Annette Kolb, Jacob Wassermann, Harry Graf Kessler, Ernst Rowohlt und Stefan Zweig.[16] Die Nazis gifteten später: «Eine Parade von Vaterlandsverrätern, Kriegsdienstverweigerern, Bonzen und Ich-Politikern, von dekadenten Literaten und morbiden Künstlern, von Asphaltgrößen und geschminkten Dämchen rauschte in hochtourigen Autos» an, wenn «der kleine Jude aus dem Posenschen hier höchstpersönlich Hof» hielt.[17] Auch der «geschäftsgewandte Tucholsky» wird als Gast Simons hervorgehoben, und man kann davon ausgehen, daß er bei einigen dieser Gespräche dabei war,[18] denn beide waren aktiv in der USPD und beim «Bund Neues Vaterland» (ab 1922 «Liga für Menschenrechte»).[19] Der Name Kurt Tucholsky war Hugo Simon also gewiß nicht unbekannt.

Sein Eintritt in die Bank hatte für Tucholsky den Vorteil, daß sein Lohn täglich der Inflation angepaßt wurde und er dadurch wenigstens einigermaßen abgesichert leben konnte. Er wollte auch «das Gefühl einer journalistischen Leere» durch neue Eindrücke und neue Menschen überwinden, wie sich der Personalchef von «BeSiCo» erinnerte.[20] Tucholsky mußte von der «Pike auf» lernen: Wechsel kopieren, Coupons schneiden, Wertpapiere bearbeiten, Schalterdienst: wie ein Banklehrling mußte er in allen Abteilungen hospitieren. Ein Klassenkamerad aus dem Französischen Gymnasium traf Tucholsky zufällig hinter der Schaltertheke: «Eine dichte Mauer von Kunden, Spekulanten, die Papiere schacherten oder Devisen handeln wollten, trennte die beiden voneinander. Kaum hatte Tucholsky [...] den alten Schulgenossen erkannt, ließ er alles stehen und liegen, winkte ihm mit beiden Händen zu und rief schallend: ‹Willst du ein Viertelpfund Dollars haben? Geschnitten oder im ganzen?›»[21] Schallendes Gelächter, das darauf folgte, war in der Bank seit Tucholskys Eintritt öfters zu hören. Mit seinen Späßen verbreitete er um sich eine Atmosphäre von Heiterkeit, die eigentlich genau entgegengesetzt zu seiner eigenen Stimmung war. An Emil Jannings und Gussy Holl etwa schrieb er: «Liebe Beide, Ihr müßt nicht böse sein über meine dürftigen Briefe. Ich bringe den Humor zu mehr nicht auf – und ich kann Euch doch nicht ankrampfen, nicht wahr? Dabei ist weiter nichts vorgefallen – aber... na ja.»[22] In der Bank wollte er diese Niedergedrücktheit nicht zeigen und flüchtete sich in Späße. Als der Bruder Hugo Simons, Dagobert Simon, am 1. September 1923 Geburtstag hatte, wünschte er ihm «1000 gute Wünsche!» minus 10 Prozent Kapitalertragssteuer, ergibt unter dem Strich 900 gute Wünsche! Beigelegt war ein langes Gedicht:

Inmitten dieses Zeitenkollers
gedenk ich zwischen Cent und $
und grade, wenn der Dienst am nettesten,
des einen meiner Vorgesetzten.

Er hat Geburtstag – Herz, sei still! –
Valuta Medio April. [...]
Das Schönste sei ihm dann beschieden:
Der Credit-Saldo und der Seelenfrieden!
Von beidem wünscht ihm eine Masse
der Tiger aus der Sortenkasse.[23]

Die Sekretärin des Personalchefs Karl Koch, die «in diesem Ressort allerdings mehr herrschte als er», bekam einen dicken Gratulationsbrief mit der Anschrift: «Fräulein Irma Lachmann, *Köchin* im Personalbüro», was «ihrer wirklichen Funktion sinnvoll Ausdruck verlieh und schallendes Gelächter im ganzen Hause auslöste.»[24]

Hugo Simon holte sich den schriftstellernden Banklehrling bald als persönlichen Referenten und Sekretär,[25] und diese Arbeit dürfte Tucholsky wesentlich mehr befriedigt haben als das Geldzählen in der Sortenkasse. Auch der «Schornstein» rauchte inzwischen ganz gut, wie er Emil Jannings mitteilte. «Hier im Laden ist es richtig. Ich habe neulich durch Zufall unsere Gehaltslisten in die Finger bekommen: ich bekomme so viel wie eine Dame, die vier Jahre da ist, und bei der Gratifikation ungefähr so viel wie alle anderen auch. Auch sonst ersehe ich, daß es +++ stimmt. Nun muß man wieder eine Ecke Geduld haben, und ich glaube, da ist allmählich auf sauber weiterzukommen.»[26] Der «Laden» ging ihm zwar manchmal ziemlich auf die Nerven, und dann fand er ihn «sehr popilig», aber bald danach schrieb er wieder: «Hier ist es wieder richtig und ein furchtbarer Betrieb –!»[27] Tucholsky dachte also nicht daran, wieder in seinen alten «Job» zurückzukehren, auch wenn Siegfried Jacobsohn immer wieder lockte. Er hatte kein großes Interesse mehr daran – «Für wen noch das alles?»[28] – und schrieb nur noch nebenbei, wenn er Lust hatte oder Geld brauchte. Bis Jahresende entstanden so rund 40 Arbeiten für die «Weltbühne», das «Prager Tagblatt» und das «8-Uhr-Abendblatt», darunter so berühmt gewordene Stücke wie «An einen Bonzen» oder «Morgens um acht»[29], in dem er sich über seine eigene Situation als «Insgeschäftgeher» lustig machte: «Denn für die Arbeit ist der Mensch auf der Welt, für die ernste Arbeit, die wo den ganzen Mann ausfüllt. Ob sie einen Sinn hat, ob sie schadet oder nützt, ob sie Vergnügen macht (‹Arbeet soll Vajniejen machen? Ihnen piekt er woll?›) –: das ist alles ganz gleich. Es muß eine Arbeit sein. Und man muß morgens hingehen können. Sonst hat das Leben keinen Zweck.»

Von seinen Artikeln hätte Tucholsky wahrscheinlich ganz gut leben können, denn Siegfried Jacobsohn zahlte seit Mitte 1923 ebenso in Devisen wie etwa das «Prager Tagblatt».[30] Aber Tucholsky *wollte* nicht mehr, er hatte vom Intellektuellenbetrieb gründlich die Nase voll, wie seine Briefe an Emil Jannings deutlich zeigen, und fühlte sich als «trauriger Humorist», was für ihn ein gänzlich «naturwidriger Anblick» war.[31] Deshalb schlug er auch ein großzügiges Angebot Jacobsohns aus, der im Juli letztmalig mit ihm auf der Monatsbasis abrechnete und ihm schrieb: «Dann können wir ja entweder einzeln honorieren oder Dich ganz und für immer von der Bank auffressen lassen. 3) Natürlich wäre das ein haushoher Blödsinn und Unfug und Selbstmord [von] Dir. Es ist kompletter Quatsch von Dir, daß man anders nicht leben kann. Unbesehen, ohne daß ich weiß, ohne daß ich auch nur ahne, was die Bank Dir trägt, mach ich mich anheischig, Dir genau so viel zu zahlen (und in demselben Maß und Tempo zu steigern) wie sie, wenn Du von früh bis abends im Zimmer neben mir sitzt, meinen Verlag organisierst, Propaganda leitest und für mich und das Ausland schreibst, was jeweils vorkommt. Selbst Dir wird das auf die Dauer nicht langweiliger sein, als hinterm Ladentisch die Herrn Nübell, v. Gerlach und den Herzog von Morena zu bedienen. Also fassel, was es kostet, und fang am ersten Oktober an.»[32]

Tucholsky sollte in den Verlag einsteigen und in einem Bereich tätig sein, in dem er 1918 bis 1920 schon einmal gearbeitet hatte. Jetzt aber wollte er nicht mehr. Wenn es ihm nur um die Sicherung seines Lebensstandards gegangen wäre... Waren es Differenzen zwischen Jacobsohn und Tucholsky? Oder hatte er, der zutiefst Bürgerliche, es nur ganz allgemein satt, gegen eine Wirklichkeit zu kämpfen, die mit seinen Idealen und Lebensvorstellungen so wenig gemein hatte? Oder hoffte er, in der Bank – ebenso wie sein Vater – das große Geld zu machen? Fragen, und kaum Antworten. Sicher ist nur, daß ihn auch das Leben als Bankangestellter bald bedrückte.

Das Jahr 1923 war für ihn eine Zeit der tiefsten Lebens- und Sinnkrise, besonders das letzte halbe Jahr war geprägt von quälenden Depressionen und Selbstmordgedanken. Er hatte das Leben und das «enge, so bornierte» Land bis zum Sterben satt. In seinen Briefen tauchen Formulierungen auf, die fast wörtlich so auch in den Briefen an seine spätere Freundin Hedwig Müller stehen: «man kann in dieser Atmosphäre nicht leben»; «hier ist es aber nunmehr überhaupt nicht mehr auszuhalten»; «Ich wenigstens glaube, dass es hier endgültig aus ist – und ich sehe nicht mehr so sehr viel.»[33] Der sich bereits 1923 als «kleiner aufgehörter Dichter»[34] bezeichnende Tucholsky ging, wie später im Exil, mit seinen «Kollegen», die so taten, als ginge alles normal weiter, hart ins Gericht. Im Stil der Theaterkritiken von Alfred Kerr schrieb Tucholsky:

Die Kritiker gehen immer noch ins Theater, und manche

I

sind eminent

III

dof und dämlich, und merken immer noch nicht

IVC

dass sie tot sind.[35]

Das ganze resignative Spektrum der späteren «Briefe aus dem Schweigen» ist 1923 bereits vorhanden, bis hin zu dem fast gebetsmühlenartig wiederholten «ich kann das alles nicht mehr», «es geht mich alles nichts mehr an». Gleichzeitig schämte er sich für seine Stellung ebenso wie für seine Lebensführung.[36]

Es ging ihn wirklich nichts mehr an, seine Stimme war in der Öffentlichkeit kaum noch zu vernehmen. «Nicht einmal in der Weltbühne lese ich Sie, Sie haben es s[ich]tlich ganz und gar satt», schrieb ihm besorgt Heinrich Mann und gestand ihm, daß er selbst schon länger daran dachte, nach Brasilien auszuwandern. «Man sollte Märchen schreiben.»[37] Tucholsky schrieb zwar keine Märchen, aber in den wenigen Arbeiten, die 1923 von ihm erschienen, waren die politischen Ereignisse nur von untergeordnetem Interesse. Besetzung des Ruhrgebiets, passiver Widerstand dagegen, Blutbad in den Essener Krupp-Werken, Sturz der Reichskanzler Cuno und Stresemann, Kommunistenaufstand in Hamburg, Hitler-Putsch –: nichts davon findet sich in seinen Arbeiten wieder. «Das will kein Mensch mehr wissen –!»[38] war seine Devise, statt dessen schrieb er einige Artikel über Schauspieler und Bücher. Im Oktober 1922 hatte er als Theobald Tiger in der «Weltbühne» schon mal seine eigene Beerdigung beschrieben, eine gespenstisch anmutende lustige Satire, angesichts eines mißlungenen Suizidversuchs und anhaltender Selbstmordgedanken. «Ich schweige tief./ Und bin mich endlich los»[39], das galt auch im Juni 1923 noch, als Ignaz Wrobel sich selbst das «Requiem»[40] schrieb. Auf seinem Grabstein solle in silbernen Buchstaben zu lesen sein:

HIER RUHT EIN GOLDENES HERZ
UND EINE EISERNE SCHNAUZE
GUTE NACHT –!

Auf Mary Gerold wirkte Tucholsky damals bedrückt, abgequält, müde, und sie hatte Angst um ihn, seine Bemerkungen über Selbstmordabsichten waren für sie entsetzlich. Auch Jacobsohn diagnostizierte bei Tucholsky immer wieder eine «schwärzliche Gemütsart», er sei ein Schwermütiger und ein Miesepeter, und diese Veranlagung, die auf ihm laste, sei leider «unwiderruflich».[41]

Bei der Bank hatte er zwar ein sicheres Auskommen, aber im Grunde hielt er Geschäftsleute wie seine Chefs für «arme Irre». Sein Leben war dies jedenfalls nicht, in doppelter Hinsicht nicht: Er fühlte in sich den Riß, der durch seine Persönlichkeit ging, und beschrieb die zwei Seiten als «Brodem aus Kleinbürgerlichkeit in der Lebensführung und Prätention in der geistigen Geltung»[42]. Auch in seinem Artikel «Requiem» zeigte er diesen Zwiespalt auf, der ihm fünf Jahre später fast wörtlich von Mitarbeitern des Ullstein Verlags zum Vorwurf gemacht werden sollte: «Das war eines jener zahllosen Chansons des Verstorbenen, angefertigt für die Kreise, die er so zu verachten vorgab; mit der einen Hand kritisierte er sie, mit der andern zapfte er ihnen den Sekt ab. Er war eben eine problematische Natur...»[43] Dies war keineswegs nur satirisch gemeint, einen Monat später bekannte er in der «Weltbühne»: «Auch ich lebe nicht so, wie ich leben müßte. Selbsthaß ist der erste Schritt zur Besserung.»[44]

Für die Politik der damaligen Zeit brachte er den Humor nicht mehr auf, auch die kulturellen Ereignisse interessierten ihn nicht mehr besonders. Ins Theater ging er kaum noch, wie er Jannings schrieb, selbst das Kabarett langweilte ihn zunehmend. Das war wenige Jahre zuvor noch ganz anders gewesen.

«Du weißt, wie sehr ich nach Chansons für mich ‹giepere› – denn es gibt keine, und wenn einer eins schreiben kann, bist Du es.»
Rosa Valetti an Tucholsky[45]

Im Mai 1919 schrieb Ignaz Wrobel einen Grundsatzartikel über politische Couplets, in dem er das «dünne und farblose Zeug» kritisierte, das da jeden Abend auf den Varietébrettern vorgetragen wurde. Besorgt fragte er, ob es denn keinen gäbe, der das Temperament und die Kraft habe, die Massen mitzureißen. «Wir haben einen, und dieser eine ist eine Frau», nämlich die von Tucholsky fast schwärmerisch verehrte Gussy Holl. «Diese seltene und prachtvolle Frau wäre wie keine zweite deutsche Künstlerin befähigt und berufen, die große politische Sängerin zu werden. Sie ist kein Kind des Volkes, es ist nicht seine elementare Kraft, mit der sie fortreißt. Es ist Kunst, aber eine von der stärksten und sieghaftesten Sorte. Sie kann alles: hassen und lieben, streicheln und schlagen, singen und sprechen, – da ist kein Ton, der nicht auf ihrer Leier wäre. [...] uns interessiert hier nur die Künstlerin, die einem dichtgefüllten Saal voller politisch denkender Menschen mehr zu sagen hätte, als zehn Leitartikler. Wenn – – Ja, wenn sie eben Texte hätte. Wer schreibt ihr die? Es ist politisch unklug, einen solchen Schatz ungehoben verkümmern zu lassen. Und es ist, künstlerisch, bedauernswert, diese strahlende Blondheit nicht einmal voll entfaltet sehen zu können: eine seltene Vereinigung von Humor und Geschmack, von Kunst und herrlichem, unbekümmertem Leben, ein Nervenbündel und eine grazile Frau, ein Wille, ein Witz, eine Leidenschaft und ein ganzer Kerl!»[46]

Tucholsky wäre durchaus in der Lage gewesen, ihr die von Ignaz Wrobel angemahnten politischen Texte zu schreiben. Er war mit Gussy Holl befreundet, kannte ihre Möglichkeiten genau und wurde neben Mehring, Klabund (der auch unter dem Pseudonym Pol Patt schrieb), Hollaender und von Wangenheim einer der «Hausautoren» des von Max Reinhardt 1919 neueröffneten «Schall und Rauch». Seit Januar 1920 gehörte er sogar zum künstlerischen Beirat. Aber Theobald Tiger zog es vor, sich an die weniger politische Seite von Gussy Holl zu halten, die Ignaz Wrobel in seinem Artikel auch beschrieben hatte: «Sie kann machen, daß aller Herzen denselben Takt schlagen, –

sie singt irgendeine kleine Dummheit, und die Leute bekommen weiche Augen –, sie lacht, und eine unbändige Heiterkeit breitet sich aus. Ich sehe hier ganz ab von ihrer fabelhaften Kunst des Parodierens, von ihrer Fähigkeit, auch die gewagtesten Dinge mit einem graziösen Sprung zu überflitzen.» Ignaz Wrobel zog, wie so oft, den kürzeren.[47] Keine bedeutenden politischen Chansons wie etwa die «Rote Melodie», mit der Rosa Valetti ihren größten Erfolg hatte, bekam Gussy Holl, sondern harmlos-augenzwinkernde Anzüglichkeiten wie «Immer um die Litfaßsäule rum...» oder «Zieh dich aus, Petronella!». «Ebert! Menschenskind, du altes Haus! wie siehste bloß im Nachthemd aus!»[48] ist sicherlich nicht der von Ignaz Wrobel geforderte große politische Chanson-Text, auch «Na-nu! Na-nu!/ Herr Ebert möcht sei Ruh!»[49] gehört wohl nicht dazu. Tucholsky führte in seinem Brief an Blaich angeblich nötige Rücksichten auf die Zuhörer an.[50] Für Paul Graetz schrieb er jedoch treffsichere politische Paradenummern wie etwa den «Anstreicher» oder den «Zigaretten-Fritze».[51] Deshalb mußten er und die anderen Mitwirkenden sich von Alfred Polgar sagen lassen, daß das fast alles «kleingehacktes Amüsierzeug» sei, nur die Graetz-Nummern seien großartig. «Es sind altbackene Launen, schimmelige Süßigkeiten, staubzerfressene An- und Wehmüteleien, Reste einer längst abgedeckten Humor-Tafel, die hier mit berlinischer Grazie geboten werden. Echo verwehten Schalls, übler Geruch zerflossenen Rauchs.»[52]

Tucholsky selbst war auch nicht sonderlich begeistert, wie er an Mary Gerold schrieb: «Mir gefällt es nicht sehr – also wirds wohl hoffentlich was für die Leute sein. Letzten Endes: sie bezahlen, und ich habe nicht viel Kummer damit.»[53] Aus einem Brief an Blaich wird jedoch ersichtlich, was Tucholsky sich wirklich vorgestellt hatte: ein «richtiges literarisches Cabaret». Auch hier wird ein für Tucholsky fast typischer Widerspruch deutlich, wie Volker Kühn feststellte: «Der Autor, der das Kabarett – das mit dem harten K und dem doppelten, scharfen t – mitbegründen half, jenes, das aus der Not der zwanziger Jahre und der Erfahrung eines Weltkriegsmassakers geboren wurde, das politisierte, Partei nahm und opponierte, besteht auf dem großen C im Cabaret (‹mit einem t, bitte!›) auch dann noch, als das längst zum Signum all der Bumsfallera-Jubelbuden, Anmachläden, Bierulk-Spelunken geworden war.»[54] Schon vor dem Krieg hatte er hauptsächlich die Bühnen gelobt, die ihn gut unterhielten, bei denen er nicht viel denken mußte. Seine «große Liebe» galt dem Varieté, das er als «Ort der schrankenlosesten Gefühle und der tiefsten Philosophie» pries.[55]

Tucholsky hatte in diesen Vorkriegsjahren als eifriger Cabaret-Besucher sehr viel gelernt, sich die handwerklichen Regeln «abgekuckt». Die Chansons, die er nun selbst für die Bühne schrieb, machte er sich auf dem Klavier «zurecht» und lieferte neben genauen Gesangsanweisungen oft auch gleich noch die Melodie-Entwürfe mit. Die Interpreten, wie Rosa Valetti, Trude Hesterberg, Kate Kühl, Mady Christians, Wilhelm Bendow oder Paul Graetz, denen er die Texte «auf den Leib schneiderte», waren begeistert von dem «Poängten-Former» und «WorteindenMundleger»[56] und verlangten immer neue Chansons. Er brachte einen neuen, frechen Ton auf die Bühne, der maßgeblichen Einfluß auf die Entwicklung des Kabaretts hatte und bis heute hat. Um so erstaunlicher ist, daß Tucholsky eigentlich sehr wenig direkt fürs Kabarett gearbeitet hat. Der größte Teil der Chansons und Texte, die heute auf der Bühne zu hören sind, wurde von den verschiedenen Interpreten aus der «Weltbühne» und anderswo herausgesucht und in ihr Repertoire aufgenommen. Selbst viele Vertonungen entstanden erst nachträglich, so zum Beispiel die rund vierzig Vertonungen von Hanns Eisler für Ernst Busch.[57] Vor allem die politischen Texte und Lieder, ohne die heute kein Tucholsky-Abend mehr denkbar ist, sind von ihm – mit wenigen Ausnahmen – nicht für die Bühne verfaßt worden.

Dafür schrieb er meist eingängige und witzige «Schlager» und war erstaunt darüber, wie schwer es war, aus Gedankensplittern und Stichworten etwas Verwertbares zu Papier zu bringen: «Die Mühe, die es macht, der deutschen Sprache ein Chanson – und noch gar eins für den Vortrag – abzuringen, ist umgekehrt proportional zur Geltung dieser Dinge. [...] Ich habe nie geglaubt, daß so viel Arbeit dahinter steckt, um zu erreichen, daß die Leute abends zwei Stunden lachen, ohne daß sie und die Autoren sich hinterher zu schämen haben. Und gar, bis es so weit ist, daß man denkt, wir hätten es ‹aus dem Ärmel geschüttelt›! Zum Glück sieht keiner die erste Niederschrift: wie krumplig, wie schwerfällig, wie schwerflüssig ist da noch alles...»[58]

Zu dieser Zeit war Tucholsky Hausautor des preußisch-monarchistischen Rudolf Nelson[59], der sich in «Hofkreisen» größter Beliebtheit erfreut hatte und mit der Republik nicht viel anfangen konnte. Nelson verdankte Tucholsky einige seiner besten Schlager, wie er später erzählte. Da «Rudolf Nelson, in der Haltung geradezu ein Napoleon, am Klavier höchste Gipfel erreichte, und da Kurt Tucholsky, in dessen Seele neben der Politik eine Passion für den heiteren Kitsch [hauste], die Nelson-Bühne mit eingängigen Frivolitäten beschenkte, hielt sich dieses Institut gutservierter Vorkriegslaszivität über die Pleiten der Zeiten»[60]. 1920 schrieb er den Titelsong für die Revue «Total Manoli», der von Nelsons Ehefrau, Käthe Erlholz, zu einem «Hit» gemacht wurde. Nelson war von Tucholsky so angetan, daß er ihn ganz unter Vertrag nahm. Die beiden ergänzten sich ausgezeichnet, obwohl Nelson gleich zu Beginn der Zusammenarbeit klarstellte: «Unter Revue verstehe ich keine Plattform und Tribunal, wo man politische Dinge von sich gibt, sondern eine Revue, die mondän ist, musikalisch, charmant und humoristisch.»[61] Tucholsky hielt sich an die Vorgabe. Die nächste Revue, «Bitte zahlen», zu der er einen Teil der «mehr als eindeutigen, sonst aber gefälligen Gesangstexte» lieferte, wurde von der Presse und vom Publikum gefeiert. Auch die Revue «Wir steh'n verkehrt», die im Oktober 1922 Premiere hatte und für die Theobald Tiger alle Chansontexte schrieb, war wieder etwas «für Feinschmecker». Um eine winzige Handlung gruppierten sich «Couplets, Duette und Ensembles, die sich lediglich mit Anspielungen auf Berliner Verhältnisse, untermischt mit gelegentlichen politischen Einschlägen, beschäftigen».[62] Eine andere Zeitung schrieb über die Premiere im «chicksten Bumms des Kurfürstendamms»: «Hier bringt man Perverse zum Erröten.»[63] Fast die gesamte Presse lobte Tucholskys forschen Witz, und die «Berliner Börsen-Zeitung» machte klar, daß man hier dem Tiger «lieber drei Stunden Gehör schenkt, als seinem Intimus Ignaz Wrobel drei Minuten im Lustgarten»[64].

Hauptsächlich Theobald Tiger mit seinen halb erotischen, halb bissig politischen Gedichten und Chansons machte Tucholsky im Nachkriegsberlin schnell bekannt und brachte ihm das nötige Geld für seinen anspruchsvollen Lebensstil. Er hat, wie Max Herrmann-Neiße schrieb, «eine Fülle witziger Couplets geschaffen, die das bis dahin übliche Niveau noch überragen. Sie sind meist angriffslustig in einer gewissen mittleren Position, nicht ganz radikal, aber auch nicht spießbürgerlich zahm, so kommt es, daß er so auseinanderliegende Bezirke wie eine Nelsonrevue und ein kämpferisches Kabarett mit Texten versorgen kann...»[65]

Im Frühjahr 1923 beteiligte sich Tucholsky noch an der Gründung der «Gondel», einem Cabaret in der Tradition des russischen «Blauen Vogels». An Herbert Ihering schrieb er am 5. April: «Paul Leni und Stern und ich und noch ein paar Leute wollen in der Bellevuestraße ein kleines Cabaret auftun, dessen Name noch nicht feststeht. Wir wollen versuchen, farbig in des Wortes wahrster Bedeutung und lustig und anständig zu sein.»[66] Hier war nichts mehr zu spüren von den Plänen, die Tucholsky noch ein halbes Jahr zuvor hatte: Zusammen mit Hans Siemsen, Rosa Valetti und Paul Graetz wollte er am 9. November(!) 1922 ein literarisches Arbeiterkabarett «Die rote Nachtigall» aufmachen. Es sollte ein politisches Gegengewicht zu dem «bürgerlichen patriotischen Singsang» werden, ein Kabarett «der jungen Republik».[67] Nun wollte Tucholsky von Politik nichts mehr wissen, im Gegenteil: die «Gondel» war ganz stolz darauf, daß keine «dummen Anspielungen auf die Politik, die kein Mensch mehr hören mag», im Programm vorkamen. «Und wir wollen überhaupt nichts, als ein bißchen Spaß und etwas angenehm leichte Unterhaltung – und bunt, bunt, bunt wollen wir sein»,[68] hieß es im Prolog von Peter Panter. Aber auch das konnte ihn nicht sehr lange begeistern. Er schrieb anfangs zwar noch Chansons für die «Gondel», bald ging er aber nur noch hin, wenn er Geld brauchte, wie er Mary Gerold berichtete. Dafür wolle er nun für Trude Hesterbergs «Wilde Bühne» arbeiten, da sie «annähernd das Doppelte wie die Gondel» zahle.[69] Sie schlug ihm offenbar auch vor, daß er – ähnlich wie Brecht oder Kästner – seine Texte selbst vortragen solle. SJ ermunterte ihn ebenfalls dazu: «Warum willst Du eigentlich nicht bei Hesterberg tingeln? Wenn sie gehörig zahlt! Ob Du abends leise vor Dich hin oder laut vor Schiebers liest, ist doch wirklich kein so großer Unterschied.»[70] Auf dieses Angebot ging Tucholsky jedoch nicht ein, schon das Schreiben von Texten war für ihn eine Qual, wie er Emil Jannings mitteilte: «Bei der Hesterberg sind meine ersten Texte gestiegen. Gott, das will doch kein Mensch mehr wissen, wenigstens ich ganz gewiss nicht – und abgesehen davon, daß die Kate Kühl wie ein wildes Tier riecht – ich kann das alles nicht mehr, und der neue

Anzug sitzt ganz gut, und das ist die Hauptsache.»[71] Drei Wochen später war angeblich seine Mitarbeit bei der Hesterberg schon wieder beendet: «Bei Hesterberg habe ich aufgehört, sie kann es nicht bezahlen, und für billiger mag ich nicht.»[72] Diesen Satz muß man vor dem Hintergrund sehen, daß Tucholsky laut Vertrag monatlich den Gegenwert von 50 US-Dollar bekommen sollte.[73] Im Oktober wäre eine Einhaltung dieses Vertrages unmöglich gewesen, stieg der Dollar doch allein in diesem Monat von 2,9 Milliarden am 10. Oktober auf 65 Milliarden Reichsmark am 26. Oktober 1923. Aber der Satz macht eigentlich gar keinen Sinn, und Tucholskys Angaben können nicht stimmen, denn die «Wilde Bühne» war am 16. Oktober 1923 abgebrannt und Trude Hesterberg zu dieser Zeit in der Schweiz zu einem Gastspiel.[74] Dies ist eines von vielen widersprüchlichen und verwirrenden Details, die sich durch Tucholskys Biographie ziehen und sich wohl nicht mehr klären lassen.

Bald gab er diese «unglückliche Liebe», wie er sein Verhältnis zum Cabaret bezeichnete, weitgehend auf, schrieb nur noch gelegentlich für einzelne Interpreten. Es sei die «allerübelste Arbeit der Welt» und mache viel zuviel Mühe.[75] Deshalb habe er sich vom Cabaret «wie vom Theater – fast ganz zurückgezogen», vertraute er Kate Kühl an.[76]

«Flieh, auf, hinaus ins weite Land Paris!»
Siegfried Jacobsohn an Tucholsky[77]

Aus Deutschland wollte Tucholsky schon länger weg. Bereits während des Weltkriegs hatte er an Blaich geschrieben, daß er Schweden im Sinne habe. Aber dorthin sollte er erst wesentlich später kommen. 1923 zog sich durch viele Artikel und Briefe der Stoßseufzer: «Wenn mir der liebe Gott jemals vergönnte, auszuwandern –»[78] Er fühlte sich als «Eingesperrter in der Schulklasse Deutschland», und das zentrale Wort seines «jämmerlichen Lebens» hieß: «Herr Lehrer! Ich möchte mal hinausgehen!»[79] Das Leben sei nur noch in besoffenem Zustande zu ertragen, zitierte er Goethe,[80] und Emil Jannings bekam jede Woche von dem «gänzlich tedesko versunkenen Desperantisten Ignaz Peter T.» neue Klagerufe wie: «Lieb[er] Gott, mache, dass ich hier heraus komme! –»[81] Am 3. Januar 1924 druckte Siegfried Jacobsohn in seiner «Weltbühne» einen Artikel Tucholskys, der eigentlich nur einen Adressaten hatte: Siegfried Jacobsohn. Er schreibe deshalb nicht mehr, «weil die Zeit mir dagegen zu sein scheint. In einem schlecht geheizten Warteraum voll bösartiger Irrer liest man keine lyrischen Gedichte vor. Wenn irgendeiner uns in das Ausland unter richtige Menschen holt, damit wir erst einmal wieder einen klaren Kopf bekommen, Übersicht und Festigkeit, dann will ichs wieder versuchen. Bis dahin bleibt – über diese Sozialdemokratie, über Industriewegelagerer, Städteaushungerer und Schutzhaftgenerale, über den Bürgerpräsidenten Louis Philippe Ebert, über Radeks sitzengebliebene Zöglinge und Bayerns Ehrenwortfabrikanten – bis dahin bleibt nur eines: Schweigen. Schweigen. Schweigen.»[82] Das war ein Wink mit dem Zaunpfahl, und Jacobsohn verstand ihn sehr gut. Auf seine Angebote zur Mitarbeit hatte «Tucho» bisher ebensowenig reagiert wie auf die Beschimpfungen, daß er ein «tummes Luder» sei und als geübter «Strichier» bei der «Weltbühne» sogar besser verdienen würde als in der Bank.[83] Nun schien Tucholsky bereit zu sein, vom Bankschalter wieder an die Schreibmaschine zurückzukehren.

Zum vierunddreißigsten Geburtstag am 9. Januar 1924 wünschte ihm Mary Gerold «ein Land, das er bejaht, und ein Leben, das lebenswert ist»[84]. Das Land seiner Sehnsucht, das er bejahte, war nicht Deutschland, sondern Frankreich. Der Kunsthistoriker Eduard Plietzsch, der als Jan Altenburg auch in der «Weltbühne» schrieb und bei dem Tucholsky öfters zu Gast war, erinnerte sich, daß dieser eines Abends zu Besuch war und den ganzen Kram in der Bank hinschmeißen wollte. Am liebsten würde er als unabhängiger Schriftsteller nach Paris übersiedeln. «Die Gespräche hatten sich schon wieder anderen Themen zugewandt, als Tucholsky plötzlich aufstand, nach dem Gästebuch griff, eine leere Seite aufschlug und einen dicken Strich zog. Darunter schrieb er»: «An dieser Stelle begann Th. Tiger sein neues Leben. (Paris) Und weil Onkel Plietzsch ihm dabei so netten Rat gegeben hat und überhaupt ein Mensch ist, mit dem man Tacheles reden kann, deshalb bedankt sich Tucholsky».[85] Die Entscheidung für Paris war eigentlich ganz logisch, denn schon seit seiner Schulzeit begeisterte ihn Frankreich. Wie aus einem Brief der Schwester Ellen hervorgeht, hatte die ganze Familie nach dem Tod des Vaters bereits einmal Paris besucht, und aus zahlreichen Buchbesprechungen und Artikeln geht hervor, wie sehr sich Tucholsky für die französische Literatur, das Theater und natürlich das Cabaret interessierte. 1913 hatte er sogar geplant, ein Buch über Frankreich zu schreiben, und deshalb alle ihm erreichbare Literatur gelesen. Allerdings sollte es nicht das Frankreich des 20. Jahrhunderts sein, sondern die Zeit des «wundervollen zweiten Empires»[86]. Walter Mehring, mit dem er zusammen am «Schall und Rauch» gearbeitet hatte, war bereits 1921 nach Paris gezogen und schickte ihm hymnische Beschreibungen der Stadt. 1924 antwortete Tucholsky, daß er die Schwärmereien nun satt habe: «Ich werde mal nächster Tage selber hinüberkommen. Und falls es nicht stimmen sollte, werden Sie mir die Rückreise bezahlen müssen.»[87] Es sollte noch etwas dauern, bis Tucholsky nach Paris kam, die Rückfahrt mußte Mehring dann allerdings nicht bezahlen.

Noch war nicht klar, ob Tucholsky diesen Schritt tatsächlich durchführen konnte. Als freier Schriftsteller, ohne finanziellen Rückhalt war es ihm sicher nicht ohne weiteres möglich, denn seine restlichen Ersparnisse, auch die große Summe, die er beim «Pieron» verdient hatte, waren von der Inflation weitgehend vernichtet worden. Er war also auf zusätzliche Einnahmen angewiesen. Verhandlungen mit Jacobsohn, ihn als Auslandkorrespondenten nach Paris zu schicken, hatten vorerst nur bedingt Erfolg. Der am 15. Februar 1924 geschlossene Vertrag hält im Gegenteil fest, daß Tucholsky in den Verlag der «Weltbühne» eintritt, daß er dort Büroarbeit zu erledigen hat, und lediglich in Punkt 12 heißt es, daß SJ sich dazu verpflichtet, Tucholsky jährlich für mindestens drei Monate auf Reisen zu schicken. Ausdrücklich wurde zudem vereinbart, daß «wegen der nicht geleisteten Verlagstätigkeit» in dieser Zeit kein Gehaltsabzug erfolgt.[88]

Tucholsky war schon froh, wenigstens diese längeren Reisen durchgesetzt zu haben. Gleichzeitig bemühte er sich noch um andere Aufträge für Paris. Am 12. Februar schrieb er an George Grosz: «es ist möglich, dass ich ein bisschen nach Paris gehe. Bei dieser Reise möchte ich sehr gern für den Malikverlag irgend etwas tun, weil mir seine Sachen und seine Propaganda ausserordentlich zusagt, weil es mich ärgert, dass der socialdemokratische Polizeipräsident das Jahrbuch verboten hat – und drittens, weil es mir Spass machen würde, von dort einmal etwas anderes zu machen. Vielleicht regen Sie bitte einmal eine Zusammenkunft an?»[89]

Der 1917 von Wieland Herzfelde gegründete Malik-Verlag verstand sich als «geistiges Sammelbecken für alle revolutionären Kräfte, die von der bürgerlichen Weltanschauung weg dem Ideal einer klassenlosen Gesellschaft zustreben»[90], wie es 1922 in einem Verlagsprospekt hieß. In der Tat war der Verlag weitgehend von der KPD unabhängig und veröffentlichte neben den berühmten Mappen von George Grosz Autoren wie Max Hölz, Maxim Gorki, Leo Tolstoj, Franz Jung und Upton Sinclair. Das Programm lag also ganz auf Tucholskys Linie. Die Vermittlung klappte, und Kurt Tucholsky besuchte Wieland Herzfelde zusammen mit Mary Gerold in seiner Wohnung. Am 9. März 1924 sprachen Herzfelde und Tucholsky auch gemeinsam auf einer Veranstaltung des Republikanischen Jugendbundes.[91] Ob es in diesem Jahr allerdings zu einer Zusammenarbeit gekommen ist, läßt sich nicht mehr feststellen, aber die Vorliebe für die Bücher aus dem Malik-Verlag läßt sich in vielen Buchbesprechungen ablesen, und im nachhinein verwundert es etwas, daß nicht wenigstens ein Buch von Tucholsky in diesem Verlag erschienen ist. Auch wenn er vor allem die zunehmend parteipolitisch-moralische Tendenz einzelner Bücher bemängelte, gestand er 1932: «Wenn ich nicht Peter Panter wäre, möchte ich Buchumschlag im Malik-Verlag sein.»[92]

Da das Gehalt von 650 Mark, das Tucholsky laut Vertrag von der «Weltbühne» bekommen sollte, nie gereicht hätte – allein seine Wohnung in Fontainebleau kostete 300 Mark monatlich –, mußte er sich nach weiteren Verdienstmöglichkeiten umsehen. Dabei halfen ihm natürlich auch seine zahlreichen Kontakte, die er als zeitweiliges Vorstandsmitglied des «Schutzverbands deutscher Schriftsteller» (SDS) knüpfen konnte. Als er 1920 erster Schriftführer des SDS geworden war, wurde Monty Jacobs Vorsitzender des Verbands. Jacobs, der als Theaterkritiker bei der «Berliner Morgenpost» und beim «Berliner Tageblatt» angefangen hatte, war seit 1914 Redakteur bei der «Vossischen Zeitung», 1921 wurde er deren Feuilletonchef. Monty Jacobs galt damals allgemein als ein «Vertreter der bürgerlichen Gesellschaft, der den sozialistischen Ideen seiner Zeit nahestand»[93]. Im Ullstein Verlag, in dem die «Vossische» erschien, war außerdem seit einiger Zeit auch Tucholskys alter «Freund» Szafranski beschäftigt. Es lag also nahe, daß Tucholsky über diese «Beziehungen» versuchte, mit der «Vossischen» ins Geschäft zu kommen.

Zudem kam die angesehene «Tante Voss» Tucholskys Absichten in einem Punkt sehr nahe: Georg Bernhard, seit 1920 Chefredakteur, war wie Tucholsky ein Anhänger der deutsch-französischen Verständigung,[94] Nationalisten bezeichneten die «Voss» deswegen auch als «Gazette de Foch»[95]. Tucholskys diesbezügliche Haltung und seine Aktivitäten waren allgemein bekannt, auch wenn von ihm bisher keine langen Artikel oder gar Serien zu diesem Thema erschienen waren.[96] Die «Vossische» hatte zwar bereits einen Korrespondenten in Paris,[97] aber Tucholsky wollte ja auch nicht in den aktuellen Tagesjournalismus zurück. So wurde er mit Monty Jacobs einig, daß er für das Feuilleton Glossen und Beobachtungen aus Paris schreiben sollte. Für seine Mitarbeit erhielt er einen Vertrag, der ihm ein monatliches Fixum von 800 Mark zusicherte. Beiträge, die sich nicht für die «Vossische» eigneten, sollten an die verschiedenen anderen Redaktionen des Hauses weitergegeben werden. Gleichzeitig verhandelte Tucholsky noch über einen Nachdruckvertrag mit dem «Prager Tagblatt», der ihm 125 Mark pro Monat bringen sollte. Hier gab es allerdings schnell Probleme, und er beschwerte sich über die schlechte Bezahlung.[98] Zeitweise hatte er weitere Nachdruckverträge mit dem «Hessischen Volksfreund» in Darmstadt für 50 Mark, mit dem «Dortmunder Generalanzeiger» für 160 Mark und so fort. Ab August 1924 druckte auch die «New Yorker Volkszeitung» mindestens einen Beitrag pro Monat nach.[99] Alle diese Verträge zusammen sicherten ihm ein monatliches Einkommen von rund 2000 Mark.[100]

Trotzdem war Tucholsky mit den Einnahmemöglichkeiten noch nicht zufrieden, und er fragte Jacobsohn, wie er denn von Ullstein mehr bekommen könne. SJ gab ihm den Rat, nicht alles an Monty Jacobs zu schicken, «sondern nur, was Du in der ‹Voss› sehen willst. Daneben Dinge für die ‹BZ›, die ‹Morgenpost›, die ‹Abendpost›, die ‹Allgemeine Zeitung›, die ‹Dame›, die ‹Bauwelt›, die ‹Holzwelt›, die ‹Illustrierte›, den ‹Heitern Fridolin›, die ‹Weltgeschichte›, die ‹1000 Worte Englisch›, die ‹Wochen-Voss› und die Romanbibliothek schreibst und sie jeweils an die Redaktion des zu bedenkenden Organs schickst»[101]. Der Rat war zwar auch etwas ironisch gemeint, Tucholsky kam jedoch bald mit dem Ullstein Verlag so gut ins Geschäft, daß dieser ihn im Sommer 1924 sogar ganz «einkaufen» wollte: als Chefredakteur der neuen Zeitschrift «Uhu», mit einem monatlichen Gehalt von 3000 Mark.[102] Das aber lehnte Tucholsky ab, er war ja gerade dabei, seinen Wohnsitz endlich aus Deutschland heraus zu verlegen. Zudem warf ihm Maximilian Harden seine «Ullsteinereien» (Kurt Hiller nannte es noch drastischer «Ullschweinereien») vor und meinte, daß dessen Haltung mit «den hohen Postulaten des vielköpfigen Satirikus Wrobel & Co kaum vereinbar» seien.[103]

Aber noch saß Tucholsky in Berlin und bereitete sich auf Frankreich vor; um sein Französisch zu verbessern, nahm er bei seiner Tante Flora ausgiebig Nachhilfeunterricht. Dem Personalchef der Bank, Karl Koch, erklärte er «kurz und bündig», daß es nun genug des «grausamen Spiels» sei und daß er nach Paris wolle, um dort wieder schriftstellerisch tätig zu werden. Wenn er nicht bald zum Schreiben käme, würde er «platzen».[104] Die Kündigung wurde zwar mit Bedauern angenommen, denn Tucholsky war bei seinen Kollegen als «liebenswerter Spötter» gern gesehen, aber man verstand seinen Wunsch nach Unabhängigkeit und versuchte, ihm mit Rat und Tat zu helfen. Jacobsohn, der 1905 einige Zeit in Paris gewesen war, gab ihm ebenso gute Ratschläge wie Eugen Koessler von der Französischen Botschaft in Berlin, den Tucholsky von der Liga für Menschenrechte her kannte. Er warnte vor übertriebener Euphorie, anfangs werde Tucholsky gar nicht so begeistert sein. Das komme erst mit der Zeit.[105] Tucholsky ließ sich auch verschiedene Empfehlungsschreiben ausstellen, die ihn in Paris bei den «richtigen» Leuten einführen sollten. Dies war wohl – neben deren Engagement für Wahrheit und Menschlichkeit – auch eines der Motive, die ihn dazu bewogen, am 24. März 1924 in die Berliner Freimaurerloge «Zur Morgenröte» einzutreten. Zwei Mitarbeiter von «BeSiCo», mit denen sich Tucholsky gut verstand, hatten ihn für die Loge «geworben», und Karl Koch bürgte auch für ihn.[106] Koch war es auch, der ihm zahlreiche Empfehlungen vermittelte, die Tucholsky dann in den ersten Wochen in Paris von großem Nutzen waren. Besonders nützlich wurde ihm schließlich ein Mann, den er bereits während des Krieges in Rumänien kennengelernt hatte und der seit 1920 wieder als Rechtsbeistand der Deutschen Botschaft in Paris tätig war. Rechtsanwalt Dr. Felix

Wieland war schon vor dem Krieg lange Jahre in Paris gewesen und kannte die Verhältnisse im Lande sehr gut. So konnte er Tucholsky vieles erklären und ihm mancherlei «Hilfestellung» leisten. Margot Wieland erinnerte sich, daß Tucholsky seit seiner Ankunft in Paris ein häufiger und gerngesehener Gast im Hause Wieland war.[107] Auch die «Liga für Menschenrechte», die mit ihrer französischen Schwester eng zusammenarbeitete, hatte Tucholsky in Paris avisiert. Liga-Vorstandsmitglied Hellmut von Gerlach hielt sich ohnehin gerade dort auf, und Tucholsky setzte sich sofort nach seiner Ankunft mit ihm in Verbindung, obwohl er wenig später in einem Brief an Mary Gerold über die Arbeit der Liga spottete: «Der Graf Kessler war auch da – er macht hier in Verständigung und officiösem Tun und Treiben. Gott, wie unnütz –!»[108]

Als Tucholsky am 6. April 1924 den Zug nach Paris bestieg, war das sozusagen Rettung in letzter Sekunde, denn seine Depressionen und Selbstmordgedanken hatten sich in den letzten Monaten zunehmend gesteigert. Erst die Aussicht auf ein Leben in «Freiheit», also im Ausland, ließ ihn wieder hoffen. Aufatmend verließ er das «Gefängnis Deutschland», um von da an nur noch zu Besuch zurückzukommen. Tucholsky war von Paris bald «völlig betrunken», er konnte sich an der Stadt und an den Leuten nicht satt sehen. Wie ein frisch verliebter Jüngling schwärmte er von seiner neuen Liebe: «Du kannst Dir das nicht denken, was das für ein Land ist. Es ist, wie wenn es die Arme öffnet und sagt: Nimm mich – aber nicht so, wie das wohl die Tropen tun sollen, so brünstig-schwellend – sondern ganz einfach und nett und weich. Es ist bezaubernd. […] Und Du glaubst nicht, in welche leichte, selige Stimmung einen das versetzt.»[109] Er bewunderte die fröhliche, gelassene Lebensweise der Franzosen, die trotz Sorgen pfeifend ihrer Arbeit nachgingen, die wohltuend kultivierten Umgangsformen der Menschen: «so etwas von ruhiger Zufriedenheit, von allgemeiner Ausgeglichenheit, von tiefer, tiefer Bürgerlichkeit war noch nicht da.»[110] «Das menschliche Paris» überschrieb er im Juni 1924 einen Artikel für die «Vossische Zeitung», in dem er den «Zauber von Paris» zu ergründen suchte. Die Menschen dort seien höflicher, hilfsbereiter und natürlicher als in Deutschland.[111] Nun war er zu Hause, wie er auch in der «Vossischen» verkündete: «Denn so zu Hause habe ich mich in Berlin nie gefühlt.»[112]

Tucholsky ruhte in Paris von seinem Vaterlande aus,[113] Berlin und die Deutschen erschienen ihm aus der Entfernung gesehen noch lauter, unkultivierter, geistloser. Er empfand den Unterschied genauso, wie zwei Jahre zuvor Harry Graf Kessler: «Der tiefste Gegensatz zwischen Paris und Berlin, zwischen Norddeutschland und Frankreich, ist die Ausgeglichenheit, das durch lange Tradition Ineinander-Eingearbeitetsein aller sozialen Funktionen in Frankreich; nicht der einzelnen Menschen, aber ihrer Funktionen. Der kleine Rentner, die Kokotte, der Notar, der Beamte, der Arbeiter usw. sind gegeneinander *als soziale Funktion* so eingespielt, so typisch geworden, daß der ganze soziale Organismus wie ein Naturprodukt dasteht, ‹natürlich› geworden ist.»[114] In zahlreichen Artikeln beschrieb Tucholsky seine Streifzüge durch das Land und versuchte, die Vorurteile und Klischees, die in Deutschland das Bild von Frankreich beherrschten, zu korrigieren.

Zunehmend erkannte er jedoch auch die negativen Seiten in Frankreich, und seine Schilderungen klangen nicht mehr ganz so euphorisch. Er registrierte, «daß auch hier mit Wasser gekocht wird – aber es schmeckt besser, und die Nerven beruhigen sich, man lebt angenehmer».[115] Er liebte das Land und kämpfte für eine Verständigung zwischen Deutschland und Frankreich, aber «auf dem Bauche davor liegen und alles, aber auch alles bejahen, was hierzulande geschieht, das fällt mir gar nicht ein»[116]. Auch Frankreich habe seine Justiz, seine Verwaltung, seine Eisenhüttendirektoren und seine Arbeiter. Nur: in die inneren Angelegenheiten wollte er sich nicht einmischen. Das sei Sache der Franzosen.[117] Dafür beschäftigte er sich wieder öfter mit den Zuständen in Deutschland, schärfer und unerbittlicher als vorher. Jacobsohn mahnte ihn sogar, sich wieder mehr um Frankreich zu kümmern, dafür sei er ja in Paris.[118]

Es wäre relativ leicht, aufgrund der vielen Artikel Tucholskys über seine Zeit in Frankreich ein langes Kapitel zu schreiben. Verklärende Abhandlungen dazu gibt es bereits genug, es muß diesen nicht eine weitere hinzugefügt werden. Spannender und interessanter wäre eine Darstellung der Aktivitäten Tucholskys, aus denen heraus er zu seinen Wertungen und Urteilen kam. Da Tucholskys eigene Aussagen nicht immer zuverlässig sind, genügt eine Auswertung seiner Schriften und Briefe allerdings bei weitem nicht, um ein gültiges Bild zu zeichnen. Im Gegenteil: es stellen sich mehr Fragen, als Antworten vorhanden sind.

Es gibt Hinweise darauf, daß Tucholsky in französischen pazifistischen Zentren bei Paris aktiv war. Bekannt ist, daß er in Frankreich vierzig bis fünfzig Vorträge hielt. Bis auf einige wenige, die er auf Aufforderung von Victor Basch vor der «Ligue des Droits de L'Homme» hielt, weiß man weder, wo und vor welchem Publikum er sprach, noch zu welchen Themen. Wir wissen inzwischen, daß Tucholsky sich für den deutsch-französischen Jugendaustausch engagierte. Es gibt erste Hinweise darauf, daß Tucholsky – wie ja auch andere Auslandsberichterstatter – einige seiner Theaterrezensionen nur wenig verändert aus französischen Zeitungen übernommen hat.

Wir wissen mittlerweile auch, daß Tucholsky Zugang zu wichtigen gesellschaftlichen Kreisen hatte. Mit wenigen Ausnahmen sind bislang weder Namen noch Querverbindungen bekannt. So kannte er beispielsweise die Politiker Briand, Barthou, Herriot, Boncour oder Poincaré, der ihn als «aufrichtigen, klaren und wertvollen» Menschen schätzte. Die Kontakte zu diesen Politikern ließen ihn auch etwas hinter die Kulissen schauen, so daß er die verhängnisvolle Rolle des deutschen Botschafters in Paris für die deutsch-französische Verständigungspolitik erkennen konnte. 1928 versuchte Tucholsky in einem Gespräch mit dem Privatsekretär Stresemanns auf die negativen Folgen aufmerksam zu machen: «Ich habe gesagt, daß der Bursche seine Stellung maßlos überschätzt, daß auf französischer Seite das Vertrauen nicht so groß sei wie früher, und daß er eben den neuen Poincaré nicht verstehe.»[119] In einem Bericht für den deutschen Außenminister hielt er seine Bedenken nochmals fest. Aber auch umgekehrt versuchte Tucholsky den maßgeblichen französischen Politikern ein realistisches Deutschlandbild zu vermitteln und warnte sie bereits 1930 vor der sich abzeichnenden Entwicklung in Deutschland.

Diese wenigen Hinweise zeigen bereits, daß dieser wichtige Abschnitt in Tucholskys Biographie völlig anders dargestellt werden muß, als es bislang der Fall ist. Wenn Tucholsky sich tatsächlich derart politisch engagiert hat, bekommen viele Artikel plötzlich einen ganz anderen Stellenwert, werden die Hintergründe noch wichtiger. Die Spurensuche in den verschiedenen Archiven ist jedoch äußerst schwierig und vor allem langwierig, da durch den Krieg große Teile der Bestände vernichtet wurden oder verstreut an verschiedenen Orten liegen. Bei vielen Anfragen gab es lediglich die Antwort, daß keinerlei Dokumente mehr vorhanden seien. Andere Hinweise liefen ins Leere. Bisher sind lediglich erste, winzige Aktenfunde zu verzeichnen, zuwenig, um Antworten auf die sich stellenden Fragen geben zu können.

«...ob auch der Freund uns jäh entschwand»[120]

Am 3. Dezember 1926 starb völlig überraschend Siegfried Jacobsohn. Tucholsky fuhr umgehend nach Berlin und übernahm vorübergehend die Leitung der «Weltbühne». Der Tod seines väterlichen Mentors war für Tucholsky ein Schock, von dem er sich nie mehr ganz erholte und der seine Depressionen wesentlich verstärkte. «Für den sensiblen, melancholischen, labilen und mitunter ängstlichen Tucholsky war der lebensbejahende, temperamentvolle, positive Jacobsohn die stärkste Stütze, sein Halt, die Quelle von Inspiration und Kreativität, Vorbild, Erzieher, Lehrmeister – die respektvoll verehrte Idealfigur.»[121] Nun hatte er den Adressaten all seiner ja nur für ihn geschriebenen Artikel und Gedichte verloren, den auf jeden Brief sofort antwortenden Freund, der ihn angespornt und immer erneut gefordert hatte. Das laute Lachen war verstummt, das Tucholsky so liebte. «Bisher war er noch immer der große Junge und S. J. der Mentor – nun stand er plötzlich alleingelassen da und musste erwachsen sein»[122], erinnerte sich Mary Tucholsky. Pauline Nardi schilderte einen gebrochenen Menschen, der auf der Totenfeier für Jacobsohn am 19. Dezember im Deutschen Theater für die Mitarbeiter der «Weltbühne» den Nachruf sprach: «Da trat ein Geschlagener stolpernd über die Stufen zum Rednerpult, hilflos, verlegen lächelnd über sein Mißgeschick, der endgültig allein gebliebene, einsame Kaspar Hauser.»[123] Ein kleines Gedicht, das in einem schwarzen Rahmen in seinem Zimmer hing, zeigt deutlich die Verzweiflung und das Gefühl der Verlassenheit:

Abschied
Du gingst. Und nahmst mit Dir das Licht.
Es war, als wenn ein feines Porzellan zerbricht.
Als wenn ein schmaler Schatten fällt.
Und müde von dem Kampf mit dieser Welt
vergrubst Du Dich in feuchte schwarze Erde.
Kein «war», kein «werde».
Verschlossen ist das Tor, das zu Dir führt.
Im Dunkel lehne ich davor. Mich friert.[124]

Tucholsky fühlte sich auf dem Stuhl eines «Oberschriftleitungsherausgebers»[125], wie er sich scherzhaft gequält nannte, mehr als unbehaglich. Sollte er trotzdem die Redaktion der «Weltbühne» übernehmen? Die «Weltbühne» ohne SJ, das war für ihn schon schwer vorstellbar. Nun aber auch noch auf dem Stuhl des väterlichen Mentors sitzen zu müssen, das überstieg seine Kraft. Bereits am 8. Januar 1927 verhandelte er deshalb mit der «Frankfurter Zeitung» über eine Anstellung als Auslandskorrespondent.[126] Mindestens zweimal die Woche schickte er lange Klagebriefe an seine Frau Mary nach Paris, ihm sei «hundesauelend zumute», und er wisse nicht mehr, was er tun solle: «Und das allerschlimmste ist: ich will das ja alles gar nicht. Und ich habe nicht den Mut, nein zu sagen – alle, alle – Georg Bernhard, Morus und die es sonst gut meinen, sagen, ich sollt es tun. Und ich fühle, daß ich es nicht kann – mich langweilt es – ich bin so müde, und Berlin ist mir widrig, so widerwärtig, wie gar nicht sagen kann. Geb ichs jetzt ab, dann ist es in ein paar Wochen kaputt, daran ist kein Zweifel.»[127]

Zwischen Edith Jacobsohn und Tucholsky kam es zu harten Verhandlungen über die Fortführung der Zeitschrift und natürlich auch über das Finanzielle. Wieviel sollte er verlangen? Wieviel trägt das Blatt überhaupt? «[...] nimm Er nicht falsche Rücksichten auf deren Etat. Er ist doch sonst ein so großer Egoist, warum denn in diesem einen Fall dies plötzliche Zurückstellen Seiner Person?» riet ihm Mary Tucholsky am 6. Februar 1927. 14 Tage vorher hatte Tucholsky in einer Besprechung verlangt: Wenn er in Paris bliebe und von dort aus an der Redaktion mitmache: 1150 Mark, wenn er nach Berlin käme: 1550 plus Umzug. Und bedauernd fügte er in seinem Brief an Mary hinzu: «Wahrscheinlich hätte ich 1700 fordern müssen – vielleicht hätte ich auch das durchgesetzt. Ich gehe herum und mache mir Vorwürfe.»[128] Mary Tucholsky riet zu der Lösung Paris: «Mit 1100 M in Paris steht Er sich besser als mit 1400 M in Berlin, nur fragt es sich, wie lange sie Ihm das zahlen wollen. – Darum mach Er einen längeren Vertrag u. behalt Er die Redaktion von Paris aus in den Händen, so weit das geht.»[129]

Wolf Zucker, 1923/24 bereits unter SJ Volontär der «Weltbühne» und von Tucholsky nun als Redaktionsgehilfe eingestellt, erlebte ihn aus nächster Nähe. In einem langen Brief schilderte er dessen Lebens- und Arbeitsstil: «Es war sehr anders als mit S.J. Im Gegensatz zu seinem Vorgänger mit dessen fast mönchischer Selbstabschließung war ‹Tucho› gemütlich und gesellschaftlich. Den ganzen Tag über empfing er Besucher, von denen ein großer Teil wenig oder gar nichts mit der Zeitschrift zu tun hatte. Am Morgen gab er mir eine Liste von etwa 20 Leuten, mit denen er am Telefon sprechen wollte. Von vielen mußte ich erst über Umwege herausfinden, wo sie möglicherweise zu erreichen sein würden. Außerdem war Tucholsky dauernd selbst am Telefon mit Menschen, die ihn anriefen. Seine Verbindung mit der Weltbühne war die eines auswärtigen Korrespondenten, auch als er die Redaktion übernahm. Von Anfang an – glaube ich – war er nicht willens, seinen Lebensstil zu ändern. Er wohnte in einem gut möblierten Zimmer nicht weit vom Königsweg. [...] Sein Essen ließ er sich von einem benachbarten Restaurant in die Redaktion bringen, wenn er nicht eine auswärtige Verabredung zum Mittagessen hatte. Am Ende des Tages hatte er wohl immer eine Einladung zu alten und neuen Freunden. [...] Es war noch genug Material vorhanden, teils schon gesetzt, teils noch in Manuskriptform, so daß die Kontinuität der Zeitschrift nicht gefährdet war. Aber wiederholt beklagte er sich, wie schwierig es sei, neue Talente zu entdecken. Tucholsky war viel mehr als S.J. an tagespolitischen Fragen interessiert, obwohl auch er jede Identifizierung mit irgendwelchen Parteigruppen strengstens vermied. Ich erinnere mich, daß er zu jener Zeit auch als Sprecher in Massenkundgebungen auftrat,[130] wo seine elegante und witzige Art der Polemik dem Publikum sehr gefiel, aber bei den professionellen Politikern ein vielleicht nicht unberechtigtes Mißtrauen verstärkte.»[131] Ein Grund für dieses Mißtrauen bestand auch darin, daß sich Tucholsky am 22. Mai 1927 auf dem 2. Reichskongreß der «Roten Hilfe Deutschland» in den Zentralvorstand wählen ließ.[132] Die

Aufmerksamkeit des «Reichskommissars für Überwachung der öffentlichen Ordnung» war ihm nun endgültig sicher.

Im Mai 1927[133] packte Tucholsky die Koffer und gab die Redaktion an Carl von Ossietzky ab, der ab 11. Oktober auch offiziell auf dem Titelblatt als Herausgeber genannt wurde: «Unter Mitarbeit von Kurt Tucholsky geleitet von Carl v. Ossietzky». Tucholskys Verhältnis zur «Weltbühne» und dem neuen Herausgeber blieb lange Zeit gespannt bis ablehnend, ohne SJ konnte er sich das Blatt nicht vorstellen, es «existiert für mich gar nicht mehr. Ich lese das kaum, mir ist das alles gleich, wenn nur bezahlt wird. Das ist restlos aus.»[134] Er würde sogar lieber für den «Uhu» und andere arbeiten als «für die».

NEUN

«Mich hat die Frage des Judentums niemals sehr bewegt.»[1]

Tucholskys Verhältnis zum Judentum sowie seine Stellung als deutsch-jüdischer Vertreter des klassischen Bildungsbürgertums in der Tradition der Aufklärung und der Judenemanzipation ist in der Literatur bislang weitgehend ausgespart worden. Fritz J. Raddatz hat deshalb zu Recht beklagt, daß sich «kein einziger deutschsprachiger jüdischer Schriftsteller oder Denker bereitgefunden [hat], dieses für Tucholsky am Ende seines Lebens so zentrale Thema auch nur zu berühren»[2]. Ein Grund dafür mag das harsche Verdikt von Gershom Scholem sein, Tucholsky sei einer «der begabtesten und widerwärtigsten jüdischen Antisemiten» gewesen, dem es vorbehalten geblieben sei, «auf einem hohen Niveau das zu leisten, was die Antisemiten selber nicht fertig brachten».[3]

Die historische Verbindung der Juden mit den Ideen der Aufklärung und des Liberalismus war eine natürliche Folge ihrer jahrhundertelangen Unterdrückung. Die jüdische Emanzipation zu Beginn des letzten Jahrhunderts wurde entscheidend beeinflußt und vorbereitet durch die Französische Revolution und die Aufklärung; von Voltaire bis hin zu Mendelssohn und Lessing forderten die bedeutendsten Köpfe die politische und kulturelle Gleichstellung der Juden. Daher war es fast selbstverständlich, daß die politischen Sympathien vieler Juden in Deutschland sich Parteien und Gruppen zuwandten, die sich zu Ideen des Liberalismus bekannten. «Die Verfechter der entgegengesetzten konservativ-christlichen Auffassung dagegen neigten im allgemeinen dazu, die Emanzipation der Juden in persönlicher, gesellschaftlicher und politischer Hinsicht abzulehnen, da sie in ihr die

Verkörperung des verhaßten, alles gleichmachenden egalitär-demokratischen revolutionären Geistes erblickten. Je mehr sich nun der Liberalismus ausbreitete, und je enger sich die Juden mit seinem Fortschritt identifizierten, desto stärker wuchs im konservativen Lager das politische Mißtrauen und die Abneigung gegen die Juden.»[4] Die schrittweise Verleihung der Bürgerrechte an die Juden änderte nichts an dem Bündnis, zumal die Emanzipation immer wieder durch behördliche Maßnahmen behindert wurde und die Ablehnung der Juden durch konservative Kräfte fortdauerte. Höhere Stellungen in Militär und Verwaltung blieben ihnen ebenso verschlossen wie in den meisten deutschen Ländern die Berufung als Professoren auf akademische Lehrstühle.

Mit der entstehenden Sozialdemokratie wurden die antijüdischen Vorurteile bei den Konservativen noch weiter verstärkt, da auch hier einzelne Juden wie etwa Ferdinand Lassalle herausragende Positionen innehatten. In den Augen der Konservativen, die um den Erhalt ihrer Macht kämpften, waren deshalb «die Juden» Vorkämpfer des Umsturzes und Feinde der bestehenden Ordnung. Die Parteien der Linksliberalen und die Sozialdemokraten waren für sie «zersetzt» von «wurzellosen» Juden. Unter Bismarck trat noch eine weitere Verschärfung ein: die Konservativen und Nationalliberalen galten als «staatserhaltend», Sozialdemokraten, Linksliberale und Katholiken dagegen als «staatsfeindlich», «unpatriotisch» und als «vaterlandslose Gesellen». Dieser völkische Nationalismus verknüpfte bereits im letzten Jahrhundert religiösen Antisemitismus mit seinem politisch-ideologischen Kampf. Daß die Konservativen den Sturz der Monarchie 1918 als «jüdisch-bolschewistischen Umsturz» und die neue demokratische Ordnung als «Judenrepublik» ablehnten, war das fast folgerichtige Ergebnis dieser politischen Gleichsetzung. Dabei wurde bewußt negiert, daß es «die Juden» in dieser geschlossenen Form gar nicht mehr gab.

Die Emanzipation zersplitterte das Judentum in zahlreiche Gruppierungen wie «orthodox, konservativ, liberal und reformiert».[5] Daß die staatliche Emanzipation ohne «Vorleistungen» der Juden nicht zu erreichen war, erkannten bereits die Wegbereiter wie David Friedländer, Israel Jacobson oder Moses Mendelssohn. Denn die orthodoxe, streng religiöse Lebenshaltung und die alles umfassenden Gesetze der Juden bedeuteten eine Absonderung, eine Gettosituation, die zwar in

Zeiten der Verfolgung gewissen Schutz bot, aber ein normales Zusammenleben mit der nichtjüdischen Bevölkerung außerordentlich erschwerte oder gar unmöglich machte. Einzelne wollten das Judentum lediglich von überholten, scheinbar leeren Ritualen und Mystizismen befreien, andere beharrten dagegen auf der strikten Einhaltung aller Gesetze und Riten, wieder andere forderten radikale Veränderungen und Reformen. Die Debatten zwischen den einzelnen Richtungen zogen sich über viele Jahrzehnte hin und führten teilweise zu erbitterten Auseinandersetzungen. Zahlreiche deutsche Juden assimilierten sich, und die Traditionsverbundenheit nahm bei ihnen deutlich ab oder wurde ganz aufgegeben. Das irdische Messiasreich, das Heimatland der Urväter, die Gebete für die Rückkehr nach Jerusalem wurden vertauscht mit dem uneingeschränkten Bekenntnis zur neuen Heimat Deutschland und zum Deutschtum. Gershom Scholem beschrieb ausführlich den «radikalen Übergang der Juden aus dem alt-traditionellen Lebenskreis», hin zu einem «Germanismus», dem die deutsche Kultur, Bildung und Teilnahme an den deutschen bürgerlichen Interessen als die wesentlichste Aufgabe erschien, ein oft «ekstatischer» Aufbruch, der gleichzeitig aber auch den Verlust der eigenen Tradition und Selbstsicherheit bedeutete.[6] Begünstigt wurde dieser Aufbruch durch das Welt- und Menschenbild der Aufklärung. Für viele Juden trat mit ihr die gesamte «Menschheit in eine neue Bildungsperiode» ein, in der Recht und Menschlichkeit, Schönheit und Bildung oberste Gebote des menschlichen Handelns wurden. Bildung wurde als «Mittel zur Umformung der Realität durch die Macht der Ideen» angesehen, das Primat der Kultur über die Politik erwuchs daraus als fast logische Konsequenz.

Georg L. Mosse hat diese Assimilierung durch Bildung und deren Folgen ausführlich dargestellt. Viele deutsche Juden hätten die Bindungen an «eine spezifisch jüdische Tradition» aufgegeben, ohne jedoch zum Christentum übertreten zu wollen. «In den leeren Raum zwischen christlicher Tradition und Judentum als Offenbarungsreligion trat das Bildungsideal, an das sich das deutsche Bürgertum während der jüdischen Emanzipation hielt. Dieses Ideal erwies sich als bedeutungsvolles Erbe für einige der hervorragendsten deutsch-jüdischen Intellektuellen.» Der Glaube an den Individualismus und an die Macht der menschlichen Vernunft trat im deutschen Bürgertum jedoch immer weiter in den Hintergrund, während zunehmend der

Nationalismus und die Welt des Mythos dessen Stelle einnahm. Viele Juden weigerten sich, diese langsame Umwertung des Bildungs- und Aufklärungsbegriffs zu übernehmen; «je heftiger das ältere Bildungsprinzip angegriffen wurde, desto leichter ließ es sich als ureigenster jüdischer Wesensgehalt annehmen. Zu einer Zeit, da viele Deutsche im Nationalismus eine weltliche Religion entdeckten, fanden die meisten mittelständischen Juden einen weltlichen Glauben – an das ältere, auf Individualismus und Rationalität basierende Bildungsprinzip. Jenes Denksystem, das die Förderung der jüdischen Emanzipation bewirkt hatte, barg für sie wohl immer noch die größte Hoffnung auf die Vollendung des emanzipatorischen Prozesses.»[7]

Peter Gay kam zu dem Schluß, daß sich die Künstler des beginnenden 20. Jahrhunderts der klassischen Tradition lediglich bedienten, sie quasi als Steinbruch benutzten. «Ihr Klassizismus war ironisch gebrochen, manipulativ, beinahe kannibalisch.»[8] Für einige mag das zutreffen, für Tucholsky und zahlreiche andere gilt dies nur bedingt, wobei noch zeitliche Unterschiede auffallen. Bis zum Beginn des Weltkriegs ist diese leicht ironische Brechung oft anzutreffen (etwa in Tucholskys «Rheinsberg»); aber nach dem Weltkrieg wurde die Tradition für viele zeitweise zum inneren Halt und zum Wertmaßstab für die gesellschaftlichen Umbrüche. Während der Krisen gegen Ende der Weimarer Republik ist dies erneut zu beobachten.[9]

Zahlreiche jüdische Intellektuelle engagierten sich im linken Spektrum der Politik. Laut Georg L. Mosse erreichte die deutsch-jüdische Tradition ihren Höhepunkt in dieser «linken Identität»: «Im Ideal einer allgemeinen Menschlichkeit, in der die Unterschiede zwischen allen Völkern aufgehoben wären, sahen alle, die in dieser Tradition standen, ihr eigentliches Ziel.» Die Idee des Sozialismus – abseits von Parteidogmatismus und Intoleranz – bedeutete für sie die Konkretisierung des Humanitätsideals und der Bildungs- und Aufklärungsprinzipien.[10] «Das Ergebnis war eine Sonderform des Sozialismus, die die sozialistische Orthodoxie ablehnte und der während der Weimarer Republik in erster Linie jüdische Intellektuelle anhingen. Sicherlich hatten auch nicht-jüdische Intellektuelle Anteil an der Konstruktion dieses Sozialismus, doch übertraf die jüdische Beteiligung an diesem Dialog die nicht-jüdische bei weitem.»[11] Das bedeutendste

Organ dieser Gruppe war die «Weltbühne», deren wichtigste Mitarbeiter überwiegend jüdischer Abstammung waren.[12] Der «Weltbühne» ist diese «Sonderform» oft vorgeworfen worden: sie schwebe unabhängig über den Dingen und finde keinen Anschluß an die Arbeiterbewegung. Aber das war gar nicht ihr Ziel. Der Herausgeber Siegfried Jacobsohn forderte beispielsweise Tucholsky auf, die Position der WB darzulegen: «Du solltest mal eine Erwiderung entwerfen auf die blöden Vorwürfe, daß wir zwischen Kommunismus und Sozialdemokratie hin und her ‹taumeln›, als ob wir uns nicht bewußt von der Zugehörigkeit zu einer dieser Parteien fern hielten und unser Heil in der völligen Unabhängigkeit von beiden suchten.»[13] Auch der gelegentliche Mitarbeiter Alfred Döblin lehnte eine Parteienanbindung unter Berufung auf die Tradition der Aufklärung vehement ab: Wer sich von der «Masse» vereinnahmen lasse, sei ein Verbrecher an sich selbst. «Schauerliches Resultat der deutschen Bildung, der vorangegangenen Kultur. Dazu hat Lessing und Kant gestritten, dafür wurde der Geist hell, dafür setzte sich die Aufklärung und die große deutsche Klassik in Bewegung, und es hat sich unter der Schulpflicht allmählich ein großes allgemeines Wissen im Volk verbreitet. Dazu! Dazu! Wegen dieser verkrampften und tobsüchtigen Bemühungen, von morgen auf übermorgen den klassenlosen Staat zu schaffen, und zwar mit wem, mit diesen Menschen, mit diesen 100000 Robespierres, die bereit sind, sich gegenseitig die Köpfe abzuschlagen.»[14]

Die jüdischen linken Intellektuellen, diese vergleichsweise kleine Gruppe, die sich zudem oft nicht mehr als Juden betrachteten, waren sicherlich nicht die typischen Vertreter der deutschen Judenheit, aber durch ihre exponierte Stellung als Journalisten und Publizisten, oder etwa während der Revolution und der Räterepublik, boten sie den Angriffen von rechts eine große Zielfläche. Die Mehrheit der Juden lehnte diese «Radikalen» genauso entschieden ab wie das Gros ihrer nichtjüdischen Mitbürger. Der Sprecher der Mehrheit der Juden in Bayern, Sigmund Fraenkel, veröffentlichte im Oktober 1920 einen offenen Brief an Mühsam, Toller, Landauer u.a.: «Wir Münchner Juden haben in all den schweren, leiderfüllten Wochen der Vergangenheit geschwiegen, da Sie und andere landfremde, des bayerischen Volkscharakters unkundige Phantasten und Träumer die bittere Not und Depression unseres Volkes ausnützten, um Gläubige für Ihre vielleicht wohlgemeinten, aber verhängnisvollen und der menschlichen Natur zuwiderlaufenden Pläne einer zukünftigen Wirtschafts- und Gesellschaftsordnung zu werben.» Das Judentum insgesamt sei bedroht, «wenn die große Masse von Münchens werktätiger Bevölkerung die erhabenen Lehren und Dogmen der jüdischen Religion in ideellen Zusammenhang mit den bolschewistischen und kommunistischen Irrlehren bringt, die Sie seit Wochen [...] predigen.»[15]

Die Republik von Weimar stellte für die meisten eher liberalen Juden einen erheblichen Fortschritt in bezug auf gesellschaftliche Gleichberechtigung und berufliche Möglichkeiten gegenüber dem Kaiserreich dar. «So trieb schon der bloße Selbsterhaltungstrieb den jüdischen Mittelstand dazu, sich voll und ganz mit der neuen Republik trotz aller Mängel zu identifizieren.»[16] Nach der Revolution von 1918 fand ein großer Teil von ihnen eine politische Heimat in der von Theodor Wolff mitbegründeten Deutschen Demokratischen Partei (DDP). Die Schnelligkeit, mit der diese Republik sich aber politisch nach rechts entwickelte, blieb den Juden nicht lange verborgen. Spätestens die Wahl Hindenburgs zum Reichspräsidenten 1925 verstärkte bei ihnen die Ansicht, daß «die Lage der Republik aussichtslos war und daß man sich auf eine neue Politik und Gesellschaftsordnung einstellen» mußte.[17] Die Septemberwahlen von 1930 mit ihrem deutlichen Ruck nach rechts (NSDAP als zweitstärkste Partei) signalisierten eine erhebliche Gefährdung der Demokratie und einen anderen Staat. Moshe Zimmermann machte in seiner Studie deutlich, daß deshalb auch bei den Juden ein Trend nach rechts in das konservative Lager zu beobachten war. Tucholsky hatte diese Tendenzen bereits früh erkannt und sich immer wieder dazu geäußert: «Wäre die Deutschnationale Partei nicht so hirnlos dumm, antisemitisch zu sein, so würde sich ihr ein großer Teil der von Natur aus konservativen Judenschaft zuwenden; ja, ich kenne sogar Fälle von Juden, die so ehrvergessen sind, deutschnational zu wählen.»[18] Robert Weltsch kam 1932 zu ähnlichen Ergebnissen: «Daß Juden gerade in Deutschland politisch keine Beziehungen zu konservativen Parteien und Gruppen haben können, liegt nicht an mangelndem Verständnis für konservative Ideen, sondern an der aggressiven Judenfeindschaft dieser Parteien.»[19]

Ein typisches Beispiel dafür ist der 1919 gegründete «Reichsbund jüdischer Frontsoldaten» (etwa 30000 Mitglieder), der sich den «Werten» des Krieges und des konservativen Rechtsstaates verpflichtet fühlte und der am Nationalsozialismus in erster Linie den Antisemitismus bekämpfte.[20] Tucholsky attackierte den «Reichsbund» als Pazifist, daß diese Militaristen *auch* Juden waren, interessierte ihn nur nebenbei: «diesen unsäglichen ‹Reichsbund jüdischer Frontsoldaten› oder wie das Monstrum heißt, wo sich geprügelte Deutsche an prügelnde Deutsche anmeiern: Seht uns an! auch wir sind imstande, die Peitsche zu führen! auch wir wollen Reklamedenkmäler für den nächsten Krieg, Weihegesang und Lüge um die Toten. Und es nützt ihnen nicht einmal. Mit Recht dreht sich der Monokelträger um, läßt das Monokel fallen und feixt. Verachtet und die Aufrechten verachtend, zieht so etwas vom Empfang beim Reichspräsidenten wieder nach Hause: Auch wir sind eine nationale Organisation...! Arme Luder.»[21]

Auch der «von Natur aus konservative Verband der jüdischen Beamten»[22] sowie der «Verband nationaldeutscher Juden» tendierten stark ins konservative bis völkische Lager. Deren Leiter Max Naumann rief im August 1932 die Juden sogar auf, die «bedauerlichen Nebenwirkungen» des von den Nationalsozialisten geschürten Antisemitismus zu ignorieren und sich mit den Nazis zu verbünden, «selbst wenn sie vorgeben, Eure Feinde zu sein».[23]

Zimmermann kam in seiner Untersuchung zu dem Ergebnis, daß sich auch bei einem erheblichen Teil der Juden immer mehr eine gewisse «Gleichgültigkeit der Republik und der Demokratie gegenüber» abzeichnete, daß es zunehmend darum ging, «eine situationsangepaßte Einordnung der Juden in den deutschen Volkskörper» zu erreichen.[24] Da die Demokratie den rechtlichen und wirtschaftlichen Schutz der Juden nicht mehr gewährleisten könne, stützten viele Juden ihre Hoffnungen auf das Funktionieren der Gesetze, auch unter veränderten politischen Verhältnissen. Der rechtliche Schutz allein galt als Garant der Existenz. Selbst im «Centralverein deutscher Staatsbürger jüdischen Glaubens» (C.V.), der zu den hartnäckigsten Verteidigern der Republik gehörte, machte sich zunehmend Resignation bemerkbar. In der Zeitschrift «Deutsche Republik» erschien 1930 ein «Offener Brief an die Deutschen Juden», in dem der Verfasser Gaston Heymann den Juden vorwarf, daß sie tatenlos auf die nahende Katastrophe warteten: «Auf was wartet ihr noch? Auf das Jahr 1940, wenn die jetzt bis zur Bewußtlosigkeit verhetzte Jugend im Amt sein wird? [...] Ihr werdet die ersten Opfer sein. Man wird euch nicht gerade totschlagen? Kommt es nicht auf dasselbe heraus, wenn kein Mensch mehr in eure Kontore, Läden, Sprechzimmer kommt? [...] Es wäre Zeit, daß ihr euch dagegen vorsähet. Aber eure Fanfaren klingen matt. Fast sieht es so aus, als hättet ihr euch in fanatischer Resignation auch in das Schlimmste ergeben. Dann – aber nur dann – wird es bestimmt schlimm enden.»[25]

In ihren Erwiderungen gaben sowohl Eva Reichmann, die Sprecherin des C.V., als auch die zionistische «Jüdische Rundschau» dem Schreiber teilweise recht: «Kein Zweifel, daß eine große schläfrige Masse innerhalb der deutschen Judenheit immer noch die drohende Gefahr gering schätzt, daß sie nicht sieht und nicht sehen will, daß sie vor allen Dingen nichts von Ruhe opfern, nichts von Geldmitteln hergeben, nichts von wirklicher oder nur noch eingebildeter Unauffälligkeit aufs Spiel setzen will.» Die Republik sei Erschütterungen ausgesetzt, «bei denen es nur einen schwachen Trost bedeuten mag, daß ihr eigener Fortbestand als Republik kaum mehr eine bedeutendere Rolle im Streit der Meinungen spielt».[26] Immerhin fanden zwischen 1925 und 1933 etwa 55000 Juden die Situation derart gefährlich, daß sie Deutschland verließen.[27]

Tucholsky, in einem assimilierten deutsch-jüdischen Elternhaus aufgewachsen, befand sich in der Tradition jüdischer Intellektueller, die überzeugt waren, das Reich der Dichter und Denker besser zu verstehen als die reaktionären «Bierphilister» und das «wahre» Deutschtum gegen die nationalistischen Krakeeler und obrigkeitshörigen Spießbürger zu verteidigen. Was Robert Weltsch ganz allgemein beschrieb, trifft auf Tucholsky in hohem Maße zu: «Juden waren überzeugt, die deutsche Sprache besser zu schreiben und zu sprechen als ihre völkischen Gegner, das Deutschtum besser zu vertreten, dem Geist der großen Zeit deutscher Klassik und Humanität näher zu sein. Fußten doch auch ihre Gleichberechtigung und ihr Eintritt in das deutsche Leben auf den Ideen des achtzehnten Jahrhunderts. Sie fühlten sich als die Hüter des Erbes der großen deutschen Geister, deren Werke» sie oft auswendig kannten. «Das Deutschtum war die Geliebte, um die gerungen wird, und die jeder in seiner Art in der einzig wahren Form zu besitzen glaubte. Daher der rasende Spott auf der einen, der glühende Haß auf der anderen Seite.»[28]

Tucholsky war ein Sprachfanatiker, ähnlich besessen wie Karl Kraus. Er kannte «seine» Klassiker auswendig, und seine Artikel sind voller Anspielungen und versteckter Zitate. Er drosch auf die reaktionäre Obrigkeit ein und verfolgte den obrigkeitsseligen Bürger mit Spott und Hohn. Das «göttliche Recht, dieses himmlische Privilegium», «frech» zu sein, wie Heine es bereits nannte,[29] diese «Frechheit», der nichts heilig war und die vielen Juden von antisemitischer Seite vorgehalten wurde, erlaubte sich Tucholsky in zahlreichen Veröffentlichungen. In seinem Gedicht «An Lucianos», den er als «Freund, Bruder, Vetter, Kampfgenosse» bezeichnete, bekannte sich Tucholsky zu dieser Tradition: «So schenk mir deinen Spöttermund! Die Flamme gib, die sturmentfachte! Heiß ich auch, weil ich immer lachte, ein frecher Hund!»[30] Der «nüchterne, respektlose Verstand», mit dem viele jüdische Intellektuelle das Überlebte, Erstarrte, innerlich hohl Gewordene angriffen und sich nicht einschüchtern ließen, hat eine eigene Tradition, die «bei jüdischen Publizisten und Kulturkritikern inhärent geblieben» ist bis 1932.[31] Er entsprang einer Leidenschaft für Recht und Wahrheit, war aber auch der Ausdruck leidenschaftlicher Liebe zu jenem «Deutschland», das schon Goethe von «Teutschland» unterschieden hatte.[32]

Tucholsky selbst hatte dieses jüdische Erbe schon sehr früh beschrieben: «Was den Juden angeht, so ist sein Respekt zwar nicht so ungeheuer, aber er muß erst die Zusammenhänge begreifen, aufspüren, nachgraben und kann sich doch niemals zur simplen Eindeutigkeit des Handelns aufschwingen.»[33] Wenig später nahm er eine Buchbesprechung zum Anlaß, sich noch einmal ausführlicher mit den Vorzügen, die seiner Meinung nach gleichzeitig auch große Fehler «dieses Volkes» seien, auseinanderzusetzen: «Das ist so jüdisch: dieses Hindurchsehen durch alle Begriffe, die sich der Mensch erst selber gemacht hat. Der Jude läßt sich nicht schrecken: er sieht durch alle Löcher das Menschliche schimmern und sagts auch. Und all das geht unter ständiger Selbstkontrolle und Selbstironie vor sich. [...] Und dies scheint der Vorzug und der große Fehler dieses Volkes zu sein: es kommt ihnen selbst schon komisch vor. Sie sind nicht fähig, simpel und eindeutig eine Sache durchzudenken; sie schweifen ab, sie sind überscharf, sie sehen auch alle Nebenumstände mit, nichts entgeht ihnen – außer dem gewünschten Resultat, das nicht so lange gewartet hat, und das der Arier oft genug ohne Analyse einheimst. Sie wissen schon immer, sie nehmen alles nicht mehr so ernst, weil sie es zugleich von vorn und von hinten sehen, und das ist eben auch wieder ein Vorzug. Sie sind skeptisch, vorsichtig, bewußt. ‹Daß man sich durch dergleichen bürgerliche Tugenden nicht viel beliebter macht als Ratten und Mäuse, ist allerdings selbstverständlich›, sagt Busch.»[34] Der «überspitzte jüdische Intellekt», der nur «zersetzen» könne, diese Formel wurde später von den Nationalsozialisten, besonders von Joseph Goebbels, fast gebetsmühlenartig wiederholt, gerade auch in bezug auf Kurt Tucholsky.

«Antisemitismus habe ich nur in den Zeitungen zu spüren bekommen, im Leben nie. [...] In dreieinhalb Jahren Militär: nichts. Zuletzt war ich Polizeikommissar – auch nicht die Spur eines Hauches einer Idee.»[35] Dieser Rückblick Tucholskys, wenige Tage vor seinem Tod, zeigt schlaglichtartig, wie emotional belastet das Thema für ihn war, wie sehr er seine Erfahrungen verdrängt hatte, denn natürlich stimmt die Aussage nicht: In den Briefen Mary Gerolds taucht mehrfach die Bemerkung auf, daß Tucholskys Offizierskollegen ihn als «getauften Juden» bezeichneten, verbunden mit der Wertung, daß er ein krasser Egoist gewesen sei, der keinerlei Mitgefühl gehabt habe.[36] Später bekam er zahlreiche Briefe und Anrufe, die ihn als Juden beschimpften, wie die Mappe mit den Leserzuschriften im Tucholsky-Archiv belegt. Ganz offen wurde er da als «Gift speiender Jude» angegriffen und ihm Prügel angedroht.

Kaum ein Schriftsteller jüdischer Herkunft war bei Konservativen wie Nationalsozialisten so verhaßt, kaum einer wurde derart angegriffen wie Kurt Tucholsky. Und obwohl er aus dem Judentum ausgetreten[37] war und sich protestantisch hatte taufen lassen, wurde er als «typischer» Vertreter des Judentums angesehen und bewertet. Bereits 1920 wurde Tucholsky in einem langen Artikel als eine der «wirklichen Ursachen des Antisemitismus» angegriffen, und seine Attacken gegen das Militär wurden als «semitischer» Rassenhaß dargestellt, als Verhetzung, die «dem Konto des gesamten Judentums zu Lasten geschrieben werden». Seine Artikel im «Ulk», in der «Weltbühne» und im «Berliner Tageblatt» seien «die Planmäßigkeit eines rassejüdischen Kampfes gegen das Deutschtum, der tiefe Abscheu des Fremden gegen eine ihm innerlich verhaßte Kultur». Indirekt deutete der anonyme Autor sogar an, Tucholskys antimilitaristische Artikel, diese «maßlose und wahnsinnige Hetzarbeit», hätten «zum größten Teil» den Kapp-Putsch «provoziert».[38] Nachdem die «Deutsche Zeitung» noch einige Tucholsky-Zitate anführte, faßte sie zusammen: «Auf diesem Boden ist der stärker und stärker werdende Haß gegen das Judentum erwachsen, der heute das Bürgertum im Kampf gegen den Bolschewismus schwächt. Daß diese Niedrigkeiten nicht etwa den Ausfluß momentaner Stimmungen darstellen, beweist eine Äußerung des Herrn Dr. Tucholsky [...], die er in einem Brief an einen linksstehenden Demokraten, der seine Kampfesweise verurteilte, gerichtet hat und in dem er sagt:

‹Die subtile Pietät, die unendliche Seelenfeinheit und die zarte Rücksichtnahme, die allemal dann einsetzt, *wenn die alten schlechten Ideale einer noch nicht genügend zerstörten deutschen Welt* auch nur leise angetastet werden, erinnern fatal an die Gefühlsäußerungen eines Spießers, dem auf die Hühneraugen getreten ist.›

Wir möchten das Geschrei hören, was die jüdische Presse anstimmen würde, wenn die deutsche Presse von den alten schlechten Idealen einer noch nicht genügend zerstörten jüdischen Welt sprechen würde und damit die ganze Verständnislosigkeit rassefremder Beurteilungen des Wesens eines anderen Volkes offenbarte.»[39]

Dieser Artikel zeigt den Grundtenor der Schmähungen, die über Tucholskys Tod hinaus anhielten.[40] Bezeichnungen wie «jüdische Literatur-Sau», «Juden-Ignaz», «hebräischer Schmutzfink» oder «jüdischer Paralytiker» (Ludwig Thoma) waren nur noch perfide Steigerungen, ebenso die Aufrufe zu körperlichen Angriffen auf ihn: «Es hat sich bis auf heute niemand gefunden, der dem Burschen den Davidstern mit der Reitpeitsche ins Gesicht gezeichnet hätte.»[41] Für die Rechten war Tucholsky an allem schuld, Tucholsky, der Jude. In seiner «Literaturgeschichte des deutschen Volkes» machte Josef Nadler dies 1941 exemplarisch deutlich: «Kurt Tucholsky ist die ganze Welt des Teufels inbegrifflich. [...] Kein Volk dieser Erde ist jemals in seiner eigenen Sprache so geschmäht worden wie das deutsche durch Tucholsky.» Und dieser «jüdische Literat» wollte eine «gewaltsame geistige und seelische Umartung des deutschen Volkes. Diese allgemeine Perversion eines ganzen Volkes durch eine ihm fremde Literatur war das berechnete Unternehmen des Judentums, die deutsche Seele in seine Hörigkeit zu zwingen und das deutsche Volk zum Träger der Weltrevolution, zum Werkzeug und Vollstrekker des jüdischen Messiasgedankens zu machen.» Er werde langsam größenwahnsinnig, meinte Tucholsky in der Emigration, wenn er nun höre, wie er Deutschland zerstört habe. Dabei sei sein Problem doch gewesen, daß er eben nichts erreicht habe. Schon 1928 hatte er in der «Weltbühne» gespottet: «Nun hat da neulich irgend so ein Patriot von der ‹Judenrepublik› gesprochen, damit also zugegeben, er glaube, daß der halbe Prozent Deutscher, der der jüdischen Rasse angehört, fähig wäre, ganz Deutschland zu unterjochen. Herzlichen Glückwunsch!»[42]

Tucholsky wurde von der Rechten ausdrücklich als Jude diffamiert und attackiert, andererseits machten ihn – bis in die Gegenwart – auch die Juden selbst teilweise für den erstarkenden Antisemitismus mitverantwortlich. Max Naumann, Vorstandsmitglied des «Verbandes nationaldeutscher Juden», warf Tucholsky vor, daß «ein einziger Tucholsky Zehntausende von Antisemiten»[43] züchte. Schon vorher hatte Naumann, der von Tucholsky als «gefüllte Milz mit einem Stahlhelm»[44] charakterisiert worden war, im Mitteilungsblatt der «nationaldeutschen Juden» geschrieben: «Dieser Kurt Tucholsky ist eine unerschöpfliche Quelle der deutschen Judenfeindschaft; er züchtet sie in einer Ergiebigkeit, die kein gewerbsmäßiger Antisemit jemals erreichen könnte.»[45] Der ehemalige Chefredakteur der zionistischen «Jüdischen Rundschau», Robert Weltsch, kam rückblickend zu dem Ergebnis: «Der hemmungslose Radikalismus einzelner schreibender Juden wurde von verantwortlichen Juden aller Richtungen bedauert, oft auch kritisiert. Ein Beispiel ist der [...] Briefwechsel zwischem dem C.V. und Kurt Tucholsky, einem jüdischen Satiriker, der die Juden ebenso verhöhnte wie den deutschen Spießer, der aber durch seinen ‹Antigermanismus› den besonderen Unwillen deutschnationaler Kreise auf sich und damit indirekt auf die Juden gezogen hatte.»[46] (Das hinderte die «Jüdische Rundschau» 1929 allerdings nicht daran, Tucholsky in die Tradition von Scholem Aleichem zu stellen und die «Reinheit und Unbestechlichkeit der Gesinnung» hervorzuheben: «Dieser Jude Tucholsky hat Deutschland, hat Westeuropa noch manches zu sagen. Und es gibt heute nicht viele Tucholskys.»[47]) Arnold Paucker faßte zusammen: «Für die Mehrzahl der deutschen Juden war Kurt Tucholsky eine äußerst umstrittene Erscheinung, und der C.V. empfand, daß besonders seine antireligiösen Äußerungen der Sache des jüdischen Abwehrkampfes ernstlich schadeten.»[48]

Hintergrund dieser Anspielungen war Tucholskys Gedicht «Gesang der englischen Chorknaben», das 1928 in der «AIZ» erschienen war und zu heftigen Protesten sowie zu einem Verfahren wegen «Gotteslästerung» führte. Er griff darin die enge Verbindung der Kirche mit Militarismus und Kapitalismus an. Sie segne jede Schweinerei und sei «allemal dabei»:

> Ehre den Gott der herrschenden Klassen!
> Wir zähmen die Massen!
> Wir lassen sie beten,
> wenn sie getreten;
> wir lassen sie singen,
> wenn sie vor Hunger zerspringen;
> wir lassen sie knien:
> Wir wollen den Proletarier erziehn
> zu einem geduldigen
> unschuldigen
> Arbeitstier – I-A! I-A!
> Hallelujah![49]

Dr. Hans Reichmann, führender Mitarbeiter des Central-Vereins, wollte 1929 dieses Gedicht zum Anlaß einer Rundfrage unter 12 Personen jüdischer Abstammung nehmen. Die stark abweichenden Urteile sollten den «Außenstehenden» zeigen, «daß die angebliche Homogenität des jüdischen politischen Wollens und Empfindens eine Legende ist», und damit der «antisemitischen Verallgemeinerung» entgegenarbeiten.[50] Tucholsky lehnte eine Beteiligung ab, weil er nicht den Eindruck erwecken wollte, als ob er sich rechtfertige. Und die Antworten könne er bereits «vorher aufschreiben»: «Denn sie werden ‹abrücken›, wie sie von Liebknecht, wie sie von der Luxemburg, wie sie von andern Juden abgerückt sind, die aus Galizien kommen und noch nicht assimiliert sind – Sie kennen diese Kurfürstendammtypen wie ich; wie stolz sind sie, wenn die Söhne Reserveoffiziere werden, wenn sie einen ‹richtigen Amtsrichter› in der Familie haben – und die pflegen dann germanischer zu sein als Hitler.» Außerdem verhalte er sich bei antisemitischen Attacken «besonders schweigsam – denn hier liegt noch ein besonderer Grund vor. Mich hat die Frage des Judentums niemals sehr bewegt.» Er nehme zu diesem Komplex höchst selten Stellung und habe auf diesem Gebiet auch keine großen Kenntnisse. Zudem: «Die Leute, die in mir den Juden treffen wollen, schießen zunächst daneben. Mein Herzschlag geht nicht schneller, wenn mir jemand ‹Saujud› nachschreit; mir ist das so fern, wie wenn er sagte: ‹Du Kerl fängst mit einem T an – was kann da an dir schon gutes sein.› Ich sage nicht, daß ich damit *recht* habe; ich stelle dieses Gefühl fest, und nicht einmal öffentlich. Mich bewegt die Frage nicht.» Wenn er den deutschen Juden schade, denen er «aufs Konto geschrieben werde», so sei das ein Begleitumstand seiner Arbeit, der ihn jedoch nicht hindern könne, sie fortzuführen.[51]

Der Berliner Kaufmann Alfred Herz, Mitglied des C.V., empörte sich zur gleichen Zeit in einem langen Brief über Tucholskys «wahnsinnig anmutende Kritiken» und legte ihm nahe, seine Beziehungen zu Deutschland zu lösen. Überdies seien seine «maaslosen Angriffe» ein Verbrechen an den Juden, denn die Nationalisten würden bekanntlich die «verletzenden Äußerungen eines einzelnen der ganzen Rasse» zuschieben. «Der gewaltige Schaden, den Sie angerichtet haben, wird sich noch zeigen! Heute kann ich Sie nur warnen und Ihnen in Ihrem eigenen Interesse und im Interesse aller derer, die später unschuldig um ihretwillen leiden müssen, die allergrößte Zurückhaltung empfehlen.»[52] Tucholsky nahm den Brief zum Anlaß, kühl und scharf seine Position darzulegen. «Ich halte die jüdische Frage in Deutschland für maßlos überschätzt. Feindschaft allein macht noch nicht die Bedeutung, und über den Gruppen ‹Christen› und ‹Juden› gibt es bedeutend wichtigere Kollektivitäten. Eine der stärksten Grenzen läuft – zwischen Ausbeutern und Ausgebeuteten – quer durch die Religionen und die Rassen, und meine Arbeit gilt den Wehrlosen, unbekümmert darum, was die Juden oder sonst eine Rasse dazu sagen. Die wimmernde Pogromangst, die durch die Judenschaft geht, wenn etwa so ein tapferer Mann wie Karl Liebknecht auftritt, muß irgendeinen Grund haben. Sie hat auch einen. Die von Ihnen wörtlich aufgeworfene Frage: ‹Was kann Ihnen das einbringen?› versetzt viele Christen rechtens in Pogromstimmung, weil sie nicht wissen, daß es zweierlei Arten Juden gibt: Moses-Juden und

Aaron-Juden, wie sie Kurt Hiller trefflich benannt hat.» Diese seien bei dem «Zentralverein jüdischer Staatsbürger deutschen Glaubens» in besten Händen.[53]

Tucholsky hatte schon 1922 über diese Angst gespottet: «Überhaupt: ein Jude soll nicht solches Aufsehen von sich machen! Das reizt nur den Antisemitismus.»[54] Und die Trennlinien liefen für ihn in der Tat anders: Ausbeuter-Ausgebeutete; Militaristen-Antimilitaristen; Unmenschlichkeit-Menschlichkeit; arm-reich. Er bezog damit in etwa die Position von Karl Marx, die Rosa Luxemburg dahingehend zusammenfaßte, daß «das, was gewöhnlich als ‹Judentum› bezeichnet und verfolgt wird, nichts anderes ist als der Schacher- und Betrügergeist, der in jeder Gesellschaft auftritt, in der Ausbeutung herrscht, ein Geist, der aufs beste in den neuzeitlichen ‹christlichen› Gesellschaften blüht, so daß Judenemanzipation vor allem eine Emanzipation der Gesellschaft von diesem ‹Judentum›, d.h. die Abschaffung der Ausbeutung ist».[55] Auf dieser Ebene verlief auch Tucholskys Auseinandersetzung mit «den Juden», die es in dieser allgemeinen Definition natürlich gar nicht gab. Wenn Tucholsky trotzdem immer wieder auch von *den* Juden sprach – wie ja auch von *den* Offizieren oder *den* Richtern –, dann muß man seine Begründung für Verallgemeinerungen beachten: «Ich habe gar nichts gegen Kollektivurteile, die immer ungerecht und doch oft gerecht sind. ‹Der Jude›... Das ist richtig und falsch, weil man nicht den einzelnen meint, sondern den Typ.»[56]

Einer dieser Typen wurde Tucholskys bekannteste Schöpfung, «eine Lieblingsgestalt des Volkes»: «Herr Wendriner».[57] Diese Geschichten seien die «erbarmungslosesten Nacktaufnahmen» der jüdischen Bourgeoisie, verurteilte Gershom Scholem.[58] Eine New Yorker Zeitung hielt Scholem entgegen: «Das besagt, daß Tucholsky in seinen geschriebenen Bildern ein Abfallprodukt des jüdischen Bürgertums echt und wahr dargestellt hat. Denn eine Photographie kann nicht lügen.»[59] Hier beginnt bereits die Schwierigkeit, denn «Wendriner» ist nicht «typisch jüdisch», wenn es das überhaupt gibt. Das «8-Uhr-Abendblatt» charakterisierte ihn als einen «besser situierten Berliner kleinen Kaufmann»[60], die «Jüdische Rundschau» sah 1929 in ihm einen «Typus des Spießbürgers vom Hausvogteiplatz mit seiner kleinbürgerlichen Psychologie»[61], und Walter Mehring nannte die Figur des Wendriner den Berliner Don Quixote.[62] Auch

Tucholsky sah den «Herrn Wendriner» keineswegs nur als jüdischen Geschäftsmann. Er haßte diesen Typus Spießbürger und «Koofmich» aus der Konfektionsbranche: «taktlos, vorlaut, überheblich, halbgebildet, aber alles besser wissend, sich stets vordrängelnd, immer nur den eigenen Vorteil im Auge habend, aber erfolgreich, ‹denn er hat es doch zu etwas gebracht…›», teilte Mary Tucholsky dem Vorsitzenden der Israelitischen Kultusgemeinde in München mit und fügte hinzu: «es gibt nicht nur jüdische Wendriners, sondern genauso auch nichtjüdische.»[63]

Als Edith Jacobsohn 1925 Tucholsky den Vorschlag unterbreitete, die Wendriner-Geschichten illustriert als Buch herauszubringen, lehnte er den vorgeschlagenen Illustrator Starke ab: «Der Mann von Starke kommt so, wie er ist, überhaupt nicht in Frage», weil «er viel zu jüdisch aussieht (so sieht Wendriner nicht aus).» Den Zeichner Fritz Wolff lehnte er ebenfalls ab. «Er macht lustige kleine Puppen, ich will aber eine große böse haben.» Auch die vorgeschlagenen Themen wie «Herr W. beim Wahrsager, Herr W. bekommt ein neues Gebiss, Herr W. befürchtet einen Grippeanfall» sagten Tucholsky offenbar nicht zu. Er wollte das Buch «scharf» oder gar nicht machen: «Zwischen guter Charakterisierung und antisemitischer Streitschrift gibt es noch viele Nuancen.»[64] 1926 trat Edith Jacobsohn dann von «diesem totsicheren Geschäft» zurück, da ihr die Grundtendenz der Geschichten «allzu scharf» sei und «allzusehr nach überallhin» haue.[65]

Natürlich hat die Figur des «Wendriner» *auch* jüdische Züge, einige Stellen weisen ausdrücklich darauf hin. Etwa wenn Tucholsky ihn sagen läßt: «Der Wilhelm war gar nicht so schlecht, wie se ihn jetzt immer machen. Na ja – ein Goi… aber doch ganz gut.»[66] In der Geschichte «Herr Wendriner läßt sich massieren» spießte er diese Mischung von Falschheit und Selbstverachtung auf: «Aah, der Herr Generaldirektor Bronzheimer! Mojn, Herr Generaldirektor, Mojn! Na, gut geschlafen? Sehn ja ausgezeichnet aus!» umschmeichelte Wendriner den vermeintlich «arischen» Generaldirektor. Nachdem er jedoch erfahren hatte, daß Bronzheimer Jude ist, änderte er sofort sein Verhalten: «Mohjn, Herr Bronzheimer. Auch e Mensch.»[67] Besonders verhaßt war Tucholsky die vorgeblich unpolitische Haltung, die in Wirklichkeit jedoch antidemokratisch bis reaktionär war. «Ich lese keine Politik. Nee, wissen Se, grundsätzlich nicht. Man hat nichts wie Ärger davon.» – «Wieder Lohnerhöhung? Die Leute sind ja verrückt. Ham Sie ganz recht: man hat leider viel zu wenig an die Wand gestellt. Ich bin gewiß für sozial, ich meine, die Leute müssen ihren Lohn haben, aber sie können uns doch nicht erwürgen. [...] Würden Sie sich mit Politik das Geschäft verderben lassen? Na also. Politik gehört nicht ins Geschäft. Nein, auf'n Rennplatz auch nicht. Ich wer Ihnen sagen, wo sie hingehört: Da wo sie hingehört, gehört sie hin!»[68] Tucholsky stellte mit dem «Herrn Wendriner» den typischen bornierten Kleinbürger seiner Zeit dar, der mal eben seine Frau betrog, weil man «auch mal brausen» wolle, wenn man jeden Abend Fußbäder nehmen müsse, der nichts von moderner Kunst hielt, dafür aber von gutem Essen, endlos telefonierte und bei jeder passenden und vor allem unpassenden Gelegenheit «vom Jeschäft» und vom Geld schwätzte, ohne wirklich etwas zu sagen, und der seine Gesinnung den Geschäftsinteressen und den jeweiligen Gegebenheiten anpaßte. «Typisch jüdisch»? Tucholsky hat bereits 1920 darauf eine Antwort gegeben. Es ging ihm um «diese kurzstirnige, kleinkalibrige Rasse – ob Christen oder Juden, ist ganz gleichgültig»[69].

Kurt Tucholsky beschäftigte sich in Artikeln und Gedichten immer wieder mit «den» Juden und dem Antisemitismus. Manchmal sind es nur kleine, spitze Nebenbemerkungen, etwa wenn er den Papagei als «Judenvogel»[70] bezeichnete, den «Judenmädchen» nachsagte, daß sie alles versprechen und nichts halten würden,[71] die Juden insgesamt als für sexuelle Dinge empfänglicher darstellte[72] oder das alte Klischee von der «getauften Judenschule»[73] hervorkramte. Gewichtiger jedoch sind Artikel wie «Der jüdische Untertan» oder «Hepp hepp hurra!». Hier prangerte er den versteckten und offenen Antisemitismus der meisten Deutschen an, die die Juden lediglich als Steuerzahler unter die Rubrik «Deutsche» verbuchten, sie ansonsten aber verachteten und mit blindem Haß verfolgten. Schon der Titel «Hepp hepp» sollte die Juden an ihre Vergangenheit erinnern, denn dieser Schmähruf begleitete oft antijüdische Krawalle und Pogrome.[74] 1920 zitierte er einen langen Bericht aus Hannover über die dortige «feuchtfröhliche Judenhetze», bei der gar nicht mehr darüber diskutiert würde, ob man die Juden umbringen solle, sondern nur noch darüber, wie,[75] und er forderte die Regierung auf, endlich ein geistiges Gegengewicht herzustellen. 1921 analysierte er die Ursprünge dieser blinden Wut auf die Juden und beschrieb einen der Mechanismen des Antisemitismus: die vorhandenen Volksinstinkte würden aufgeputscht, der Jude bekomme eine Funktion als Sündenbock für alles, was schlecht sei, und dadurch würde von den eigentlichen Urhebern und Ursachen des «nationalen Elends abgelenkt»: «Hierzulande kann nichts schief gehen, ohne daß Monokelgesichter, die man sich besser in der Unterhose denkt, den Juden die Schuld geben. Die Filme sind schlecht, weil sie von Juden hergestellt werden, die Lebensmittel sind teuer, weil die Juden wuchern, die Presse ist verjudet, die Regierung ist verjudet (vom lieben Gott verlautet noch nichts Näheres), und den Krieg haben wir verloren, weil Juden heimtükkisch die Front unterhöhlten.»[76] Selbst in einem ordentlichen «deutschen Krach» werde einfach diffamiert: «Das sind alles diese verfluchten Juden! Man müßte euch alle rausschmeißen, galizisches Gesindel! Erst nehmen se einem hier die Wohnung weg...!»[77] 1992, genau 70 Jahre später, hat diese Phrase wieder eine gespenstische Aktualität bekommen!

Tucholsky zeigte aber auch, daß dieser «Panzer von Vorurteilen», diese ehernen «Glaubenssätze» nicht auf die Antisemiten beschränkt waren. In seiner Studie «Die Glaubenssätze der Bourgeoisie» stellte er die Ansichten einer Buchhaltersehefrau denen einer jüdischen Rechtsanwaltsgattin gegenüber. Frau Emmi Pagel glaube unter anderem: «Schuld an dem ganzen Elend sind die Juden. Die Juden sind schmutzig, geldgierig, materiell, geil und schwarz. Sie haben alle solche Nasen und wollen Minister werden, soweit sie es nicht schon sind.» Frau Margot Rosenthal dagegen glaube: «Christen sind dümmer als Juden und werden aus diesem Grunde ‹Gojim› genannt.»[78]

Zunehmend wurde Tucholskys Haltung «den» Juden gegenüber kritischer. Er bekämpfte zwar weiterhin den Antisemitismus, machte aber auch aus seiner Ablehnung einzelner Verhaltensweisen bei den Juden keinen Hehl. Aber eine Wertung von Tucholskys Beschäftigung mit Teilen des Judentums ohne die Einbindung in aktuelle Auseinandersetzungen seiner Zeit führt auch hier zu Fehlinterpretationen. Nicht nur er hatte diese hohen Ansprüche, nicht nur er warf den Juden würdeloses Verhalten vor. Tucholskys Urteile, Verurteilungen und Anklagen fügen sich bruchlos ein in die langen Diskussionen innerhalb der linken Intellektuellen, besonders in der «Weltbühne». Der Hauptvorwurf, der bereits kurz nach der Revolution auftauchte, war: Viele Juden seien im Grunde konservativ und würden sich sogar antisemitischen Bewegungen wie der Deutschnationalen Volkspartei anschließen, die jedoch – wenn sie Juden überhaupt aufnähmen – nur auf deren Geld und deren Organisationstalent aus seien. Nach den drastischen Wahlverlusten der DDP (von 18,5 auf 8,3 Prozent) zugunsten der rechtskonservativen Parteien kurz nach dem Kapp-Putsch 1920 fragte Siegfried Jacobsohn resigniert: «Sie werden doch wohl nicht verlangen, daß mich die Wahl und das Verhalten der Assimilationsjuden, des verächtlichsten Packs unter der Sonne, irgendwie überrascht.»[79] Ein halbes Jahr später griff die «Weltbühne» erneut die «National-deutschen Juden» an. Wären die rechten Parteien nicht so «hirnrissig» antisemitisch, würden viele Juden, die schon «kaisertreu vom preußischen P... scheitel bis zum Knopfloch waren»[80], begeistert «bis zur Würde des deutschnationalen Juden aufzurücken» versuchen.[81] Viele Juden seien vom Kapitalismus «verseucht» (Goldschmidt), der «Geldschrank» sei ihnen wichtiger als das alte «Menschheitsideal». «Wenn ihr zwischen der Internationale und der Dinternationale steht: – ich weiß, wen ihr wählt.»[82]

Ende der zwanziger Jahre spitzten sich die Angriffe dramatisch zu. Obwohl sich die ehemals liberale DDP mit dem völkisch-antisemitischen «Jungdeutschen Orden» zusammengeschlossen hatte, wurde sie von vielen Juden weiter unterstützt und gewählt, eine große Anzahl «ehemals liberaler jüdischer Wähler» wechselten zum katholischen «Zentrum». Für Kurt Hiller, Hilde Walter, Kurt Tucholsky und viele andere war dies die endgültige Bestätigung, daß die Frage der Religionszugehörigkeit überhaupt keine Rolle mehr spielte, daß dies «Klassenfronten» waren. Die Juden «haben ihre geistige Tradition geopfert, um nicht antikapitalistische Maßnahmen der Arbeiterparteien mit dem Stimmzettel zu unterstützen», klagte Hilde Walter.[83] Kurt Hiller erregte sich über die würdelose «Anbiederung» an den «Jungdeutschen Orden» (Jungdo) und die «Panik in den Kreisen jüdischer Geldschrankbesitzer» über die hohen Stimmenanteile der NSDAP. Vor lauter Furcht würden die Juden zu «Asemiten». «Aber Die da, die Jungdojuden, sind das charakterloseste Pack im ganzen Land; und ich würde ihnen von Herzen den Strang gönnen, den Strang am Hakenkreuz, wäre ich nicht zufällig Gegner der Todesstrafe.» Sogar die Wut der Nazis auf «Aaron, den Umtanzer des goldnen Kalbs», könne er verstehen, «sie vergißt nur, sich auszudehnen auf die zahllosen arischen Aarons».[84] Statt gegen den zunehmenden Antisemitismus zu kämpfen, würden sich die Juden den völkischen Parteien anpassen. Leopold Jessner etwa meinte, wenn alle Juden sich zu ihrem Judentum offen und stolz bekannt hätten, wären solche «mittelalterlichen Bewegungen im Keim erstickt».[85] Statt dessen sei «Jeder Jude sein eigener Antisemit!» Sie würden die völkischen Beschimpfungen, Verleumdungen und Gehässigkeiten gar nicht mehr abwarten, sondern sie in Kabaretts selbst «in mehr oder minder alten Anekdoten und Witzen [mit] spaßhaften Pointen und Schlagern» vortragen, immer auf Kosten des «Jud». Sie spuckten sich damit selber ins Gesicht und hätten sich die Judenfeindschaft und die Verfolgung selbst zuzuschreiben.[86]

«Der ethische Rigorismus der linken Intellektuellen läßt sie das Judentum als Abstraktum sehen. Judentum ist untrennbar verbunden mit humanitärem Anspruch und moralischem Fortschritt der Menschheit. Die Emanzipation der Juden ist Prüfstein und Ausdruck dieser Entwicklung. Aus dieser Auffassung ergibt sich ein derart überhöhter Anspruch an die Juden, daß das Individuum dem nicht standhalten kann»[87], faßte Hans-Helmuth Knütter zusammen. Dreht man die bitteren und teilweise völlig überzogenen Kritiken einmal um und fragt, was sie von den Juden eigentlich erwarteten, erkennt man schnell den eigentlichen Kern. Wie etwa Zweig und Feuchtwanger oder auch Wassermann waren die linksbürgerlichen Intellektuellen überzeugt, die sozialethische Lehre des Judentums beinhalte die Verpflichtung, «die gesamte Menschheit von sozialem Elend und materieller Bedrückung zu befreien und eine geistige und politisch wahrhaft emanzipierte Gesellschaftsordnung vorzubereiten».[88]

Auch in Tucholskys Werk gibt es zahllose Belege für diese Vorstellung, wenn ihm dies auch vielleicht selbst nicht klar gewesen sein mag. Genau diese Haltung verlangte er auch von der Mehrheit der Juden, die durch jahrhundertelange Unterdrückung und Gettodasein für Ungerechtigkeiten sensibilisiert sein sollten. Besonders deutlich wird dies in dem frühen Artikel «Die patriotische Synagoge». Das war keine Anklage, sondern der Aufschrei eines Juden, der dazugehörte, der sich in Familienangelegenheiten einmischt. «Man haut Abrahams Söhne links aufs Ohr, man haut sie rechts aufs Ohr», Offizier dürften sie nicht werden und höhre Beamte auch nicht, und trotzdem weihten sie ihre neue Synagoge im Beisein von Offizieren als Vertreter des Kaisers ein. «Fühlen sie nicht, wie sie sich verspotten? – Was denkt sich der Kaiservertreter unter Leuten, die er nie in seinen Kreis wählen würde? – Jüdische Rekruten werden schikaniert – es ist würdelos.»[89] Hier wird Tucholskys hoher moralischer Anspruch sichtbar, der von den Juden eine «leidenschaftliche Würde» verlangte, wie man sie sonst nur von seinem Vater fordere, schrieb Arnold Zweig 1936 in seinem Nachruf auf Tucholsky. Auch wenn Tucholsky sich über den «Stolz» lustig machte, von den Juden verlangte er ihn: «Ich bin stolz darauf, Jude zu sein. Wenn ich nicht stolz bin, bin ich auch Jude – da bin ich schon lieber gleich stolz!»[90]

Hintergrund für diesen Aphorismus von 1932 war wohl auch die Tatsache, daß er im Oktober 1931 seine Mitarbeit an den Ullstein-Blättern einstellen mußte. Ausschlaggebend dafür war die zunehmende Anpassung nach rechts, die der Ullstein Verlag seit Ende 1930 verfolgte. Sowohl Georg Bernhard als auch Hermann Ullstein kritisierten, daß die großen liberalen Zeitungsverlage nach den immensen Wahlerfolgen der NSDAP 1930 aus wirtschaftlichem Interesse heraus beschlossen, «ihre Zeitungen so weit wie möglich ‹unpolitisch› und ‹parteilos› zu machen»[91]. Unpolitisch machen hieß in dieser Zeit auch, den antisemitischen Strömungen nachzugeben und jüdische Mitarbeiter zu entlassen oder ihre Beiträge zumindest an nicht herausragenden Stellen zu plazieren. Da Tucholsky von der nationalistischen Presse besonders oft und heftig angegriffen wurde, traf diese Entscheidung auch ihn. Dieser Hintergrund verdeutlicht auch verschiedene Passagen aus seinen Briefen an Mary Tucholsky: «Wegen Ullstein werde ich sehen – dieses ist nun so blöd, daß man gar nichts dazu sagen kann. Schließlich war ich ja für Feuilletons und nicht für jüdische Hochzeit engagiert.»[92] – «Ich höre übrigens, dass sich Ullstein seinen Angestellten und Mitarbeitern gegenüber ziemlich gemein benimmt und so blöde rücksichtslos wie dieses Gesindel. Sie lernen es nicht.»[93] Mitte Februar 1932 erschien dann sein Gedicht «Dreh dich hin, dreh dich her – kleine Wetterfahne», in dem er dieses Verhalten nochmals drastisch anprangerte:

> Der Zeitungsverleger Mülvoß, als welcher ein krummer Jid,
> sprach: «Wissen Se – ich bin nämlich Antisemit! [...]»
> Und die Redakteure bildeten sich im Kunstfliegen aus,

und je jüdischer einer hieß, desto raußerer flog er raus.
Mit der Zeit muß man mitgehn. [...]
Aber denkt denn der Druckereibesitzer von solchem Blatt,
daß der Adolf Hitler so ein kurzes Gedächtnis hat?
Und nimmt nichts mehr krumm?
Dumm ist er ja. Aber so dumm ... !
Und das ist das Beschämende an diesem Gesindel, das den Faschismus stützt:
daß ihm der Umfall auch nicht das geringste nützt.
Mit der Zeit werden sie eingehn.[94]

Nach 1933 warf Tucholsky auch in seinen Briefen an Hedwig Müller, Walter Hasenclever und Heinz Pol den Ullsteins würdeloses Verhalten vor, das noch nicht einmal nütze. «Man sollte doch auf die würdelose Haltung der deutschen Juden hinweisen, die beispiellos ist. Wird man bedroht, so darf man schweigen – ich habe einen dicken Bauch und bin kein Märtyrer. Bon. Aber daß die Kerle noch die Bänke bemalen, auf die man sie überlegt... ich habe da Briefe bekommen und gesehen, das ist gradezu schamlos. Man hat mir erzählt, daß man Ullstein gezwungen habe, sich im Auto selbst in eine SA-Kaserne zu fahren, dort habe man ihn verhauen. Hoffentlich ist das wahr. Denn diese Schamlosigkeit, den Patrioten zu mimen, wenn der Betrieb und die eigene Person gerettet werden, das sollte der liebe Gott doch entsprechend belohnen. Wie die hier Ankommenden übereinstimmend sagen, glaubt man, daß diese blöde Taktik den Betreffenden – genau wie der SPD – nicht einmal etwas nützt: man wird diese Burschen zum Schluß wohl hinausschmeißen.»[95] Als 1934 der Ullstein Verlag schließlich «arisiert» wurde, sah Tucholsky sich bestätigt: «Daß die Ullsteins nun aber ganz umsonst lecken, das hat mein Herz mächtig gefreut.»[96] Auch Werner E. Mosse kam fast wörtlich zu dem gleichen Ergebnis: die großen liberalen Zeitungsverlage wie Ullstein und Mosse hätten sich «schließlich dem Feinde elend und würdelos» ergeben.[97]

Wie ein roter Faden zieht sich durch die «Briefe aus dem Schweigen» die Klage, daß so viele Juden in Deutschland blieben und sich teilweise sogar den Nazis anbiederten. Natürlich verallgemeinerte Tucholsky, aber seine Anklagen waren nicht völlig aus der Luft gegriffen. So schickte zum Beispiel das jüdische Bankhaus Mendelsohn & Co am 27. Mai 1933, also nach dem sog. «Judenboykott» und nach Erlaß der «Rassengesetze» vom April, ihren Vertreter Dr. Kempner in eine Sitzung, in der er die «Adolf Hitler-Spende der deutschen Wirtschaft» mitgründete.[98] Solches Verhalten erbitterte Tucholsky maßlos. Selbst «Judenboykott» und die zunehmende Entrechtung der Juden würden sie akzeptieren. «Warum sagen nicht die ältesten Rabbiner: ‹Wir fordern jeden anständigen Juden auf, auszuwandern! Wer nach dem 1. Januar 1935 noch in Deutschland ist, ist kein anständiger Jude – den verdienen die Deutschen, wir andern gehen in Massen, als Demonstration, zum Protest heraus!› Warum sagen sie es nicht? Sie würden immerhin etwas besser draußen empfangen werden – wenn auch nicht gut, aber besser als die einzelnen Flüchtlinge immerhin. Sie sagen es nicht, weil sie an ihren Drecksgeschäften hängen, weil ihnen die paar Fotölchs eben doch lieber sind. Wie man das seinen Kindern antun kann... Also? Also haben die andern recht, wenn sie sagen: Es ist ihnen vorher zu gut gegangen – Sie sehen ja, wenn man sie in das ihnen angemessene Ghetto stößt, dann sagen sie nichts, sie acceptieren es, es paßt zu ihnen! – Das ist richtig. Man muß sich schämen, Jude zu sein.»[99] Auch Lion Feuchtwanger hatte von den Juden ein anderes Verhalten erwartet und reagierte enttäuscht und verbittert: «Ich habe immer geglaubt, daß die Dummheit der Menschen weit und tief ist wie das Meer, aber ich habe nicht geglaubt, daß die deutschen Juden daran in solchem Maße teilnehmen.»[100]

Tucholskys Vorstellungen von einem zweiten Auszug aus Ägypten waren wohl illusorisch, aber er war mit dieser Idee gewiß nicht allein. Hannah Arendt etwa hatte ähnliche Empfindungen: «Ich war sofort der Meinung: Juden können nicht bleiben. Ich hatte nicht die Absicht, in Deutschland sozusagen als Staatsbürger zweiter Klasse herumzulaufen, in welcher Form auch immer.»[101] In ihrem Buch «Eichmann in Jerusalem» fragte sie, ähnlich wie Tucholsky, warum die jüdischen Führer nicht nur nicht zum Widerstand aufriefen, sondern sich sogar von den Nationalsozialisten zur organisatorischen Vorbereitung der Vernichtung der Juden einspannen ließen: «Diese Rolle der jüdischen Führer bei der Zerstörung ihres eigenen Volkes ist für Juden zweifellos das dunkelste Kapitel in der ganzen Geschichte.»[102] Sie war der Ansicht, daß ohne die Mithilfe der Juden bei den Verwaltungsmaßnahmen entweder das Chaos ausgebrochen wäre, oder man hätte mehr deutsche Arbeitskräfte einsetzen müssen, als vorhanden gewesen seien. Zustimmend zitiert sie die Studie von Rudolf Pendorf: «Ganz ohne Zweifel aber wäre es ohne die Mitarbeit der Opfer schwerlich möglich gewesen, daß wenige tausend Menschen, von denen die meisten obendrein in Büros saßen, viele Hunderttausende andere Menschen vernichteten...» [103]

Einige der Gründe, warum so viele Juden in Deutschland blieben, erkannte Tucholsky: «die meisten Leute wissen gar nicht, was geschehen ist. Sie glauben es nicht. Sie haben alle zusammen den festen Glauben, es werde sich das alles schon wieder irgendwie arrangieren. Es gibt tatsächlich Juden, die freiwillig wieder nach Deutschland zurückgehn. Der ihnen innewohnende westeuropäische Geist kann es noch nicht glauben.» [104] Der westeuropäische Geist, hier schließt sich der Kreis wieder, war bestimmt von Humanismus und Emanzipation. Wie nahe Tucholsky mit seinem Gefühl der Wirklichkeit kam, zeigt die Geschichte des Jüdischen Kulturbundes. Julius Bab, Dramaturg beim Kulturbund, formulierte im August 1933 programmatisch: «Man kann uns verbannen aus dem aktiv-bürgerlichen Leben Deutschlands, aber nicht aus dem geistigen deutschen Leben und aus der Welt, in der wir nun seit mehr als fünf Generationen wurzeln und wachsen. [...] Wir können und wir wollen nicht aufhören, [...] in den Werken von *Lessing* und *Goethe*, von *Kant* und *Humboldt*, von *Rembrandt* und *Beethoven* den Urgrund unseres Wesens und Handelns zu erblicken.» [105]

Angesichts der zunehmenden Ausschreitungen gegen die Juden und der immer schärfer werdenden Gesetze (Nürnberger «Rassegesetze» usw.) hatte Tucholsky für diese Haltung jedoch wenig Verständnis: «Man sperrt sie ein; man pfercht sie in Judentheater mit vier gelben Flecken vorn und hinten, und sie haben (wie ich das höre) nur einen Ehrgeiz: ‹Nun werden wir ihnen mal zeigen, daß wir das bessere Theater haben!› – Pfui Deibel. Und sie spüren es nicht. Sie sehen es nicht. Sie merken es nicht.» [106] Hatte er 1921 noch vorsichtig formuliert, daß «die Deutschen weniger die Fehler der Juden, als die assimilierten Juden germanische Untugenden angenommen haben» [107], schrieb er 1935 harsch: «Nicht die Deutschen sind verjudet – aber die Juden sind verbocht.» [108] Seine Zürcher Freundin Hedwig Müller erkannte instinktiv den Hintergrund von Tucholskys Klagen:

«Ich weiß eigentlich nicht, woher Du den Glauben an etwas Anständigeres nimmst: Du hast ihn doch offenbar noch, da Du noch reklamierst.»[109] Wenige Tage vor seinem Tod sandte er Arnold Zweig einen langen Brief, in dem er seine Ansichten über das Judentum eindringlich und drastisch darlegte. Es war der Aufschrei eines Menschen, der «schwer verletzt und hautlos irgendwo verkrochen» saß, wie Zweig feststellte. Denn für Tucholskys Beziehung zum Judentum galt, was er 1927 in anderem Zusammenhang bekannte: «Ich werde es tadeln, weil es mir in manchem sehr nah ist.»[110] Dabei ist seine Antwort an Arnold Zweig ein einziges Mißverständnis; er zeigt deutlich, wie sehr sich Tucholsky als Jude fühlte und verletzt war. Denn Zweig hatte in seinem Brief an Tucholsky gar nichts über Juden geschrieben, außer der lapidaren Bemerkung, daß er sein Buch «Bilanz der deutschen Judenheit 1933» fertiggestellt hätte.[111]

Tucholsky ging auf Zweigs Brief kaum ein, kam sofort zum «Thema». Er sei im Jahre 1911 «aus dem Judentum ausgetreten»[112], obwohl «man das gar nicht kann. Die Formel vor dem Amtsgericht lautet so. Sie wissen, daß damit keine Konjunkturkriecherei verbunden gewesen ist – ein Jude hatte es im Kaiserreich erträglich, ein Konfessionsloser nicht. (Militär, vadächtiger Hund, vadächtiga.) Warum also tat ich das –? Ich habe es getan, weil ich noch aus der frühsten Jugendzeit her einen unauslöschlichen Abscheu vor dem gesalbten Rabbiner hatte[113] – weil ich die Feigheit dieser Gesellschaft mehr fühlte als begriff… Wendriner war damals noch nicht geboren. Doch – aber er hatte noch keinen Namen. Also heraus.» Über den neuen jüdischen Staat Palästina könne er nicht mitreden, da wisse er zuwenig. Die nationale Form des Judentums, also die Zionisten, hätten ihn nicht interessiert, er wisse also nicht, ob sie recht hätten oder nicht, hatte er bereits 1929 an Reichmann geschrieben. «Wohl aber darf ich Ihnen sagen», schrieb er 1935 an Arnold Zweig: «*Was* sind Sie –? Angehöriger eines geschlagenen, aber nicht besiegten Heeres? Nein, Arnold Zweig, das ist nicht wahr. Das Judentum ist besiegt, so besiegt, wie es das verdient – und es ist auch nicht wahr, daß es seit Jahrtausenden kämpft. Es kämpft eben nicht.

Die Emanzipation der Juden ist nicht das Werk von Juden. Die Befreiung ist den Juden durch die Französische Revolution, also von Nicht-Juden, geschenkt worden – sie haben nicht dafür gekämpft. Das hat sich gerächt.[114]

Sie sagen: Ja, es gibt Wendriners, ich nehme sie aus, sie sind mir fatal – aber… *Ich* sage: Es gibt auch anständige Juden, ein paar, wie die Emigrationsziffer zeigt, noch nicht 10 % – ich nehme sie aus – ich habe die größte Achtung vor ihnen, vor ihrem stillen Leiden – aber… Aber –? Der Rest taugt nichts.» Die Juden würden das Getto als selbstverständlich akzeptieren und froh sein über jeden Fußtritt, der nicht komme. Es sei eben ein «Sklavenvolk». «Wer die Freiheit nicht im Blut hat, wer nicht fühlt, was das ist: Freiheit – der wird sie nie erringen. Wer das Getto als etwas von vornherein Gegebenes akzeptiert, der wird ewig darin verbleiben. Und hier und nur hier steckt das Versagen der gesamten deutschen Emigration, aus der ich keine Judenfrage machen möchte – hier ist ihre Schuld, ihre Erbärmlichkeit, ihre Jämmerlichkeit. Das ist nichts.»[115]

Diese heftigen Angriffe veranlaßten die «Jüdische Rundschau» bereits 1936, Tucholsky «jüdischen Selbsthaß» vorzuwerfen. 1963 rechnete auch der ehemalige Weltbühnen-Mitarbeiter Erich Gottgetreu in einem langen Artikel mit Tucholsky ab: er hätte einen «Ostjudenkomplex» gehabt, und wie ein «bösartiges Geschwür» habe in ihm der «phänomenale *jüdische Selbsthass*» gefressen.[116] Aber fast alle, die sich ausführlicher mit der Problematik des «jüdischen Selbsthasses» auseinandersetzen, bestreiten dieses Phänomen bei Tucholsky. Ob Kurt Hiller, Hans Lamm oder Peter Gay, der feststellte: «Es war vielleicht nicht hauptsächlich, bestimmt nicht ausschließlich, Selbsthaß, der deutsch-jüdische Schriftsteller von Heine bis Tucholsky diese komischen, ein wenig abstoßenden Figuren erfinden ließ, die einen ‹gewissen Typ von Juden› repräsentierten.» Hier sei nicht zu verallgemeinern, sondern «individuell-psychologisch» zu untersuchen.[117]

In seinem Nachruf stellte Zweig deshalb auch zu Recht fest: «Eine tief verwundete Seele kam zum Vorschein, verwundet nicht als Linker, nicht als Geistiger, nicht als kassandrischer Prophet, sondern als Jude.»[118]

ZEHN

«Ich bin für Tendenz – feste, gib ihm.»[1]

Kein andres Buch Tucholskys führte zu so heftigen Reaktionen und spaltete sogar die Lager von Freund und Feind wie das Bilderbuch «Deutschland, Deutschland über alles», das am 6. August 1929[2] in Willi Münzenbergs «Neuem Deutschen Verlag» erschien. Es war unter anderem auch das Ergebnis einer langjährigen Beschäftigung Tucholskys mit den verschiedenen Möglichkeiten, die die Fotografie in zunehmendem Maße bot. Im Gegensatz zum Film, mit dem er ursprünglich gar nichts anfangen konnte und dessen Entwicklungsmöglichkeiten er auch nicht sah, war Tucholsky von Fotografien bereits früh begeistert. Erinnert sei nur an seine ständigen Aufforderungen an Mary Gerold, mindestens jeden Monat ein Bild von sich machen zu lassen, von Else Weil hatte er zu der Zeit bereits ein Album mit etwa 60 Fotos.[3] Tucholsky ließ jedoch nicht nur fotografieren, er kaufte sich selbst einen Apparat und dokumentierte beispielsweise mit vielen Aufnahmen seine Pyrenäenreise. Sie dienten ihm auch als Unterstützung seines Gedächtnisses beim Schreiben des Pyrenäenbuches. Fasziniert war er auch von ganz alten Fotografien. In der «Weltbühne» schrieb er, daß er einen ganzen Kasten davon besitze und dankbar für jedes Bild sei, das er geschenkt bekomme.[4]

Bereits 1912 entdeckte er die aufrüttelnde Wirkung von Fotografien und forderte im «Vorwärts», die politischen Möglichkeiten dieses Mediums intensiv zu nutzen. «Eine Agitation kann gar nicht schlagfertiger geführt werden. [...] Nichts beweist mehr, nichts peitscht mehr auf als diese Bilder». Und in wenigen Zeilen lieferte er schon damals das Exposé zu dem Deutschland-Buch, das fast auf den Tag genau 17 Jahre später erscheinen sollte: «Systematisch muß gezeigt werden: so wird geprügelt, und so wird erzogen, so werdet ihr behandelt, und so werdet ihr bestraft. Mit Gegensätzen und Gegenüberstellungen. Und mit wenig Text.»[5]

Ein Jahr zuvor, am 8. Juli 1911, hatte bereits Karl Kraus in der «Fackel» die erste politische Fotomontage[6] verwendet und damit die Möglichkeiten dieses Mediums erheblich erweitert. Auch wenn sich später die Dadaisten Grosz, Heartfield und Hausmann darüber stritten, wer von ihnen die politische Fotomontage erfunden habe, das Erstlingsrecht gebührt wohl Karl Kraus[7], der auch in der Folgezeit immer wieder mit Bildern arbeitete. Tucholsky, ein eifriger Leser der «Fackel», verfolgte dies aufmerksam und schickte 1916 die Aufnahme eines von einer Granate getroffenen Christus, dessen Kreuz dabei zerstört wurde, an Kraus, der es in seiner Mai-Nummer unter der Überschrift «Erhöret mich!» auch abdruckte.[8]

Die politischen Möglichkeiten der Fotografie beschäftigten Tucholsky in den folgenden Jahren immer wieder. 1918 forderte er in der «Weltbühne» eine «Tendenzfotografie» in großem Stil, die aggressiv arbeiten und die Gegensätze deutlich machen solle.[9] Als Chefredakteur des «Ulk» konnte er seine Vorstellungen allerdings kaum verwirklichen, da das Blatt hauptsächlich mit Zeichnungen arbeitete. Im Januar 1918 wagte er aber einen ersten, äußerst polemischen Versuch: Er stellte zwei Fotos nebeneinander und überschrieb das Ganze mit «Rausch». Das linke Bild zeigt jubelnde Massen im August 1914, das rechte eine Menschenmenge 1918 vor dem Berliner Schloß. Dazu dichtete Tucholsky:

> 1914 stoben die Funken.
> Die Gasse lärmte kriegsbetrunken.
> 1918 werden betroffen
> etzliche spartakusbesoffen.
> So sieht der kluge Leser leicht:
> Mit Gebrüll wird nie etwas Gutes erreicht.[10]

Zehn Jahre später warnte er in seinem Deutschland-Buch allerdings: «Man vergleiche diese unvergeßlichen Stunden und Tage ja nicht mit der Gassenbesoffenheit von 1914.»[11] Nicht Tucholskys späte Einsicht steht jedoch hier zur Debatte, sondern seine ersten Gehversuche mit dem Medium Fotografie.

Anfang 1920 konnte Tucholsky seine Ideen in größerem Umfang ausprobieren und umsetzen. Einige seiner Artikel und Gedichte in der USPD-Zeitschrift «Freie Welt», bei der er auch redaktionell mitarbeitete, wurden durch Fotos ergänzt, manche Artikel entstanden wohl auch erst zu vorhandenen Bildern, wie etwa «O alte Burschenherrlichkeit» oder «Neue Sorgen der Bourgeoisie». Das war ihm aber noch zuwenig, auch die Zeichner sollten sich der Technik der Montage bedienen. George Grosz schlug er beispielsweise als Themen für ein Heft vor: «Werdegang. – Der Offizier vorm Kriege, auf Socialdemokratenzug einhauend – im Kriege auf die Welschen einhauend – nach dem Kriege auf die Bolschewisten einhauend. Mars gibt den Offizieren Geld – der Kaiser gibt den Offizieren Geld – Ebert gibt den Offizieren Geld.»[12]

Diese frühen Versuche Tucholskys gehen jedoch nur wenig über die damals schon gebräuchliche Fotoreportage hinaus. Aber die teilweise eindrucksvollen Bilder wurden fast durchgängig agitatorisch eingesetzt, so daß sich die Zeitschrift deutlich von den gängigen bürgerlichen Blättern unterschied. 1920 schrieb Tucholsky dazu: «meiner Ansicht nach wird in Deutschland mit der Fotografie dasjenige viel zuwenig gemacht, was zum erstenmal unsere *Freie Welt* mit Erfolg begonnen hat: die Fotografie als Tendenzbild zu benutzen. Keine Karikatur kann in gewissen Fällen so wirken, wie es das einfache Wirklichkeitsbild des Fotografen tut. Es gibt Lagen, in denen das fotografierte Bild eines zerschossenen Arbeiters, einer stockigen Proletarierwohnung, eines gedunsenen Reichen mehr wirkt, als Wort und Zeichnung es je zu tun vermögen. Das Bild sagt zum Leben ‹So siehst du aus!› – und eine kleine Unterschrift genügt, um noch einmal auf das aufmerksam zu machen, worauf es ankommt.»[13]

In einer Geschichte knüpfte Tucholsky direkt an seinen Artikel «Mehr Fotografien!» von 1912 an. Als besonders erschütternd hatte er damals die Aufnahmen von Arbeiterwohnungen für die Wohnungsenquete der Ortskrankenkassen bezeichnet. Als nun Harry Graf Kessler 1920 die «Wohnhöllen» der Proletarier für einen Bericht in der Monatsschrift «Die Deutsche Nation» untersuchte und fotografierte, begleitete ihn Tucholsky zeitweise dabei. Die Erschütterung über diese Stichproben im Elend sind seinen Arbeiten deutlich anzumerken, und noch Jahre später wird er sich darauf berufen. Als Ergebnis erschien in der «Freien Welt» Ende November ein langer

Artikel unter der Überschrift «Die Kinderhölle in Berlin». Die fünf Fotografien, die Tucholsky aus dem Bericht von Kessler übernahm, sind durch knappe Schilderungen der Familienverhältnisse ergänzt und werden so zu einem erschütternden Dokument,[14] das Heinrich Zilles späteren Ausspruch vorwegnahm: «Man kann einen Menschen mit einer Wohnung ebenso töten wie mit einer Axt.»[15] Drei Wochen später erschien ein weiterer Artikel Tucholskys in der «Freien Welt» über die letzte Stufe des sozialen Abstiegs: Der mit «Menschenmaterial» überschriebene Fotobericht beschreibt das alltägliche Elend in den Obdachlosenasylen.[16]

An diese ersten Erfahrungen mit dem Medium Foto erinnerte sich Tucholsky im April 1925, als er in der «Weltbühne» erneut den verstärkten Einsatz von «Tendenzfotografie» forderte: «Warum macht sich von den Kommunisten niemand daran, im Bunde mit der Fotografie zu kämpfen? (Anfänge sind in ‹*Sichel und Hammer*›[17] zu finden.) Die Fotografie ist unwiderlegbar. Sie ist gar nicht zu schlagen. Was allein mit fotografischen Gegenüberstellungen zu machen ist, weiß nur der, ders einmal probiert hat. Die Wirkung ist unauslöschlich und durch keinen Leitartikel der Welt zu übertreffen.»[18] In der Provinzpresse brach daraufhin zwar ein Sturm der Entrüstung los («Man sollte Herrn Wrobel und Ludendorff neben einander fotografieren – da wollen wir einmal sehen, wer besser abschneidet!»[19]), aber bei den Kommunisten rannte Tucholsky mit seiner Forderung offene Türen ein. Denn nicht nur im Vorläufer der «Arbeiter-Illustrierte-Zeitung» (AIZ) wurde die Fotografie von den Kommunisten eingesetzt, die Buchumschläge von Heartfield für den Malik-Verlag erregten ebenso Aufsehen wie verschiedene andere Zeitschriften der KPD. Tucholsky wußte dies auch, war er doch in einigen Blättern und Werken selbst mit Beiträgen vertreten, wenn auch oft nur mit Nachdrukken, wie in der satirischen KPD-Zeitschrift «Der Knüppel». Wenige Wochen bevor sein Artikel erschien, lobte er Grosz in einem Brief auch ausdrücklich für die Bilder im «Knüppel», die er «zum großen Teil ganz ausgezeichnet» fand.[20] Auch in der Zeitschrift «Die Pleite» versuchten Grosz und Heartfield, mit Gegenüberstellung von Motiven zu arbeiten. Am 9. Juni 1923 schlug Heartfield beispielsweise auch dem Maler Otto Dix als Thema für einen Beitrag vor: «Hungerkrawalle und, im Gegensatz, fressende Bürger.»[21] Im ersten Jahrbuch des Malik-Verlages, in dem Tucholsky auch vertreten war, setzte

Heartfield gezielt Fotos ein. Die Seite 41 etwa zeigt oben ein Bild, wie ein General, der in der Etappe gestorben ist, mit allem Pomp beerdigt wurde. Darunter ein Foto: «Wie die an der Front abgeschlachteten Proletarier verladen wurden.»[22] Auch George Grosz verwandte diese Technik des Gegenüberstellens in seinen Mappen, manchmal sogar auf einem Bild, wie etwa in «Früh um 5 Uhr».[23] Und der «Arbeiterkalender» aus dem KPD-nahen Hoym Verlag war nach Tucholskys Urteil bereits die gelungene Illustrierung seiner Forderungen: «hier haben wir die Tendenzfotografie in ihrer höchsten Vollkommenheit.»[24] (Viele Ideen aus diesem Kalender übernahm Tucholsky in sein Deutschland-Buch.) Seine nachdrücklichen Forderungen wurden also bereits in die Tat umgesetzt, wenn auch noch längst nicht in dem Umfang wie etwa in der «AIZ» ab 1929/30. Das hing jedoch hauptsächlich damit zusammen, daß sich erst langsam und unter vielen finanziellen Opfern eine «Arbeiter-Fotografen-Bewegung» aufbaute und der kommunistischen Presse damit auch klassenspezifische Fotos zugänglich wurden.[25] Richtig ist aber auch, daß die sozialistische Presse erst sehr spät die großen Möglichkeiten der Fotografie erkannte. So war noch eineinhalb Jahre nach Tucholskys Aufruf im «Arbeiter-Fotografen» zu lesen: «Es ist notwendig, daß die marxistische Propaganda sich viel mehr als bisher der Bildpropaganda bemächtigt.» Die Bilder sollten nicht nur als Kuriositäten, wie in der bürgerlichen Presse, sondern «zur Anklage zur Aufrüttelung der Massen» eingesetzt werden.[26]

Tucholsky, der dies schon seit Jahren forderte, wurde nicht müde, immer wieder auf gelungene Beispiele hinzuweisen, etwa in der Besprechung «Buch mit Bildern»[27] oder wenn er die Fotografien der Kriegsverstümmelten und der Schlachtfelder in Ernst Friedrichs Buch «Krieg dem Kriege!» als Waffe empfahl: «Kein Wortkünstler, und sei es der größte, kann der Waffe des Bildes gleichkommen.»[28] Ein Jahr zuvor hatte er bereits über «Sechzig Fotografien» berichtet, die er in Paris gekauft hatte, und beschrieb sie als Bildkollage: «Zerschossene Deutsche, verstümmelte Deutsche, verweste Deutsche, Deutsche verschüttet und Deutsche friedlich im Tode schlafend – und ein Gerippe in Uniform.» Als drastischen Gegensatz dazu Bilder von Hindenburg und dem Kaiser, Orden verleihend, Bilder des Kronprinzen, «wie er die andern grüßt, die andern, die in den Tod gehen».[29]

Die von ihm 1924 mitkonzipierte Zeitschrift «Uhu» setzte ebenfalls auf die Wirkung von Fotos, allerdings mehr im unterhaltenden und illustrierenden Stil nach amerikanischem Vorbild. Wie später für die «AIZ» schrieb Tucholsky bereits im «Uhu» Geschichten und Gedichte zu vorhandenen Bildern, wie beispielsweise «Aus einem alten Photographie-Album»[30], «Sechs Bilder über einem Matrosenbett»[31], «Hände an der Schreibmaschine»[32], oder er illustrierte Berichte und Gedichte wie etwa «Lourdes. Die Hoffnung der Hoffnungslosen»[33] und «Masse Mensch»[34]. Ausgerechnet in dem auf Unterhaltung bedachten «Uhu» erschien aber auch der Artikel «Ein Bild sagt mehr als 1000 Worte», in dem Tucholsky an verschiedenen Beispielen die Möglichkeiten der Fotografie verdeutlichte und zum Schluß forderte: «Und weil ein Bild mehr sagt als hunderttausend Worte, so weiß jeder Propagandist die Wirkung des Tendenzbildes zu schätzen: von der Reklame bis zum politischen Plakat schlägt das Bild zu, boxt, pfeift, schießt in die Herzen.»[35]

Tucholsky war kein «Fachmann», aber er hatte ein sicheres Gespür für Fotos, wie zahlreiche Artikel über Fotoausstellungen und Besprechungen von Fotobüchern beweisen. 1929 wurde er deshalb sogar aufgefordert, das Vorwort zu dem Jahresband «Deutsches Lichtbild 1929/30» zu schreiben.[36] Dies war nicht der einzige Fall, wie ein teilweise erhaltener Briefwechsel beweist; nachdem Tucholsky in der «Vossischen Zeitung» 1927 und 1928 begeistert auf die Fotografien von Albert Renger-Patzsch hingewiesen hatte, bedankte sich dieser mit einer Panter-Aufnahme. 1932 machten Renger-Patzsch und der Direktor des Museums für Kunst- und Kulturgeschichte in Lübeck, Dr. Heise, Tucholsky den Vorschlag, das Vorwort zu dem von ihnen geplanten Fotobuch «Die Landstraße» zu schreiben. Im Mai 1932 erklärte sich Tucholsky zwar dazu bereit, das Projekt kam jedoch nie zustande.[37]

Die Fotografie ergänzte in idealer Weise die «Quellen» seiner Arbeit, überspitzt könnte man sogar sagen, daß die Fotografie auf ihre Art völlig Tucholskys eigener Arbeitsweise entsprach. So, wie er dem Volk im wahrsten Sinne des Wortes aufs Maul schaute und sich Gesprächsfetzen oder Aussprüche in seinen Notizbüchern aufschrieb, und so, wie er regelmäßig die Leserbriefe in den Zeitungen verfolgte, «weil da die Seele meines Volkes spricht»,[38] so waren auch die Fotografien für ihn ein Spiegel seiner Zeit, die es in der ganzen Bandbreite der Möglichkeiten zu nutzen galt: als Ideenanreger, als Vorlage, als Illustration und zunehmend auch gezielt als Waffe. Wiederholt verwies er dabei auch auf die Pionierleistungen von Karl Kraus: «Ganz abgesehen von den ‹Kulturdokumenten›, wie sie zuerst Karl Kraus in die Literatur gebracht hat: jene unsterbliche Henkerszene von der Hinrichtung Battistis, das Bildnis Berchtolds, das ganz allein, ohne jede Unterschrift erklärt hat, warum die habsburgische Monarchie rechtens untergegangen ist – das allein ließe sich tausendfach verwenden. Wenn man mit ein paar Worten Text nachhilft, die allerdings, wie jede gute Bild-Unterschrift, sehr, sehr schwer zu finden sind, dann werden die Augen der Leser geschult, das Bild fängt an, zu sprechen, und die stumme Kritik der Zeit ist da – nur an Hand eines fotografischen Dokuments.»[39]

In diesem Artikel verwies Tucholsky auch auf die einzigartige Zeitschrift «AIZ», an der er seit zwei Monaten mitarbeitete. Die «AIZ» war aus der Zeitschrift «Sowjetrussland im Bild», die sich seit dem zweiten Jahrgang «Sichel und Hammer» nannte, hervorgegangen und wurde zu einem der interessantesten und auch wirkungsvollsten Blätter der Weimarer Republik. Ursprünglich als linkes Gegenstück zu den bürgerlichen illustrierten Zeitschriften gedacht, entwickelte sie sich bald zu einem linken Kampfblatt mit der sehr hohen Auflage von etwa 300000 Exemplaren.[40] Die politische Position der «AIZ» entsprach völlig den Auffassungen der KPD, auch wenn sie nicht ganz so radikal und plakativ vorgetragen wurde wie in den Organen der Partei. Auch die «AIZ» propagierte die These vom «Sozialfaschismus» und forderte: wenn «die Nationalsozialisten geschlagen werden sollen, so muß erst einmal die Führung der Sozialdemokratie geschlagen werden!»[41] Und ebenso wie die KPD forderte sie den Kampf gegen die bürgerliche Literatur; am bekanntesten wurde wohl Heartfields Montage: «Wer Bürgerblätter liest, wird blind und taub, weg mit den Verdummungsbandagen!»[42] Trotzdem versuchte die Redaktion auch «in bürgerlichen Ideen befangene»[43] Schriftsteller wie Tucholsky zur Mitarbeit zu gewinnen. Am 21. März 1928 erschien sein erstes Bild-Gedicht in der «AIZ», und einige seiner besten Gedichte wie «Augen in der Großstadt» sollten bis Ende 1930 in dieser Zeitschrift erscheinen.

Tucholskys Mitarbeit bei der «AIZ» wurde von den bürgerlichen Blättern, für die er ja nach wie vor ebenfalls schrieb, höchst ungern gesehen. Im Herbst 1928 kam es deshalb zu einem regelrechten Zusammenstoß zwischen Ullstein und Tucholsky, den er ausführlich seiner Frau Mary berichtete: Kurt Szafranski, inzwischen Direktor des Ullstein-Zeitschriften-Verlags, sagte ihm sehr deutlich: «Das kann man nicht. Man kann nicht zu gleicher Zeit den Kapitalismus angreifen und noch dazu so scharf und bedingungslos – und dann Geld von ihm nehmen. Entweder – oder.»[44] Er wolle Tucholsky jedoch nicht als Mitarbeiter verlieren oder gar seine Freiheit einengen und erwarte «recht viele gute Beiträge» von ihm. Tucholsky hatte zwar ein schlechtes Gewissen, und die Sache war ihm peinlich, wie er schrieb, aber er ging sofort in die Offensive. «Ich habe auch gleich darauf aufmerksam gemacht, daß noch etwa drei oder vier solche Sachen bei der A.I.Z. aus Schweden her lagern und habe auch gleich die Refrains aufgesagt, von denen einer immer doller ist als der andere. Es kann sehr heiter werden.»[45] Daß die Ullsteinleute solche Verse, wie sie in den nächsten Nummern erschienen, nicht mochten, ist verständlich: «Deine Klasse wartet auf dich –/ hilf sie vom Joch befreien!»[46] oder den Schluß aus «Bürgerliche Wohltätigkeit»[47]: «Nimm, was du kriegst. Aber pfeif auf den Quark./ Denk an deine Klasse! Und die mach stark!/ Für dich der Pfennig! Für dich die Mark!/ Kämpfe –!»

Als nächstes sprach Tucholsky mit Monty Jacobs von der «Vossischen Zeitung», den dieser Dualismus nicht störte, und forderte Gehaltserhöhung. Und dann verabredete er sich mit Willi Münzenberg, um zu sehen, ob er nicht eventuell enger mit dem Konzern dieses «Roten Hugenberg»[48] zusammenarbeiten könne. Die Verhandlungen mit Münzenberg verliefen auch ganz erfolgreich. Aus dem, was Tucholsky an seine Frau berichtete, kann man schließen, daß er gegen ein monatliches Fixum von 1000–1200 Mark fest an den verschiedenen Projekten mitarbeiten sollte. Finanziell wäre das der gleiche Betrag, den er auch von der «Weltbühne» bekam, von der er seit 1927 wegwollte, wenn sich was anderes fände.[49] Doch Tucholsky traute den Versprechungen Münzenbergs nicht, hielt sie für Sprüche. Als er aber dann tatsächlich einen Vertrag mit konkreten Angeboten zur Mitarbeit bei den Blättern des Verlages bekam, lehnte er rundweg ab,[50] nur für die «AIZ» lieferte er noch einige Zeit Gedichte. Gleichzeitig lehnte er ein Angebot von Piscator ab, den Wendriner auf die Bühne zu bringen. Es würde viel weniger Geld als Ärger bringen, und «Piscator hätte mir die Internationale reingeklebt... man ist doch diesen Leuten gegenüber machtlos».[51]

Im Fall Ullstein schwankte Tucholsky einige Monate zwischen Aufhören und Weitermachen. Auch wenn er den Ullsteinleuten «klipp und klar» sagte, daß er im Konfliktfall die andere Seite wählen würde, war ihm bewußt, daß er dies nie tun könnte, denn dann läge er «glatt auf der Straße». «Natürlich werde ich Ullstein *nicht* hinwerfen»[52], schrieb er seiner Frau. Im Gegenteil, er wolle «weich wie Gummi und Watte» sein. Immerhin ging es um über 1500 Mark im Monat, die er von Ullstein bekam. Im September stürzte er sich deshalb verstärkt in die Arbeit für die illustrierten Blätter des Verlags, vor allem den Feuilletonteil der neuen Tageszeitung «Tempo», die im Volksmund sofort den Spitznamen «Die jüdische Hast»[53] bekam, wollte er redaktionell mit aufbauen und verändern. Denn die Zeitung war nicht nur seiner Meinung nach ein «kümmerliches Mistblatt, voller Fehler und ohne Gesicht»[54]. An seine Frau schrieb er: «*Tempo* geht nun mächtig los – da herrscht noch große Ratlosigkeit und Verwirrung. Ich werds schon fingern.»[55] Bis Jahresende war er denn auch mit 23 Beiträgen vertreten. Als es im Dezember und Januar aber zu erneuten Angriffen wegen einiger «AIZ»-Artikel kam, überlegte er sich doch ernsthaft, bei Ullstein aufzuhören. Zumindest bei einigen Blättern stellte er seine Mitarbeit ein: der letzte Beitrag in der «Dame» erschien im Januar 1929, bei «Tempo» hörte er im Februar 1929 auf, weil ihm die Zeitung «zu ekelhaft» war.[56] Auch im «Uhu» erschienen 1929 nur noch drei Beiträge.[57] Im Mai 1929 war für Tucholsky die Konstellation aber wieder klar: Er lehnte die Ausdehnung der Mitarbeit an den kommunistischen Zeitungen ab und beschloß, daß er Ullstein nun doch nicht freiwillig aufgebe.[58] Rückblickend bedauerte er dies: «ein großes peccavi – was habe ich da gesündigt, wie viel zu lange war ich bei den Ullsteins, das ist ein dicker Fleck auf meiner Weste.»[59]

«Dieses Buch […] ist gewissermaßen eine abschließende Bilanz»[60]

Der Kontakt zu Münzenberg war allerdings nicht ganz vergeblich. Im März 1929 war Tucholsky für einige Tage in Berlin, um von hier aus – nach Vorträgen und Lesungen in Hamburg, Berlin, Köln und Frankfurt – zusammen mit seiner Freundin Lisa Matthias für mehrere Monate nach Schweden zu fahren. In dieser Zeit wurde die Idee des Deutschland-Buches konkretisiert und mit Münzenberg abgesprochen. Noch wenige Monate vorher hatte Tucholsky ein ähnliches Projekt für den Rowohlt Verlag abgelehnt. «Und er [Rowohlt] will die große Reportage über Deutschland von mir haben, aber das ist schwer. Das dauerte monatelang.»[61] Eigentlich sollte das Buch Emil Ludwig schreiben, aber der schlug Tucholsky vor, da er keine Zeit hatte. Thema: der 9. November an zwanzig deutschen Fürstenhöfen unter dem Titel «Deutsche Paladine». «Das können nur Sie oder ich. 20 Bilder + kurze Analogien.»[62] Nach einem gemeinsamen Gespräch bei Rowohlt im Juni 1928 notierte Emil Ludwig in seinem Tagebuch: «Bei Rowohlt dramatische Szene mit Tucholsky, nach der er schliesslich das Buch über die Höfe schreibt.»[63] Tucholsky sah seinen geplanten Schwedenaufenthalt gefährdet und wollte trotzdem nicht so recht: «realisiert es sich nicht in einer mir sehr bequemen und lohnenden Weise, gehe ich still nach Schweden.»[64] Übrig blieb von der Idee jedoch ein Gedicht mit vielen Bildern in der «AIZ»: «Zehn Jahre deutsche ‹Revolution›.»[65] Und wahrscheinlich der Einfall zu einem Bilderbuch, ein Großteil der Bilder zu diesem Gedicht findet sich jedenfalls auch im Deutschland-Buch wieder.[66]

Das Buch, über das Tucholsky 1929 mit Münzenberg verhandelte, konnte er bequem in Schweden machen. Gedacht war an eine Sammlung alter und neuer Artikel von ihm mit zahlreichen Bildern. Babette Gross, die damalige Geschäftsführerin des Neuen Deutschen Verlags und seit 1925 mit Willi Münzenberg verheiratet, erinnerte sich: «1929 hatte der Verlag sogar Kurt Tucholsky dazu bewegen können, Texte zu ausgewählten Fotos und zu Fotomontagen von John Heartfield zu verfassen. Tucholsky unterzog sich dieser Aufgabe nur mit großen inneren Vorbehalten. Er mißtraute auch der militanten und orthodoxen Welt der Kommunistischen Partei. Aber gemeinsam mit

John Heartfield suchte ich ihn immer wieder auf, und schließlich gelang es unserer Überredungskunst, ihn umzustimmen.»[67] Heartfield habe einige Zeit Fotos zu Tucholsky gebracht, die dieser teilweise ablehnte, da sie ihm zu primitiv gewesen seien. Aber in gemeinsamen Redaktionssitzungen sei das Buch schließlich doch zustande gekommen.[68] Das kann so nicht stimmen: Denn am 5. April 1929 fuhr Tucholsky nach Schweden und ist bis 4. Oktober dort geblieben. In den wenigen Tagen, in denen er in Berlin war, hat es wohl einige Gespräche gegeben, vielleicht hat sich Tucholsky auch Fotos angesehen. Gemeinsame Sitzungen fanden aber sicherlich nicht statt.

Aus dem Puzzle von Informationen läßt sich die Entstehungsgeschichte des Buches in etwa so rekonstruieren: Tucholsky und Münzenberg entwarfen im März 1929 den Plan für einen illustrierten Sammelband mit Tucholsky-Texten, Tucholsky fuhr Anfang April mit der gesammelten «AIZ» im Gepäck nach Schweden,[69] und im Mai schickte ihm Münzenberg einen Vertrag über das Buch zu. An seine Frau schrieb Tucholsky danach: «Ich mache für den Neuen Deutschen Verlag ein kleines Bilderbuch.»[70] Wenn schon damals klar gewesen wäre, daß Heartfield das Buch montieren sollte, hätte Tucholsky seiner Frau mit Sicherheit darüber berichtet, denn er hatte schon früher – auch öffentlich – von dessen «meisterhaften» Buchumschlägen geschwärmt. Nachdem Tucholsky und Lisa Matthias im schwedischen Läggesta endlich ein geeignetes Haus für den Sommer gefunden hatten, machte er sich an die Arbeit und stellte ein Manuskript zusammen, das zu einem Teil aus alten Beiträgen für die «AIZ» und die «Weltbühne»[71] bestand, und suchte sich aus den «AIZ»-Heften geeignetes Bildmaterial. Eine Überprüfung zeigt, daß zahlreiche Fotos im Deutschland-Buch aus der «AIZ» stammen. Tucholsky nahm sie aus ihrem ursprünglichen Zusammenhang heraus und schrieb neue Texte dazu oder baute sie in alte Artikel ein. Von einigen Bildern verwandte er lediglich Ausschnitte, von anderen Motiven wurden Bilder aus verändertem Blickwinkel genommen. Nachdem er die erste Fassung des Buches nach Berlin geschickt hatte, beauftragte Münzenberg John Heartfield damit, das Buch zu «montieren». Dieser wählte zum Teil neue und bessere Fotos aus und veränderte teilweise die Bildzusammenstellung. Als Tucholsky dann Heartfields Entwurf vorlag, «entschloß er sich, den Text wesentlich zu ändern und zu erweitern, was wiederum Heartfield anregte, weitere Fotos und Fotomontagen beizutragen», wie Herzfelde sich erinnerte.[72] Diese Erweiterungen und Änderungen erklären auch, warum das Buch mit über einem Monat Verspätung erschien, denn angekündigt war der «neue Tucholsky» schon für Anfang Juli.[73]

Das Buch ist ein Rückblick auf zehn Jahre Republik, die sich beharrlich weigerte, wirklich demokratisch zu werden, und es ist ein Rückblick auf einen zehnjährigen Kampf um diese Republik. In einem großen Rundumschlag rechnete Tucholsky noch einmal mit dem Deutschland ab, das er haßte und bekämpfte. Das Buch ist eine wütende Attacke gegen den Staat, der nur «zufällig Republik ist», gegen diese «negative Monarchie»,[74] in der immer noch der alte wilhelminische Geist herrschte und die reaktionäre Justiz und das revanchelüsterne Militär immer noch überragende Machtfaktoren waren. Er übergoß die deutschen Spießbürger und Moralapostel mit Hohn und Spott und sparte nicht mit Seitenhieben auf fast alle «heiligsten Güter» des Bürgertums. Tucholsky wollte in dem Buch nicht die Tagesaktualitäten ausbreiten, es war vielmehr ein Bericht zur Stimmungslage der Nation, ein «Querschnitt durch Deutschland»: «Aus allen Bildern zusammen wird sich dann Deutschland ergeben.»[75] Es wurde ein brillantes Feuerwerk aus Witz und Wut. Aber aus dem «Witz quoll das ganze Maß Verachtung und Hohn, Spott und Haß heraus»[76], das sich bei Tucholsky in zehn Jahren Republik angesammelt hatte. Als von den Nationalsozialisten die Reste der Demokratie endgültig beiseite gefegt worden waren, schrieb Tucholsky an Walter Hasenclever jedoch, daß das Deutschland-Buch noch «viel zu milde»[77] gewesen sei.

Immer mehr war es für ihn zur Gewißheit geworden, daß die Deutschen aus ihrer wilhelminischen Untertanenhaltung nicht herauskamen, daß sie eine Mischung aus «Knechtsnatur» und Machtdünkel, kurz: eine «alte Unteroffiziersnation»[78] seien. «Tausend Strömungen sind über dies chaotische Volk dahingebraust – die Oberfläche war immer sehr bewegt, aber in den Tiefen bliebs still.»[79] An eine wirklich tiefgreifende Veränderung der Verhältnisse glaubte Tucholsky schon länger nicht mehr und war sich mit vielen Mitstreitern einig: es war ein fast aussichtsloser Kampf. Carl von Ossietzky etwa hatte bereits 1924 geschrieben: «Man spricht häufig von der Republik ohne Republikaner. Es liegt leider umgekehrt: die Republikaner sind ohne Republik. […] Wir Republikaner lieben unglücklicherweise etwas, was gar nicht da ist.»[80] Siegfried Jacobsohn fragte etwa zur gleichen Zeit: «Wie sollte denn eigentlich auch die deutsche Justiz-, Verwaltungs-, Schul- und Militärschande der letzten Jahre zu überbieten sein?»[81] Und Kurt Hiller beschrieb im Januar 1929 den Zustand der Republik nicht viel anders als Tucholsky: «Nach zehn Jahren unterscheidet sich die deutsche Republik von dem Staatszustand, der vor ihr herrschte, erstens dadurch, daß Monarchen fehlen; zweitens dadurch, daß Verwaltung, Rechtsprechung und Gesetzgebung ungleich volksfeindlicher, ungleich rückständiger sind als zuvor. Der nationale Idiotismus an den Universitäten ist gewachsen; die politische Justiz wurde so klassenzynisch und parteiisch, wie man das nie erlebt hatte; […] Bedeutet Republik nicht nur eine staatsrechtliche Form, sondern auch einen sozialkulturellen Inhalt, dann muß gesagt werden, daß wir ein Jahrzehnt nach Sturz der Monarchie noch erheblich unrepublikanischer leben, als wir unter der Monarchie gelebt haben.»[82]

Daß man gegen diesen Zustand und gegen die dumpfe Gleichgültigkeit vieler Bürger nicht mit lammfrommen und beschaulichen Mitteln ankämpfen konnte, war den Kommunisten wie den bürgerlichen Linken klar. Verblüffend ist dabei die teilweise völlige Übereinstimmung bis hinein in die Wortwahl etwa von Alfons Goldschmidt, John Heartfield und Kurt Tucholsky. Im Januar 1925 schrieb Ignaz Wrobel in der «Weltbühne»: «Wüßte allerdings der Proletarier wirklich, wie es ‹oben› zugeht, wüßte er, was der Börsianer, der Fabrikant, der Großgrundbesitzer mit ihm treiben, wüßte ers, und spürte ers nicht nur – er machte das, was er, in Deutschland, noch nie gemacht hat: Revolution.»[83] Goldschmidt schrieb 1928: «Von dem Augenblick an, wo einige tausend Proleten die faulen Wurzeln sehen, ist das Ende dieser Gesellschaft nahe. Man muß tausend Proleten wenigstens die Präzision der Gewalt auf sie im kleinen und kleinsten zeigen und das automatische Zusammenfließen dieser furchtbaren kleinen Präzisionen mit der großkapitalistischen Politik.»[84] Für das Künstlerkollektiv «Rote Gruppe» formulierte Heartfield programmatisch: «… einem Menschen Klarheit über seine elende Lebenslage zu verschaffen ist ein revolutionärer Faktor ersten Ranges. Ihm das Wissen über die Knechtschaft, die Unwürdigkeit, die Unmenschlichkeit seiner Situation bewußt zu machen, ist die Voraussetzung, daß er die Klassenfessel fühlt und – abschüttelt.»[85] Diese Aufklärung sollte das gemeinsame Buch leisten, es war Tucholskys letzter großer Versuch, er wollte noch einmal der Republik den Spiegel vorhalten. «An Mauerwände kann man keine Pastelle malen. Ich muß also den breiten Pinsel nehmen,» begründete er gegenüber Marierose Fuchs die teilweise drastische Darstellungsweise.[86] Das erinnert stark an jenen Satz von Anfang 1924, als Tucholsky ebenfalls resigniert hatte und nur noch raus aus Deutschland wollte: «In einem schlecht geheizten Warteraum voll bösartiger Irrer liest man keine lyrischen Gedichte vor.»[87]

Trotzdem nahm Tucholsky ein Gedicht in seinen Band auf, das wohl zu seinen bekanntesten zählt und das neben «Augen in der Großstadt» mit Abstand am meisten nachgedruckt wurde: «Mutterns Hände»:

Hast uns Stulln jeschnitten
un Kaffe jekocht
  un de Töppe rübajeschohm –
un jewischt und jenäht
un jemacht und jedreht ...
  alles mit deine Hände.[88]

An diesem Gedicht wird deutlich, wie sehr Tucholsky dem einfachen Volk «aufs Maul» schaute und wie genau er oft dessen Ton traf, ohne je unter ihm gelebt oder seine Probleme gehabt zu haben. Seine eigene Mutter konnte er schlecht als Vorbild nehmen, sie hatte für solche Verrichtungen – wie er selbst – Dienstmädchen. Das Gedicht, das nach Fotovorlagen entstand, ist eine Imagination, nachempfunden, und wirkt, obwohl es sich am Rande zum Kitsch bewegt, völlig echt.[89] Wie sehr es «gemacht» ist, zeigt ein anderes Gedicht vom November des gleichen Jahres, in dem er sarkastisch schrieb: «wenn du Rührung brauchst, / nimm 's Mutterl ...»[90] 1925 hatte er bereits festgestellt: «wenn man die sentimentale Saite im Deutschen anschlägt – ‹Mutter!› und ‹De mortius nil ...› –, so kann man seines Erfolges ziemlich sicher sein.»[91] Die Nachwirkung seines Gedichts belegt treffend die Richtigkeit.

Helmut Mörchen hat mit Recht auf Tucholskys «affirmatives Pathos» hingewiesen, das immer wieder in seinem Werk anzutreffen ist.[92] Besonders die «klassenkämpferischen» Passagen in seinen Gedichten nehmen sich oft wie Fremdkörper aus und sind auch stilistisch nicht immer gelungen. Das zeigt sich auch im Deutschland-Buch. Es ist am stärksten in der Negation, im Angriff. Auch da, wo er eigene Erfahrungen oder Erlebnisse verarbeitete, sitzt jeder Satz. Hingegen sind die Lobeshymnen auf die Arbeiter wie etwa «Aussperrung» oder «Lied der Steinklopfer» holprig, unecht, treffen nicht. Besonders deutlich kann man es bei dem Gedicht «Start» erkennen. Die ersten Strophen, in denen er den Gewerkschaftssekretär oder den Landgerichtspräsidenten mit wenigen Strichen charakterisiert, sind bester Tucholsky:

> *Du* wirst mal Geschäftsprinzipal –
> mä –! bä –!
> Untenrum dick und obenrum kahl,
> mit dem Maulwerk egalweg sozial,
> und im Herzen natürlich deutsch-national –
> Na, nu weine man nicht!

Die letzte Strophe nimmt sich dagegen wie ein Fremdkörper aus:

> *Du,* mein Junge, sollst mal auf Erden
> ein anständiger Proletarier werden,
> der ein Herz hat für seiner Klasse Beschwerden –!
> Ein ganzer Mann.
> Feste, geh ran –!
> Das wirst du lernen, bist du einmal groß –:
> *Jede Klasse zimmert sich selber ihr Los.*[93]

Den gleichen Bruch kann man auch im «Lied der Steinklopfer» sehen. In der ersten Strophe, in der er seine «Feindbilder» Generale, Richter und Hilferding verarbeitete, sitzt jedes Wort. Die beiden Strophen über den «Arbeitsmann» nehmen sich dagegen eher hilflos gewollt aus.[94]

Durch seine Briefe wird der Grund schnell erkennbar: Er glaubte nicht mehr an das, was er da machte. An Hedwig Müller schrieb er 1934: «Mit tiefer Beschämung sehe ich [...] auf das zurück, was ich trotz meines innern Widerwillens in den letzten Jahren da noch getrieben habe; ich habe gefühlt, dass es gegen meinen Instinkt geht, aber ich habe nicht darauf gehört.»[95] Diese Bemerkung ist eine Bestätigung für das, was sich bereits aus den Texten und vor allem den Briefen erschließen läßt: Tucholskys Artikel sind nicht immer der wirkliche Ausdruck seiner Einstellung oder Gesinnung. 1929 bekannte er: «Ich weiß: [...] die Gesinnung ist die Hauptsache; nur dem sozialen Roman gehört die Zukunft; und das Zeitdokument – oh, ich habe meine Vokabeln gut gelernt.»[96] Tucholsky hatte seine Vokabeln nicht nur gut gelernt und umgesetzt, sein sozial-ethisches Engagement war davon nicht betroffen. Aber der Satz zeigt, daß er ein Individualist war, der sich nur mühsam in eine Gemeinschaft einbringen konnte und wollte. Mary Tucholsky charakterisierte es treffend: «Er ist zutiefst ein Bürger, der seine Ruhe haben will, und das phänomenale an Ihm ist, dass Er Gedichte schreiben kann, als ob Er das Elend eines Proleten selbst durchgemacht hätte.»[97] Dieser Satz ist durchaus positiv zu verstehen, benennt er doch eine der größten Leistungen Tucholskys, den hohen Grad seines handwerklichen und stilistischen Könnens. Er wußte durch «Stichproben» vom Elend, in dem ein Großteil der Bevölkerung lebte, und er dachte, wie er an Ihering schrieb, beim Verfassen seiner Artikel «an das Leid der Anonymen, an den Proletarier, den Angestellten, den Arbeiter»[98]. Aber gleichzeitig hat es ihn, laut Mary Tucholsky, immer davor gegraust, mit seinen Anhängern in Berührung zu kommen, und er schrieb selbst, daß er auf seiner Lesereise 1929 angesichts seines «Popplikoms» den Knacks seines Lebens bekommen habe.[99] Marcel Reich-Ranicki bezeichnete ihn denn auch treffend als einen «Volksschriftsteller, der sich das Volk vom Leibe hielt»[100], eine Beschreibung, die Tucholsky 1928 sogar noch schärfer formuliert hatte: «Ist sehr beliebt bei sie und ihnen weltenfern.»[101] Harry Pross meinte denn auch zu Recht: Tucholskys «eigentlich vom Ästhetischen gespeiste Sozialkritik erlaubte keine allzu enge Berührung mit den facts der Politik. Er kritisierte treffend, scharf, witzig und hatte stets eine Thermosflasche voller Sentimentalität bei sich, um die artistische Darbietung dem deutschen Gemüt schmackhaft zu servieren; aber sein Weltschmerz und sein Weltscherz waren *vor* den Verhältnissen da, auf die er sie anwandte.»[102]

Ein weiterer zentraler Satz zum Verständnis findet sich im «Q-Tagebuch» vom November 1935, es ist der Schlußpunkt einer Entwicklung, die mit dem Aufsatz «Wir Negativen» begann: «Man muß den Menschen *positiv* kommen. Dazu muß man sie – trotz alledem – lieben. Wenn auch nicht den einzelnen Kulicke, so doch die Menschheit. Ich vermags nicht. Meine Abneigung gegen die Schinder ist viel größer als meine Liebe zu den Geschundenen – hier klafft eine Lücke.»[103] Dies ist aber nicht etwa nur die verbitterte Rückschau eines am Ende Angekommenen.

Bereits 1923 konstatierte er: «Richtig ist eines: es muß in mir eine kalte, leere Stelle sein, die nicht reagiert, wenn man das erwartet. Ich habe das oft schon selbst gesehen – wie kalt-verwundert ich manchmal fremdem Schmerz zusehe, wie unbeteiligt, wie meilenweit entfernt.»[104] Seine Beziehung zu den Menschen sei gestört, schrieb er später, wobei er auch sich selbst einbezog. Wie gestört sein Selbstwertgefühl wirklich war, zeigt mit besonderer Deutlichkeit ein Eintrag im «Sudelbuch»: «ich möchte lieber mit mir befreundet als ich selbst sein.»[105] Überhaupt sei er ein «von der Anlage her asocialer Mensch», der obendrein noch das Unglück habe, in Deutschland geboren zu sein.[106]

Die Bemerkung, daß er «asocial» sei, erschreckt im ersten Moment, da der Begriff einen abwertenden Beigeschmack hat. Asozial heißt jedoch, daß Tucholsky oft keine Lust auf die Gemeinschaft mit anderen Menschen hatte, daß sie ihm im Grunde gleichgültig waren. Die Belege hierfür ziehen sich durch die gesamte Korrespondenz, und selbst Mary Tucholsky bestätigt dies, wenn sie schrieb, daß er sich bewußt jeglicher Bindung ferngehalten habe oder sie «nur hier und da leise weinend aus Geldgründen eingegangen» sei. Er habe sich deutlich und offen «von diesem Staat, dieser Politik, diesen Leuten, diesem Getue» distanziert, «Er ist nicht einer von den Ihren»[107]. Vor diesem Hintergrund bekommt auch ein Satz Tucholskys von 1927 eine wesentlich schärfere Bedeutung: Er brauche jemanden, den er gern habe, wenn er schreibe. *«Das Publikum ist doch nicht interessant.»*[108] Er sei ein «krasser Egoist», schrieben übereinstimmend sowohl Mary Tucholsky als auch Lisa Matthias und Hedwig Müller, den die anderen Menschen eigentlich nicht interessierten, und er sei «so entsetzlich überlegen gönnerhaft», kritisierte Mary Tucholsky.[109] In der Tat war Tucholsky hart an der Grenze zur Bindungsunfähigkeit.

Hans-Albert Walter machte bereits deutlich, daß Tucholskys «elementare Ich-Schwäche» der Schlüssel zu seinem Wesen ist. Egal, ob er seine eigenen Arbeiten als schlecht einschätzte oder ob er Angst hatte, daß er seinen Partnerinnen nicht genügte,[110] Tucholskys Mangel an Selbstsicherheit tritt in seinen Briefen fast schmerzlich hervor. «So unübersteigbar hoch war die Barriere des mangelnden Selbstwertgefühls, daß er sich auch den vertrautesten Menschen meist nur schreibend, kaum aber handelnd und lebend hat nähern können.» Und so, wie er an seiner Fähigkeit zweifelte, anderen Personen zu genügen, mit ihnen eine wirkliche Beziehung herzustellen, so war auch sein Werk «der Selbstverneinung immer neu abgerungen». Resignation und Produktivität, Lebens- und Todessehnsucht prallten unversöhnlich aufeinander, die «Intensität und die Kontinuität der Widersprüche» wird in seinen Briefen erschreckend greifbar.[111] Im Abschiedsbrief an Mary Tucholsky bezeichnete er sich selbst als «ewig gejagt», voll Furcht und Angst, die angeblich keinen Grund hatte.[112] Es war die ständige Angst vor dem Versagen, die ständige Furcht, seinen eigenen Ansprüchen nicht zu genügen. Manisch-depressiv[113] schrieb er gegen diese Angst an, kämpfte er gegen seine zunehmende Selbst-Isolierung.

Aber die «Sehnsucht nach der Sehnsucht» war stärker, als eine reale Person je sein konnte. Er sehnte sich nach Gemeinsamkeit, er suchte Anschluß, Geborgenheit und hatte gleichzeitig Angst vor zu großer Nähe, Angst davor, seine Eigenständigkeit einzubüßen. Dies galt nicht nur in bezug auf Frauen. Sein «Immer nur suchen ist nicht schön. Man möchte auch mal nach Hause»[114] von 1935 galt auch in politischer Hinsicht und schloß lediglich den Kreis, den er 1918 mit dem Gedicht «Im Käfig» anfing. Die Zwischenbilanz von 1930 zeigt deutlich, wie allein er wirklich war. Auf die Frage, wann er sein tiefstes Lebensgefühl hatte, mit einem Freund, mit einer Frau, in der Masse, konnte er nur antworten: «Immer allein.»[115] Ein Schlüsselgedicht ist sein «Monolog mit Chören» von 1925, in dem er den Zwiespalt, in dem er steckte, deutlich beschrieb:

Ich bin so menschenmüde und wie ohne Haut.
Die andern mag ich nicht – sie tun mir wehe.
Wenn ich nur fremde Menschen sehe,
lauf ich davon – wie sind sie derb und laut![116]

Einerseits hätte er gerne in der Stille schöne Romane und fontanesche Feuilletons geschrieben, war sich aber bewußt, daß die Zeit dafür vorbei war, daß ein radikaler Wandel sich vollzog. Trotzdem zog es ihn immer wieder zurück: «Ich spinn mich selig in die Schönheit ein. / Schönheit ist Einsamkeit.» Dennoch zog ihn seine seismographische Witterung für Unrecht und Ungerechtigkeit immer wieder zurück in den Tageskampf, auch wenn er in seinem Sudelbuch den Spruch Lichtenbergs notierte: «Der Weisheit erster Schritt ist alles anzuklagen. / Der Letzte: sich mit allem zu vertragen.»

Er war sich seiner Einsamkeit, die er suchte und die ihn gleichzeitig quälte, sehr bewußt: «Hat Land verloren – und, was viel schlimmer ist, verliert jetzt Klasse. Dahin gehört nicht mehr, bei die feinen Leute – und die andern wollen ihn gar nicht, und weiß nichts mehr.»[117] Dem verunsicherten, «entlaufenen» Bürger Tucholsky war bewußt: «Aus seiner Haut kann keiner – aus ihrer Klasse heraus können nur wenige.»[118] Und er wollte ja auch gar nicht richtig aus seiner «Klasse»: «Denn es wäre eine verdammte Lüge, sich den Kragen abzubinden und den Proleten zu ‹markieren›. Hier wird nicht markiert. Wir sitzen zwischen zwei Stühlen.»[119] Er war nach Einschätzung von Mary Tucholsky ein «Bourgeois révolutionnaire»[120], aber «Verärgerte Bürgerliche sind noch keine Revolutionäre»[121].

Dieses Gefühl der Heimatlosigkeit bewog ihn immer wieder, Anschluß an Gruppierungen und Parteien zu suchen. Dieser Wunsch nach Gemeinsamkeit, der viele Intellektuelle damals zu den linken Parteien trieb, war wohl auch eine der Ursachen für Tucholskys vorsichtige Annäherung an die Kommunistische Partei. Aber es blieb eine Annäherung auf Distanz, ja sogar gegen seine innere Überzeugung. Und so, wie schon 1910/11 seine Annäherung und aktive Mitarbeit in der SPD von kritischen Bemerkungen in seinen Briefen begleitet wurde, bis schließlich die völlige Ablehnung auch nach außen hin dokumentiert wurde, kann man eine parallele Entwicklung auch in seinem Verhältnis zur KPD beobachten. Der Unterschied ist nur, daß er nach dem endgültigen Bruch kaum noch eine Öffentlichkeit hatte und deshalb seine teilweise vernichtende Kritik fast nur in den Briefen zu finden ist.

Aber selbst zur Zeit der größten Annäherung formulierte er seine Vorbehalte gegen die Kommunisten deutlich, zuweilen auch drastisch. Nach außen hin schonte er die Partei noch, aber in seinen Briefen machte er sich Luft. Der «befohlene Juhu-Optimismus» ging ihm mächtig auf die Nerven, und über die kommunistischen Veröffentlichungen urteilte er: «Drehen Sie das Vorzeichen um, und Sie haben was? Ganghofersche Kriegsberichte. Alles ist edel, und schön und herrlich und rosig und wunderbar...» Das sei schlicht zum Kotzen, schrieb er an George Grosz,[122] der sich bei ihm über die «marxistische Bindehautentzündung»[123] von Wieland Herzfelde beklagt hatte. In seinem «Sudelbuch» notierte er: «D. Russen: aus Hammer u. Sichel ein Hakenkreuz» und «D. Sozialismus wird erst siegen, wenn es ihn nicht mehr gibt», Formulierungen, die Tucholskys spätere Kritiken bereits bündeln. Diese Äußerungen zeigen auch, daß sein Bekenntnis von 1935 nicht der Resignation und Krankheit entsprang: «Je eher das, was man heute Sozialismus nennt, untergeht, desto besser – sein Grundsatz ist sowieso falsch, das haben gerade wir immer gewußt.»[124] Seit 1930 äußerte Tucholsky seine Kritik zunehmend auch öffentlich: Man kann den Marxismus nicht wie eine Käseglocke über die Welt stülpen. «Ihr habt aus ihm eine dogmatische Religion gemacht. Wir machen das nicht mit.»[125] Aber erst nach 1933 rechnete er schonungslos mit der KPD und ihrer Ideologie ab: Marx habe mit «seiner Lehre unendlich mehr Unheil als Heil angerichtet»[126], und wer «einmal marxistisch denken gelernt hat, der kann überhaupt nicht mehr denken und ist verdorben»[127].

Deutlich wird: Tucholsky war kein Barrikadenkämpfer oder Parteisozialist, er war ein Einzelkämpfer für seine Ideen von Menschlichkeit und Humanismus, die sich zeitweilig mit einigen Zielen der Arbeiterbewegung deckten.[128] Der Haß auf die Schinder trieb ihn vorwärts, nicht der Marschtritt der Proletariermassen, und nur sein enormes handwerkliches Können verhinderte letztendlich, daß er völlig abstürzte, daß er noch während der größten Depressionen so mitreißende Arbeiten schreiben konnte, obwohl er längst resigniert hatte.

War der erste Sammelband «Mit 5 PS» für Tucholsky «so eine Art Ordnung meines Nachlasses»[129], mit dem Deutschland-Buch wollte er auch eine Art «abschließende Bilanz»[130] vorlegen. Nicht zufällig schrieb er während der Arbeit daran, daß er «Schulzwang» habe.[131] Daß die «Hausaufgabe» nicht positiver ausfiel, sondern eine bittere Anklageschrift und Abrechnung wurde, hatte mehrere Gründe, die nicht nur in den äußeren Umständen begründet lagen. Tucholsky saß zu dieser Zeit wieder einmal zwischen allen Stühlen, er war ziemlich deprimiert – seine Frau hatte ihn gerade erst verlassen –, und ihn plagten alle Krankheiten auf einmal: ein Bandwurm, den er Bruno taufte, Bindehautentzündung, Magenverstimmung, Ohren und Hals und Stirnhöhle…: «Ich muß schon selber lachen.»[132] Aber eigentlich war ihm gar nicht zum Lachen zumute. «Ich petere so umher – und bin mir rein tom Ekel. Ich habe eine Fliegenspritze. Und einen Sack voller Kummer, wie üblich»[133], notierte er im Juni 1929, einen Monat später: «Glück ist etwas Negatives.»[134] Sein «Man mag das alles nicht mehr»[135] tauchte in immer kürzeren Abständen in seinen Briefen auf. Im Sommer 1928 hatte er bereits geschrieben: «Ich bin sehr alt geworden, in diesem Jahr, und es ist eine böse Krise. Hätte ich meine Routine nicht, sähe das böse aus. In Wahrheit ist gar nichts mehr in mir drin, und ich will in ein Kloster und meine Ruhe.»[136] Diese Klage zieht sich in abgewandelten Formen durch zahlreiche Briefe, nicht nur an Mary Tucholsky. Er wußte nicht mehr, wie es weitergehen sollte. «Ewig so weitermuddeln ist nicht gut. Bringt allerhand ein (nicht genug), ist aber nicht gut», schrieb er Emil Ludwig, den er im Januar 1929 um Rat gefragt hatte.[137] Eigentlich wollte er sich zurückziehen, einkapseln «in die Stille». Aber er hatte Angst, den Faden zu verlieren, vergessen zu werden, danach keinen Anschluß mehr zu bekommen. So machte er weiter wie bisher. Nebenbei versuchte er einen Roman zu schreiben, aber es kam nicht viel dabei heraus, wie er seiner Frau berichtete.[138]

Das Deutschland-Buch war noch einmal ein letztes großes Aufbäumen, bevor er immer mehr verstummte. Nicht zufällig hatte Tucholsky Hölderlins berühmte Strafpredigt «So kam ich unter die Deutschen» an den Anfang gesetzt. Er sah das Deutschland der zwanziger Jahre nicht viel anders: «Ich kann kein Volk mir denken, das zerrissener wäre wie die Deutschen. Handwerker siehst du, aber keine Menschen, Denker, aber keine Menschen, Priester, aber keine Menschen, Herren und Knechte, Jungen und gesetzte Leute, aber keine Menschen.»[139] Tucholsky sah das in seiner resignativ-rigorosen Ablehnung ähnlich, in immer neuen Formulierungen beschrieb er dieses «im tiefsten zerklüftete Volk»[140].

Wohl deshalb auch machte er erst gar nicht den Versuch, objektiv zu sein und etwa Deutschland mit den Nachbarländern zu vergleichen, in denen die politischen Zustände ja auch nicht gerade rosig waren. Diese Einseitigkeit des Buches wurde Tucholsky von mehreren Seiten vorgeworfen. Huelsenbeck schrieb beispielsweise, daß er sich durchaus auch ein Buch über England denken könne, in dem «man eine Reihe sadistischer Fressen nebeneinanderreihte, so daß Leute, die die Dinge nicht kennen, das Gruseln kriegten».[141] Auch Herbert Ihering verwies in seiner Kritik auf diesen Punkt und bemängelte, daß das Buch so den Eindruck erwecke, «als ob der Kampf im besonderen gegen Deutschland gerichtet wäre»[142]. Wolfgang Weyrauch schloß sich in der «Frankfurter Zeitung» diesem Urteil an und befürchtete, daß dadurch eine Verschärfung der Auseinandersetzung zwischen links und rechts eintreten werde.[143] Gegen diese Kritik könnte man manches einwenden, vor allem war diese Haltung nicht auf Tucholsky beschränkt. Arnold Zweig bekannte beispielsweise 1930, daß auch er «den Spatz im Vaterlande mit schärferen Augen ansehe als die Taube auf dem Dach jenseits der Grenze»[144]. Aber 1931 stimmte Tucholsky in der «Weltbühne» auch öffentlich zu: Man müsse deutsche und englische Richter oder deutsche und französische Offiziere vergleichen, «dann käme man zu bessern Resultaten». Das Deutschland-Buch habe dies leider nicht getan. Die Deutschen hätten dies jedoch auch nicht gern, denn «Deutschland ist unter den Fremden das, was der Jude unter den Deutschen ist»[145]. Im Briefwechsel mit George Grosz aber wird deutlich, warum er den Vergleich scheute: «Wir sind uns ja beide einig, dass im Grund da, wo die Sache ernst wird, die sociale Struktur mit allen ihren Folgen da drüben genau so miess ist wie bei uns. Aber nicht um ein Haar besser: Gerichte nicht, Strafvollzug nicht, Kontrolle der Presse durch die Finanz, Unterwürfigkeit des Parlaments, alles das. Ich habe mir da nie etwas vorgemacht [...] Aber: Das *Leben* ist angenehmer. (Solange man von den Leuten nichts will) Das, wofür man ja schliesslich da ist auf der Welt, das lässt sich da drüben leichter abziehen. [...] Sie haben die Sache im Herzen getroffen, wenn Sie schreiben: Zivilisation ohne Staubsauger gibts auch. Wahrhaftig en Gott. Aber nicht in Deutschland.»[146]

Das Deutschland-Buch könnte man also als eine Art «Tagebuch einer Abneigung» bezeichnen, denn es spiegelt auf vielen Seiten Tucholskys Enttäuschung über die Entwicklung der Republik wider, und es zeigt deutlich, wie seine Hoffnungen in Haß und Resignation umschlugen. Insofern trifft Huelsenbecks Kritik teilweise zu: «Dieses Buch ‹Deutschland über alles› sagt überhaupt nichts über Deutschland, sondern nur etwas über die Gefühlslage der Autoren.»[147] Tucholskys Gefühlslage kann man zu dieser Zeit in der Tat nur mit scharfer und radikaler Ablehnung beschreiben. Viel Liebe zu diesem Land war nicht mehr vorhanden, sie war weitgehend aufgebraucht. Dichtete er 1920 noch:

> Dein denk ich noch in allen Landespleiten:
> Germania! gutes, dickes, dummes Kind!
> Wir lieben uns und maulen und wir streiten
> und sind uns doch au fond recht wohlgesinnt ...[148],

war bereits 1927 von Liebe keine Rede mehr, als er George Grosz mitteilte: «Ich atme jedesmal auf, wenn ich über die Grenze komme – und dieses verfluchte Rotzland im Rücken habe. Da ärgert mich alles – in Frankreich viel weniger, und nicht nur, weils mich nichts angeht.»[149] Auch im Deutschland-Buch steht ganz nebenbei der Satz: «Man wird mich gewiß keiner zärtlichen Liebe für diese Republik zeihen», geschrieben bereits 1924.[150] Er war sich darin absolut mit seinem väterlichen Freund SJ einig, der es zur selben Zeit so ausgedrückt hatte: «Ich habe nicht die geringste Lust, mich für dieses hoffnungslose Mistvolk zu exponieren oder gar zum Märtyrer machen zu lassen.»[151]

Diese wachsende Ablehnung war nicht nur bei Tucholsky zu beobachten. Zahlreiche Intellektuelle flohen für längere oder kürzere Zeit aus Deutschland, von Huelsenbeck bis Goldschmidt, von Walter Hasenclever bis George Grosz, der bei Tucholsky anfragte, ob er nicht ein paar Zimmer in seinem «großen Landhaus in Fontainebleau» mieten könne. «Ich habe die Absicht, wenn es irgend geht länger in Frankreich zu bleiben, ein bis zwei Jahre.»[152] Grosz hatte die Nase voll von dem unfruchtbaren Berliner Intellektuellen-Betrieb und auch «von diesem Parteibetrieb», wie er Tucholsky anvertraute: «Sehen Sie, es tut so gut mal dort fortzugehen, mal die abgekaute, zertrampelte Wiese zu verlassen – und sich anderen Weidegründen zuzuwenden». Er wolle deshalb seinen «Platz an der Kanone» nicht aufgeben, aber «raus hier» war auch seine Devise.

Sosehr Tucholsky auch die politischen Verhältnisse Deutschlands ablehnte und bekämpfte, das Land ließ ihn auch in der «Fremde» nicht los. Verwundert und meist schroff ablehnend reagierten fast alle Kritiker auf Tucholskys Bekenntnis zur «Heimat», das das Buch abschloß: «Nun haben wir auf 225 Seiten Nein gesagt, Nein aus Mitleid und Nein aus Liebe, Nein aus Haß und Nein aus Leidenschaft – und nun wollen wir auch einmal Ja sagen. Ja –: zu der Landschaft und zu dem Land Deutschland. Dem Land, in dem wir geboren sind und dessen Sprache wir sprechen. Der Staat schere sich fort, wenn wir unsere *Heimat* lieben.» Verwundert konnte eigentlich nur sein, wer Tucholskys Bekenntnisse zu den Buchenwäldern seiner Jugend, zu dem von ihm geliebten Norden nicht kannte. Schon 1924 beendete er den Artikel «Sechzig Fotografien» mit dem Satz: «Nieder mit dem Staat! Es lebe die Heimat!»[153], was lediglich eine knappe Umschreibung von Jacobsohns Stoßseufzer war: «Ach, warum gibt es nicht dieses herrliche Land ohne seine Bewohner?»[154] Und so, wie Hölderlin nach der Strafpredigt gegen die Deutschen das Buch mit einer Hymne auf die deutsche Landschaft und Natur beendete, schloß auch Tucholsky: «Deutschland ist ein gespaltenes Land. Ein Teil von ihm sind wir. Und in allen Gegensätzen steht – unerschütterlich, ohne Fahne, ohne Leierkasten, ohne Sentimentalität und ohne gezücktes Schwert – die stille Liebe zu unserer Heimat.»[155] Diese Liebe zur Landschaft war nicht einfach nur sentimental, Landschaften konnten Tucholsky aufwühlen und ihn «weich» stimmen, wie zahlreiche Artikel und Briefe belegen. Er brauche beispielsweise nur auf die große, ruhige Fläche eines Sees zu schauen, «dann wird alles in mir still».[156] Aline Valangin, die ihn 1932 zur Kur ins schweizerische Tarasp fuhr, bemerkte: «Die großartige Landschaft war in ihn eingefallen und weckte ein armes, verlorenes Kind.»[157]

Das Erscheinen des Deutschland-Buches spaltete Tucholskys Freunde und Feinde in mehrere Lager und führte zu den heftigsten Reaktionen. Mary Tucholsky schrieb ihm, daß er aufpassen solle, denn die Empörung über das Buch sei selbst bei Freunden sehr groß, und sie befürchtete ernsthafte Konsequenzen.[158] In der Tat zog sich die Auseinandersetzung um das Buch über mehrere Jahre hin und entfachte eine Diskussion über Tucholsky in allen Lagern.

«Die Presse lobt – Die Presse tobt» brachte es eine Verlagsanzeige auf den einfachsten Nenner. Aber dieses krasse Echo war, nach den erhaltenen Zeitungsausschnitten zu urteilen, eher die Minderheit. Natürlich geiferte die nationalsozialistische «Flamme» über das Buch des «Judenschweins» Tucholsky, es sei das «neueste seiner Exkremente». Tucholsky arbeite «so verschwenderisch mit Schmutz und Unflat wie es nur ein Schwein versteht, das im Dreck zu Hause ist. [...] Ein Judenschwein schaut Dich an.»[159] Und die «Deutsche Allgemeine Zeitung» kam zu dem Urteil, daß das Buch lediglich Tucholskys Minderwertigkeitskomplex deutlich mache: «die Jauche spritzt nur so – bloß damit das kleine kümmerliche Wertbewußtsein des Herausgebers innerhalb dieser ihn bedrückenden deutschen Welt wieder etwas Stützung bekommt, wenn er am Stiefelabsatz des großen Landes seine kleinen Geiferflecken sieht.»[160]

Interessant sind die zwei Rezensionen in den «Nationalsozialistischen Briefen» und in «Der Nationale Sozialist», beides Blätter aus dem «Kampfverlag» der Brüder Strasser, die von der NSDAP ausdrücklich nicht als Parteiorgane anerkannt, oft sogar bekämpft wurden. Die 1925 gegründeten «NS-Briefe» hatten sich die «Weltbühne» als Vorbild genommen und entwickelten sich schnell zum theoretischen Organ des «linken» Nationalsozialismus, das den eigentlichen Parteiblättern «im sprachlichen wie im geistigen Niveau hoch überlegen war»[161]. In ihnen schrieben hauptsächlich Autoren, die Kurt Hiller als «Linke Leute von rechts»[162] bezeichnete, etwa Dietrich Klagges, Reinhold Muchow, Otto Strasser und Bodo Uhse, der 1931 zur KPD übertrat,[163] oder Joseph Goebbels, der einige Zeit Rußland als natürlichen Verbündeten bezeichnete und, bevor er zu Hakenkreuze kroch, schrieb: «Und wenn's dann zum Letzten kommt, dann lieber mit dem Bolschewismus den Untergang, als mit dem Kapitalismus ewige Sklaverei.»[164] Nachdem Otto Strasser 1930 aus der NSDAP unter dem Kampfruf: «Die Sozialisten verlassen die NSDAP»[165] ausgeschieden war, wurde «Der Nationale Sozialist» das Zentralorgan der Strasser-Gruppe.[166] Vor diesem Hintergrund wird deutlich, daß die einerseits höhnischen, andererseits aber auch neidvoll-positiven Besprechungen ernst gemeint waren. Der unter dem Pseudonym Jäcklin Rohrbach schreibende Autor meinte etwa in den «NS-Briefen», daß Tucholsky ihnen die Arbeit abgenommen hätte mit seiner Darstellung von der Not der Proletarier und den bissigen Hieben auf die «18er Republik». «Sie haben für uns mit diesem Bilderbuch eine gute Propaganda-Vorarbeit geleistet. Herzlichen Dank, Monsieur! Es war unser bestes Geschäft!»[167] Auch «Der Nationale Sozialist» urteilte ähnlich: «Herr Tucholsky wird auf dieses Buch vor dem neuen Staatsgerichtshof mildernde Umstände kriegen. Sicher. ‹Wegen Förderung der N.S.-Propaganda.›»[168] Wie wenig diese NS-Propaganda mit der NSDAP zu tun hatte, zeigt die völlige Ablehnung des Buches im «Völkischen Beobachter», wo Helmut Schütting indirekt sogar zur Ermordung Tucholskys aufrief.[169]

Hatten die «NS-Briefe» noch geklagt, daß die Rechten leider kein solches Buch zustande brächten, sollte sich dies schnell ändern. 1931 erschien in Leipzig «Das Gesicht der Demokratie», herausgegeben von Edmund Schultz und mit einer Einleitung von Friedrich Georg Jünger. Auch wenn die Herausgeber keine Fotomontagen benutzten, die Gegenüberstellungen und die polemischen Bildunterschriften zeigen deutlich das «Vorbild», auch die «Weltbühne» vermerkte, daß das Buch «die von Heartfield und Tucholsky gewiesenen Wege geht»[170]. Dies wurde auch im Reichsjustizministerium so gesehen. In mehreren Schreiben fragte das Reichsministerium des Innern dort an, ob nicht das Buch von Schultz wegen schwerer «Verunglimpfungen von Ministern und anderen führenden Persönlichkeiten des öffentlichen Lebens» eingezogen und verboten werden könnte. Staatssekretär Dr. Schlegelberger, unter den Nazis zeitweise Justizminister, wollte nur dann gegen das Buch vorgehen, wenn gleichzeitig auch gegen Tucholskys Deutschland-Buch ein Verbot erteilt würde.[171]

Tucholskys Deutschland-Buch kam der nationalen Rechten und den Antisemiten gerade zur rechten Zeit und verstärkte die intensive Debatte über das Thema «Anti-Germanismus»/Antisemitismus, die um 1930 einen neuen Höhepunkt erlebte.[172] Zentrales Thema dabei war die angebliche «Fremdheit» der Juden, die sich auch politisch darin ausdrücke, daß sie eine andere Staatsvorstellung hätten, einen anderen Staat wollten. Max Naumann, Vorstandsmitglied des Verbandes nationaldeutscher Juden, warf Tucholsky in trauter Übereinstimmung mit Goebbels vor, daß Tucholsky zwar einer der begabtesten Stilisten Deutschlands sei, und viele seiner Arbeiten seien Kunstwerke. Aber dieses Buch «ist das unerhörteste an geschmackloser Verunglimpfung, das sich denken läßt»[173]. Durch einige Beiträge der Serie «Zur Judenfrage» in der «Deutschen Rundschau» zieht sich der Hinweis auf die Fotomontage einiger Generale mit der von Paul Eipper entlehnten Unterschrift «Tiere sehen dich an» und diente stellvertretend als Beleg. Als Wassermann in seinem Beitrag die Bildunterschrift zwar eine «grobe Ungehörigkeit» nannte, ansonsten Tucholsky und auch dieses Bild verteidigte,[174] schrieb ihm Tucholsky, daß das Blatt nicht von ihm, sondern von John Heartfield allein sei. «Das ist nicht meine Satire. Es ist mir zu klobig; [...] Die Beleidigung der Tiere schmeckt mir nicht, und das *trifft* es auch nicht: unter ‹tierisch› verstehe ich in solchem Zusammenhang etwas Dumpfes, Animalisches – also etwa einen brutalen Henker ... nicht diese da.» Trotzdem sei sein erster Gedanke gewesen: «Schade, daß dir das nicht eingefallen ist.»[175] Es war ihm schon mehrfach eingefallen, sogar fast wörtlich, er hatte es nur offensichtlich wieder vergessen. Im November 1918 dichtete Theobald Tiger: «Vergeßt sie nicht: die Ordensritter, / den Heimatkistenoffizier, / die Jungs der Reklamiertenzither – / all das Getier.»[176] Und im Oktober 1920 schrieb er über seinen Freund Roda Roda: «Er kann alle [...] Tiere nachmachen, auch Kommandierende Generale.»[177] Es mag sein, daß sich Tucholskys Ansicht inzwischen geändert hatte, 1934 jedoch schrieb er wieder: «in der Satire kann es gar nicht klobig und deutlich genug sein.»[178]

George Grosz und Wieland Herzfelde hatten Heartfield vergeblich vor der Aufnahme der Montage mit der Unterschrift gewarnt, sie stimme nicht und sei nicht richtig.[179] Erst nachdem der Sturm der Entrüstung losbrach, war er zu einer Änderung bereit. Im «Arbeiterkalender 1930», in dem zahlreiche Fotomontagen aus dem Deutschland-Buch abgedruckt waren, hieß die Bildunterschrift zu dem Blatt mit den Generalen nun: «Kohlrüben und Dörrgemüse. Eine Erinnerung ‹aus großer Zeit!›»[180] Diese Zeile ist im Prinzip viel schärfer und treffender, und es ist bedauerlich, daß sie nicht in die leicht veränderte Auflage übernommen wurde.

Die Nationalisten, die vor 1933 diese Seite aus dem Deutschland-Buch wütend attackiert hatten, waren allerdings auch gelehrige Schüler. 1933 erschien das widerliche Buch von Johann von Leers mit dem Titel «Juden sehen Dich an», das in nur zwei Monaten vier Auflagen erreichte und für das mit großen Anzeigen im «Börsenblatt für den Deutschen Buchhandel» geworben wurde unter dem Motto: «Das kommende große Geschäft für Sie!»[181] Beim Erscheinen von Tucholskys Buch versuchte dagegen der Börsenverein Deutscher Buchhändler, die Anzeigen des Verlags in dem täglich erscheinenden «Börsenblatt» zu verhindern. Nachdem am 16. August 1929 eine ganzseitige Anzeige mit dem Titelbild erschienen war, erhob ein Mitglied des Börsenvereins Einspruch, da es darin «eine Verächtlichmachung der Nationalhymne der Deutschen Republik» sah.[182] Daraufhin weigerte sich das «Börsenblatt», weitere Anzeigen für das Buch anzunehmen. Von der «Oldenburger Landeszeitung» bis zur «Literarischen Welt» erhob sich daraufhin ein Sturm der Entrüstung über diesen Akt von Zensur. Denn das Blatt war faktisch das offizielle Organ aller deutschen Verleger und Buchhändler und hatte somit eine Monopolstellung. In einem langen Artikel griff auch Tucholsky selbst in die Debatte ein: «Wenn wir unter einer rechten oder einer linken Diktatur leben, so muß ich mir das gefallen lassen. Dies aber ist eine versteckte und hinterhältige Diktatur», die jeden treffen könne, und darum müsse die Haltung des «Börsenblatts» bekämpft werden.[183] Tucholsky meinte, daß dieser Fall von Zensur «erstmalig» bei seinem Buch angewandt wurde. Er hatte vergessen, daß er bereits 1920 auf einen anderen Fall aufmerksam gemacht hatte. Damals hatte sich das «Börsenblatt» geweigert, eine Anzeige des Verlags Paul Steegemann für das Buch «Frauen» von Paul Verlaine aufzunehmen. Schon damals schrieb er: «Die Proteste des Schutzverbandes Deutscher Schriftsteller haben bisher an dieser eigenmächtigen Zensur größenwahnsinniger Buchhändler nichts zu ändern vermocht.»[184] Auch in seinem Fall konnte der SDS nicht viel erreichen. Das «Börsenblatt» machte nur einen Teilrückzieher: Ohne das Titelbild konnte der Verlag das Buch weiter anzeigen.

Konträr zu den rechten Wutausbrüchen gab es selbstverständlich auch die ausschließlich lobenden Kritiken. Das Buch sei ein «Volltreffer ins Gemüt, wo es am vergeßlichsten ist», urteilte beispielsweise Axel Eggebrecht in der «Literarischen Welt».[185] Und Walther Victor jubelte im «Sächsischen Volksblatt»: «Ein herrliches Buch!» Es sei «die schärfste literarisch-optische Waffe im Kampfe der Zeit»[186]. «Die neue Bücherschau» kam zu dem Ergebnis: «Es ist eine soziale Satire großen Stils, eine politische Attacke, die mit Geschicklichkeit und Energie geführt ist, ein Buch der Typen, der Tatsachen und der Seelensäuberung.»[187]

Das Gros der Besprechungen zeigte jedoch deutlich ein Zwar-Aber. In vielen der positiven Kritiken tauchen mehr oder minder starke Vorbehalte und Bedenken auf, die auch Mary Tucholsky spontan als erste Reaktion auf das Buch vorbrachte: «Weiss Er, ich glaube wirklich, Er muss mal wieder etwas in Berlin hineinriechen, denn es stimmt nicht mehr ganz was da in den brillianten aber so entsetzlich bösen Gartikeln geschrieben steht. Sie sind nur giftig…»[188] Auf Tucholsky traf wahrscheinlich zu dieser Zeit tatsächlich bereits das zu, was Carl von Ossietzky indirekt über den emigrierten Kritiker sagte: «Der Oppositionelle, der über die Grenzen gegangen ist, spricht bald hohl ins Land herein. Der ausschließlich politische Publizist namentlich kann auf die Dauer nicht den Zusammenhang mit dem Ganzen entbehren, gegen das er kämpft, für das er kämpft, ohne in Exaltationen und Schiefheiten zu verfallen. Wenn man den verseuchten Geist eines Landes wirkungsvoll bekämpfen will, muß man dessen allgemeines Schicksal teilen.»[189]

Dies ist ein Vorwurf, der sich durch viele Besprechungen zieht und darin gipfelt, daß Tucholskys Kritiken eigentlich nur negativ seien und nicht weiterbrächten. Rolf Nürnberger etwa schrieb im «Scheinwerfer», daß dem Buch sowohl die Hintergründe wie die Perspektiven fehlten. Tucholsky habe jahrelang in der «Weltbühne» vehemente und stoßkräftige Angriffe gegen die Feinde der Freiheit geführt. «Aber jetzt, wo er diesen Angriff zusammenfassend wiederholen müßte, jetzt, wo er eine gemeinsame Linie finden sollte, jetzt wirkt alles stumpf, abgenutzt. Kurt Tucholsky, der sich in seinen einzelnen Artikeln durchsetzen konnte, überzeugt in seinem Buch nicht mehr, weil er Schicksale mit Typen, weil er das ewige Geschehen mit dem individuellen Ereignis verwechselt; wo er rot sieht, ist schwarz, wo er durchbricht, ist kein Hindernis mehr gewesen.»[190] Fast wörtlich so auch «Die Frechheit», das Organ des Kabaretts der Komiker: «Mancher Effekt ist billig, dagewesen, verbraucht.»[191]

Eine der schärfsten Kritiken kam von Herbert Ihering, der Tucholsky vorwarf, daß er eigentlich ein unpolitischer Einzelgänger sei, der das Gegenteil seiner Absichten erreiche: «Er schließt eine gegnerische Front zusammen.» «Warum wird auf der anderen Seite zum Sturmangriff geblasen? Warum hält man die Zeit für gekommen? Weil die linke Polemik entscheidende Fehler gemacht hat. Weil sie erstarrt, unfruchtbar und überreizt geworden ist. Tucholskys Buch [...] erklärt vieles. Ein Satiriker, dessen Begabung brilliert, so oft er Typen treffen soll, ein Schriftsteller und Chansondichter, dessen Wort ins Zentrum zielt, wenn er die Meinung des ‹unbekannten Berliners› von der Galerie herabruft (wie es Hans Sahl hier einmal genannt hat) – wirft sich zum Zeitprediger, zum dröhnenden Kanzelredner auf.»[192] Im Frankfurter Rundfunk warf er Tucholsky vor, daß er eine Polemik ohne Risiko betreibe und daß es verhängnisvoll sei, so zu kämpfen, als «ob der Kampf im besonderen gegen Deutschland gerichtet wäre».[193] Max Brod urteilte später kurz und knapp: Tucholsky sei eine «zwiespältige Natur von eminenten literarischen, sogar sprachschöpferischen Gaben. Als Dichter hervorragend, als politischer Denker aber unreif, weshalb er viel Unheil angerichtet hat».[194]

Diese Kritik kam aus den unterschiedlichsten Ecken, von ganz links bis hin zu bürgerlichen Blättern wie dem «Berliner Tageblatt». Tucholsky hat die zahlreichen Vorwürfe ernst genommen und sie in seiner Zeitungsausschnittsammlung nicht unter der Rubrik «Gekreisch» abgeheftet, sondern in die Mappe «Interessanter Tadel» gelegt, und setzte sich teilweise auch mit den Autoren direkt in Verbindung, um ihnen seinen Standpunkt zu verdeutlichen. Verwiesen sei etwa an seinen langen Brief an K. W. Körner oder seine Antworten auf die langen Artikel von Herbert Lestiboudois und Herbert Ihering. Diese Kritiken haben auch nichts zu tun mit den lächerlichen Vorwürfen, Tucholsky & Co seien für den Untergang der Weimarer Republik verantwortlich, sondern befassen sich gezielt mit der Frage nach der Politikfähigkeit Tucholskys in den letzten Jahren der Republik.

So verschiedene Leute wie etwa der linke Pazifist Walter Fabian, die Schriftsteller Alfred Kantorowicz (Nachfolger Tucholskys als Korrespondent der «Vossischen» in Paris) und Walter Benjamin kamen zu dem Ergebnis, daß Tucholsky als «Kampfgenosse grundsätzlich abzulehnen ist», auch wenn man den geistreichen und leidenschaftlichen Polemiker achten würde.[195] Dieser linke Radikalismus, der keine Aktion, sondern eigentlich nur mehr Resignation zulasse, stehe nicht «links von dieser oder jener Richtung, sondern ganz einfach links vom Möglichen überhaupt», schrieb Walter Benjamin 1931. Der Kampf gegen das Elend werde so zum Gegenstand des reinen Konsums gemacht und sei lediglich die «proletarische Mimikry zerfallener Bürgerschichten».[196] Ähnlich äußerte sich zur gleichen Zeit Siegfried Kracauer in der Auseinandersetzung um Döblin: «Die Aufgabe des Intellektuellen ist aber nicht, das Ideal – auch das sozialistische – einfach hochzuhalten, sondern es einzuklammern, es in die dialektische Beziehung zu den augenblicklichen Möglichkeiten seiner Realisierung zu bringen.»[197]

Der Journalist und spätere Schriftsteller Herbert Lestiboudois warf Tucholsky in einem langen Offenen Brief vor, daß seine Worte von zu weit oben kämen, «nicht aus der Mitte des Volkes, nicht aus der Mitte seiner Not und Zweifel. Sie sind wohl richtig, diese Worte, aber sie sind farblos. Es geht Ihnen viel zu gut, als daß Sie das Vertrauen der Masse finden. Ihre Worte sind viel zu teuer, Ihre Bücher auch, Ihre Vorträge ebenfalls.» Sein «strahlendes Talent» erschöpfe sich im «Wohlgefallen an der Beherrschung des eigenen schillernden Wortes», und Tucholsky vergesse dabei, «daß wir hier unten ganz etwas anderes nötig hätten». Es sei eine Entfremdung eingetreten, und Tucholsky müsse sich nun endlich öffentlich erklären, wo er eigentlich stehe: «Es gibt nur eine Antwort hier: entweder Sie tun etwas für eine Idee oder Sie tun es nicht und liebäugeln mit jenen Schichten, die auf Grund ihrer Geschultheit und genossenen Bildung Ihr strahlendes Talent genugsam zu bewundern imstande sind. Heute bilden Sie eine Zwittererscheinung, einen Januskopf.»[198]

Diese Kritik ist eigentlich selbst janusköpfig, aber sie zeigt deutlich die Widersprüche, in die Tucholsky geraten war. Einerseits hatte er tatsächlich keine «Bodenhaftung», erkannte nicht, was in den Organisationen auf der unteren Ebene alles geleistet wurde. Andererseits verlangte Lestiboudois in seinem Artikel aber von Tucholsky so etwas wie eine Lyrik der «schwieligen Faust», die dieser schon lange für unerträglich hielt.[199] Die Frage des «Genossen-Ästhetizismus» (Harry Pross) hatte in den Jahren 1910–1912 unter dem Stichwort «Tendenzkunst» schon einmal zu heftigen Auseinandersetzungen geführt. Mit der Polemik «Stirbt die Kunst?» hatte Tucholsky damals Stellung gegen Auburtin und für das Proletariat bezogen. Nun, zwanzig Jahre später, war er selbst ins Kreuzfeuer geraten.

Anzumerken ist jedoch, daß Tucholskys Buch mitten in eine neue Strategiedebatte der Linken hineinplatzte, die sich mit der Rolle der Intellektuellen auseinandersetzte und zu hitzigen Kontroversen führte, in die Tucholsky mehrfach eingriff. Ausgelöst wurde dieser heftige Streit vor allem durch die Abkehr der Kommunisten von Lenins Grundsatz, daß in jedem Land die reale Situation, das jeweils Besondere und Spezifische zu beachten sei. Stalins verhängnisvolles Diktum, daß die Sozialdemokraten «Zwillingsbrüder» des Faschismus seien,[200] führte 1928/29 auch zu der Entscheidung, die linksbürgerlichen Autoren auszugrenzen, ihnen vorzuwerfen, sie seien sogar gefährlicher als offene Feinde, da sie eigentlich klassenfremde Elemente und mit ihrer nur angeblichen linken Färbung sogar konterrevolutionär seien und das Proletariat zersetzen würden. Tucholsky wurde dabei mehrmals ausdrücklich als symptomatisch für die Abzulehnenden genannt.[201] Andererseits wurde Tucholsky von den Kommunisten aber auch weiterhin gern als Aushängeschild benutzt, wie Hans Holm, der Leiter der Buchabteilung des Neuen Deutschen Verlags, in einem Brief an Brupbacher offen zugab: «Wohlgemerkt, es ist selbstverständlich kein kommunistisches Buch... Wir glauben aber, daß es in dieser Zusammenstellung sehr viel zur Auflockerung derjenigen Schichten beitragen wird, die wir unserer Bewegung näher bringen wollen.»[202] Und nach der putschartigen Gleichschaltung der Roten Hilfe durch die KPD, bei der über 9000 Mitglieder ausgeschlossen wurden oder unter Protest die Organisation verließen, konnte Tucholsky auch weiterhin dem Zentralvorstand unter Wilhelm Pieck angehören. Was die KPD allerdings von Leuten wie Tucholsky wirklich hielt, zeigt ein Beitrag in der «Roten Fahne»: «Da, wo die Agitation der Partei noch nicht genügend eindringen konnte, in das Kleinbürgertum, in die Intellektuellenschichten, stößt das proletarische Buch vor. Es gilt aber, mit dem bürgerlichen Literaturdreck hundertprozentig aufzuräumen.»[203]

Insgesamt ist zu sagen, daß die Vorwürfe gegen Tucholskys Deutschland-Buch zwar teilweise zutreffen, aber doch die Fronten etwas verschieben. Die Angriffe auf die «Novemberverbrecher» und die «Saujuden», die das «verbrecherische System von Weimar» stützten, kamen ja seit dem November 1918 ebenso aus der rechten Ecke wie die Ermordung mißliebiger Politiker. Tucholskys Feststellung von 1926: «Die andern haben den Ton angegeben – nicht wir»[204], ist hier ebenso anzuführen wie seine Antwort auf die vielen Stimmen, die aus Angst vor rechten Reaktionen zur Mäßigung aufriefen, etwa das Gedicht «Rosen auf den Weg gestreut» mit dem bitter-ironischen Refrain: «Küßt die Faschisten, wo ihr sie trefft!»[205] Von windelweicher Ausgewogenheit nur aus Rücksicht auf den Gegner hielt Tucholsky nie sehr viel, wie in zahlreichen Arbeiten nachzulesen ist. Trotzdem ist zu konstatieren, daß das Deutschland-Buch im eigentlichen Sinne kontraproduktiv wirkte, da es selbst im linken Lager mehr spaltete als zur einheitlichen Aktion anreizte. Hans J. Becker stellte abschließend fest: «So war das Buch letztlich nur eine bös-geniale literarische Eintagsfliege; eine bittere Abrechnung, die den Gegner zwar reizte, andererseits aber viele Sympathisanten peinlich zu berühren schien.»[206] Und der von Tucholsky geschätzte Valeriu Marcu hatte wohl instinktiv ins Schwarze getroffen, als er schrieb: «Der Polemiker hat plötzlich die Angst gesehen. Sie ist sonst eine gute Eigenschaft, am Ende einer Fanfare aber verrät sie, dass der Held, der zur Welteroberung startet, vor den eigenen Bildern und Gedanken flieht.»[207] Tucholskys Bilder und Gedanken waren meist – wie sich nur wenige Jahre später erweisen sollte: zu Recht – nur noch pessimistisch, und so zog er sich krank, desillusioniert und deprimiert immer mehr aus der politischen Tagesarbeit zurück. Karl Jaspers Satz über Max Weber gilt auch für Tucholsky: «Seine politische Einsicht war die der Kassandra, die niemand überzeugen, daher nichts ändern und nur selber leiden kann.»[208]

Es wäre jedoch ein Trugschluß, daraus eine allgemeine Resignation abzuleiten. Tucholsky versuchte vielmehr, seinen alten Traum von der literarischen Produktion in einem stillen Haus am See zu verwirklichen. 1918 hatte er geschrieben: «es wäre sehr heiter, still und unabhängig (das ist es), an der See zu sitzen und sich die Bücher, die man liebt, zu kaufen und sich Bilder zu kaufen und – wenns einen jückt – in die große Stadt zu fahren – im übrigen aber hier und da klug zu reden. Daß dann natürlich reizende kleine Bücherchen und Aufsätze herauskommen, ist klar.»[209] Nun, elf Jahre später, wollte er ausprobieren, ob er das «Format» dazu habe. Anfang 1930 verließ er die Weltstadt Paris und mietete in dem kleinen schwedischen Ort Hindås eine stattliche Villa, direkt am See gelegen und doch auch nahe genug der Großstadt Göteborg. Natürlich mußte er noch Artikel schreiben, um seinen Lebensunterhalt zu verdienen. Aber die hohen Einnahmen aus seinen Sammelbänden «Mit 5 PS» und «Das Lächeln der Mona Lisa» gestatteten ihm bereits, öfter auch mal «das Maul zu halten» und sich weniger um den Tageskram zu kümmern.[210]

Statt dessen plante er einige größere «Sachen»: «Ich selbst habe mich in allerlei Arbeiten gefangen, da sitze ich nun und schaffe Menschen nach seinem Ebenbilde, und so sind sie denn auch.»[211] Er legte eine Materialsammlung für ein Buch über Napoleon an, und obwohl ihm das «Theater zum Kotzen schlechthin»[212] war, machte er Vorarbeiten für das Theaterstück «Christoph Kolumbus», das er dann mit Hasenclever zusammen schrieb,[213] und entwickelte Pläne für ein Stück über Casanova[214]. Außerdem schrieb der ehemals erklärte Gegner des Kinos 1931 ein Filmskript über einen Damenimitator, der eine Dame war,[215] 1931 erschien seine Sommergeschichte «Schloß Gripsholm», und im August des gleichen Jahres legte er dem Rowohlt Verlag ein Exposé über einen weiteren Roman vor: «Eine geschiedene Frau».[216] Tucholsky versuchte also den Sprung von der «kleinen Form» zu den «großen» Sachen. Daß er letzten Endes damit scheiterte, hat viele Gründe. Tucholskys resignative Selbstdarstellung als «aufgehörter Schriftsteller» und seine Überlegung vom August 1932: «vielleicht ist es nun alles gewesen, was in mir drin war, nun kommt nichts mehr»[217], verstellen etwas den Blick. Zum einen war er krank, seine Stirnhöhlenvereiterung machte ihm zunehmend zu schaffen, er mußte sich wiederholt in Behandlung begeben, und 1932 unterzog er sich mehreren kleinen Operationen. Seit 1930 versuchte er auch, sich durch längere Kuraufenthalte wieder «etwas aufreparieren»[218] zu lassen. Aber sein Zustand verbesserte sich nicht, im Gegenteil: es ging ihm «säuisch», wie er Ossietzky mitteilte. Und Tucholsky wollte erst wieder schreiben, wenn er «in alter Frische» arbeiten könne.[219]

Zum andern kam hinzu, daß ihm keine Zeit mehr blieb, sich zu entwickeln und Fuß zu fassen. Der Roman «Eine geschiedene Frau» sollte laut Vertrag im Februar 1933 erscheinen, aber da waren bereits die Nationalsozialisten an der Macht. An Produktion war nun aus doppeltem Grund für Tucholsky nicht mehr zu denken. Aber in den Briefen an Hedwig Müller tauchen immer wieder Bemerkungen und Pläne auf, die sich mit neuen Projekten befaßten. Auch in seinem «Sudelbuch» notierte er weiter zahlreiche Einfälle und Stichpunkte für Buch-Kapitel. Mit dem politischen Tagesjournalismus wollte er sich allerdings nicht mehr beschäftigen. Der Ekel davor war bereits seit 1931 fast unüberwindbar geworden.[220]

ELF

«...das Spiel dürfte aus sein.»[1]

1932 war für Tucholsky das Jahr des immer wiederkehrenden «zum letzten Mal»: Im April trat er seine letzte große Reise an, Mitte April schrieb er seine letzten Arbeiten für die «Weltbühne», im August lernte er seine letzte «große Liebe», Hedwig Müller, kennen, er traf zum letztenmal seine Freunde Karlchen und Hasenclever, und nach dem Grundsatz-Artikel «Berliner in Österreich? Nein: Sozialisten bei Sozialisten!» in der ersten Nummer der «Wiener Weltbühne» vom 29. September verstummte Tucholsky in der Öffentlichkeit.[2] Durch sein Notizbuch, in dem er seine Arbeiten buchhalterisch genau notierte, zieht sich ein langer Strich: «das hat sich zerschlagen»[3] steht darüber und signalisiert seine Gesamtbefindlichkeit. Er war krank, ein «aufgehörter Schriftsteller», der um sein Heimatland einen weiten Bogen schlug, weil die Staatsanwaltschaft ihm gern den Prozeß gemacht hätte für den Satz: «Soldaten sind Mörder». Tucholsky hatte es endgültig satt, sich in die Tagesaktualitäten einzumischen: «Mensch, ist das weit fort – es hallt kaum zu mir herüber»[4], schrieb er an Walter Mehring. Und auf Ossietzkys Anfrage, warum sich Ignaz Wrobel in letzter Zeit so zurückhalte, antwortete Tucholsky: «Sonst aber – wie sag ichs meinem Kinde? – sonst aber kotzt mich das alles derartig an, daß mir die Polemik und die Satire fast eingefroren sind. Es ist also gar nichts da zum Zurückhalten. Leider nicht. Ich weiß gar nicht, wie ich geistig nochmal zurück kann.»[5] Die letzten Hoffnungen waren verflogen, ein positives Welt- und Menschenbild hatte er nicht mehr anzubieten. Seine Kritik hatte sich erschöpft, zumal die permanent drohende Pressezensur ihn auch daran hinderte, völlig ungehemmt zu schreiben.

Carl von Ossietzky war erst im November des letzten Jahres vom Reichsgericht zu einer Freiheitsstrafe von 18 Monaten verurteilt worden, der Reichswehrminister hatte in dem Artikel «Windiges aus der deutschen Luftfahrt» von Walter Kreiser Verrat von militärischen Geheimnissen und damit Landesverrat gesehen und Anzeige erstattet. Dieser sogenannte «Weltbühnenprozeß», der in der Öffentlichkeit großes Aufsehen erregt und zu zahlreichen Protesten geführt hatte, war noch nicht ganz aus den Schlagzeilen verschwunden, als am 18. Januar 1932 der Staatsanwalt in Berlin erneut Anklage gegen Ossietzky und diesmal auch gegen Tucholsky erhob, wegen dessen Artikel «Im Gefängnis begreift man», in dem er zu Spenden für die «Rote Hilfe» aufgerufen hatte.[6] Und der sozialdemokratische Polizeipräsident von Berlin, Albert Grzesinski, hatte den Sammelband «Rote Signale» mit Gedichten aus der «AIZ» verboten, weil er die Gedichte von Theobald Tiger und Erich Weinert für «gefährlich» erachtete.

Aber nicht nur die Zensurdrohung machte ihm zu schaffen. Die Angriffe, die auf sein Deutschland-Buch gefolgt waren und ihm eine negative Kritik vorgeworfen hatten, konnte er nicht so einfach übergehen. Nun schrieb ihm auch noch seine Frau Mary, die er um Rat gefragt hatte, einen langen Brief, in dem sie ihn zur Zurückhaltung mahnte: «Er lebt ja seit 8 Jahren im Ausland und ist doch deutlich und offen von diesem Staat, dieser Politik, diesen Leuten, diesem Getue abgerückt, Er ist nicht einer von den Ihren. Daß er sich in Zukunft zurückhalten muß, halte ich für notwendig. Es geht auf die Dauer nicht, glaube ich, nur Kritik zu üben an einem Lande, dessen Staatsangehörigkeit man besitzt, in dem man nicht lebt, an dessen Umbau man nicht mitarbeitet. Der katastrophale Niedergang verlangt Handeln, negative Kritik ist ja nun seit 14 Jahren geübt worden, nun, bitte, endlich positive Vorschläge. Die Radikalisierung auf beiden Seiten wird mit jedem Tag durch die wirtschaftlichen Verhältnisse größer, es geht nun um einen Kampf ums Leben. Ich glaube die Zeit der negativen Kritik ist bald vorüber.»[7] Resigniert antwortete Tucholsky: «So ungefähr sehe ich die Dinge auch. Wenn ich nicht – durch Oss – immer wieder in diesen Kram hineingezogen würde, schwiege ich in politischer Hinsicht beinah ganz. Man mag es nicht mehr. [...] Positive Vorschläge? Ich weiß keinen mehr. Und daher bin ich ja auch recht still geworden.»[8] Danach schrieb er noch fünf

Artikel, am 16. April 1932 wurden Ignaz Wrobel, Theobald Tiger, Peter Panter und Kaspar Hauser in die Arbeitslosigkeit entlassen und teilten somit das Schicksal von knapp 6 Millionen Deutschen.

«Wer aber Unglück hat, thue nichts mehr; sondern ziehe sich zurück, damit er nicht zu dem Unstern, der schon über ihm steht, einen zweiten heranrufe.» Diese Stelle hatte sich Tucholsky in seiner Ausgabe von Gracians Handorakel (geschrieben 1653) besonders angestrichen und 1930 in einem Artikel dazu geschrieben: in dem Buch «stehen einige Dinge – wenn man die beherzigt, kommt man schon ein ganz gutes Stück weiter»[9]. Nun, zwei Jahre später «beherzigte» er diesen Rat.

Kurz darauf[10] schickte Tucholsky sein Dienstmädchen Zenta Bergkvist bei vollem Lohn nach Hause[11] und brach zu seiner geplanten Urlaubsreise auf. Außerdem ging er mit «wilden Nasenplänen» herum, wie er Ossietzky mitteilte.[12] Daß er eineinhalb Jahre von Hindås wegbleiben würde, hatte er sicherlich nicht geplant. Am 18. April war er in Paris und fuhr von dort nach Le Lavandou. Hasenclevers hatten schon früher hier Urlaub gemacht und waren ganz begeistert. 1932 hatten sie sich abseits des Lärms ein «Cottage» gemietet und Tucholsky dazu überredet, sich in der Nachbarschaft einzuquartieren. Auch der Verleger Kurt Wolff, Rudolf Leonhard und das Ehepaar Schairer verbrachten dort ihren Urlaub. Gerda Schairer schilderte später den Sommer in Lavandou: «Außer uns allen war ‹Die Gräfin›, eine Freundin von Tucholsky da. Sie war eine entzückende junge Frau, die in der Provence eine Kaninchenfarm hatte. Die ‹Gräfin›, die keine Gräfin war, fügte sich reizend in unseren Kreis ein und wir verbrachten einige ruhige Wochen zusammen. Tucholsky litt sehr darunter, daß er nicht richtig Luft durch die Nase bekommen konnte. Er war sehr still, fast melancholisch, nur ab und zu kam es zu einem heftigen Wutausbruch, wenn er etwas in der Zeitung gelesen hatte, das ihn in wilde Raserei versetzt hatte, und worüber er sich austoben musste. Aber Diskussionen gab es kaum, denn da waren in dem kleinen Kreis keine derartigen Meinungsverschiedenheiten, die unbedingt diskutiert werden mußten. Alle wünschten Ruhe und die hatten wir.»[13]

Zwischen Ausflügen in das alte Höhlendorf Les Baux, Schwimmen und den üblichen Scherzgedichten («Es ragt der dicke Bauch vom Leonhard / aus blauen Wellen auf wie eine Insel. / Die Sonne brüllt vor Hitze...»[14]) wurde Tucholsky immer wieder von den Vorgängen in Deutschland eingeholt. Am 8. Mai teilte ihm Ossietzky mit, daß er nun ins Gefängnis gehe, eine Haltung, die Tucholsky nie verstand. «Oss» bat ihn, die Redaktion in dieser schwierigen Zeit «durch eine möglichst produktive Kritik» zu unterstützen. Wie sollte er das, da für ihn das Spiel zu Ende war? Ossietzky hatte sehr deutlich Tucholskys Rückzugsstimmung bemerkt und versuchte, ihn aus seiner Lethargie herauszureißen: «ich weiß sehr gut, warum Sie sich jetzt in sich selbst zurückgezogen haben, warum Sie diesen Bogen um die traute Heimat machen. Nur einen Wunsch aus heißem Herzen: verkrampfen Sie sich nicht, machen Sie aus Ihrem Leben keine Peter-Schlemihlgeschichte! Im übrigen –: wir wollen uns wiedersehen und über die Vergangenheit lachen!»[15] Ossietzky hat wohl instinktiv gespürt, was in seinem Freund vorging. Nach den anfänglichen Querelen 1927/28 hatte Tucholsky sich langsam an den neuen Leiter des «Blättchens» und seinen Arbeitsstil gewöhnt. Auch wenn er nicht immer ganz mit ihm einverstanden war, nach der großen Aussprache im Oktober 1930 in Hindås[16] faßte Tucholsky Vertrauen. Es war ein wichtiges Gespräch, wie Ossietzky seiner Frau schrieb, und auf Tucholskys Bitte blieb er statt der geplanten zwei bis drei Tage fast eine ganze Woche in Schweden. Danach kam auch nur noch vereinzelt Kritik, der Briefwechsel von 1932 zeigt im Gegenteil zwei Partner, die sich vertrauten, gemeinsam an einem Strick zogen, die freundschaftlich miteinander umgingen und darauf achteten, sich gegenseitig nicht zu verletzen. Tucholsky hatte wieder einen Menschen gefunden, der ihm zwar das Vaterverhältnis zu Jacobsohn nicht ersetzen konnte, dem er sich aber mehr als verbunden fühlte, dessen Haltung er voll unterstützte. Rudolf Arnheim, der Kulturredakteur der «Weltbühne», erinnerte sich 1986: «Ja, zwischen Ossietzky und Tucholsky gab es manchmal Auseinandersetzungen. Die gibt es immer, wenn ein paar Leute zusammen arbeiten, und jeder hat seine Begriffe, und jeder hat seinen Willen. In einer Redaktion ist das ganz normal. Hin und wieder waren sie eben verschiedener Ansicht. Ich glaube, das wird sehr übertrieben, denn ich saß ja im Nebenzimmer all die ganzen Jahre, ich wüßte es doch, wenn die beiden wirklich zerstritten gewesen wären. Ich kann mich erinnern, daß Tucholsky mir einmal gesagt hat, als ich bei der Weltbühne angefangen habe: ‹Sie werden sehen, daß wir uns manchmal gegenseitig Dinge sagen, die nicht sehr freundlich sind. Ich bitte Sie aber, im Gedächtnis zu behalten, daß wir im Grunde sehr eng miteinander arbeiten und uns respektieren.›»[17]

Ossietzkys Inhaftierung war für Tucholsky «furchtbar»: Dies war einer der entscheidenden Gründe für sein völliges Verstummen. Er hatte sich mühsam an Ossietzky gewöhnt, nun sollte er eineinhalb Jahre mit einem anderen zusammenarbeiten, sich wieder umstellen? Und das in einer Situation, in der es ihm gesundheitlich und psychisch «säuisch» ging und er auch politisch keinen Weg mehr sah? Dazu plagten ihn auch noch Schuldgefühle, da er genau wußte, daß Ossietzky auch für seine «freche Schnauze» ins Gefängnis mußte.

Zudem sollte es wegen Tucholskys Beitrag «Der bewachte Kriegsschauplatz», der am 4. August 1931 in der «Friedensnummer» der «Weltbühne» erschienen war, zu einem weiteren Prozeß gegen Ossietzky als verantwortlichen Redakteur kommen. Reichswehrminister Groener, der nach dem gewonnenen «Weltbühnenprozeß» Morgenluft witterte, stellte erneut einen Strafantrag, da er die Reichswehr durch einen kleinen Absatz als verunglimpft und beleidigt ansah: «Da gab es vier Jahre lang ganze Quadratmeilen Landes, auf denen war der Mord obligatorisch, während er eine halbe Stunde davon entfernt ebenso streng verboten war. Sagte ich: Mord? Natürlich Mord. Soldaten sind Mörder.»[18] In einem langen Brief nahm Tucholsky zu der Anklage Stellung und bestritt die Absicht, die Reichswehr zu beleidigen. «Der enge Zusammenhang des Artikels mit der Exhoratio des Papstes [die im gleichen Heft veröffentlicht wurde] und die Erwähnung des Weltkrieges beweise, daß es sich ausschließlich um eine ganz allgemeine pazifistische Forderung gehandelt habe, wie sie insbesondere auch von der katholischen Kirche immer wieder erhoben werde. Seine im Kriege entfaltete Tätigkeit als Feldpolizeikommissar bei der Politischen Polizei habe ihn die in dem Artikel geschilderten Tatsachen aus nächster Nähe mitansehen lassen.»[19] Seit 1912 hatte Tucholsky immer und immer wieder geschrieben, daß Krieg Mord sei und daß Soldaten «professionelle Mörder» seien.[20] Aber erst jetzt, nachdem ein General (Kurt von Schleicher) als graue Eminenz im Hintergrund weitgehend die Geschicke der Noch-Demokratie mitbestimmte, reagierte die Reichswehr.

Anfang April 1932 hatte das Schöffengericht Charlottenburg die Eröffnung des Hauptverfahrens abgelehnt, die Staatsanwaltschaft legte aber dagegen sofort Beschwerde ein. Am 1. Juli sollte also nun die Hauptverhandlung sein, und Tucholsky schwankte hin und her, ob er zum Prozeß kommen sollte oder nicht. Da er im Ausland lebte, wurde gegen ihn erst gar keine Klage angestrengt. In der ausführlichen Korrespondenz und in Telefongesprächen stellte Ossietzky es Tucholsky frei, zu kommen oder nicht. Er berichtete ihm, daß bei einigen Freunden wie Toller und Mehring Mißstimmungen gegen sein Fernbleiben bestünden und erste leise Angriffe in der Presse zu verzeichnen seien. Die Vorhaltungen Mehrings dürften jedoch nicht allzu groß gewesen sein, denn gerade er hatte Tucholsky in der Vergangenheit immer wieder vor möglichen Übergriffen der Nazis gewarnt: «Es geht ein Rollkommando durch den deutschen Dichterwald!»[21] Tucholsky stellte Mehring gegenüber auch gleich klar, er lasse sich in seiner Haltung nur von Ossietzky bestimmen: «Winkt der, bin ich da. Er winkt aber nicht.»[22]

Auch seine Frau Mary bat er um ihre Meinung und fragte, ob tatsächlich von seiten der Nazis Lebensgefahr bestünde, wie auch Karlchen ihm schrieb. Mary Tucholsky wohnte damals in der berühmten Künstlerkolonie in Berlin am Südwestkorso, in der auch Hasenclever, Eggebrecht, Zadek, Regler, Kantorowicz, M. M. Gehrke, Weinert und viele andere lebten, und so sollte sie sich etwas nach der «Stimme des Volkes» umhören.[23] Er vermute, daß es mit einer Geldstrafe abginge, und deshalb zu kommen und sich der Gefahr auszusetzen lohne doch wohl nicht. «Nach *außen* bleibt ein Erdenrest zu tragen peinlich. Es hat so etwas von Desertion, Ausland, im Stich lassen, der Kamerad Oss im Gefängnis [...], die maulenden Anhänger.»[24] Mary Tucholsky hielt die Gefahr eines Angriffs auf ihn für sehr groß, denn er sei das rote Tuch für die Nazis, und sie berichtete von Zetteln, auf denen er und Hasenclever als Feiglinge und Verräter bezeichnet wurden. Er solle den Mut haben, feige zu sein, denn der Anlaß sei zu geringfügig, «um in dieser Hochspannung Explosionen herbeizuführen». Sie habe sich etwas umgehört, und die Meinung sei, daß er Ossietzky durch seine Anwesenheit sogar schaden könne, weil er Jude sei. Auch andere rieten: «Bloß nicht kommen», und alle Frauen seien «für nicht kommen».[25] Tucholsky ließ diese Frage dennoch keine Ruhe, er war in einem moralischen Konflikt, auch wenn er ihn auf die materielle Ebene abzuwälzen versuchte: «Ich fühle nicht die leiseste moralische Verpflichtung. [...] Muß ich? Ich habe gar keine Angst – mir tut es unendlich um das Geld leid.»[26]

Am 1. Juli begann der Prozeß im Schöffengericht Charlottenburg, ohne Tucholsky. Ossietzky wurde aus der Haftanstalt Tegel vorgeführt, und der Saal 567 reichte nicht aus, um alle Freunde und Weggefährten aufzunehmen.[27] Die Verteidiger Apfel und Olden waren gut vorbereitet, auch Tucholsky hatte reichlich Material geschickt. Als Olden die Masse der Zitate von Laotse, Erasmus, Voltaire, Kant, Goethe, Klopstock, Herder, Raabe und vielen anderen vortrug, in denen Soldaten Mörder, Henker und Schlächter genannt wurden, verschlug es dem Staatsanwalt die Stimme. Gerhart Hauptmann prangerte beispielsweise in seinem Stück «Vor Sonnenaufgang», das am 20. Oktober 1889 in Berlin uraufgeführt und selbst auf Hofbühnen gespielt wurde, den Soldatenstand so an: «Es ist verkehrt, den Mord im Frieden zu bestrafen und den Mord im Kriege zu belohnen. Es ist verkehrt, den Henker zu verachten und selbst, wie es die Soldaten tun, mit einem Menschenabschlachtungs-Instrument, wie es der Degen oder der Säbel ist, an der Seite stolz herumzulaufen. Den Henker, der das mit dem Beile täte, würde man zweifelsohne steinigen. Verkehrt ist es dann, die Religion Christi, diese Religion der Duldung, Vergebung und Liebe, als Staatsreligion zu haben und dabei ganze Völker zu vollendeten Menschenschlächtern heranzubilden...»[28] Als Rudolf Olden dann aber noch die Kaiser Friedrich III. und Friedrich den Großen und zum Schluß sogar den amtierenden Reichspräsidenten Generalfeldmarschall von Hindenburg zitierte, war der Prozeß praktisch entschieden. Ossietzky, der sich hinter den Artikel von Tucholsky stellte und die pazifistische Pflicht zu einer deutlichen und aufrüttelnden Sprache bekräftigte, machte das Gericht noch auf ein symbolisch bedeutsames Zusammenspiel aufmerksam: «Ich habe eben einen der merkwürdigsten Augenblicke meines Lebens gehabt, als in das Plaidoyer meines Verteidigers von der Straße die Klänge der Militärmusik hereintönten. Ich weiß nicht, ob man darin ein bedenkliches Symbol sehen soll oder einen belanglosen Zufall. Aber vielleicht ist durch diesen Klang der Staatsanwaltschaft von heute die Stimme ihres Herrn mitgeteilt worden.»[29] Obwohl der Staatsanwalt sechs Monate Gefängnis beantragt hatte, sprach das Gericht Ossietzky frei. Auch die von der Staatsanwaltschaft eingelegte

Revision wurde am 17. November 1932 verworfen, obwohl das Gericht in dem Satz «Soldaten sind Mörder» eine schwere Ehrenkränkung sah. Da durch die allgemeine Aussage jedoch keine bestimmten Personen angesprochen und beleidigt wurden, ist aus formaljuristischen Gründen auf Freispruch erkannt worden.[30]

Nach dem Freispruch trat Kurt Hiller in einem Offenen Brief an Kurt Tucholsky dessen Satz entgegen. Er hielt ihn für falsch und «schief, für unüberlegt, für zu fix abgeschlossen, für danebentreffend». Denn der Soldat solle zwar töten, gleichzeitig aber auch bereit sein, sich töten zu lassen. Außerdem fehle den «Zwangssoldaten» das private Motiv des Tötens. «Wem die Staatsgewalt bei Kerkerstrafe, ja bei Todesstrafe befiehlt, zu töten und sich töten zu lassen, den kann man nicht Mörder nennen, wenn er dem Drucke nachgibt.» Er sei eher Opfer und Opferer zugleich, meist aber Opfer. Außerdem gehe es darum, den Krieg zu entehren, wie Victor Hugo forderte, die wahren Mörder seien eben nicht die Soldaten, Mörder seien andere: «Ich habe mich nie gescheut und werde mich in Zukunft erst recht nicht scheuen, den Staat, der mit dem Krieg als Mittel der Politik spielt und ernstmacht, einen Mörder-Staat zu nennen; seine Verantwortlichen, mögen sie Kaiser oder Präsidenten, Generale oder Generaldirektoren, Minister oder Parlamentarier sein: Mörder; vor allem die Geschäftemacher mit dem Krieg: Mörder. Sie führen bewußt den Tod Ungezählter herbei, ohne ihr Leben aufs Spiel zu setzen. Auf den Soldaten trifft das nicht zu.»[31] Auch in anderen pazifistischen Organen wurde Tucholskys Satz diskutiert und abgelehnt. Franziskus Stratmann lehnte im Juniheft der Zeitschrift «Der Friedenskämpfer» die Gleichstellung von Soldaten mit Mördern ebenso ab wie die Redaktion der «Friedens-Warte» in ihrer Einleitung zu Hillers offenem Brief.[32]

Tucholsky interessierte diese Auseinandersetzung nicht mehr sonderlich, für ihn war der Kampf zu Ende. Außerdem stimmte auch Ossietzky Tucholskys Zurückhaltung zu. Bereits in seinem Artikel «Rechenschaft» schrieb Ossietzky – durchaus auch mit Blick auf Tucholsky –, daß ein Publizist, der im Ausland lebe, schnell den Überblick über die politischen Realitäten verlöre. «Wenn man den verseuchten Geist eines Landes wirkungsvoll bekämpfen will, muß man dessen allgemeines Schicksal teilen.»[33] Einige Berliner Freunde empfanden dies als «Fußtritt» gegen ihn, wie Mary Tucholsky ihm mitteilte, sie sah das jedoch anders: «Oss hat goldrecht.»[34] Zwei Monate später präzisierte Ossietzky in einem Brief aus dem Gefängnis an den «Lieben Doktor»: «– es ist, wenn man längere Zeit nicht hier war, unmöglich, den Ton zu treffen. Einmal die Klippe der Zensur – Ihnen wohlbekannt. Zum andern – Ihnen auch wohlbekannt, die Gefahren einer Dämpfung des Tons, die nicht aus der Situation heraus sich ergibt. Der Ihnen eigne Pamphletstil würde sofort zu Retorsionen führen, die diplomatische Temperierung muß aber auch aus der Kenntnis der Dinge hier erfolgen, sonst wirkt sie verwaschen. Das sind sehr, sehr schwierige Sachen.»[35] Ossietzky wollte Tucholsky aber nicht zum Schweigen bringen, er forderte ihn im Gegenteil erneut auf, wieder «mitzumachen», zu schreiben: «Ach, wenn Sie doch wieder... Aber Sie werden schon wieder», und «Doktor!!! Machen Sie wieder reger mit. Sie haben sich als Produzierender selbst ausgeschaltet...»[36] Wenn er auch mit politischen Beiträgen vorsichtig sein solle, Artikel wie «Lichtenberg» seien hochwillkommen, da die Redaktion fast nicht in der Lage sei, Tucholskys Platz in jeder Nummer zu füllen.

Aber was sollte Tucholsky noch schreiben? «Er ist kein Lyriker, und erst der Boxhieb gibt Seinen Sachen den Akzent»,[37] meinte seine Frau Mary. Nur noch lustige Schnurren schreiben, dazu war er nicht in der Stimmung. Selbst Buchbesprechungen reizten ihn nicht mehr, denn die Literatur, die er liebte, stellte nur noch eine kleine Minderheit auf dem Buchmarkt dar. Dagegen begleiteten nationale und reaktionäre Autoren fast wie ein Mückenschwarm den Aufstieg Hitlers. In den «Bestsellerlisten» des Jahres 1932 belegten die ersten Plätze Beumelburg, Carossa, Dwinger, Grimm, Steguweit und Hermann Stehr, fast ausschließlich extrem nationalistische Autoren.[38] Als Fallada im Juni 1932 Tucholsky sein neues Buch «Kleiner Mann – was nun?» zur Besprechung schickte und betonte, daß die Arbeit auf eine Anregung Tucholskys zurückgehe, reagierte dieser höflich, aber unbestimmt. Er sei krank und könne sich deshalb nicht festlegen, aber er werde das Buch natürlich gleich lesen.[39] Besprochen hat er es nicht. Was interessierte ihn noch die «Naturgeschichte des kleinen Angestellten», wie er «lebt und liebt, gedeiht und verdirbt»?[40] Und was sollte er noch die politische Landschaft beschreiben, er hatte ja doch bereits alles gesagt. Für das Niveau des Jahres 1932 galt ihm allemal:

«Man kann nicht schreiben, wo man nur noch verachtet.» Schon 1930, die Nationalsozialisten waren gerade mit 107 Abgeordneten in den Reichstag eingezogen,[41] hatte er die heraufziehende Diktatur beschrieben. «Herr Wendriner steht unter der Diktatur»[42] und paßt sich den Gegebenheiten an: «Wissen Sie: ich finde das alles nicht so schlimm». Das neue System habe schließlich auch seine guten Seiten, und bei Hitler «weiß man wenigstens: er geht eim nich ann Safe. Bei den Kommunisten weiß ich das nicht. Oder vielmehr... ich weiß genau, was da rauskommt. Na, vorläufig können sie sich ja nich rührn; die sind ja plattgehauen. Ist ihnen ganz recht. Lieber Welsch, der Politiker hat da zu stehn, wo grade der Erfolg ist. Sonst ist er überhaupt kein Politiker. Und der Geschäftsmann auch. Das ist Realpolitik.» Herr Wendriner fühlt sich zwar nicht ganz sicher, auch wenn er vorschriftsmäßig die Hakenkreuzfahne grüßt und das Horst-Wessel-Lied mitsingt, sich anpaßt und den Antisemitismus für durchaus berechtigt hält, aber «ich will Ihnen mal was sagen: Der H. – wenn er auch aus der Tschechoslowakei ist – der Mann hat sich doch glänzend in die deutsche Psyche eingelebt. Na, jedenfalls herrscht Ordnung. Also, Ordnung herrscht mal. Sowie Sie Staatsbürger sind und den gelben Schein haben, also Schutzbürger sind, passiert Ihnen nichts... darin sind sie konsequent. Das muß man ja sagen: aufgezogen ist das ja glänzend. Phantastisch!»

Deutlicher konnte man nicht voraussagen, was gut zwei Jahre später dann tatsächlich eintreten sollte. Diese klaren Erkenntnisse trugen wesentlich zu Tucholskys Resignation bei, und er machte seinen «Kram» nur noch widerwillig. «Ich bin Schriftsteller – kein Parteiführer. Und mich interessiert weder das Land genügend noch seine Nöte – wo ich mit meinem Herzen stehe, weißt Du – aber mit meinem Verstand – das kannst Du nicht verlangen»[43], teilte er seinem Bruder mit. 1932, das sah Tucholsky sehr deutlich, war der Kampf endgültig verloren. «Die Ereignisse von 1933 bis 1945 hätten spätestens 1928 bekämpft werden müssen. Später war es zu spät. Man darf nicht warten, bis Freiheitskampf Landesverrat genannt wird.»[44] Was Erich Kästner 1958 im Rückblick feststellte, war Tucholsky schon damals bewußt. Man konnte den Selbstmord der Demokratie nur noch beschreiben, verhindern konnte man ihn wohl nicht mehr. In allen Lagern wurde seit 1929/30 darauf hingewiesen, wortreich, aber tatenarm. In der «Neuen Rundschau» schrieb Hermann Heller bereits Ende 1929: «Die Frage Rechtsstaat oder Diktatur ist ernstlich zur Diskussion gestellt.»[45] Ein Jahr später beschrieb Heinz Pol in der «Weltbühne» die Situation: «Die Demokratie stirbt dahin, weder in Schönheit noch etwa unmerklich sondern in aller Öffentlichkeit, auch von dem Dümmsten bemerkt. [...] Kurz vor einem großen Kladderadatsch pflegen Dinge und Menschen wie im luftleeren Raum von einer Art Erstarrung befallen zu sein. Für ein paar Sekunden hält alles den Atem an. In diesen Sekunden leben wir augenblicklich. Niemand wird später verstehen, daß man sie so ungenützt, so widerstandslos verstreichen ließ.»[46] Im September 1930 warnte der ehemalige Reichsjustizminister Radbruch (SPD) unter der Überschrift «Staatskrise?»: die Demokratie sei in einer Gefahr wie noch niemals seit Bestehen der Republik, «aber nicht in erster Linie durch die Kraft ihrer Gegner, sondern durch die Schwäche ihrer Anhänger».[47] Er lag damit auf einer Linie mit der «Weltbühne», in der Ossietzky und Tucholsky diesen Zustand immer wieder anprangerten. Am 26. Januar 1932 schrieb Peter Panter: «Kerle wie Mussolini oder der Gefreite Hitler leben nicht so sehr von ihrer eignen Stärke wie von der Charakterlosigkeit ihrer Gegner. Um mich herum verspüre ich ein leises Wandern. Sie rüsten zur Reise ins Dritte Reich.»[48] Nur wenig später beklagte Ossietzky: «Das ist das Erschütternde an dem gegenwärtigen Zustand: nicht der Faschismus siegt, die Andern passen sich ihm an.»[49]

Selbst die Gewerkschaften versanken in tiefer Resignation und ordneten sich vorsichtig unter. Zwar hieß es in der «Gewerkschafts-Zeitung» vollmundig: «Die jetzige Regierung [Papen, MH] gilt als der Wegbereiter des Dritten Reiches, Hitler als ihr heimlicher Chef. Deutsche Arbeiter und Arbeiterinnen! Ihr alle wißt, was das bedeutet! Das Dritte Reich Hitlers übertrumpft den alten Obrigkeitsstaat. Es ist der Zuchthausstaat, der selbst in den schlimmsten Jahren der Sozialistenverfolgung nie auf deutschem Boden bestanden hat. [...] Der Freiheitskampf der Arbeiterklasse soll durch Blutjustiz erstickt werden.»[50] Aber gleichzeitig rückte der ADGB vernehmlich von der SPD ab, und in internen Strategieüberlegungen dachte man schon 1932 darüber nach, ob eine «Entpolitisierung der Gewerkschaften» dem ADGB auch unter Hitler eine Überlebensmöglichkeit bieten könnte.[51]

Was Tucholsky noch Anfang des Jahres das «leise Wandern» nannte, beschrieb Ossietzky im Mai bereits als «Elefantentritt des Fascismus», unter dem das Land erzittere[52] und der auch im Ausland spürbare Besorgnis erregte. Obwohl Reichskanzler Brüning erklärte, daß Deutschland nicht mehr in der Lage sei, die Reparationsschulden zu bezahlen, forderte er gleichzeitig auf der Abrüstungskonferenz die volle Gleichberechtigung in der Rüstung. Reichswehrminister Groener begleitete die Forderungen mit einem Erlaß, der deutlich die Richtung anzeigte: Mitglieder einer Partei, deren Ziel die gewaltsame Veränderung der Verfassung sei, dürften nicht in die Armee eintreten. Verfassungsfeindlich sei jedoch nur die KPD, nicht aber die NSDAP. Folgerichtig wurden für 1932 auch die Betriebsratswahlen verboten, da die Regierung eine Radikalisierung der Arbeitnehmervertreter befürchtete; und ebenso folgerichtig wurden auch nur zahlreiche Zeitungen der KPD und der SPD verboten, kaum jedoch Organe der NSDAP. Aber Brüning, der nach wie vor von der SPD gestützt wurde, war offensichtlich noch nicht reaktionär genug. Nachdem Hindenburg im April erneut als Reichspräsident gewählt war,[53] entzog er dem ihm treu ergebenen Brüning Ende Mai seine Unterstützung: «Ich muß jetzt endlich nach rechts gehen, die Zeitungen und das ganze Volk verlangen es.»[54] In der Tat hatten die Landtagswahlen erhebliche Stimmengewinne für die NSDAP gebracht. Fast überall wurden sie stärkste Fraktion, in einigen Ländern stellten die Nationalsozialisten sogar den Ministerpräsidenten. Die Weltpresse reagierte mit Bestürzung und fürchtete, daß Deutschland erneut zu einer Gefahr für den Weltfrieden werden würde. Die französische Zeitung «Le Temps» schrieb: «Augenscheinlich hat das deutsche Volk jede Selbstkontrolle verloren. Es überläßt sich dem Zufall des Abenteuers.»[55]

Aber noch wollte Hindenburg den Nationalsozialisten nicht die Macht übergeben und beauftragte Franz von Papen mit der Regierungsbildung. Das «Kabinett der nationalen Konzentration», in dem fast ausschließlich Aristokraten vertreten waren und das schnell als «Kabinett der Barone» verschrien war, bedeutete einen erheblichen Rechtsruck.[56] Reichsinnenminister Wilhelm Freiherr von Gayl erklärte gleich nach Amtsantritt, daß im kulturellen Leben wieder deutscher Geist herrschen müsse «unter Ausmerzung aller undeutschen Einflüsse».[57] Den ersten Schritt dazu machte Reichskanzler von Papen, indem er das von Brüning im April verhängte Verbot von SA und SS am 12. Juni wiederaufhob. Nachdem die so umworbene NSDAP einen Monat später den Belagerungszustand für Preußen forderte, beschloß das Kabinett am 16. Juli die Absetzung der preußischen Regierung. Die Krawalle des sogenannten «Altonaer Blutsonntags» am 17. Juli, der 18 Todesopfer forderte, bildeten nachträglich eine höchst willkommene Begründung für den «Preußenschlag» genannten Staatsstreich. Am 20. Juli setzte Papen per Notverordnung die Regierung Braun ab, verhängte über Preußen den Ausnahmezustand und ließ sich von Hindenburg zum Reichskommissar für das Land Preußen ernennen. Damit war es ihm gelungen, die verhaßte sozialdemokratische Bastion unter seine Kontrolle zu bringen.[58] Die Arbeiter, die sich spontan in vielen Städten zu Massenkundgebungen versammelten und auf das Signal zum Generalstreik warteten, wurden von ihren Führern zu Besonnenheit und Disziplin aufgefordert. Noch am 14. Juli hatte Otto Wels erklärt, es sei besser, «republikanisch zu sterben, als faschistisch zu verderben», und monatelang war in der Gewerkschaftspresse der «einmütige Widerstand» und der «unbesiegbare Wille» der Arbeiterschaft beschworen worden. Nun, als die letzte Möglichkeit zum Handeln war, schickte man die Arbeiter wieder nach Hause.[59] Die sozialdemokratische Arbeiterbewegung hatte damit endgültig abgedankt und sich erneut als Papiertiger erwiesen. Der Berliner Gauleiter Goebbels vermerkte dazu in seinem Tagebuch: «Man muß den Roten nur die Zähne zeigen, dann kuschen sie. SPD und Gewerkschaften rühren nicht einen Finger.» Und einen Tag später: «Die Roten haben ihre große Stunde verpaßt. Die kommt nie wieder.»[60]

Das bewiesen auch die Wahlen vom 31. Juli, die ja laut SPD und Gewerkschaft eine Quittung für den «Preußenschlag» werden sollten. Die SPD verlor rund 600000 Stimmen, die NSDAP gewann über 7 Millionen Stimmen dazu und wurde mit 230 Abgeordneten die stärkste Fraktion im Reichstag. Noch weigerte sich Hindenburg, den «böhmischen Gefreiten» Hitler mit der Regierung zu beauftragen. Auch nachdem von Papen am 17. November mit seiner Politik endgültig gescheitert war und zurücktrat, ernannte der Reichspräsident nicht Hitler, sondern den reaktionären General von Schleicher zum neuen Kanzler.

Dies waren die letzten Zuckungen der Demokratie, die Republik beging langsam Selbstmord, Selbstmord aus Angst vor dem Tode, wie Walter Fabian das später nannte. Tucholsky verfolgte die Vorgänge in Deutschland mit wachsender Verbitterung und Resignation. Es war fast alles eingetroffen, was er und seine Kollegen seit vielen Jahren vorhergesagt hatten. Nun zog er sich endgültig zurück.

Am 15. Juni verließ Tucholsky den Hasencleverschen Freundeskreis und fuhr über Genf nach Zürich zu dem Arzt Dr. Erich Katzenstein, um seine «kaputte Maschine» behandeln zu lassen.[61] Er wohnte in der Pension Florhof, und Katzenstein unternahm es, ihn in der Zürcher Gesellschaft bekannt zu machen. Am 24. Juni wurde er in die «Museumsgesellschaft» am Limmatquai eingeführt, in deren Lesesälen mit der zahlreichen in- und ausländischen Presse sich viele Emigranten trafen,[62] Katzenstein nahm ihn auch mit in die Stadelhoferstraße 26, wo der berühmte Starverteidiger Wladimir Rosenbaum und dessen Frau Aline ein offenes Haus führten. Vieles, was damals Rang und Namen hatte in der Kunst- und Literaturszene, traf sich bei Rosenbaums im «Baumwollhof»: von Joyce bis Canetti, von Toller bis Max Ernst, von C. G. Jung bis Hans Marchwitza oder Thomas Mann. Nach Hitlers Machtübernahme wurde der «Baumwollhof» eine der wichtigsten Emigrantenherbergen und vielen Flüchtlingen zur rettenden Zuflucht.[63] 1929 hatten sich die Rosenbaums im hintersten Onsernonetal im Tessin einen großen Palazzo gekauft, das «Castello della Barca» in Comologno, in dem Aline Valangin[64] regelmäßig die Sommer verbrachte, meist umgeben von einer illustren Schar von Gästen. Sie war eine außerordentlich kluge Frau, belesen, musikalisch und obendrein auch noch sehr attraktiv. Sie wurde von Leuten wie Joyce oder Canetti als Gesprächspartnerin geschätzt und von vielen Männern verehrt.

Da Wladimir Rosenbaum beruflich sehr eingespannt und auch Flirts mit anderen Frauen nicht gerade abgeneigt war, kam Aline sich ziemlich verlassen vor, fühlte sich bald nur noch als «das eheliche Gegenstück zu einem ‹Büro›»[65]. Daß sie sich dafür mit zahlreichen Liebhabern schadlos hielt, war nicht nur ein verbreitetes Gerücht. Einige ihrer ehemaligen Geliebten nahmen ihr das übel und rechneten in ziemlich harten und ungerechten Worten mit ihr ab. Paolo Rossi beschrieb sie 1936 in seinem Schlüsselroman «Ich mache nicht mehr mit!» als unübertreffliche Liebhaberin, die allerdings nur die

Erotik im Kopf hätte. «Ich konnte einfach nicht zulassen, dass sie sich ein geistiges Air gab und dabei die ganze Welt nur als einen erotischen Konsumgegenstand betrachtete.»[66] Noch schärfer ging ihr langjähriger Freund Ignazio Silone mit ihr ins Gericht. Im April 1933 schrieb er in seinem Abschiedsbrief, daß sie verlogen, nymphoman und obszön sei und er nur noch Ekel und Abscheu vor ihr verspüre. Er bereue, so spät erst mit ihr gebrochen zu haben, sie «so spät erkannt und durchschaut zu haben. Mit einer solchen Verspätung Ihren unweigerlichen moralischen und physischen Zerfallsprozess gemerkt zu haben. Und dabei eine Ansteckung riskiert zu haben, die mich in die elende Verfassung eines Toller oder eines Tucholsky gebracht hätte.»[67]

Die Anspielung auf Tucholsky kam nicht von ungefähr. Aline Valangin und Silone hatten sich im Sommer 1932 getrennt, und zeitweise nahm wohl Tucholsky bei Aline seinen Platz ein.[68] Er erschien bald jeden Tag im «Baumwollhof», und die Gastgeberin spornte ihre Köchin an, für den verwöhnten Tucholsky ihr Bestes zu geben. Der sehr gepflegte, kleine dicke Mann mit leicht gelocktem Haar und dunklem, eindringlichem Blick, wie ihn Aline Valangin beschrieb, saß meist in der Ecke eines monumentalen weich gepolsterten Diwans und führte unendliche Gespräche, oft bis in den Morgen hinein. «Er liebte zu sprechen, von allem und jedem, unterhaltend, witzig, manchmal auch sentimental, wie ich ihn von Anfang an für einen verhinderten Sentimentalen hielt, obschon er gern über alles spottete und lästerte.» Manchmal schockierte er auch die Gastgeber, etwa wenn er sie bat, durchreisende Theatergruppen aufzunehmen, die dann auf dem Boden herumlagen und lautstark revolutionäre Lieder brüllten.[69] Im Juli fuhr Aline Valangin Tucholsky nach Tarasp im Unterengadin, sein Arzt hatte ihm eine Diätkur verschrieben, damit er etwas abnehme. Auf der Fahrt klagte er darüber, daß er nicht mehr schreiben könne, nichts mehr zu sagen habe und nicht mehr wisse, was weiter werden solle. Eigentlich sei er ein schlechter Schriftsteller, auch wenn er berühmt sei. Als Aline Valangin am nächsten Tag zurück nach Comologno fuhr, wollte Tucholsky bis Sils-Maria mitgenommen werden, «dort wohne eine interessante Dame mit ihren schönen Töchtern», und die wolle er besuchen. Er hatte eben überall eine «Braut», wie er selbst sagte, und so blieb er über Nacht dort und fuhr mit dem Bus zurück ins elegante Kurhotel.[70]

Wo Tucholsky sich auch immer aufhielt, er bekam große Stapel Post und war auf diese Weise noch mit dem Geschehen in seiner «Heimat» verbunden. Die «Weltbühne» schickte die Manuskripte der zu druckenden Artikel, und von Tarasp aus versuchte er einen ärgerlichen Plagiatsfall gütlich zu regeln. Robert Neumann hatte Irmgard Keun vorgeworfen, daß sie in ihrem neuesten Roman «Das kunstseidene Mädchen» aus seinem Buch «Karrieren» abgeschrieben habe. Tucholsky, der Irmgard Keun schätzte, reagierte entsetzt: «Sie haben Humor wie ein dicker Mann, Grazie wie eine Frau, Verstand, Gefühl, Herz – mußte das sein –?»[71] Er versuchte zwischen den beiden zu vermitteln und bot ihnen die «Weltbühne» zur Abgabe von Erklärungen an. Seine Vermittlung hatte Erfolg, Robert Neumann wollte aufgrund Tucholskys Fürsprache der «begabten Frau» keine allzu großen Schwierigkeiten machen.[72]

Zur sogenannten Nachkur fuhr Tucholsky im August nach Comologno und bekam in der «Barca» das beste Zimmer, «la chambre bleu». Um die zwei riesigen Schrankkoffer in den zweiten Stock zu bringen, mußten starke Männer aus dem Dorf geholt werden. Dort standen die Koffer, «halb geöffnet, man sah den Inhalt: eine Menge Anzüge und Wäsche, Schachteln und auch Bücher. Es war imponierend. Er wechselte den Anzug tagsüber mehrmals, auch brauchte er immer wenigstens zwei Hemden am Tag und eine Unmenge Taschentücher.» Hundertzwanzig Stück zählte Aline einmal, alle aus feinstem Leinen.[73] «Die vielen Hemden konnten aber unsere Dienstmädchen nicht gut genug plätten, wir mussten sie nach Locarno oder Zürich zum Bügeln schicken. Er war eben ein sehr verwöhnter Herr.» Außer Tucholsky waren noch der Bildhauer Hermann Haller, die Tänzerin Marietta von Meyenburg, der Ballettmeister Max Terpis, der Kunstbuchbinder Georges Baer und andere im «Castello».[74] Manchmal kam auch Wladimir Rosenbaum für einige Tage, was Tucholsky aber nicht daran hinderte, dessen Frau zu umwerben, wie sich ein damaliger Gast erinnerte: «Neben den Gastgebern sass am Rand des Schwimmbassins ein für seine 42 Jahre allzu beleibter Mann in Badehosen, den Kopf mit einem mächtigen Strohhut beschattet und hinters Ohr eine leuchtend rote Mohnblume gesteckt. Seine Hauptbeschäftigung schien, mit Geist und Charme der Dame des Hauses den Hof zu machen, und im übrigen den Frieden der Natur zu genießen.»[75]

Tucholsky muß sie ziemlich beeindruckt haben, das geht selbst noch aus den späteren Aufzeichnungen Alines hervor, die deutlich geprägt sind von der Enttäuschung der Verlassenen und stellenweise auch von Eifersucht. Da sie andere Liebhaber, die sich von ihr trennten, kaum noch eines Wortes der Erinnerung würdigte, lassen die langen Ausführungen über Tucholsky auf eine große Faszination und gleichzeitig tiefe Verletzung schließen. Eigentlich sei er ja ein guter Kerl gewesen, aber verberlinert und desorientiert. Er benahm sich sehr gut, und es sei «gar nichts gegen ihn zu sagen, nichts», beschwichtigte sie fast stereotyp, um im nächsten Moment das Gegenteil zu behaupten: «Tucholsky hat sich sehr unschön gegen uns benommen.» Kurz vor ihrem Tod sagte sie sogar: «Ich mochte ihn nicht», und: «Er paßte nicht in unseren Kreis.»[76] In Briefen an Gustav Huonker schilderte sie ihn als flinken Burschen, der ein freches Maul hatte, er «war sehr egozentrisch und ein Opportunist, war verwöhnt und hatte wenig Mut. Zur Zeit, als er bei uns war litt er an Minderwertigkeitsgefühlen und Depressionen. Im Ganzen ein armer Mensch», der dauernd Theater spielen und sich «vor allem bei Frauen durch ihr Interesse und Mitleid abstützen» mußte. «Er schrieb täglich viele Briefe an seine ‹Bräute› und bekam eine große Korrespondenz, aber ich vermute, es war alles nur ein Spiel. Im Grunde war er völlig allein.»[77]

Mit wenigen Strichen zeichnete die psychologisch geschulte Aline Valangin ein Porträt, das nur wenig abweicht von dem Bild, das sich aus den Schilderungen von Hedwig Müllers Schwester und aus dem Briefwechsel mit «Nuuna» ergibt. Wie kurz darauf in Zürich spielte er auch hier den «Unwiderstehlichen», den Spaßmacher, der von einer Sekunde auf die andere in tiefe Trübsinnigkeit verfallen konnte. Er führte einen verzweifelten und vergeblichen Kampf gegen die immer stärker werdenden Depressionen und das anwachsende Gefühl der Sinnlosigkeit. «Nach dem Morgenbad im Schwimmbecken fanden sich unsere Gäste jeweils zu einem Apéritif vor dem Haus ein, wo bequeme Stühle und Sonnenschirme zu einem Schwatz einluden. Da hat er jeden Morgen um elf Uhr die Leute versammelt, und es hat geknattert vor Lachen. Geknattert! Nun war Tucholsky in seinem Element. Er gab sich selber zum besten, mit Witzen und tollen Geschichten. Oft kam es zu lautem Jubel, so amüsierte er die Gesellschaft. Der hat sie alle am Bändel gehabt! Und dann ging er mit einem trübseligen Gesicht nach oben in seine Stube, zog sich frisch und ganz städtisch an und kam ernst, wie ausgewechselt, mit uns zum Mittagstisch. War traurig.» Manchmal ließ er seine Feuerwerke auch noch am Abend oder nachts steigen, belebt vom Whisky, der ihn in Stimmung hielt.[78]

Tucholsky benutzte Aline Valangin als «Klagemauer»[79], jammerte über seine schlechte Gesundheit, die ihm jeden Spaß am Leben raube, und er sehe keine Zukunft mehr für sich. Obwohl er darüber klagte, daß er beim Essen keinen Geschmack mehr habe, ignorierte er den Fastenplan von Dr. Katzenstein und aß sich durch alle Gerichte. Ausgiebige Frühstücke, Makkaroni und vino rosso waren ihm wesentlich lieber als Salate oder Milchkaffee. «Er hatte diesen Hunger eines Unglücklichen. Er war so verzweifelt, so unglücklich, und er hatte wahrscheinlich auch immer zuviel gegessen.» Auf jeden Fall gab sich die Köchin alle Mühe, den verwöhnten Gast zufriedenzustellen. Dies scheint ihr allerdings nur bedingt gelungen zu sein, wie sich Aline nach so vielen Jahren immer noch entrüstet erinnerte: Als Tucholsky Ende August nach Zürich zu Hedwig Müller, die er einige Wochen zuvor kennengelernt hatte, fuhr, brachte sie ihn nach Locarno zur Bahn, und Tucholsky lud sie zum Mittagessen ins Luxusrestaurant «Torretta» ein mit den Worten: Damit wir «endlich etwas Anständiges unter die Zähne bekommen».[80] Er bedankte sich von Zürich aus für den Aufenthalt mit einem Busch weißer Orchideen des Namens «Himmelsbraut» und launigen Briefen. Aline Valangin hat den ganzen «Ballen Briefe» allerdings vernichtet, weil er sich zum Schluß unschön benommen habe, wie sie enttäuscht die Tatsache umschrieb, daß Tucholsky sie zugunsten von Hedwig Müller verlassen hatte.

ZWÖLF

> «Du bist mein Herzenstrost, ohne aber. Wünschte, ich wäre Dir auch eine Herzensfreude, aber ich bin ein Trümmerhaufen.»[1]

Nach Mary Tucholsky gab es nur noch eine weitere, ernst zu nehmende Beziehung zu einer Frau in Tucholskys Leben: die Schweizer Ärztin Dr. Hedwig Müller,[2] von ihm Nuuna genannt. Er bedauerte zwar, daß sie nicht ständig aneinanderklebten, «bis es uns graust»[3], er schätzte ihre große Herzensruhe und mütterliche Art, aber wenn Nuuna ihm zu nahe kam oder mehr Nähe forderte, flüchtete er in seine bekannten Ausreden: er schätze den Junggesellen in ihr viel zu sehr und überhaupt.[4] Die Beziehung wurde meist wieder eine Liebe auf Entfernung, eine Liebe in Briefen. Das Verhältnis Tucholskys zu Mary Tucholsky und Hedwig Müller ist in vielen Punkten verblüffend ähnlich, manchmal muß man lediglich die Vorzeichen ändern, das Beziehungsmuster bleibt sich gleich. Die witzige, intelligente und aufgeschlossene Hedwig Müller mußte Tucholsky nicht erst verbal vermännlichen, um sie ernst nehmen zu können, trotzdem behandelte er sie teilweise wie einen Mann, wie einen Kumpel.[5] Sie begegnete ihm auch nicht, wie seinerzeit die achtzehnjährige Mary Gerold, voll Ehrfurcht für den bekannten Schriftsteller und mit Scheu vor dem acht Jahre älteren Mann; Hedwig Müller hatte eigene Leistungen vorzuweisen und war nur drei Jahre jünger als Tucholsky. Und Nuuna verweigerte sich auch nicht so lange wie seinerzeit Mary Gerold. Im Gegenteil, in dieser Beziehung war sie die Werbende, Drängende und Tucholsky der sich Verweigernde, sich immer wieder Zurückziehende. Aber sonst finden sich zahlreiche, erschreckende Übereinstimmungen mit der gescheiterten Beziehung zu seiner Frau

Mary. Oft verwendete Tucholsky die gleichen Worte, Bilder, Bezeichnungen, auf manchen Bildern ist sogar eine überraschende äußere Ähnlichkeit zwischen den beiden Frauen festzustellen.

Wie schon bei Mary Tucholsky tauchen auch hier viele Spielereien und Ideen wieder auf: Kinderbriefe in krakeliger Schrift,[6] aus dem «Beuteltier» Mary wurde nun eine «Beutelnuuna», und auch sie sollte «die Mutter meines Kindes» werden, denn: «mit keiner andern Frau kann ich überhaupt, habe auch nie gekonnt»[7]. Natürlich hieß Hedwig Müller von Anfang an für ihn nicht mehr Hedwig Müller, sondern «Verehrte Dicke», «Liebe Alte» oder «Frau Hühneraugenoperateurin Tatjana Lufft», und seit seiner Abreise im September 1933 aus Zürich «Nuuna»[8] mit hunderterlei Zusätzen wie «Herzensnuuna», «Liebes Achtgradunternullnuunchen» oder «Reisenuuna». Wie Mary Gerold 1923 das Ressort «Lebenshilfe» übernahm und gegen Tucholskys wachsende Depression ankämpfte, so wurde auch Nuuna schnell der Bereich «Lebensmut» zugeteilt, für den er sie verantwortlich machte.

Noch offener und zentraler als bei Mary Tucholsky tauchte hier seine Suche nach der Mutter auf. Widmete er Anfang des Jahres 1932 noch ein Exemplar des Theatermanuskripts «Kolumbus» seiner «lieben Ersatz-Mama Welsine, der ihr Kind Tucho»[9], vermerkte er bereits im ersten Brief an Hedwig Müller links unten: «für Mamma»[10]. Immer wieder erscheint diese Anrede in den Briefen, ebenso die Formulierung: «Du bist von uns beiden die Erwachsene, Du wirst mir das schon erklären.» Hedwig Müller nahm diese Rolle der mütterlichen Freundin bereitwillig an und unterschrieb ihre Briefe schon mal mit «Deine liebe Nuna und Mutter»[11] oder tröstete ihn: «Bald kommst Du zu Deiner Mutti und erzählst ihr alles.»[12] Anders als bei Mary Tucholsky, die er zeitweise zur «Mutter» und «Heiligen» machte, versuchte er bei Nuuna die Kombination «mütterliche Hure»[13]. Er unterschrieb seine ersten Briefe mit «Peter», wobei er aus dem «P» einen Penis machte, oder erzählte ihr Zoten. Es waren teilweise «Männerbriefe», wie er sie auch an Hasenclever schickte. Als die sicherlich nicht prüde Nuuna verhalten bis ablehnend auf die Verbalerotik reagierte, unterließ er weitgehend diese plumpe Art und begnügte sich mit leisen Anspielungen. Sie waren auch nur noch «imaginär-potentes Gerede»[14], denn immer öfter tauchten in seinen Briefen Bemerkungen auf, daß er wohl impotent sei, daß ihn Frauen nicht mehr sonderlich interessierten, «denn so ist mir gar nicht»[15], daß er keusch sei. Er sei inzwischen reif für «Philemon und Baukis» und einen ruhigen Lebensabend.[16] Als er während seines Urlaubs auf Gotland auch wieder Frauen aus seiner Umgebung schilderte, schrieb ihm Nuuna erleichtert: «Es beruhigt mich einigermaßen, daß Du ein wenig anfängst, Mädchen zu sehen. Und ganz leise zu wiehern. Etwas anderes ist unnatürlich bei Dir.»[17]

Hedwig Müller war ihm nicht nur eine ebenbürtige Partnerin, die mit ihm in vielen Dingen übereinstimmte, sie war ihm in einigen Punkten deutlich überlegen. Am 23. Juli 1893 im Schweizer Langenthal als Tochter eines Textilfabrikanten geboren, wuchs sie mit ihrer jüngeren Schwester Gertrud Elisabeth in gutbürgerlichem Milieu auf. Der Vater ließ beide Töchter in Bern studieren: Hedwig Medizin, Gertrud Jura. Am 4. Januar 1919 erhielt Fräulein Dr. Hedwig Müller ihr Diplom, im Oktober 1924 die Berechtigung, als Ärztin eine eigene Praxis in Zürich zu führen.[18] Ihre ausgeprägte soziale Gesinnung, die ihre Wurzeln nicht in einer sozialistischen Weltanschauung, sondern im Humanismus hatte, führte dazu, daß sie Ende der zwanziger Jahre zusammen mit ihrer Schwester in Zürichs Arbeiterviertel eine «Sozialpraxis» eröffnete. «Freunde berichten von ihrer nie versagenden selbstlosen Hilfsbereitschaft gegenüber materiell bedrängten, psychisch und physisch leidenden Mitmenschen.»[19] Die Ärztin für innere Medizin und Kinderkrankheiten war nebenbei noch halbtags Vertrauensärztin bei der Schweizerischen Lebensversicherungs- und Rentenanstalt.[20] Im Mai 1937 gab sie ihre Praxis auf und arbeitete nun ganztägig in der Société Suisse.[21] Ihre zeitweise Resignation vor den politischen Verhältnissen und der Wunsch nach einem ruhigen Leben auf einer «Insel» gingen aber nie so weit, daß sie sich völlig in die Isolierung zurückgezogen hätte wie Tucholsky.[22] Als linksstehende Ärzte 1937 eine Hilfsorganisation für politische und jüdische Flüchtlinge gründeten, arbeitete Hedwig Müller von Anfang an mit. Im Privatbereich zog sie sich jedoch immer mehr zurück, sie wollte nicht dauernd Leute sehen, «die man im Grunde nicht recht mag», und es gab für sie immer mehr Menschen, die sie nichts mehr angingen. Trotzdem blieb noch ein recht großer Freundes- und Bekanntenkreis übrig, wie der Zürcher Rechtsanwalt Dr. Thalberg erzählte, der bis zu ihrem Tod dazugehört hatte.[23]

Als Tucholsky und Hedwig Müller sich im August 1932 in Locarno kennenlernten, war für ihn bald klar, daß hier etwas Ernstes entstehen könnte. Er stellte fest, daß er in ihr eine «Rückendeckung» gefunden hatte. «Das ist nicht immer und nach so kurzer Zeit...» Und in seiner scherzhaften Art, hinter der er seine Gefühle zu verstecken pflegte, behauptete er, daß da «so eine Art Liebeszauber» dabei gewesen sein muß: «vielleicht hast Du alte Socken von mir mit Mondpulver gekocht und hast mir das zu trinken gegeben».[24] Nach ihrer Rückkehr im August nach Zürich schrieb sie ihm, daß sie sich gut erholt habe, und fragte, wann sie ihn denn wiedersehe. Bereits in seinen ersten Briefen kündigte sich der Grundton der weiteren Korrespondenz an: Er habe es gründlich satt, sei krank, könne nicht mehr arbeiten, und er sei ein «dahingegangener Schriftsteller».[25] Etwa am 26. des Monats wolle er nach Zürich kommen und vor ihrem Fenster pfeifen.[26] In den rund zehn Tagen bis zu seiner Abreise am 7. September nach Wien ins Parksanatorium lernten sich die beiden näher kennen, und Tucholsky richtete sich bei ihr bereits häuslich ein. «Ich habe Dich in mein Herz geschlossen, und es soll Dir schön gehn»[27], schrieb er ihr aus Wien und beschäftigte sie gleich als Sekretärin: Sie solle sein Geld und den Dokumentenkoffer nachschicken, ebenfalls seine Post und seine Schreibsachen auf ihrem Schreibtisch, die gewaschene Wäsche könne aber bei ihr bleiben und so weiter. «Entschuldige bitte, daß ich Dir so viel Mühe mache – aber es ist gern geschehn.» Ansonsten berichtete er seiner ärztlichen Freundin von der Behandlung und seinem miesen Zustand («In mir regnet es heftig. So jung und schon so verblödet...»[28]), freute sich «ein Loch in den Bauch» über den Besuch von Karlchen, machte bissige Bemerkungen über gemeinsame Bekannte, die Bürokratie und seine Lektüre. Er betete zum «heiligen Äskulap», daß er ihn wieder gesund mache, denn er wolle ihr «doch mal den Peter vorführen, wie er wirklich ist».[29] In der Nacht des 8. Oktober kam er in Zürich an und zog wohl gleich bei Nuuna in der Florhofgasse 1 ein, auch wenn er dort amtlich erst ab 28. November gemeldet war.[30] Der Pedant Tucholsky brachte in ihre Wohnung ziemlich schnell den lieben «Ordnungsgott», er erzog sie zur Ordnung, und sie bedankte sich später dafür: «Ich brauche wieder mal eine feste Männerhand, sonst verschlampe ich, und Du erziehst mich so schön.»[31]

In Zürich lebte Tucholsky relativ zurückgezogen, ging oft wochenlang kaum aus dem Haus, aber er war durchaus kein «von Schmerz gepeinigter Heimwehkranker», «kein armes Nervenbündel, das mit Stirnhöhlenkatarrh im Odeon saß und dichtete», wie sich Nuunas Schwester erinnerte.[32] Wenn er mit Nuuna oder ihrer Familie zusammen war, blühte er richtig auf und vergaß zeitweise sogar, daß er krank war.[33] «Ob er erzählte – und der Himmel weiß, daß es einen besseren Raconteur nicht geben konnte –, ob er flink und ‹maschinengenäht› Klavier spielte, ob er am Flügel spitze Chansons zu den Tagesfragen sang, Chansons, die er mühelos aus dem Ärmel schüttelte, oder ob er am Tisch mit Donnerstimme rief ‹Brot! Sofort!› und sich dann, nachdem wir ihm mit zitternder Hand das Verlangte gereicht hatten, einen imaginären Feldwebelschnurrbart strich und dazu halblaut und selbstzufrieden bemerkte ‹Na. Man *ist* doch noch wer!›... man war am laufenden Band fasziniert und vor allem lachte man bis man ganz aufgeweicht war.»[34] Zu Scherzen war Tucholsky oft aufgelegt, einige Briefe, die in Zürich von Zimmer zu Zimmer gingen, lassen noch etwas davon ahnen, welche Feuerwerke er da abbrannte. Da will er ihr als «Klaviererzeugung A. Pechstein» aus Zürich an der Züre einen «Liliput-Super-Extra-Gala-Kammer-Flügel mit selbsttätiger Fugen-Vorrichtung, eigenhändigem Blasbalg und Wasser-Spülung sowie elektr. Wecker für längere Symphonien» verkaufen[35] oder er parodierte den berühmten Brief Gottfried Kellers an die «schöne Winterthurerin» Luise Rieter: «Sie sind das aller 1. Mädchen, dem ich meine Liebe erkläre, obgleich mir schon mehrere über den Weg gelaufen sind, aber wenn Sie mir nicht neulich bei Ihnen im Bett so freundlich begegnet wären, hätte ich mich gar nicht getraut, Ihnen etwas zu sagen.»[36] Wie schon in Comologno brachte Tucholsky auch hier die Leute zum Lachen, spielte er den Pausenclown, der mit Witzen seine Gefühle totlachen wollte. In noch viel drastischerem Maße galt jetzt der Satz, den er Mitte der zwanziger Jahre bereits zu Claire Goll gesagt hatte: «ich habe das Lachen des Clowns, aber innen weint es.»[37] Denn zum Lachen war seine Situation wirklich nicht.

Seit Monaten war seine Produktion erlahmt, das Theaterstück «Christoph Kolumbus» war glorreich durchgefallen, er war krank[38] und endgültig ohne Zukunft, seit am 30. Januar 1933 die Nationalsozialisten die Macht in Deutschland übernommen hatten. Den Massenverhaftungen nach dem Reichstagsbrand am 28. Februar fiel auch Carl von Ossietzky zum Opfer, zahlreichen Gesinnungsfreunden Tucholskys gelang es buchstäblich in letzter Sekunde, aus Deutschland zu fliehen. Über das, was sich da in Deutschland abspielte, gab er sich keinen Illusionen hin. Der Hoffnung vieler Emigranten, daß der «braune Spuk» bald zu Ende sei, setzte er entgegen: «Man kann für eine Majorität kämpfen, die von einer tyrannischen Minorität unterdrückt wird. Man kann aber nicht einem Volk das Gegenteil von dem predigen, was es in seiner Mehrheit will (auch die Juden). Viele sind nur gegen die Methoden Hitlers, nicht gegen den Kern seiner ‹Lehre›.»[39] 1925 hatte er in seinem Artikel über «Emigranten» bereits festgestellt, daß in diesen falschen Hoffnungen eine leise Komik liege: «alle sitzen hier und warten, daß ihr gesetzwidriges, akutes, momentanes Regime nun aber ganz bestimmt in diesen Tagen endlich zusammenbreche. Es bricht aber nicht. [...] Und es ist ja begreiflich, was sie zu ihren Weissagungen veranlaßt: nur wenige Menschen können sich vorstellen, daß es ohne sie geht. Ich nicht mehr dabei...? Die Welt stürzt zusammen! Sie wandelt aber still weiterhin ihren Plan.»[40] Dieses Bild aus Pariser Tagen vor Augen, kam Tucholsky nun zu dem Schluß, daß «man als anständiger Mann abzutreten» und «das Maul» zu halten habe: «Gegen einen Ozean pfeift man nicht an.»[41] Alles andere seien Luftschlösser. Aus diesem Grund wollte er sich auch nicht an der Emigrantenliteratur beteiligen, die ohnehin nur den Charakter verderbe.

In Deutschland überschlugen sich die Ereignisse: Erste Konzentrationslager wurden eingerichtet, die letzten Wahlen Anfang März ergaben trotz Terror gegen die Linksparteien nur eine knappe Mehrheit für das «Kabinett der nationalen Konzentration» aus NSDAP und DNVP. Am 7. März erschien das letzte Heft der «Weltbühne», sie war wie fast alle anderen «linken» Zeitungen und Zeitschriften verboten worden.[42] Anfang April organisierten die «Nazis» einen Boykott jüdischer Geschäfte, für politische Gewalttaten wurde die Todesstrafe eingeführt, im Mai wurden schließlich alle Parteien, außer der NSDAP, aufgelöst. Am 10. Mai legte die «Deutsche Studentenschaft» in einer reichsweiten Bücherverbrennung alles das in Asche, was in den vergangenen Jahren Deutschland Weltruhm eingebracht und nach dem verlorenen Krieg mitgeholfen hatte zur Völkerversöhnung und -verständigung. In seiner Ansprache verkündete der neue Reichspropagandaminister Joseph Goebbels: «Das Zeitalter eines überspitzten jüdischen Intellektualismus ist nun zu Ende.»[43] Und so wurden die Werke fast aller bedeutenden Autoren ins Feuer geworfen: Heinrich Mann, Erich Kästner, Sigmund Freud, Emil Ludwig, Erich Maria Remarque, Alfred Kerr, Theodor Wolff, Georg Bernhard und viele andere. Natürlich gehörten auch Tucholsky und Ossietzky dazu.

Mit einem Schlag war Tucholsky nun sämtlicher Einkünfte beraubt, aber es sollte noch schlimmer kommen: Am 14. Juli 1933 trat ein «Gesetz über den Widerruf von Einbürgerungen und die Aberkennung der deutschen Staatsangehörigkeit» in Kraft. Darin hieß es: wer gegen «die Pflicht zur Treue gegen Reich und Volk verstößt» und die deutschen Belange schädige, verliere die deutsche Staatsbürgerschaft. Am 16. August wurde bei einer Besprechung im Reichsinnenministerium die erste Liste unerwünschter «Volksverräter» zusammengestellt. Es sollte möglichst umgehend gegen «besonders bekannte Persönlichkeiten der SPD, KPD, ferner von jüdischen und anderen Persönlichkeiten ein Exempel» statuiert werden, «von dem eine abschreckende Wirkung auf die gegen das nationale Deutschland gerichtete und im Ausland festgestellte Wühlarbeit erwartet werden kann». Als Nr. 28 wurde auch Tucholsky vorgeschlagen mit der Begründung: «früherer Mitarbeiter der ‹Weltbühne›, z. Zt. in Prag im SPD.Komitee, schreibt Hetzartikel gegen die nationale Bewegung im Ausland».[44] Am 25. August 1933 stand er mit 32 anderen, darunter Feuchtwanger, Gerlach, Gumbel, Kerr, Heinrich Mann, Münzenberg, Scheidemann, Toller, auf der ersten Ausbürgerungsliste im «Deutschen Reichsanzeiger». Das noch in Deutschland verbliebene Vermögen wurde «hiermit beschlagnahmt».

Einige Betroffene empfanden die Ausbürgerung als «Auszeichnung», Tucholsky sah das etwas nüchterner: «Ich empfinde diese Sache weder als Orden noch als Diffamierung, sondern als Unbequemlichkeit, die mir Laufereien machen wird. [...] Hier liegt keine gesetzliche, sondern eine revolutionäre Massnahme vor, und gegen die habe ich gar nichts», teilte er Walter Hasenclever mit und zitierte am Schluß einen seiner Aphorismen: «Man ist in Europa ein Mal Inländer und 22 Mal Ausländer. Wer weise ist: 23 Mal.»[45] Seinem Bruder Fritz teilte er mit: «Ist mir denn Unrecht geschehen?

Krieg ist Krieg – ich halte alle Maßnahmen, die gegen mich gerichtet sind, für revolutionär erlaubt. Es ist nur schade, daß wir sie nicht angewandt haben.»[46]

Die Emigranten, die in Zürich Zuflucht suchten, mied Tucholsky weitgehend, mit einem Großteil von ihnen wollte er nichts zu tun haben; nur mit wenigen alten Bekannten wie Gerlach, Halperin, Edith Jacobsohn oder Mehring traf er sich noch, manche begegneten ihm auch in der Museumsgesellschaft, in deren Lesesälen mit dem internationalen Presseangebot er oft stundenlang saß und las.[47] Ernst Rowohlt kam für einige Tage in die Schweiz und traf auch mit Tucholsky zusammen: «ich glaube, es war im Juni 1933, als wir in Zürich mit dem unvergeßlichen Dr. Walther Rode, Verfasser des Buches ‹Justiz›, den wir beide liebten, tafelten, schöne Schweizer Schnäpse und Weine tranken und dann stundenlang vor dem Hotel ‹Baur au Lac› auf und ab wanderten und Dr. Walther Rode seine Anklagen gegen Hitler in die Nacht herausbrüllte, so daß uns beiden doch etwas ängstlich wurde wegen der Beschattungen, und wir uns dann schließlich trennten, nachdem wir in der kameradschaftlichen Weise unsere Verlagsverträge – damals dachten wir auf ein oder zwei kurze Jährchen – lösten? Wir ahnten nicht, daß das ein Abschied für immer war.»[48]

Tucholskys «Zuhause» war Nuuna und deren engster Verwandten- und Freundeskreis. Für Zürich und die Schweiz hatte er sonst nicht viel übrig, im Gegenteil: «Nimms mirsch nich ibel: so sehr ich zwischen 12 und halb eins auf die Uhr sehe, wo Du bleibst, so wenig wohl fühle ich mich in Zürich. [...] Es ist schrecklich, es bedrückt mich ungeheuer.»[49] Auch später brachte er Einwände gegen Zürich und die Schweiz hervor, wenn Nuuna wieder zu sehr drängte: «Du bist ein Tropf, so lange weg zu bleiben.»[50] Wenn Nuuna auch oft die Schweiz vor Tucholskys Angriffen in Schutz nahm, manchmal verzweifelte sie doch an der politischen Haltung ihrer Heimat: «Ansonst ist alles widerlich, man fühlt sich im eigenen Lande rausgeschmissen und weiß nur nicht recht, wo man sonst hin möchte.»[51] Tucholskys Herz schlug für Paris oder Dänemark, da gefielen ihm die Menschen und die Atmosphäre besser. Aber beides war zu nahe an Deutschland. Das «neutrale» Schweden hielt er für relativ sicher in einem kommenden Krieg.[52] Die Schweiz hielt er ebenfalls für gefährdet, ein weiterer Grund, Nuunas Wünsche nach einem Zusammenziehen hinhaltend abzulehnen. Doch hierfür gab es nicht nur äußere Gründe.

Das Verhältnis Tucholsky–Nuuna war nicht ganz so unproblematisch, wie es zunächst den Anschein hat. Zumindest bei Nuuna führte es zu tiefgreifenden Irritationen, Tucholsky hatte sie ein ganzes Stück weit in die Weltflucht mit hineingezogen, und am Ende stand sie als die Betrogene da, als die Verliererin. Wie vorher schon Mary Tucholsky hat sie wohl nie ganz verstanden, was da mit ihr passierte, sah mit ihrer Anständigkeit und Geradlinigkeit in Tucholsky noch einen ebenbürtigen Partner,[53] als er schon längst am Rande seiner Lebenslügen entlang mäanderte.

Als Tucholsky Ende September 1933 wieder in seiner Villa in Schweden saß, bedauerte er heftig, daß er nicht mit Nuuna zusammen war. Zumindest in den Briefen. Er freute sich zwar, daß die «Meyern», seine schwedische Freundin, rührend um ihn besorgt sei und ihm helfe, aber es wäre ihm lieber, wenn Nuuna das täte.[54] Auch sie klagte in ihren Briefen, daß sie sich in dem Jahr, das Tucholsky bei ihr verbracht hatte, so an ihn gewöhnt habe und nun eigentlich «heimatlos» sei. Aus der sicheren Entfernung «tröstete» er sie damit, daß auch sie für ihn die einzig mögliche Frau sei und daß sie die Mutter seiner Kinder werden solle.[55]

Das waren allerdings jeweils nur kurze Absätze in seinen Briefen, die vielen Klagen über seine Krankheiten und die Ärzte beanspruchten wesentlich mehr Raum. «Sie stehlen mir mein Leben», und er verstecke sich da oben in Schweden, weil er Angst habe, krank und wehrlos sei.[56] Nuuna, der Tucholsky das «Ressort Zuversicht» übertragen hatte, versuchte ihn immer wieder mitzureißen. Er werde da oben noch ganz hypochondrisch, aber beide gehörten doch zur Nation der gewerbsmäßigen Durchhalter, und man könne doch wenigstens versuchen, ob es nicht doch weitergehe. Tucholsky antwortete nur müde: «Was soll denn das heißen: *wir* werden das durchhalten? Nein, nein, ich bin dafür nicht gemacht. Laß mir man.»[57] Diese Resignation zog auch Nuuna mit hinunter, ihre Briefe klangen immer deprimierter. Sie teilte weitgehend die Urteile Tucholskys über den Lauf der Welt und die Schlechtigkeit des ganzen «Packs, das man höflicherweise Menschen nennt»[58]. Auswandern nach Kanada war deshalb eine Überlegung, die gelegentlich auftauchte, und der Traum von einer einsamen Insel wurde eine öfters gebrauchte Formulierung. Aber am meisten bedrückte sie, daß sie allein war. Manchmal hatte sie gar keine Hoffnung mehr, ihn überhaupt noch einmal zu sehen, und sie fühlte sich doch durch ihn von fast allen anderen Menschen entfremdet. «Ich mag niemanden sehen, Du hast mich zu sehr verwöhnt – und ich habe mich so entsetzlich an Dich gewöhnt, mein Dicker, daß mir alles andere zuwider ist, Männer und Weiber.»[59] An ihren Briefen ist deutlich abzulesen, wie ihre Zuversichtsreserven sich aufbrauchten, wie sie sich wieder hochriß, um wieder abzustürzen. Im Februar 1934 langte sie auf einem vorläufigen Tiefpunkt an: «Im übrigen brauchen wir ja Gott sei Dank nicht in dieser Gegend zu bleiben, wenn es gar nicht geht. Mit Jakopp auf einer Wolke zu sitzen und mit den Beinen zu baumeln ist auch nicht übel.»[60] Selbst diese Anspielung auf den 1931 gestorbenen Freund schien Tucholsky nicht im mindesten zu beunruhigen, seine Reaktion bestand aus zwei Zeilen: «Das ist *meine* Depremerie. Das ist nicht Deine Depremerie! J'ai dit. Du sollst aber keine haben – davon werden wir auch nicht schöner.»[61] Und dann ging er sogleich mit Klatsch, dem Geschäftlichen und seinen Beschwerden darüber hinweg.

Nuuna schluckte auch das und schrieb ihm zurück, daß er sich um die Zukunft keine Sorgen machen solle. Wenn es in Schweden nicht gehen sollte, könne man doch außerhalb Zürichs in einem kleinen Häuschen..., bis Ende des Jahres habe sie genug Geld dafür beisammen. Und auch von einer möglichen Heirat schrieb sie, versteckt hinter dem Scherz «Gott behüte». Tucholskys Antwort war nicht sehr ermutigend: «Ach, Nuunchen, mit der Heiraterei... Du bist so dumm, daß man damit ganze Universitäten versorgen könnte.» Er habe doch keinerlei finanzielle Aussichten mehr, und von ihrem Geld zu leben schmecke ihm nicht. Außerdem: «ich lebe wie hinter einer Wand von Schleim, nichts kommt richtig an mich heran, und das ist schrecklich». Damit mochte er nicht unter Leute.[62] Dumm sei sie nicht, schrieb Nuuna zurück, sie habe nur das getan, was man unter zivilisierten und befreundeten Menschen tut. «Du hast hie und da noch so sanft wilhelminische Residuen in diesen Sachen.»[63] In vielen Briefen kam sie auf das Thema zurück: «Da sitzt jeder in seinem Teich und dabei haben wirs doch so gut, wenn wir zusammen sind»[64] oder «Du Esel läßt mich sitzen»[65]. Und dazwischen auch Selbstmordgedanken: es interessiere sie nicht mehr, wie es weitergehe, man müsse das Lokal verlassen, sie finde das Leben völlig idiotisch und so fort.[66] Nuuna hatte ihn «nötiger denn je», aber ihr «Engelsfittich» versteckte sich, entzog sich. Sie wollte nicht immer nur entbehren, dazu war sie zu jung, sie wollte auch lieben, und das «Brot der Liebe», das er ihr immer nur per Post schickte, und das meist auch noch «dick mit Tränen» belegt war, war kein Ersatz. Sie erkannte sehr gut, daß Tucholsky seine Gefühle durch Briefschreiben sublimierte und daß er an ihr «vorbei in die Ewigkeit» blickte. Aber noch kämpfte sie um ihn, und noch konnte sie ihn wenigstens ab und zu sehen.

Weihnachten 1933 war sie einen Monat lang[67] bei ihm in Hindås gewesen, und es wurde ihr schönstes Weihnachtsfest, wie sie schrieb. Am 14. Juni 1934 besuchte er sie für zwei Wochen in Zürich, nachdem er in Challes eine Schwefelkur gemacht hatte. Als er am 29. Juni nach Hindås zurückfuhr, war Nuuna für kurze Zeit wieder davon überzeugt, daß sie doch noch eine ganz erträgliche Zukunft zusammen haben könnten. Sie hatte vorgeschlagen, daß er seine Villa aufgeben und sich vorübergehend, bis die Sache mit der Einbürgerung klappe, zwei Zimmer in Göteborg nehmen solle. Tucholsky hielt dagegen, daß er sich in der Stadt nicht wohl fühlen würde, und er ginge lieber zu einem Bauern oder auf einen kleinen Gutshof an die Ostsee. Das wäre auch billiger.[68] Ob er zu diesen Einschränkungen tatsächlich bereit gewesen wäre, ist fraglich, schrieb er doch noch im Juni 1935, daß es ihm nicht gegeben sei, franziskanisch arm zu leben.[69] Aber ihm war auch ziemlich klar: «Ohne Dich könnte ich ja gar nicht weiter, ich weiß das sehr genau.» Und das belastete ihn, denn es war Nuunas Geld, von dem er bald leben mußte, und er war ein Kleinbürger, wie er schrieb, und überhaupt seien Männer darin komisch.[70]

Dennoch war er nicht bereit, sich einzuschränken, ein bescheideneres Leben zu führen. Sein alter Freund Erich Danehl meinte 1933: «Tucholsky wird an seiner Lebensweise gar nichts ändern. Ihm liegt es nicht, dürftig rumzuknausern. Er wird sein gepflegtes Leben weiterführen, bis der letzte Pfennig weg ist. Und dann wird er sich umbringen.»[71] Ende 1933 löste Tucholsky seine Lebensversicherung bei der Basler Lebensversicherung auf und ließ Anfang Februar den Rückkaufswert von 12 000 Schweizer Franken auf sein Konto bei der Schweizerischen Kreditanstalt in Zürich transferieren. Hedwig Müller überwies ihm davon im Februar 9500 Franken auf sein Konto in

Göteborg, den Rest legte sie für ihn in Wertpapieren an. Wieviel Geld Tucholsky nach 1933 tatsächlich noch besaß, darüber läßt sich nur spekulieren. Aus dem Briefwechsel mit Nuuna geht aber hervor, daß er bereits Ende 1933 erste Schwierigkeiten hatte. Am 24. Januar 1934 forderte sie ihn auf: «Wenn Du was nötig hast, so schreibe.» Noch ging es. Die Summe aus der Lebensversicherung und einige kleinere Gewinne aus der schwedischen Lotterie sicherten seinen Lebensstandard.[72] Aber «die Sache mit dem Geld» bedrückte ihn: «Meine Liebe, Du hast schon einmal einen Nischnutt gehabt, nun den zweiten... mich freut das wenig. ‹Das ist ganz was anders.› Nein, das ist gar nichts andres – denn es kommt immer darauf hinaus, daß Du zahlst. Was in diesem Fall ja sinnlos ist, weil ein Faß ohne Boden.»[73] Nuuna wollte sich auf diese Finanzdebatte gar nicht erst einlassen. Für sie zählte nur, daß sie ihn liebte und ihn brauchte, daß sie in seiner Gegenwart glücklich und ausgeglichen war. «Ich habe Dich doch verdammt nötig, Du blöder Affenpudding»[74], und: «Im Übrigen bist Du mir in dem Zustand lieber und erträglicher als die andern Männer in ihren Glanzzeiten»,[75] war ihre einfache Antwort auf seine wiederholten Einwände, daß er es verspielt habe und daß wohl nichts mehr komme und daß er alles «rechtschaffend satt» habe.[76] Sie brauchten sich gegenseitig, wenn auch aus ganz unterschiedlichen Gründen, und ihre Briefe haben die fast physikalische Gesetzmäßigkeit von Druck und Gegendruck, durch die ständigen Wiederholungen ermüdend und erschreckend zugleich.

Für den Sommer 1934 hatte Tucholsky in der Nähe von Lysekil an der schwedischen Westküste ein kleines Haus am Strand[77] gemietet und mit Nuuna verabredet, daß sie ihre Ferien dort gemeinsam verbringen sollten. Am 4. Juli zog er mit großem Gepäck, Dienstmädchen und Kater Iwan dort ein. Gertrude Meyer hatte in seiner Abwesenheit alles hergerichtet und saubergemacht und war dann nach Paris gefahren.[78] Mitte August kam Nuuna für einen Monat auf Urlaub.[79] Die Stille tat ihr gut, und sie erholte sich blendend. Auch Tucholsky schien seine Krankheiten einigermaßen vergessen zu haben, es ging ihm «recht gut», und er war heiter und witzig wie seinerzeit in Zürich. Einiges deutet darauf hin, daß sich die beiden in Lysekil heimlich verlobten.[80] Kaum war Nuuna abgefahren, verschlechterte sich sein Zustand, und die Briefe wurden wieder zu Krankenberichten. «Wenn Mutter da ist, bassiert das nicht»,[81] schrieb er der «mütterliche[n] Hure meines Herzens» und fügte hinzu: «Hätte ich Dich nie gesehn! Du bist die Klippe, an der mein Leben zerschellt ist.»[82] Nuuna war ihm *zu* nahe gekommen. Mit seinem bekannten Trick der Vermännlichung schob er sie vorsichtig wieder auf Distanz und hob die Liebesbeziehung auf die Ebene einer «freundlichen Männerfreundschaft»[83]: «Nunchen, mir ist natürlich auch viel wöhler, wenn Du da bist, da für Ihnen empfinde: a) [...] eine mütterliche Zärtlichkeit b) große Herzensruhe und c) etwas, was ich ‹freundliche intermittierende Indifferenz› nennen möchte.» Das sei nicht ironisch gemeint, sondern ein Gefühl der guten Stabilität bei gleichzeitiger Freiheit des einzelnen.[84]

Nuuna, die sehr aufgeschlossen und verständnisvoll war, sah das ähnlich. Seine Frauengeschichten waren ihr zwar nicht ganz gleichgültig, aber sie akzeptierte sie, auch wenn ihr diese fast mütterliche Einstellung etwas peinlich war: «wenns Dich nur freut, mir ist sogar diese Sorte Lebensäußerung lieber, als wenn Du so herumsitzest.»[85] Aus Nebenbemerkungen wird aber auch deutlich, daß dieses Verständnis eher ein notgedrungenes oder unbewußtes Zugeständnis war, weil sie wußte, daß sie ihn nur halten konnte, indem sie ihn losließ. Eigentlich hatte sie ein tiefes Bedürfnis nach Beständigkeit, aber das schrieb sie nur einmal offen. Ansonsten versteckte sie es hinter vorsichtigen Formulierungen, denn Tucholskys war ein «Loslasser», wie sie richtig erkannt hatte: «Was aber schlimm ist: Die andern sind mir alle so fremd geworden. Das wäre gar nicht schlimm, wenn Du da wärest, ich brauche ja gar nicht so viel Leute. Aber so!»[86] Daß es für Tucholsky nie nur eine Frau gab, war ihr schon lange bekannt, und seinen schriftlichen Beteuerungen, daß es für ihn «nur Nuna» gebe, konnte sie keinen Glauben schenken. Wußte sie doch, daß sich in Hindås Gertrude Meyer nicht nur um seine Korrespondenz kümmerte, die distanzierend-abwertenden Bezeichnungen wie «die Meyern» oder «die M.» konnten sie nicht täuschen.

Aber Gertrude war wohl nie eine ernsthafte Konkurrenz für Nuuna.[87] Und wenn inzwischen, aufgrund von Gertrudes Schilderungen, beide Frauen als gleichwertig in Tucholskys Leben bezeichnet werden, so ist dieser Darstellung ebenso skeptisch zu begegnen wie der Herabstufung auf eine reine Nur-Sekretärin oder Haushälterin. Die am 19. Januar 1897 in Göteborg geborene Gertrude Meyer[88] kam im Herbst 1930 als Dolmetscherin zu Tucholsky, und es entwikkelte sich schnell eine Freundschaft zwischen ihm und der jungen Schwedin, die die «Weltbühne» las und ein Jahr in Berlin in einer Kunstbuchhandlung gearbeitet hatte. Tucholskys Beziehung zu Lisa Matthias war in dieser Zeit immer schwieriger und unerfreulicher geworden, zum Jahresende 1930/31 zeichnete sich das Ende bereits ab. Nach der endgültigen Trennung von ihr verbrachte er 1931 seinen Sommeraufenthalt mit Gertrude Meyer in England,[89] wo er zusammen mit Hasenclever an dem Theaterstück «Kolumbus» arbeitete. Gertrude verliebte sich in Tucholsky, und sie wurde bald seine Vertraute, Gefährtin und Geliebte. Gleichzeitig wurde sie für ihn aber auch zur unersetzlichen Helferin im fremden Land. Sie begleitete ihn zu Behörden, half ihm beim Ausfüllen der Formulare, übersetzte für ihn, «versorgte das Haus, kümmerte sich um die Dienstboten und organisierte die Post».[90] Scherzhaft nannte er sie denn auch in einer Buchwidmung «Hausmäier Tydde». Bis zu seiner langen Reise 1932 in die Schweiz spielte Gertrude dann tatsächlich in Tucholskys Zukunftsplänen eine Rolle, obwohl auch zu der Zeit ab und zu noch irgendwelche Geliebte aus Deutschland oder Frankreich in Hindås auftauchten. Nachdem er 1932 Nuuna kennengelernt hatte, war für Gertrude in den Überlegungen und Plänen Tucholskys allerdings keine Hauptrolle mehr vorgesehen, wie die Korrespondenz deutlich zeigt. Noch mehr als Nuuna war sie die große Betrogene, die in ihrer Verliebtheit immer noch an eine gemeinsame Zukunft glaubte, nicht wissend, daß er innerlich bereits Mitte 1933 die Weichen ganz anders gestellt hatte.[91]

Aus dem Briefwechsel mit Hedwig Müller läßt sich schließen, daß Tucholsky seit Anfang 1935 seinen Widerstand gegen eine Ehe mit Nuuna weitgehend aufgegeben hatte,[92] auch wenn er immer mal wieder leichte Rückzugsgefechte inszenierte und Angst hatte, in Zürich nur müßig herumzusitzen als überflüssiger Tunichtgut. «Käfer stellen sich in solchen Lagen tot, ich auch.»[93] Im Januar 1935 kündigte Tucholsky sein Haus in Hindås zum 15. April, vereinbarte mit seiner Vermieterin aber eine Verlängerungsmöglichkeit von einem Monat.[94] Er wollte sich an der Ostküste etwas suchen, zwei Zimmer bei einem Bauern oder in einem kleinen Dorf. Das Thema Umzug zog sich wie ein roter Faden durch die Korrespondenz der nächsten Monate. Nuuna plante bereits, ihren Urlaub in die Zeit des Umzugs zu legen, damit sie Tucholsky beim Packen und Einräumen helfen könne. Doch er wehrte ab: das sei ja kein Urlaub, und Nuuna müsse sich doch richtig erholen. Im April wolle er sich auf Wohnungssuche begeben und sie dann «in dem neuen Heim bei Sonnenschein» empfangen.[95] Auch diese Bleibe war allerdings nur als Übergangslösung gedacht für die Zeit, bis Tucholsky die schwedische Staatsbürgerschaft erhalten hätte. Beide hofften, daß dies eventuell schon zum Jahreswechsel 1935/36 erledigt sein und sie dann zusammen ihren «Laden aufmachen» könnten, das heißt, daß Tucholsky in Zürich oder Umgebung mit Nuuna zusammenziehen wollte. Die langwierigen und schmerzhaften Nasenoperationen, die Tucholsky vom Dezember 1934 bis Mai 1935 über sich ergehen lassen mußte,[96] und sein dadurch bedingter schlechter Zustand verhinderten die geplante Wohnungssuche im April, und bei einem erneuten Gespräch Mitte Mai mit seiner Vermieterin konnte er den Mietpreis noch einmal um 240 Kronen herunterhandeln. Da die Miete dadurch im Endeffekt billiger war als ein Umzug, beschlossen Nuuna und Tucholsky, daß er das Haus erst einmal behalten solle.

Hedwig Müller freute sich schon seit Wochen darauf, endlich ihr «Engelsfritzchen» wiederzusehen. Fast in jedem Brief klagte sie ihm ihr Leid, daß er so weit weg sei und sie allein lasse. «Ach Fritzchen, ich wollte, Du wärest hier, es wäre alles so viel leichter. Zu zweit kann man schon eine ganze Menge Idiotien aushalten.»[97] Tucholskys ewiges Klagen, er sei ein Trümmerhaufen und habe Angst, machte sie langsam wütend: «Warum hast Du Angst? [...] Was kann uns wirklich passieren? Nichts ist so schlimm, als die Angst davor und von dieser blöden Angst soll man sich abhalten lassen, noch das bischen Zusammensein zu haben. Manchmal denke ich auch ein bischen (aber nicht sehr): Hier denkt jeder nur an sich, keiner denkt an mich. – So. Aber zwingen will ich Dich sicher zu nichts ...»[98] Nuuna hatte keine Lust mehr, immer nur «Madam Opferlamm» zu sein, sie hatte das Strohwitwendasein gründlich satt. Ihren Urlaub wollte sie mit ihm zusammen verbringen und endlich die gemeinsame Zukunft planen. Auch Tucholsky war froh, daß seine «Klagemauer» kam, denn in ihrer Gegenwart ging es ihm immer spürbar besser. Hinter allerlei Scherzen versteckt, signalisierte er ihr, daß ihr Kommen für ihn Lebensnotwendigkeit war.[99] «Ich bin etwas miede von alles und bedarf Deiner werten Mutterhand sehr.»[100]

Am Pfingstmontag kam Hedwig Müller in Göteborg an. Als sie

einen Monat später wieder zurück nach Zürich fuhr,[101] konnte sie erstmals wieder hoffnungsfroh in die Zukunft schauen. Es hatte zwar einige Auseinandersetzungen gegeben, weil Tucholsky sich so von seinen Leiden überwältigen ließ, aber er hatte anscheinend endlich einer Heirat zugestimmt. Er wolle noch an die Ostsee, um nach den gelungenen Operationen seine Nase ganz zu heilen, und seine Einbürgerung abwarten. Dann würde er endgültig nach Zürich kommen und heiraten. Er habe eingesehen, daß er nun endgültig zu alt sei, um sich «nochmal umzugewöhnen und werde also ‹Ja-ha-ha› mekkern»[102]. Damit die Einbürgerung auch wirklich klappe, versprach er ihr auch, daß er endlich die schwedische Sprache lernen wolle. Dies sei wenigstens ein aktiver Beitrag, den er leisten könne: «ich möchte Dir grade jetzt durch Arbeit und Erledigung dieser Sache da später zeigen, daß es vielleicht doch noch gehn kann.»[103] Vor allem: wenn er wieder eine Staatsbürgerschaft hätte, wäre vieles anders, er wäre nicht mehr von den bürokratischen Schikanen abhängig, könnte sich wieder frei bewegen. Für sein Selbstwertgefühl wäre dies außerordentlich wichtig gewesen.[104]

Gleichzeitig entschuldigte er sich bei ihr, daß er aus einem gänzlich veralteten Drang heraus jedes Gefühl hinter Spaß verstecke und manchmal nicht so könne, wie er eigentlich möchte. Er sei aus dem Gleichgewicht, werde Nuuna aber nicht zu «désabusieren» (enttäuschen) wissen.[105] Tucholsky war die Heiratsabsicht wohl ernst, aber unterschwellig wird deutlich, daß er sich eigentlich nur in sein Schicksal «ergeben» hatte. Daß sich die Rollen umgekehrt hatten – in mehrfacher Hinsicht –, paßte ihm nicht, aber er konnte sich nicht mehr recht dagegen wehren, war «arm wie eine Synagogenmaus»[106]. Sein bürgerliches Wertesystem war auf den Kopf gestellt. Man muß sich nur erinnern, welchen Aufstand Tucholsky 1919 gemacht hatte, weil er angeblich nicht genug Geld für eine bürgerliche Existenz verdiente und Mary Gerold deshalb nicht nach Berlin kommen durfte. Nun hatte er gar kein Geld mehr, und Nuuna hielt sozusagen um seine Hand an. Er sprach zwar ab und zu davon, daß er vielleicht auch wieder arbeiten könne, nur würde er natürlich nicht sehr viel verdienen. Aber schon 1923 war er ja bedrückt und depressiv gewesen, weil die Stellung und Lebensführung als Privatsekretär eines Bankchefs nicht zu ihm passe. Nun sollte er womöglich nur in einem Buchladen arbeiten. Zeitweise hat er sich mit seinem Schicksal wohl abgefunden: «ich werde nie mehr, wie ich gewesen bin – ich weiß das jetzt – wenn Du das ‹Ergebenheit› nennst, dann ist sie es.»[107]

Er wollte schon lange «die alte Kiste», wie er die Villa in Hindås nannte, aufgeben und schrieb immer wieder: «Ich sehne mich da weg»[108], und «Ich möchte nun hier wirklich fertig werden, damit wir uns zusammenbacken können»[109]. Beide empfanden die Situation als Provisorium, Nuuna mehr als Tucholsky. Sie bedauerte, daß sie noch nichts Konkretes unternehmen könne, aber immer wieder schrieb sie über die gemeinsame Zukunft. Sie mache Gymnastik, «damit ich eine gute Figur habe, wenn Du kommst»,[110] freue sich schon darauf, mit ihm ins Berner Land zu fahren und ihm ihre eigentliche Heimat zu zeigen, und immer wieder: «wenn Du hier bist, müssen wir unbedingt...»[111]

Tucholsky ging auf diese fernen Ziele kaum ein. Er war mit Gertrude Meyer an seiner geliebten Ostsee, von der er Nuuna vorschwärmte, ansonsten wechselten sich bei ihm Hoffnung und Todessehnsucht ab: «hier laßt uns sterben. Denn mit dem Leben sehe ich etwas black.»[112] Nuuna reagierte verärgert und heftig: Seine Briefe seien «nicht cheerful», er solle sich nicht so ganz von seinem «Corpus überwältigen» lassen. «Ich mag Dich nicht so – Dein letzter Brief hat mich tief deprimiert. Wenn Du alles aufgibst, woher soll ich's eigentlich nehmen? Ich habe meine täglichen Sorgen, die Ansprüche von Seiten der Familie, die Sorge um Dich, das Alleinsein, wie soll ich eigentlich weiter machen und für Euch alle immer wieder Courage aufbringen? Es ist eigentlich komisch, daß sich das, so lange ich lebe, noch nie ein Mensch überlegt hat. Ich möchte auch gerne einmal ein bischen abladen, bin oft recht müde und mag nicht recht. Es dauert schon so lange und wenn ich ein wenig aufatme, kommt wieder irgend etwas.»[113] Diese Wechselbäder machten sich bei Nuuna jetzt auch körperlich bemerkbar. Sie bekam zu den Depressionen «abscheuliche» Magenschmerzen, konnte tagelang weder sitzen noch gehen, noch liegen.[114] Aber selbst in diesem desolaten Zustand nahm Tucholsky keine große Rücksicht auf sie. Er brauchte sie und «rankte» sich an Nuuna empor,[115] denn schließlich war sie seine «liebe Frau von der Geduld»[116] und für die Abteilung Mut angestellt. Tucholsky befand sich in mehrfacher Hinsicht inzwischen in einer fast ausweglosen Lage. Nicht nur seine finanzielle Abhängigkeit von Hedwig Müller und seine gesundheitliche Situation belasteten ihn.

Im Mai 1935 war er schockartig mit der Vergangenheit konfrontiert worden:

«Es war in der Böhn eine Dami, die sah, wenn der Hut die Augen bedeckte, beinah aus wie meine 2. Frau. Es war schrecklich unheimlich; auch, wenn sie schluckte, genau die gleiche Bewegung.»[117] Zwei Monate später gestand er Nuuna, daß er «immerzu» von Mary träume, «was mag das bedeuten?»[118] Was jetzt so eruptiv hervorbrach, hatte sich schon lange angekündigt. Um Mary Tucholsky vor den Übergriffen der Nazis wenigstens einigermaßen zu schützen, waren beide Anfang 1933 übereingekommen, die Scheidung zu beantragen. Es wurde ein «gemeiner Kampf», ein «schamloses Theater», wie Mary Tucholsky ihm schrieb. Tucholsky, der ihr auch den Anwalt in Berlin empfahl, übernahm die ganze Schuld, trotzdem wurde viel «schmutzige Wäsche» vor Gericht gewaschen,[119] die Nazis nutzten die Gelegenheit offenbar weidlich aus. Zwei Tage vor seiner Ausbürgerung wurde die Ehe geschieden, und Mary nahm anschließend wieder ihren Mädchennamen Gerold an. Sie hatte auf jegliche Alimente verzichtet, und auch die Prozeßkosten wollte sie in Raten zahlen, wenn Tucholskys finanzielle Verhältnisse eine Beteiligung nicht zuließen. «Ich möchte nur nicht haben, daß er glaubt, ich ziehe ihm das Fell über die Ohren.»[120] Diese Rücksichtnahme Mary Tucholskys, die im Gegensatz zu Else Weils Verhalten stand, die ihn auch noch im Exil mit Rechtsanwälten und Pfändungsbeschlüssen bedrohte,[121] hatte Tucholsky sehr beeindruckt: «wie die sich benimmt – wenn ich nicht so hingemacht wäre, würde mich das in den allertiefsten Tiefen aufrühren, Ich bin bloß zu müde. Es ist fabelhaft.»[122] Auch in seinen Briefen an Karlchen schwärmte er wieder von Mary, daß sie die einzige Frau sei, «die nie etwas von ihm hat haben wollen».

Karlchen wollte Mary und Kurt Tucholsky wieder zusammenbringen und hatte ihr im Juli 1933 vorgeschlagen, sie solle nach Hindås fahren, da Tucho sie brauche. «Fahren wir zusammen hin, um bei ihm unsere Ferien zu verbringen.»[123] Karlchen versuchte mit allen Mitteln zu kuppeln: Er hielt Mary Tucholsky über ihn auf dem laufenden, schickte Tucholsky Abschriften von Briefen, die Mary ihm schrieb, und vermittelte Grüße hin und her.[124] Auf mehr ließ sie sich nicht ein, denn er war ja nicht mehr ihr Mann, sondern «Hedwigs Patient», aber als sie 1934 in Bellagio am Comer See Urlaub machte, hatte sie Tucholsky ihre Hilfe angeboten.[125] Der Kontakt war also nie ganz abgerissen.

Eine Mitteilung Karlchens vom Juli 1933 wirft zudem ein völlig neues Licht auf die Beziehung Tucholskys zu Hedwig Müller. Danach stand bereits Mitte 1933 fest, daß Mary Tucholsky alles erben würde. «Anfangs waren noch zwei andere Damen mit Ihnen in Erwägung gezogen, aber Sie allein sind geblieben...»[126] Als Tucholsky am 30. November 1935 sein Testament neu schrieb, änderte er es noch in einem entscheidenden Punkt: er hielt fest, daß er «Fräulein Dr. Hedwig Müller, Zürich», 10000 Schweizer Franken schulde, die aus seinem Nachlaß bezahlt werden sollten.[127] Gestrichen war dagegen das sehr persönliche Andenken, das er ihr noch im Testament vom 2. Oktober 1935 zugedacht hatte: seinen Ring «mit der Inschrift ‹Et après›», den er wahrscheinlich sogar von Nuuna erhalten hatte.[128]

Wenn Hedwig Müller bereits Mitte 1933 als potentielle Erbin wieder ausgeschieden war, stellt sich die Frage nach der Ernsthaftigkeit dieser Beziehung, und der Verdacht taucht auf, daß Tucholsky Nuuna brauchte, sich nach ihr sehnte, sie aber nicht wirklich liebte, lieben *konnte*. Vor diesem Hintergrund liest sich der Briefwechsel plötzlich auch ganz anders, wird Tucholskys Zurückhaltung verständlicher. Sicher ist, daß seine Bemerkungen, er habe mit keiner anderen Frau überhaupt bisher gekonnt, und dergleichen unter die Kategorie fallen, die er in anderem Zusammenhang 1934 an Hasenclever so beschrieb: «Wir wissen doch, was man alles zusammenschreibt, wenn man eine haben will...»[129] Waren es also wirklich Liebesbriefe? Oder war Nuuna nicht doch hauptsächlich nur «Klagemauer», an die er seine politischen Leitartikel heftete und seine Krankheitsbulletins? War Nuuna darüber hinaus mehr als seine Sekretärin in Zürich, die für ihn die Korrespondenz regelte, Zeitschriften und Bücher besorgte, seine Konten verwaltete und ihm lästige Dinge möglichst vom Hals hielt? Eine Reduzierung auf diese Rollen wäre unfair und falsch, auf seine Art liebte Tucholsky Nuuna wohl wirklich, aber es war die komplizierte Liebe eines eigentlich Beziehungsunfähigen. Das Nebeneinander des Herbstes 1935, seine Träume von Mary und seine gleichzeitige Bereitschaft zu einer Heirat mit Nuuna, während er mit Gertrude auf Gotland Urlaub machte, zeigt dies mehr als deutlich. Jede dieser Frauen war für Tucholsky eine Klammer ans Leben, die er verzweifelt festzuhalten suchte. Aber letztendlich war er doch ein «Loslasser», und keine der Klammern reichte zum Überleben.

Im Oktober 1935 hielt Tucholsky seine Deckadresse für kompromittiert, und nachdem einige Tage keine Briefe von Nuuna gekommen waren, dachte er, um «die Korrespondenz sei es geschehen». «Ich bin mir wirklich vorgekommen wie der verlorene Sohn [...] Es war einfach aus, und ich dachte: Nun hat es überhaupt keinen Sinn mehr.» Er hatte Angst, «daß auch nur ein Gran in meinem und unserm Leben anders sein sollte, weil jenne das so wollten.» Und ohne die üblichen Witze, hinter denen er seine Gefühle sonst verbarg, schrieb er ihr, daß er sie «furchtbar lieb habe»: «Dies ist nicht das Brot der Liebe, sondern es kam aus tiefstem Bauche. Du bist meine Nuna.»[130] Einen Monat später betonte er nochmals, daß dies eine «ernstgemeinte Liebeserklärung» war.[131] Im beigelegten Q-Tagebuch findet sich allerdings auch ein Zitat von Kierkegaard: «Er liebte sie nicht – er sehnte sich nur nach ihr»,[132] das sowohl für Mary Tucholsky als auch für Hedwig Müller gelten konnte. Am nächsten Tag schrieb er in sein Sudelbuch: «Ich habe nur eine Frau in meinem Leben geliebt, und ich werde mir nie verzeihen, was ich ihr angetan habe.»[133] Ende November schrieb er den bewegenden Abschiedsbrief an Mary Tucholsky: «Die letzten Nächte habe ich im Bett die Hand nach rechts ausgestreckt, da war keiner. [...] Ich weiß, was ich in Ihm und an Ihm beklage: unser ungelebtes Leben. [...] Wenn aber zur echten Liebe dazu kommen muß, daß sie *währt*, daß sie immer wieder kommt, immer und immer wieder –: dann hat nur ein Mal in seinem Leben geliebt. Ihn.»[134]

Einen Tag bevor er sein Testament änderte und darin Nuuna sogar das persönliche Andenken entzog, schnitt er ihr gegenüber das Thema Heirat erneut an. Es sei ihm in der Wiege auch nicht gesungen worden, daß er in «eine Familie hinein heiraten muß, wo der Vidam nicht mal Hauptmann ist».[135] Seine Briefe wurden in dieser Zeit immer drängender: «Nunchen, wenn Du glaubst, daß es mir Spaß macht, Dich so allein zu wissen, dann ist das Ürrtum, Ürrtum. Schon aus Egoismus, wenn Du mir nichts andres glauben willst.» Er habe alles «bis zum Sterben satt», aber mit Nuuna ginge es leichter, und er hätte doch noch die Zuversicht, wieder gesund zu werden. «Mich hält wirklich die Hoffnung aufrecht, das hier zu liquidieren und herunterzukommen.»[136] Nachdem ihm am 30. November abgeraten wurde, schon jetzt vor Ablauf der Sieben-Jahres-Frist einen Einbürgerungsantrag zu stellen,[137] kam er auf Nuunas Angebot, ihn in der Schweiz unterzubringen, noch einmal zurück, «und zwar unter der Voraussetzung, daß der Bursche heiratet». Die andere Möglichkeit sei, daß er in Schweden bleibe und abwarte, aber an Hindås halte ihn «nichts, nichts und abernichts – es sind im Gegenteil 365 Gründe im Jahr dafür da, abzureisen, im Schaltjahr 366»[138]. Erst nach fast zwei Wochen kam die ersehnte Antwort, aber sie war anders, als Tucholsky erhofft hatte: Statt des erlösenden «Komm her» schlug sie ihm vor, in Schweden zu bleiben und die Einbürgerung abzuwarten.[139] Seine letzten Hoffnungen hatten sich damit zerschlagen, er war für eine unabsehbare Zeit weiter an das ungeliebte Schweden gefesselt, wobei sicherlich noch das Gefühl hinzukam, daß Nuuna ihn zurückgestoßen habe.[140] Unterschrieb er Anfang Dezember noch hoffnungsvoll seine Briefe mit «Ich liebe Dich sehr [... und] heiße achtungsvollst und für meine Verhältnisse direkt zärtlich Hasenfritzli»[141], nach ihrer zurückhaltenden Antwort wurden seine Briefe deutlich kühler: «ich gedenke Deiner und denke mir meines».[142] Zum Abschied kein persönliches Wort mehr, kein Dank, nur noch Tagebuchblätter über die politische Weltlage und sein letztes, vergebliches Aufbäumen.[143]

Das Nebeneinander dieser verschiedenen Handlungsabläufe und Zitate macht deutlich, in welcher inneren Widersprüchlichkeit sich Tucholsky befunden hat. Während die Gedanken und Erinnerungen an seine ehemalige Frau Mary auf ihn einstürzten, sprach er mit Nuuna über eine eventuelle Heirat. Da er festhielt, daß er in seinem Leben nur Mary Tucholsky wirklich geliebt hat, stellt sich die Frage, ob die geplante Heirat mit Nuuna lediglich eine Vernunft- oder Zweckehe gewesen wäre. Die Parallele zur überstürzten Hochzeit mit Else Weil drängt sich unwillkürlich auf. Nicht, daß er Hedwig Müller nicht geliebt hätte, aber wieder einmal schob sich vor das Erreichbare, Mögliche die Sehnsucht nach dem Unerreichbaren.

DREIZEHN

Wenn tot, werde ich mich melden.
Kurt an Mary Tucholsky

Dieser am 6. Februar 1933 geschriebene Satz – trotz seiner Komik durchaus ernst gemeint, denn in dieser Zeit regelte Tucholsky seinen Nachlaß und bestimmte Mary Tucholsky zur Alleinerbin – sollte knapp zwei Jahre später bittere Wirklichkeit werden. Tucholsky spielte seit 1921/22 immer wieder mit dem Gedanken an Tod und Selbstmord, seit 1932 häuften sich die diesbezüglichen Briefstellen und Buchwidmungen. Als er dann in der Nacht des 21. Dezember 1935 im Sahlgrenschen Krankenhaus in Göteborg starb, deutete denn auch alles auf einen Selbstmord hin. Aber seither ist auch nie das Gerücht ganz verstummt, Tucholsky sei von den Nazis umgebracht worden. Walter Mehring etwa schrieb im Februar 1953, daß Tucholskys Schwager ihm Indizien mitgeteilt hätte, die durchaus «auf die Möglichkeit eines politischen Mordes hindeuteten».[1] Die «Berliner Illustrirte Zeitung» fragte noch Anfang November 1992 unter Bezug auf die Tucholsky-Biographie von Helga Bemmann: «war es möglicherweise ein politischer Mord?»[2]

Selbstmord? Mord? Für beide Thesen gibt es keine stichhaltigen Beweise. Die Legendenbildung à la Heine, Tucholsky sei aus Verzweiflung über Deutschland[3] gestorben, hat dazu geführt, die näheren Umstände seines Todes nicht genauer zu untersuchen. Dabei gibt es zahlreiche Widersprüche und Ungereimtheiten.

Für den Selbstmord spricht sehr viel: Tucholsky hatte bereits mindestens einen Suizidversuch hinter sich, er war psychisch sehr labil und klagte zunehmend darüber, daß alles keinen Sinn mehr habe, daß es zu Ende sei und er keine Lust mehr habe. Am 10. Juli 1934 etwa hatte er Nuuna mitgeteilt: «Kapitel Lehmsmut: gestern habe ich wirklich und warrhaftig gedacht, nun kommt hier aber nicht mehr viel. Der Übergang wäre ganz leicht gewesen.» Bereits im Februar 1932 hatte er Mary Tucholsky sein Buch «Fromme Gesänge» mit einer Widmung geschickt, die in ähnlicher Form noch einmal ganz hinten im Sudelbuch steht: «Wenn ich heute davon müßte, würde ich sagen: ‹Das war alles –?› und: ‹Ich habe es eigentlich nicht so richtig verstanden.›»[4] Von seinen Hoffnungen ließen die letzten Monate des Jahres 1935 nicht mehr viel übrig: Eine schnelle Einbürgerung war in weite Ferne gerückt geworden und hatte den geplanten baldigen Umzug nach Zürich auf unbestimmte Zeit verzögert; die Anbiederung einstiger Weggenossen an die Nazis hatte ihn maßlos enttäuscht und die Angriffe Hamsuns auf Ossietzky derartig verbittert, daß er sogar sein jahrelanges Schweigen aufgeben wollte. Deprimierend muß für ihn dann die Erfahrung gewesen sein, daß er, einst einer der bestverdienenden und gefragtesten Autoren, nun nicht einmal mehr ohne Honorar einen Artikel unterbringen konnte.[5] Hinzu kamen die Geldsorgen, seine finanzielle Abhängigkeit von Nuuna. Ein weiterer wichtiger Faktor war sicherlich seine Unentschlossenheit, seine innere Zerrissenheit in den Verhältnissen zu Mary Tucholsky, Hedwig Müller und Gertrude Meyer. Die Liaison mit dem «Fröken» Gertrude, die er zu dieser Zeit in seinen Briefen als «Zicke» bezeichnete, war für ihn – zumindest emotional – nicht mehr tragfähig. Er wollte nur noch weg aus Hindås, am liebsten zu Nuuna nach Zürich, notfalls auch an die Ostsee zu einem Bauern. Gertrudes spätere Behauptungen, daß er mit ihr in den Flügel eines alten Schlosses umziehen und sie heiraten wollte, sind nachträgliche, sicherlich verständliche Wunschträume.[6] Bestehen bleibt, daß er Ende 1935 für seine Exfrau Mary Gefühle hegte wie etwa 1922/23, daß er aber gleichzeitig seinem Freund Karlchen mitteilte, er und Nuuna wollten im nächsten Jahr heiraten.[7] Ein Zwiespalt, der ihn sicher psychisch sehr belastete.

Tucholskys Tatendrang in den letzten Tagen vor seinem Tod – er dachte über ein Volontariat in einem Verlag oder in einer Buchhandlung nach und wollte im Fall Hamsun/Ossietzky zuschlagen, «daß die Funken stieben»[8] – spricht nicht gegen den Selbstmord. Gerade die kurzfristig aufflackernden aktiven Phasen sind gefährlich, denn zum Suizid sind Aktivität und große Willenskraft erforderlich, die ein absolut depressiver, apathischer Mensch meist nicht aufbringen kann.[9]

Die Möglichkeit, daß Tucholsky aus Versehen Selbstmord verübte, ein Phänomen, das in der medizinischen Literatur seit vielen Jahren unter dem Namen «Tablettenautomatismus» durchaus bekannt ist,[10] wurde bislang überhaupt noch nicht in Betracht gezogen, obwohl sich damit viele der offenen Fragen erklären ließen. Seine Klagen über Schlafstörungen ziehen sich durch viele Briefe, seine Vorlieben für Rotwein und Whisky sind bekannt. Seit seinem Krankenhausaufenthalt im Oktober 1935 konnte er ohne Medikamente überhaupt nicht mehr einschlafen. Hat sich der Körper aber einmal an die Einnahme von Barbituraten gewöhnt, muß die Menge in der Regel immer weiter erhöht werden, und der Abstand zwischen einer den Schlaf herbeiführenden und der tödlichen Dosis wird gefährlich gering. Die Kombination mit Alkohol ist überdies extrem gefährlich und kann ohne weiteres zu einer tödlichen Kettenreaktion führen. Es wäre also durchaus denkbar, daß Tucholsky in den frühen Stunden des 21. Dezember auch mit der üblichen Menge Schlafmittel nicht richtig einschlafen konnte; durch Alkohol und Veronal schon müde und benebelt, nahm er eine weitere Dosis, die dann allerdings tödlich wirkte, ohne daß er dies wollte.

Diese Version setzt jedoch voraus, daß einzelne Äußerungen von Gertrude Meyer-Prenzlau nicht ganz zutreffen. In der Tat sind Zweifel hinsichtlich einiger ihrer Angaben anzumelden. So stimmen beispielsweise einige Aussagen aus den Jahren seit 1978 nicht mit früheren Briefen überein, manches ist nachweisbar falsch.[11] Außerdem gab sie in den Gesprächen selbst immer wieder an, daß die Ereignisse nun schon so lange zurücklägen und sie sich nicht mehr genau erinnern könne. Ohne ihr eine böse Absicht zu unterstellen, ist es durchaus vorstellbar und nicht ungewöhnlich, daß sie sich im Laufe der vielen Jahre eine etwas verklärte Geschichte zurechtgelegt hatte, an die sie schließlich selber glaubte. Sie liebte Tucholsky, und er war im Begriff gewesen, sie zu verlassen und eventuell eine andere zu heiraten. Daß sie dies nicht wahrhaben wollte und die große Enttäuschung immer mehr zugunsten eines für sie positiven Bildes ihrer Beziehung zu Tucholsky verdrängte, ist nur zu verständlich.

An einem Beispiel läßt sich sehr gut verdeutlichen, wie ein bestimmtes Ereignis sich in der Vorstellung Gertrude Meyers veränderte. In ihren Schilderungen berichtete sie immer wieder, daß in Hindås Spitzel aufgetaucht seien, die sich nach Tucholsky erkundigt hätten. Nachdem sie sich auch an das Dienstmädchen herangemacht hätten und es aushorchen wollten, bestellte Gertrude Meyer «als Sekretärin» im Auftrag Tucholskys in Göteborg Polizeischutz. Eine Woche lang sei nun das Haus von einem Polizisten mit Hund bewacht worden, danach legte Tucholsky sich angeblich selbst mit einer Pistole bewaffnet auf Lauer.[12] In ihrem Gespräch mit Gerhard Zwerenz betonte sie ausdrücklich, daß dies gleich nach der Ermordung von Theodor Lessing passiert und Tucholsky deshalb sehr besorgt gewesen sei.[13] Die Realität war jedoch wesentlich weniger dramatisch, Tucholsky nannte es sogar eine hochromantische Angelegenheit: Im Oktober 1934, also über ein Jahr nach Lessings Ermordung, kündigte Tucholsky seinem Dienstmädchen, das er als herrschsüchtig und erpresserisch bezeichnete. Am 15. Oktober hatte diese angeblich Schritte vor der Küchentür gehört, und Tucholsky ging mit der Pistole hinaus, aber da war nichts.[14] Am 8. November berichtete er Nuuna, daß er etwas besorgt sei und das Gefühl habe, hier sei etwas nicht in Ordnung. Beunruhigt war er über geöffnete Briefe[15] und über den Brief eines Deutschen, der ihm direkt aus Göteborg geschrieben hatte und von dem er annahm, daß er eventuell ein Nazispitzel sei. Am 12. November schickte Tucholsky dann einen ausführlichen Bericht über die Ereignisse an Nuuna: Jemand hatte Sand ans Fenster geworfen, und ein unbekannter Klingler war nachts am Werk. Tucholsky verdächtigte das rausgeworfene Dienstmädchen und bestellte sich einen «Mann mit Hund»[16]. In der Nacht blieb es jedoch ruhig, aber der Mann sollte noch einen Tag bleiben. Am 15. November setzte sich Tucholsky mit der Polizei und seinem Anwalt in Verbindung, um die «erpresserische Haushälterin» verwarnen zu lassen, und am 18. November berichtete er, daß ein Mann sein neues Dienstmädchen angesprochen habe: «Lange werden Sie da nicht bleiben.» Am 24. November war die «romantische Angelegenheit» dann für ihn abgeschlossen: es seien auch andere Dienstmädchen angesprochen worden, ansonsten sei aber nichts mehr vorgekommen.[17] In Gertrudes Erinnerung hatte dieses Vorkommnis eine dramatische Steigerung erfahren, die mit den tatsächlichen Geschehnissen nur noch sehr bedingt übereinstimmt.

Vor diesem Hintergrund klärt sich vielleicht auch die Aussage Gertrude Meyers, daß neben Tucholskys Bett *drei* Abschiedsbriefe gelegen hätten, darunter einer an Hedwig Müller sowie ein dreiseitiger an sie selbst. Dies ist mit Sicherheit falsch. Bei ihrem Besuch 1936 in Berlin, wo sie sich auch mit Mary Tucholsky traf, erzählte Gertrude Meyer noch nichts von drei Abschiedsbriefen. Zeitweilig behauptete sie sogar, daß sie gar keine Briefe von Tucholsky bekommen habe, denn in Hindås hätten sie natürlich keinen Briefwechsel geführt. Später erklärte sie dann, daß sie alle seine Briefe verbrannt habe.[18] Auch Hedwig Müller hat nach eigenen Aussagen nie einen Abschiedsbrief bekommen, sie wußte nur von dem an Mary Tucholsky.[19] Sie war sogar sichtlich enttäuscht, daß sie im Testament lediglich mit den geschuldeten 10000 Franken genannt war und als letztes von Tucholsky nur eine kleine schwedische Holzziege bekam mit dem Zettel: «Die Ziege der Ziege.»[20] Diese Ziege hat allerdings keine negative Bedeutung. Tucholsky hatte die neue Frau von Karlchen, ohne sie zu kennen, als Ziege bezeichnet. Daraufhin schrieb ihm Nuuna zurück: «Schließlich ist jede Frau jemandes Ziege, so auch ich, und Du würdest es an Karlchen auch nicht gern haben, wenn er gegen mich unfreundlich wäre.»[21] Die Holzziege war also eine verspätete Anspielung auf diesen Brief.

Den Zettel, der laut Gertrude auf Tucholskys Nachttisch gelegen haben soll, mit den Worten «Laisse-moi mourir en paix», hat kein anderer gesehen. Selbst Hedwig Müller, die im Januar 1936 in Hindås war, kannte ihn nur aus späteren Erzählungen von Gertrude. Daß dieser Zettel verschwunden sein soll – von Gertrude verbrannt –, ist um so erstaunlicher, als sie selbst die Sargkarte des Beerdigungsunternehmens Flodin & Uhrbom aufgehoben hatte.[22]

Auch die folgenden Aussagen sind zumindest widersprüchlich: Über die Vorgänge am Todestag gibt es von Gertrude verschiedene Schilderungen, die teilweise erheblich voneinander abweichen. Da wir aber nur ihre Aussagen haben, sollen sie hier kurz aufgeführt werden.[23] Im Gespräch sowohl mit Zwerenz als auch mit mir erzählte Gertrude, daß sie am 21. Dezember etwas später als gewöhnlich zu Tucholsky ging, da sie die Weihnachtsvorbereitungen in ihrem Elternhaus aufgehalten hätten. Bei anderen Befragungen erinnerte sie sich dann noch daran, daß Tucholsky sie am Abend des

20. Dezember gebeten habe, am nächsten Tag später zu kommen, da er ausschlafen wolle.[24] Sie sei am darauffolgenden Tag deshalb erst so gegen 15 oder 16 Uhr in der Villa von Tucholsky angekommen. Da er noch nicht aufgestanden war, sei sie nach oben zum Schlafzimmer gegangen, habe an der verschlossenen Tür gehorcht und ein Röcheln gehört. Daraufhin habe sie den Taxichauffeur angerufen, der sehr nett gewesen und sofort gekommen sei und die Tür aufgebrochen habe.[25] In einem Interview sagte dieser Chauffeur allerdings, daß ihn nicht Gertrude, sondern der Arzt aus Hindås gerufen habe.[26]

Völlig anders die Darstellung gegenüber Elke Suhr. Danach habe sie am 21. Dezember vormittags bei Tucholsky angerufen und vom Dienstmädchen erfahren, daß «der Doktor» noch schlafe. Beunruhigt sei sie deshalb *früher* als gewöhnlich zu ihm gegangen und etwa gegen 11 Uhr dort gewesen. Nachdem sie auf ihr Klopfen keine Antwort erhalten habe, hätte sie einen Arbeiter aus der Nähe geholt, der die Tür aufbrach. Wenn es so war, was geschah aber dann danach?[27] Verständigte Gertrude den Hausarzt, der sich dann um Tucholsky bemühte und schließlich gegen 16 Uhr den Taxichauffeur anrief?

Was geschah am 21. Dezember 1935 wirklich? Fest steht, daß es bisher keinerlei nachprüfbare Beweise für Tucholskys Selbstmord gibt.

Auch für den oft geäußerten Verdacht, daß Tucholsky von den Nazis ermordet wurde, gibt es keinen konkreten Beleg, nur einige äußerst vage und meist lediglich emotional begründete Verdachtsmomente. Beweisbar ist nur, daß sich die Nationalsozialisten auch weiterhin für den Emigranten Tucholsky interessierten. Damit läßt sich jedoch noch keine Mordthese beweisen.[28]

Übrig bleibt ein merkwürdiges Gefühl: Tucholsky hatte zuviel Anstand oder Takt, um sich nicht wenigstens von den wenigen Verbliebenen zu verabschieden. Wenn er seinen Tod so sorgfältig und fast einen Monat lang vorbereitet hätte, wie es der Abschiedsbrief vom November 1935 an Mary Tucholsky anzudeuten scheint, wäre Zeit genug gewesen für weitere Briefe.[29] Walter Hasenclever wollte im Februar nach Hindås kommen, und Tucholsky hatte sich bereits sehr darauf gefreut. Warum hat er sich nicht von ihm verabschiedet? Angeblich hat er ihm zwei Bände mit Goethe-Gedichten hinterlassen.

Aber die Widmung «Für Clever 21/12 1935» stammt nicht von seiner Hand, sie ist von Gertrude Meyer geschrieben worden. Warum verabschiedete er sich nicht von seinem Bruder Fritz[30] und von Karlchen, mit dem bereits ein Treffen für Anfang 1936 fest verabredet war? Und, vor allem, warum nicht von Nuuna, der er so viel verdankte? Nichts von Abschied, im Gegenteil. Die letzten Zeilen des letzten Q-Tagebuchs lauten: «Ich berichte dann weiter; ich muß mal sehn, ob ich man nicht doch etwas drehn kann.»[31] Keine abschließende Zeile darunter, nichts. Im eigentlichen Sinne gibt es also keinen Abschiedsbrief dieses besessenen Briefeschreibers. Selbstmord im Affekt – oder doch aus Versehen? Wir werden es wohl kaum noch klären können.

Als Tucholsky gegen 18 Uhr im Sahlgrenschen Krankenhaus in Göteborg eingeliefert wurde, befand er sich bereits in tiefem Koma. Um 21.55 Uhr starb Kurt Tucholsky.

«Ein großer und klarer Geist auf dieser Erde ist nicht mehr. Ein mutiger Mann, ein liebenswerter Mensch ist vorausgegangen, in des Wortes wahrer Bedeutung», rief Walter Hasenclever seinem Freund nach. «An diesem trüben Londoner Regentag sehe ich erschüttert nach Göteborg, wo Sie ihn heute nachmittag zur letzten Ruhe bringen werden. Ich habe ihn tief und aufrichtig geliebt. Und er wird unverlierbar in meiner Nähe bleiben. [...] Wir werden heute abend eine Totenfeier halten. Wir wollen eine Flasche Burgunder, den Wein, den er am meisten geliebt hat, zu seinem Gedächtnis trinken und am Kamin sitzen. Dann wollen wir eine schöne Seite aus seinen Büchern lesen und einen seiner wundervollen Briefe.»[32]

ANHANG

DANKSAGUNG

Das Buch hätte ohne die Hilfe zahlreicher Personen und Institutionen nicht geschrieben werden können. An erster Stelle sei hier Prof. Fritz J. Raddatz dafür gedankt, daß er mir sämtliche Materialien des Kurt Tucholsky-Archivs zugänglich machte, darunter auch die noch gesperrten Briefe und Tagebücher von Mary Tucholsky; sowie der Hamburger Stiftung zur Förderung von Wissenschaft und Kultur, die mit einem Stipendium die umfangreichen Recherchen erst möglich machte. Ganz besonderer Dank gilt Antje Bonitz, die noch auf die scheinbar abwegigsten Fragen einging und Hinweise auf entlegene Dokumente gab; dem Deutschen Literaturarchiv Marbach, das mich bei meinen Forschungen im KTA großzügig unterstützte; den Professoren Gerhard Kraiker und Harry Pross, die die Entstehung des Buches mit kritischen Kommentaren und Hinweisen begleiteten, sowie Olle Hambert, Gustav Huonker, Ian King, Volker Kühn, Regine Stützner und Uli Thiele, denen ich zahlreiche Hinweise verdanke, und die mir in kritischen Phasen mit Rat und Aufmunterung halfen.

Für Auskünfte und die Überlassung von Dokumenten danke ich Rudolf Arnheim, Gregor Ackermann, Gangolf Arendt, Zenta Bergkvist, Bärbel Boldt, Maren von Bothmer, Eugen M. Brehm, Axel Eggebrecht (†), Bernt Engelmann (†), Harald D. Fischer, Prof. Dieter Fricke, Dr. Gerlinde Grahn, Dr. med. Walter Hepp (†), Peter Jacobsohn, Jörg Jannings, Serge Klarsfeld, Prof. Robert M. W. Kempner (†), Gordon Ludwig, Dr. Hans Detlef Mebes, Inga Melin, Gertrude Meyer-Prenzlau (†), Prof. Hans-Harald Müller, Gunther Nickel, Rosalinde von Ossietzky-Palm, Max Pechstein, Prof. Kurt Pätzold, Theo Pinkus (†), Ellen Presser, Prof. Erwin Ringel (†), Dr. Werner Röder, Brigitte Rothert, Dr. Elke Suhr, Thomas Scherer, Beate Schmeichel-Falkenberg, Christoph Schottes, Dr. Kurt Thalberg, Sonja Thomassen, Hartmut Urban, Jürgen Westmann, Jürgen Wilde, Gerhard Zwerenz.

Herzlich gedankt sei auch den Mitarbeiterinnen und Mitarbeitern der Archive, die bei den umfangreichen Materialwünschen behilflich waren und oft wertvolle Hinweise gaben. Besonders erwähnt seien: Akademie der Künste,

Berlin; Politisches Archiv des Auswärtigen Amtes, Bonn; Berlin Document Center, Berlin; Bundesarchiv, Koblenz und Potsdam; Bundesarchiv-Militärarchiv, Freiburg; Carl von Ossietzky-Archiv der Carl von Ossietzky-Universität, Oldenburg; Deutsches Literaturarchiv, Marbach; Geheimes Staatsarchiv, Berlin; Archiv der sozialen Demokratie der Friedrich-Ebert-Stiftung, Bonn; Germanisches Nationalmuseum, Nürnberg; Hamburger Stiftung für Sozialgeschichte des 20. Jahrhunderts, Hamburg; Archiv der Humboldt-Universität, Berlin; Institut für Zeitgeschichte, München; Kungliga Biblioteket, Stockholm; Landesarchiv Berlin; Landesverwaltungsamt Berlin; Niedersächsisches Hauptstaatsarchiv, Hannover; Oberfinanzdirektion Berlin; Archiv der Schiller-Universität, Jena; Sozialarchiv, Zürich; Staatsarchiv Hamburg; Stiftung Deutsches Kabarett Archiv, Mainz; Stiftung Haus Oberschlesien, Ratingen; Stiftung Preußischer Kulturbesitz, Berlin; Wiedergutmachungsämter von Berlin.

ABKÜRZUNGSVERZEICHNIS

AB	Kurt Tucholsky, Ausgewählte Briefe 1913–1935
AB 2	Kurt Tucholsky, Ich kann nicht schreiben, ohne zu lügen. Briefe 1913 bis 1935
AdK	Akademie der Künste, Berlin-Brandenburg
BArch	Bundesarchiv, Berlin
BDC	Berlin Document Center
BK	Kurt Tucholsky, Briefe an eine Katholikin 1929–1931
BS	Kurt Tucholsky, Briefe aus dem Schweigen 1932–1935
DD	Kurt Tucholsky, Deutschland, Deutschland über alles
DLA	Deutsches Literaturarchiv, Marbach
DT	Kurt Tucholsky, Deutsches Tempo
FG	Theobald Tiger, Fromme Gesänge
GA	Kurt Tucholsky, Gesamtausgabe. Texte und Briefe
GW	Kurt Tucholsky, Gesammelte Werke. Bd. 1–10
HM	Hedwig Müller
IfZ	Institut für Zeitgeschichte, München
KT	Kurt Tucholsky
KTA	Kurt Tucholsky-Archiv im Deutschen Literaturarchiv, Marbach
KTF	Kurt Tucholsky Forschungsstelle der Carl von Ossietzky-Universität Oldenburg
LL	Kurt Tucholsky, Lerne lachen ohne zu weinen
ML	Kurt Tucholsky, Das Lächeln der Mona Lisa
MT	Mary Tucholsky
QT	Kurt Tucholsky, Die Q-Tagebücher 1934–1935
5 PS	Kurt Tucholsky, Mit 5 PS
Pyr	Peter Panter, Ein Pyrenäenbuch
Rep	Kurt Tucholsky, Republik wider Willen
Rh	Kurt Tucholsky, Rheinsberg
SB	Die Schaubühne
SG	Kurt Tucholsky, Schloß Gripsholm
SJ	Siegfried Jacobsohn
TpK	Kurt Tucholsky, Träumereien an preußischen Kaminen
UuL	Kurt Tucholsky, Unser ungelebtes Leben. Briefe an Mary
WB	Die Weltbühne. Wochenschrift für Politik – Kunst – Wirtschaft
ZS	Ignaz Wrobel, Der Zeitsparer

ANMERKUNGEN

Briefe und Dokumente, die keine Quellenangabe haben, stammen aus dem KTA

EINS

1 GW 10, S. 29
2 Salomon Tucholski, geb. am 12. 12. 1830, gest. am 4. 6. 1907. Rosalie Tucholski, geb. am 3. 11. 1832, gest. am 23. 12. 1910.
3 Es gibt mehrere Angaben über das Geburtsjahr von Doris Tucholsky. Auf dem Grabstein im Friedhof Weißensee steht 1869. Anne-Marie Jährig-Tucholsky gibt in ihren Aufzeichnungen 1860 an. In den Deportationsakten von 1942, die in der Oberfinanzdirektion Berlin liegen, und in den Entschädigungsakten im Landesverwaltungsamt Berlin ist als Geburtsdatum der 21. 9. 1861 angegeben. In den Personal- und Haushaltsakten des Reichssippenamtes hat Doris Tucholsky dieses Datum auch selbst eingetragen. (BArch, 15.09 Reichssippenamt) In der Heiratsurkunde ist ebenfalls der 21. 9. 1861 als Geburtsdatum angegeben. (AdK, Berlin Ost)
4 Das Seminar befand sich in der Schützenstraße 8. Diese Angabe findet sich in dem von Doris Tucholsky ausgefüllten Bogen des Reichssippenamts. (BArch, Nr. 15.09)

  Von den insgesamt zwölf Kindern der Familie Tucholski stiegen einige in führende Positionen auf. Der 1870 geborene Georg etwa brachte es vom Angestellten bis zum Direktor der Bode-Panzer-Aktiengesellschaft; Max, 1865 geboren, hatte eine Anwaltspraxis und war als Justizrat in Berlin hoch geschätzt. Drei der Kinder starben kurz nach der Geburt. (Siehe ausführlich: Ellen Milo-Tucholsky an MT, 12. 3. 81; Anne-Marie Jährig-Tucholski an MT, 11. 2. 1960, 13. 4. 1960, 21. 12. 1966. Siehe auch: Helga Bemmann, Kurt Tucholsky. Ein Lebensbild. Berlin 1990, S. 13 f., 51 ff.)
5 Das sogenannte Emanzipationsedikt vom 11. März 1812 bestimmte, daß die in den preußischen Staaten wohnenden Juden und deren Familien als preußische Staatsbürger zu behandeln seien und das Recht hät-

ten, «in Stadt und Land zu wohnen, akademische Schul-, Lehr- und Gemeindeämter zu verwalten». Auch die anderen Berufsbeschränkungen für Juden fielen weitgehend. Lediglich die Zulassung zu höchsten Staatsämtern wurde ausgenommen. Es waren jedoch von «oben» verordnete Reformen, und sie wurden von vielen Gesellschaftsschichten abgelehnt und ignoriert. Noch 1847 drückte Otto von Bismarck seinen Widerstand gegen die Juden mit den Worten aus: «Wenn ich mir [...] einen Juden denke, dem ich gehorchen soll, so muß ich bekennen, daß ich mich tief niedergedrückt und gebeugt fühlen würde, daß mich Freudigkeit und das aufrechte Ehrgefühl verlassen würden...» Viele Menschen bekämpften die Juden weiter als «Vertreter einer neuen Ordnung», die das Alte zerstören würden, und sie machten die Juden für die wirtschaftlichen Fehlentwicklungen verantwortlich. Gerade in dieser Zeit des Umbruchs, der beginnenden Industrialisierung Deutschlands, gab es genug Möglichkeiten der Schuldzuweisung. (Zitate aus: Juden in Preußen. Ein Kapitel deutscher Geschichte. Hg. vom Bildarchiv Preußischer Kulturbesitz, Berlin. Dortmund 1981, S. 157ff.; Eckart Elsner, Juden in Berlin, in: EMUNA, 9. Jg. 1974, Nr. 1, S. 4)

6 Neumann Tucholsky, geb. am 30.12.1824, gest. am 12.7.1896. Rosalie Tucholsky, geborene Heimann, geb. am 11.11.1826, gest. am 21.6.1902.

7 Die Angaben über Neumann Tucholsky beruhen zum Großteil auf dem Artikel von Gustav Erdmann, Familie Tucholsky in Greifswald, in: Norddeutsche Zeitung, Schwerin, 19.7.1968. Außerdem stütze ich mich auf die Aufzeichnungen von Ellen Milo-Tucholsky und Annemarie Jährig-Tucholski.

8 Alfred W. Cohn an MT, 9.7.1956. Nach der Erinnerung von Mary Tucholsky wollte Oskar Cohn eine goldene Uhr versetzen. (MT an Alfred W. Cohn, 18.7.56)

9 Geb. am 8. Juni 1859, am 17. August 1942 nach Theresienstadt verschleppt, dort vermutlich am 29. August 1942 gestorben. (Oberfinanzdirektion Berlin, Archiv. Akten des ehem. Oberfinanzpräsidenten Berlin-Brandenburg über Berta Tucholsky. Akt.Nr. XXVI/13508 U. Darin die Vermögenserklärung von Berta Tucholsky und die Beschlagnahmeakten durch die Gestapo vor ihrer Deportation. Siehe auch BArch, 15.09 Reichssippenamt)

10 Agnes, verh. Frankenberg, geb. am 28.6.1862, gest. 11.4.1927. Flora, geb. am 14.9.1863, gest. am 20.8.1929. Bemmann (S. 54) erwähnt noch einen angeblich weiteren Sohn mit dem Namen Louis (1839–1897), den ich nicht in den Unterlagen ermitteln konnte. Auch Ellen Milo-Tucholsky erwähnt ihn in ihrer Aufzeichnung von 1981 über die Familienmitglieder nicht. Bei Bemmann fehlt dagegen Ida Tucholsky, über die Ellen

Milo-Tucholsky berichtete: verheiratete Meinhard, starb jung, hatte eine Tochter.

11 In der Lübecker Straße 12, 2. Stock, fanden sie eine Wohnung, 1889 zogen sie nach Nummer 13, 2. Stock, um. 1892 konnte die Familie den wachsenden Wohlstand auch nach außen dokumentieren: Sie zog aus der Lübecker Straße über die Spree ans Holsteiner Ufer 46, 3. Stock. Hier, im alten Hansaviertel, wohnten viele wohlhabende jüdische Familien – zumeist aus Westpreußen und Posen. Zwar ging der Blick noch nach Moabit auf die Meierei Bolle und die Fabriken von AEG und Borsig, aber im Rücken lag schon das angesehene Tiergartenviertel, die feine Adresse Berlins. (H. D. Heilmann, Kurt Tucholsky in Berlin. O. O., o. J. [Berlin 1983]; Winfried Löschburg, Kurt Tucholskys Jugend- und Studienjahre in Berlin [1890–1915], in: Berliner Heimat, Zeitschrift für die Geschichte Berlins. 2 / 1960, S. 78 ff.)

12 Daß er ausgerechnet zu dieser Bank ging, hatte vielleicht auch damit zu tun, daß die BHG ihre Angestellten weit besser bezahlte als die anderen Großbanken. Aus diesem Grund kam es selbst während der Revolutionszeit 1918 / 19 in der BHG nicht zu Streiks, wie Felix Pinner berichtet. Carl Fürstenberg selbst machte in nur 20 Jahren ein Millionenvermögen, wie das «Jahrbuch der Millionäre in Berlin» ausweist: Das jährliche Einkommen betrug 1 Million Mark, und das Vermögen belief sich auf 16,3 Millionen Mark.

13 Kurt Pritzkoleit, Bosse, Banken, Börsen. Wien, München, Basel 1954, S. 207 f.

14 Die Lübecker Straße in Moabit, in der Alex und Doris Tucholsky wohnten, gehörte zu einem 1884 errichteten Neubaugebiet für Fabrikarbeiter der in Moabit konzentrierten AEG. Mit ziemlicher Sicherheit wurde diese Siedlung mit Hilfe der BHG erbaut. Es kann deshalb gut sein, daß auch diese Wohnung bereits eine Dienstwohnung war.

15 Die Angaben stützen sich u. a. auf Annemarie Lange, Berlin zur Zeit Bebels und Bismarcks. Berlin 1972, S. 461; Felix Pinner, Deutsche Wirtschaftsführer. Charlottenburg 1924, S. 171 ff.

16 Die Angaben über die Firma Lenz & Co stammen weitgehend aus dem unveröffentlichten Manuskript von Thomas Scherer, Die Aktiengesellschaft für Verkehrswesen. Kleinbahnen, Diamanten, Großbaustellen. Herrn Scherer sei an dieser Stelle für seine freundliche Hilfe gedankt. Weitere Angaben befinden sich bei Lange, Pritzkoleit und im BArch, Bestand BHG.

17 Hier gibt es abweichende Daten. Nach einer Aufzeichnung von Mary Tucholsky zog die Familie schon Ende 1892 nach Stettin um. Bemmann datiert den Umzug auf Ende 1893 und stützt sich dabei auf das Adreß- und Geschäftshandbuch für Stettin.

18 Scherer, S. 23
19 Geschäftsberichte der Aktiengesellschaft für Verkehrswesen 1901 ff.
20 Höhere Angestellte hießen damals in einigen Industrie- und Finanzunternehmen noch Beamte.
21 Todesanzeige der «Beamten der kaufmännischen Abteilung der Firma Lenz & Co., G.m.b.H.» im Berliner Tageblatt Nr. 565, 3.11.1905. Auch die Traueranzeige von Friedrich Lenz ist in dieser Nummer.
22 Gehörte zur Anthracit-, Kohlen- und Kokswerke James Stevenson Aktiengesellschaft. Tucholsky gehörte seit Gründung der Hedwigshütte dem Aufsichtsrat an. Siehe die Todesanzeigen im Berliner Tageblatt vom 4. und 7.11.1905
23 Annemarie Lange, Das Wilhelminische Berlin. Berlin 1967, S. 250. Wie gut die Verbindungen Kolonialamt/Lenz waren, zeigt die «Tippelskirch-Affäre». Der Geheime Legationsrat Hellwig, der wegen grober Vernachlässigung der Aufsichtspflicht in den vorzeitigen Ruhestand versetzt werden mußte, bekam sofort als Entschädigung einen Aufsichtsratposten bei Lenz & Co. (Ebenda, S. 249 f.)
24 Siehe dazu Wolfgang Ruge, Walter Rathenau. Monopolkapitalist, Träumer, Realpolitiker, in: Olaf Groehler (Hg.), Alternative Schicksale deutscher Bürger. Berlin 1987, S. 17ff.
25 Obwohl der Vater beruflich hart arbeiten mußte, nahm er sich möglichst viel Zeit für seinen Sohn, der ihn zärtlich verehrte. Der Vater ermunterte ihn auch zu eigenen Versuchen an den Tasten, später gab ihm dann eine seiner Tanten Klavierunterricht.
26 GW 10, S. 29
27 Bertha von Suttner (1843–1914), Pazifistin, führende Persönlichkeit der internationalen Friedensbewegung. Sie schrieb zahlreiche Arbeiten gegen den Krieg, darunter 1889 den berühmt gewordenen Antikriegsroman «Die Waffen nieder!». 1905 erhielt sie als erste Frau den Friedens-Nobelpreis.
28 GW 10, S. 30. Dieser Brief von Alex Tucholsky ist im Original nicht erhalten. Er könnte nach Diktion und Inhalt auch, wie Zwerenz vermutet, von Kurt Tucholsky sein. (Gerhard Zwerenz, Kurt Tucholsky. Biographie eines guten Deutschen. München 1979, S. 15)
29 Fritz Tucholsky studierte an der TH in Berlin Maschinenbau, während der Inflation 1923 wurde er wie sein Bruder Kurt Bankangestellter. Danach war er Angestellter im Ausstellungs-, Messe- und Fremdenverkehrsamt der Stadt Berlin. (Leiter der Presse- und Werbeabteilung war Karl Vetter. Siehe Kap. 7) Am 22.5.1931 heiratete er die Gewerbelehrerin Gertrud Riesch. Obwohl die Ehe bereits am 3.5.1932 wieder geschieden wurde, blieben beide in engem Kontakt. 1933 von den Nationalsozialisten entlassen, floh er Anfang Mai in die Tschechoslowakei,

im September 1935 emigrierte er über Österreich, Schweiz, Frankreich, Holland und Belgien in die USA. Bei einem tragischen Autounfall starb er am 3. August 1936. (Landesverwaltungsamt Berlin, Entschädigungsakte Fritz Tucholsky) Die Briefe von Fritz Tucholsky an seine geschiedene Frau belegen, wie eng das Verhältnis der Brüder zueinander war. (Abschriften im KTA)

30 Ellen Tucholsky lernte (auf Anraten Kurt Tucholskys) erst Sekretärin, machte dann eine Ausbildung an der Akademie für Mode- und Reklamezeichnungen und arbeitete später als Mode- und Kostümzeichnerin. 1929 heiratete sie gegen den Willen der Mutter den staatenlosen Rumänen Conrad Milo. Anfang August 1933 floh sie nach Frankreich (Menton), von da aus nach Haag in Holland. Dort erhielt sie im Mai 1936 einen Fremdenpaß. Im Oktober 1936 fuhr sie nach Schweden «in Angelegenheiten betr. Tod meines Bruders», im April 1937 mußte sie das Land jedoch wieder verlassen. Vom September 1937 bis Oktober 1938 war sie noch zweimal längere Zeit in Schweden. (Akten des Kungl. Utrikesdepartementet, Stockholm) 1939 zog sie nach Rom, wurde von September 1941 bis September 1944 zwangsweise nach Poppi verbannt. Bis zu ihrer Auswanderung nach Amerika 1947 lebte sie dann noch in Rom. Im gleichen Jahr wurde sie auch von ihrem Mann geschieden, der 1947 starb. Ellen Milo-Tucholsky starb am 11. Juni 1982 in New York. (Landesverwaltungsamt Berlin, Entschädigungsakte Ellen Milo-Tucholsky)

31 Alex Tucholsky an Kurt und Doris Tucholsky, 18. Juni 1899. Die Übersetzung der alten, heute nur noch von Spezialisten zu entziffernden Stenoschrift übernahm ich aus Bemmann, S. 43

32 Lisa Matthias und Gerhard Zwerenz stellten bereits die Vermutung auf, daß Alex Tucholsky jahrelang an den Rollstuhl gefesselt war und an Syphilis starb. (Lisa Matthias, Ich war Tucholskys Lottchen. Hamburg 1962, S. 205/06; Zwerenz, S. 15.) Bislang gab es keine verläßlichen Unterlagen dazu. In ihren Anmerkungen zur Tucholsky-Biographie von Zwerenz bestätigte Ellen Milo-Tucholsky jedoch erstmals diese Behauptung. (Aufzeichnung von Ellen Milo-Tucholsky, «Zur Biographie». Ohne Datum, bei MT am 16.6.1979 eingegangen. Das Original ist nicht mehr auffindbar, eine Kopie befindet sich in einem von Mary Tucholsky für die geplante Biographie zusammengestellten Ordner im Archiv von Fritz J. Raddatz.)

33 Abschrift der Sterbeurkunde vom 1.3.1982. Jürgen Westmann überließ mir freundlicherweise eine Kopie der Urkunde, die er vom Magistrat der Stadt Berlin (Ost) bekam.

34 Ellen Milo-Tucholsky im Gespräch mit Gerd Ruge. Er habe sich sehr um sie gekümmert und immer wieder nützliche Ratschläge gegeben. Im Brief vom 28.2.1979 an Brigitte Rothert, eine Großcousine Tucholskys,

erinnerte sie sich: «Meine Mutter z. B. war empört, als Kurt, schon nicht mehr im Haus lebend, sagte, ich soll tippen u. Stenographie lernen. Und viel, viel später war *das* für mich das fast einzige, besonders hier [in Amerika, MH], womit ich wenigstens etwas verdienen konnte.»

35 BS, S. 107

36 GW 4, S. 455. S. J. ist Siegfried Jacobsohn, der Herausgeber der «Weltbühne».

37 Auch im Hause Tucholsky wurde auf die Einhaltung von Traditionen und gesellschaftlichen Normen geachtet, an denen sich Kurt schon frühzeitig rieb. In der Geschichte «Kindertheater» blitzt etwas von der erträumten Gegenwelt auf, von den Alltagszwängen, die zeitweise eine Abneigung «gegen diese ganze gräßliche Regelmäßigkeit des Hauses» (GW 1, S. 81/82) hervorriefen. Da der Vater oft unterwegs war und gesellschaftliche Verpflichtungen seine Zeit beanspruchten, war die Mutter die jederzeit präsente Autorität, die Kurt Tucholsky bis an sein Lebensende ablehnte.

38 GW 4, S. 153

39 Heinz Ullstein, Spielplatz meines Lebens. Erinnerungen. München 1961, S. 17ff.

40 Franz Kafka, Briefe an Felice. Frankfurt 1990

41 GW 2, S. 123

42 Paul Herre (Hg.), Politisches Handwörterbuch. Leipzig 1923, Bd. 1, S. 893

43 Es kann hier nur darauf hingewiesen werden, daß die Jugendbewegung bald auch einen extrem völkischen Flügel hatte, der später dominierend wurde.

44 Harry Pross, Jugend – Eros – Politik. Die Geschichte der deutschen Jugendverbände. Bern, München, Wien 1964, S. 39

45 Hausaufsatz vom 16. Mai 1906

46 Rousseau, zitiert nach Wilhelm Weischedel, Die philosophische Hintertreppe. München 1975, S. 165

47 UuL, S. 205. Es gibt leider über die Eltern kaum Aufzeichnungen, keinen Briefwechsel oder ähnliches, aus dem Tucholskys Kindheit klarer zutage träte. Die wenigen Briefe der Geschwister vermitteln gewiß einen sehr einseitigen, aber dennoch recht nachhaltigen Eindruck über das Elternhaus, speziell über die Mutter. Was für ein Mensch Doris Tucholsky wirklich war, werden wir nie mehr genau erfahren. Wichtig ist aber, wie Kurt Tucholsky sie erlebt hat, denn das negative Muttererlebnis war bis zuletzt für ihn prägend, und in zahlreichen Briefen und Artikeln kam er immer wieder darauf zurück. Fast alle entsprechenden Stellen aus den vorhandenen Briefen wurden beim Druck weggelassen. Darüber hinaus hat Mary Tucholsky leider zahlreiche Briefe von Ellen

Milo-Tucholsky vernichtet, die Schilderungen über die Mutter enthielten. Einige wichtige sind jedoch erhalten geblieben, der wohl aufschlußreichste allerdings nur in Kopie.

48 Gertrud Riesch-Tucholsky 1957 in einer Notiz für Mary Tucholsky. Siehe auch die Briefe und Aufzeichnungen von Annemarie Jährig-Tucholski und Ellen Milo-Tucholsky.

49 GW 1, S. 81f. 1920 schrieb er in einer Buchbesprechung: «Daß Kinderjahre nicht immer glücklich, nicht immer leicht und kummerlos sind, haben wir gewußt. Es ist töricht, anzunehmen, Sorgen über zerbrochene Puppenköpfe schmerzten nicht so wie die Sehnsucht nach einer ausgerissenen Geliebten. Das ist nur in der Art verschieden – in der Intensität gewiß nicht.» (GW 2, S. 303f.)

50 GW 1, S. 105

51 Siehe dazu den Artikel von Detlef Berentzen, «Wir sind Eltern, du bist Kind – damit basta» in: Psychologie heute, Jan. 1992, S. 36ff. Berentzen behandelt hier ausführlich die Kindheit Tucholskys.

52 «Der Zweck der Erziehung, wie sie heute gang und gäbe ist, besteht (abgesehen natürlich von der Unterdrückung der kindlichen Tätigkeit, soweit sie die Bequemlichkeit der Erwachsenen stört) in der Tüchtigmachung für den Wirtschaftlichen Daseinskampf.» (Gustav Wyneken, Schule und Jugendkultur. Jena 1913, S. 18, 33)

53 Gertrud Riesch bestätigte 1957 in ihren «Notizen über die Familie Tucholsky», daß «das Verhältnis zwischen [der Mutter] und den Kindern wohl immer gespannt gewesen» sein muß. Sie selbst habe Doris Tucholsky aber als sehr freundliche Frau kennengelernt und in der Folgezeit ein relativ gutes Verhältnis mit ihr gehabt. Fritz Tucholsky meinte denn auch: «Du wirst mit der Alten besser fertig als wir drei Kinder zusammen.» Als Ursache der Spannungen im Hause Tucholsky vermutete sie eine Art von Eifersucht: «Der Vater Alex hatte 3 Schwestern, 2 davon unverheiratet. Alle drei vergötterten den einzigen Bruder, der sehr gut aussah und wohl außergewöhnlich begabt und tüchtig war. Und dann kam eines Tages eine junge, hübsche Kusine, die ihnen nicht so sympathisch war oder vielleicht aus dem Grunde nicht war, weil sie ihnen den Bruder wegnahm.» Gertrud Riesch vermutete hier die tieferen Ursachen für die «Reibereien und Spannungen», «die sich in den folgenden Jahren herausbildeten und – leider – immer weiter vertieften und sich auch bei der Erziehung der Kinder auswirkten».

Kurt Tucholsky bestätigt das außergewöhnlich gute Verhältnis des Vaters mit den Schwestern in einem Brief an seine spätere Frau Mary: «Als mein Vater gestorben war, erzählte mir seine Schwester, sie habe so häufig des Tags über empfunden: Das mußt Du Alex erzählen. Sie hatte vergessen, daß er tot war. Und empfand ein Erlebnis erst dann voll, wenn sie es ihm erzählen konnte.» (UuL, S. 270) Genau dieselben Empfindungen hatte Tucholsky nach dem Tod von Siegfried Jacobsohn.

54 KT an Fritz Tucholsky, 31.1.1934

55 KT an Hedwig Müller, 21.10.1934

56 GW 4, S. 214. Im Sudelbuch notierte er dazu: «Allegorie: *Es gibt kein sauberes Zimmer.* (Es wird immer wieder schmutzig. Das ist der Sinn des Lebens.)

57 KT an MT, 4.9.18. UuL, S. 157. Zu den Pseudonymen siehe Kap. 3

58 Klaus-Peter Schulz, Kurt Tucholsky. rowohlts monographien Nr. 31. Hamburg 1959. Zitiert nach der veränderten Auflage vom April 1985, S. 21

59 Roland Links (Hg.), Kurt Tucholsky. Ausgewählte Werke, Bd. 1. Berlin 1983, S. 520

60 Auch dieser Jurastudent wie Tucholsky seit 1909, auch dieser parteiisch für den Vater.

61 KT an Ellen Tucholsky, 6.1.1916

62 KT an Fritz Tucholsky, 3.6.1935. 1918 schrieb er an Mary Gerold: «Ja, von den Müttern. Ich bin so sehr Partei, daß ich mir nicht vorstellen kann – mit dem Gefühl nicht, mit dem Verstand schon, wie es ist, wenn man seine Mutter liebt. Meinen Vater habe ich so geliebt und geachtet, wie Du von Deiner Mutter schreibst – wir verstanden uns ganz, wenn ich auch noch sehr jung war, als er starb.» (UuL, S. 167)

63 KT an Hedwig Müller, 18.1.1935

64 GW 1, S. 215ff. Die Rolle des Mannes in der Familie charakterisierte Tucholsky so: «der Jude hatte einen schmachvollen Frieden geschlossen, denn sein Autoritätsgefühl der Frau gegenüber ist größer, groß bis zur Furcht.» (GW 1, S. 217)

65 Schulz, S. 23

66 Ellen Milo-Tucholsky an MT, 26.8.1966. Da Ellen Milo ein englisch durchsetztes Deutsch schrieb, wurden zum besseren Verständnis stilistische Korrekturen gemacht, die aber den Inhalt nicht verändern! Soweit nicht anders angegeben, stammen die folgenden Zitate und Angaben aus diesem Schreiben.

67 Er war nicht Angehöriger des Auswärtigen Amts, sondern gehörte nur zu einer Delegation, die sich während des Krieges mit der Truppenverpflegung beschäftigte. 1916 gehörte er zur deutschen Delegation in Konstantinopel.

68 Die Zeichnung, datiert mit «27.7.05», ist abgebildet bei Richard von Soldenhoff (Hg.), Kurt Tucholsky 1890–1935. Ein Lebensbild. Berlin 1985, S. 20

69 Hans Richter 1888–1976. Ausstellungskatalog der AdK, Berlin 1982, S. 51

70 Brief vom 23.2.1908. AdK, Berlin Ost, Sammlung Tucholsky. In Kurt Tucholskys Handschrift ist am Anfang des Briefes vermerkt: «Geschrieben auf Veranlassung von Kurt Tucholsky, Bruder und Sohn.»
71 KT an Fritz Tucholsky, 3.6.1935
72 Laut Erinnerung von Mary Tucholsky, zit. nach Bemmann, S. 42
73 MT, Tb 15.4.1918
74 GW 1, S. 217
75 Emanuel Swedenborg, Die Wonnen der Weisheit betreffend die eheliche Liebe. Dann die Wollüste der Thorheit betreffend die buhlerische Liebe. Tübingen 1848
76 Zur besseren Übersichtlichkeit wurden die Zitate Swedenborgs kursiv gesetzt.
77 Siehe die sehr ähnliche Beschreibung in Fontanes «Frau Jenny Treibel»: «Es ist eine gefährliche Person, und um so gefährlicher, als sie's selbst nicht recht weiß und sich aufrichtig einbildet, ein gefühlvolles Herz und vor allem ein Herz ‹für das Höhere› zu haben. Aber sie hat nur ein Herz für das Ponderable, für alles, was ins Gewicht fällt und Zins trägt.» (Theodor Fontane, Frau Jenny Treibel. München 1978, S. 81)
78 GW 2, S. 62
79 Ellen Tucholsky an KT, 10.8.1927. Wann der Urlaub in Paris war, ist nicht mehr festzustellen. Mit Sicherheit jedoch zwischen 1905 und 1911. Somit war Kurt Tucholsky nicht erst 1924 zum erstenmal in Paris.
80 Ellen Milo-Tucholsky, «Zur Biographie». Tucholsky notierte einen Ausspruch seiner Schwester im Sudelbuch: «‹deine Mutter› (Ellen) zum Bruder».
81 GW 4, S. 214
82 GW 1, S. 170
83 KT an Fritz Tucholsky, 17.4.1934
84 GW 4, S. 289
85 KT an Fritz Tucholsky, 5.9.1935
86 KT an Fritz Tucholsky, 3.6.1935
87 KT an Fritz Tucholsky, 3.6.1935. Das Datum dieses Treffens ist nicht mehr zu ermitteln. Möglich scheint mir, daß sie sich bei Tucholskys Rückreise nach Schweden im September 1933 in Paris trafen.

Aus Pietät vor dem grausamen Ende der Mutter im Konzentrationslager hat man bisher Tucholskys dramatisch zu nennenden Mutterkonflikt allenfalls angedeutet. Was bislang auch unbekannt geblieben ist und als tragische Ironie bezeichnet werden könnte: Im August 1933 (siehe KT an Hasenclever, AB, S. 267) emigrierte Doris Tucholsky zusammen mit ihrer Tochter Ellen und deren Mann vor den Nationalsozialisten nach Frankreich. Am 31.8. teilte Tucholsky seinem Bruder die Adresse mit: «Menton (A. M.) Impasses Cabrolles, Pavillon Elisabeth».

Einige Zeit wohnten sie auch zusammen in dem beliebten Kurort an der franz. Riviera, nahe Nizza, aber Ellen Milo ging sechs Monate später nach Holland. Weil Doris Tucholsky ihr restliches Vermögen und ihre Rente nicht aus Deutschland herausbekam und da sie sich ohne Ellen in Frankreich allein fühlte, kehrte sie 1934 wieder nach Berlin zurück. (Siehe dazu Ellen Milo-Tucholsky an Brigitte Rothert, 15.7.1979; «Zur Biographie», Juni 1979.) Wann genau Doris Tucholsky nach Deutschland zurückkehrte, läßt sich nicht mehr feststellen. Am 1. Juli 1934 änderte sie in Berlin ihr Testament. (AdK, Berlin Ost) Da Ellen Milo sie in Frankreich sitzenließ und sich auch nicht von ihrem «unstandesgemäßen» Mann trennte, enterbte Doris Tucholsky ihre Tochter. Am 11. März 1936 unterschrieb Doris Tucholsky eine Verzichtserklärung auf das ihr zustehende Erbe ihres Sohnes und wollte zur Beerdigung Kurt Tucholskys nach Schweden reisen. (Hedwig Müller an MT vom 4.3. und 12.4.1936)

Als Doris Tucholsky am 16.7.1942 mit dem «23. Alterstransport» nach Theresienstadt deportiert wurde, hatten die Nazis bereits ihr ganzes Vermögen beschlagnahmt. Ganze 496,30 RM waren übriggeblieben, die nun auch noch vom Staat «eingezogen» wurden. (Oberfinanzdirektion Berlin. Auskünfte über Doris und Berta Tucholsky vom 1.6.1988) Am 7. Mai 1943 starb Doris Tucholsky im Konzentrationslager Theresienstadt im Alter von 81 Jahren. (Rat der jüd. Glaubensgemeinde in Prag an MT, 23.4.1951. In der Krematoriumsliste von Theresienstadt ist Doris Tucholsky mit der Sarg-Nr. 16.338 verzeichnet.)

88 Cesare Lombroso, Das Weib als Verbrecherin und Prostituierte. Turin 1893, Hamburg 1894. Aus Tucholskys Bibliothek ist von Lombroso noch das Buch «Kerkerpalimpseste» (Hamburg 1899) vorhanden.

89 Otto Weininger, Geschlecht und Charakter. Wien 1903. Tucholsky kam auf dieses Werk mehrfach zurück.

90 GW 2, S. 190

91 KT an Fritz Tucholsky, 3.6.1935: «ich halte sie übrigens für eine Spur imbezill», also mittelgradig schwachsinnig. Als Tucholsky sich im Herbst 1935 im Sahlgrenschen Krankenhaus in Göteborg wegen seiner Magenschmerzen untersuchen ließ, bezeichnete er seine Mutter laut Krankenakte als hysterisch.

92 GW 2, S. 63. Interessant ist die Identifikationsebene in dieser rührseligen Szene: Der kleine Junge heißt Peter, geschrieben hat Tucholsky das Stück unter seinem Pseudonym Peter Panter. Auch sein eigener Sohn sollte einmal Peter heißen (s. S. 82).

93 KT an Ellen Tucholsky, 6.1.1916

94 KT an Ellen Tucholsky, 29.2.1916. Interessant ist in diesem Zusammenhang der Hinweis von Mary Tucholsky, daß KT sich immer gewei-

gert hat, sie mit seiner Mutter bekannt zu machen. Sie hat sie erst nach Tucholskys Tod getroffen. Im Gespräch mit Gerhard Zwerenz im Juli 1977 schilderte sie eine Szene während der Totenfeier für Siegfried Jacobsohn: «Nach der Feier bin ich zu ihm nach oben gegangen auf die Bühne, und da sagte er zu mir: ‹Bitte geh jetzt weg, jetzt kommt meine Mutter, und ich möchte nicht haben, daß du sie kennenlernst.›» (Zit. nach dem Originalton, den mir Zwerenz freundlicherweise zur Verfügung stellte.)

95 Die Psychologin Aline Valangin, bei der Tucholsky 1932 kurze Zeit wohnte, konstatierte neben seinen Depressionen auch Minderwertigkeitsgefühle. (Brief an Gustav Huonker, 25.6.1973. Siehe auch Kapitel 11) In seinen Briefen und Artikeln finden sich ebenfalls zahlreiche Hinweise darauf, etwa wenn er an Mary Tucholsky schrieb: «Begeistert bin ich von meiner Arbeit bisher nicht, aber das bin ich nie. Die andern finden sie gut.» (UuL, S. 275) Auch sein mehrfacher Hinweis auf «Selbsthaß» oder «wir, die nie Zufriedenen» (GW 2, S. 172) deuten in diese Richtung. Daß diese Unzufriedenheit natürlich auch ein wichtiges Element der Kreativität ist, sei nur nebenbei erwähnt.

96 Dan Kiley, Das Peter-Pan-Syndrom. Hamburg 1990

97 Berentzen, S. 37. Auch Arnold Zweig wußte offenbar um Tucholskys verkorkste Kindheit oder hat sie instinktiv erfaßt. (Er hatte zu dieser Zeit bereits zwei Psychoanalysen auf der Grundlage von Freud gemacht und stand mit Freud in engem Briefkontakt. Es ist also möglich, daß Zweig nur aus dieser eigenen Erfahrung seine Schlüsse zog. Siehe dazu: Sigmund Freud, Arnold Zweig. Briefwechsel. Hg. von Ernst L. Freud. Frankfurt 1968) In seinem Nachruf legte er einen Teil des Kerns von Tucholskys Wirken frei, jenen Teil, der auf seine Kindheit zurückgeht: «Hat Ihnen jemals jemand den Zusammenhang zwischen körperlichem Symptom und neurotischer Veranlassung erklärt? daß die Seele stumm und wild, um sich deutlich zu machen, nach den schwachen Stellen des Körpers packt und sie erkranken läßt – diese Seele, die an einer Stelle klein und kindlich geblieben ist dank erschütternder Eingriffe in frühester Zeit... Ließen Sie nicht auf dem Umschlag eines Ihrer bezaubernden Bücher einen greinenden Säugling anbringen, und waren nicht Ihre Bücher voll melancholischer, entsetzter, auflachender Anspielungen, die nur verstand, wer selbst ein gebranntes Kind war?» (Neue Weltbühne, 2.6.1936, zit. nach dem Manuskript, das Zweig an Gertrude Meyer schickte. AdK, Berlin, Sammlung Tucholsky)

98 Ellen Milo-Tucholsky, «Zur Biographie». Die 100000 Mark wurden erst später auf Intervention von Kurt Tucholsky ausgezahlt. Ellen Milo-Tucholsky konnte sich jedoch nicht mehr erinnern, ob das Geld bei der Berliner Handelsgesellschaft oder bei Lenz & Co angelegt war.

99 Nach dem Erbrecht hätte ihr lediglich ein Viertel zugestanden. Eine spätere Anfechtung der Aufteilung unterließen die Kinder jedoch.
100 Ellen Milo-Tucholsky, «Zur Biographie»

ZWEI

1 GW 4, S. 53
2 Ein Jahr später notierte er unter «Sprüche»: «Wenn man fromm ist, so ist Gott mit einem. Ist man aber nicht fromm, so fürchtet man auch nicht Gott und hat keine ruhige Seele und auch kein freudiges Gewissen.» (KTA, Konvolut Kindergedichte) Die Gedichte und Aufsätze wurden von Tucholskys Mutter abgeschrieben und gesammelt, offensichtlich korrigierte sie auch Rechtschreibfehler. Kurz vor Ihrer Deportation übergab sie die Blätter der Frau von Fritz Tucholsky. Diese hat sie 1954 an Mary Tucholsky geschickt. Daß die Gedichte von Tucholsky sind, scheint sicher. Auch Ellen Milo-Tucholsky bestätigt dies 1955. – Dieses Gedicht ist auf 1896 datiert. Möglicherweise hat es der sechsjährige Tucholsky irgendwo gelesen oder gehört und dann aufgezeichnet. Dafür spricht auch das erste überlieferte Gedicht «Dienstmädchen», in dem von Liebesschmerz und «Du bist mein ganzes Herz» die Rede ist. Die späteren Gedichte sind jedoch frühe Versuche Kurt Tucholskys. Auch die folgenden Zitate stammen, wenn nicht anders angegeben, aus diesem Konvolut.
3 GW 2, S. 106
4 Ernst Johann (Hg.), Reden des Kaisers. Ansprachen, Predigten und Trinksprüche Wilhelms II. München 1966, S. 80f.
5 Zur Geschichte des Französischen Gymnasiums vergleiche: Winfried Löschburg, Kurt Tucholskys Jugend- und Studienjahre in Berlin; H. D. Heilmann, Kurt Tucholsky in Berlin. O. O., o. J. (Berlin 1983); Joachim M. Goldstein, Wo Tucholsky zur Schule ging. Das Französische Gymnasium in Berlin. Allgemeine Wochenzeitung der Juden in Deutschland. 15.1.1965; Victor Klemperer, Curriculum vitae. Erinnerungen eines Philologen 1881–1918. Berlin 1989, Bd. 1
6 Adrien Turel, Bilanz eines erfolglosen Lebens. Ausgewählt von Hugo Loetscher. Frauenfeld 1976, S. 77
7 Klemperer, S. 77
8 Hans Schönlank, Erinnerungen an Kurt Tucholsky
9 GW 4, S. 75/76
10 Unterlagen und Aussagen von Mitschülern im KTA
11 Hans Schönlank an MT, 22.5.1956
12 GW 3, S. 249f.

13 Karl Kleinschmidt, Kurt Tucholsky. Sein Leben in Bildern. Leipzig 1961, S. 11/12

14 Klemperer, S. 81/82. Gemeint war der Satz: Es zieht, schließen Sie das obere Fenster.

15 GW 4, S. 52

16 Prof. Heinrich Franck von der Humboldt-Universität Berlin an Dr. Prescher, 20.3.1957, KTA

17 Siehe z. B. Walter Mehring, Kurt Tucholsky, in: Der Monat 3/1953, S. 557. Mehring war ebenfalls auf dem KWG.

18 H. Stüber an MT, 30.4.57. Stüber zitiert darin den Mitschüler E. Roer.

19 Bei der Zuordnung von Zitaten aus dem «Büchmann» zu den einzelnen Schülern steht unter Tucholsky: «Tut nichts, der Jude wird verbrannt.» Auf seinen Schulkollegen Richard Witting, der später Landwirt wurde, dichtete KT in einer anderen Ausgabe:

Ein Landmann vom Zwange der Städte befreit,
ein Recke in unserer entarteten Zeit,
predigt er Anstand und Biederkeit –
wobei er schreit.

(Sibylle Schoepf-Witting an MT, 25.4.1959. Zu Witting siehe auch Kap. 7)

20 Hausaufsatz vom 16.5.1905

21 GW 2, S. 385. Diese Arbeit hat einen deutlich autobiographischen Hintergrund.

22 GW 7, S. 165

23 GW 7, S. 164/65

24 Zeugnis des Schuljahrs Michaelis 1906/1907, abgedruckt auch bei Soldenhoff, S. 22 und «Die Weltbühne», 14.9.1971. Damals gab es nur fünf Notenabstufungen: sehr gut, gut, genügend, mangelhaft, ungenügend.

25 GW 7, S. 165

26 Rep, S. 386. Siehe auch Die Schule (GW 2, S. 131 f.). Der Artikel «Ein Kind aus meiner Klasse» (GW 4, S. 52 f.) wurde zur Generalabrechnung:

«Unzulänglichkeiten der Lehrer, viele Fehler, wir waren auch nicht die Besten. Aber was hat man uns denn gelehrt –? Was hat man uns beigebracht –?

Nichts. Nicht einmal richtig denken, nicht einmal richtig sehen, richtig gehen, richtig arbeiten – nichts, nichts, nichts. Wir sind keine guten Humanisten geworden und keine guten Praktiker – nichts. [...] Unsere Lehrer waren nicht unintelligenter, fauler, fleißiger, klüger als andre Lehrer auch. Es war eine Schule, die etwas unter dem Durchschnitt lag, aber doch nahe am Durchschnitt. Und was lernten wir?

Deutsch: Lächerliches Zerpflücken der Klassiker; törichte Aufsätze, schludrig und unverständig korrigiert...

Geschichte: Eine sinn- und zusammenhanglose Zusammenstellung von dynastischen Zahlen. Wir haben niemals Geschichtsunterricht gehabt.

Geographie: Die Nebenflüsse. Die Regierungsbezirke. Die Städtenamen.

Latein: Es wurde gepaukt. Ich habe nie einen lateinischen Schriftsteller lesen können.

Griechisch: siehe Latein.

Französisch: Undiskutierbar.

Naturwissenschaften: Gott weiß, welcher Unfug da getrieben wurde, hier und in der Physik-Stunde! Kein Experiment klappte – es sei denn jenes, wie man mit völlig unzulänglichen Mitteln einen noch schlechtern Physik-Unterricht erteilen kann.

Mathematik: Mäßig.

Und so fort. Und so fort.»

27 GW 2, S. 131f.

28 UuL, S. 109. Einem anderen Schulbuch widmete Tucholsky eine ganze Geschichte: Philippe Monnier, Blaise, der Gymnasiast. Siehe dazu GW 1, S. 221–223; GW 4, S. 51

29 «Heldisch kann nur der einzelne sein, der seinen ‹eigenen Sinn›, seinen edlen, natürlichen Eigensinn zu seinem Schicksal gemacht hat.» Emil Sinclair (d.i.: Hermann Hesse), Eigensinn, in: Vivos voco, 1919. Zitiert nach: ders., Gesammelte Werke, Bd. 10. Frankfurt 1970, S. 457

30 GW 3, S. 58

31 Laut Telefonbuch wohnte Dr. phil. Willi Kraßmöller 1907 in der Pariser Str. 49. Bei Löschburg heißt es, daß KT in die Pension des Oberlehrers am Hohenzollerndamm kam.

32 GW 7, S. 165

33 Ullstein, S. 54/55

34 Laut Reifezeugnis legte Tucholsky das Einjährige am 14.5.1908 ab. Die Schilderung in GW 7, S. 166

35 Ebenda, S. 165

36 Zeugnis der Reife, abgedruckt auch bei Soldenhoff, S. 27

37 Preußische Justiz. Vorwärts, 14.6.1911 und GW 7, S. 37f.

38 Matrikel-Nr. 5743/99. Archiv der Humboldt-Universität, Berlin

39 Walter Heinz Mohrmann, 175 Jahre Berliner Universität. Sonderheft der «Weltbühne» 1985, S. 18f.; Autorenkollektiv unter Leitung von Hubert Laitko, Wissenschaft in Berlin. Von den Anfängen bis zum Neubeginn nach 1945. Berlin 1987, S. 319ff.

40 Bemmann, S. 59

41 Siehe dazu Paul Herre (Hg.), Politisches Handwörterbuch. Leipzig 1923. Bd. 1, S. 648 und Bd. 2, S. 761f. Siehe auch Mohrmann, S. 18f.

42 DT, S. 52f.
43 Mohrmann, S. 18
44 Siehe Laitko, Wissenschaft in Berlin, S. 346f.
45 Die «Jubelfeier der Universität» fand vom 10.-12. Oktober statt. (Siehe dazu die Berliner Akademischen Nachrichten) Kurt Tucholsky immatrikulierte sich erst wieder am 25. 10. 1910.
46 GW 1, S. 222
47 Ebenda. *Est-ce...*: Sind da drinnen Tote?
48 Unterlagen der Universität Genf, zitiert nach Sabine Kinder und Ellen Presser, «Ich habe den Eindruck, hier zu stören». Kurt Tucholsky zum 100. Geburtstag. Ausstellungskatalog der Münchner Stadtbibliothek Am Gasteig, 1990, S. 16f.
49 Tucholsky belegte im Wintersemester 1910 sechs Vorlesungen, im Sommersemester 1911 neun und für das Wintersemester 1911/12 und das Sommersemester 1912 jeweils sechs Vorlesungen. Studienverzeichnis im Archiv der Humboldt-Universität, Berlin
50 GW 3, S. 138
51 Conrad Bornhak, Die Kriegsschuld. Deutschlands Weltpolitik 1890–1914. Berlin 1929, S.VII. Bornhak schrieb schon 1921 ein Buch, in dem Kaiser Wilhelm als Staatsmann verherrlicht wurde. Siehe auch Meyers Konversationslexikon. Leipzig und Wien ^{6}1903, Bd. 3; Der Große Brockhaus. Leipzig ^{15}1929, Bd. 3; Meyers Lexikon. Leipzig ^{8}1937, Bd. 2. Die weiteren Angaben über Tucholskys Professoren beruhen, wenn nicht anders vermerkt, auf den Angaben des Großen Brockhaus, 15. Auflage.
52 Gerhard Anschütz, Gedanken über künftige Staatsreformen, in: Klaus Böhme (Hg.), Aufrufe und Reden deutscher Professoren im Ersten Weltkrieg. Stuttgart 1975, S. 114f. Zu Prof. Anschütz vergleiche u. a. auch Kurt Sontheimer, Antidemokratisches Denken in der Weimarer Republik. München 1968
53 Anschütz/Berolzheimer/Jellinek/Lenz/Schiffer (Hg.), Handbuch der Politik. Berlin, Leipzig 1920–1922. 1926 erschien ein 6. Band als Ergänzung.
54 Siehe Meyers Lexikon. Leipzig ^{8}1936, Bd. 1., Sp.413f.
55 Ein wichtiger Programmpunkt dieser Partei war auch der Antisemitismus. Teile des Programms dieser Partei wurden von Hitler für die NSDAP übernommen.
56 Zit. nach Fritz K. Ringer, Die Gelehrten. Der Niedergang der deutschen Mandarine 1890–1933. Stuttgart 1983, S. 139. Die Angaben über Wagner und Schmoller folgen weitgehend der Darstellung von Ringer.
57 Preußische Justiz. Vorwärts, 14.6.1911
58 Referendarexamen. Pan, 22.8.1912, S. 1113ff.

59 Juristen. Zeit im Bild, 22.1.1914

60 Rechtliche Bedenken. Kunstwart, 2. Januarheft 1914, S. 160–162. Tucholsky hat in seinem Beleg handschriftlich eine Satzumstellung vorgenommen, die hier übernommen wurde. Bei dem geschilderten Fall handelte es sich eventuell um den Zeichner Kurt Szafranski. In welcher Eigenschaft er in diesem Fall tätig wurde, läßt sich nicht mehr ermitteln. Es könnte sein, daß er sein Praktikum in einer Anwaltskanzlei machte.

61 Es gibt zwar in der Universität keinen Nachweis darüber, aber der Artikel «Die Literatur im Kastanienwäldchen» (DT, S. 30f.) weist darauf hin. Die folgenden Zitate stammen aus diesem Artikel.

62 So Tucholsky in seinem Gesuch vom 2.8.1913 um Zulassung zur Promotion. Archiv der Schiller-Universität, Jena

63 KT an die Universität Jena, 9.6.1914. Das Arbeitszeugnis ist leider nicht mehr erhalten. Auch in den Unterlagen von Haude & Spener finden sich keine Hinweise mehr. Es kann sein, daß dieses Arbeitsverhältnis nur vorgetäuscht war, damit Tucholsky nicht wenigstens ein Semester – wie vorgeschrieben – in Jena studieren mußte. Andererseits gibt es Hinweise darauf, daß Tucholsky tatsächlich zeitweise in einer Buchhandlung gearbeitet haben könnte. 1914 veröffentlichte er in der «Schaubühne» einen Artikel über den Buchhandel, der sehr viel Kenntnis der Interna verrät. Im Vorspann wird Tucholsky als Bücherkäufer vorgestellt, aber ein normaler Kunde hat kaum diese Kenntnis über die Arbeit des Buchhändlers, und er schreibt auch selbst: «Das sind Interna...» (GW 1, S. 160ff.) Und in einem anderen Artikel schrieb er, daß er «beim Morgenkaffee» das «Börsenblatt des deutschen Buchhandels» las, ein Blatt, das nur Buchhändler und Verleger bekamen. (Peter Panter, Lieber Simplizissimus! Die Schaubühne, 25.6.1914, S. 674) Möglich wäre jedoch auch, daß KT das «Börsenblatt» von der «Weltbühne» bekam.

64 Das Staatsexamen war für den Beruf des Richters, Staatsanwalts oder Verteidigers Voraussetzung, wobei es zumindest bei den Verteidigern auch Ausnahmen gab. Aber auch als nicht «Volljurist» konnte man in der Wirtschaft und teilweise auch im Staatsdienst eine Stelle bekommen. Mitteilung von Prof. Robert M. W. Kempner, 15.6.1989

65 Der Paragraph heißt: «Verpflichtet sich der Eigentümer einem anderen gegenüber, die Hypothek löschen zu lassen, wenn sie sich mit dem Eigentum in einer Person vereinigt, so kann zur Sicherung des Anspruchs auf Löschung eine Vormerkung in das Grundbuch eingetragen werden.»

66 Promotionsakten im Archiv der Schiller-Universität, Jena

67 Aus dem Brief Tucholskys vom 9.6.1914 läßt sich schließen, daß er mit Prof. Lehmann Kontakt aufgenommen hat. Vermutlich ist er zu ihm nach Jena gefahren, um die Arbeit mit ihm zu besprechen.

68 Titel seiner Arbeiten, siehe den Eintrag im Großen Brockhaus. Die An-

gaben zu Tucholskys zweiter Studienzeit stammen aus dem «Abgangszeugnis» (Matr.Nr. 5261/104) vom 8.8.1914. Archiv der Humboldt-Universität, Berlin

69 GW 7, S. 37f.

70 UuL, S. 246

71 Die entsprechenden Aberkennungsakten liegen im Universitätsarchiv nicht mehr vor. Tucholsky berichtete jedoch mehrfach in Briefen von der Aberkennung. Per Minister-Runderlaß vom 17.7.1934 wurde klargestellt, daß ausgebürgerte Emigranten «in jedem Falle» auch des Doktortitels «unwürdig» seien und dieser deshalb wieder entzogen werden müsse. (Siehe dazu Hans Georg Lehmann, Acht und Ächtung politischer Gegner im Dritten Reich, in: Michael Hepp [Hg.], Die Ausbürgerung deutscher Staatsangehöriger 1933–1945. München, New York, London, Paris 1985, Bd. 1, S. XVI)

72 GW 2, S. 250

DREI

1 AB, S. 14

2 Ellen Milo-Tucholsky im Gespräch mit Gerd Ruge, in: Kurt Wilhelm, Der mit den 5 PS... ARD, 11.1.1965. Ich danke Dr. Michael Bauer, daß er mir dieses Gespräch zugänglich machte.

3 1914 beauftragte er dann das Zeitungsausschnittbüro Schustermann damit, Artikel von oder über sich aus der gesamten Presse herauszusuchen. Zeitweise war zusätzlich das Büro für Zeitungsnachrichten, A. Nottebohm in Dortmund beauftragt, 1919 bekam Tucholsky seine Ausschnitte auch von der «Zeitungsdurchsicht des Schutzverbandes Deutscher Schriftsteller E. V.» Siehe die verschiedenen Aufkleber in den Zeitungsausschnittmappen Tucholskys im KTA

4 Die Vielfalt der Zeitungen, die Tucholsky las, geht u.a. aus den Zeitungsausschnittmappen hervor. Die früheste Sammlung stammt von 1912/13, in der fast alle Zeitungen vertreten sind. In zahlreichen Arbeiten geht Tucholsky auf Artikel in den anderen Blättern ein, so daß sein Leseverhalten gut zu rekonstruieren ist.

5 DT, S. 285. Tucholsky hat das Leserverhalten öfters angegriffen und verspottet. Siehe z.B. auch «Von dem Manne, der keine Zeitungen mehr las» oder «Weltbild, nach intensiver Zeitungslektüre». (Siehe dazu ausführlich Anton Austermann, Kurt Tucholsky. Der Journalist und sein Publikum. München 1985)

6 DT, S. 566

7 DT, S. 90

8 DT, S. 285

9 Oscar A. H. Schmitz, Kunst und Zensur, Nachdruck in: Neue Theater-Zeitschrift. Heft 2, 12.7.1911. Siehe auch DT, S. 19f., hier auch das folgende Zitat

10 Im November 1907 waren bereits im «Ulk», der satirischen Wochenbeilage des «Berliner Tageblatts», zwei kleinere Arbeiten Tucholskys erschienen: «Märchen» und die an Heine erinnernden «Vorsätze». In dem «Märchen» wird die Geschichte eines Kaisers erzählt, der in seiner Schatzkammer neben Juwelen auch eine Flöte hatte. «Das war aber ein ganz merkwürdiges Instrument. Wenn man nämlich durch eins der vier Löcher in die Flöte hinein sah – o! was gab es da alles zu sehen! Da war eine Landschaft darin, klein, aber voll Leben: eine Thomasche Landschaft mit Böcklinschen Wolken und Leistikowschen Seen. Reznicekische Dämchen rümpften die Nasen über Zillesche Gestalten, und eine Bauerndirne Meuniers trug einen Armvoll Blumen Orliks – kurz, die ganze moderne Richtung war in der Flöte. Und was machte der Kaiser damit? Er pfiff drauf.» (GW 1, S. 39)

Die Beleidigung des Kaisers (die eigentlich auch eine Denunziation eines Krüppels ist) kommt versteckt daher: Die Flöte, die Tucholsky ihm in die Schatzkammer legte, hat nur vier Löcher, eine normale Flöte hingegen 14. Lediglich die sogenannte Einhandflöte, die besonders bei der Militärmusik eingesetzt wurde, besitzt nur vier Löcher, und Kaiser Wilhelm II. war Einhänder, sein linker Arm war verkrüppelt und etwa 15 cm kürzer als der rechte. (Den Hinweis auf die Einhandflöte verdanke ich Hartmut Urban.) Die restlichen Angriffe verblassen dagegen, und es war ja auch gar nicht die ganze moderne Richtung, die Tucholsky da in die Flöte zauberte. Harry Pross sagte dazu 1985: «Man könnte an diesem ‹Märchen› kritisieren, was der 17jährige Tucholsky ‹die ganze moderne Richtung› nannte. Als er es schrieb, erweiterten Fauves, Brücke, Blauer Reiter, Kubismus und Futurismus das künstlerische Repertoire über die Genannten hinaus, kein Liebermann, kein Munch, kein Nolde, keine Kollwitz, kein Hodler, kein Klimt kommt vor. Hat der junge Dichter nicht lange genug in die Flöte hineingesehen? Oder nur Impressionen aus bürgerlichen Wohnungen wiedergegeben? Die Akademie-Kunst der Jahrhundertwende, nicht die der Ateliers?» (Harry Pross, «Und wir, die nie Zufriedenen...» Kurt Tucholsky und die Indolenz, zu seinem 50. Todestag am 21. Dezember 1985. Stuttgart 1986, S. 11)

11 Siehe Bemmann, S. 71

12 Von Berta Tucholsky, die neben Tucholsky in der Nachodstraße 26^{III} wohnte, ist ein Manuskript «Reinlichkeit im galanten Zeitalter» erhalten. Auf die Veröffentlichungen in der «Vossischen» machte mich

Hans-Harald Müller aufmerksam. Am 19.2.1911 erschien «Erinnerungen eines französischen Schloßherrn aus dem Kriegsjahre», am 11.12.1911 «Eine Schauspielerin unter der Schreckensherrschaft».

13 Das Herz von Preußen. Vorwärts, 19.5.1911. Theodor von Bethmann Hollweg, 1856–1921, war von 1909 bis 1917 Reichskanzler und preußischer Ministerpräsident.

14 Blumentag. Vorwärts, 17.6.1911

15 Vollmenschen. Vorwärts, 7.12.1911

16 DT, S. 45

17 Heinz Ullstein, S. 61f. Die von ihm erwähnte Arbeit in der «Jugend» erschien erst 1914. Es handelt sich also wahrscheinlich um das «Märchen» im «Ulk». Ullstein lernte Tucholsky um 1910 kennen.

18 «Bei die Hitze –». Vorwärts, 30.7.1911

19 Max Brod, Streitbares Leben. München 1960, S. 109, siehe auch: S. 74, S. 90. *Schaffer:* Aufseher, Verwalter eines Gutshofes

20 UuL, S. 380

21 GW 6, S. 55

22 AB, S. 200

23 GW 1, S. 100 und DT, S. 49

24 GW 4, S. 564

25 Franz Kafka, Tagebücher. Hg. von Hans-Gerd Koch, Michael Müller und Malcolm Pasley. Frankfurt/M. 1990, S. 46f. Eintrag vom 30. September 1911

26 GW 1, S. 67

27 UuL, Einleitung, S. 13ff. Siehe ausführlich Kapitel 5

28 UuL, S. 380

29 GW 7, S. 45

30 «Ich habe ihn noch gekannt – aus Berlin und Prag.» (BK, S. 53) Kafka war 1913 dreimal in Berlin, 1914 besuchte er Felice Bauer zweimal dort, am 30. Mai fuhr er zur Verlobung, Mitte Juli zur Entlobung nach Berlin. (Siehe Kafkas Tagebücher und die Zeittafel in Klaus Wagenbach, Kafka. Reinbek 1988) Wann sich Kafka und Tucholsky in Berlin trafen, ist nicht mehr zu ermitteln.

31 GW 4, S. 370ff

32 GW 7, S. 45

33 Werfel war zu dieser Zeit bereits Lektor des Kurt Wolff Verlags in Leipzig.

34 GW 1, S. 79

35 Peter Panter, Ben Akiba. WB, 14.9.1922, S. 296. Die Anspielung bezieht sich auf die Gestalt des Rabbi Ben Akiba in Gutzkows «Uriel Acosta» und dessen Satz: «Alles schon dagewesen». Anspielung auch auf: Rabindranath Tagore (1861–1941), indischer Dichter und Philo-

soph, erhielt 1913 den Literatur-Nobelpreis. Seine lyrisch-romantische Art wurde von Tucholsky abgelehnt. (Siehe auch WB, 14.9.1922, S. 283: «Zu diesem Werfel».) Das in «Ben Akiba» erwähnte Buch hatte Tucholsky von Szafranski geschenkt bekommen und es 1931 an Lisa Matthias weitergeschenkt.

36 GW 6, S. 55

37 1912 erschienen von Tucholsky 56 Arbeiten. Das Hauptorgan blieb der Vorwärts, aber es erschienen auch Arbeiten im Pan, Prager Tagblatt und der Dresdner Volkszeitung.

38 Rep. S. 22

39 Börsenblatt, 11.11.1911, S. 13957

40 GW 1, S. 99

41 Kurt, Kleines Gespräch mit unerwartetem Ausgang. Vorwärts 8.5.1912. GW 1, S. 208 (Nachdruck aus der SB, 23.4.1914)

42 Vorwärts vom 4.9.1911, Extra-Ausgabe über die Friedenskundgebung im Treptower Park, und Vorwärts, 25.7.1914, Extra-Ausgabe

43 Magnus Hirschfeld (Hg.), Sittengeschichte des Weltkrieges. Leipzig, Wien, 1930. Bd. 1, S.XI

44 Frankfurter Volksstimme, 27.9.1913. Rosa Luxemburg wurde deshalb wegen Aufforderung zum Ungehorsam angeklagt und zu einem Jahr Gefängnis verurteilt.

45 Zit. nach Wolfgang Benz (Hg.), Pazifismus in Deutschland. Frankfurt 1988, S. 74f. (Ausschnitt aus Alfred H. Fried, Friedenskatechismus, 1895)

46 GW 3, S. 97

47 GW 3, S. 98

48 Nach Petra Goder-Stark fand die Verlobung 1912 statt. (Das Kurt-Tucholsky-Archiv. Marbach 1978, S. 13) Kitty «Frankfurther» bat 1961 darum, ihren wahren Namen nicht zu nennen. Da ihr Vater starb, als sie noch nicht ein Jahr alt war, bekam sie den Namen ihres Stiefvaters Frankfurther. «Ich änderte das später, als mir klar wurde, daß mein Name in der Zukunft nicht Tucholsky sein würde.» Tucholsky löste im April 1918, als er aus Alt-Autz auf Urlaub kam, die Verlobung. Die Briefe Tucholskys vernichtete Kitty F., die 1933 nach England floh und auch nach dem Krieg dort blieb.

49 Damals konnte man noch ohne Abitur das Studium aufnehmen. Siehe die Studienakten im Archiv der Humboldt-Universität, Berlin. Siehe dort auch das Manuskript von Annette Vogt, Zur Geschichte des Frauenstudiums am Beispiel der Berliner Universität. Frauen konnten sich in Berlin erst seit dem 15. August 1908 offiziell immatrikulieren. Weitere Angaben zu Else Weil siehe Kapitel 5.

50 Ullstein, S. 63; Peter Jacobsohn an den Verfasser, 8.9.1992

51 Heinrich Mann, Im Schlaraffenland. Ein Roman unter feinen Leuten. Berlin 1950, S. 105
52 Zwerenz, S. 27
53 Else Tucholsky an Gussy Holl, 21. 10. 1923. (Privatbesitz. Kopie beim Verfasser)
54 MT, Tb 30. 1. 1918
55 Wenn Tucholsky tatsächlich erst im Sommer 1912 in Rheinsberg gewesen und im September mit der ersten Fassung nach Berlin zurückgekehrt wäre, hätte Tucholsky in zwei Monaten das Manuskript korrigieren und tippen, Kurt Szafranski die Illustrationen zeichnen und Axel Juncker das Buch in einer Blitzaktion setzen und drucken lassen müssen. Für damalige Produktionsverhältnisse ist das fast unmöglich. Zumal der Verlag damals fast jeden dritten, vierten Tag ein neues Buch für das Weihnachtsgeschäft anbot und das Orplid-Heft Nr. 2 mit der «Selbstanzeige» für «Rheinsberg» schon am 6. November angekündigt wurde. Außerdem hätte Tucholsky dann bereits im August 1912, also noch bevor er mit dem Manuskript überhaupt begonnen hätte, mit Axel Juncker über das Buch verhandelt und auch schon den Buchtitel festgelegt haben müssen. Denn am 27. 8. 1912 schrieb Tucholsky aus seinem Urlaub in «Warnemünde-Rheinsberg» eine Ansichtskarte mit den «herzlichsten Grüßen» an Axel Juncker. «Warnemünde-Rheinsberg» deutet darauf hin, daß das Manuskript hier entstanden ist oder daß Tucholsky gerade beim Korrekturlesen der Druckfahnen war. Weitere Korrespondenz mit dem Verlag aus dieser Zeit ist leider nicht mehr vorhanden. (Karte in Det Kongelige Bibliotek, Kopenhagen. Ny kgl. Saml. 5207,4°)
56 DT, S. 30
57 GW 3, S. 96. Siehe auch S. 98: «daß ich das Buch [...] an der See schrieb, auf die Postille gebückt, zur Seite die wärmende Claire».
58 Handschriftlicher Brief an Max Brod. Wenn Tucholsky «Rheinsberg» erst 1912 geschrieben hätte, würde dieser Satz keinen Sinn ergeben.
59 Unveröffentlicht. Die vorstehenden Angaben beruhen auf den Briefen Tucholskys an Brod von 1911/12.
60 Brod half Tucholsky auch in anderen Fällen, Artikel und Gedichte in verschiedenen Zeitungen unterzubringen, vermittelte wichtige Kontakte wie etwa zum Chefredakteur des «Prager Tagblatts», Karl Tschuppig. Max Brod schrieb damals für das PT Theater- und Musikkritiken, später wurde er Leiter der Kulturredaktion. Tucholsky veröffentlichte dort einige Rezensionen und Geschichten, bis 1914 waren es aber nur sechs Arbeiten, die Zusammenarbeit sollte sich erst nach dem Krieg verstärken. (Zum Prager Tagblatt siehe: Max Brod, Prager Tagblatt. Roman einer Redaktion. Frankfurt/M. 1979; Friedrich Torberg,

Die Tante Jolesch oder Der Untergang des Abendlandes in Anekdoten. München [12]1988, S. 120ff.)

61 Börsenblatt für den Deutschen Buchhandel, 15.11.1912. Broschiert kostete das Buch 70 Pfennig, gebunden 1 Mark.

62 Jost Hermand, Der ‹neuromantische› Seelenvagabund, in: Wolfgang Paulsen (Hg.), Das Nachleben der Romantik in der modernen deutschen Literatur. Heidelberg 1969, S. 106

63 Schulz, S. 27

64 Julius Bab, Rheinsberg. SB, 9.4.1914, S. 429

65 Dr. Owlglass, Rheinsberg. März, I (1913), S. 306

66 GW 1, S. 66f.

67 GW 1, S. 56

68 Auch eine Anspielung auf Bernhard August von Lindenau (1779–1854) ist möglich. Lindenau, sächsischer Minister, war maßgeblich an der Umwandlung Sachsens in einen Verfassungsstaat beteiligt.

69 GW 1, S. 71. Günther Häntzschel wies in seinem Vortrag auf der Jahrestagung der Kurt Tucholsky-Gesellschaft 1992 in Rheinsberg darauf hin, daß das Buch völlig unterschätzt wird. Seine Untersuchung zeigt, daß Tucholsky das Werk bewußt in der literarischen Tradition zwischen Idylle (im Sinn Schillers) und Utopie angelegt hat.

70 Das genaue Datum ist unbekannt. Der früheste Bericht stammt vom 4. Dezember in «Das kleine Journal». Die «Bücherbar» war im ehem. Lokal «Mampes Gute Stube» in der Nähe der Kaiser-Wilhelm-Gedächtnis-Kirche untergebracht. Auch Axel Juncker hatte am Kurfürstendamm einen Buchladen. Tucholsky schickte seine Briefe an: «Herrn Axel Juncker, Buchladen Kurfürstendamm, Berlin W 15, Kurfürstendamm 210». (Det Kongelige Bibliotek, Kopenhagen. Ny kgl. Saml. 3829,4° und 5207,4°. Siehe auch Ignaz Wrobel, Die Grünen Säulen. WB 21.10.1920, S. 469, über den Buchladen am Kurfürstendamm)

71 Karl Fr. Nowak, Wer Bücher kauft, kriegt auch Likör. Hamburger Fremdenblatt, 7.1.1913

72 Max Eck-Troll, Die «Bücherbar». Elbinger Zeitung, 31.12.1912

73 Paul Mayer, Ernst Rowohlt. Reinbek 1968, S. 169f.

74 GW 3, S. 98f.

75 Siehe den Briefwechsel Blaich-Tucholsky. Teilweise abgedruckt in: AB, S. 13ff. und Volker Hoffmann (Hg.), Dr. Owlglass. Ausgewählte Werke des ‹Simplicissimus›-Dichters Hans Erich Blaich. Mit sämtlichen Briefen an Kurt Tucholsky. München 1981, S. 283ff. (Künftig: Dr. Owlglass, S.)

76 Peter Panter, Selbstanzeige. WB 27.11.1919, S. 679

77 AB, S. 75

78 Blaich an KT, 28.9.13, Dr. Owlglass, S. 286

79 Siehe Ursula Madrasch-Groschopp, Die Weltbühne. Königstein 1983, S. 7f. Zur «Weltbühne» siehe auch Alf Enseling, Die Weltbühne. Organ der Intellektuellen Linken. Münster 1962
80 GW 8, S. 203
81 Ignaz Wrobel, Siegfried Jacobsohn, in: Zeit im Bild Nr. 40, 1.10.1913, S. 2711 f.
82 GW 8, S. 203. Möglich ist, daß Max Brod den Kontakt zwischen SJ und KT herstellte.
83 GW 2, S. 214f.
84 MT an Hans Schönlank, 13.12.1955
85 GW 8, S. 204
86 GW 5, S. 435
87 Ignaz Wrobel, Siegfried Jacobsohn, in: Zeit im Bild Nr. 40, 1.10.1913, S. 2711 f. «Sie sind in dem saubersten Deutsch geschrieben, das heute in der Publizistik geboten wird: in einer ganz ausgeglichenen Mischung von Lessing und einem Schuß Judentum, das einen Schatz glücklicher Formulierungen der Klassiker, sowie aller guten Musikanten beherrscht, um auf diesem Untergrund seine Sätze zu bauen.»
88 GW 5, S. 435. Sein Verhältnis zum Vorwärts, bei dem er eigentlich «anfangen wollte», beschrieb er 1928: «über ein paar Glossen hinaus habe ich es da nie gebracht, und beim mechanischen Abdruck ist es geblieben. Von Ermunterung war wenig zu spüren.» (GW 6, S. 15)
89 Peter Panter, Wintergarten. SB 20.3.1913, S. 347
90 Dies kommt immer wieder vor. So z. B. in: Peter Panter, Wintergarten. SB 24.4.13, S. 479
91 Kurt Tucholsky, Wintergarten. SB 22.5.13, S. 576f.
92 Peter Panter, Herbert der Chinese. SB, 4.9.13, S. 850
93 GW 1, S. 82ff.
94 GW 1, S. 129
95 GW 1, S. 228ff.
96 Siehe SB vom 14. August 1913, S. 787 unter Antworten. Diese Rubrik ist am 20. März erstmals in der «Schaubühne». Es ist sehr wahrscheinlich, daß Tucholsky den Vorschlag dazu einbrachte.
97 Ullstein, S. 60f.
98 AB, S. 18
99 Ignaz Wrobel, Siegfried Jacobsohn, in: Zeit im Bild Nr. 40, 1.10.1913, S. 2711 f.
100 WB, 25.9.1913, S. 929f.
101 1911: 1, 1912: 7 Arbeiten. Bereits im Januar 1912 urteilte Tucholsky jedoch lapidar: «Pan wird immer schlechter». (KT an Max Brod, 23.1.1912)
102 7.9., 19.10., 31.10. 1913; 21.1.1914

103 Helga Bemmann, Kurt Tucholsky – Der Dichter-Journalist. Anmerkungen zur Entstehung und Interpretation seines Werkes, in: Irmgard Ackermann, Klaus Hübner (Hg.), Tucholsky heute. Rückblick und Ausblick. München 1991, S. 161 ff.

104 AB, S. 338

105 Siehe dazu AB 2, S. 186

106 GW 1, S. 160

107 Tucholsky gehörte zu den frühen Mitgliedern dieses 1909/10 gegründeten Verbandes. In der 2. Mitgliederliste von 1913 taucht bereits sein Name auf. (Siehe Ernst Fischer, Der «Schutzverband deutscher Schriftsteller» 1909–1933. Frankfurt/M. 1980, S. 127 f.)

108 GW 2, S. 349 ff.

109 Walter Oehme, Rauscher und Breuer. WB, 5.2.1920, S. 188 ff.

110 Vorsitzender wurde Monty Jacobs. Am 18.8.1931 erklärte Tucholsky in der «Weltbühne» seinen Austritt aus dem SDS. (GW 9, S. 267) Tucholsky war auch Mitglied des «Vereins Berliner Presse», 1925 schloß er sich der von Rudolf Leonhard initiierten «Arbeitsgemeinschaft der Schriftsteller 1925» an. Auslöser war die zunehmende Verfolgung von Autoren durch die Gerichte. Leonhard regte daraufhin Ende September in einem Rundbrief an Freunde und Bekannte an, durch eine massenhafte «Selbstanzeige» bei der Staatsanwaltschaft die Absurdität der bisherigen Verfahren gegen die Schriftsteller aufzudecken. Tucholsky hatte zwar taktische Bedenken, erklärte sich aber «unter allen Umständen mit einem solchen Schritt solidarisch». (AB 2, S. 20 und ff. Siehe auch Klaus Petersen, Die «Gruppe 1925». Geschichte und Soziologie einer Schriftstellervereinigung. Heidelberg 1981) Mitglieder der Gruppe waren neben Tucholsky und Leonhard unter anderem Becher, Bloch, Brecht, Brod, Döblin, Grosz, Hasenclever, Holitscher, Klabund, Marcuse, Mehring, Musil, Piscator, J. Roth, H. Siemsen, Toller, Turel und Wolfenstein.

111 Siehe den Nachruf von Tucholsky auf Heijermans in WB, 2.12.1924, S. 849 ff.

112 Siehe dazu Tanja Bürgel (Hg.), Tendenzkunst-Debatte 1910–1912. Berlin 1987. Diese Debatte war die Fortsetzung der Diskussionen auf dem SPD-Parteitag von 1896, auf dem sich die Sozialdemokraten um das Thema Kunst und Proletariat stritten.

113 Nach bisherigem Stand 1913: 102, nicht gerechnet die anonymen Beiträge und die Antworten. Von SJ erschienen 1913 nur 46 gezeichnete Artikel.

114 Auch «Horatio von Massarena» und «Schigolch» waren Pseudonyme von Tucholsky, der Beitrag unter «Die Claire» ist ebenfalls von ihm. In dem Widmungsexemplar für Mary Tucholsky hat KT seine Beiträge

angestrichen, auch die beiden bislang unbekannten Pseudonyme. Von KT stammt auch die Übersetzung der Texte von Henri Rochefort in Nr. 34/35 vom 28.8.1913. Im Mai 1924 behauptete das «12-Uhr Blatt», daß Tucholsky gelegentlich auch unter den Pseudonymen «Dagobert Dachs, Leo Lerche und Kurt Kaninchen» geschrieben habe. (Zeitungsausschnitt im KTA, genaues Datum nicht lesbar)

115 Handschriftliches Gedicht in «Fromme Gesänge». zit. nach Goder-Stark, S. 50

116 Es ist nicht mehr festzustellen, von welchem der beiden Repetitoren Tucholsky sich die Alliterationen auslieh. Es kann sowohl der als Vindex auch in der Weltbühne schreibende Martin Friedländer gewesen sein als auch Walter Pollack, «der Repetitor des juristischen Berlins», den Tucholsky den «König unter den Dozenten» nannte. (tu, Juristen. Zeit im Bild, 22.1.1914) Als weiterer Ideengeber kann Nestroy gelten. So heißen z.B. die Personen in dem Stück «Freiheit in Krähwinkel»: Sperling Edler von Spatz, Sigmund Siegl, Willibald Wachs.

117 Walter Mehring, Kurt Tucholsky. Hg. von Dietger Pforte. Berlin 1985, S. 3

118 GW 5, S. 435

119 GW 5, S. 434ff.

120 Siehe dazu Hartmut Urban, «Wie Gott in Frankreich». Ein lächelnder Rebell, in: ders. (Hg.), Auf Tucholskys Spuren. Ein Pyrenäenbuch. Hamburg 1985, S. 4f.

121 Die neue Bücherschau, März 1929, S. 131f.

122 AB 2, S. 276: Tucholsky war «vor allem von einem ungeheuren Witz. Er brachte mich so zum Lachen, daß ich immer weinte, wenn ich neben ihm herging. Das war ein tragischer Witz, er war ja sehr unglücklich [...] Ich sagte, Du bist ja ganz verrückt, so ein Mensch, der so über dem Leben steht, so lustig ist. Ja, lustig, sagt er, lustig, ich habe das Lachen des Clowns, aber innen weint es!»

123 GW 1, S. 83

124 1926 bezeichnete er Frau Knautschke als seine «nunmehr in Gott eingegangene Wirtin». (GW 4, S. 565) Sie tauchte bereits 1913 als seine «Schaffnerin» auf, die seine Wohnung machte. (SB, 8.5.1913, S. 533)

125 Da in dem Buch von Lisa Matthias, Ich war Tucholskys Lottchen, zahlreiche Abschreibfehler sind, Auslassungen nicht gekennzeichnet wurden usw., zitiere ich nur nach den Original-Briefen. Im Buch heißt die Anrede z.B. fälschlich «Pipilottchen».

126 Walter Mehring, Kurt Tucholsky, S. 5

127 An vielen Stellen. So z.B. in «Dein Lebensgefühl», GW 8, S. 268f., «Der Mann am Spiegel», GW 6, S. 19, Ein Pyrenäenbuch, GW 5, S. 110

128 GW 2, S. 412

129 Václav Havel, Die absurde Angst vor der Freiheit. Rede bei den Salzburger Festspielen 1990. Süddeutsche Zeitung, 27.7.1990, S. 35

130 KT an MT, 23.8.1918

131 Siehe Kapitel 12. Interessant ist, daß Tucholsky auch an Hedwig Müller Briefe in krakeliger Kinderschrift schrieb, allerdings nicht mit Ludolf, sondern mit «Fritzchen» unterschrieben. (Siehe BS, S. 224/225)

132 GW 1, S. 301

133 «Aber es war ein Gitterkäfig. Gleichgültig, herrisch, wie bei sich zu Hause strömte durch das Gitter aus und ein der Lärm der Welt, der Gefangene war eigentlich frei, er konnte an allem teilnehmen, nichts entging ihm draußen, selbst verlassen hätte er den Käfig können, die Gitterstangen standen ja meterweise auseinander, nicht einmal gefangen war er.» (Franz Kafka, Beschreibung eines Kampfes. Novellen, Skizzen, Aphorismen aus dem Nachlaß. Hg. von Max Brod. Frankfurt 1969, S. 216)

134 Fritz J. Raddatz, Erfolg oder Wirkung. Schicksale politischer Publizisten. München 1972, S. 13

135 Jules Renard, Ideen, in Tinte getaucht. München 1986, S. 325. An Hedwig Müller schrieb Tucholsky: «Manches habe ich beinah wörtlich so empfunden und auch geschrieben.» (QT, S. 55)

136 GW 5, S. 187

137 AB, S. 110f.

138 GW 3, S. 351. In vielen Arbeiten ist ein Stück Autobiographisches versteckt. Gerade für einen Schriftsteller wie Tucholsky, der seine eigenen Vorstellungen und Befindlichkeiten als Ausgangspunkt seines Schreibens nahm, sind seine Briefe und nicht für die Öffentlichkeit bestimmten Aufzeichnungen unentbehrliche «Hilfsmittel», um die Umwandlung von Ideen in Artikel zu erkennen, noch öfter aber, um zu sehen, wie sich in den Briefen bereits Positionsänderungen abzeichnen, die erst später im Werk auftauchen, Zweifel an der eigenen Rolle und an der Arbeit formuliert werden; aber auch Widersprüche und Versäumnisse werden sichtbar, manchmal von ihm selbst erkannt und benannt.

139 Siehe auch Hans Mayer, Der pessimistische Aufklärer Kurt Tucholsky. Akzente Nr. 14/1967, S. 81. Mayer behauptet, daß Tucholskys Weltbild nicht aus Denkergebnissen, sondern aus Enttäuschungen abgeleitet sei. Und von «Lesefrüchten: also entweder mit Büchern, die ihn entflammten oder anwiderten». Hier ist nur einzuwenden, daß auch Enttäuschungen oft Denkergebnisse sind.

140 Arthur Schopenhauer, Die Welt als Wille und Vorstellung. Leipzig 1916. Bd. 2, S. 552: «in welchem die Realität allein den bleibenden Formen der Dinge, den Ideen zukommt».

141 Thomas Mann, Schopenhauer, in: ders., Essays. Hg. von Hermann Kurzke. Frankfurt 1982, Bd. 3, S. 196
142 GW 2, S. 57
143 GW 2, S. 359
144 GW 1, S. 334
145 Emmy Sachs an KT, o. D. (1924)
146 Hedwig Hünicke an KT, Juni 1925
147 GW 2, S. 172
148 GW 2, S. 386
149 Das Kolonialdenkmal. Vorwärts, 14. 5. 1913
150 Der Kontrollierte. Vorwärts, 18. 9. 1913
151 GW 2, S. 63 f.
152 Rep, S. 67 f.
153 Kurt Tucholsky, Vormärz. SB, 2. 4. 1914, S. 381. (Auch in GW 1, S. 193, in der korrigierten Fassung von 1926)
154 MT an KT, 4. 4. 1932
155 tu, Doping. Vorwärts, 11. 8. 1912
156 KT an Max Brod, 15. 1. 1912
157 KT an Max Brod, 15. 1. 1912. Mehr war darüber leider nicht herauszubekommen. Am 12. 1. 1912 waren Reichstagswahlen, bei denen die Sozialdemokraten mit 110 Sitzen (1907: 43) zur stärksten Fraktion wurden. Allerdings erlangte die seit 1907 zeitweise einflußlose Zentrumspartei mit 90 Sitzen als zweitstärkste Fraktion wieder eine entscheidende Stellung. Insgesamt hatte der Reichstag 397 Sitze.
158 Rosa Luxemburg, Was nun? 5. 2. 1912. Zit. nach Dieter Fricke (Hg.), Dokumente zur deutschen Geschichte 1910–1914. Frankfurt 1977, S. 71
159 Vormärz, SB 2. 4. 14, S. 383; GW 1, S. 195. Siehe auch: Lieber «Vorwärts». Vorwärts, 15. 2. 1912
160 Zitate in AB, S. 18 f.
161 Ullstein, S. 61
162 Otto Julius Bierbaum, Stilpe. Ein Roman aus der Froschperspektive. München 1963, S. 160. Durch den 1897 erschienenen Roman wurde Ernst von Wolzogen zur Gründung des «Überbrettl» angeregt. Daß Tucholsky die Werke von Bierbaum kannte, geht u. a. aus seinen Briefen an Blaich hervor. Im August 1917 verglich er den Stil Bierbaums mit dem Blaichs (siehe AB, S. 52). In einem Brief an Morgenstern bezeichnete KT «Herrn Palmström, der täglich dreimal ganz Spannung war» als Vater der Idee. Vgl. Tucholsky-Blätter Nr. 14 (1994), S. 28
163 Statt dessen wurde ein literarisches Tingeltangel geplant, zu dem Stilpe «das Beste, was das Ausland an Varieté-Theaterkunst hervorbrachte», verpflichtete.
164 Die Briefe stammen aus der Zeit zwischen 1. 9. 1913 und 3. 1. 1914.

165 Anlage zum Brief an Richard Dehmel vom 14. 10.1913. (Dehmel-Archiv 13,292, Hamburger Staats- und Universitätsbibliothek) Dehmels Zusage ist nicht erhalten, jedoch die Bestätigung durch Tucholsky vom 17. 10. 1913 (ebenda).
166 Siehe die Liste in AB, S. 17. Sie weicht deutlich von der späteren ab.
167 Subskriptionsprospekt. Abgedruckt bei Goder-Stark, S. 19 und Soldenhoff, S. 36f.
168 Ausschnitt ohne Quellenangabe im KTA
169 Die Aktion, 2. 5. 1914
170 AB, S. 24
171 Gustav Landauer an KT, 29. 10. 1913
172 Croissant an Tucholsky, 4. 10. 1913. Zu Panizza siehe die Biographie von Michael Bauer, Oskar Panizza. Ein literarisches Portrait. München 1984. Darin ist auch ausführlich der Streit um eine Neuherausgabe dokumentiert.
173 KT an Croissant, 5. 11. 1913
174 Erst 1919/20 schrieb Tucholsky zwei große Artikel über den von ihm bewunderten Oskar Panizza.
175 GW 1, S. 238
176 Erich Mühsam, Abrechnung, in: Streitschriften, Literarischer Nachlaß. Berlin 1985, S. 53
177 Demonstranten-Briefe. Vorwärts, 27. 7. 1914. Teilweise auch in DT, S. 92f.
178 Vergleiche hierzu Reinhard Kühnl, Der Weg in den Krieg, in: Fin de siècle, Hundert Jahre Jahrhundertwende. Berlin 1988, S. 170ff.
179 Vorwärts, 25. Juli 1914, Extra-Ausgabe. Aufruf des Parteivorstands der SPD
180 GW 4, S. 510f. Wörtlich sagte Müller: «Je considère comme exclue l'hypothèse d'un vote des crédits de guerre...»
181 Zu diesem Thema siehe das Kapitel: Der deutsche Sozialismus im Weltkrieg, in: Heinrich Ströbel, Die deutsche Revolution. Ihr Unglück und ihre Rettung. Berlin ^{3}1922; Georg Ledebour, Die Sozialdemokratie bei Kriegsausbruch. Das Andere Deutschland Nr. 48, 3. 12. 1927. – Im Dezember 1914 stimmte Karl Liebknecht gegen den zweiten Kredit. In seiner schriftlichen Stellungnahme vom 2. Dezember 1914 hieß es: «Unter Protest jedoch gegen den Krieg, seine Verantwortlichen und Regisseure, gegen die kapitalistische Politik, die ihn heraufbeschwor, gegen die kapitalistischen Ziele, die er verfolgt, gegen den Bruch der belgischen und luxemburgischen Neutralität, gegen die soziale und politische Pflichtvergessenheit, deren sich die Regierung und die herrschenden Klassen auch heute noch schuldig machen, lehne ich die geforderten Kriegskredite ab.» Der Text kam noch im Dezember als illegales

Flugblatt heraus. (Friedrich Beck / Manfred Unger, ... mit Brief und Siegel. Dokumente aus Archiven der Deutschen Demokratischen Republik. Leipzig 1979, S. 205. Das Original ist im BArch.)

182 Franz Osterroth / Dieter Schuster, Chronik der deutschen Sozialdemokratie. Berlin-Bonn 1975. Band 1, S. 164 f.

VIER

1 GW 1, S. 247

2 Ströbel wurde im Herbst 1916 wegen seiner pazifistischen Haltung sogar vom «Vorwärts» entlassen und im Januar 1917 aus der SPD-Landtagsfraktion ausgeschlossen.

3 GW 2, S. 392

4 Anette Lettau, Taumel und Ernüchterung. Ms für den BR, 1984. Siehe auch Adolf Bartels, Geschichte der deutschen Literatur. Braunschweig 1919, S. 656; Der Große Brockhaus. Leipzig 1931, Bd. 10, S. 606

5 Kriegs-Almanach 1915 des Insel-Verlags. Leipzig o. J., S. 15

6 Ernst Barlach, Güstrower Tagebuch, zit. nach Lettau

7 Rainer Maria Rilke, Briefe aus den Jahren 1914 bis 1921. Leipzig 1938, S. 15. Bereits im Oktober / November schrieb Rilke von «diesem schrecklichen Kriege» und beklagte die «Not und das Unheil». (Ebd., S. 21, 25)

8 Hermann Hesse, O Freunde, nicht diese Töne. NZZ, 3.11.1914. zit. nach: ders., Politische Betrachtungen. Frankfurt 1972, S. 10

9 Hermann Hesse, Der Künstler an die Krieger, in: Julius Bab (Hg.), 1914. Der Deutsche Krieg im Deutschen Gedicht. Berlin, Bd. 1, S. 179. Weitere Gedichte von Hesse S. 119, 166, 178, 275

10 KT an MT, 6.9.1918. Im Februar 1917 bat Tucholsky Blaich um «positive» Gedichte für seinen «Flieger», als Vorbild nannte er obige Zeilen. (AB, S. 46.) Blaich schickte ihm daraufhin das Gedicht «Zuversicht», das am 15.4.1917 im «Flieger» erschien.

11 Graf verweigerte 1915 und trat in einen zehntägigen Hungerstreik. Er wurde daraufhin ins Irrenhaus gesperrt. (Siehe Oskar Maria Graf, Wir sind Gefangene. Berlin 1928, S. 98 ff.; Georg Bollenbeck, Oskar Maria Graf. Reinbek 1985, S. 46 ff.) Der radikale Kriegsgegner Karl Liebknecht verweigerte nicht direkt. Er wurde im Februar 1915 als Armierungssoldat eingezogen und an der West- und Ostfront eingesetzt. Im Herbst 1915 kam er wegen allgemeiner Erschöpfung ins Lazarett. Im Mai 1916 organisierte er eine Kundgebung in Berlin unter der Losung: «Nieder mit dem Krieg! Nieder mit der Regierung!» Daraufhin wurde er wegen Kriegs- und Landesverrats zu vier Jahren Zuchthaus verur-

teilt. (Siehe dazu Helmut Trotnow, Karl Liebknecht. Eine politische Biographie. München 1982; Biographisches Lexikon zur deutschen Geschichte. Von den Anfängen bis 1945. Berlin 1971, S. 415 ff.)

12 GW 3, S. 245

13 GW 3, S. 241

14 Siehe auch das Flugblatt in Klaus Bergmann/Gerhard Schneider, Gegen den Krieg. Düsseldorf 1982, Bd. 1. S. 263

15 Siehe dazu auch die Fotos in Magnus Hirschfeld (Hg.), Sittengeschichte des Weltkrieges. Leipzig, Wien 1930. Bd. 1, S. 29 ff.

16 Siehe dazu Klaus Böhme (Hg.), Aufrufe und Reden deutscher Professoren im Ersten Weltkrieg. Stuttgart 1975; Deutsche Reden in schwerer Zeit gehalten von den Professoren an der Universität Berlin. Berlin 1915

17 Zitiert in Otto Schneidereit, Berlin wie es weint und lacht. Berlin 1968, S. 175. (Musik: Walter Kollo, Text: Rudolf Bernauer und Rudolph Schanzer) Das erste Kriegsprogramm stammte von Rudolf Nelson, dessen «patriotische Revue» «Der Kaiser rief» am 3.9.1914 im Residenz-Theater uraufgeführt wurde. Einen Monat später folgte «Krümel vor Paris». Bald danach wurden auch in den anderen Theatern Kriegs-Operetten wie «Immer feste druff!» oder «Die Waffen her!» aufgeführt.

18 Ulk Nr. 48, 28.11.1915

19 Tucholsky bereitete damals u. a. den Sohn des General von Werder zur Einjährigen-Prüfung vor. (Siehe GW 2, S. 393 und GW 3, S. 242)

20 Hans Schönlank, Erinnerungen an Kurt Tucholsky. Manuskript, 1955, S. 2

21 Felix Pinner, der Ordonnanz bei der 3. Kompanie war, an Hans Schoenlank, 29.8.1957

22 Die alte 8. Armee, die zeitweise unter dem Befehl von Hindenburg stand, löste sich am 29. September 1915 auf und wurde im Zusammenschluß u.a. der Njemenarmee und der alten 8. Armee am 30. Dezember 1915 zur 8. Armee (neu). Tucholsky war nie, wie immer wieder behauptet wird, Soldat in der von Hindenburg befehligten Armee, da Hindenburg die Leitung der 8. Armee bereits am 18. September 1914 aufgegeben hatte und am 1. November 1914 zum Oberbefehlshaber der deutschen Streitkräfte ernannt wurde. Es taucht mehrfach der Hinweis auf, daß Tucholskys Einheit der 10. Armee angehörte. So z. B. im Brief von Ludwig Pinner, der bei der 3. Kompanie als Ordonnanz war. Da die Njemenarmee erst am 26. Mai 1915 aufgestellt wurde und die 10. Armee ebenfalls in diesem Gebiet operierte, ist es wahrscheinlich, daß das Bataillon anfänglich dieser Armee unterstellt war. Seit August 1915 gehörte das Armierungsbataillon 26 jedoch sicher zur Njemen-

armee, denn danach sind die Absenderangaben einheitlich: seit 30. 8. 15: Njemenarmee. Osten; seit 6. Januar: 8. Armee. Osten. Auch die Fliegerschule in Alt-Autz gehörte zur 8. Armee.

23 So sein Armierungskollege, der Schriftsteller Frank Thieß, in seinen Erinnerungen «Verbrannte Erde». Wien, Hamburg 1964, S. 345

24 «Die Wahrheit», 11.11.1922. Ob die Angabe stimmt, ist kaum mehr nachzuprüfen, da die meisten Dokumente aus dem 1. Weltkrieg im 2. Weltkrieg vernichtet wurden. Normalerweise besteht ein Bataillon aus vier Kompanien, eine Kompanie aus jeweils 100–250 Mann.

25 Thieß, S. 241

26 GW 3, S. 273. Bei dem hier von Tucholsky besprochenen Buch handelt es sich um: Als Schipper in der Front. Aufzeichnungen des Armierungssoldaten Otto Riebicke. Magdeburg 1916. Am 19.8.1922 stand in der «Wahrheit» ein Angriff auf Tucholskys Verhalten beim Militär, gezeichnet mit «Ihr Schipperkamerad R.». Es handelt sich dabei laut Ralf Bülow mit ziemlicher Sicherheit um Otto Riebicke. Am 31.8.1922 besprach Tucholsky das Buch von Riebicke und nannte ihn und das Buch «belanglos». Am 1. November 1922 «antwortete» Riebicke in der «Krieger Zeitung» unter der Überschrift: «Demaskierung eines Undeutschen». (S. 45 f.) Diese Artikel waren der Ausgangspunkt für fast alle weiteren Angriffe auf Tucholsky in der rechten Presse. (Zu Otto Riebicke siehe Ralf Bülow, Kurt Tucholsky im Felde. Tucholsky-Blätter, 2/1992)

27 Thieß, S. 344. Tucholskys Einheit gehörte zum Pionierabschnitt unter Hauptmann Buch. (KT an Blaich, 28.5.1915. DLA, A: Blaich)

28 DT, S. 190/91. Auch in «Wat Grotmudder vertellt» befaßte sich Tucholsky mit seinen Vorgesetzten und der Zeit in Suwalki. Laut Absender war KT am 30.4.1915 noch in Suwalki, am 28.5. dann im litauischen Pöszeiten bei Memel.

29 Riebicke, Als Schipper in der Front, S. 35

30 Feldpostkarte an Fritz Engel vom Berliner Tageblatt, 17.1.1916. (Sammlung Bernt Engelmann) Zweig, ebenfalls im April 1915 eingezogen, war Armierungssoldat in Serbien. 1916 verwendete auch Tucholsky diese Bezeichnung. (AB, S. 30)

31 Siehe: DT, S. 304

32 AB, S. 26

33 KT an Ellen Tucholsky, AB, S. 83

34 GW 1, S. 274 ff.

35 Thieß, S. 345

36 Thieß, S. 350. Das Gespräch fand laut Tagebucheintragung von Thieß am 24. April 1915 statt. (Telefonische Mitteilung der Nachlaßverwalterin, Frau Mielke, vom 1.8.1990) Tucholsky berichtete immer wieder,

was er alles gelesen hatte. In einer Buchbesprechung, die am 29.3.1917 in der Schaubühne erschien, schrieb Tucholsky: «Aber heute vormittag habe ich in einem kleinen rostroten Büchelchen gelesen, den ganzen Vormittag lang, und ich habe nichts gehört, nichts gesehen, nichts gespürt.» (GW 1, S. 267)

37 Ebenda

38 Der genaue Zeitpunkt läßt sich nicht mehr ermitteln. Jedoch muß dies etwa im Juni oder Juli 1915 gewesen sein, denn Ludwig Pinner erinnert sich, daß das Arm.-Bat. 26 der 10. Armee unterstand, als er Ordonnanz und Tucholsky Kompanieschreiber war. Im August 1915 kam das Bataillon zur Njemenarmee.

39 Der Sachverständige. Zeitungsausschnitt vom 23.9.1922 in KTs Mappe. Ähnliche Berichte standen in «Die Wahrheit», «Oberländer Volksblatt», «Deutsche Tageszeitung», «Bremer Volkszeitung», «Der Deutsche Vorwärts» und in einer hektographierten Pressekorrespondenz.

40 Thieß, S. 345. Da Thiess bereits im Mai 1915 wieder entlassen wurde, muß Tucholsky in der Tat seine «schmucke Uniform» bereits aus Berlin mitgebracht haben.

41 AB, S. 208

42 Das Gespräch ist von Mary Tucholsky auf den 1.12. datiert. Weiter heißt es da, daß Tucholsky durchaus etwas Jüdisches an sich gehabt habe, auch wenn er getauft sei. Auch in anderen Briefen erwähnte sie Angriffe von ehemaligen Kollegen, sogar der Zeichner Lunkebein, der mit Tucholsky zusammen den «Flieger» herausgab, äußerte sich nicht gerade positiv über ihn. – An dieser Stelle danke ich Fritz J. Raddatz noch einmal ausdrücklich dafür, daß er mir die Genehmigung erteilte, auch die Briefe von Frau Tucholsky im KTA einzusehen. Dadurch konnte das Bild an vielen Stellen abgerundet werden, zahlreiche Details ließen sich erst durch diese Dokumente klären.

43 Soldenhoff, S. 50. Die Gewichtsangabe war natürlich stark übertrieben. Aber auf dem Bild ist Tucholsky mit Doppelkinn und Bauch nicht grade schlank zu nennen.

44 UuL, S. 247. Der Furier (KT verwendete die veraltete Form Fourier) war in der Regel ein Unteroffizier, der für die Quartiere der Truppe und für die Beschaffung und Verteilung der Verpflegung zuständig war.

45 Mit der Schreibmaschine in den Krieg. Landesverräter und Fettwanst. «Die Wahrheit», 9.7.32

46 AB, S. 26

47 AB, S. 47. Später verarbeitete Tucholsky seine Erlebnisse bei der Erschießung in dem Beitrag «Kleine Begebenheit». (WB 7.7.1921, GW 3, S. 35) Da Tucholsky einmal von russischen, einmal von serbischen Spionen spricht, ist es möglich, daß er mehrmals an Erschießungen teilnahm.

Zumal er als Feldpolizeikommissar zur politischen Polizei in Rumänien gehörte. Siehe dazu auch GW 4, S. 268: «Ich habe niemals zu denen gehört, die die Erschießung von Franktireurs durch deutsche Offiziere angeprangert haben. Hinterher hat man leicht moralisieren.»

48 UuL, S. 137

49 UuL, S. 134

50 UuL, S. 168f.

51 UuL, S. 175

52 UuL, S. 183f.

53 UuL, S. 193

54 UuL, S. 196

55 AB, S. 51

56 GW 4, S. 389

57 UuL, S. 247

58 1917 schrieb er hingegen mehrfach an Blaich, daß er nach Hause wolle. Siehe etwa AB, S. 46, 49

59 UuL, S. 189

60 UuL, S. 195

61 KT an MT, 11.9.1918

62 Als Vizefeldwebel war Tucholsky zwar «Unteroffizier mit Portepee», gehörte aber nicht zum eigentlichen Offizierskorps, das erst beim Leutnant begann.

63 GW 2, S. 9

64 Siehe z. B. «Die Wahrheit», 9.7.32, «Oberländer Volksblatt», 4.9.1922

65 GW 2, S. 10

66 AB, S. 86

67 UuL, S. 125, AB, S. 36. Zu erwähnen ist hier, daß Tucholsky sich dank seiner Erbschaft auch viele Dinge kaufen konnte. In den Briefen tauchen immer wieder «Butterfahrten» und andere Einkäufe bei den Bauern auf. Im Brief vom 23.4.1918 an MT schrieb er, daß er sehr viel Geld im Krieg verbraucht habe.

68 GW 2, S. 9

69 GW 2, S. 374. Die wichtigsten Artikel Tucholskys zum Militär hat Richard von Soldenhoff in einem Band zusammengefaßt: Kurt Tucholsky, Unser Militär! Schriften gegen Krieg und Militarismus. Frankfurt 1982

70 Wo waren Sie im Kriege, Herr –? Zitiert nach dem Text in der Weltbühne vom 30.3.1926, S. 490. In der GW 4, S. 389 ist der Text aus «Mit 5 PS», S. 85 mit leichten Veränderungen abgedruckt.

71 GW 2, S. 10

72 DT, S. 323

73 GW 6, S. 313

74 GW 4, S. 389

75 GW 2, S. 228

76 Zwerenz, S. 27

77 UuL, S. 466

78 UuL, S. 247

79 Diese Bewertung findet sich mehrfach in Tucholskys Militärpaß, zuletzt bei seinem Entlassungsvermerk vom 2. 1. 1919.

80 Dr. Wolfgang Bode an MT, 1. 5. 1958. Der vierseitige Bericht enthält zahlreiche wichtige Informationen über Tucholskys Zeit in Alt-Autz. Tucholsky beschrieb Bode in einem Brief: «ein ganz hellblonder, ein reizender, selten anständiger und saubrer Mann». (UuL, S. 274) Bode wurde im September 1917 Adjutant der Stadtverwaltung von Riga. Wenn nicht anders erwähnt, stammen Zitate Bodes aus diesem Bericht. – Wann genau Tucholsky zum Stab versetzt wurde, läßt sich nicht mehr ermitteln. Am 29. 1. 1917 stand in seinem Briefkopf erstmals «Stab». (AB, S. 44) In seinem Militärpaß ist das Datum seiner offiziellen Versetzung mit dem 24. 4. 1917 angegeben. Tucholsky wurde ab 1917 ziemlich rasch befördert: am 8. 4. 1917 wurde er zum überzähligen Gefreiten ernannt, am 11. 9. 1917 zum überzähligen Unteroffizier befördert, am 2. 4. 1918 wurde er Offiziers-Aspirant und bereits am 12. 4. 1918 Vizefeldwebel.

81 Es taucht sowohl in den Briefen als auch im «Flieger» immer wieder die Schreibweise Alt-Auz auf. Laut Brockhaus-Atlas von 1937 hieß es jedoch Alt-Autz. Unter Umständen schrieb sich nur das Schloß ohne «t».

82 Die Angaben entstammen dem «Flieger» sowie den Briefen und Tagebüchern von Mary Tucholsky.

83 GW 1, S. 313; Rep S. 440

84 MT an KT, 15. 8. 1918. (Siehe auch: AB S. 53) Aus ihren Aufzeichnungen geht hervor, daß in Alt-Autz mindestens drei sogenannte Heime für Frauen waren. Wie viele weibliche Angestellte in Autz beschäftigt waren, läßt sich nicht mehr ermitteln, da später auch noch «reichsdeutsche» Helferinnen dazukamen. Tucholsky nannte im Herbst 1917 200 Mädchen aus Riga. (AB, S. 53) Der Befehl des Kommandanten Zimmermann «Ich verbiete jeglichen Umgang der Offiziere mit den weiblichen Angestellten» wurde weitestgehend ignoriert. (Siehe MT an KT, 27. 8. 1918)

85 MT an KT, 4. 6. 1918, 15. 7. 1918

86 MT an KT, 7. 10. 1918, 18. 8. 1918

87 Erhard Milch, Erinnerungen. Manuskript im IfZ, München

88 Im Herbst 1917, siehe UuL, S. 247

89 Siehe dazu auch Annemarie Stoltenberg, Ich bin doch nicht Euer Fremdenführer. Tucholsky und seine Buchkritiken. Hamburg 1990, S. 51 ff.

90 GW 1, S. 255
91 Tucholsky half beim Aufbau entscheidend mit. Denn die Schule wurde erst im Herbst 1916 errichtet, und Tucholsky kam schon bald danach zum Stab und übernahm die Leitung der Bücherei. Tucholsky betreute offensichtlich auch in seiner vorherigen Einheit eine kleine Bibliothek, wie ein Widmungsexemplar Tucholskys zeigt. Darin heißt es, daß eine «kurländische Bibliothek zum Schlusse des 2. Kriegsjahres aufgebaut» wurde. Die Widmung trägt das Datum Juli 1916. Tucholsky befand sich zu dieser Zeit noch, laut Militärpaß, bei Jakobstadt. (Siehe Tucholsky-Blätter 1 / 1991, S. 4)
92 Daß Tucholsky der Initiator der Zeitung war, schrieb er selbst am 1.9.1919 an Mary Tucholsky: «In diesen Tagen gebar ich den seligen *Flieger* – und der hat ja seine Aufgabe ganz gut erfüllt...» Zum «Flieger» siehe den entsprechenden Abschnitt bei Marianne Doerfel, Kurt Tucholsky als Politiker. Diss. Mainz 1971, S. 39ff.
93 Bode an MT, 1.5.1958. Zu Milch (1892–1972) siehe seine Tagebücher und Aufzeichnungen im IfZ. Im 2. Weltkrieg war Milch Generalfeldmarschall und Generalinspekteur der Luftwaffe. Am 17. April 1947 verurteilte der Militärgerichtshof in Nürnberg Erhard Milch als Kriegsverbrecher zu lebenslänglicher Haft, am 4. Juni 1954 wurde er jedoch entlassen.
94 Milch war bis zur Nummer 28 vom 17. Juni 1917 verantwortlich. Danach ließ sich Milch wieder an die Westfront nach Lille versetzen. Laut Impressum waren danach verantwortliche Schriftleiter: Nr. 29 bis Nr. 1, 2. Jg., 28. Oktober 1917: Leutnant Lode; Nr. 2, 4. Nov. 1917 bis Nr. 34, 16. Juni 1918: Oberleutnant Hartmann; Nr. 35 bis Nr. 37, 7. Juli 1918: Oberleutnant Normann; Nr. 38 bis zum Schluß: Leutnant Rudolf. Die letzte bekannte Nummer stammt vom 10. November 1918. (Schreiben des Bundesarchiv-Militärarchiv, Freiburg, vom 27. August 1990)
95 Diese Abschiedsnotiz bezog sich eindeutig auf Tucholsky, denn 1. war der derzeitige, nach außen verantwortliche Schriftleiter erst seit November 1917 im Amt und blieb es weiterhin bis zur Nr. 34 vom 16. Juni 1918 (Hartmann wurde am 27. Juni 1918 zu einer anderen Einheit versetzt); 2. außer Tucholsky war kein «Schriftleiter» von Anfang an dabei; 3. Mary Tucholsky hat diese Notiz in ihrem Exemplar zweifach angestrichen; 4. Tucholsky fuhr am 24. April 1918 nach Berlin auf Urlaub und kam dann nach Rumänien. Auch die weiteren Herausgeber hatten nur Stellvertreter-Funktion. Wie aus den Briefen Tucholskys hervorgeht, hatte die eigentliche Leitung nach seinem Ausscheiden Unteroffizier Lunkebein, den Tucholsky «angelernt» hatte. Tucholskys Gegendarstellung in den «Bremer Nachrichten» von 1922, daß er nie-

mals «Leiter einer Soldatenzeitung» gewesen sei, (DT, S. 323) war offensichtlich eine Schutzbehauptung.

96 KT an Blaich, 4. 2. 17, 17. 4. 17; AB, S. 46f.

97 Dr. Owlglass, S. 317. Onkel Kasimir war der Rätselonkel des Fliegers, ziemlich sicher Kurt Tucholsky.

98 Tucholsky erkundigte sich auch bei Blaich nach Queri (AB, S. 47), der am 13. 3. 1917 zurückschrieb: «Die Queri-Skizzen sind gut; persönlich ist der Mann nicht mein Gusto.» (Dr. Owlglass, S. 314) Queri war Mitarbeiter am Simplicissimus und an der Jugend. Im Weltkrieg war er Kriegsberichterstatter des Berliner Tageblatts. Das von Tucholsky empfohlene Buch war das «Kriegsbüchl aus dem Westen», Berlin 1915.

99 In der ersten Nummer schrieb Tucholsky «Zum Geleit!»: «Doch sitzt ihr mal in Friedensjahren/ bei Muttern um den runden Tisch/ [...] Dann sollt ihr immer noch gedenken/ der Fliegerzeitung von Groß-Auz! –» Stil und vor allem Interpunktion deuten auf Tucholsky als Verfasser des ungezeichneten Gedichts hin.

100 Dr. Owlglass, S. 314

101 Tagebuch im IfZ. Tucholsky wird darin nicht namentlich erwähnt. Zur Deckung der enormen Kriegskosten (1918 betrug die Reichsverschuldung 165 Milliarden Mark) wurden seit Herbst 1914 jeweils im Frühjahr und im Herbst sogenannte Kriegsanleihen – also Schuldverschreibungen des Staates mit garantierter Verzinsung von 5 % – aufgelegt. Die insgesamt neun Kriegsanleihen brachten zusammen rund 98 Milliarden Mark.

102 Der Flieger, Nr. 17, 24. März 1917

103 Anonym, Möweneier, in: Der Flieger Nr. 18, 31. 3. 1917. Auch AB 2, S. 296f.

104 Dieser Text ist mit ziemlicher Sicherheit von Tucholsky. Wahrscheinlich sind auch die meisten anderen Kriegsanleihe-Texte im Flieger von ihm. Mehrere Indizien sprechen dafür: 1. Die Interpunktion ist meist typisch Tucholsky; 2. auch die Weltbühne brachte laufend Werbung für die Kriegsanleihen, ein für Tucholsky sicher nicht unwesentliches Kriterium; 3. beteiligte sich Tucholsky an einem Wettbewerb der Frankfurter Zeitung vom 24. 8. 1918 mit einem Gedicht zur 9. Kriegsanleihe, das auch in der Nummer 266 vom 25. 9. 1918 abgedruckt wurde: «Trotzdem –! Von Theobald Tiger. [...] Die Neunte ruft! Zieh kein Gesicht!/ Solange jene schießen,/ solange hilft das nicht.// Sei's eine Mark, sei's der gebräunte/ und heitere Schein – bemüh' dich mal!/ Bei Beethoven war's auch die Neunte./ Trotz alledem –!/ Sei klug und zahl!» (Siehe Anm. 171); 4. Kurt Tucholsky bekam am 3. April 1918 das «Verdienstkreuz für Kriegshilfe» verliehen. Mary Tucholsky vermerkte dazu am 14. 4. in ihrem Tagebuch: «Er hat eine Auszeichnung für die

Kriegsanleihe bekommen und macht sich darüber lustig.» («Besitzzeugnis» im KTA. Siehe zu diesem Problem auch Marianne Doerfel)

105 Ulk Nr. 2, Januar 1916

106 GW 4, S. 360f. Tucholsky kam in seinen Artikeln öfters auf die Kriegsanleihen zurück. Man muß diese Kriegsanleihe-Propagada jedoch zeitbedingt sehen. Mary Tucholsky sammelte z. B. für die «Ludendorffspende» und regte sich hauptsächlich darüber auf, daß diejenigen, die am lautesten «Gebt!» schrien, nichts gaben. (MT an KT, Juni 1918) Die «Ludendorffspende» wurde 1918 zugunsten von Kriegsbeschädigten und Kriegshinterbliebenen veranstaltet und brachte rund 160 Mill. Mark.

Am 11. Juni 1927 veröffentlichte «Das Andere Deutschland» unter der Überschrift: «Zeichnet Kriegsanleihen!!» verschiedene Aufrufe von 1918 und fragte die Schreiber, ob sie sich dessen nicht schämten.

107 Das Kriegspresseamt versorgte nicht nur die Feldzeitungen mit Artikelvorlagen, sondern auch die «Heimatpresse». Außerdem war es für die Zensur zuständig. Tucholskys Angabe in der BVZ («Eine Rehabilitierung») vom 27. 6. 1922, daß er das Material von der Abteilung IIIb geliefert bekam, stimmt nicht. Denn diese Abteilung wurde bereits im Oktober 1915 zugunsten des Kriegspresseamts aufgelöst.

108 AB, S. 48, siehe auch die anderen Briefe an Blaich. Dieses Zitat ist ein weiterer Beleg für Tucholskys Zuständigkeit als Herausgeber.

109 Vermutlich hat Tucholsky diese Idee der Soldatenzeitschrift «Champagne-Kamerad» entnommen. Tucholsky gratulierte am 25. 11. 1917 im Flieger zur 100. Ausgabe: «Vor einem Jahr etwa erschien, als eine der ersten im deutschen Heer, deine ‹Beilage.› Da kamen liebe alte Freunde aus der Kinder- und Jünglingszeit an die Front. Eichendorff, Moericke, die Brüder Grimm, Goethe und Tieck, Kleist und Uhland schauten freundlich-ernst den Krieger an.»

110 Im Juni 1927 schrieb er an Mary Tucholsky: «Vor meinen Flieger-Gedichten habe ich mich einigermaßen geschämt, sie sind dof und es ist nur gut, daß sie nicht noch kompromittierender sind.» (UuL, S. 466)

111 AB, S. 49f.

112 GW 2, S. 20

113 AB, S. 53

114 AB, S. 247

115 AB, S. 307

116 GW 1, S. 303f.

117 Siehe dazu ausführlich Beate Porombka, Verspäteter Aufklärer oder Pionier einer neuen Aufklärung? Kurt Tucholsky – (1918–1935). Frankfurt 1990, S. 41 ff. Interessant ist auch die Parallele zu Elias Canetti. (Siehe ders., Die Fackel im Ohr. Lebensgeschichte 1921–1931. München 1980)

118 GW 3, S. 219

119 GW 2, S. 20
120 MT, Tb 12. 11. 1917
121 MT, Tb 11. 11. 1917
122 Tucholsky schrieb darüber: «da hatte er mit den Letten, die Banden bildeten, sehr scharf aufgeräumt, so scharf, daß die sich über ihn beschwerten und er abgesetzt wurde.» (UuL, S. 274)
123 Sein Vater war der Verlagsbuchhändler Richard Danehl in Goslar, seine Mutter Emma eine geborene Grupe.
124 Er machte 1906 die Reifeprüfung und bestand 1913 die Promotion mit «gut».
125 Personalakten Danehl, HStA Hannover, Nds. 100, Acc 95/88 und Akten des Krankenbuchlagers Berlin. Nach den Akten meldete er sich bereits am 4. August 1914 als Kriegsfreiwilliger und absolvierte eine kurze Ausbildung in Munster. Im August 1917 schrieb Danehl seiner ehemaligen Dienststelle in Celle, daß er zur Zentralpolizeistelle bei der Militärverwaltung in Bukarest komme. Er bekam das EK II, im April 1918 erkrankte er an Flecktyphus (siehe dazu auch die diversen Bemerkungen in den Briefen von KT an MT) und wurde deshalb auch nach dem Krieg immer wieder krank: Lungenentzündung, «Herzneurose» usw. Am 6. 3. 1918 kam er in das Lazarett 126 A in Bukarest, am 30. 3. 1918 wurde er wieder dienstfähig geschrieben. Am 17. 8. 1918 wurde er erneut in ein Lazarett eingewiesen, diesmal nach Calimanesci, und am 8. 9. 1918 wieder als dienstfähig zur Truppe entlassen. Nach dem Krieg ging er zur Staatsanwaltschaft Hannover, 1920 kam er zur Reichsfinanzverwaltung im Landesfinanzamt Hannover, war dort zeitweise auch kommissarischer Leiter des Finanzamts Zellerfeld, ab Januar 1922 war er beim Oberfinanzpräsidium Hannover, u.a. Leiter des Steueraußendienstes. In seiner Beurteilung hieß es 1924: «außerdienstl. Verhalten einwandfrei, gute Umgangsformen, gute Eignung zum Vorgesetzten». Im September 1926 ließ er sich probeweise zur Kriminal-Direktion beim Polizeipräsidium in Halle versetzen. Im Februar 1927 wurde er Regierungsrat und kam zum Polizeipräsidium Altona-Wandsbeck, im Februar 1928 wurde er stellvertretender Polizeipräsident in Elberfeld und im April Oberregierungsrat. März 1930 ging er als Polizeipräsident nach Gleiwitz-Beuthen/OS, im Oktober 1932 wurde er Polizeipräsident von Harburg-Wilhelmsburg, aber bereits am 11. 2. 1933 durch Göring beurlaubt, da er Mitglied der SPD war. Danehl wurde bereits vorher in verschiedenen Naziblättern scharf angegriffen. Am 1. 4. 1934 wurde er endgültig in den Ruhestand versetzt. Während des «Dritten Reichs» schlug sich Danehl als Rechtsanwalt in Wuppertal, als selbständiger Kaufmann und als Steuerberater in Berlin durch. Seit 1938 gehörte er zur Widerstandsgruppe Goerdeler. Nach

einem kurzen Gastspiel als Landrat in Überlingen war er von 1946 bis 1952 Staatssekretär im Innenministerium in Hannover. Gestorben ist Dr. Erich Danehl am 23.12.1954.

126 MT, Tb 24.4.1918

127 MT, Tb 23.4.1918

128 KT an MT, 3.3.1918

129 Am 13. Juli 1917 wurde Th. v. Bethmann Hollweg gestürzt und Georg Michaelis sein Nachfolger. Am 1. November 1917 trat Michaelis aber bereits wieder zurück, und Graf von Hertling wurde neuer Reichskanzler.

130 Der Friedensvertrag sah u.a. vor: Rußland verzichtet auf seine Rechte in Polen, Litauen, Kurland, Ukraine und Finnland.

131 AB, S. 32

132 UuL, S. 54

133 Zur Lesung von Kraus siehe WB 17.4.1918, S. 380 und 15.5.1918, S. 360 (eigentlich: S. 460). Es ist anzunehmen, daß Tucholsky, der zwei Jahre vorher ein Foto für die «Fackel» an Kraus geschickt hatte (siehe Kap. 10), damals mit ihm zusammentraf.

134 UuL, S. 55

135 UuL, S. 58

136 AB, S. 49, siehe auch den vorhergehenden Brief

137 AB, S. 41

138 UuL, S. 132

139 In Craiova war 1918 auch Kurt Szafranski stationiert.

140 UuL, S. 62

141 UuL, S. 62f. Der Rumänienfeldzug endete im Dezember 1916 mit der Einnahme von Bukarest.

142 KT an MT, 12.6.1918

143 Sein Vater, der Geheime Ober-Medizinalrat Prof. Dr. Heinrich Fritsch, war Direktor der Kgl. Universitäts-Frauenklinik in Breslau, seine Mutter Elisabeth eine geborene Goedecke. Sein Schwager war Prof. Dr. L. Brauer, Direktor des Krankenhauses in Hamburg-Eppendorf.

144 Nach den Militärkrankenakten in Berlin bereits am 2.11.1915.

145 Aus Äußerungen von Tucholsky läßt sich schließen, daß Fritsch zeitweise an spinaler Kinderlähmung litt.

146 Staatsarchiv Hamburg, Bestand: Senatskanzlei-Personalakten C 145 und Akten des Krankenbuchlagers Berlin (schriftliche Auskunft an den Verfasser vom 8.10.1990). Am 21.11.1918 erkrankte Danehl auf der Durchreise durch Berlin und kam in das Vereinslazarett in der Charité. Am 22.12. wurde er als geheilt nach Hamburg entlassen. Nach dem Krieg war Fritsch bis Februar 1919 bei der Staatsanwaltschaft in Altona, danach Verwaltungsdezernent am Ibero-amerikanischen Institut in

Hamburg. 1920 wurde er Verwaltungsassessor für das Gewerbe- und Fortbildungswesen in Hamburg und 1921 zum Reg.-Rat ernannt. Im Oktober 1921 kündigte Fritsch, da er ein Angebot als Syndikus für soziale Angelegenheiten der Hamburger Verkehrsgesellschaft erhalten hatte. Er blieb dort jedoch nur bis 1.7.1923. Er bat den Hamburger Senat um Wiederaufnahme in den Staatsdienst, wurde jedoch monatelang hingehalten. In dieser Zeit lebte er auf dem Rittergut seines Schwagers in Ostpreußen. 1924 wurde er dann stellvertretender, 1926 Geschäftsführer der Hamburger Gaswerke GmbH. (Tel. Mitteilung der Hamburger Gaswerke, 23.8.1990) Zur Verschleierung beschrieb Tucholsky ihn immer als Direktor des Hamburger Wasserwerks. Am 19.3.1931 starb Hans Fritsch. Tucholskys Sammelband «Lerne lachen ohne zu weinen» ist «dem Andenken Jakopps» gewidmet.

147 KT an MT, 28.7.1918

148 UuL, S. 195

149 UuL, S. 229, siehe auch S. 116

150 KT an MT, 22.6.1918

151 KT an MT, 12.10.1918. Seit dieser Zeit tauchen in Tucholskys Briefen ständig Hinweise auf die «übliche Grippe» oder Stirnhöhleneiterungen auf.

152 KT an MT, 8.10.1918. Auf Hunde war Tucholsky nicht sehr gut zu sprechen, nicht nur, weil sie Lärm machten. Als Junge wurde er einmal von einem Hund gebissen und hatte seitdem eine «Baubaunarbe». (MT an KT, 15.9.1918) Mehrfach griff er die Hunde beziehungsweise deren «nervenabtötende[s] Gebell» öffentlich an, und die Hundebesitzer nannte er «die rücksichtslosesten Menschen auf der Welt». (GW 5, S. 324ff; GW 7, S. 12; GW 1, S. 338) Es half ihm auch nicht, daß er Goethe und Leibniz zitierte – «Der Hund ist ein von Flöhen bewohnter Organismus, der bellt» –, in Hunderten von Briefen wurde er beschimpft und angegriffen, einige Leser bestellten wegen dieser Artikel sogar die Weltbühne ab. Der «Völkische Beobachter» bezeichnete Tucholsky deshalb gar als bösartigen Köter. (VB, Münchener Ausgabe, 21.1.1929. Abschrift im KTA) Tucholsky war gegen das Hundegebell derart allergisch, daß er in Frankreich die Wohnung wechselte, weil es Hunde in der Nachbarschaft gab. Jacobsohn riet ihm statt dessen: «Vergifte die Hunde. Aber ziehe nicht um.» (SJ-Briefe, S. 399)

153 UuL, S. 63. Auch in den folgenden Briefen wiederholte er sein «Urteil» immer wieder. Siehe auch den Artikel Rumänien, die «Schande Europas»! vom Januar 1928 (Rep, S. 343)

154 KT an MT, 24.9.1918

155 AB, S. 60

156 KT an MT, 12.6.1918

157 KT an MT, 12.6.1918

158 UuL, S. 112. Einige Bücher schickte er nach Alt-Autz an Mary Tucholsky. Auf den Briefen hat sie jeweils vermerkt, welches Buch beilag.

159 KT an MT, 1.6.1918

160 KT an MT, 25.8.1918

161 UuL, S. 152. 1927 bestätigte er diesen Satz aus eigener Erfahrung: «Es lohnt sich kaum – aber man muß ran.» (GW 5, S. 297)

162 KT an MT, 22.9.1918

163 UuL, S. 137

164 Walter Jens, Zueignungen. München 1963, S. 71 f.

165 GW 2, S. 238

166 UuL, S. 152

167 UuL, S. 155. 1930 versuchte er dann, diesen Traum zu verwirklichen. (Siehe Kap. 10)

168 1913/14 waren bereits einige Arbeiten von ihm dort erschienen.

169 Brief vom 29.6.1918

170 KT an MT, 6.7.1918

171 «Trotzdem», 25.9.1918; «Etwas vom Humor», 29.10.1918; «Anekdoten», 20.12.1918. Am 24.8.1918 veröffentlichte die Frankfurter Zeitung einen Wettbewerb «zur Erlangung von Werbe-Beiträgen» zur 9. Kriegsanleihe, bei dem Preise zwischen 200 und 1000 Mark ausgeschrieben wurden. Tucholsky beteiligte sich daran mit dem Gedicht «Trotzdem», das zwar keinen Preis erhielt, aber von der Redaktion angekauft wurde. (Frankfurter Zeitung, 23.9.1918) Am 25.9. erschien das Gedicht von Theobald Tiger in der Abendausgabe. (Abgedruckt in: Gedichte, S. 135 f.) Wegen dieses Gedichtes wurde Tucholsky später von Pfemfert und Karl Kraus heftig angegriffen.

172 Nach Helga Bemmann (S. 148) stand Anfang 1917 eine Annonce im Simplicissimus.

173 Möglich ist auch, daß die Verbindung durch Georg Queri, der Kriegsberichterstatter des BT war, zustande kam. Anfang 1917 nahm Tucholsky zu Queri Kontakt auf, um ihn für den Flieger zu gewinnen. (Siehe AB, S. 47) In seinem Kalender vermerkte Wolff nach dem 22. Oktober 1918 Tucholskys Name und seinen Geburtstag. (Bernd Sösemann, Theodor Wolff. Tagebücher 1914–1919. Boppard. S. 638)

174 UuL, S. 168

175 UuL, S. 194. Siehe auch S. 183/84

176 Er hatte u. a. Angst um sein Gepäck. Siehe auch UuL, S. 196, S. 200

177 UuL, S. 196

178 UuL, S. 193

179 Andrea Nachama/Gereon Sievernich (Hg.), Jüdische Lebenswelten. Katalog zur Ausstellung. Berlin 1991, S. 201: Tucholsky mußte seine

«Absicht, aus dem Judentum auszutreten, persönlich vor dem Amtsgericht erklären. Nach einer Frist von vier Wochen, die der Gemeinde die Möglichkeit bot, auf die Austrittskandidaten einzuwirken, durfte das Gericht die endgültigen Austrittserklärungen entgegennehmen. Die Jüdische Gemeinde registrierte die Austritte dann auf vorgedruckten Karten.» Im Gemeindeblatt der Jüdischen Gemeinde zu Berlin wurden die Austritte veröffentlicht.

180 Auszug aus dem Taufregister der evangelischen Kirche in Turn-Severin. Abschrift (auf KTs Schreibmaschine) mit Beglaubigung durch Gertrude Meyer vom 28.4.1933 im Archiv des Pfarramts der Gemeinde Björketorp, Rävlanda. (Ich danke Olle Hambert für die Überlassung einer Kopie dieses Dokuments, das er bei seinen Recherchen im Sommer 1992 fand.) Wilhelm Stapel, der für seinen Bericht offenbar amtliche Unterlagen zur Verfügung hatte, nannte als Taufdatum fälschlich den 28. Juli 1918. (Wilhelm Stapel, Kurt Tucholsky, in: Forschungen zur Judenfrage, Bd. 2. Hamburg 1937, S. 185.) Trotz seiner heftigen Angriffe auf die Kirchen blieb Tucholsky bis zum Tod in der evangelischen Kirche. In der Heiratsurkunde mit Else Weil ist als Konfession «evangelisch» angegeben. Im Formular zur Verlängerung seines Fremdenpasses vermerkte er am 8.11.1934 unter der Rubrik Religion: «Lutherisch» (Kopie und Übersetzung der Dokumente im KTA).

181 UuL, S. 195

182 AB, S. 61

183 UuL, S. 197

184 Tucholskys Angabe, daß sie etwa am 18. November abgefahren seien (UuL, S. 202), kann nicht stimmen, denn am 19.11. war Tucholsky bereits bei Blaich.

185 GW 2, S. 162. Siehe auch GW 3, S. 45

186 UuL, S. 202

187 Dr. Owlglass, S. 321

188 UuL, S. 247

189 AB, S. 276

FÜNF

1 Buchwidmung an Mary Tucholsky vom 3.3.1923 in: Erzählungen aus Tausend und eine Nacht.

2 Leider hat Frau Tucholsky viele ihrer Briefe vernichtet, ebenso ihre Tagebücher. Es existiert nur noch eine selektierte Abschrift, die aber – von wenigen Eintragungen abgesehen – im Februar 1923 abbricht. Über die Zeit ihrer Ehe mit Tucholsky gibt es also fast keine Unterlagen mehr.

3 MT, Tb 25.11.1920

4 «Und so waren unsere Beiträge eigentlich alle nur Briefe an ihn, für ihn geschrieben, im Hinblick auf ihn: auf sein Lachen, auf seine Billigung – ihm zur Freude.» (GW 5, S. 436)

5 UuL, S. 112. (Hervorhebung von MH) An Hasenclever schrieb Tucholsky, wenn man einer Frau nachtrauert, trauert man im Grunde sich selbst nach. (AB, S. 287)

6 UuL, S. 259. Bereits ein Jahr vorher schrieb er ihr: «Klugheit? Klug bin ich alleine. Meine dicken Bücher will ich bei einer Frau nicht noch einmal bestätigt sehen.» (UuL, S. 150)

7 GW 2, S. 190: «Wenn wir nur nicht mit euch schlafen müßten!»; Rep, S. 59: «Wie der alte General recht hatte, der sagte: ‹Wenn wir nur nicht mit ihnen schlafen müßten!›» In seinem Sudelbuch notierte er: «so viel: mit einem zu schlafen./ so wenig: mit einem zu schlafen».

8 Siehe dazu Klaus Theweleit, Buch der Könige. Basel, Frankfurt 1988

9 UuL, S. 230/31

10 Nieder, bzw. Hoch die Frauen! Ulk, 21.2.1919

11 Oscar Wilde, Märchen

12 «Still sah sie immer nach dem Rechten/ und stellte alles so nett hin.» (GW 9, S. 227)

13 MT an KT, 27.6.1926

14 MT an KT, 19.7.1918. Am 31.7.1918 antwortete Tucholsky darauf: «Denn eine Gleichheit gibt es nicht, Melimann, das steht nur in den Büchern. Einer führt, und der andere geht mit, weil er mag.» (UuL, S. 120) In ihrem Tagebuch notierte sie bereits am 15.4.1918 ein Gespräch mit Kurt Tucholsky: «‹Überhaupt gibt es Frauen, [...] die es nicht wahr haben wollen, daß der Mann oben sein muß, nicht, daß er sich sagt, ich bin der große Mann, nein, so nicht, aber in gewißen Dingen muß man es fühlen: er ist es, welcher...› Ich muß sagen, ich bin ganz seiner Meinung, obwohl ich mich früher um das Gegenteil herumgeprügelt habe – nicht, daß die Frau dem Mann untertan sein muß, so natürlich nicht, sie hat die gleichen Rechte wie der Mann, selbstverständlich, aber der Mann muß die Regie führen und den Ton angeben. Schrecklich ein Mann, der unter dem Pantoffel einer Frau steht, aber genau so widerwärtig eine Frau, die den Mann beherrscht –»

15 1933 nahm Mary Tucholsky wieder ihren Mädchennamen Gerold an, um wenigstens etwas vor den Nachstellungen der Nazis geschützter zu sein. Am 19. August 1954 wurde ihrem Antrag auf Namensänderung stattgegeben. Von diesem Tag an führte sie wieder den Namen Tucholsky. Auch ihre Pässe waren auf den Namen Tucholsky ausgestellt.

16 Alle Angaben zur Familie stammen, soweit nicht anders angegeben, aus ihrem Brief an KT vom 19.7.1918.

17 MT an KT, 20.6.1918. «Ja, Dicker, aufs Prügeln versteh ich mich, [...] ich hab doch zwei Brüder – mit denen tat ich es bis zur Erschöpfung, im wahren Sinne des Wortes.» Später vertrugen sich die Geschwister jedoch sehr gut.

18 Siehe u. a. MT an KT, 5. 10. 1918. Am 8. 10. 1917 schrieb KT an Blaich, daß derzeit 200 Mädchen aus Riga «beim Kriegführen» helfen. (AB, S. 53)

19 MT, Tb o.D., S. 90

20 UuL, S. 23. An Hasenclever schrieb er 1934: «Wir wissen doch, was man alles zusammenschreibt, wenn man eine haben will.» (AB, S. 277)

21 Tucholsky trennte sich erst am 18. 1. 1918 von der anderen, auf sehr unschöne Weise. (MT, Tb, u. a. 5. 1., 13. 1., 18. 1. 1918)

22 Es gibt zahlreiche Äußerungen Tucholskys, daß es für ihn lange Zeit nur als Spaß gedacht war. Wichtig, auch für die Bedeutung der ersten Briefe, halte ich die Zeilen: «Ich weiß noch, wie wir drei [MT, KT + Ludolf] mal, eines Abends, nach Groß Autz herausgingen – wir gingen nicht weit – und ich sagte aus Spaß, wie nett es jetzt sein müßte, mit Dir in ein kleines Häuschen zurückzugehen, die Tür sei angelehnt... Ich dachte damals nicht im entferntesten daran, daß das jemals etwas anders sein könnte als eben nur ein Spaß.» (UuL, S. 218)

23 UuL, S. 26

24 MT, Tb 13. 11. 1917

25 MT, Tb 24. 11. 1917

26 «ich kenne sie wie meinen kleinen Finger... Eine Frau nicht kennen! Ich bin doch nicht mehr 19, wo man in einer Frau nur das Weib sieht, ich will nicht sagen, daß ich übersättigt bin, aber nun mit 28 Jahren ist es etwas anderes, was mich an Sie fesselt.» (MT, Tb 17. 1. 1918) «Sieh mal, wenn ein Uhrmacher eine Uhr in die Hand nimmt, so weiß er, was damit los ist. So weiß ich mit einer Frau Bescheid – obwohl das nun nicht gerade mein Beruf ist – ich weiß alles.» (MT, Tb 5. 2. 1918)

27 MT, Tb 17. 1. 1918

28 «Da steht die lange Claire, / den Bastard meiner Liebe an der Hand.» (GW 1, S. 271) – Eigentlich fand er Kinder «albern», und in seinem Sudelbuch notierte er: «Kinder kriegen? Das ist ja wie selbergemachte Hüte.» Aber mit Mary konnte er sich ein gemeinsames Kind offensichtlich vorstellen. Sie hingegen machte ihm klar, daß Kinder für sie kein Thema waren: «ich habe Kinder gern, sie müssen aber artig u. hübsch sein, doch mich mit ihnen abzugeben verstehe ich nicht, bei mir heißt es: da habt ihr eure Sachen u. laßt mich gefälligst in Ruhe.» (MT, Tb 24. 4. 1918 und MT an KT, 8. 9. 1918)

29 UuL, S. 37

30 Meist waren seinen Zetteln, Gedichten und Briefen kleine Geschenke beigegeben: Zigaretten, Milch, Bücher, Pralinen usw.

31 MT, Tb 17.1.1918
32 MT, Tb 23.1.1918
33 MT an KT, 22.8.1919
34 MT, Tb 22.3.1918.
35 UuL, S. 205
36 Oscar Wilde, Märchen. «Weil Er heute abend nicht bei mir ist –!»
37 Die teilweise wörtlichen Gesprächswiedergaben in ihrem Tagebuch bestätigen diese Aussage.
38 MT an Dr. Johannes Buschmann, 6.7.1953. Das Problem der Vermännlichung ist nicht neu: Adele Sandrock beispielsweise unterzeichnete Briefe an Schnitzler männlich mit «Dein Diltsch». Théophil Gautier über George Sand: «Es ist unmöglich, eine bessere Frau und zugleich ein besserer Mann zu sein.»
39 UuL, S. 11
40 UuL, S. 293
41 MT an KT, 6.2.1920
42 UuL, S. 199 und Tb
43 Gebet. 3.4.1918
44 Maurice Maeterlinck, Pelleas und Melisande. In Mary Gerolds Tagebuch lassen sich einige Analogien finden, die den Schluß zulassen, daß «Meli» dem Maeterlinck-Stück entliehen ist.
45 «Ich mag die Männer nicht leiden, die ihre Frauen zu Heiligen machen – die fallen dann herunter von dem Sockel, und dann geht gewöhnlich etwas kaputt», schrieb er im Juli 1918. (UuL, S. 114)
46 MT, Tb 25.3.1918. Dies war keineswegs ironisch gemeint. Am 21.4.1918 sagte er ihr: «meine Position beim Militär ist nichts für Dich, Du könntest den Anspruch auf einen Kommandeur oder Adjutanten erheben, der Dir alles bieten kann...» Am 23.4.18: «Du sollst die höchsten Ansprüche stellen, Du sollst sie so hoch schrauben, daß Du platzt. Denn Du weißt nicht, was Du geben kannst...» (Jeweils Tb)
47 MT, Tb 15.4.1918. Spannend die unbewußte Nähe zu Tucholskys Formulierungen aus «Rosa Bertens»: «Ein Flug in die Sonne? Flieg du, wenn die Bleiklumpen der Frau dich zur Erde ziehen.» (GW 1, S. 218) Erst am 4.9.1918 schickte Tucholsky ihr seine alten Arbeiten. (UuL, S. 157)
48 MT, Tb 14.4.1919
49 UuL, S. 333
50 Arthur Schnitzler an Adele Sandrock, 23.1.1894, zit. nach FAZ-Magazin, 23.11.1990
51 MT, Tb 24.3.1918. Ob es sich tatsächlich um den Ring von Tucholskys Vater handelte oder ob er da flunkerte, ist unklar. Am 20.8.1918 schrieb er ihr jedenfalls, daß er den Ring seines Vaters endlich nach langen

Mühen bekommen habe. – In einer undatierten Aufzeichnung schrieb Mary Tucholsky: «U[nd] die Ringe trugen wir bis die Perle aus dem Vaterring herausfiel u. der Stein aus meinem Ring, – aber die Ringe behielten wir und 1923 entstand aus diesen beiden Ringen ‹das Kind› mit der Inschrift: 24.4.1918 – dem Tag an dem er aus Autz fortfuhr, in Berlin seine Angelegenheit mit ‹Kitty› regeln, wie er mir sagte. Aber die Geschichte mit den Ringen geht noch weiter. – Ich trug den Ring nur, wenn wir gemeinsam verreisten, um nicht durch neugierige Fragen belästigt zu werden.» Dieser Ring und KTs Ring mit der Inschrift «Beuteltier» wurden Mary Tucholsky 1945 von den Besatzungstruppen gestohlen. (Archiv Fritz J. Raddatz)

52 MT, Tb 27.2.1918. Mary Tucholsky hatte Angst, sich eine Schwäche einzugestehen. Am 11.3.1919 schrieb sie in ihr Tagebuch: «Ich will nicht schwach sein, ich hasse, hasse, hasse Schwäche.»

53 UuL, S. 34

54 Sie schrieb öfters in ihr Tagebuch, daß er sie erzieht und verändert, z. B.: 3.4. und 5.4.1918

55 Undatierte Aufzeichnung von Mary Tucholsky, Archiv Fritz J. Raddatz

56 MT, Tb 6.4. und 24.4.1918. Sie war von der Mitteilung so geschockt, daß sie fast kein Wort herausbrachte. Das Tagebuch macht deutlich, daß Mary Tucholsky keineswegs die harte Frau oder der kühle Eisblock war, als der sie manchmal erscheint. Im Eintrag vom 6. April heißt es z. B.: «...du darfst nicht einmal Gott bitten, diesen Kelch vorüber gehen zu lassen, das Glück war zu groß, es mußte so kommen. Dein Wille geschehe – Wer weiß, wozu das gut ist.»

57 MT, Tb 17.3.1918

58 MT, Tb 23.11.1920. Im Tb vom 17.3.1918 heißt es weiter: «Mir wurde es eigen zu Mut. – Vielleicht wird sich einer auch einmal diese Frage vorlegen...»

59 MT, Tb 20.3.1918

60 Das Ibsenbuch, hg. von Hans Landsberg. Berlin 1907, S. 111. Tucholsky kannte wohl die Ausgabe von Brandes/Elias/Schlenther, denn er nahm in seinem Brief das «O, Angst...» wieder auf. In der älteren Übersetzung von Passarge (Leipzig 1887) heißt es statt dessen: «O Gott». (S. 133) 1919 verweist er ebenfalls auf diese Zeilen, in der Übersetzung von Morgenstern. (UuL, S. 282)

61 MT, Tb 24.4.1918

62 MT, Tb 25.6. und 27.6.1918

63 MT, Tb 29.6.1918

64 MT, Tb 24.12.1918

65 MT, Tb 9.1.1919

66 Die Bezeichnung «Matz» geht mit Sicherheit auf die gemeinsame Ibsen-Lektüre zurück. In Peer Gynt heißt es: «Am Kamine sitzt der Matz, / Scharrt nach Schätzen in der Grube». (Henrik Ibsen's Gesammelte Werke. Leipzig, o. J. [1887], Bd. 3, S. 17) Die Herkunft des Spitznamens aus diesen Zeilen wird auch durch das Tagebuch erhärtet.
67 MT an KT, 12.6.1919
68 UuL, S. 222
69 UuL, S. 220
70 UuL, S. 266. Laut Berliner Magistrat benötigte damals ein Ehepaar als Minimum 8000 Mark jährlich. Tucholsky veranschlagte dafür 30000 Mark. (ebda, S. 262)
71 Sie war in der Kassenverwaltung beim Oberstab des Nachrichtenkommandeurs der Baltischen Landwehr.
72 KT an MT, 9.7.1919
73 KT an MT, 18.7.1919
74 MT an KT, 15.7.1919
75 UuL, S. 237
76 UuL, S. 230
77 UuL, S. 237
78 Siehe dazu KT an SJ, 17.4.1920, in dem er «anläßlich meiner Heirat» mit Else Weil sein Darlehen zurückfordert. Am 24.4. bestätigte er den Empfang von 2000 Mark als «Abschlagszahlung auf das Darlehen».
79 MT, Tb 23.6.1918
80 Weihnachten. Ulk, 20.12.1918 (Gedichte, S. 148): «Für Peter – Für Theo – Für Mary – Für Claire –» Es wäre zum Beispiel auch undenkbar, daß Tucholsky und Else Weil 1920 so plötzlich geheiratet hätten, wenn die Beziehung seit 1918 beendet gewesen wäre.
81 UuL, S. 319f.
82 MT, Tb 17.10.1919
83 So am 16.10.1919
84 MT, Tb 16.11.1919
85 MT an KT, 20.10.1919
86 MT, Tb 16.11.1919
87 UuL, S. 274
88 MT, Tb 8.8.1919
89 Die Baltikumtruppen unter dem Kommando von General Graf Rüdiger von der Goltz waren reine Freikorps, in denen sich viele «Gestrandete» und Abenteurer befanden. Gerade die «Baltikumer» spielten bei den späteren Putschversuchen eine entscheidende Rolle. Die «Eiserne Division», gebildet aus Freiwilligen der 8. Armee, war mit weit über 10000 Mann die größte Gruppe. Ihr Führer, Major Bischoff, bezeichnete sich selbst als alten Freibeuter. Dementsprechend berüchtigt und gefürchtet

war diese Truppe, die plündernd und marodierend durchs Land zog. In der Weltbühne standen mehrfach Artikel gegen die «Baltikumer», auch von Tucholsky. (Siehe z. B. WB 1919/II, S. 500 und 525) Mary Tucholsky hat in ihren Briefen ausführlich das Treiben dieser Truppe beschrieben.

90 UuL, S. 284ff. Gleichzeitig schrieb er ihr, daß dies sein persönlichster Brief sei, den er ihr bisher geschrieben habe. (S. 286)

91 MT an KT, 17.12.1919. Die fehlerhafte Rechtschreibung wurde beibehalten.

92 MT an KT, 25.12.1919

93 Es gibt keine gesicherten Angaben über das Datum ihrer Ankunft, auch ihr Tagebuch besteht in dieser Zeit nur aus Angaben über Briefeingänge. Der 4. oder 5. Januar ergibt sich für mich aus folgenden Gründen: Das Dienstzeugnis für Mary Gerold ist vom 2.1.1920, ausgestellt in Memel von der «Eisernen Division». Tucholskys Brief vom 1.1. kam am 3.1. bei ihr an. Vom 5.1. gibt es eine Bildwidmung von MT. (Siehe Fußnote 96) Am 7.1. schrieb Tucholsky auf einen Bogen des «Ulk» nur die Zeile «Guten Morgen, Mätzchen! – K.». Am 8.1. schrieb er ihr auf, wie sie zum Polizeirevier in der Pfalzburgerstraße käme, wahrscheinlich, um sich dort anzumelden und sich einen ordnungsgemäßen Paß zu besorgen. (Sie bekam einen «Ausweis» von ihrem Truppenteil, in dem ihr bestätigt wurde, daß sie am 15.12. 1919 ordnungsgemäß die Grenze überschritten hat.) Das Gedicht vom 13.1. (UuL, S. 292) mit den Zeilen: «Wir warten. tritt nur herein» sind bereits an ihre Berliner Adresse, Pension Simon in der Joachimsthalerstraße 22/23, gerichtet. Außerdem schrieb Mary Tucholsky in ihrem Brief vom 6.2.1920: «u. heute ist es genau ein Monat her.»

94 UuL, S. 282. Die Schilderung des ersten Zusammentreffens folgt dem Brief von MT an KT, 6.2.1920.

95 MT an KT, 6.2.1920

96 UuL, S. 294. Schon gleich zu Anfang muß diese «Fremdheit» von Tucholsky angesprochen worden sein. Am Abend des 5.1.1920 schrieb sie auf die Rückseite eines Fotos: «Und doch ist es die alte Meli!»

97 UuL, S. 296 und 546

98 Die Uraufführung war am 9.2.1920, u.a. mit Max Pallenberg als Holofernes und Paul Graetz als Judith. Die Musik stammte von Friedrich Hollaender. Siehe dazu die Besprechung von Stefan Großmann in: Das Tage-Buch, 21.2.1920, S. 265 f. Der Text ist leider verschollen.

99 UuL, S. 319

100 MT, Tb 10.2.1920

101 Auch Mary Tucholsky gebrauchte rückblickend diesen Vergleich. (MT, Tb 3.11.1920)

102 UuL, S. 296. Der Brief ist vom 5.2.1920, wie aus der Antwort von Mary Tucholsky hervorgeht.

103 MT an KT, 17.2.1920. Auch die vorhergehenden Briefe vom 7.2. bis 13.2. sind ein einziger Hilfeschrei.

104 UuL, S. 320f.

105 Trauzeugen waren Siegfried Jacobsohn und der Vater von Else, Siegmund Weil.

106 GW 2, S. 322

107 GW 2, S. 341

108 Vom 1.1.1918 bis 1.10.1920 war Else Weil als Assistentin in der «Klinik für Frauenkrankheiten und Geburtshilfe» tätig. Sie führte dort eine Station mit 25 Betten, assistierte bei Operationen, kleinere Operationen führte sie auch selbständig durch. «psycholog. Einstellung zu den Patienten überdurchschnittlich», schrieb ihr der Chefarzt ins Dienstzeugnis. (Entschädigungsakte Else Weil) Am 17. Juni 1920 bekam sie die Kassenärztliche Zulassung und praktizierte bis Anfang 1935 als niedergelassene Ärztin. (Siehe Tucholsky Blätter 4/1990, S. 16ff.)

109 Ein Briefkopf von 1923 weist darauf hin, daß Mary Tucholsky zu dieser Zeit bei der «Gesellschaft für Maschinenfabrikation» arbeitete.

110 MT, Tb 15.5.1920

111 Ohne Datum. Mary Tucholsky datierte ihn auf «1921 oder 1922».

112 Walter Mehring, Kurt Tucholsky. Herausgegeben und mit einem Nachwort von Dietger Pforte. Berlin 1985, S. 5. Mehring zitierte hier Else Tucholsky. Zu Tucholskys Krankheiten siehe ausführlich Olle Hambert, «... mir wird mein Leben gestohlen», in: Gustav Huonker (Hg.), Kurt Tucholsky. «Liebe Winternuuna, liebes Hasenfritzli». Ein Zürcher Briefwechsel. Zürich 1990, S. 126ff.; Tucholsky-Blätter 2/1992

113 Else Tucholsky unterschrieb ihre Briefe teilweise selbst mit «Deine alte Pibein». So z. B. am 21.10.1923 an Gussy Holl. (Brief in Privatbesitz. Kopie beim Verfasser) Die Unterschrift von Tucholsky findet sich auf einem Brief an Siegfried Jacobsohn, ohne Datum, nach dem 14. September 1921. (Siehe auch AB, S. 94)

114 UuL, S. 319 und 321

115 GW 2, S. 412. Wegen des Gedichtes hat es «einen unglaublichen Skandal gegeben: die einen behaupteten, [das Kind] sei von der Holl, die anderen, ich hätte es umgebracht, die dritten, es wäre unmöglich über so was zu schreiben, – aber glauben will keiner, daß es das nie gegeben hat». (MT, Tb 24.9.1920, Aufzeichnung eines Gesprächs mit Tucholsky)

116 Siehe UuL, S. 298. Tucholsky schickte ihr eine Freikarte für die erste Reihe. Sie bat ihn, die Karte gegen einen weiter hinten gelegenen Sitz umzutauschen.

117 MT, Tb 23.11.1920
118 UuL, S. 298
119 MT, Tb 25.11.1920
120 SJ-Briefe, S. 146. Seine neue Adresse – zwei möblierte Zimmer – lautete nun bis April 1924: Windscheid-Straße 34 in Berlin-Charlottenburg. Diese Adresse taucht erstmals am 22.6.1923 in einem Brief an SJ auf. Jacobsohn lud die «Pimbusch» zu sich nach Sylt ein, damit sie sich etwas erholen sollte. Zwischen SJ und Else Tucholsky bestand bis zu seinem Tod Kontakt. Auch mit Gussy Holl und Emil Jannings blieb sie in Verbindung.
121 MT, Tb 1.8.1921
122 MT, Tb 10.2.1922
123 UuL, S. 315
124 MT an KT, 20.2.1923
125 MT an KT, 15.2.1922
126 MT an KT, ohne Datum, wohl Anfang März 1923
127 UuL, S. 431 f.
128 MT an KT, 18.8.23
129 UuL, S. 334 Bereits am 12.3.1918 schilderte Mary Tucholsky in ihrem Tagebuch eine Szene, die bezeichnend ist. Sie las «Tobias Mindernikkel» von Thomas Mann, «die Geschichte von diesem unzufriedenen, freudlosen alten Mann», und plötzlich «stand er [Tucholsky] handgreiflich vor meinen Augen ...»
130 MT an KT, 12.12.1923
131 KT an Emil Jannings und Gussy Holl, 25.10.1923 (Privatbesitz, Kopie beim Verfasser)
132 MT an KT, 9.1.1924
133 Im Vertrag ist keineswegs vereinbart, daß Tucholsky ganz nach Paris ziehen könne. Siehe dazu Kapitel 8
134 GW 4, S. 446 f.
135 KT an MT, 31.5.1924. Anrede: 10.5.1924
136 Siehe Kapitel 8
137 So z. B. am 14.6.1924
138 Siehe SJ-Briefe, S. 223
139 Ulrich Walberer, Mary Tucholsky ist gestorben. Frankfurter Rundschau, 21.10.1987. Ähnlich äußerte sich Mary Tucholsky in einem Gespräch mit Antje Bonitz.
140 KT an MT, 29.5.1924. Siehe auch: UuL, S. 373
141 Am 3.1.1925 schrieb er auf einem Briefzettel an seine Frau, daß es nun mit der Nase viel besser gehe.
142 UuL, S. 367/369. Zu Tucholskys Klagen über seine angeblich schlechte finanzielle Situation siehe Kapitel 8

143 KT an MT, 6.7.1924. Wenig später tauchte erstmals bei ihm der Satz «Schweigen und vorübergehn» (GW 4, S. 312) auf, den er 1933 abwandelte in «Deutschland –? Schweigen und vorübergehn».

144 KT an MT, 8.6.24

145 Goethes Werke. Vollständige Ausgabe letzter Hand. 17. Band. Stuttgart und Tübingen 1828, S. 261

146 Mary Tucholsky hat den Text eines Bilderbuches als Vorlage genommen und ihn entsprechend verändert. Mary als «Matz» war darin das Tier im Beutel. Im Brief von MT vom 24.5.24 ist zuerst Mary das Beuteltier, zum Schluß kriecht sie in seine «Beuteltasche und läßt anwachsen, damit nicht mehr herauskommt». Besonders 1924 sind im Briefwechsel meist beide gleichzeitig das Beuteltier. Am 3.6.26 unterschrieb Mary Tucholsky mit «gewesenes Beuteltier», einen Monat später mit «und ist diesem sein Beutelbauch».

147 Im seinem Sudelbuch notierte er später den Satz: «er träumte sich von ihr fort».

148 Die Reise begann am 18.8. und dauerte bis Mitte Oktober 1925, wie sich aus den Absendern auf Tucholskys Briefen ersehen läßt.

149 Amy Oakley, Hill-Towns of the Pyrenees. London 1924. Dieses Buch schenkte Tucholsky ihr mit einer Widmung. Die Eintragungen befinden sich auf der Karte am Schluß des Buches.

150 BK, S. 76

151 Die erste Erwähnung findet sich in einem ungedruckten Brief von SJ an KT vom 25.6.1925. «‹Nachher› – ein guter Gedanke. In welcher Reihenfolge sollen die ersten beiden erscheinen?» Der erste Nachher-Text erschien am 7.7.1925 in der WB. Bis Ende des Jahres folgten noch sieben weitere Texte, 1926 noch mal sieben, 1927/28 zusammen fünf.

152 GW 10, S. 119

153 UuL, S. 79: «und dieses Kapitel interessiert mich, solange ich darüber denken kann, das, was nachher ist».

154 GW 10, S. 129

155 GW 10, S. 126

156 GW 1, S. 67

157 George Grosz, der 1927 nach Paris umziehen wollte, schrieb Tucholsky Mitte 1927: «Ihre große Wohnung wäre ja sehr schön gewesen, aber mit Verlaub bemerkt, zu teuer – da muß man ja klotzig verdienen – allein um 300 Mark Miete jeden Monat hinzulegen ohne Wimperzucken.» (Ohne Datum)

158 MT an Fritz J. Raddatz, in: Lieber Fritz. Briefe an Fritz J. Raddatz 1959–1990. Hamburg 1991, S. 84

159 Sie kam nur kurz zur Trauerfeier nach Berlin, fuhr aber Anfang Januar 1927 wieder nach Frankreich zurück. Die genauen Daten sind unbe-

kannt. Am 9.12. war MT noch in Fontainebleau und berichtete in einem Brief von einem Wasserrohrbruch im Badezimmer, der auch die Bibliothek Tucholskys «fusshoch» unter Wasser gesetzt hatte. Danach stammt der erste Brief KTs an MT vom 6.1.1927.

160 Der erste Brief aus Morgenstrup-Kro per Lou stammt vom 12.6. Am 14.7. schrieb er an Mary Tucholsky, daß er in Kopenhagen sei und am nächsten Tag nach Hamburg fliege. Dort traf er seinen Freund Jakopp und Lisa Matthias, die er im Januar kennengelernt hatte, am 29.7. war er wieder in Paris und mietete in der Colonel Bonnet eine möblierte Wohnung. Mary Tucholsky hatte Anfang des Jahres die große Wohnung in Fontainebleau aufgelöst und war dann zu ihrer Mutter nach Riga gefahren. Kaum war sie zurückgekommen (am 26.8.), fuhr Tucholsky schon wieder weg. Zusammen mit Karlchen und Jakopp unternahm er eine Fußwanderung durch den Spessart, am Schluß traf er sich dort auch wieder mit Lisa Matthias und auch mit Ossietzky. Mary Tucholsky suchte inzwischen in Paris eine größere Wohnung.

161 GW 4, S. 210: «Laß es so viel sein, daß ich im Sommer in Dänemark leben kann, an den grünen und blauen Seen, wo die Butter und die Damen so frisch sind, daß man nie mehr Margarine essen mag – im Winter will ich eine Stadtwohnung haben.» (Siehe auch den Briefwechsel MT-KT 1926)

162 UuL, S. 472

163 Ein kleines Detail zeigt auch hier die Widersprüche von Werk und Leben. 1920 schrieb Tucholsky: «Die Frau trägt den Titel des Mannes – obgleich doch selbst bei den Hühnern nur der Hahn seinen Kamm aufplustert und auf dem Mist Kikeriki schreit.» (GW 2, S. 329) Die Briefe an seine Frau adressierte er jedoch ab 1929 an «Frau Dr. Mary Tucholsky» oder «Frau Dr. Tucholsky». Aber nicht nur seine Frau bekam den Dr.-Titel, auch seine Freundin. Mehrere erhaltene Briefumschläge tragen die Anschrift «Frau Dr. Lisa Matthias».

164 UuL, S. 461. «1923 nach dem Neuanfang gingen wir zu einem Juwelier, der von einer langen dünnen Uhrkette seines [KTs] Vaters ein Stück als Armband für mich abzutrennen und das Kettchen auf meinem Arm *ohne* Schloß anzulöten. 1927, eines Tages in Berlin zerriss ich die Kette mit den Worten, ‹Du bist frei›, worauf er wütend die Kette auf d. Fussboden warf.» (Handschriftliche Aufzeichnung von Mary Tucholsky, o. D., Archiv Fritz J. Raddatz)

165 UuL, S. 481

166 Lisa Matthias an Erich Danehl, 11.11.1928. Kungliga Biblioteket, Stockholm

167 Ebenda, 15.11.1928

168 KT an MT, 3.8.1928

169 MT an KT, 19.1.1928
170 MT an KT, 27.11.1926
171 MT, Tb 5.6.1928
172 KT an MT, 26.9.1928
173 Selbst Mary Tucholsky wußte das genaue Datum nicht mehr und schrieb «21. oder 22.11.1928». Da Tucholsky ihr am 21. November bereits Post nach Berlin nachschickte, gehe ich davon aus, daß sie schon am 20. November aus Paris fortfuhr.
174 Gedruckt in Fritz J. Raddatz, Tucholsky Ein Pseudonym. Reinbek 1989, S. 65.

Mary Tucholsky arbeitete dann in der Luxuskartenfabrik Paul Pittius und stieg bis zur Prokuristin auf. 1940 floh sie nach Holland, die Nazis besetzten aber eine Woche später bereits das Land, und sie kehrte nach kurzer Inhaftierung nach Berlin zurück. 1943 wurde ihre Wohnung ausgebombt, nach einem Luftangriff war sie 20 Stunden im Keller der brennenden Firma, in der sie arbeitete, eingeschlossen. Nach dem Ende des Kriegs übernahm sie das Berliner Büro des Rowohlt Verlags und gab die ersten Sammelbände mit Texten von Kurt Tucholsky heraus. 1954 nahm sie auch seinen Namen wieder an. In mühseliger Kleinarbeit baute sie in Rottach-Egern das Kurt Tucholsky-Archiv auf, das nun im Deutschen Literaturarchiv in Marbach liegt. Am 16. Oktober 1987 starb Mary Tucholsky.

SECHS

1 AB 2, S. 186. Die gleiche Aussage in AB, S. 289: «daß ich 1918/19 in meinem Kopf nicht richtig verstanden habe, was vorging».
2 Das genaue Datum ist nicht zu ermitteln. Vermutlich war es um den 20./21.11.1918.
3 UuL, S. 185/86
4 Siehe Arthur Rosenberg, Entstehung und Geschichte der Weimarer Republik. Hg. von Kurt Kersten. Frankfurt 1961, S. 223
5 Abgedruckt in Wolfgang Ruge/Wolfgang Schumann (Hg.), Dokumente zur deutschen Geschichte 1917–1919. Frankfurt/M. 1977, S. 71f. In diesem Vertrag wurde u. a. der 8-Stunden-Tag festgelegt, Betriebsräte für Unternehmen ab 50 Beschäftigten, Tarifverträge und Schlichtungsausschüsse vorgeschrieben.
6 Prinz Max von Baden, Erinnerungen und Dokumente. Stuttgart, Berlin und Leipzig 1927, S. 600
7 Auszug aus den Erinnerungen von Scheidemann, abgedruckt in «Das Andere Deutschland», 10.11.1928.

8 Wolfram Wette, Gustav Noske. Eine politische Biographie. Düsseldorf 1987, S. 291. Die Darstellung der Januarunruhen folgt im wesentlichen dieser ausgezeichneten Arbeit.

9 Wette, S. 293

10 Die Verhandlungen wurden von Regierungsseite nur geführt, um Zeit zu gewinnen, wie Noske später zugab. Siehe ausführlich dazu bei Wette. Auch in der WB wurde eine reale Gefahr für die Regierung verneint.

11 Zitiert nach Wette, S. 300

12 Eine der Forderungen der Entente war, daß sie nur mit gewählten Vertretern verhandele, nicht mit den alten Militärs.

13 GW 5, S. 434

14 Durch den Zusammenhang in Tucholskys Briefstelle gehe ich davon aus, daß es sich um Wolff und nicht um Gerlach handelt, wie in der Anmerkung in AB 2 angegeben. Wolff floh 1933 über Österreich in die Schweiz und blieb bis 1934 dort. – 1918 war Wolff für Tucholsky noch «eine der angenehmsten Erscheinungen auf dem Gebiet der Journalistik» (UuL, S. 181). Spätere Aussagen Tucholskys weisen eine wesentlich negativere Beurteilung auf. (Siehe die verschiedenen Erwähnungen in AB)

15 Zitiert nach Bemmann, S. 172

16 «Das ‹B. T.› ist wegen seiner außerordentlichen Vorzüge ein Blatt von europäischem Ruf, es ist *das deutsche Weltblatt*». Beigelegt waren dem BT «6 illustrierte Wochenschriften»: «Moden-Spiegel» (Dienstag), «Technische Rundschau» (Mittwoch), «Sport-Spiegel» (Donnerstag), «Witzblatt ‹Ulk›» (Freitag), «Haus Hof Garten» (Sonnabend), «Welt-Spiegel» (Sonntag).

17 Zum BT siehe Walther G. Oschilewski, Zeitungen in Berlin. Berlin 1975, S. 178ff.; Peter de Mendelssohn, Zeitungsstadt Berlin. Frankfurt, Berlin, Wien 1982, S. 180f.

18 UuL, S. 182

19 GW 1, S. 347

20 Hugo Frenz zeichnete verantwortlich für die Redaktion, Fritz Engel war Chefredakteur. Am 18. 10. 1918 zeichnete Wiener-Braunsberg für die Redaktion verantwortlich, Fritz Engel taucht ab diesem Datum nicht mehr auf. Ab 23. 10. war dann bis zu Tucholskys Redaktionsübernahme Hugo Frenz für die Redaktion verantwortlich.

21 GW 1, S. 348

22 AB, S. 63

23 KT an Blaich, 27.9.1919. (DLA Marbach, NL Blaich) Die Bemerkung KTs bezieht sich auf den Mosse-Verlag, der aus einer Anzeigen-Expedition hervorgegangen war.

24 Am 27.9.19 schrieb er an Blaich: «die Leute geben nichts aus, und für umsonst ist dergleichen nicht». (DLA Marbach, NL Blaich)
25 Am 28. Juli 1918 erschien die 200. und letzte Folge der Serie «Vadding im Süden» bzw. «Vadding im Norden».
26 Siehe George Grosz 1893–1959. Katalog zur Ausstellung in der Akademie der Künste, Berlin 1962, S. 29
27 Allerdings kamen bereits in den letzten Wochen von Fritz Engel und unter Hugo Frenz neue Zeichner wie etwa Fritz Wolff, Willibald Krain und Hermann Wilke hinzu. Ab Mitte 1919 arbeitete auch Willi Steinert am Ulk mit, der dann, neben einigen anderen Ulk-Illustratoren, auch für den Pieron zeichnete. (Siehe Kap. 7)
28 WB, 31.10.18. Tucholsky änderte den Titel für seinen Sammelband «Fromme Gesänge» in «Nationale Verteidigung» ab.
29 GW 1, S. 341
30 Das Gedicht «Unseren Helden» in der Nummer 49 vom 6.12. enthält zwar bereits eine Strophe, die sich gegen Zerstörung und Blindheit richtet, ohne allerdings konkret die AuS-Räte oder die Spartakisten zu nennen.
31 GW 2, S. 249
32 AB, S. 64
33 UuL, S. 203
34 GW 1, S. 349. Erst später sollte Tucholsky, unter dem Eindruck von Freuds «Massenpsychologie und Ich-Analyse», sich mit dem Problem der «Masse» differenzierter auseinandersetzen und dabei auch Le Bons Ansätze positiv verarbeiten. Lange Zeit diente Le Bon aber «als wissenschaftliche Legitimation für die Verachtung der Massen als eines unaufgeklärten Pöbels». (Porombka, S. 41) Auch Adolf Hitler verwandte das Buch für seine Thesen in «Mein Kampf». (Siehe auch Helmut Mörchen, Schriftsteller in der Massengesellschaft. Zur politischen Essayistik und Publizistik Heinrich und Thomas Manns, Kurt Tucholsky und Ernst Jüngers während der Zwanziger Jahre. Stuttgart 1973)
35 Berliner Drehorgellied. Ulk, 17.1.19
36 GW 2, S. 41 f. Diesen Unterschied zwischen «Masse» und «Idealisten» machte Tucholsky in dieser Zeit immer wieder. Siehe z. B.: «Spartakus in Moabit» (GW 2, S. 50), wo er die Richter aufforderte, die Lumpen bei den Spartakisten zu bestrafen, aber die Idealisten in Ruhe zu lassen.
37 GW 3, S. 255
38 GW 2, S. 59
39 Ulk Nr. 51/1918
40 Ulk Nr. 4/1919
41 Ulk Nr. 10/1919
42 Bereits damals wurden einige Abgeordnete als «Ultra-Ultra» abgestem-

pelt und als Affe auf dem Rednerpult des Parlaments dargestellt. Die Karikatur ist abgedruckt in Hans Blum, Die deutsche Revolution 1848–49. Florenz und Leipzig 1898, S. 209. Den Ausdruck «Affen der Revolution» hatte KT eventuell auch aus der WB (1918/II, S. 499). In dem Artikel «Die Reaktion» verwandte Olf (d. i. ziemlich sicher Rudolf Leonhard) den Ausdruck jedoch für die alten Scharfmacher, die sich schnell auf den Boden der neuen Tatsachen begaben.

43 Dieses Titelblatt lag durchaus in der Tradition des Ulk. Am 1. März 1918 wurde der russische Revolutionär Leo Trotzki als Sensenmann dargestellt, der die russische Bevölkerung niedermähte. Während der Revolution 1848 gab es eine Zeichnung von Alfred Rethel «Auch ein Totentanz», in der der Führer der Revolution als Tod mit blutiger Fahne dargestellt wurde.

44 WB, 2. 1. 1919, S. 18 f. Tucholsky hat wohl von Jacobsohn die restlichen, nicht in der WB verwerteten Aufsätze bekommen.

45 Carl von Ossietzky, Das werdende Deutschland. Ein Wort an alle Schwachmütigen, in: Carl von Ossietzky, Schriften I, hg. von Bruno Frei und Hans Leonard. Berlin und Weimar 1966, S. 66ff.

46 WB, 12. 12. 1918

47 Alfons Goldschmidt, Gehässigkeit. WB 1918/II, S. 589. Siehe die verschiedenen Artikel in der Weltbühne vom Dezember 1918

48 Willi Wolfradt, Diktatur des Proletariats. WB 1918/II, S. 490f.

49 In der Serie «Politiker und Publizisten» von Johannes Fischart (d. i. Erich Dombrowski). Liebknecht: WB 1918/II, S. 573 ff; Luxemburg: WB 1919/I, S. 59ff. Auch dieser Artikel, der beginnt: «Die Saat, die sie Zeit ihres Lebens gesät hat, ist jetzt aufgegangen», erschien nach der Ermordung Luxemburgs, am 16. 1. 1919.

50 WB, 30. 1. 1919, S. 123

51 SB, 21.2.1918, S. 187. Die «Weltbühne» war dem Liberalismus verpflichtet, wie er sich zeitweise in den oppositionellen liberalen Parteien des Kaiserreichs und zeitweise auch in der Deutschen Demokratischen Partei manifestierte. Die deutsch-jüdischen Intellektuellen, die einen Großteil der Weltbühnen-Autoren ausmachten, hielten an dieser «Liberalismusidee des klassischen Zeitalters» (Mosse) auch dann noch fest, als sich die Liberalen längst realpolitisch angepaßt hatten und immer konservativer wurden. Harry Pross bezeichnete die Weltbühne als Zeitschrift «jener Intellektuellen, die im humanistischen Glauben ihren Halt» hatten. (Harry Pross, Literatur und Politik. Olten und Freiburg/Br. 1963, S. 114. Neben der WB zählte Pross auch «Das Tagebuch» dazu.) Auch Alf Enseling betonte den «utopische[n] Zug zum Reich der Vernunft» innerhalb der Weltbühne und fragte, ob die daraus resultierende und so «oft beklagte prinzipielle Negation [...] nicht zualler-

letzt ihre Ursache hatte im Ungenügen an der Wirklichkeit, die so weit entfernt war von jenem angestrebten Zustand, von jenem ‹messianischen Zustand›, der allein dem Juden wie dem humanitären Geist Frieden und Freiheit gewähren mochte». (Enseling, S. 148) George Grosz urteilte 1926 über die Weltbühne: «überaus mäßig – Mittelstand buchstäblich – halb deutsch demokratisch – bißchen Freiheitsidee 48 – bißchen K.P.D. – bißchen zionistisch – unklar verblasene Freiheitsduselei – mit der Zeit unerträglich – dabei journalistisch nicht schlecht gemacht.» (Herbert Knust [Hg.], George Grosz. Briefe 1913–1959. Reinbek 1979, S. 99)

52 SJ-Briefe, S. 266. Auch Tucholsky konstatierte 1924: «von dem Neuen weiß er gar nichts». Noch härter mutet die Bemerkung an, daß S. J. keine Gesinnung habe, «oder, wenn, dann eine ganz brav bürgerliche». (UuL, S. 405 f.)

53 Auch angebliche «Strategieüberlegungen» greifen als Erklärungsmuster zu kurz. Siehe dazu etwa Jörg Schönert, Das Rollenbewußtsein des Satirikers Kurt Tucholsky, in: Irmgard Ackermann (Hg.), Kurt Tucholsky. Sieben Beiträge zu Werk und Wirkung. München 1981, S. 46ff. Daß KT für die verschiedenen Zeitungen und Zeitschriften, und damit auch für das jeweilige Publikum, anders schrieb, ist völlig klar und verständlich. Er konnte für die «Vossische» eben keine marxistischen «Parteimanifeste» schreiben. Eine Verkürzung dieses natürlichen Verhaltens auf ein «Rollenbewußtsein» wird m. E. den realen Gegebenheiten von Produktionszwang einerseits und Persönlichkeitsstruktur andererseits nicht gerecht. Schönert ist zuzustimmen, daß die einseitige Festlegung auf «Tucholsky als Humorist» oder ähnlich simple Formeln falsch ist. Unbestreitbar ist auch, daß Tucholsky mit verschiedenen Rollen spielt und experimentiert, um «die beste Position öffentlicher Wirksamkeit zu finden». (S. 49) Diese Strategieüberlegungen sind nachweisbar. Aber auch eine Festlegung auf ein durchgängiges Rollenverhalten, die bisher auch immer auf einer zu kleinen Textbasis erfolgte, verhindert den Blick auf psychische Schwankungen, spontane Zufälligkeiten, Lektüreeinflüsse und auf die Gleichzeitigkeit von eigentlich unvereinbaren Standorten. Zudem blieben bisher die sich mehrfach verändernden Vorstellungen Tucholskys über Demokratie und Republik und die sich daraus ergebenden Positionsänderungen oft unberücksichtigt. Das Ergebnis ist ein angeblich geschlossenes Weltbild Tucholskys, das aber so nicht existiert.

54 «Ihr Mißtrauen gegen die Revolutionsschwätzer ist nur allzu berechtigt. Es ist doch jammerschade, daß man in diesem Lande nicht von innen aufbegehren kann, ohne ins Schwatzen zu verfallen, ins leere, seichte, inhalt- und tatenlose Schwatzen – und daß man nicht beschau-

lich und behaglich sein kann, ohne fett und bürgerlich zu werden.» (AB, S. 63)

55 GW 2, S. 40

56 Auf einem Plakat, unterzeichnet «Die Frontsoldaten», wurde gefordert: «Schlagt ihre Führer tot! Tötet Liebknecht!» Auch die SPD beteiligte sich an dieser Hetze. In einem Flugblatt hieß es: «Karl Liebknecht, ein gewisser Levi und die maulgewaltige Rosa Luxemburg, die nie am Schraubstock oder Werkbank gestanden haben, sind dabei, das wieder zu ruinieren, wovon wir und unsere Väter träumten... dann sind auch Liebknecht und Konsorten vogelfrei!» Abgedruckt in: Antiquariat Magister Tinius, Katalog 24 (Berlin 1991), Nr. 1771

57 GW 2, S. 42. Liebknechts Revolutionstaktik war in der Tat oft eher eine hilflose Reaktion auf die Provokationen anderer. In der Augenblicksituation von 1919 mag also die Bezeichnung «Wirrkopf» durchaus entschuldbar sein. Ich stimme aber Arthur Rosenbergs Einschätzung zu, daß unter der Führung von Liebknecht und Luxemburg die KPD «niemals zu Werkzeugen russischer Staatspolitik» geworden wäre. (Rosenberg, S. 62)

58 GW 2, S. 58. Welchen Riß Tucholsky meinte, bleibt unklar. Es gab aber damals bereits mehrere Trennlinien: Geist und Macht, Militaristen und Pazifisten, Bürgertum und Arbeiter, auch die Spaltung der Arbeiterbewegung war bereits deutlich erkennbar

59 GW 10, S. 180

60 GW 3, S. 229

61 DT, S. 105

62 ZB: Deutsche Zeitung, 1.6.20: «Wrobel-Panther-Tiger». In der Notiz wird auch auf Tucholskys Tätigkeit beim Flieger hingewiesen. Berliner Boersen Zeitung, 26.11.20

63 Briefe an Journalisten, in: Die Glocke, 21.5.19

64 AB, S. 30

65 Rep, S. 18. Der Dichter der «Weber» bei Ullstein und Mosse.

66 Ian King, Tucholsky und die Novemberrevolution: Vom Ulk und der «geistigen Revolution» bis zur Politik, in: Kurt-Tucholsky-Gesellschaft e.V., «Deutschland, Deutschland über alles». Dokumentation der Jahrestagung 1991 in Berlin. o.O., (Berlin), o.J. (1992), S. 41

67 BS, S. 132. Diese Ansicht von Mitte 1934 galt Tucholsky bereits 1919 und zeigt, wie sehr er in der geistigen Tradition verwurzelt war.

68 George Grosz, Ein kleines Ja und ein großes Nein. Sein Leben von ihm selbst erzählt. Reinbek [2]1983, S. 180

69 Georg L. Mosse, Jüdische Intellektuelle in Deutschland. Zwischen Religion und Nationalismus. Frankfurth/New York 1992, S. 23

70 Auch die Schaubühne, in der Tucholsky sein Handwerkszeug gelernt

hatte, orientierte sich vorwiegend am ästhetischen Programm der Klassik und der Aufklärung, und Jacobsohn änderte mit der Umbenennung in Weltbühne keineswegs seine idealistischen und ästhetischen Grundsätze. (Siehe dazu Gunther Nickel, Redaktionssitz Charlottenburg oder: «Die Rebhühner im Welt- und Bühnen-Sumpf», in: Reiner Matzker [Hg.], Charlottenburger Welttheater. Berlin 1993)

71 AB, S. 31. Zu dieser Thematik siehe ausführlich Leo A. Lensing, Reading Raabe: The Example of Kurt Tucholsky. Seminar, XIX, 2, 1983, S. 122–135; Alexander Schweickert, Notizen zu den Einflüssen Heinrich Heines auf die Lyrik von Kerr, Klabund, Tucholsky und Erich Kästner. Heine Jahrbuch, [8]1969, S. 69–105; «Entlaufene Bürger». Tucholsky und die Seinen. Ausstellungskatalog von Jochen Meyer in Zusammenarbeit mit Antje Bonitz. Marbach 1990, S. 9–106

72 GW 2, S. 242

73 AB 2, S. 180. Bereits 1930 schrieb er: «Im übrigen lese ich viel alte Klassiker, und vom Kram so wenig wie nur möglich. Man wird nur dumm davon.» (BK, S. 65)

74 AB, S. 277

75 Siehe dazu u. a. Georg Lukács, Deutsche Literatur in zwei Jahrhunderten. Bd. 7 der Werke. Neuwied und Berlin 1964

76 Lukian, Menippos oder Totenorakel. Zit. nach Kindlers Literatur Lexikon, München 1986, Bd. 6. S. 4746

77 In seinem Nachlaß finden sich noch von ihm gesammelte Zeitungen und auch Flugblätter, in denen die Lage ziemlich schonungslos dargestellt wurde.

78 Aussage von Mary Tucholsky

79 AB, S. 64, auch S. 68 f.

80 GW 2, S. 115

81 GW 2, S. 289

82 GW 2, S. 71

83 Walter Jens, «Ich bin einmal ein Schriftsteller gewesen». Kurt Tucholsky zu Ehren, in: Irmgard Ackermann und Klaus Hübner (Hg.), Tucholsky heute. Rückblick und Ausblick. München 1991, S. 56

84 Auch Hans-Werner am Zehnhoff betonte, daß «dieses sittliche Element» auf «eine herausfordernde und vehemente Weise» in Tucholsky wirkte. Am Zehnhoff wies bereits darauf hin, daß Tucholskys Verhältnis zum Judentum auch von einem «Identitätstrauma» bestimmt wurde: «Dem Judentum vermeintlich entronnen, ohne sich den ‹anderen› zurechnen zu wollen oder zu können. Zwischen zwei Stühlen, der Außenseiter.» (Hans-Werner am Zehnhoff, Die Parodie in der satirischen Schreibweise Kurt Tucholskys. Vrije Universiteit Brussel 1983, S. 40f. Siehe auch: Soziale Ethik im Judentum. Hg. vom Verband der

deutschen Juden. Frankfurt 1918; Max Brod, Sozialismus im Zionismus. Wien und Berlin 1920; Leo Baeck, Das Wesen des Judentums. Wiesbaden [5]1991; siehe auch Kapitel 9)

85 Hans Mayer, Der pessimistische Aufklärer Kurt Tucholsky. Akzente Nr. 14/1967, S. 73ff.

86 Georg L. Mosse, S. 104. Mosse trennt zu scharf die «heglianischen» von den «kantianischen Sozialisten». Wie fließend manchmal die Übergänge sind, zeigt die Forderung nach dem «richtigen Bewußtsein», das in beiden Richtungen wichtig und teilweise dominant war. (Siehe Max Horkheimer, Kritische Theorie. Frankfurt 1970, Bd. 1, S. 166ff., siehe auch Horkheimer/Adorno, Dialektik der Aufklärung. Frankfurt 1969)

87 WB, 17.5.27, S. 797f. Dieser Beitrag, der während Tucholskys Interregnum als Herausgeber der WB erschien, ist die Fortschreibung einer Position, die Tucholsky 1919 in seinem Artikel «Wir Negativen» festlegte. Noch acht Jahre danach verteidigte Zucker vehement diese Negation, teilweise in wörtlicher Übereinstimmung mit Tucholsky. Nur die «Entwurzelten», die zu keiner Klasse, zu keinem Staat, zu keinem Land gehörten, «sind heute die einzigen, die zu einer objektiven Gerechtigkeit fähig sind. Das Recht zur subjektiven Gerechtigkeit kann dem Klassenkämpfer, auf welcher Seite er auch steht, nicht bestritten werden, aber subjektive Gerechtigkeit ist zugleich objektives Unrecht. [...] Wir müssen die Aufstellung positiver Ideale Menschen überlassen, die in ihrer Kritik mehr durch Interessen und Instinkte gehemmt sind. Denn ein gewisses Quantum Kritiklosigkeit gehört schon zu jeder Positivität.»

88 UuL, S. 215

89 Kurt Sontheimer, Von Zeit zu Zeit das Herz waschen. Thomas Mann – ein Unpolitischer? Süddeutsche Zeitung, 12./13.12.1987. Das Buch war gleichzeitig ein Angriff gegen den «Zivilisationsliteraten» Heinrich Mann, den Tucholsky aber zu dieser Zeit sehr verehrte und fast hymnisch als Führer der Geistigen pries.

90 Thomas Mann, Kultur und Sozialismus, in: Hermann Kurzke (Hg.), Thomas Mann. Essays, Band 2. Frankfurt 1986, S. 95

91 UuL, S. 87

92 GW 2, S. 179

93 Siegfried Richter bezeichnete dies noch am 11. August 1926 im Dortmunder Generalanzeiger als Hauptaufgabe.

94 Die neue Generation, Heft 15, S. 353. Zit. nach Christl Wickert, «Zu den Waffen des Geistes... Durchgreifen Republik!» Die Linksintellektuellen, in: Detlef Lehnert, Klaus Megerle (Hg.), Politische Identität und nationale Gedenktage. Zur politischen Kultur in der Weimarer

Republik. Opladen 1989, S. 122. Siehe auch Stephan Reinhardt (Hg.), Lesebuch Weimarer Republik. Deutsche Schriftsteller und ihr Staat von 1918 bis 1933. Berlin 1982; Anton Kaes (Hg.), Weimarer Republik. Manifeste und Dokumente zur deutschen Literatur 1918–1933. Stuttgart 1983

95 GW 2, S. 41, 55, 38

96 WB, 21. 11. 18, S. 473

97 GW 2, S. 54/55. Anzumerken ist, daß dieser Artikel «Wir Negativen» fast vollständig mit den Zielen und Forderungen des «Bundes Neues Vaterland» übereinstimmt. Es ist deshalb davon auszugehen, wie auch Helga Bemmann vermutet, daß Tucholsky um diese Zeit dem Bund beigetreten ist. Unterlagen dafür gibt es allerdings nicht.

Auch 1930 stellte Tucholsky noch einmal fest: «Lehren heißt: vom innern Reichtum abgeben; man muß am Ende stehen, wenn man andern den Anfang zeigen will.» (GW 8, S. 246) Tucholskys Glaube an die Möglichkeiten des Geistes wurde auch durch die ausgiebige Lektüre von dem «weisesten aller Menschen, dem alten Herrn Schopenhauer» (UuL, S. 119, auch S. 173), nicht zerstört. Bei diesem steht schon, daß der Trieb stärker als Geist und Vernunft ist, der Intellekt nur ein schwacher Widerschein des Triebes. Aber erst unter dem Einfluß von Freud sollte sich Tucholskys Einstellung zur Masse einerseits und zu den Möglichkeiten des Geistes ändern.

98 AB, S. 276

99 GW 2, S. 359/361

100 Siehe Heinrich Mann, Macht und Mensch. München 1919, besonders das Kapitel «Kaiserreich und Republik». Mann bezeichnete Lenin als neuen Zaren, aus radikalen Sozialisten seien radikale Imperialisten geworden, und der Bolschewismus sei lediglich die Kehrseite der Alldeutschen. (S. 209–217)

101 GW 2, S. 53

102 Etwa Walther Rathenau, Thomas Mann oder zeitweise Carl von Ossietzky. Auch dieser forderte eine Ethisierung der Politik, stellte dem Machtwillen und der Wirtschaft das ethische Wollen entgegen und forderte eine grundsätzliche Erneuerung der Gesellschaft. Ossietzky hat diese Position allerdings bald verlassen, sich der politischen Realität gestellt und sich mit ihr auseinandergesetzt. (Siehe dazu ausführlich Gerhard Kraiker/Elke Suhr, Ossietzky und der Sozialismus, in: Gerhard Kraiker, Dirk Grathoff [Hg.], Carl von Ossietzky und die politische Kultur der Weimarer Republik. Symposion zum 100. Geburtstag. Oldenburg 1991, S. 33 ff.)

103 Zu den verschiedenen Definitionen von Demokratie siehe Politisches Handwörterbuch. Hg. von Paul Herre unter Mitwirkung von Kurt Ja-

gow. Leipzig 1923. Bd. 1, S. 347. Hier auch das Zitat. Siehe dazu auch Handwörterbuch der Staatswissenschaften, hg. von Elster, Weber, Wieser. Jena [4]1926, Bd. 7, S. 732 ff., bes. auch S. 745

104 Erich Mühsam, Die Freiheit als gesellschaftliches Prinzip, in: ders. Ich bin verdammt zu warten in einem Bürgergarten. Darmstadt und Neuwied 1983, Bd. 2, S. 165.

Tucholsky schloß eine Verbindung von Ethik und Politik sogar aus: «Das ist keine Ethik, die sich mit den Landesfarben anstreichen läßt.» (GW 1, S. 334)

105 GW 2, S. 56

106 Gisela Brude-Firnau, Vision und Politik. Die Tagebücher Theodor Herzls. Frankfurt 1976, S. 42

107 GW 1, S. 334

108 GW 2, S. 55 f. «Deutsch-jüdische Schriftsteller, Journalisten und Intellektuelle waren weitgehend überzeugt, daß die Kultur die Politik bestimme, ein Relikt ihres Assimilierungsprozesses.» (Georg L. Mosse, S. 73)

109 Baeck, Das Wesen des Judentums, S. 232/33

110 Handwörterbuch der Staatswissenschaften, S. 745. Siehe auch Alex Möller, Tatort Politik. München, Zürich 1982 und Gespräche mit dem Verfasser 1982, in: M. Hepp, Alex Möller. Ein Leben in der SPD. Titel, Magazin der Bücher, Heft 1 / 1983, S. 11. Laut Alex Möller wurde in der Weimarer Republik das Mittelmaß schnell zur bestimmenden Größe.

111 Walter Jens/Wolfgang Graf Vitzthum, Dichter und Staat: über Geist und Macht in Deutschland. Berlin 1991, S. 22, 30, 56 f.

112 King, Novemberrevolution, S. 42

113 Zit. nach Hans-Helmuth Knütter, Die Juden und die deutsche Linke in der Weimarer Republik 1918–1933. Düsseldorf 1971, S. 168 f.

114 Das liberale und sozialistische Leitmotiv: vom Dunkel ins Licht, ist tief im Judentum verwurzelt gewesen und taucht dort bereits anfangs des letzten Jahrhunderts auf (siehe Georg L. Mosse, S. 21).

115 Kuno Tiemann, Die deutsche Diplomatie, in: WB, 9. 12. 20, S. 679

116 Alfred Döblin, November 1918, Bd. 2, München 1978, S. 73, zit. nach: Ingrid Heinrich-Jost, Linke Poot – Alfred Döblins satirische Kommentare zur Zeit (1919–1922), in: Walter Grab/Julius H. Schoeps, Juden in der Weimarer Republik. Stuttgart, Bonn 1986, S. 89

117 AB, S. 41

118 AB, S. 66

119 Dieser Zwiespalt zieht sich fast durch das ganze Werk. Besonders stark ist das Hin und Her aber in den Jahren bis 1924. Auf der einen Seite konstatierte er immer wieder, daß nur in der Stille etwas Vernünftiges gedeihen könne, andererseits zitierte er zustimmend z. B. Otto Flake:

«‹Wer heute nur Ruhe braucht, um geistig arbeiten zu können, ist verdächtig, denn den Guten und Wertvollen ist das Material ausgegangen.› Man sollte das auswendig lernen.» (GW 3, S. 75)

120 UuL, S. 282

121 UuL, S. 233, 221

122 KT an MT, 13.8.1919

123 GW 2, S. 207. Siehe auch den Artikel «Man muß dran glauben...» GW 2, S. 186

124 Damals, im Kleinen Theater. WB, 18.9.19

125 Rep, S. 95 f. Anfang 1920 schilderte er die «neuen Reichen», diese Kleinkrämer mit schlechtem Blut und ohne Rasse und Kraft: «Das ist obenauf, das kauft Bilder und füllt die Logen. Noch halten die guten alten Familien, soweit sie nicht ausgestorben sind, noch halten sie Stange, noch leisten sie Widerstand, noch spürt man hier und da kleine Hemmungen. Aber wie lange wird das anhalten? Schließlich ist ja doch Geld eine Waffe, der die Gesellschaft auf die Dauer der Jahre nicht widerstehen kann – und dann? Und dann? Dann haben wir die Verpöbelung Deutschlands, nicht nur Berlins in vollem Maße.» (DT, S. 136)

126 GW 2, S. 288 f.

127 GW 2, S. 364

128 KT an MT, 6.7.1919

129 AB, S. 63

130 GW 3, S. 189

131 Theodor Fontane, Briefe. Hg. von Walter Keitel und Helmuth Nürnberger. Vierter Band 1890–1898. Frankfurt/M. – Berlin 1987, S. 464

132 Schon 1919 wurde die Distanzierung deutlich, etwa wenn er schrieb: «Ihres Vaterlandes, denn unsres ist das nicht». (GW 2, S. 98) Später wurde die Ablehnung sehr deutlich ausgesprochen.

133 GW 2, S. 204

134 Siehe dazu Mörchen, S. 64 f.

135 GW 2, S. 204

136 Buchwidmung in KT, Das Lächeln der Mona Lisa. Dritte Aufl. 1929. Abgedruckt in Antiquariatskatalog Nr. 29/1982, Antiquariat und Verlag Georg Sauer, Königstein/Ts., Nr. 1059. Die vollständige Widmung heißt: «Wer mit 40 Jahren die Menschen nicht haßt, der hat sie nie geliebt. Leider nicht von Tucholsky!»

137 «...weil der Kampf gegen die Lebenden von Leidenschaften durchschüttelt ist, und weil die nahe Distanz das Auge trübt, und weil es überhaupt für den Kämpfer nicht darauf ankommt, Distanz zu halten, sondern zu kämpfen – deshalb ist der Satiriker ungerecht. Er kann nicht wägen – er muß schlagen. Und verallgemeinert und malt Fratzen an die Wand und sagt einem ganzen Stand die Sünden einzelner nach, weil sie

typisch sind, und übertreibt und verkleinert – –» (GW 2, S. 172) Im Gegensatz dazu: «Und der Haß schärft die Augen und läßt manches sehen, was die Gemütlichkeit und das Behagen nicht erblicken.» (GW 1, S. 179)

138 QT, S. 326

139 GW 1, S. 179. Irmgard Keun drückte es in ihrem 1937 erschienenen Roman «Nach Mitternacht» so aus: «Im Paradies gibt es keine Literatur. Ohne Unvollkommenheit gibt es keine Schriftsteller und keine Dichter. Der reinste Lyriker bedarf der Sehnsucht nach Vollkommenheit.» (Zit. nach: Irmgard Keun, Ich lebe in einem wilden Wirbel. Briefe an Arnold Strauss 1933 bis 1947. Hg. von Gabriele Kreis und Marjory S. Strauss. München 1990, S. 33)

140 Loser Notizzettel, ohne Datum, im Besitz von Sonja Thomassen, Oslo. Im Original sind die Satzanfänge klein geschrieben. Siehe auch Lisa Matthias, Ich war Tucholskys Lottchen. Hamburg 1962, S. 34. Danach handelte es sich um den gemeinsamen Bekannten aus Wien, Julius Klinger.

141 GW 2, S. 152

142 Max Hermann-Neiße, Kabarett. Schriften zum Kabarett und zur bildenden Kunst. Hg. von Klaus Völker. Frankfurt/Main, 1988, S. 55

143 «Es kommen viele Leute und bitten um Mitarbeit – ich bin ihnen aber zu teuer, weil ich nicht für ein paar Mark schreiben mag. Das geht mir wider den Strich.» (UuL, S. 256) Siehe auch S. 275/278: «Ich möchte wohl einmal einen blauen Bogen schreiben, auf dem *nicht vom* Geld die Rede ist...» Kritikern, die ihm vorhielten: «Der Kerl verdient zu viel», entgegnete Tucholsky später: «Lieber einen Anzug nach Maß, als eine Gesinnung von der Stange.»

144 UuL, S. 279

145 Siehe dazu Antje Bonitz/Thomas Wirtz, Kurt Tucholsky. Ein Verzeichnis seiner Schriften. 3 Bände. Marbach 1991

146 GW 9, S. 32, leicht geändert auch im Sudelbuch

147 Chronik 1919, Dortmund ^{2}1989, S. 102

148 Gedichte, S. 194

149 Gedichte, S. 195

150 Gedichte, S. 197/98

151 Chronik 1919, S. 102

152 GW 2, S. 113

153 Zum Versailler Vertrag siehe Helmut Heiber, Die Republik von Weimar. München ^{7}1974, S. 51 f.

154 DT, S. 122 f.

155 DT, S. 136

156 GW 4, S. 17. – Beate Porombka ist die erste Tucholsky-Forscherin, die

diesen äußerst wichtigen, aber bislang völlig vernachlässigten Aspekt in ihrem Buch «Verspäteter Aufklärer oder Pionier einer neuen Aufklärung? Kurt Tucholsky 1918–1935» Frankfurt 1990, dargestellt hat. Im Herbst 1991 legte Kirsten Erwentraut eine Magisterarbeit an der Universität Bamberg vor, die ausschließlich «Die Freud-Rezeption bei Kurt Tucholsky» darstellt, allerdings mit Schwerpunkt einer Untersuchung der Einflüsse Freuds auf die Konzeption von «Schloß Gripsholm». Damit wird endlich einer der wichtigsten Zusammenhänge für Tucholskys Schaffen thematisiert.

157 GW 2, S. 67

158 GW 2, S. 24. 1933 kam Tucholsky wieder zu diesem Ausgangspunkt zurück und erklärte, daß das deutsche Volk das bekommen habe, was im Innersten seinem Instinkt entspräche, nämlich den Nationalsozialismus.

159 Rep, S. 374

160 GW 2, S. 176

161 GW 2, S. 225 ff. 1933 formulierte Tucholsky seine Einschätzung der politischen Lage mit fast den gleichen Worten: «Man kann für eine Majorität kämpfen, die von einer tyrannischen Minorität unterdrückt wird. Man kann aber nicht einem Volk das Gegenteil von dem predigen, was es in seiner Mehrheit will (auch die Juden).» (AB, S. 248)

162 GW 2, S. 228

163 GW 2, S. 196

164 King, Novemberrevolution, S. 48

165 GW 3, S. 255; GW 2, S. 290. In dem Artikel «Menschenmaterial» (DT, S. 254 f.) fand KT für diese Sehnsucht Verständnis, denn da wäre «gesicherter Besitz, Ordnung und ein einigermaßen garantierter Lebensabend». In der Geschichtsschreibung ist das Proletariat bislang weitgehend unter dem Aspekt der «revolutionären Masse» gesehen worden. Seit einigen Jahren bekommt dieses eindimensionale Bild immer mehr Risse. Die neue Arbeit von Gerhard A. Ritter und Klaus Tennfelde, Arbeiter im Deutschen Kaiserreich 1871 bis 1914 (Bonn 1992) behandelt ausführlich auch die «Verbürgerlichung» der Arbeiter. Siehe dazu auch die Rezension von Volker Ulrich in: Die Zeit Nr. 16, 10. 4. 1992, S. 27

166 Siehe dazu auch Stefan Berkholz, Tucholskys Stellungnahmen zur Revolution 1918/19 und zu den sozialistischen Arbeiterparteien in den Jahren 1918–1923. FU Berlin, 1980, S. 53 ff. «Dabei scheint seine Meinung zur politischen Agitation der sozialistischen Parteien auf die Massen schwankend. Er hielt eine Aufklärung des Proletariats für notwendig, sah aber gleichzeitig die sozialen Hindernisse, die sich der Bildung der Arbeiter entgegenstellten.»

167 AB, S. 117f. Er kündigte zum 31. März 1920, bat Wolff aber darum, im Feuilleton des Berliner Tageblatts weiterhin schreiben zu dürfen. Aber es erschienen bis Juli 1920 nur noch sechs Arbeiten. Über Satire und Parodie bei Tucholsky siehe ausführlich die materialreiche Arbeit von Hans-Werner am Zehnhoff, Die Parodie in der satirischen Schreibweise Kurt Tucholskys. Vrije Universiteit Brussel, 1983

168 Bereits 1919 erschienen in der Freiheit und in Freie Welt Beiträge von ihm, dies waren jedoch nur Nachdrucke aus der Weltbühne. Zu Tucholsky und USPD siehe ausführlich die Arbeit von Berkholz.

169 GW 2, S. 282f.

170 Artikel 160 des Vertrags. Die Kriegsmarine mußte auf 15 000 Mann Gesamtstärke reduziert werden.

171 Friedrich von Rabenau, Seeckt. Aus seinem Leben 1918–1936. Leipzig 1940, S. 221

172 GW 2, S. 299/301

173 GW 2, S. 313f.

174 Zu den einzelnen Parteien siehe u. a. Sigmund Neumann, Die Parteien der Weimarer Republik. Stuttgart 1965; Lexikon zur Parteiengeschichte

175 Tucholsky sah den Faktor Ökonomie jedoch nicht als zentralen Punkt an, sondern als einen von mehreren gleichwertigen Faktoren, die das gesellschaftliche Leben bestimmen. Er betonte auch immer wieder, daß die Lehre von Marx nicht als neue Heilslehre anzusehen sei, sondern als Gegengewicht zu den verblasenen Ideologien. Zudem muß, wie Dorothee Schmitz in ihrer Arbeit richtig feststellte, Tucholskys politischer «Begriffsapparat» mit großer Vorsicht behandelt werden. «Dabei ist auffällig, daß Tucholsky eine große Zahl von marxistischen Begriffen in seinen politischen Artikeln verwendet, die aber» in ihrer Bedeutung unbestimmt bleiben «oder mit anderen, bürgerlichen Inhalten, gefüllt sind.» (Dorothee Schmitz, Untersuchungen zum Selbstverständnis Kurt Tucholskys als Schriftsteller. Bonn 1976, S. 11) Diese Feststellung trifft allerdings nicht nur auf die Verwendung von marxistischen Begriffen zu, auch in anderen Bereichen ist ähnliches zu beobachten. Manche Texte Tucholskys, die auf den ersten Blick ziemlich radikal und eindeutig wirken, erweisen sich bei genauerer Analyse als ungenau und verschwommen und lassen sich von mehreren Standpunkten aus vereinnahmen. Daß Tucholsky die marxistischen Theoretiker, vor allem Marx und Lenin gelesen hat, läßt sich sowohl aus seinen Briefen als auch aus dem Werk selbst erkennen. Die von Olle Hambert gefundene Liste der Bücher, die Tucholsky der Hochschulbibliothek in Göteborg schenkte, bestätigt darüber hinaus, daß er auch Arbeiten über Lenin, Marx und Trotzki gelesen hat und sich mit der Entwicklung in Rußland auseinandergesetzt hat. Einige Titel aus seiner Bibliothek, zitiert nach der Liste:

Th. Seibert, Das rote Rußland; Trotzki, Wohin treibt England; K. Kindermann, Zwei Jahre in Moskaus Totenhäusern; L. Noussimbaum, Stalin; Clara Zetkin, Erinnerungen an Lenin; Valeriu Marcu, Lenin; Hans Siemsen, Rußland Ja und Nein; Herbert und Elisabeth Weichmann, Alltag im Sowjetstaat. Macht und Mensch, Wollen und Wirklichkeit in Sowjet-Russland; Reinhart Maurach, System des russischen Staatsrechts; D. Rjazanov (Hg.), Karl Marx als Denker, Mensch und Revolutionär; Lenin, Agitation und Propaganda; Lenin, Der Imperialismus als jüngste Etappe des Kapitalismus; Lenin, Staat und Revolution. Die Staatstheorie des Marxismus und die Aufgaben des Proletariats in der Revolution; Sozialismus aus dem Glauben. Verhandlungen der sozialistischen Tagung in Heppenheim a. B. 1928; Willi Münzenberg, Trotzkis faschistischer Vorschlag einer Blockbildung der KPD mit der SPD; Arthur Feilex, Das Experiment des Bolschewismus.

176 Siehe z. B. den Artikel «Führer», GW 2, S. 426ff.

177 Richard Sheppard, Artists, Intellectuals and the USPD 1917–1922, in: Literaturwissenschaftliches Jahrbuch im Auftrag der Görres-Gesellschaft hg. von Kunisch / Berchem / Heftrich / Link / Wolf. Berlin 1991, S. 195. Diese materialreiche Arbeit zeigt deutlich die breite Unterstützung der USPD durch die linken Intellektuellen. Ähnliche Aussagen finden sich bei vielen linken Intellektuellen der damaligen Zeit. So etwa bei Leonhard (s. Sheppard, S. 183) oder Arthur Holitscher, Mein Leben in dieser Zeit 1907–1925. Potsdam 1928, S. 201 f.: «der Drang: seelische Unabhängigkeit zu bewahren, die davon abhielt, als organisches Glied in die große Partei dienend einzutreten…»

178 Hans Prescher, Kurt Tucholsky. Berlin 1959, S. 24f. Siehe dazu auch ausführlich Berkholz, S. 60ff. Den beiden zentralen Punkten des «Revolutions-Programm» der USPD konnte Tucholsky nicht zustimmen: Diktatur des Proletariats und Rätesystem waren für ihn kein gangbarer Weg. Die weiteren Forderungen fanden aber weitgehend seine Zustimmung: Auflösung des alten Heeres und der Freiwilligen-Korps; Vergesellschaftung der kapitalistischen Unternehmungen; Wahl der Behörden und Richter durch das Volk; Einziehung der Kriegsgewinne; Ausbau der sozialen Gesetzgebung; Trennung von Kirche und Staat; öffentliche Einheitsschulen mit weltlichem Charakter; Herstellung freundschaftlicher Beziehungen zu allen Nationen. (BArch, ZSg 1, 91 / 3)

179 GW 3, S. 75

180 UuL, S. 256. Auch hier klingt die Suche Tucholskys nach einer wirklich «edle[n] Geselligkeit» an. Vgl. auch den Artikel «Berliner Geselligkeit». (Rep. S. 143ff.)

181 GW 6, S. 107

182 Zu den Mitgliedern und Sympathisanten der USPD siehe ausführlich bei Sheppard. Erinnert sei auch daran, daß Felix Stössinger Trauzeuge Tucholskys war und Hugo Simon Tucholskys zeitweiliger Arbeitgeber. – Auffallend ist, daß Tucholsky zwar zahlreiche Bekannte hatte und mit vielen Prominenten seiner Zeit korrespondierte, so etwas wie Freundschaft gab es in seinem Leben jedoch kaum. Seine Beziehungen hatte er in fast allen politischen Lagern und bewertete die Menschen nicht in erster Linie nach ihrer politischen Einstellung, sondern nach den Kriterien von Anstand und Können. Auf dieser Grundlage konnte er mit dem konservativ-monarchistischen Rudolf Nelson bestens zusammenarbeiten oder mit dem barocken Emil Jannings, der deutschnational angehaucht war, über lange Jahre eine Art «Freundschaft» pflegen. Tucholsky scheute auch nicht vor der Berührung mit Politikern aus den «feindlichen» Lagern zurück. Durch den «Republikanischen Reichsbund» (RRB) hatte er Verbindungen zu wichtigen Leuten aus SPD, DDP und Zentrum (siehe Kap. 7), über Ledebour und Hugo Simon von der USPD bekam er weitere Kontakte. Mit dem Regierungsrat im Auswärtigen Amt Alfons Fedor Cohn sind Fragmente eines kameradschaftlichen Briefwechsels erhalten. [Dr. Alfons Fedor Cohn (1878–1933), 1899–1913 freier Schriftsteller, Januar 1914 bis Juni 1919 Berichterstatter der Vossischen Zeitung in Kopenhagen; Juli 1916 bis Dezember 1919 Pressebeirat der Deutschen Gesandtschaft in Kopenhagen; ab Januar 1920 (als Angestellter) Referent für Skandinavien (Abt. IV) in der Presseabteilung des Auswärtigen Amtes, am 31.10.1928 zum Regierungsrat ernannt.] Robert Kempner vom preußischen Innenministerium beriet ihn bei seinen justizkritischen Artikeln und gab ihm wichtige Informationen (Mitteilung von Robert M. W. Kempner an den Verfasser), und mit dem Generalsekretär des Zentrums (von 1918–1920) und späteren deutschen Gesandten in Wien, Maximilian J. Pfeiffer, verkehrte er in scherzhaft vertrautem Ton und duzte ihn. [Dr. Maximilian Pfeiffer, 1875–1926, u.a. auch Gründer und Mitherausgeber der «Literarischen Warte». Siehe z.B. das Widmungsexemplar «Fromme Gesänge» von 1920] Seine Beziehungen zu Schriftstellerkollegen wie Walter Mehring, Rudolf Leonhard oder Walter Hasenclever waren zwar herzlich und kameradschaftlich, Mehring fragte sich jedoch rückblickend: «aber habe ich ihn wirklich gekannt?» (Walter Mehring, Kurt Tucholsky. Hg. von Dietger Pforte. Berlin 1985, S. 5)

183 Eugen Prager, Das Gebot der Stunde. Geschichte der USPD. Berlin, Bonn 1980, S. 181. Tucholsky kommentierte im Mai 1919, daß die drei USPD-Leute nicht umsonst zurückgetreten seien. «Sie hatten das Gefühl, mit dem großen Krummen zu kämpfen, dem noch jeder unterlegen ist, der ihm nicht mit seinen eigenen Waffen zu Leibe ging: mit

schärfster Rücksichtslosigkeit. Es sind zwei Welten, die da zusammenstoßen, und es gibt keine Brücke. Hüben wir. Drüben die Offiziere alten und ältesten Stils.» (GW 2, S. 98)

184 Zum FdK siehe ausführlich Reinhold Lütgemeier-Davin, Basismobilisierung gegen den Krieg: Die Nie-Wieder-Krieg-Bewegung in der Weimarer Republik, in: K. Holl/W. Wette (Hg.), Pazifismus in der Weimarer Republik. Paderborn 1981, S. 47ff. Bundesvorsitzender des «Friedensbundes der Kriegsteilnehmer» war Karl Vetter. Die jährlichen Demonstrationen wurden organisiert vom 1919 gegründeten «Aktionsausschuß Nie wieder Krieg. Arbeitsgemeinschaft zur Durchführung von internationalen Massenkundgebungen gegen jeden Krieg und jede Kriegsursache anlässlich der Wiederkehr der Tage des Weltkriegsausbruchs».

185 GW 3, S. 241

186 GW 3, S. 244

187 GW 2, S. 373

188 Jens Fleming/Claus-Dieter Krohn/Dirk Stegmann/Peter-Christian Witt (Hg.), Die Republik von Weimar. Bd. 1, Das politische System. Königstein/Ts., 1979, S. 68ff.; Heinz Hürten, Reichswehr und Republik, in: Gerhard Schulz (Hg.), Ploetz Weimarer Republik. Eine Nation im Umbruch. Freiburg/Würzburg 1987, S. 80ff.; Rainer Wohlfeil/Hans Dollinger, Die Deutsche Reichswehr. Bilder, Dokumente, Texte. Zur Geschichte des Hunderttausend-Mann-Heeres 1919–1933. Wiesbaden 1977; Hans Mommsen, Die verspielte Freiheit. Der Weg der Republik von Weimar in den Untergang 1918–1933. Berlin 1989; Detlef Bald, Der deutsche Offizier. Sozial- und Bildungsgeschichte des deutschen Offizierkorps im 20. Jahrhundert. München 1982; Thilo Vogelsang, Reichswehr, Staat und NSDAP. Beiträge zur deutschen Geschichte 1930–1932. Stuttgart 1962

189 Dorothea Groener-Geyer, General Groener. Soldat und Staatsmann. Frankfurt/M. 1955, S. 116

190 Siehe z. B. Vorwärts vom 23. 2. 1919

191 Die Freikorps waren auch Thema auf dem SPD-Parteitag in Weimar am 13. Juni 1919. In einem Beschluß heißt es dazu: «Der Parteitag würdigt die Beschwerden der Parteigenossen über die Haltung der Freiwilligenverbände und ihrer Führer. Der Parteitag kann sich aber nicht verhehlen, daß die sozialdemokratischen Arbeiter an der Unzufriedenheit mit den Freiwilligenkorps nicht unschuldig sind, weil zu wenige Arbeiter in diese Korps eintraten und damit die einseitige Zusammensetzung dieser Truppen verschuldeten. [...] Die unterschiedslose Herabsetzung und die Boykottierung der Freiwilligentruppen wie der Sicherheits- und Einwohnerwehren durch manche Arbeiter empfindet der Parteitag als

eine Ungerechtigkeit. Der Parteitag fordert die völlige Neutralität der Freiwilligentruppen in allen politischen Fragen, um sie vor jedem Verdachte gegenrevolutionärer und anderer Ausschreitungen zu sichern.» (Protokoll über die Verhandlungen des Parteitags der SPD, zit. nach: Institut für Marxismus-Leninismus beim Zentralkomitee der SED [Hg.], Geschichte der deutschen Arbeiterbewegung. Band 3, Von 1917–1923. Berlin 1966, S. 559)

192 Mommsen, S. 94

193 Hürten, S. 82

194 Mommsen, S. 153 f.

195 Mommsen, S. 154, 161

196 Hürten, S. 83

197 Lexikon zur Parteiengeschichte, Band 4, S. 98

198 Vogelsang, S. 45

199 Siehe u. a. Hamburger Stiftung für Sozialgeschichte des 20. Jahrhunderts (Hg.), Das Daimler-Benz-Buch. Ein Rüstungskonzern im «Tausendjährigen Reich». Nördlingen 1987; Wohlfeil/Dollinger, S. 177 ff.

200 Siehe ausführlich Wohlfeil/Dollinger, S. 182 ff.

201 Zit. nach Fleming u. a., S. 73

202 Ebenda, S. 73

203 Ebenda, S. 82 f.

204 Ebenda, S. 83

205 Hürten, S. 88

206 Siehe WB, 6. 2. 19, S. 139 f. Polgar verwandte von Anfang an eine scharfe Sprache. In dem Artikel «Es geht uns gut» rechnete er mit dem Militär ab, nannte die Offiziere «Metzger» und «roheitsselige Herrn Banditen Feldwebel», mit «gehorsamsten Mordgedanken». Kasernen waren für ihn «Menschen-Ställe», in denen «Schlacht-Menschen und schwächere Zug-Menschen, von Hunde-Menschen bewacht, angebellt, gebissen» wurden, nachdem ein «Hausknecht des Krieges, ein Zuhälter des Todes, ein Auftreiber in Diensten der Kanonenfutterzentrale, der sich Arzt nannte» Menschen in «ein paar hunderttausend Liter Blut, zum Schmieren der Kriegsmaschine» verwandelte. Polgar zeigte gleichzeitig aber auch die psychologischen und gesellschaftlichen Strukturen auf. (Der Zivilist «ist jetzt ein armer, armer Mensch, wohl: aber er war ja vier Jahre lang ein Vieh! Nichts besitzt er, aber sich besitzt er doch wieder. Es kommt auf den individuellen Fall an, ob das viel oder wenig.» Einiges davon taucht später in Artikeln von Tucholsky wieder auf, manchmal in fast gleichen Formulierungen. (Siehe auch Alfred Polgar, Kleine Schriften. Hg. von Marcel Reich-Ranicki in Zusammenarbeit mit Ulrich Weinzierl. Bd. 1, Musterung. Reinbek 1982, S. 58 ff. Leider hat Reich-Ranicki nur die kurze Fassung von «Es geht uns gut» aufgenommen.)

207 WB Nr. 4, 23.1.19, S. 99. Antwort von SJ
208 GW 2, S. 308
209 GW 2, S. 11
210 GW 2, S. 17
211 GW 2, S. 23
212 GW 3, S. 134f.
213 GW 2, S. 271
214 GW 2, S. 27
215 GW 4, S. 106/109. Jacobsohn schrieb am 26.4.25 an Tucholsky: «Wenn Hindenburg heute nicht gewählt wird, verliere ich ein Vermögen, das ich auf ihn gesetzt habe. Immerhin würde ich lieber sehen, daß ich verliere, als daß er gewählt wird. Dieses Volk leidet an moral insanity, und darum ist alles möglich. Sogar, daß er nicht gewählt wird.» (SJ-Briefe, S. 283) Aber er glaube nicht, daß Hindenburgs Wahl «der Anfang vom Ende» sei, denn die «deutsche Justiz-, Verwaltungs-, Schul- und Militär-Schande der letzten Jahre» sei ja kaum mehr zu überbieten. (ebd. S. 285) Nur wenige Tage später sagte er eine schleichende Veränderung vorher, die «grauenhaft» werde.
216 GW 4, S. 116
217 SJ-Briefe, S. 286
218 GW 3, S. 114
219 Diese Strophen, nach der Melodie des Deutschland-Lieds zu singen, fand ich vor einigen Jahren als Einlegeblatt in einem Kommersbuch aus den zwanziger Jahren.

Das Buch war in einer Münchner Verbindung Mitte der achziger Jahre immer noch in Gebrauch.

220 O deutscher Herrgott, mach ein End'
Mit allem Gezänk und Gegreine,
Zerschmett're das faule Fundament
Und stell' uns auf feste Beine.
Bescher' uns einen gesunden Haß
Und Hundeschnauzen-Kühle,
Und stampf ins große Essigfaß
Die pflaumenweichen Gefühle.
Und endlich: Send uns einen Mann,
Der seines Ziels bewußt ist,
An den man freudig glauben kann
Und dem zu folgen Lust ist.
Der donnere vom Berge her
Ins Tal der wirren Masse:
Ich kenne keine Parteien mehr,
Vor mir gilt nur die Rasse.

(Zit. nach Heinz Greul, Bretter, die die Zeit bedeuten. Die Kulturgeschichte des Kabaretts. München 1971, Bd. 1, S. 204)

221 GW 3, S. 437f.

222 GW 5, S. 267. Siehe auch: Die Herren Eltern; Krieg gleich Mord. – Im «Almanach der Kriegsjahre 1914–16 der patriotischen Frauen Österreichs» (Wien, o. J., S. 63, 89) findet sich beispielsweise das Gedicht «Die Trommel», in der drei Mütter «in Harm» beim Auszug der «Heldenschar» aufs Schlachtfeld stehen und jammern, weil ihre Kinder nicht dabei sind, und grämen sich deshalb «ums stolze Mutterglück». Geschrieben von einer Frau. Einige Seiten weiter steht etwas über das «herrliche Ende. Im Heldengrab, bei den Kameraden...» Daß diese Haltung nicht nur auf Deutschland beschränkt war, zeigt eine Zeichnung in der französischen Zeitschrift «La Baïonette» von 1916, deren Unterschrift lautet: «Schwören wir, meine Damen, daß wir keinen Mann heiraten, der lebend aus dem Kriege zurückkommt!» (in: Magnus Hirschfeld [Hg.], Sittengeschichte des Weltkrieges. Leipzig, Wien 1930. Bd. 1, S. 39. Siehe dort zum Thema Frau im Krieg auch weiter S. 51–168)

223 WB 49, S. 542, 564

224 GW 3, S. 265. Einen sehr guten Überblick bietet die von Richard von Soldenhoff herausgegebene Sammlung mit Tucholsky-Texten unter dem Titel «Unser Militär! Frankfurt (Büchergilde), 1982. Zum Thema Tucholsky und das Militär siehe ausführlich Hans Prescher, Dr. Kurt Tucholskys publizistischer Kampf in den Jahren 1919 bis 1932. Inaugural-Dissertation, München 1956, bes. S. 15ff., 67ff., 79ff.; William John King, Kurt Tucholsky als politischer Publizist. Frankfurt, Bern 1983, bes. S. 147ff.

225 GW 5, S. 268/69

226 GW 5, S. 238

227 GW 5, S. 266. Siehe auch z. B.: Die brennende Lampe

228 GW 4, S. 41. Käthe Kollwitz kam schon 1922 zu dieser Einsicht, im Anschluß an die Nie-wieder-Krieg-Demonstration, die ihrer Meinung nach nicht geglückt war: «[...] was sie redeten war ziemlich töricht. Überhaupt kommt es mir immer wunderlich vor, wenn junge Leute in Massen Pazifisten sind. Ich glaub es ihnen einfach nicht und ihren Gesängen ‹Wir tun einfach nicht mehr mit› auch nicht. Es braucht nur ein zündender Funke in sie zu fallen und ihr Pazifismus ist vergessen.» (Käthe Kollwitz, Die Tagebücher. Hg. von Jutta Bohnke-Kollwitz. Berlin 1989, S. 537f.)

229 GW 3, S. 479

230 GW 4, S. 66f.

231 GW 10, S. 66; GW 4, S. 175

232 GW 3, S. 503f.
233 Alfred Polgar, Kleine Schriften. Band 1, S. 72ff.
234 Brief von Karl Koch, in WB, 1.10.1947
235 GW 2, S. 27
236 GW 2, S. 361
237 Anton Austermann, Über Löcher, Käse und den Menschen, in: Gustav Huonker (Hg.), Kurt Tucholsky, «Liebe Winternuuna, liebes Hasenfritzli». Ein Zürcher Briefwechsel. Zürich 1990, S. 61
238 Franz Theodor Czokor, Der deutsche Jeremias, in: Der Monat, Heft 8, September 1952, S. 652
239 GW 2, S. 106f. Zum Strafantrag siehe WB, 22.1.20, S. 128. Antwort «Jurist»
240 GW 3, S. 79. Unter den Zeitungsausschnitt von «Offiziere» schrieb Tucholsky: «Wegen des vorletzten Absatzes: Anklage – Geßler. – Termin 3.XI.21. 10. Strafkammer Landgericht I Berlin 185. Freispruch.»
241 BVZ, 4.11.21. Siehe auch die Presseausschnitte (Ordner 1) vom September und November 1921
242 GW 3, S. 158. Es handelt sich wahrscheinlich um das Titelblatt der Nr. 12/13 vom 2.4.20. (Siehe Boehm, Offiziershetze, S. 33) Nach Tucholskys Ausscheiden aus dem Ulk zog General Seeckt die Klage zurück. (Th. Wolff an KT, 3.6.20)
243 GW 3, S. 151ff.; WB, 31.8.22, S. 239
244 Den Prozeß schilderte KT in dem Artikel «Erinnerung». GW 4, S. 141ff. Siehe auch: SJ-Briefe, S. 131, 134, 136, 147, 157
245 WB, 1.11.23, S. 442. Tucholsky, der hier einen taktischen Rückzieher machte, verurteilte eben diese Haltung wenig vorher bei Grosz: «Sein Plädoyer rettete Grosz den Kragen und war vernichtend für ihn und seine Freunde. So sieht eure Verteidigung aus? Ihr habt es nicht so gemeint?» (GW 3, S. 27) Solche Widersprüche sind bei Tucholsky öfters zu beobachten.
246 Die Republik Nr. 8, 7.11.24
247 GW 3, S. 239
248 BArch, RMdI, 13286
249 Geheimes Staatsarchiv, Berlin, Rep. 84a, Nr. 4003; 4004; 4005
250 GW 5, S. 209
251 BArch, RJM 2.5.1., Nr. 12837 und 12829
252 WB, 9.10.28, S. 553. Nach dem verlorenen Prozeß veröffentlichte Tucholsky den Artikel in nur leicht entschärfter Form noch einmal in der WB, 12.2.29, S. 251. Auch GW 6, S. 259ff.
253 Prozeßakte im BDC, siehe auch WB, 12.2.29, S. 250ff.
254 GW 7, S. 51f. Zu weiteren Prozeßen gegen Tucholsky siehe Kap. 11

1 GW 7, S. 105

2 Damals verlor Polen rund 30% seines Gebiets an Deutschland, Österreich und Rußland. Bei weiteren Teilungen 1793 und 1795 wurde der polnische Staat endgültig zerschlagen, die abgetrennten Gebiete durch eine gezielte Bevölkerungspolitik möglichst rasch assimiliert. (Siehe dazu Gerda Zorn, Nach Ostland geht unser Ritt. Deutsche Eroberungspolitik zwischen Germanisierung und Völkermord. Berlin, Bonn 1980, S. 15 ff.) – Im 14-Punkte-Vorschlag des amerikanischen Präsidenten Wilson zur Beendigung des Kriegs hieß es bereits, daß ein eigener polnischer Staat errichtet werden solle mit allen Gebieten, in denen unbestritten polnische Bevölkerung lebt.

3 GW 2, S. 7

4 Zit. nach Hans Mommsen, Die verspielte Freiheit. Der Weg der Republik von Weimar in den Untergang 1918 bis 1933. Berlin 1989, S. 117. 1922 erklärte Seeckt dann: «Polens Existenz ist unerträglich, unvereinbar mit den Lebensbedingungen Deutschlands. Es muß verschwinden und wird verschwinden.» (Zit. nach William L. Shirer, Aufstieg und Fall des Dritten Reiches. Herrsching o. J., S. 426. Siehe auch: Der Monat, Nov. 1948, S. 46) Hintergrund der Äußerung waren die polnisch-russischen Verhandlungen. Polen beanspruchte auch weite Teile der zu Rußland gehörenden Ukraine und Weißrußlands. Trotz konkreter Angebote Lenins begann Polen im April eine Offensive gegen Rußland. Im Friedensvertrag von Riga 1921 wurden durch die von den Polen um Hilfe gebetenen Alliierten große Teile dieses Gebiets den Polen zugesprochen.

5 Ein weiterer Schock für die preußische Regierung war, daß die SPD rund 70% der Wähler an die USPD verlor. Nach der katastrophalen Wahlschlappe der SPD gründete sie in einigen Orten eine eigene «Abwehrbewegung gegen die USP», Rednerschulen wurden eingerichtet, «welche lediglich Redner gegen die U. S. P. ausbilden» sollten, und die USPD-Presse sollte in Oberschlesien systematisch verdrängt werden. (Akten des Reichskommissars für Überwachung der öffentlichen Ordnung, betreff Besetztes Gebiet Oberschlesien. BArch, RKO Nr. 495)

6 Hellmut v. Gerlach, Der Zusammenbruch der deutschen Polenpolitik. Berlin 1919, S. 22. Gerlach war Ende 1918 im Auftrag des preuß. Innenministeriums in Posen zu Verhandlungen mit den Polen. (Siehe auch Wolfgang Plat, Der Berg der hl. Anna, in: Die Zeit, 18. 5. 1990, S. 45 f.)

7 Karl Spiecker, Den Vergessenen!, in: «Der Oberschlesier» 8. Jg., 3. Heft, März 1926. S. 214. Siehe auch Rudolf Vogel, Deutsche Presse und Propaganda des Abstimmungskampfes in Oberschlesien. Diss. Leipzig, gedruckt in Beuthen/OS 1931

8 Ein Block mit 20 verschiedenen Motiven liegt im KTA.

9 Siehe z.B. die Vorschläge des Pressechefs der preußischen Regierung vom 20.9.19: «Vorschläge für eine neue Presseorganisation zur Beeinflussung der besetzten abgetretenen Gebiete und Abstimmungsgebiete». (BArch, R 43I/2529) Siehe auch die Zusammenstellung «amtlicher, halbamtlicher und privater Stellen», die sich mit staatsbürgerlicher Erziehung und Aufklärung beschäftigen. (ebda, R 43I/2507)

10 Dr. Hans Lukaschek (1885–1960), Jurist, Mitglied des Zentrums; 1916–1919 Bürgermeister von Rybnik; 1919–? Landrat des ostoberschlesischen Kreises Rybnik; 1927–1929 Oberbürgermeister von Hindenburg; 1929–1933 Oberpräsident der Provinz Oberschlesien und Regierungspräsident in Oppeln, von den Nazis im Mai 1933 entlassen; 1934 Rechtsanwalt in Breslau; Mitglied der Widerstandsgruppe «Kreisauer Kreis»; 1944 verhaftet und u. a. ins KZ Ravensbrück verschleppt; 1945 Mitbegründer der CDU in Berlin; 1947–49 Richter; 1949–53 Bundesminister für Vertriebene im Kabinett Adenauer; Vizepräsident des Dt. Caritasverbandes.

11 Hans-Ludwig Abmeier, Hans Lukaschek, in: Schlesische Lebensbilder. Schlesier des 15. bis 20. Jahrhunderts. Hg. im Auftrag der Historischen Kommission für Schlesien von Helmut Neubach und Ludwig Petry. Würzburg 1968, S. 230

12 Der «Schlesische Ausschuss» war eine rein oberschlesische Organisation, die aus den Repräsentanten der dortigen deutschen Parteien, Gewerkschaften und anderer Organisationen bestand. Er wurde im Dezember 1919 gegründet und hatte seinen Sitz in Breslau.

13 Lukaschek an den preuß. Min. des Innern, 28.4.1920. (BArch, 61 Ve 3) Eine der Organisationen, die in Oberschlesien tätig wurden, war die «Reichszentrale für Heimatdienst». Mit Rundschreiben vom 30. Juli 1920 forderte Innenminister Severing die staatlichen Behörden auf, mit der «Reichszentrale» zusammenzuarbeiten, obwohl Teile dieser Organisation während des Putsches offen für Kapp eingetreten waren. (Geheimes Staatsarchiv, Berlin-Dahlem. Rep. 77/Nr. 5771)

14 Wojciech Korfanty (1873–1939), war 1903–12 und 1918 Mitglied des Reichstags für die Polenfraktion; polnischer Abstimmungskommissar; leitete die drei polnischen Aufstände in Oberschlesien 1919–1921; 1922/1923 Ministerpräsident von Polen; 1930 verhaftet, ging 1935 ins Exil, kehrte jedoch 1939 wieder zurück. Er wurde erneut verhaftet und starb bald darauf. (Siehe auch Johannes Fischart, Wojciech Korfanty, in: WB 13.2.1919, S. 154ff.)

15 Pieron heißt Blitz, allerdings in der Bedeutung: Dich soll der Blitz treffen. Gedruckt wurde der Pieron, der wöchentlich mit 8 Seiten Umfang erschien, im Verlag Elsner in Berlin, der Druckvermerk «Gutenberg

Verlag Gleiwitz» war lediglich zur Tarnung für die französischen Kontrolleure in Polen angegeben. Auch der als verantwortlich angegebene Walter Pache hatte nur die Funktion eines sog. Sitzredakteurs, der im Falle einer gerichtlichen Verurteilung vorgeschoben wird. (Aussage von Willi Steinert, KTA. Siehe dazu auch Vogel, S. 41)

16 Dr. Carl Spiecker (1888–1953), Mitglied des Zentrums, war nach Otto Hörsing 1920–21 Staatskommissar für Oberschlesien; 1922–23 Verlagsdirektor der «Germania»; unter Reichskanzler Marx 1923–25 Reichspressechef, danach in der Nachrichtenabt. des Auswärtigen Amts; Vorsitzender des «Vereins Republikanische Presse» und zeitweise auch des «Deutschen Republikanischen Reichsbundes»; 1930–31 Sonderbeauftragter des Dezernates zur Bekämpfung radikaler Umtriebe im Reichsinnenministerium; Vorstandsmitglied des Reichsbanners «Schwarz-Rot-Gold»; 1930 Mitbegründer des «Aktionsausschusses zur Bekämpfung des Nationalsozialismus», aus dem der «Deutschlandbund» hervorging; 1933 Emigration; 1945 Gründung der «Rhein-Ruhr-Zeitung»; Mitbegründer und zeitweiliger Vors. des Zentrums, 1947 MdL in NRW, 1949 Übertritt zur CDU; Minister o. Geschäftsbereich; Vertreter NRWs im Bundesrat. (Siehe Maximilian Müller-Jabusch, Handbuch des öffentlichen Lebens. Berlin, ^{5}1929, S. 831; Biographisches Handbuch der deutschsprachigen Emigration nach 1933. Hg. vom Institut für Zeitgeschichte und von der Research Foundation for Jewish Immigration, Leitung Werner Röder und Herbert A. Strauss. München, New York, London, Paris 1980. Band 1, S. 714f.; Lexikon zur Parteiengeschichte 1789–1945. Geschichte der bürgerlichen und kleinbürgerlichen Parteien und Verbände. Hg. von Dieter Fricke und anderen. Leipzig 1986, Bd. 1,2,3) Über Spieckers Aufgaben in Oberschlesien und seine Verstrickung in die Fememorde siehe weiter unten.

17 Dr. Rudolf Dammert, (1879–?), Redakteur des Berliner Lokal-Anzeigers, 1907–1909 Redakteur und Herausgeber der Münchener Allgemeinen Zeitung; gründete ab 1910 mehrere Presseagenturen in Berlin, darunter (1912) den «Deutschen Telegraph», und 1920 die «Dammert Verlag G.m.b.H.». Neben dem offiziösen WTB war Dammerts Korrespondenzbüro das wohl wichtigste. 1920 mußte er Anteile seiner GmbH an den Eisen- und Stahlkonzern Otto Wolff verkaufen, über den das Unternehmen im März 1921 an Hugenberg ging. Dammert stieg daraufhin aus und gründete den «Presse Verlag Dr. R. Dammert», «Dammerts Werbedienst» und wurde Inhaber der «United-Telegraph-Agency» und des Europa-Verlags. Die verschiedenen Presseunternehmungen Dammerts gaben zahlreiche Pressedienste und Korrespondenzen heraus, er versorgte über 700 deutsche Blätter und rund 400 deutsche Auslandszeitungen. Er schrieb auch Dramen und Kriegstagebücher. (Siehe Kürschner

1932; Mendelsohn, Zeitungsstadt, S. 343ff.; Reichshandbuch der deutschen Gesellschaft. Berlin 1930/31; Müller-Jabusch, Handbuch des öffentlichen Lebens, S. 709) – Im Auftrag des Schlesischen Ausschusses richtete Dammert in Kattowitz ein eigenes Nachrichtenbüro ein, das von F. Badendieck geleitet wurde.

18 Ob Tucholsky tatsächlich «empfohlen» wurde, wie Bemmann und Meyer schreiben, läßt sich nicht mehr nachweisen. Wenn überhaupt, wäre die wahrscheinlichste Variante, daß der Sohn Richard des Geheimrats Witting ihn geworben hat, den Tucholsky noch aus der Schulzeit vom KWG her kannte und der in Oberschlesien tätig war.

Der Jurist Geheimrat Richard Witting (eigentl. Witkowski, 1856–1923), Bruder von Maximilian Harden, war von 1891–1902 Oberbürgermeister von Posen; danach Direktor und seit 1910 Vorsitzender des Aufsichtsrats der Deutschen Nationalbank; Mitglied des Herrenhauses; Mitverfasser des Entwurfs einer Reichsverfassung; ursprünglich nationalliberal, wurde er 1918 linker Pazifist; leitete 1919 unter dem Pseudonym Georg Metzler mit scharfen Artikeln Tucholskys «Militaria»-Serie in der WB ein; Schwiegervater des Pazifisten Hans Paasche, der am 21. Mai 1920 ermordet wurde. Tucholsky schrieb einen Nachruf auf Paasche und sprach auch bei dessen Beerdigung am 4.6.20 in Wiesenthal. Hierauf bezieht sich auch die Bemerkung in SJs Brief vom 11.6.20, er mißbillige, daß sich KT von Metzler für diese Fahrt einspannen ließ. Dies geht klar aus dem Kontext hervor. (Siehe dazu ausführlich KT an Witting, 5.6.20. Soldenhoff und Meyer beziehen diesen Satz fälschlicherweise auf die Reise Tucholskys nach Oberschlesien.) KT war bei Wittings öfters zu Besuch in der Stülerstraße, auch mit der Tochter Sibylle Schoepf-Witting (1894–1966) hatte er zeitweise engen Kontakt. (Siehe die Briefe in: AB, S. 143ff.; siehe: SJ-Briefe, S. 494f.; B. Uwe Weller, Maximilian Harden und die «Zukunft». Bremen 1970, S. 20; Wer ist's? Leipzig 1922, S. 108)

19 H.D. Heilmann, Lass Loman laufen, Hunter, in: taz, 12.10.85, S. 5. Einige der Zeichner wie Steinert, Wolff und Wilke arbeiteten unter Tucholsky auch beim Ulk mit. Steinert zeichnete während des Krieges in der «Kriegszeitung für das Marinekorps». Tucholsky bekam diese Zeitung in Alt-Autz. (Siehe KT an MT, 15.2.1918)

20 Hans Pilot, «Pieron», in: Der Oberschlesier, 8. Jg., 3. Heft, März 1926, S. 265.

Unter dem Titel «Der lustige Pieron» erschien Ende 1920 auch ein Almanach mit Texten und Zeichnungen aus den 1920 veröffentlichten Heften. Daß Pilot später für den Stürmer gearbeitet haben soll, siehe: Marianne Doerfel, S. 92.

21 SJ-Briefe, S. 74

22 SJ-Briefe, S. 85

23 Zum Dienstmädchen siehe die Tagebucheintragungen von Mary Tucholsky, z. B. 15.5.1920. Zum Urlaub: Ursprünglich war ein Aufenthalt auf der Insel Wangerooge geplant, Mitte August fuhren sie dann aber für drei Wochen an die Ostsee nach Graal in Mecklenburg.

24 AB, S. 93. Am 24.4.20 bestätigte KT den Erhalt von 2000 Mark als Abschlagszahlung.

25 UuL, S. 262. Da er von der WB durchschnittlich nur 500 Mark pro Monat erhielt, mußte er also 2000 Mark auf andere Weise dazuverdienen. Von Schall und Rauch bekam er Ende 1919 einen Vertrag über 800 Mark monatlich, was er von den anderen Zeitschriften und Zeitungen bekam, ist unbekannt. (Siehe dazu ausführlich Michael Hepp, Kurt Tucholsky: «die Sache mit dem Geld». In: Gustav Huonker [Hg.], Kurt Tucholsky, «Liebe Winternuuna, liebes Hasenfritzli», S. 34–51)

26 Neben dem «Schwarzen Adler» und dem «Oberschlesier».

27 Siehe Rudolf Vogel, Deutsche Presse und Propaganda..., S. 129ff.; Rudolf Vogel, Die Öffentlichkeitsarbeit im oberschlesischen Abstimmungskampf 1919–1921, in: Jahrbuch der Schlesischen Friedrich-Wilhelms-Universität zu Breslau. Berlin-München, Bd. XVII 1972, S. 283ff.

28 Pilot, S. 263

29 GW 3, S. 219. Siehe dazu auch den Artikel «Im Hinterzimmer», GW 1, S. 302ff. Schon damals fragte er angesichts ausländischer Kriegszeitschriften: «Sie schrecken vor nichts, aber auch vor nichts zurück. Bis auf die schmierigen Sudeleien: warum wir nicht auch?» (Siehe Kap. 4)

30 Das Gedicht ist auch abgedruckt bei Meyer, S. 262. Erstmals druckte H. D. Heilmann in seinem Artikel in der taz am 12.10.85 dieses Gedicht ab, mit dem Hinweis auf Tucholsky als wahrscheinlichen Verfasser. Dort finden sich auch weitere Text- und Bildbeispiele aus dem Pieron.

31 Das lag sicherlich nicht allein am Pieron, auch die anderen Zeitungen und Zeitschriften beider Seiten beteiligten sich mehr oder minder stark an dieser Verhetzung. Aber der Pieron hatte innerhalb der Oberschlesienpropaganda eine herausgehobene Bedeutung und eine dementsprechende Wirkung.

32 Erich Mühsam zitierte hier einen Bericht des NSDAP-Reichstagsabgeordneten und späteren Innenministers Frick. In: Fanal. Anarchistische Monatsschrift. Hg. Erich Mühsam. Jg. 2, Nr. 8, Mai 1928, S. 186f. (Zitiert nach dem fotomechanischen Nachdruck, Bremen, o. J.) Als einer der Fememörder wurde später Peter Martin Lampel verhaftet. (Siehe dazu auch dessen Buch Verratene Jungen. Frankfurt/M. 1929; Carl von Ossietzky, Peter Martin Lampel, in: WB Nr. 46, 12.11.1929, S. 747ff.; Erich Mühsam, Aufregung um Lampel, in: Fanal Nr. 3, Dezember 1929, S. 68ff.)

Eugen Ernst (1864–1954), zeitweise Mitglied des Parteivorstands der

SPD; preußischer Innenminister (1918–1919), Berliner Polizeipräsident (1919–1920); Mai–Nov. 1920 Polizeipräsident von Breslau.

Hermann Zimmer (1867–1928), Abgeordneter der SPD in der preuß. Landesversammlung; Vorstandsmitglied im Breslauer und schlesischen Volksrat; Mai 1920–April 1928 Oberpräsident von Schlesien. (Siehe: Paul Löbe, Hermann Zimmer, in: Schlesische Lebensbilder, Bd. 4, S. 436ff.)

Joseph Wirth und Hermann Müller, beide zeitweilig Reichskanzler, bekannten sich dazu, die Organisation des «oberschlesischen Selbstschutzes», auch bekannt unter dem Namen «Schwarze Reichswehr», aufgebaut zu haben. («Das Andere Deutschland», 16.4.1927) Dort ist auch eine Liste mit 60 Opfern abgedruckt, die von Mai bis Juli 1921 ermordet wurden.

33 Das Tagebuch, Heft 18, 5.5.1928: Tagebuch der Zeit. S. 737f. Durch einen Verfahrenstrick des Gerichts blieb ungeklärt, wer tatsächlich für die Fememorde zuständig war. Spiecker hatte angegeben, daß der angebliche Auftraggeber der militärische Befehlshaber Major Beckmann gewesen sei. Dessen Adjutant Dr. Hobus, der die Befehle weiterleitete, wurde auf Druck des Gerichts nicht als Zeuge vorgeladen. (Siehe auch Berthold Jacob, Stettin, in: WB 8.5.28, S. 706f.)

34 Steinert an KT, 10.4.1926

35 WB, 8.5.28, S. 707f.

36 Vogel, Deutsche Presse und Propaganda..., S. 102. Vogel widmete seine Arbeit «Den deutschen Vorkämpfern» Lukaschek, Spiecker, Ulitzka und Urbanek.

37 Ebenda, S. 136. Die Darstellung der Funktion Spieckers beruht zum großen Teil auf Vogels Beitrag.

38 Karl Spiecker, Den Vergessenen!, S. 214

39 Vogel, S. 102ff. «Die Atmosphäre von Blut, Gefahr und Leidenschaft, die die Abstimmungszeit kennzeichnet, wird immer ein nicht wegzudenkender Faktor bei der Beurteilung jeglicher Handlung in dieser Zeit bleiben.» Vogel entschuldigte die Methoden Spieckers damit, daß sie auf beiden Seiten üblich waren. (S. 104) – Alle politischen Verbrechen in Oberschlesien fielen unter die allgemeine Amnestie vom 30. Juni 1921, die «volle Straffreiheit» gewährte «wegen *aller strafbaren Handlungen*, die aus Anlaß einer politischen Bewegung begangen oder durch den Nationalitätenkampf veranlaßt wurden». (Die oberschlesischen Fememorde. Wer sind die Schuldigen?, in: «Das Andere Deutschland», 16.4.1927)

40 DT, S. 174; GW 2, S. 421. Beide Artikel erschienen in der Freiheit.

41 GW 7, S. 105. Auffällig ist, daß auch heute noch in vielen deutschen Darstellungen dieser Zeit nur die polnischen Greueltaten hervorgehoben werden. Von den deutschen Übergriffen und Morden liest man fast

nichts. Dabei gab es schon in der Weimarer Republik Darstellungen von Beteiligten, die an Klarheit nichts zu wünschen übriglassen. Erinnert sei etwa an Bronnens Buch «O. S.», das 1929 bei Rowohlt erschien. (Siehe dazu KTs Rezension «Ein Besserer Herr», GW 7, S. 105 ff.)

42 UuL, S. 320

43 GW 2, S. 420

44 Manche Plakatmotive stammten auch direkt aus den Heften des Pieron. (Vogel, S. 163) Einige Beispiele sind 1926 im «Oberschlesier»-Sonderheft abgedruckt worden: «Der polnische Wolf begehrt eure Heimat! Duldet das nicht!»; ein Totengerippe mit der polnischen Fahne in der Hand, das über Äcker und Industriesiedlungen marschiert: «Schlesier seid auf der Hut! Der Tod Eures Wohlstandes naht sich.»

45 Steinert an KT, 10.4.26

46 Für großformatige Zeichnungen wurden etwa 600 Mark gezahlt. KT bekam ab Oktober 1921 von der WB 500 Mark pro Monat pauschal, wofür er pro Heft zwei Beiträge zu liefern hatte. Siehe SJ-Briefe, S. 116

47 Die folgenden Zeitungsausschnitte liegen im KTA.

48 Auch später ist Tucholsky diese Arbeit öfters vorgeworfen worden. Am 22.11.1929 schrieb ihm Bernhard Scheick, daß Kraus und Pfemfert Tucholsky als Konjunkturritter bezeichneten. Außer seinen Kriegsgedichten hätte er sich auch an der «Abstimmungs-Propaganda für Oberschlesien beteiligt und sich dabei als chauvinistischer Deutschtum-Agitator entpuppt und mit zweifelhaftem nationalistischem Ruhm bekleckert. Tucholsky sei ein ‹Opportunist› unangenehmster Art...» (Abschrift des Briefes im Schreiben Scheicks an Mary Tucholsky vom 4.8.1959. Siehe KTs Antwort in AB, S. 208 f.) In ihrer Rezension des Deutschland-Buches von Tucholsky verwies die Deutsche Allgemeine Zeitung in Berlin am 2.10.1929 ebenfalls auf seine Aktivitäten: «Er hat auch einmal den Anschluß gesucht, als er im umkämpften Oberschlesien jede Woche die Unterschriften dichtete für den ‹Pieron›, die Kampfzeitschrift gegen die Polen.»

49 AB, S. 129, zit. nach dem Original. Dort auch Berlin statt Berlins.

50 KTA. Abgebildet auch bei Meyer, S. 261. Es muß noch ein weiteres Abrechnungsheft gegeben haben, denn in dem vorliegenden sind zahlreiche Zeichner und Autoren nicht vertreten. Da Tucholsky nur nach außen hin seine Tätigkeit eingestellt hatte, wie Willi Steinert 1965 mitteilte (Doerfel, S. 92), dürfte er auch über diese Spesen hinaus noch Gelder bekommen haben.

51 AB 2, S. 101 f. Bedauernd fügte er hinzu, daß er damals sein Geld nicht richtig angelegt und daher in der Inflation fast alles verloren hätte. An Mary Tucholsky schrieb er 1922, daß er mit dem Geld umgegangen sei, wie «man es nicht hätte tun sollen». (UuL, S. 301)

52 MT an U. B., 14.2.1973. Im KTA liegt eine Karte Tucholskys an Spiecker vom 7.11.1924 und ein Brief Spieckers vom 3.3.1930 an KT, der auf einen sehr freundschaftlichen Verkehr schließen läßt.

53 Vogel, S. 136. Das Heft kam erst unregelmäßig, von Februar 1921 an zweimal wöchentlich heraus. Selbst die Kommunisten setzten sich in Oberschlesien für die preußische «Deutschtumspolitik» ein, sie gaben dort die Zeitschrift «Arbeiterpost» heraus.

54 Archiv der Friedrich-Ebert-Stiftung, Nachlaß Dittmann. Fritz Danziger war 1926 mit Tucholsky Vorstandsmitglied der Liga für Menschenrechte. Wilhelm Dittmann (1874–1954), 1920–1933 Mitglied des Reichstags, zeitweise dessen Vizepräsident, Mitglied des Zentralkomitees der USPD, zeitweise auch Chefredakteur der Freiheit, 1922–1933 Sekretär des Parteivorstands der SPD und geschäftsführender Vorsitzender der SPD-Reichstagsfraktion.

55 Abschrift im KTA. Wenn man die vielen Artikel in der Freiheit liest, in denen die Oberschlesien-Politik der Reichsregierung scharf bekämpft wurde, erscheint der Schiedsspruch etwas seltsam, denn Tucholskys Tätigkeit widersprach völlig den Bestrebungen der USPD. – Georg Ledebour (1850–1947), Mitglied des Reichstags, Mitbegründer und einer der wichtigsten Führer der USPD, war mit Tucholsky «befreundet». (Siehe auch KT, Ledebour. Zum Fünfundsiebzigsten. GW 4, S. 49f; Brief Ledebours an KT, 5.4.25, in dem er sich für das Gedicht bedankte und hoffte, bald wieder das Vergnügen zu haben, Tucholsky bei sich zu sehen.)

56 Vita Dr. Tucholsky, 22.1.34, abgedruckt in: Text + Kritik, Heft 29, [3]1985, S. 6. Siehe dazu auch Stefan Berkholz, S. 69ff.; Wolfgang Michal, Er war ein militanter, kein sentimentaler Pacifist. Kurt Tucholsky und die SPD, in: Vorwärts, Teil 1, 30.11.1985, Teil 2, 7.12.1985. Mit ziemlicher Sicherheit blieb Tucholsky aber nicht sehr lange Mitglied. Nach seinen scharfen Angriffen auf die Parteiführer der SPD wäre es sonst bestimmt zu einem Parteiausschlußverfahren gekommen.

57 GW 3, S. 292ff.

58 GW 6, S. 15

59 GW 2, S. 309f. Tucholsky hatte zu Politikern aus fast allen Lagern Kontakt. Wie intensiv diese waren, ist nicht mehr nachprüfbar.

60 GW 3, S. 73

61 WB, 13.2.1919, S. 191. An KT schrieb SJ am 21.7.21: «Gottseidank, daß Sie endlich auch für sich sagen: Immer wieder! Man darf nicht ermatten. Im Grabe. Früher nicht.» (SJ-Briefe, S. 107)

62 GW 3, S. 50

63 GW 3, S. 131

64 Über den RRB (ab 1922 Deutscher Republikanischer Reichsbund) siehe ausführlich Lexikon zur Parteiengeschichte, Band 4, S. 97–101. Initiato-

ren waren Politiker der SPD (u. a.: K. Haenisch, P. Löbe, C. Severing, F. Stampfer) und der DDP (u. a.: A. Erkelenz, H. Preuss, Th. Heuss, O. Nuschke, E. Lemmer), später kamen auch Zentrumsmitglieder hinzu. Von demokratischen und pazifistischen Gruppen gehörten M. Cauer, C. v. Ossietzky, L. Quidde, W. Schücking zu den Unterzeichnern des Gründungsaufrufs, der am 6.3.21 im Berliner Tageblatt erschien. Der Leitung des RRB gehörte zeitweise neben Hugo Preuss u.a. auch Karl Vetter an.

65 Rede Ignaz Wrobels auf der Versammlung des RRB in den Kammersälen Berlin. (Auszüge davon sind abgedruckt in: BVZ, 6.1.1923, Abend-Ausgabe, «Republikanische Forderungen für 1923») Auf einer Kundgebung der republikanischen Verbände erklärte im November der ehem. Reichsinnenminister Wilhelm Sollmann (SPD): «Wenn die Republik stirbt, dann stirbt sie an der Feigheit ihrer Führer.» (BVZ, 5.11.23, Abend-Ausg.)

66 GW 3, S. 223

67 GW 3, S. 194

68 GW 3, S. 219, siehe auch S. 223. Unter anderem zeigen auch diese Zitate, daß Tucholsky trotz mancher schönen Wendung in seinen Artikeln nicht wirklich mit den Arbeitern rechnete.

69 Kurt Doß, Reichsminister Adolf Köster 1883–1930. Ein Leben für die Weimarer Republik. Düsseldorf 1978, S. 76f.

70 Der Jurist Arnold Brecht (1884–1977) war seit 1918/19 in der Reichskanzlei Mitherausgeber der Waffenstillstandsdokumente, 1921 bis 1927 Min-Dir. im Reichsinnenministerium, Leiter der Abteilung für Verfassung, Verwaltung, Beamtentum; 1927–1933 Bevollmächtigter Preußens im Reichsrat und Mitglied im Verfassungsausschuß der Länderkonferenz; vertrat 1932 die abgesetzte preußische Regierung vor dem Staatsgerichtshof. 1933 Emigration nach Amerika, dort Prof. für Staatsrecht, Jura und Finanzwissenschaft an der New School for Social Research in New York. Nach 1945 gehörte er zu den Beratern der Verfasser des Grundgesetzes. (Siehe Wolfgang Benz/Hermann Graml, Biographisches Lexikon zur Weimarer Republik. München 1988, S. 40f.; Kurt Doß, S. 72ff.; Reichshandbuch der deutschen Gesellschaft. Berlin 1930/31) Offenbar war Brecht in der Reichskanzlei auch für die Überwachung der USPD-Presse zuständig. (Siehe BArch, R 43 I/2464)

71 Heinrich Ströbel, Köster, Kapp-Schutz und Koalitionswechsel, in: WB, 22.4.20, S. 449

72 Plakat in: Chronik 1922, Dortmund 1989, S. 93

73 GW 3. S. 196

74 Doß, S. 73

75 GW 3, S. 210

76 SJ-Briefe, S. 119. (Zu Harden siehe auch B. Uwe Weller, Maximilian Harden und die «Zukunft». Bremen 1970; Tucholskys Nachruf, GW 5, S. 362 ff; den Briefwechsel Tucholskys mit Harden, AB, S. 134 ff und BArch, N 1062 Harden/46 und 56; den Briefwechsel zwischen KT und SJ; die Briefe KT an MT und den Artikel «Prozeß Harden», GW S. 296 ff.) Der Bericht über den Prozeß gegen die Attentäter ist sehr emotional geschrieben, zeigt aber auch deutlich, wie kontrolliert Tucholsky manchmal auf Wirkung hin schrieb. Die ersten Zeilen vermitteln den Eindruck, als habe er sich in völlig aufgewühltem Zustand an die Maschine gesetzt: «Das muß man gesehen haben. Da muß man hineingetreten sein. Diese Schmach muß man drei Tage an sich haben vorüberziehen lassen: dieses Land, diese Mörder, diese Justiz.» (GW 3, S. 296) Knapp vier Monate vorher begann er eine Buchbesprechung über den Prozeß gegen Schnitzlers «Reigen» mit der gleichen Empörung: «Da muß man hineingetreten sein! Dahin muß man seine Kinder geführt haben! Das gibt es.» (GW 3, S. 281)

77 MT an KT, 18.8.22. Wie er selbst in der «Weltbühne» schrieb, bekam er Drohbriefe und -anrufe. (WB, 17.8.22, S. 176)

78 Freih. v. Nostiz-Junkerdorff an KT, 26.6.1921. Im KTA liegen einige dieser Drohbriefe aus dem Jahr 1921/22. Helga Bemmann hat Ausschnitte davon zitiert. (Bemmann, S. 230 f.) Siehe auch GW 3, S. 266 f., hier hat Tucholsky so einen Anruf aufgeschrieben.

79 GW 4, S. 91

80 Karl Vetter (1894–1957), 1913–15 Herausgeber der Zeitschrift «Hermes»; 1916–17 Redakteur der Berliner Volks-Zeitung; Dez. 1917 bis Nov. 1918 Soldat; 1918 Mitgl. des Soldatenrats; seit 1919 politischer Redakteur der Berliner Volks-Zeitung; Mitbegründer und Präsident des «Friedensbunds der Kriegsteilnehmer»; Vorsitzender der «Liga junge Republik»; Mitinitiator und 1923 stellvertr. Vorsitzender des «Republikanischen Reichsbunds»; Mitinitiator der «Republikanischen Partei»; Werbechef des Berliner Messe- und Ausstellungsamtes; 1930–1933 Verlagsdirektor im Mosse Verlag, biederte sich den Nazis an. (Siehe den Artikel «Klarheit» im BT, 4.4.33, siehe auch M. Boveri, Wir lügen alle. Olten 1965, S. 88 ff.; 95 ff.; Kürschner 1932 und 1934, mit Geb.-Datum 1897)

81 Die Darstellung basiert auf dem Artikel von Karl Vetter, Geburt einer Hymne. Frankenpost, Hof, 24.5.1952. Laut Rhein-Neckar-Zeitung war auch Ossietzky daran beteiligt, und das Programm sei auch als Streitschrift veröffentlicht worden. Die Publikation ließ sich bislang jedoch nicht nachweisen.

82 Dr. Hans Simons (1893–1972) war der Sohn des Reichsgerichtspräsidenten und ehem. Außenministers Walter Simon. 1919–25 Vorsitzender der «Deutschen Liga für Völkerbund»; Mitglied der SPD; 1922 Regierungs-

rat im RMdI; 1923 Oberregierungsrat im preuß. Innenministerium; 1924 Mitbegründer der «Republikanischen Partei»; 1925–27 Direktor der Hochschule für Politik in Berlin, danach Oberpräsident in Stettin und in Liegnitz; Emigration in die USA; ab 1935 Prof., später Dekan und Präsident der New School for Social Research in New York; Berater der US-Regierung und an der Vorbereitung des dt. Grundgesetzes beteiligt. (Siehe Biographisches Handbuch der deutschsprachigen Emigration, Band 1, S. 703)

83 Jacobsohn antwortete am 23.7.22 auf Tucholskys Klagen darüber: «Ja, der gute Brecht – daß der nichts machen kann, überrascht mich nicht. Aber ist er nicht süß?» (SJ-Briefe, S. 123)

84 Arnold Brecht an KT, 24.7.1922. Handschriftlich fügte Brecht hinzu: «So etwa habe ich an die Herrn geschrieben und tue hiermit desgleichen an Sie!»

85 So übereinstimmend die BVZ und das BT vom 11.8.22

86 Vetter, a.a.O. Das Deutschlandlied war allerdings bereits bei der Feier im Reichstag ertönt, Köster und Brecht hatten sich erfolgreich bei Ebert für dieses Lied eingesetzt. Am 11. August 1922 bestimmte Ebert das Lied unter Hervorhebung der dritten Strophe als Nationalhymne. – Wenige Jahre später wollte Tucholsky von seiner Mitwirkung an diesem ersten Volksfest der Republik und der Einführung des Deutschlandliedes nichts mehr wissen. Es sei ein wirklich schlechtes Gedicht, «das eine von allen guten Geistern verlassene Republik zu ihrer Nationalhymne erkor», schrieb er 1929 in der Vorrede zu seinem Buch «Deutschland, Deutschland über alles».

87 Zit. nach Vetter

88 GW 3, S. 261

89 WB, 10.8.1922, S. 129

90 GW 3. S. 252f.

91 GW 3, S. 269

92 AB, S. 96

93 GW 3, S. 74

94 GW 3, S. 195

ACHT

1 GW 3, S. 161

2 Maximilian Harden zitierte in seinem Brief vom 9.4.1926 an Tucholsky dieses Gespräch. (BArch, N 1062 Harden/151)

3 GW 3, S. 160f.

4 AB, S. 95f.

5 SJ-Briefe, S. 140f.
6 SJ-Briefe, S. 142
7 Trotzdem war die Inflation noch nicht auf ihrem Höhepunkt. Dieser war erst im November 1923 erreicht, als ein US-Dollar 4,2 Billionen Mark entsprach. Im Juli 1922 waren es noch 493 Mark, im Januar 1923 bereits 17970 Mark. Als Tucholsky im März 1923 in das Bankhaus eintrat, wurde der Dollar mit 22767 Mark bewertet. Noch deutlicher läßt sich die Inflation an den Preisen zeigen: 1 Kilo Kartoffeln kostete im Januar 1923 rund 28 Mark (vor dem Krieg 15 Pfennig), im Juni 1923 durchschnittlich 330 Mark, am 26. November 80 Milliarden Mark. Ein Liter Vollmilch kostete zu diesem Zeitpunkt 280 Milliarden Mark, ein Ei 320 Milliarden, ein Kilo Butter 5,6 Billionen Mark. (Quelle: Chronik 1923, Dortmund 1987)
8 AB 2, S. 87
9 Harden an KT, 9.4.1926. (BArch, N 1062 Harden/151) Laut Erinnerung von Karl Koch, Personalchef von «BeSiCo», vermittelte Georg Bernhard seinen «Schützling» Tucholsky in das Bankhaus.
10 UuL, S. 316
11 Geboren am 1. September 1880 in Usch (Kreis Kolmar/Posen).
12 So nach vielen Quellen, wie Reichshandbuch, Biographisches Handbuch usw. Am 5.1.1919 nannte Simon in der Deutschen Zeitung das Bankhaus aber selbst als Carsch Simon & Co. Auch der Geschäftsbericht 1919 lautete noch auf Carsch Simon & Co, wie die «Germania» Ende des Jahres in einem kritischen Bericht festhielt. Laut Überwachungsakten des RKO war Carsch, Simon & Co im August 1922 noch in der Mohrenstraße 54/55, Berlin W. 8. Wann also die Umbenennung tatsächlich war, konnte nicht festgestellt werden.
13 Zusammen mit Albert Südekum von der MSPD, da alle Ressorts doppelt besetzt waren.
14 Hugo Simon war für die USPD Mitglied der Deutschen Nationalversammlung. In der 97. Sitzung vom 13. Oktober 1919 ist eine Wortmeldung von ihm verzeichnet, ebenfalls am 21.11.1919.
15 Das «Reichshandbuch der deutschen Gesellschaft» von 1930/31 verzeichnete 11 Firmen, in denen er im Aufsichtsrat oder gar Vorsitzender war. Darunter auch der S. Fischer Verlag.
16 Eine Biographie über Hugo Simon gibt es bislang nicht, Edita Koch und Frithjof Trapp klagten in der Zeitschreift «Exil» (1983, Heft 1) zu Recht darüber, daß sein Name heute so gut wie vergessen ist. Nach den spärlichen Quellen läßt sich weiter rekonstruieren:

Nach Hitlers Machtübernahme flohen Gertrud und Hugo Simon unter Zurücklassung all ihrer Habe am 27. März 1933 über die Schweiz nach Südfrankreich zu ihren Kindern, später zogen sie nach Paris. Hugo

Simon gehörte zum Kreis der sozialistischen deutschen Emigration, er arbeitete mit Willi Münzenberg ebenso zusammen wie mit sozialdemokratischen Flüchtlingshilfestellen und beteiligte sich 1935 an den Verhandlungen zur Bildung einer «Volksfront». 1937 bemühte er sich zusammen mit Heinrich Mann um die Neugründung des «Bundes neues Vaterland» unter dem Namen «Bund neues Deutschland». Am 27. Oktober 1937 wurde Gertrud und Hugo Simon auf der 20. Liste die deutsche Staatsangehörigkeit aberkannt und ihr Vermögen eingezogen. Zwei Tage vor der Besetzung von Paris gelang ihnen die Flucht nach Montauban in Südfrankreich, und H. S. lebte dort einige Monate unter dem Namen Hubert Studenic. Am 3. März 1941 landeten sie schließlich – über Spanien – in Rio de Janeiro. Erst nach dem Krieg konnte Hugo Simon seinen richtigen Namen wieder annehmen, Thomas Mann und Albert Einstein bürgten für ihn. In Barbacena im Staate Minas Geraes konnte er einen Jugendtraum verwirklichen: im dortigen staatl. Institut studierte er die Seidenraupenzucht. Dort lernte er auch den Dichter Georges Bernanos kennen, mit dem ihn bald eine enge Freundschaft verband. 1947 zog er auf das Gut «Penedo». Dr. Ernst Feder, bei dem die Simons nach ihrer Ankunft einige Zeit Unterkunft fanden, erinnerte sich: «Die letzten, schon von der Krankheit überschatteten Jahre [Simon hatte Krebs, MH] verlebte er, seine Arbeit zwischen dem Gartenbau und der Niederschrift seiner Erinnerungen teilend, auf einem paradiesischen Gut bei *Rezende* im Staate Rio de Janeiro, inmitten freundlicher finnischer Siedler und in herzlicher Nachbarschaft mit dem ausgezeichneten tschechischen Maler *Jan Zach.*» (Aufbau, 4.8.1950) Am 4. Juli 1950 starb Hugo Simon, seine Frau Gertrud (geb. Oswald) starb am 18. Juni 1964.

Unklar ist bislang, was mit dem Bankhaus Bett, Simon & Co nach Simons Flucht geschah. In den einschlägigen Werken findet sich kein Hinweis. Mir liegt aber ein gedrucktes Blatt mit Aktien- und Rentenangeboten vom 18. März 1937 vor, das vom Bankhaus Bett Simon & Co. Berlin W. 8, Mohrenstraße 10 stammt. Ob das Bankhaus, anders als die große Kunstsammlung und Simons sonstige Habe, erst nach der Ausbürgerung beschlagnahmt und aufgelöst oder verkauft wurde, läßt sich nicht feststellen. Zwei Anfragen an das Institut für bankhistorische Forschung in Frankfurt blieben ohne Antwort. (Quellen: Biographisches Handbuch der deutschsprachigen Emigration; Reichshandbuch der deutschen Gesellschaft, Berlin 1930/31; Dr. Ernst Feder, In memoriam Hugo Simon. Aufbau, 4. August 1950 [und im November 1950, leicht abweichend]; Exil 1983, Heft 1; BArch, Bestand 61 Re 1/436 Reichslandbund, Pressearchiv – Sil-Sim. In diesem Band finden sich zahlreiche Zeitungsausschnitte von und über Hugo Simon.)

17 Joachim H. Wohl, Es kam ein Mann aus Krotoschin... Er handelte mit allem und hat an allem verdient. Siebenteilige Serie im «Angriff», zit. aus Teil 6 vom 29.7.1935.

18 Für die Zeit nach 1924 sind seine Besuche belegt. Siehe etwa KT an MT: «Heute abend bin ich bei Simon mit Jakob Wassermann. Na, Du kennst das ja.» (UuL, S. 441)

19 Hugo Simon war auch Schatzmeister der «Wirtschaftshilfe für deutsche Kinder und Familien», zu deren Vorstand Georg Bernhard, Carl Fürstenberg und Harry Graf Kessler gehörten. Zu einer Zusammenarbeit zwischen Kessler und Tucholsky kam es 1921 anläßlich Kesslers Bericht «Die Kinderhölle in Berlin». (Siehe Kap. 10)

20 Von mehreren Mitarbeitern der Bank liegen im KTA kurze Berichte über KTs Zeit bei «BeSiCo» vor. Wenn nicht anders vermerkt, wird im folgenden daraus zitiert.

21 Nachwort von Werner Schendell in Kurt Tucholsky, Na und –? Eine neue Auswahl. Hg. von Mary Gerold-Tucholsky. Hamburg 1950, S. 354

22 KT an Emil Jannings und Gussy Holl, 10.12.1923 (Privatbesitz, Kopie beim Verfasser)

23 Herrn Dagobert Simon zum Geburtstag ehrfurchtsvoll dargebracht vom Verfasser. (Randbemerkung des Chefs: «Der junge Herr scheint nicht sehr viel zu tun zu haben –!») Diese «Randbemerkung» stammt von KT selbst.

24 Dr. Joachim Hochradel, Erinnerung an Tucholsky

25 Am 17.8.1923 schrieb er an Lisa von Schönbeck: «Bin aber jetzt zum Privatsekretär des Chefs aufgerückt und ein feiner Mann.» Bereits am 8.8. schrieb er ihr, daß er im Sekretariat direkt beim Chef sei. (AB, S. 152)

26 KT an Emil Jannings und Gussy Holl, 8.10.1923. (Privatbesitz, Kopie beim Verfasser) Von Hugo Simon bekam Tucholsky auch zu Weihnachten 1923 (oder zum Geburtstag 1924?) eine kleine Pferdeplastik von Renée Sintenis, die sich heute in Privatbesitz befindet. Abgebildet ist sie bei Bemmann, S. 257.

27 KT an MT, 15.8.23 und undatiert

28 AB, S. 144

29 GW 3, S. 337

30 Allerdings wollte das Prager Tagblatt nicht soviel zahlen, wie Tucholsky verlangte. (KT an MT, 15.8.23)

31 AB, S. 144. In diesem Brief an Sibylle Schoepf-Witting bedankte er sich auch für die Ratschläge ihres Vaters (Geheimrat Witting), die ihm «unendlichen Nutzen bereitet» hätten, «vor allem, weil ich zum erstenmal in meinem Leben den Mund kontinuierlich halte, was ausgezeichnet bekommt».

32 SJ-Briefe, S. 155

33 Briefe an Emil Jannings und Gussy Holl vom 8.10., 15.10. und 25.10.1923. (Privatbesitz, Kopie beim Verfasser)
34 Eintragung im Poesiealbum von Sibylle Schoepf-Witting, Berlin 1923
35 KT an Jannings und Holl, 13.9.1923. (Privatbesitz, Kopie beim Verfasser) Auch in der Eintragung im Poesiealbum von Sibylle Schoepf-Witting 1923 schrieb Tucholsky: «Glaub ja nicht an die Literatenlichter, die feinen Herrn.»
36 UuL, S. 334
37 Heinrich Mann an Kurt Tucholsky, 12.5.1924, auch in: Arbeitskreis Heinrich Mann, Mitteilungsblatt Nr. 17. Lübeck 1982, S. 78. In diesem Heft ist der gesamte, noch erhaltene Briefwechsel zwischen Mann und Tucholsky abgedruckt. Siehe auch das Kapitel über KT und Heinrich Mann in: Willi Jasper, Der Bruder. Heinrich Mann. München, Wien 1992, S. 177–181
38 GW 3, S. 335 ff.
39 GW 3, S. 287. Das Gedicht ist evtl. auch eine Reaktion auf Jacobsohns Brief vom 4.9.22 mit der Bemerkung über den Selbstmord.
40 GW 3, S. 335
41 SJ-Briefe, S. 159. Ähnliche Bemerkungen tauchen öfters bei SJ auf.
42 UuL, S. 325
43 GW 3, S. 332. Zur Auseinandersetzung mit Ullstein siehe Kap. 10
44 GW 3, S. 351
45 8.8.1929
46 GW 2, S. 94f. Zu Gussy Holl siehe auch die Artikel Tucholskys von 1913. Im Juni 1919 lernte er sie endlich kennen, wie er Mary Gerold schrieb. (UuL, S. 217, 225; zum Thema Kabarett siehe ausführlich Volker Kühn, Eine unglückliche Liebe. Kurt Tucholsky und das Kabarett, in: Gustav Huonker [Hg.], Kurt Tucholsky. «Liebe Winternuuna, liebes Hasenfritzli». Ein Zürcher Briefwechsel. Zürich 1990, S. 75–91; Helga Bemmann, In mein' Verein bin ich hineingetreten. Kurt Tucholsky als Chanson- und Liederdichter. Berlin 1989; Mary Gerold-Tucholsky und Hans Georg Heepe [Hg.], Das Kurt Tucholsky Chanson Buch. Reinbek 1983)
47 Von über 3000 Arbeiten sind nur rund 650 von Ignaz Wrobel.
48 Rep, S. 160
49 Rep, S. 102
50 «Ja, bei ‹*Schall und Rauch*› arbeite ich, es macht manchmal Spaß, besonders, wenns für Gussy Holl ist. Es ist nur alles so traurig: auch hier die Rücksicht auf die Konsumenten, id est Zuhörer, die meist übel sind. Ein richtiges literarisches Cabaret würde ja auch gar nicht gehen. Es ist sehr, sehr schade.» (AB, S. 76). Aus den Programmheften und der Presse kann man allerdings entnehmen, daß in den ersten Programmen auf den

seichten Geschmack des Publikums recht wenig Rücksicht genommen wurde.

51 Rep. S. 166ff.

52 Alfred Polgar, Ein paar Tage in Berlin. Das Tagebuch, 10. 1. 1920, S. 21

53 UuL, S. 278. Tucholsky bekam eine Pauschale von 800 Mark monatlich.

54 Kühn, Eine unglückliche Liebe, S. 83

55 SB, 28. 5. 1914, S. 601

56 Widmung von Paul Graetz, in Soldenhoff, S. 91

57 Die Darstellung von Busch über die Entstehung des Liedes «Wenn die Igel in der Abendstunde» stimmt so nicht. Busch sei 1930 bei der Arbeit mit Eisler an der Melodie der Gedanke gekommen, nach der letzten Strophe noch das «Seemannslos» hinzuzufügen, in «dem ursprünglichen Text von Tucholsky gab's das nicht». Tucholsky habe Busch freie Hand für Eingriffe in die Texte gegeben und später sogar Buschs Version übernommen. (Ludwig Hoffmann und Karl Siebig, Ernst Busch. Eine Biographie in Texten, Bildern und Dokumenten. Berlin 1987, S. 81) Busch sang das Lied erstmals im März 1930, der Text stand erstmals in der «Weltbühne» am 4. 9. 1928, bereits mit dem Seemannslos. Auch in dem Sammelband «Das Lächeln der Mona Lisa», der 1929 erschien, ist der Text in der Fassung abgedruckt, in der Busch ihn später sang. (Für diesen Hinweis danke ich Volker Kühn.)

58 GW 3, S. 56

59 Nelsons Sohn Herbert: «Die Welt meines Vaters war das Kaiserreich. Und die Republik gefiel ihm nun gar nicht. Und die meisten seiner Freunde gehörten dem alten Adel an, mit denen verstand er sich: man trauerte gemeinsam der guten alten Zeit nach...» (Zit. nach Kühn, Eine unglückliche Liebe, S. 86)

60 Georg Zivier / Hellmut Kotschenreuther / Volker Ludwig, Kabarett mit K. Siebzig Jahre große Kleinkunst. Berlin [3]1989, S. 23

61 Zitiert nach Originalton. Das Band liegt im KTA.

62 Zeitungsausschnittmappe. Titel der Zeitung nicht mehr zu lesen, 12. 10. 1922

63 Neue Berliner 12-Uhr Mittags-Zeitung, 11. 10. 1922

64 Berliner Börsen-Zeitung, 11. 10. 1922. Anspielung auf das Gedicht «Drei Minuten Gehör», das im August 1922 anläßlich der «Nie-wieder-Krieg»-Kundgebung vorgetragen wurde

65 Klaus Völker (Hg.), Max Herrmann-Neiße, Kabarett. Schriften zum Kabarett und zur bildenden Kunst. Frankfurt 1988, S. 57

66 AB, S. 131

67 So die Zeitungsausschnitte aus Berliner Volkszeitung, Rote Fahne, Berliner Tageblatt und Ostpreußische Zeitung.

68 Zeitschrift der Gondel. Heft 1, Juni 1923

69 KT an MT, 15.8.1923

70 SJ-Briefe, S. 158

71 KT an Emil Jannings und Gussy Holl, 8.10.1923. (Privatbesitz, Kopie beim Verfasser) – Von Kate Kühl gibt es eine kurze Beschreibung Tucholskys, die Jean Kudela festhielt: «Mit anderen zurückhaltend. Versuchte nicht zu glänzen (wie Brecht). Beobachtete unbemerkt. / Verfaßte seine Verse und Chansons nach einem Wort, einer Bemerkung. Hatte immer sein Notizbuch bei sich, in das er ab und zu etwas hineinschrieb. ‹Was schreiben Sie denn da?› fragte ihn Kate Kühl eines Tages – ‹Stichworte›, antwortete er. / Alle seine Chansontexte waren mit vielen ausführlichen Randbemerkungen versehen. Er schrieb genau auf, wie er es gesungen haben wollte. Er fragte noch obendrein: ‹Hier ist ein Strich – was steckt hinter diesem Strich? Das müssen Sie erst wissen, um es richtig zu singen.› / Er ging immer sorgfältig, sogar elegant gekleidet und wirkte wie ein Bürger (im Gegensatz zu Brecht).»

72 KT an Emil Jannings und Gussy Holl, 25.10.1923. (Privatbesitz, Kopie beim Verfasser) Der Brief wurde erst am 29.10. beendet, und die zitierte Stelle ist an diesem Tag geschrieben.

73 Laut Vertrag erhielt Tucholsky eine monatliche Gage im Gegenwert von 50 Dollar, aufgeteilt in drei Raten. (Bemmann, In mein' Verein bin ich hineingetreten, S. 65)

74 Laut Autobiographie von Trude Hesterberg ist im Oktober auch kein neues Programm gemacht worden. Wegen einiger Ausbesserungsarbeiten und Umbauten an der Bühne war an Neueinstudierungen nicht zu denken, außerdem war das alte Programm gut angekommen und lief von selbst. (Trude Hesterberg, Was ich noch sagen wollte... Berlin 1971, S. 126)

75 AB 2, S. 146

76 AB, S. 164

77 SJ-Briefe, S. 220

78 DT, S. 338

79 GW 3, S. 346

80 GW 3, S. 352

81 KT an Gussy Holl und Emil Jannings, 25.10.1923 und 13.9.1923. (Privatbesitz. Kopie beim Verfasser) *Desperantisten:* Wortspiel von Desperation = Verzweiflung. Jannings war zu Dreharbeiten in Rom.

82 GW 3, S. 369

83 SJ-Briefe, S. 163

84 MT an KT, 9.1.1924

85 Eduard Plietzsch, «...heiter ist die Kunst» Erlebnisse mit Künstlern und Kennern. Gütersloh 1955, S. 247. Plietzsch zitiert nur den Anfang des Eintrags. Der undatierte Gästebucheintrag ist zitiert nach dem Ori-

ginal, von dem mir Max Pechstein dankenswerter Weise eine Kopie überließ. Das genaue Datum läßt sich nicht ermitteln. Der Eintrag davor stammt vom 11. Oktober 1923, der danach vom 18. Dezember 1923.

86 SB, 10.4.1913. Siehe auch Rep., S. 24f.

87 Mehring, Kurt Tucholsky, S. 9. Eine etwas andere Fassung in: Walter Mehring, Wir müssen weiter. Fragmente aus dem Exil. Düsseldorf 1979, S. 20

88 Zitiert wurde die endgültige Fassung des Vertrags. Es existiert auch noch der von Tucholsky korrigierte Entwurf. – Wann die Vereinbarung getroffen wurde, daß Tucholsky ganz nach Paris übersiedeln könne, läßt sich nicht mehr genau feststellen. Noch Anfang Mai 1924 schrieb Jacobsohn, daß er die anfallenden Gehälter bis zu Tucholskys Rückkehr aufbewahren wolle, da die Überweisungen nicht funktionierten. (SJ-Briefe, S. 168) Verschiedene andere Andeutungen lassen jedoch vermuten, daß die Vereinbarung schon vor Tucholskys Abreise getroffen wurde. Etwa am 8.5.: «Mensch, warst Du schlau, daß Du bei Zeiten weggemacht bist!» (S. 169) Aber erst im August riet ihm Jacobsohn, er solle sich von nichts und niemand verlocken lassen, wieder nach Berlin zurückzukehren. Für eine «gründliche und umfassende Erneuerung» seiner Psyche sei es dringend erforderlich, daß er ein paar Jahre in Paris bleibe. (S. 217)

89 KT an George Grosz, 12.2.1924. In dem Jahrbuch «Platz dem Arbeiter!» war von Theobald Tiger das Gedicht «Die Drei» abgedruckt. (Siehe auch Kap. 10)

90 Zit. nach Michael Töteberg, John Heartfield in Selbstzeugnissen und Bilddokumenten. Reinbek 1978, S. 46

91 Mary Tucholsky im Gespräch mit Gerhard Zwerenz; auf der Veranstaltung zum Thema «Kampf gegen die Kunst oder Wille zur Kultur» sprachen außer Ignaz Wrobel und Herzfelde noch George Grosz, Fritz Kortner, Alfred Kerr, Arthur Holitscher, Julius Bab, Paul Levy und Kurt Caro. (Siehe Anzeige in Junge Republik, Berlin 9.3.1924; BArch, 15.07 RKO Nr. 317)

92 GW 10, S. 24

93 Neue Deutsche Biographie. Berlin 1974, Bd. 10, S. 224f.

94 Georg Bernhard werden die versteckten und offenen Angriffe Tucholskys und der Weltbühne auf seine Person nicht entgangen sein. Am 19.6.1919 etwa schrieb er: «Sowas stirbt, und Georg Bernhard lebt»; am 27.11.1919 bemerkte er neben Konjunkturschiebern der Regierung auch «das gelbe Gummigesicht Georg Bernhards». (GW 2, S. 208) Tucholsky, wie auch Jacobsohn und andere, warf ihm vor, daß er bis Kriegsende die militärische Führung publizistisch unterstützte. Tucholsky und Bernhard trafen sich jedoch in dem Bemühen um eine

deutsch-französische Verständigung. Und spätere Bemerkungen Tucholskys lassen darauf schließen, daß die beiden in einen engeren Kontakt kamen.

95 Werner E. Mosse, Der Niedergang der Republik, in: ders. (Hg.), Entscheidungsjahr 1932. Zur Judenfrage in der Endphase der Weimarer Republik. Tübingen 1965, S. 27. Marschall Ferdinand Foch (1851–1929) war im 1. Weltkrieg oberster Befehlshaber der alliierten Truppen in Frankreich und leitete 1918 die Sommeroffensive, die zum Zusammenbruch der deutschen Westfront führte. Foch wollte auf der Friedenskonferenz die Deutschen ganz entwaffnen und die französische Militärgrenze bis an den Rhein durchsetzen. Wegen seiner harten Haltung war Foch bei vielen Deutschen besonders verhaßt.

96 Das besorgten vorerst noch andere Autoren. Im ersten Halbjahr 1922 gab es beispielsweise fast kein Heft, in dem nicht mindestens ein Beitrag über das deutsch-französische Verhältnis erschien. Unter dem Titel «Wir und Ihr» druckte die Weltbühne eine Serie von Briefen an «einen französischen Freund», Hellmut von Gerlach beschrieb seine Eindrücke aus Paris, und Felix Stössinger fragte in einer siebenteiligen Serie: «Was ist uns Frankreich?»

97 Leo Stahl war seit 1920 Korrespondent der «Vossischen». 1925 bezeichnete er sich in der WB allerdings als «Korrespondent der Frankfurter Zeitung». (WB, 19.5.1925, S. 737) Wahrscheinlich arbeitete er für beide Zeitungen.

98 Siehe: SJ-Briefe, S. 194: «Gut, daß Dus dem ‹Prager Tagblatt› mal gegeben hast...» Bereits am 15.8.1923 schrieb er an MT, daß mit den Pragern nicht zu arbeiten sei, da sie nicht so viel zahlen könnten, wie er verlange.

99 Gregor Ackermann fand bei seinen Recherchen dort zahlreiche Titel, die er dem Tucholsky-Archiv 1988 mitteilte. Er fand auch zahlreiche Nachdrucke im Czernowitzer Morgenblatt (1926–1931). Nach seiner Auskunft kamen diese Nachdrucke allerdings ohne Kenntnis oder gar Absprache mit Tucholsky zustande. – Da die Verhandlungen mit den Redaktionen und die ständigen Briefe ziemlich viel Zeit in Anspruch nahmen, schaltete Tucholsky später die Agentur «14 Federn» ein, um seine Texte unterzubringen.

100 Ab 1924 läßt sich Tucholskys Finanzlage ziemlich genau rekonstruieren. 1925 verdiente etwas über 20000 Mark, 1926 bereits über 26000 Mark. Ab 1927 verdiente er pro Monat zwischen 2000 und 3000 Mark. Ein Arbeiter verdiente 1927 durchschnittlich 2500 Mark im Jahr.

101 SJ-Briefe, S. 188

102 Siehe MT an KT, 10.1.1927. Ende Juli 1924 fuhr er aber für einige Wochen nach Berlin, um bei Ullstein die neue Zeitschrift Uhu vorzuberei-

ten. Siehe KT an Harden, 9.8.24 und 14.4.26: «Mich rief vor einem Jahr ein alter Jugendfreund [Szafranski], der bei Ullstein ist, in Paris von Berlin aus an: ob ich ihm nicht beim Aufbau dieses Magazins helfen wolle. Ich nahm das an. Ullstein versuchte dann, mich in Berlin als ständigen Redakteur zu halten, und das lehnte ich ab. Meine Arbeit in den fünf Wochen war fast nur technischer Natur – ich hatte das Gefühl, mich nicht dafür zu eignen.» (AB, S. 136) Siegfried Jacobsohn schrieb am 28.10.1924 an Harden: «Mein Kurt hat sogar sechs Wochen hier gefront. Er wollte wieder heiraten (und hats getan), brauchte dazu ein paar tausend Mark, glaubte, sie auf keine Weise so schnell wie durch die Vorbereitung des ‹Uhu› bekommen zu können, und war wohl zwischen Karfunkel-Korff und Hermann Ullstein nicht imstande, ihn weniger blamabel zu gestalten.» (BArch, N 1062/56)

103 Maximilian Harden an KT, 17.4.1926. (BArch, N 1062/151) *Ullschweinereien:* Mitteilung von Eugen M. Brehm vom 23.11.1988 an den Verf. Eugen M. Brehm war wie Kurt Tucholsky Exekutivmitglied der von Hiller gegründeten «Gruppe revolutionärer Pazifisten».

104 Karl Koch, Erlebnisse mit Kurt Tucholsky. Nach dem Krieg war Koch Hauptgeschäftsführer in der Abteilung Wirtschaft beim Magistrat von Berlin.

105 UuL, S. 337

106 Zu diesem Thema siehe Hans-Detlef Mebes, Kurt Tucholsky 1924–1935. – Ein zweites Leben im geheimen?, in: humanität. Das deutsche Freimaurer Magazin, Nr. 7, Okt./Nov. 1985, S. 8ff. Von Mebes erscheint demnächst eine ausführliche Studie über Tucholsky als Freimaurer. – 1925 schloß sich Tucholsky in Paris den Logen «Les Zélés Philanthropes» und «l'Effort» an.

107 Bericht von Margot Wieland an MT, 12.1.1958

108 KT an MT, 6.7.1924

109 UuL, S. 368f. Zu Tucholsky in Frankreich siehe Eva Philippoff, Kurt Tucholskys Frankreichbild. München 1978

110 GW 4, S. 276

111 GW 2, S. 396ff. In den Leserbriefspalten gab es daraufhin heftige Reaktionen, pro und contra. Auch Siegfried Jacobsohn beteiligte sich daran. Er lehnte die einseitige Sichtweise Tucholskys ab und meinte, «daß jedes Volk aus Gottes- und Teufelskindern und allen Zwischengraden in ungefähr dem gleichen Verhältnis gemischt sein dürfte». (Vossische, 6.7.1924) Einige allzu hymnische Beiträge Tucholskys für die Weltbühne druckte SJ nicht ab, wofür Tucholsky ihm später dankbar war.

112 GW 3, S. 416. Tucholsky wohnte vorübergehend im Hôtel Grammont (jetzt: Gramont), nahe gelegen zur Nationalbibliothek. (Wahrschein-

lich empfahl ihm Jacobsohn das Hotel, in dem er 1905 auch wohnte. SJ-Briefe, S. 527) Da er es im Hotel jedoch nicht aushielt, suchte er fieberhaft nach einer eigenen Wohnung, was offenbar gar nicht so einfach war. Am 24. April berichtete er Mary Gerold ausführlich über die anstrengende Suchaktion und meldete stolz: «Ick habe ihn. Die Wohnung nämlich. [...] Ich habe eine eigne, kleine, möblierte Wohnung! 3 Zimmer [...]. Ich sitze hier und glaube es noch gar nicht.» Wie er vermerkte, war leider kein Badezimmer vorhanden, sondern nur ein winziges Bad mit einer Waschschüssel («Na – was braucht er baden! Kann sich in Untertasse baden!») und nur ein «Kind von einem Korridor». Gelegen war die «nett und karg eingerichtete» Wohnung in der Avenue Mozart 89, im 4. Stock des Hinterhauses, allerdings mit Blick auf die Straße, die «aussieht wie die Kaiser-Allee».

113 GW 3, S. 378. Dies ist eine umgedrehte Wendung Nietzsches, der in «Jenseits von Gut und Böse» im Kapitel über «Völker und Vaterländer» schrieb, daß alle «tieferen und umfänglicheren Menschen dieses Jahrhunderts», etwa Goethe, Beethoven, Heine, Schopenhauer, Stendhal, nur in ihren schwachen Stunden zu den Vaterländern gehörten, «sie ruhten sich nur von sich selbst aus, wenn sie ‹Patrioten› wurden». (Friedrich Nietzsche, Werke in zwei Bänden. Hg. von August Messer. Leipzig 1930, Bd. 2., S. 71)

114 Harry Graf Kessler, Tagebücher. Hg. von Wolfgang Pfeiffer-Belli. Frankfurt 1982, S. 349 (Eintrag vom 11.8.22)

115 AB, S. 146

116 AB 2, S. 228. In seinem «Sudelbuch» notierte er später den Satz: «Frankreich – seine Fehler sind v. heute u. seine Vorzüge sind von gestern.»

117 GW 5, S. 134

118 SJ-Briefe, S. 442

119 AB 2, S. 229

120 GW 6, S. 326

121 Beate Schmeichel-Falkenberg, Es ist ja alles nur für Dich gemacht. Kurt Tucholsky und Siegfried Jacobsohn – eine denkwürdige Beziehung, in: Kurt Tucholsky-Gesellschaft (Hg.), Dokumentation zur ersten Tucholsky-Tagung in Hamburg 1989. O. O., 1989, S. 52. Am 12.6.1927 schrieb Tucholsky an Maximilian Harden: «– aber ich fühle deutlich, daß mir der Mann nicht ersetzlich ist. Das hat nun gar nichts mit Überschätzung zu tun –: es ist das ein rein persönliches Verhältnis gewesen, das sehr stark an Vater und Kind erinnert, und ich glorifiziere nicht nachträglich – ich merke nur mit jedem Tag, was allein seine Existenz für mich bedeutet hat.» (AB, S. 142)

122 MT an Hans Schönlank, 13.12.1955

123 Pauline Nardi, Kurt Tucholsky – privat, in: Die Weltbühne Nr. 24, 2.12.1947, S. 1034

124 AdK, Berlin. Das Gedicht ist auf Tucholskys Schreibmaschine geschrieben. Es gelang bisher nicht, den Verfasser zu ermitteln, möglicherweise ist es von Tucholsky.

125 Buchwidmung für Carl von Ossietzky, abgedruckt in Ursula Madrasch-Groschopp, Die Weltbühne. Porträt einer Zeitschrift. Königstein/Ts. 1983, S. 205

126 KT an MT, 8.1.1927. Als Gehalt verlangte er 1800 Mark netto.

127 UuL, S. 436f. Tucholskys Redaktionsgehilfe Wolf Zucker erinnerte sich: «Seine damalige Frau [...] war in Paris geblieben, und in seinen Briefen beklagte er sich mitleiderregend über sein Los, das ihn in das ungeliebte Berlin verschlagen hatte.»

128 KT an MT, 14.1.27

129 MT an KT, 10.1.1927. Man einigte sich schließlich auf ein monatliches Gehalt von 1275 Mark. Ossietzky bekam dagegen nur 900 Mark.

130 U.a. am 30.3. im Herrenhaus (zusammen mit Toller, Holitscher und Piscator) über die «Volksbühne», am 15.5. auf der Jahresmitgliederversammlung der Liga über «Die Arbeit der Zukunft».

131 Wolf Zucker an Ursula Madrasch, 11.7.1978. Zitiert nach einer Abschrift von Frau Madrasch an MT, 25.8.1978

132 BArch, Reichsarbeitsministerium, 2824, Bd 8. Siehe auch die Akten im Parteiarchiv der PDS, Sig. I 4/4/3 mit den Sitzungsberichten. Danach wurden am 20.5.1927 auf der Vorstandssitzung unter Wilhelm Pieck 25 Mitglieder für den neuen Vorstand vorgeschlagen. Darunter Pieck, Wolfenstein, Vogler, R. Leonhard, Altwein, Schlör, Dahlem und Tucholsky. Auf der Sitzung vom 23. Mai, auf der der geschäftsführende Ausschuß gewählt wurde, war Tucholsky nicht dabei. Er sollte auch keiner der Arbeitskommissionen wie «Organisation» usw. angehören. Auch auf dem 3. Reichskongreß im Oktober 1929 wurde Tucholsky wieder in den Zentralvorstand gewählt. Mit ihm u.a. Alfons Goldschmidt, Rudolf Leonhard, Erwin Piscator, Egon Erwin Kisch, Johannes R. Becher, Max Hodann. (Siehe dazu auch Günter König, Der Kampf der Roten Hilfe Deutschlands gegen die Klassenjustiz der Weimarer Republik und für die Freilassung der proletarisch-politischen Gefangenen in der Periode der Weltwirtschaftskrise [1929–1932]. Diss., Leipzig 1967) Auch wenn Tucholsky sich nicht aktiv in der Organisation betätigte, so schrieb er doch zahlreiche Arbeiten im Auftrag oder in Absprache zu den einzelnen Kampagnen der RHD, etwa über die Strafrechtsreform, das Verhalten als Angeklagter vor Gericht, zu Spendensammlungen usw.

133 Am 30. Mai 1927 war Tucholsky bereits im Hotel Hafnia, Vestervol-

gade 23 in Kopenhagen, wie aus einem Brief an den Zeichner Anton Hansen hervorgeht. Er bat um einen Besuchstermin, das Ergebnis dieser Visite war der Bericht «Bei Anton Hansen», der am 28. 6. 1927 in der WB erschien. (DT, S. 566ff.)

134 KT an MT, 6. 7. 1927; siehe auch UuL, S. 476

NEUN

1 AB, S. 205

2 Fritz J. Raddatz, Tucholsky. Ein Pseudonym. Reinbek 1989, S. 126.
Ich bin mir bewußt, daß die einseitige Heraushebung nur eines Teilbereichs dieses oft verwirrenden und manchmal auch widersprüchlichen Bereichs deutscher Geschichte ebenso problematisch ist wie die hier nicht leistbare Differenzierung nach Gruppen und Grüppchen. Innerhalb einer Biographie über Tucholsky kann ich – auch aus Platzgründen – jedoch nur auf relevante Teilbereiche eingehen, die natürlich auch nur eine holzschnittartige Darstellung ergeben. Verwiesen sei deshalb auf die einschlägige Literatur der letzten Jahre, besonders auf: Peter Gay, Freud, Juden und andere Deutsche. Herren und Opfer in der modernen Kultur. München 1989; Walter Grab, Der deutsche Weg der Judenemanzipation 1789–1938. München 1991; Walter Grab/Julius H. Schoeps (Hg.), Juden in der Weimarer Republik. Stuttgart, Bonn 1986; Gunter E. Grimm/Hans-Peter Bayerdörfer (Hg.), Im Zeichen Hiobs. Jüdische Schriftsteller und deutsche Literatur im 20. Jahrhundert. Frankfurt/M. [2]1986; Werner E. Mosse (Hg.), Entscheidungsjahr 1932. Zur Judenfrage in der Endphase der Weimarer Republik. Tübingen 1965; Stéphane Moses und Albrecht Schöne (Hg.), Juden in der deutschen Literatur. Ein deutsch-israelisches Symposion. Frankfurt/M. 1986; Herbert A. Strauss und Christhard Hoffmann (Hg.), Juden und Judentum in der Literatur. München 1985; Hans-Helmuth Knütter, Die Juden und die deutsche Linke in der Weimarer Republik 1918–1933. Düsseldorf 1971; Marcel Reich-Ranicki, Über Ruhestörer. Juden in der deutschen Literatur. München 1973; Georg L. Mosse, Jüdische Intellektuelle in Deutschland. Zwischen Religion und Nationalismus. Frankfurt/New York 1992; Julius H. Schoeps (Hg. im Auftrag des «Salomon Ludwig Steinheim-Institutes für deutsch-jüdische Geschichte»), Menora. Jahrbuch für deutsch-jüdische Geschichte. München Zürich 1990ff.; Karl E. Grözinger (Hg.), Judentum im deutschen Sprachraum. Frankfurt/M. 1991; Julius H. Schoeps (Hg.), Neues Lexikon des Judentums. Gütersloh/München 1992

3 Rede von Gershom Scholem auf der Fünften Plenartagung des Jüdischen Weltkongresses, in: Deutsche und Juden. Frankfurt/M. 1967,

S. 39. Selbst Max Brod, der Tucholsky in den frühen Jahren gefördert hatte, krisierte vornehm-zurückhaltend in seinen Memoiren: «Kurt Tucholsky, damals noch idyllischer Dichter und weit entfernt davon, den Deutschen gute Lehren über politisches Benehmen zu geben, worin er ja zu einem gewissen Teil recht haben mochte; es war aber eben dennoch (so schien mir) nicht seines Amtes, zumindest in dieser schroffen und provokanten Art nicht. Juden sollen wenn nicht ausschließlich, so doch in erster Reihe Politik des jüdischen Volkes machen, nicht die anderer Völker oder doch nur sehr zurückhaltend, in Distanzliebe.» (Max Brod, Streitbares Leben. Autobiographie. München 1960, S. 109f.)

4 Werner E. Mosse, S. 4

5 Zur Zersplitterung und ihren soziologischen Auswirkungen siehe Alphons Silbermann, Deutsche Juden oder jüdische Deutsche? Zur Identität der Juden in der Weimarer Republik, in: Grab/Schoeps, Juden in der Weimarer Republik, S. 347ff.; Julius H. Schoeps, Bürgerliche Aufklärung und liberales Freiheitsdenken: A. Bernstein in seiner Zeit. Stuttgart, Bonn 1992 (siehe besonders 159ff.); Hilde Landauer, Die Typen des deutschen Judentums in ihrer Beziehung zum Sozialismus, in: Der Morgen, Heft 3, August 1927, S. 285ff. Gemeinsam jedoch war allen Juden der ungeheuere Zwiespalt, «der durch das zwangsläufige Teilhaben an zwei Kulturkreisen, zwei Schicksalsgemeinschaften entstanden ist» und den sie aufzuheben oder doch wenigstens zu mildern bestrebt waren. «Die Zionisten versuchen es durch Rückführung der Juden in eine geschlossene Volkheit, die Orthodoxen durch reine Arterhaltung in der festen Grenze der absolut jüdischen Lebensführung, die Liberalen behaupten ihn gelöst zu haben, indem sie ganz Juden und ganz Deutsche zu sein erklären.» (Landauer, S. 301f.)

6 Scholem, S. 33. Er führte als Grund für den Antisemitismus auch die «Leichtigkeit» an, «mit der deren [der Juden] kulturelle Oberschicht ihre eigene Tradition verleugnete. Was konnte schon ein Erbe wert sein, dessen berufene Träger sich in ihrer Elite beeilten, es zu verleugnen?» (S. 28) In dem Aufruf von 1845 der Berliner Reformbewegung «An unsere Glaubensbrüder» heißt es: «Wir stehen da in Zerrissenheit mit uns selbst, in Widerspruch des inneren Lebens, des Glaubens, mit dem äußeren Leben, dem gegebenen Gesetz [...] Das alte rabbinische Judentum mit seiner festen Basis hat keine Basis mehr in uns. Vergeblich sind die Bemühungen, die es künstlich in sich oder sich in ihm zu erhalten suchen. Die erstarrte Lehre und unser Leben sind für immer auseinander gewichen. Der Zweifel, der zu negieren angefangen, droht alle Grenzen zu überschreiten. Er erzeugt den Indifferentismus und den Unglauben, und gibt uns der Ratlosigkeit preis, in welcher wir mit Schmerz zusehen, wie unsere Nachkommenschaft mit den veralteten

Formen auch der ewige, heilige Kern des wahren Judentums verloren zu gehen droht.» (Schoeps, Bürgerliche Aufklärung, S. 176)

7 Georg L. Mosse, S. 73

8 Gay, S. 44

9 Das schließt natürlich nicht aus, daß beide Tendenzen auch nebeneinander existierten, teilweise sogar in einer Person vereint.

10 Sozialismus in dieser Tradition wurde als Alternative zur Gegenwart begriffen, wie bereits 1912 Walter Benjamin festhielt: Intellektuelle Juden «waren vornehmste Träger und Repräsentanten des Kulturlebens, das in diesem Fall nicht nur Kunst und Literatur, sondern auch den Sozialismus und die Emanzipationsbewegung der Frauen miteinschlösse. Unter den jüdischen Intellektuellen, fuhr er fort, stünden die Literaten an der Spitze der Veränderungen; die sonst vielgeschmähten ‹Literaturjuden› übernähmen eine zentrale Rolle, wenn es um den Entwurf von Alternativen zur bestehenden Ordnung gehe.» Die jüdische Herkunft wurde hier «zur Metapher für kritische Vernunft und für Bildung; durch das Studium Goethes, so Walter Benjamin, werde das Wesen des Judentums erst ganz erfaßt.» (Georg L. Mosse, S. 105; siehe ausführlich auch Hilde Landauer, S. 302ff.) Hingewiesen sei auf die tiefe Verwurzelung des Gerechtigkeitsprinzips in der jüdischen Geschichte und Lehre und auf das daraus resultierende Verständnis für die Unterdrückten und Benachteiligten. Daß dies nicht zwingend zum Sozialismus führte, hat Hilde Landauer nachgezeichnet, der Einfluß auf einzelne Gruppen der Juden ist jedoch deutlich spürbar.

11 Georg L. Mosse, S. 90f.

12 Siehe Istvan Deak, Weimar Germany's Intellectuals. Berkley und Los Angeles 1968, S. 24f.

13 SJ-Briefe, S. 371

14 Alfred Döblin, Selbstschändung des Bürgers, in: ders., Schriften zur Politik und Gesellschaft. Hg. von Walter Muschg und Heinz Graber. Olten und Freiburg/Br. 1972, S. 255f. Siehe auch den Beitrag «Die Gesellschaft, das Ich, das Kollektivum»: «Aber wenn du dich [von der Masse] schlucken läßt, bist du ein Verbrecher. Nämlich an dir selbst.» (S. 296)

15 Willehad Paul Eckert, «Wie links darf ein Jude sein?» Emuna, Heft 4/1969, S. 73f. Der Offene Brief wurde bereits im April 1919 geschrieben. Als er in der Allgemeinen Zeitung des Judentums veröffentlicht wurde, war Landauer bereits ermordet, Mühsam, Toller und die anderen zu Festungshaft verurteilt worden. Landauer, Mühsam und Toller gehörten zu den Mitarbeitern der Schau- und Weltbühne und zum Bekanntenkreis Tucholskys.

16 Werner E. Mosse, S. 12f. Siehe auch: Esra Bennathan, Die demographi-

sche und wirtschaftliche Struktur der Juden, in: Entscheidungsjahr 1932, S. 87ff.; E. G. Lowenthal, Die Juden im öffentlichen Leben, in: ebda, S. 51 ff.; Eckart Elsner, Juden in Berlin, in: Emuna. Heft 1 / 1974, S. 3ff.

17 Moshe Zimmermann, «Die aussichtslose Republik» – Zukunftsperspektiven der deutschen Juden vor 1933, in: Menora. Jahrbuch für deutsch-jüdische Geschichte 1990. München Zürich 1990, S. 153

18 GW 3, S. 16. Einzelne Deutsche jüdischer Herkunft brachen vollständig mit ihrer Tradition und schlossen sich den Nationalliberalen an, und ein Mitbegründer des extrem antisemitischen «Alldeutschen Verbands» war der Deutsche jüdischer Herkunft Otto Lubarsch, der die antisemitischen Vorurteile und Phrasen seiner politischen Gesinnungsgenossen voll übernahm. – Prof. Dr. Otto Lubarsch, 1860 in Berlin geboren, Prof. an der Universität Berlin, Mitglied des Reichsgesundheitsrats, im Hauptvorstand des Roten Kreuzes und wohl damals der renommierteste Pathologe. Der protestantisch getaufte Lubarsch begrüßte in seinen Memoiren 1931 den Nationalsozialismus. (Siehe ausführlich Jens Malte Fischer, Identifikation mit dem Agressor? Zur Problematik des jüdischen Selbsthasses um 1900, in: Julius H. Schoeps [Hg.], Menora. Jahrbuch für deutsch-jüdische Geschichte. München Zürich 1992, S. 33 ff.; siehe auch Tucholskys Gedicht «Sektion» [GW 5, S. 290], das sich mit Lubarsch beschäftigt; Peter Gay, Hermann Levi. Eine Studie über Unterwerfung und Selbsthaß, in: ders., Freud, Juden und andere Deutsche, S. 207ff.)

19 Zit. nach Moshe Zimmermann, S. 163. 1928 erschien in München ein Buch mit dem Titel «Der Liberalismus und die deutschen Juden», in dem der Nachweis versucht wurde, daß die Juden «aufgrund ihrer sozioökonomischen Basis» eher konservativ als liberal seien. «Der Verfasser empfahl den konservativen Kräften in Deutschland, dem englischen und italienischen Beispiel zu folgen»: durch den Antisemitismus solle man die Juden nicht nach links drängen, wo sie ihrer Überzeugung nach gar nicht stünden. Alexander Mitscherlich stellte in seiner Besprechung von Hannah Arendts Buch «Eichmann in Jerusalem» fest: «Macht man sich von dem verborgen weiterwirkenden Diktat des Rassendenkens frei, so ist es klar, daß die Juden natürlich in erster Linie von preußisch-deutschen und habsburgischen Herrschaftsverhältnissen und nur zu einem geringen Teil von ihrem religiösen Kult bestimmte Menschen waren. Wieso sollten eigentlich die deutschen Juden weniger obrigkeitsfromm gewesen sein als die übrigen Deutschen? Wieso sollten sie nach langer Emanzipationsphase und Assimilation auf das Hereinbrechen einer Katastrophe (die unter anderem im Seelischen zur ‹schieren Gedankenlosigkeit› führte) besser gerüstet gewesen sein, als es zum Beispiel die deutschen Parteien oder die christlichen Kirchen und ihre Führer waren?» (Rolf Becker [Hg.], Literatur im Spiegel. Reinbek 1969, S. 80)

20 Siehe dazu Ulrich Dunker, Der Reichsbund jüdischer Frontsoldaten 1919–1938. Düsseldorf 1977

21 GW 4, S. 390. Der Sprecher des Reichsbundes nannte Tucholsky einen «Schädling am ganzen deutschen Judentum». (WB, 27.4.26, S. 676) Zu erwähnen ist auch Theodor Düsterberg, Geschäftsführer der Deutschnationalen in Halle und Zweiter Bundesführer (neben Franz Seldte) der Frontsoldatenvereinigung «Stahlhelm». 1932 wurde er als Kandidat der Deutschnationalen und des «Stahlhelms» bei der Präsidentschaftswahl aufgestellt. Wenig später enthüllten die Nationalsozialisten, daß Düsterberg jüdische Vorfahren hatte, und er mußte daraufhin sein Amt zur Verfügung stellen. (Siehe Siegmund Kaznelson [Hg.], Juden im deutschen Kulturbereich. Berlin [3]1962, S. 588f.)

22 Zimmermann, S. 165

23 Zit. nach Klaus Budzinski, Thesen zu Kurt Tucholskys «Herr Wendriner steht unter der Diktatur». Vortragsmanuskript, S. 11. Naumann war Mitglied der DNVP und begrüßte 1933 die Machtübernahme der Nazis. Trotzdem wurde sein Verband aufgelöst, er selbst kam vorübergehend ins KZ. Siehe Udo Christoffel (Hg.), Berlin Wilmersdorf. Die Juden – Leben und Leiden. Berlin 1987, S. 258

24 Zimmermann, S. 159

25 Abgedruckt in: Entscheidungsjahr 1932, S. 44f.

26 Ebd., S. 46. In der Jüdischen Rundschau vom 8.7.1930 hieß es dazu: «Weiter stimmen wir der Ansicht des Autors zu, daß die Juden in Deutschland gleich dem deutschen Wirtsvolke politisch instinktlos sind.» (ebd., S. 47).

27 Zimmermann (S. 160) gibt den Rückgang der deutschen Juden bis Juni 1933 mit 65000 an. (Siehe auch das Statistische Jahrbuch für das Deutsche Reich 1934, S. 14) Da in den ersten Monaten nach der Machtergreifung eine massive Auswanderung begann, müssen davon etwa 10000 abgezogen werden. Insgesamt flohen 1933 rund 37000 Juden vor den Nazis aus Deutschland. Bis 1945 stieg die Zahl auf 278000 an. Das waren rund 55% der deutschen Juden. (Röder/Strauss, Biographisches Handbuch, S. XIX)

28 Weltsch, S. 549f.

29 Heine an Lassalle vom 10.2.1846, in: Heinrich Heine, Briefe. Hg. von Hans Daffis. Berlin 1911, S. 373

30 An Lucianos. GW 1, S. 347f.

31 Siehe hierzu sehr ausführlich: Entscheidungsjahr 1932. Im Folgenden beziehe ich mich vor allem auf den Artikel von Robert Weltsch, S. 546ff., Zitat S. 549

32 Goethes Gedichte in zeitlicher Folge. Hg. Hard Gräf. Leipzig, 1916, Bd. 2, S. 13

33 GW 1, S. 194. Aspekte des «jüdischen Erbes» wurden in der WB in vielen Artikeln beschrieben. Manfred Georg verwies auf die «nationalste Leidenschaft», das Gerechtigkeitsgefühl: «Im Denkgesetz der Juden aber gibt es nicht die Möglichkeit der Ausschaltung des Gerechtigkeitsgefühls.» Auch sehe der Jude schneller die Zusammenhänge und zweifle schneller. (WB, 25.2.30, S. 314f.) Arnold Zweig schrieb in seinem Beitrag «Zur Erkenntnis der Juden», daß die «ethische Grundbegabung» der Juden «nur von Monomanen geleugnet» werden könne. (WB, 19.6.28, S. 946) Sigmund Freud meinte 1926: «Und dazu kam bald die Einsicht, daß ich nur meiner jüdischen Natur die zwei Eigenschaften verdanke, die mir auf meinem schwierigen Lebensweg unerläßlich geworden waren. Weil ich Jude war, fand ich mich frei von Vorurteilen, die andere im Gebrauch ihres Intellekts beschränkten, als Jude war ich dafür vorbereitet, in die Opposition zu gehen und auf das Einvernehmen mit der ‹kompakten Majorität› zu verzichten...» (Zit. nach Hans Lamm, Karl Marx und das Judentum. München 1969, S. 54) Heinrich Mann hob den Intellekt hervor, der Grundlage des sittlichen Empfindens sei. (Siehe ausführlich «der Jud ist schuld...?» diskussionsbuch über die Judenfrage. Basel Berlin Leipzig Wien 1932, H. Mann S. 293ff.)

34 DT, S. 89f. Gespenstisch mutete die prophetische Voraussicht von Wilhelm Busch an. Während der Nazizeit wurden die Juden tatsächlich mit Ratten verglichen, die man ausrotten müsse. Zum Film «Der ewige Jude», der am 28.11.1940 in Berlin Premiere hatte und so ziemlich das geschmackloseste Werk der Nazifilmgeschichte ist, schrieb der «Illustrierte Film-Kurier»: «Eine verblüffende Parallele dazu sehen wir in den Wanderwegen der Ratten, die die Schmarotzer und Giftträger unter den Tieren, wie es die Juden unter den Menschen sind.» (Zit. nach Dorothea Hollstein, «Jud Süß» und die Deutschen. Antisemitische Vorurteile im nationalsozialistischen Spielfilm. Frankfurt/M. Berlin Wien 1983, S. 109)

35 AB, S. 333, KT an Arnold Zweig, 15.12.35

36 So beispielsweise im Brief vom 14.12.1918. Zwischen Mary Gerold und Kurt Tucholsky entspann sich deshalb sogar eine kleine Diskussion, ob das gemeinsame, imaginäre! Kind Ludolf auch ein Jude sei. Siehe MT an KT, 15.7.18, KT an MT, 26.7.18 (UuL, S. 118), MT an KT, 3.8.18

37 Sein Bruder Fritz trat am 17.12.1935 aus. Von der Familie der Mutter traten deren Brüder Georg am 5.9.1898 und Paul am 18.7.1917 aus dem Judentum aus. (Brigitte Rothert, Kurt Tucholsky und das Judentum. Vortragsmanuskript, S. 2)

38 Die Berliner Börsen-Zeitung steigerte diese Angriffe 1929 zu der Behauptung, der von Tucholsky vertretene Pazifismus sei «die beste Vorbereitung baldiger neuer Kriege». (Franz von Lilienthal, Das Zerrbild der Mona Lisa. BBZ, 21.4.29)

39 Anonym («Aus Kreisen der Deutschen Volkspartei erhalten wir die folgende Zuschrift»), «Die wirklichen Ursachen des Antisemitismus». Deutsche Zeitung (Abend-Ausg.) 6. 5. 20. Hervorhebung im Original

40 Eine Auswahl ist abgedruckt in Kurt Tucholsky, Politische Texte. Reinbek 1985, S. 106–112

41 Ignaz Wrobel – der Hindenburg«bezwinger». Haßgesänge eines Ostgaliziers, in: Göttinger Tageblatt, 25. 5. 25; Die Deutsche Wochenschau fragte am 15. 2. 1930: «Wer hau ihm auf die Judenfinger?»; Miesbacher Anzeiger, 1. 5. 21 (Ludwig Thoma); Gastronomischer Beobachter, 5. 10. 33; Berliner Arbeiter Zeitung, 18. 11. 28: «Nun bedeutet ja der Versuch, einem Juden Ehrgefühl beibringen zu wollen, genau dasselbe, als wolle man einem Schwein das Walzertanzen nahelegen.»

42 GW 6, S. 238. 1930 schrieb er in seinem «Brief an eine Katholikin»: «Aber jene friedlich dahin verdienenden Hausjuden, die aufatmen, daß wenigstens Lenin nicht einer der ihren gewesen ist, jene israelitischen Familienblättchen, beschnittene Gartenlauben, errichtet im Stile von Sarah Courths-Mahlersohn... diese Leute sollen dem deutschen Volk das rituelle Schächtmesser in den Rücken gestoßen haben? Dazu sind sie viel zu feige. Nie täten sie das.» (BK, S. 32, GW 8, S. 40) Bereits 1922 meinte er mit Bezug auf Ludendorff, der den Juden eine «Oberleitung» angedichtet hatte, daß die «Vorstellungen, die in solchem Hirn nisten», erschreckend seien. Dieses «im tiefsten zerklüftete Volk» habe nie eine gemeinsame Führung besessen. (GW 3, S. 167)

43 Deutsche Rundschau, April 1931, S. 73. Vgl. dazu: Goebbels, Wie lange noch, Catilina?. Angriff, 28. 2. 31. Wieder veröffentlicht auch in Joseph Goebbels, Wetterleuchten. Aufsätze aus der Kampfzeit. München 1939, S. 85 ff.

44 BK, S. 32, GW 8, S. 40

45 Der nationaldeutsche Jude. Mitteilungsblatt des Verbandes nationaldeutscher Juden E. V., Nr. 12, Dezember 1929, S. 5

46 Entscheidungsjahr 1932, S. 548. Dr. Robert Weltsch, 1891 in Prag geboren, war von 1919–1938 Chefredakteur der Jüdischen Rundschau, Organ der Zionistischen Vereinigung für Deutschland.

47 Jüdische Rundschau (Berlin), 22. 3. 29, S. 148. Interessant ist, daß Tucholsky hier eindeutig als Jude angesprochen wird. Auch andere jüdische Zeitungen wie etwa das Hamburger Israelitische Familienblatt waren Tucholsky gegenüber durchaus positiv eingestellt. Zu untersuchen wäre, ob ein Teil der ablehnenden Haltung nicht erst nach dem Verdikt von Scholem entstand.

48 Ebenda, S. 419

49 GW 6, S. 214

50 Dr. Hans Reichmann an KT, 27. 4. 29. Abgedruckt auch bei Hans

Lamm, Tucholsky-Reichmann: Zwei Briefe über Judesein. Emuna Nr. 2/1969, S. 163ff.

51 AB, S. 206f. Schon 1923 hatte Tucholsky geschrieben: «Der Centralverein jüdischer Staatsbürger deutschen Glaubens wird zögern, ob er diesen [Chaplin] anerkennen soll: Einstein, ja – die Ostjuden, die zwei Etappen vorher darstellen: nein – und Chaplin? ‹Macht er Riches?› [Geld]» (GW 3, S. 360) – Auch Tucholsky wurde als «Ostjude» beschimpft. Die «Mainzer jüdische Zeitung» stellte daraufhin richtig: «Tucholsky ist nun *kein Ostjude*, seine Familie stammt nach unsern Informationen aus dem westpreußischen Tuchel (‹Tuchol›), und gerade aus seinem Namen ist zu ersehen, daß sie schon seit mindestens fünf Generationen in Deutschland sitzt. Weiter zurück können nur wenige Deutsche ihren Stammbaum verfolgen.» (Tucholsky – Antisemitismus und die «Rhein. Volkszeitung». Ausschnitt im KTA, ohne Datum – Nov. 1929, Nr. 18, S. 3)

Daß Tucholsky mit dem C. V. gleichgesetzt wurde, kann man in Artikeln der Nazis nachlesen, z. B. Berliner Arbeiter Zeitung, 18. 11. 1928: «Aber jedenfalls ist dieser Ignaz ehrlich, er hält mit den wirklichen Statuten des ‹Centralvereins› wenigstens nicht hinter dem Berge.» Hintergrund war KTs Artikel aus der WB, in dem er bekannte: «Wir sind Landesverräter. Aber wir verraten einen Staat, den wir verneinen, zugunsten eines Landes, das wir lieben, für den Frieden und für unser wirkliches Vaterland: Europa.» (GW 6, S. 84)

52 Alfred Herz an KT, 25.4.29.

53 AB 2, S. 136f. *Zentralverein:* Vor allem in der WB gebräuchliche Verdrehung des Namens «Central-Verein Deutscher Staatsbürger Jüdischen Glaubens». Die WB verdrehte den Namen auch in: «Central-Verein deutscher Staatsjuden bürgerlichen Glaubens». (WB 13.9.27, S. 429) *Hiller:* In seinem Artikel «Warnung vor Koalitionen» (WB 23.9.30, S. 467f.) verglich er die Juden, die nur auf ihr Geld achten würden, mit «Aaron, den Umtanzer des goldnen Kalbs».

54 GW 3, S. 217

55 Zit. nach Edmund Silberner, Rosa Luxemburg, ihre Partei und die Judenfrage, in: Walter Grab (Hg.), Jahrbuch des Instituts für deutsche Geschichte. Universität Tel Aviv, 1978. Bd. VII, S. 309

56 GW 3, S. 17

57 Edith Jacobsohn an KT, 31.10.25. Die 16 Wendriner-Geschichten erschienen ab Ende 1924 in der Weltbühne, der größte Teil 1925/26.

58 Gershom Scholem, S. 39. Auch das «Neue Lexikon des Judentums» kommt zu dem Ergebnis: «T[ucholsky] gehörte zu den schärfsten Kritikern des wachsenden Antisemitismus, schonte aber auch in Gestalt seines spießbürgerl. jüd. Kapitalisten Wendriner die Berliner Juden nicht.»

(Neues Lexikon des Judentums, S. 458) Der Autor hob jedoch hervor, daß Tucholsky der bedeutendste gesellschaftskritische Publizist der Weimarer Republik gewesen sei, und zitierte aus dem Nachruf von Arnold Zweig, daß Tucholsky «gerade als Jude verwundet» gewesen sei. Harry Zohn nannte ihn in der Encyclopaedia Judaica (Jerusalem 1971, Bd. 15) «one of the greatest German-Jewish satirists after Heine».

59 Zit. nach Sylvie-Laurence Roos, Tucholsky und der Antisemitismus. Mémoire de Mâtrise. Université de Nancy 1971, S. 78

60 Kurt Pinthus, Herr Wendriner hört Kurt Tucholsky. 8-Uhr-Abendblatt, 18.3.29

61 Anja Aschkenasy, Zwei Kurt Tucholsky-Abende. Jüdische Rundschau (Berlin) 22.3.29

62 Walter Mehring, Abschiedsbrief an Kurt Tucholsky. Das Neue Tage-Buch, Heft 1, 4.1.1936, S. 19

63 MT an Hans Lamm, 14.11.78

64 AB, S. 170

65 Edith Jacobsohn an KT, 17.2.26. Aus dem Brief geht hervor, daß KT für das Buch neue Wendriner-Geschichten geschrieben hatte. Ob diese alle in der WB erschienen sind, muß bezweifelt werden. Offenbar gab es auch einen «Wendriner auf der Toilette», der verschollen ist.

66 GW 4, S. 156

67 GW 7, S. 115

68 GW 3, S. 486; GW 4, S. 222. Siehe auch Kapitel 11. Auch in dem Theaterstück «Christoph Kolumbus», das Tucholsky zusammen mit Walter Hasenclever schrieb, kam diese Figur vor, abgewandelt als «Vendrino», ein skrupelloser, intriganter, selbstgefälliger Geschäftsmann.

69 DT, S. 137. In einem Aphorismus von 1921 heißt es: «Eine Bauersfrau sagte mir: ‹Was die Leute immer so auf die Juden schimpfen! Wissen Sie, unter den andern gibts noch viel schlimmre. Das sind die weißen Juden!›» (WB 30.6.21, S. 706)

70 GW 1, S. 155

71 GW 1, S. 276

72 GW 1, S. 135. Dieses Klischee wurde besonders von den Rechten immer wieder benutzt und als «Geilheit der Juden» im politischen Kampf verwendet. Siehe dazu Friedrich Koch, Sexuelle Denunziation. Die Sexualität in der politischen Auseinandersetzung. Frankfurt/M. 1986, besonders das Kapitel Die Stigmatisierung einer Minderheit: Antisemitismus und sexuelle Denunziation, S. 64–95

73 GW 2, S. 442. 1931 beschäftigte sich Tucholsky in einer Besprechung mit dem antisemitischen Lexikon «Sigilla Veri» und meinte spöttisch: «Antisemitismus ... Herrschaften, warum engagiert ihr nicht mich! Für

67,50 Mark monatlich und freie Pension mit zweimaligem sonntäglichem Ausgang liefere ich euch über die Juden ein Material, das wenigstens echt ist – ihr kennt sie nicht einmal. [...] Ihr ahnungslosen Esel! Warum packt ihr den Juden nicht da, wo er wirklich zu fassen ist! In seiner engen Ichbezogenheit; in seiner ewigen Empfindlichkeit, die ihn aufschreien läßt, wenn ihm einmal einer die Wahrheit sagt; in seinem Aberglauben, welcher annimmt, der, der schneller denke, sei klüger als der, der langsam denke; in seiner wahnsinnigen Eitelkeit, die besonders für Deutschlands Fluren die jüdische Klugheit nur aus einem Grunde hat statuieren können: weil die andern meist noch dümmer sind. An der Levante oder gegenüber den Schotten hat der Jude nichts zu melden – die stecken ihn alle Tage in den Sack des Handels. Ach, ihr ahnungslosen Esel! Welch ein jammervoller Antisemitismus ist das! [...] Wäre ich Antisemit –: ich schämte mich solcher Bundesgenossen.» (GW 9, S. 299f.) Die rechte Zeitung Die Berliner Warte meldete daraufhin am 7.2.1932, daß Ignaz Wrobel «auf Stellungssuche» sei. Als fester Mitarbeiter sei er gar nicht nötig, er habe ohnehin Material in «Hülle und Überfülle» geliefert, sei als «unfreiwilliger Mitarbeiter» häufig in dem sechsbändigen Lexikon vertreten.

74 Eigentlich «Hep! Hep!» («Hierosolyma est perdita» – Jerusalem ist verloren) Siehe John F. Oppenheimer (Hg.), Lexikon des Judentums. München 1967, S. 283; Neues Lexikon des Judentums, S. 191

75 GW 2, S. 280ff. Bei dem Informanten handelte es sich wahrscheinlich um Erich Danehl, der zu dieser Zeit in Hannover lebte.

76 GW 3, S. 14f. Tucholsky wies in zahlreichen Artikeln auf den heimlichen und offenen Antisemitismus und die Benachteiligung von Juden hin. Siehe etwa: GW 4, S. 487; GW 2, S. 298; GW 3, S. 31ff.; GW 3, S. 144ff.; GW 3, S. 204: «Das liebe Brot kostete in den ersten Tagen der Aufregung 48 Mark – aber das hatte sich bald gelegt, als Wulle-Garden vier jüdische Bäcker aufgehängt hatten. Von da an kaufte man – mit einer Handgranate – bei den Juden umsonst; bei den andern kostete das Brot mit Genehmigung der Behörden 50 Mark.» Wütend rezensierte er 1922 Ludendorffs Erinnerungen, in denen dieser nach ungeheuerlichen Beschuldigungen gegen die Juden trocken vermerkte: «‹Daß Juden auch für Deutschland geblutet haben, sei betont.› Auch – –! Mensch, wenn sich je der liebe Gott mit dir befaßt: möge er dir dieses ‹auch› in die Seele brennen –! Auch...! Auch...! Und die liegen in Flandern und können nichts antworten.» (GW 3, S. 167) – Daß auch Nichtjuden als Juden diffamiert wurden, ist bekannt. Auch Tucholsky beschäftigte sich mit dieser «Judenriecherei» in dem Beitrag «Herr Adolf Bartels». (GW 3, S. 144ff. Siehe auch den Anhang «Nichtjuden, die für Juden gehalten wurden», in: Siegmund Kaznelson, Juden im deutschen Kulturbe-

reich, S. 1043–1060; siehe auch: Julius Goldstein, Völkischer Antisemitismus. Irrtümer der Völkischen, in: Der Morgen. Nr. 1, April 1927, S. 68ff.; ders.: Die subjektive Volkstheorie. Dargestellt an einigen neueren Schriften, in: Der Morgen. Nr. 3, Aug. 1927, S. 270ff.; Harry Pross, Wer anders ist, wird verfolgt. Unter welchen Bedingungen kommt es zu Pogromen?, in: Stuttgarter Zeitung, 13.11.92)

77 GW 3, S. 218

78 GW 6, S. 252ff. 1925 schrieb er über die lächerliche «Unterschätzung der ‹Gojim›, wie sich ja überhaupt der deutsche Jude nur deshalb für klüger hält, weil die andern dümmer sind». (GW 4, S. 152) Im Brief an Arnold Zweig schrieb er 1935, daß er den Satz «Der Jude ist gar nicht klug. Die andern sind, in manchen Gegenden, nur dümmer» von Beer-Hofmann habe (AB, S. 335).

79 SJ-Briefe, S. 63

80 Viator, National-deutsche Juden. WB 27.1.21, S. 115

81 Viator, Judas Aufstiegsmöglichkeit. WB 19.5.21

82 Antworten. WB 13.9.27, S. 430. *Dinternationale:* Arthur Dinter, 1925–1927 Gauleiter der NSDAP in Thüringen; mystisch-völkisch-antisemitischer Publizist: «Die Sünde wider das Blut» (¹⁰1920), «Die Sünde wider den Geist» (²⁰1921)

83 Hilde Walter, Juden beim Zentrum. WB 16.8.32, S. 229

84 Kurt Hiller, Warnung vor Koalitionen. WB 23.9.30, S. 467f.

85 WB 8.12.21, S. 572 (Gutachten über Brunner)

86 Siegmund Feldmann, Jeder Jude sein eigener Antisemit! WB 14.12.26. Gemeint waren die Kabarettisten Robitschek, Morgan und Wiesenthal.

87 Knütter, S. 147

88 Walter Grab, Egon Erwin Kisch und das Judentum, in: Walter Grab/Julius H. Schoeps, Juden in der Weimarer Republik. Stuttgart-Bonn 1986, S. 222. Leo Baeck stellte in seinem Buch «Das Wesen des Judentums» (S. 248) fest, daß die Forderungen der anderen Religionen wesentlich weniger eindeutig sind: «es fehlt die Betonung der positiven Gerechtigkeit und damit die klare Forderung, die Entschiedenheit der sittlichen Aufgabe. Ihr fehlt das große ‹Du sollst›, das Drängende und Fordernde, das Soziale und Messianische, dieses Eigentümliche des Judentums.»

89 Rep. S. 36

90 GW 10, S. 116. Der Zusammenhang, in dem Tucholsky diesen Ausspruch brachte, täuscht. In zahlreichen Brief- und Artikelstellen kann man nachlesen, daß er genau diese Haltung von den Juden forderte. Besonders deutlich wird das in den Briefen an Hedwig Müller. Siehe vor allem auch AB, S. 250, wo er dieses Zitat in bezug auf das Verhalten von Lachmann-Mosse verwandte.

91 Georg Bernhard, zit. in Entscheidungsjahr 1932. S. 21, 34. Ähnliches galt auch für den Mosse Verlag. Der Enkel, Georg L. Mosse, kritisierte dieses «würdelose» Verhalten.

92 UuL, S. 533

93 KT an MT, 29.7.31

94 GW 10, S. 31 f.

95 AB, S. 226. «Ullstein habe einen Auftrag auf Druck der ‹Hitlerjugend›, und er gibt auch eine Zeitung für Luftschutz ‹Die Sirene› heraus, aber die S. A. Männer, die mehr Gefühl für Würde als die jüdischen Koofmichs haben, nennen das Blatt ‹Die Judentute›, was mein Herz erfreut.» (KT an HM, 26.1.34)

96 KT an HM, 29.3.34. «Die Juden haben sich nicht nur gedemütigt, sondern sie haben... also man kann das mit keinem appetitlichen Bild sagen, was sie getan haben. Und nun kommt die Hauptsache: es nützt ihnen gar nichts. Das ‹Berliner Tageblatt› ist expropriiert – Lachmann-Mosse hätte also auch in Schönheit zugrunde gehn können.» (AB, S. 250)

97 Werner E. Mosse. S. 35

98 OMGUS Deutsche Bank, Exhibit 299, Aktennotiz von Otto Abshagen, Direktor der Deutschen Bank, über eine Sitzung von Repräsentanten der deutschen Großbanken. Dr. Kempner sagte 150000 RM sofort zu und «erklärte sich ausdrücklich einverstanden, dass nach etwaiger Umlegung nach einem allgemeinen Schlüssel in bezug auf die allgemeinen Zahlungen sein Haus einen angemessenen Sonderzuschlag zu der auf es entfallenden Quote leisten werde». Fünf Jahre später mußte sich auch das Bankhaus Mendelsohn & Co «arisieren» lassen, die Anbiederung hatte nichts genutzt.

99 KT an HM, 28.11.33. «Hätten Sie dem Durchschnitts-Juden im Jahre 1933 gesagt, er würde Deutschland unter Bedingungen verlassen, wie sie ihm das Jahr 1935 ff. bieten, er hätte Sie ausgelacht. ‹Ich kann doch nicht weggehen! (und nun, wie ein Spieler) Ich bin doch im Verlust! Was meinen Sie – mein Geschäft...› Und jetzt schleichen sie heraus, trübe, verprügelt, beschissen bis über die Ohren, pleite, des Geldes beraubt – *und ohne Würde.* (Sich aber besser dünkend.) Heroismus war hier nun auch noch das bessere Geschäft. Also warum haben sie diesen Weg nicht gewählt? Weil sie nicht heroisch sein können; weil sie gar nicht wissen, was das ist.» (AB, S. 335) Hans Mayer meinte 1978: «Übrigens hatte Tucholskys böser Blick für Perspektiven schon Jahre vor dem Ende der Weimarer Republik richtig verstanden. Daß nämlich die Bekenner des ‹Centralvereins deutscher Staatsbürger jüdischen Glaubens› versuchen würden, aus gutbürgerlichem Klassenbewußtsein ein Arrangement mit den Nazis einzugehen». (Zit nach H.-W. am Zehnhoff, S. 45)

100 Lion Feuchtwanger Arnold Zweig. Briefwechsel 1933–1958. Berlin und Weimar 1984, Bd. 1, S. 22 (Brief an Zweig vom 25.3.33). Nahum Goldmann hat in der Eröffnungsansprache des Jüdischen Weltkongresses 1966 darauf hingewiesen, daß junge jüdische Wissenschaftler an Studien über die NS-Verbrechen wenig interessiert waren, «daß die jungen Leute keinen Wert darauf legten, an eine der schmachvollsten Perioden jüdischer Geschichte erinnert zu werden, in der, wie sie denken, Juden sich widerstandslos haben niedermetzeln lassen». (Deutsche und Juden. Frankfurt/M. 1967, S. 13)

101 Hannah Arendt, Was bleibt? Es bleibt die Muttersprache, in: Günter Gaus, Zur Person. Porträts in Frage und Antwort. München 1964, S. 18

102 Hannah Arendt, Eichmann in Jerusalem. Ein Bericht von der Banalität des Bösen. Hamburg 1978, S. 153. Siehe auch Raul Hilberg, Die Vernichtung der europäischen Juden. Die Gesamtgeschichte des Holocaust. Berlin 1982, S. 133 ff.

103 Arendt, Eichmann in Jerusalem, S. 153. Siehe Robert Pendorf, Mörder und Ermordete. Eichmann und die Judenpolitik des Dritten Reiches. Hamburg 1961

104 AB, S. 253

105 Akademie der Künste (Hg.), Geschlossene Vorstellung. Der jüdische Kulturbund in Deutschland 1933–1941. Berlin 1992, S. 24. Siehe auch S. 127 ff.

106 AB, S. 334. Tucholsky waren wohl einige von Babs Bemerkungen zu Ohren gekommen wie: «... es bleibt doch eine bittere Sache – ein Ghettounternehmen –, das wir freilich so gut machen wollen, daß sich die Deutschen schämen müssen.» (Siehe Geschlossene Vorstellung, S. 231 ff.)

107 GW 3, S. 15

108 AB, S. 326

109 HM an KT, 30.12.34

110 KT an MT, 6.7.27. Es handelt sich dabei um die Biographie von Hugo Ball über Hermann Hesse. Tucholsky besprach das Buch unter dem Titel «Ein deutscher Mensch» in der Weltbühne. (GW 5, S. 293 ff.)

Mancher Angriff ist jedoch auch auf die Identitätskrise eines Intellektuellen zurückzuführen, der sich von seinem jüdischen Erbe befreien will und weiß, daß das gar nicht möglich ist. Cynthia Ozick hat dieses Problem der eigentlich mißglückten Assimilierung in einer anderen Kultur auf die treffende Formel gebracht: «völlig zuhause und völlig unsicher, total akklimatisiert in dieser Kultur und total an ihrem Rande». (Zit. nach Gershon Shaked, Die Macht der Identität. Essays über jüdische Schriftsteller. Frankfurt 1992, S. 196) Noch drastischer stellte es Kafka in einem Brief an Brod dar: «Weg vom Judentum, meist mit unklarer Zustimmung der Väter (diese Unklarheit war das Empörende), wollten die meisten, die deutsch zu schreiben anfingen, sie wollten es, aber mit den Hinterbeinchen klebten sie noch am Judentum des Vaters und mit den Vorderbeinchen fanden sie noch keinen neuen Boden. Die Verzweiflung darüber war ihre Inspiration.» (Zit. nach Marcel Reich-Ranicki, Über Ruhestörer, S. 29)

111 Arnold Zweig an KT, 13.11.35. Der Absatz, der Tucholskys Reaktion auslöste, bezog sich auf die endlosen Generationen von kritischen Schriftstellern: «Seit fast zwei Jahren sitze ich hier [in Haifa] und desillusioniere mich, wenn ich so sagen darf. Ich stelle fest, das Volk eines Schriftstellers sind die anderen Schriftsteller. In diesem Sinne hatten wir im Sommer 33 in Sanary gute Zeit: Heinrich Mann, Thomas Mann, Feuchtwanger, Schickele, Huxley, Brecht, Herzog, Kesten, Thomas Manns Kinder und ein Rudel junger und älterer Frauen: und das alles in einer einheitlichen Erbitterung, einheitlich durch das Gefühl, einem geschlagenen, aber nicht besiegten Heere anzugehören, das schon ein paar Jahrtausende lang kämpft und noch ein paar Jahrtausende zu kämpfen haben wird.»

112 So auch an seinen Bruder Fritz (AB, S. 326). Tatsächlich trat er am 1. Juli 1914 aus.

113 Einer der Mitbegründer der jüdischen Reform, der Schriftsteller Aron Bernstein, schrieb 1839: «Aber gehen Sie einmal unseren neuen Rabbinern auf den Leib mit der Frage: Glaubst Du was in der Bibel steht? Und wenn er kein Lügner ist, muß er sagen: Nein! Fragen Sie ihn, ob seine Überzeugungen über Gott, Welt und Leben nicht vollkommen andere sind als die wirklich jüdischen, und er muß ja sagen. Und doch soll ich den Kerl die Hände falten und die Augen verdrehen sehen, beten und als Heiligtum anrufen hören, was ihm im Ganzen profan ist.» (Schoeps, Bürgerliche Aufklärung, S. 167)

114 Auch Walter Grab hielt fest, daß die Emanzipation der Juden «nicht von demokratischen Freiheitskämpfern siegreich erkämpft, sondern von den alten Autoritäten gnädig gewährt worden war». (Walter Grab, Der deutsche Weg der Judenemanzipation 1789–1938. München 1991, S. 8) Aber «Ein Volk muß seine Freiheit selbst erobern» heißt ein Buchtitel von ihm. So auch Tucholsky: «*Ein Ideal, für das man nicht bezahlt, kriegt man nicht.* Ein Ideal, für das ein Mann oder eine Frau nicht kämpfen wollen, stirbt – das ist ein Naturgesetz.» (QT, S. 182 f.)

115 AB, S. 334. Zweig hatte in seinem Brief kein Wort über «Wendriner» geschrieben.

116 Erich Gottgetreu, Zum Thema des jüdischen Selbsthasses. Der Fall Tucholsky versus Tucholsky, in: MB Wochenzeitung des Irgun (Tel Aviv), 18.9.63, S. 11–13

117 Peter Gay, Freud, Juden und andere Deutsche, S. 213 f.; Kurt Hiller,

Köpfe und Tröpfe. Profile aus einem Vierteljahrhundert. Hamburg Stuttgart 1950, S. 290–293; Hans Lamm, Emuna, Heft 4/1969, S. 166; Siehe auch Walter Grab, Der deutsche Weg der Judenemanzipation, S. 152ff.

118 Arnold Zweig, Lieber Kurt Tucholsky, in: Die neue Weltbühne, 2.6.36. Zit. nach dem Manuskript in der AdK, Berlin

ZEHN

1 GW 8, S. 139

2 GW 7, S. 192. In einer ganzseitigen Anzeige des Verlags im Börsenblatt vom 16. August 1929 heißt es: «1.–10. Tausend in 8 Tagen verkauft. 11.–15. Tausend Auslieferung am 16.8.» Laut Verzeichnis des Börsenblatts war dies die erste Anzeige des fertigen Buches. Eine Voranzeige «Der neue Tucholsky schon bestellt?» erschien bereits am 29. Juni 1929. Darin wurde das Buch für Anfang Juli angekündigt.

3 MT, Tb 22.1.1918. Mary Tucholsky notierte dazu seine Bemerkung: «weißt Du, ich bin ein großer Erinnerungsfreund...»

4 WB 2.6.1931, S. 811

5 GW 1, S. 47

6 Hans Leupold machte im Arbeiter-Fotograf (April 1931, S. 80ff.) bereits auf einen noch früheren Vorläufer während der Pariser Kommune 1871 aufmerksam. Allerdings wurde hier die Montage zur bewußten Fälschung eingesetzt, um die Aufständischen zu diffamieren und sie als «Bestien» vorzuführen. (Siehe auch Ästhetik und Kommunikation, Heft 10, 1973) Eine weitere Montage brachte die Berliner Illustrirte Zeitung 1910 als Aprilscherz: Fürst Bülow und der Reichskanzler Bethmann Hollweg beim Baden. (Berliner Illustrirte Zeitung. Zeitbild, Chronik, Moritat für Jedermann 1892–1945. Zusammengestellt und herausgegeben von Christian Ferber. Berlin 1985, S. 133 und 397) Die BIZ befriedigte schon sehr früh die «optische Neugier» und war mit 800000 Exemplaren (1906) die führende Zeitschrift, die mit Fotos arbeitete.

7 Zum Streit siehe Michael Töteberg, John Heartfield in Selbstzeugnissen und Bilddokumenten. Reinbek 1978, S. 37ff. Zur Fotomontage bei Karl Kraus siehe den ausgezeichneten Artikel von Leo A. Lensing, «Photographischer Alpdruck» oder politische Fotomontage? Karl Kraus, Kurt Tucholsky und die satirischen Möglichkeiten der Fotografie, in: Zeitschrift für deutsche Philologie, Heft 4, 1988, S. 556ff. Es befremdet, daß die Autoren des Heartfield-Kataloges 1991 zwar auf den Artikel von Lensing verweisen, in dem dieser sich ausführlich mit den ersten politi-

schen Montagen von Kraus beschäftigt, daß aber die Vorreiter-Rolle von Kraus im gesamten Katalog nicht erwähnt wird.

8 Die Fackel Nr. 423–425, 5. Mai 1916. Kraus dankte Tucholsky zweimal in der «Fackel» für die Zusendung dieses Bildes: Nr. 686–690, Mai 1925, S. 61 und Nr. 827–833, Februar 1930, S. 76. Am 5.9.1927 schickte Tucholsky eine Karte, auf der für Bordelle und Nachtlokale mit einer Ansicht des Schlachtfeldes von Verdun geworben wurde. Dieser wohl letzte Brief Tucholskys an Kraus befindet sich im Kraus-Archiv der Stadtbibliothek Wien. Kopie von Brief und Karte im KTA.

9 GW 1, S. 303f.

10 Ulk Nr. 1, 3.1.1919, S. 2

11 KT, Deutschland-Buch, S. 35

12 KT an George Grosz, 16.7.1920

13 DT, S. 169. In diesem Artikel forderte Tucholsky auch ausdrücklich den politischen Film.

14 Freie Welt, 28.11.1920. Der Text ist abgedruckt in DT, S. 243. Leider fehlen dort die Bilder. Die Unterschriften übernahm Tucholsky ebenfalls dem Bericht von Kessler. Ein zweiter Artikel von Tucholsky erschien am 9.12.1920 in der Weltbühne unter der Überschrift: «Ein Schrei aus der Not». (Rep. S. 148f.) Der Bericht und die Fotos von Harry Graf Kessler erschienen unter dem Titel «Die Kinderhölle in Berlin» als Sonderheft der Zeitschrift Die Deutsche Nation im November 1920. Später wurden in der AIZ mehrere Bildgeschichten zu diesem Thema veröffentlicht.

15 Helmut Korte (Hg.), Film und Realität in der Weimarer Republik. München, Wien 1978, S. 128. Der Satz ist ein Zwischentitel aus dem Film «Mutter Krausens Fahrt ins Glück».

16 Freie Welt, 19.12.1920. (Text in DT, S. 252ff.) Vorbild für diese Arbeit war Herman Heijermans, der eine Nacht in Lumpen im Obdachlosenasyl verbrachte und dann darüber einen großen Bericht machte, der großes Aufsehen erregte. (Siehe den Nachruf Tucholskys auf Heijermans in: WB, 2.12.1924, S. 849) In der AIZ nahm Tucholsky 1928 das Thema erneut auf in dem Gedicht «Asyl für Obdachlose». (Text in GW 6, S. 230f.)

17 Das ist der Vorläufer der AIZ.

18 GW 4, S. 105

19 GW 4, S. 284. «die Brüder tobten so, daß gleich zu merken war: diese Tendenzfotografie, richtig angewandt, ist eine gefährliche Sache». (GW 6, S. 132)

20 AB, S. 166. Der Knüppel arbeitete aber noch überwiegend mit Zeichnungen. In dem Brief machte Tucholsky auch seine generellen Vorbehalte linken Blättern gegenüber deutlich, die kaum Honorare zahlten

und deshalb meist schlecht gemacht seien, da sie keine guten Autoren bekämen. Tucholsky muß bereits früher den Knüppel kritisch gewürdigt haben. Grosz bedankte sich jedenfalls am 6.1.1925 für seinen Brief und legte Tucholsky die Schwierigkeiten dar: «Ist ne verdammt schwere Sache, im Rahmen einer Partei ein Blatt, noch dazu mit satyrischem Witz, kurz, ein Blatt mit Niveau zu machen.» Viele aus der Intelligenz würden die Mitarbeit verweigern, entweder aus finanziellen Gründen oder weil sie sich nicht durch Mitarbeit bei den Kommunisten kompromittieren wollten. Grosz forderte Tucholsky eindringlich auf, am Knüppel mitzuarbeiten, notfalls auch mit einem neuen Decknamen. Auch Masereel würde bereits unter Pseudonym mitarbeiten. Am 4. März 1925 teilte Grosz Tucholsky mit, daß Heartfield ein Gedicht von ihm für den Knüppel verwendet hat und mit Fotos illustrierte. Das Gedicht wirke nun erst richtig. Und er forderte ihn erneut auf: «Also Kulle los an die Maschine und dann die Walze drauf – die, die wie Sie so schön sagen für S. J. nicht so die richtige ist. [...] Je schärfer, je besser – doch da brauche ich Ihnen keine Ratschläge zu geben». Neben Masereel zeichnete auch Rudolf Schlichter regelmäßig für den Knüppel, auch von John Heartfield gibt es neben Kollagen einige Zeichnungen. Zu den Autoren gehörten u.a. Weiskopf, Brecht, Polgar, Weinert und Huelsenbeck. – Laut Vertragsentwurf vom 11.3.1925 war Tucholsky bereit, regelmäßig am Knüppel mitzumachen: «K. T. liefert für den Knüppel pro Nummer zwei Beiträge (etwa ein Gedicht und einen größeren Aufsatz oder Dialog) [...] K. T. liefert ferner für jede Nummer kleinere Scherze, Glossen, Vorschläge zu Bildern und arbeitet eventuell Ideen aus, oder schreibt eingesandte Beiträge um, die in der Idee gut aber in der Form unvollkommen sind.» Grosz gab Tucholskys Vertragsentwurf weiter und hoffte, daß «daß man darauf eingeht». (Grosz an KT, 17.3.1925) In den folgenden Briefen von Grosz wird über eine Mitarbeit jedoch nicht mehr gesprochen. Offenbar hat der Geldgeber des Knüppel, die KPD, Tucholskys Vorschlag zur Mitarbeit abgelehnt. Verantwortlicher Chefredakteur des Knüppel war zu dieser Zeit Hermann Remmele, der – aus der USPD kommend – seit 1920 zur Zentrale (u.a. Politbüro) der KPD gehörte und von 1923–1926 auch Chefredakteur der Roten Fahne war. (Zu Remmele siehe: Biographisches Handbuch der deutschsprachigen Emigration nach 1933. München 1980, Bd. 1, S. 598; Benz/Graml [Hg.], Biographisches Lexikon zur Weimarer Republik. München 1988, S. 269. Zum Knüppel siehe Eckhard Siepmann, Montage: John Heartfield. Berlin 1983, S. 85 ff., S. 89 ist auch die von Grosz am 4.3.25 erwähnte Montage von Heartfield zu Tucholskys Gedicht: «Ruhe und Ordnung» abgedruckt, das am 10.2.25 erschienen war.)

21 Brief abgedruckt in Heartfield-Katalog 1991, S. 393

22 Platz dem Arbeiter. Berlin 1924, S. 41

23 Als Beispiel seien die Gegenüberstellungen in «Das Gesicht der herrschenden Klasse» (3. erw. Aufl. Berlin 1921) genannt, etwa S. 14/15, 28/29, 54. Siehe auch Uwe M. Schneede, George Grosz. Der Künstler in seiner Gesellschaft. Köln 51989

24 GW 4, S. 283. 1930 lobte er in der WB den «Arbeiterkalender»: «Gute Tendenz-Photos. geschickt gemacht, frech, aggressiv und einprägsam.» (WB, 16. 12. 1930, S. 925)

25 Die KPD versuchte zwar damals bereits, mit Fotos wirksam zu agitieren. Da jedoch – durch die sehr hohen Kosten für die Apparaturen und Filme – das Medium Foto fast ausschließlich in der Hand bürgerlicher Presseorgane war, mußte erst langsam eine «linke» Fotografie aufgebaut werden. Nach dem 10. Parteitag der KPD und der anschließenden Sitzung der Reichs-Agitprop-Konferenz 1925 gingen die Kommunisten gezielt daran, eine Arbeiterfotografenbewegung ins Leben zu rufen. In erster Linie setzte die AIZ die Beschlüsse der Partei um. In der Ausgabe der AIZ vom 25. 3. 1926 erschien ein Preisausschreiben, in den folgenden Nummern wurden zahlreiche Einsendungen veröffentlicht, im August 1926 erschien die erste Nummer von Der Arbeiter-Fotograf im Neuen Deutschen Verlag von Willi Münzenberg, und im Herbst 1926 wurde die «Vereinigung der Arbeiterfotografen Deutschlands» gegründet. Erst durch diese gezielten Aktivitäten gelang es allmählich, die Fotografie als «eine Waffe im Kampf des Proletariats» wirkungsvoll einzusetzen. (Siehe Peter Vier, Die Herausbildung der Arbeiterfotografenbewegung in Deutschland, in: Beiträge zur Geschichte der Arbeiterbewegung, Heft 3, 1987; Rolf Surmann, Die Münzenberg-Legende. Zur Publizistik der revolutionären Arbeiterbewegung 1921–1933. Köln, 1983, besonders S. 105 ff; Ästhetik und Kommunikation, Heft 10, 1973)

26 Arbeiter-Fotograf, Oktober 1926, zitiert nach Peter Gorsen, «Das Auge des Arbeiters» – Anfänge der proletarischen Bildpresse, in: Ästhetik und Kommunikation, Heft 10, 1973, S. 11 f.

27 DT, S. 436ff.

28 GW 4, S. 360

29 GW 3, S. 386

30 Uhu, Oktober 1927

31 Uhu, August 1927

32 Uhu, Mai 1928. Text in GW 6, S. 114ff.

33 Uhu, Mai 1926. Drei Jahre später erschien von Tucholsky in der AIZ der Artikel «Kintopp, Glaube oder Kurpfuscherei», der sich ebenfalls in Wort und Bild mit Lourdes befaßt. Interessant ist hier der Unterschied in der Bildauswahl und vor allem auch in den Unterschriften. (AIZ, 7. 7. 1929, S. 4/5)

34 Uhu, Oktober 1928, Nachdruck aus «Tempo», 26.9.1928. GW 6, S. 249

35 Uhu, November 1926. Text in DT, S. 542 ff. Zitat S. 544

36 Das Vorwort erschien auch in der Weltbühne. (DT, S. 709 ff.) Als weitere Beispiele seien erwähnt: «Altes Licht», Vossische Zeitung, 16.10.1927 (GW 5, S. 344 ff.); «Neues Licht. Die Photo-Sammlung ‹Deutsches Lichtbild›», Vossische Zeitung, 4.3.1928; «Neues Licht» (Bericht über eine Ausstellung der Französischen Photographischen Gesellschaft in Paris), Vossische Zeitung, 20.10.1928. Auch andere Autoren begannen sich um diese Zeit intensiver mit der Fotografie auseinanderzusetzen. Etwa Thomas Mann, der im Dezember 1928 in der Berliner Illustrirten Zeitung einen langen Artikel darüber schrieb unter der Überschrift «Die Welt ist schön». (Nr. 52, S. 2261 ff.)

37 Albert Renger-Patzsch an KT, 18.10.1927. Siehe auch den Brief von Jürgen Wilde vom Albert Renger-Patzsch Archiv, an das Deutsche Literaturarchiv in Marbach vom 1.7.1991 und den Briefwechsel Tucholskys im Albert Renger-Patzsch Archiv in Zülpich-Mülheim.

38 KT an MM Gehrke, 28.5.1924. (Brief in Privatbesitz, Kopie im Nachlaß Gehrke, ED 324, im IfZ, München)

39 GW 6, S. 131 f. Weitere Erwähnungen von Kraus in diesem Zusammenhang, z. B.: GW 4, S. 60; DT, S. 436

40 Die AIZ gab selbst zwar immer wieder eine Auflage von 500000 an, Karl Retzlaw, der lange den Vertrieb der AIZ leitete, sprach in seinen Erinnerungen aber nur von etwa 280000 (Siehe Ästhetik und Kommunikation, Heft 10/1973, S. 85 und S. 71)

41 Zitiert nach Surmann, S. 166. Anzumerken ist allerdings, daß ein Großteil dieser Angriffe erst ab 1930 veröffentlicht wurde und Tucholsky zu dieser Zeit bereits nicht mehr mitarbeitete. Es ist wahrscheinlich, daß die zunehmende Ausrichtung des Blattes auf Parteilinie Tucholsky zum Rückzug bewog.

42 Abgebildet bei Siepmann, S. 116. Die Montage erschien Anfang 1930, Tucholsky arbeitete noch bis Oktober 1930 an der «AIZ» mit.

43 Lilly Becher, die damals zusammen mit Hermann Leupold die Redaktion leitete, in einem kurzen Bericht in: Neue Deutsche Presse, Heft 7, 1963. Ihre Behauptung, daß die AIZ eine «parteilose Massenzeitung» gewesen sei, ist allerdings unhaltbar.

44 UuL, S. 512. Gemeint waren Gedichte wie «Asyl für Obdachlose!», das wenige Tage vor dieser Zusammenkunft erschien und mit den Zeilen endete: «Wohltaten, Mensch, sind nichts als Dampf./ Hol dir dein Recht im Klassenkampf –!» (AIZ, 13.9.1918)

45 UuL, S. 512 f.

46 GW 9, S. 326. Das Gedicht erschien in Nr. 42/1928 der AIZ und dann wieder im Sammelband «Lerne lachen...»

47 GW 7, S. 312

48 In einem Exposé über die kommunistischen Verlage vom Oktober 1929 im Auftrag der «Vereinigung für freie Wirtschaft» wurde Münzenberg als «Roter General», «Unfehlbarer roter Papst», «Kommunistischer ‹Kaiser›» und «Herr der öffentlichen Meinung» oder «Roter Hugenberg» tituliert. (BArch, 61 Ve 9, Bd. 20, Blatt 602ff.)

49 Siehe u. a. die Briefe vom Herbst 1928 an Mary Tucholsky. Am 1. 2. 1929: «Ich wollte, ich hätte was andres.» (UuL, S. 520)

50 KT an MT, 13. 5. 1929. Tucholsky berichtete von dem Vertrag, den Münzenberg ihm für das Deutschland-Buch geschickt hatte, und schrieb dann weiter: «wegen Mitarbeit an den Blättern habe ich abgelehnt».

51 KT an MT, 13. 5. 1929. Das «Kabarett der Komiker» wollte ebenfalls den Wendriner aufführen. Auch dies lehnte Tucholsky ab. (ebda.) Zu Tucholskys Ansichten über die Mittel der Piscator-Bühne siehe AB, S. 198

52 UuL, S. 516

53 Peter Gay, Freud, Juden und andere Deutsche. Herren und Opfer in der modernen Kultur. München 1989, S. 190: «Sie hatte sofort einen Spitznamen: ‹Die jüdische Hast›, womit die jüdische Betriebsamkeit gemeint war. [...] der Spitzname scheint etwas Treffendes über Berlin, über seine Juden und über beide zusammen auszusagen.»

«Tempo» war ein illustriertes Abendblatt mit zeitweise drei Ausgaben pro Tag, die in etwa stündlichem Abstand ab 16 Uhr erschien. Das im amerikanischen Stil poppig aufgemachte Blatt erschien erstmals am 11. 9. 1928 und erreichte eine Auflage von etwa 145 000 Exemplaren. Chefredakteure waren Ernst Wallenberg und Gustaf Kauder, für das Feuilleton verantwortlich war Manfred Georg. Da das Blatt nicht richtig «einschlug», wurde es am 5. April 1933 wieder eingestellt. (Siehe W. Joachim Freyburg und Hans Wallenberg [Hg.], Hundert Jahre Ullstein 1877–1977. Bd. 3, S. 72; Walter G. Oschilewski, Zeitungen in Berlin. Berlin 1975, S. 171)

54 UuL, S. 513

55 UuL, S. 516, siehe auch S. 514

56 KT an MT, 13. 5. 1929. Es erschien danach noch ein Beitrag im Juli 1930.

57 Nach sieben im Jahre 1928. 1930 und 1931 erschienen ebenfalls nur je drei Artikel.

58 KT an MT, 13. 5. 1929

59 KT an Walter Hasenclever, o. D. (August 1935)

60 AB, S. 131

61 UuL, S. 512

62 Emil Ludwig an KT, 27. 5. 1928

63 Eintrag vom 2.6.1928. Ich danke Gordon Ludwig, daß er mir die Tucholsky betreffenden Tagebucheintragungen seines Vaters zur Verfügung stellte. – Emil Ludwig, Rowohlt und Tucholsky hatten sich bereits am 17.3.1928 in Paris getroffen. EL notierte nach dieser langen Champagner-Nacht: «Tucholsky merkwürdig dunkel.»

64 UuL, S. 486. Da das 8-Uhr-Abendblatt eine ähnliche Geschichte vorhatte, zerschlug sich das Projekt. (Siehe UuL, S. 492)

65 AIZ Nr. 44/1928. Es gibt im KTA auch einen Andruck mit dem Titel «Zehn Jahre deutsche Republik».

66 S. 34, 35, 93, 143, 158. Auch die anderen Motive tauchen im Buch wieder auf, Tucholsky oder Heartfield fand jedoch bessere, aussagekräftigere Fotos dazu.

67 Babette Gross, Willi Münzenberg. Eine politische Biographie. Stuttgart 1967, S. 226

68 So Babette Gross in einem Gespräch mit Hans J. Becker. (Hans J. Bekker, Mit geballter Faust. Kurt Tucholskys «Deutschland, Deutschland über alles». Bonn 1978, S. 37) Nach Angaben von Frau Gross hat es zu dem Buch keinerlei Briefwechsel gegeben, alles sei mündlich in gemeinsamen Sitzungen besprochen worden. Diese Aussage ist mit Sicherheit falsch. Leider ist Babette Gross 1990 gestorben und konnte von mir nicht mehr dazu befragt werden.

69 Im Deutschland-Buch schrieb Tucholsky, daß der Verlag ihm Bilder übergeben hat (S. 17) und daß er und Heartfield sich «Hunderte und Tausende» von Bildern angesehen haben. Sicher ist, daß ein erheblicher Teil des Bildmaterials aus der AIZ stammt, wie einige Stichproben ergaben. Auch Hans J. Becker führt einige Beispiele auf. Siehe S. 56. Die dort angeführten Beispiele sind auch abgedruckt bei Willmann, S. 64 und S. 95.

70 KT an MT, 13.5.1929. Positiv vermerkte Tucholsky, daß in dem Vertrag das Wort «Ullstein» nicht vorkomme, Münzenberg sich also an seiner dortigen Mitarbeit überhaupt nicht störte. Durch den Brief wird auch klar, daß das Buch nicht schon länger geplant war oder daß Tucholsky etwa schon früher daran gearbeitet hatte. Denn dann hätte er ihr das bereits bei seinem Treffen in Berlin oder in einem seiner früheren Briefe erzählt. Es ist dies jedoch die erste Erwähnung.

71 Ein Beitrag ist aus der Vossischen übernommen. Insgesamt stammt rund ein Drittel der Arbeiten aus der AIZ und der WB. Siehe den Bibliographischen Schlüssel bei Becker, S. 120ff. und in der Bibliographie von Antje Bonitz, die einige Korrekturen zu Becker enthält. Erwähnt sei noch, daß die «Götzen der Maigoto-Neger» ursprünglich für den Uhu geplant war. (Siehe UuL, S. 486) Auch die Geschichte der Entstehung von «Mutterns Hände», wie sie Lilly Becher (Das Magazin, Heft 4,

April 1963, S. 2/3) darstellt, kann so nicht ganz stimmen. Angeblich habe sie Tucholsky das Foto nach Paris geschickt, damit er dazu ein Gedicht für die AIZ machen solle. Das Gedicht erschien zwar erstmals am 24.7.1929 in der AIZ, aber mit dem Zusatz, daß es sich um einen Vorabdruck aus dem in Kürze erscheinenden Deutschland-Buch handelt.

72 Wieland Herzfelde, John Heartfield. Leben und Werk. Berlin 1986, S. 50

73 Börsenblatt für den Deutschen Buchhandel Nr. 148, 29.6.1929, S. 5091

74 GW 3, S. 219

75 Deutschland-Buch, S. 12

76 DT, S. 139

77 AB, S. 266

78 GW 3, S. 132

79 GW 3, S. 279

80 Carl von Ossietzky, Deutsche Linke, in: Das Tagebuch, 20.9.1924

81 SJ an KT, 29.4.1924

82 WB, 1.1.1929. Zitiert nach Kurt Hiller, Politische Publizistik von 1918–33. Hg. von Stephan Reinhardt. Heidelberg 1983, S. 136

83 GW 4, S. 17

84 Alfons Goldschmidt, Deutschland heute. Berlin 1928, S. 201

85 Zitiert nach Korte, Film und Realität, S. 114.

86 BK, S. 16

87 GW 3, S. 369

88 GW 7, S. 138

89 Einen «Ausrutscher» hat Tucholsky noch rechtzeitig korrigiert. Die letzte Zeile des Manuskripts hieß: «und küssen deine Hände.» So stand es auch noch im Vorabdruck in der AIZ. Für die Buchausgabe änderte er die Zeile in: «und streicheln deine Hände.»

90 GW 7, S. 257

91 GW 4, S. 285. *De mortius nil nisi bene:* Über Tote sagt man nur Gutes.

92 Helmut Mörchen, Schriftsteller in der Massengesellschaft, S. 65 und 118

93 GW 6, S. 358. Das Gedicht stand ursprünglich in der AIZ als Bildgedicht, darüber ein Foto mit mehreren Babys.

94 Rückblickend kritisierte Tucholsky 1931 seine AIZ-Gedichte selbst als «oft trocken, zu abstrakt, zu sehr aus dem Foto abgeschrieben». (Zit. nach Nils Schiffhauer/Carola Schelle, Stichtag der Barbarei. Anmerkungen zur Bücherverbrennung 1933. O. O., 1983, S. 102) Und Walter Hasenclever vertraute er 1933 an, daß das Deutschland-Buch schwach sei und «als künstlerische Leistung klobig». (AB, S. 266)

95 BS, S. 78. Siehe auch die Briefe an Mary Tucholsky, UuL, S. 472ff. Tucholskys Bemerkung, daß man seine Aussagen mit dem Müdigkeits-

und Krankheitskoeffizienten multiplizieren müsse, hat dazu geführt, daß seine Aussagen in den Briefen an Hedwig Müller weitgehend falsch bewertet werden. Beate Porombka hat in ihrer Arbeit darauf hingewiesen. Viele Aussagen aus den Jahren 1933–1935 finden sich bereits in seinen Arbeiten und Briefen vorher, bei zahlreichen Themen kann man die Entwicklungslinien ohne größere Brüche von 1919 bis zum Schluß nachverfolgen. Der Unterschied ist oft lediglich der, daß Tucholsky die Dinge drastischer beim Namen nennt, radikaler in der Ablehnung ist. In einigen Bereichen kann man erkennen, daß Tucholsky nach vielen Versuchen und Umwegen wieder bei seiner Ausgangsposition ankam. Als Beispiel mag seine Einstellung zu den Kommunisten dienen. 1919/20 lehnte er sie entschieden ab, 1927/29 war eine vorsichtige Annäherung zu beobachten, die aber bereits mit deutlichen Vorbehalten und teilweise drastischer Kritik verbunden war, nach 1933 bezeichnete er die Haltung der Partei als «Verbrechen». (QT, S. 139, 272) Ähnliche Entwicklungen lassen sich in mehreren Bereichen nachweisen. Die Briefe aus der Zeit ab 1933 müssen also weniger unter dem Aspekt der Resignation und des angeblichen Eingeständnisses des Scheiterns gesehen werden als vielmehr unter der Fragestellung einer Radikalisierung früherer Positionen. Die angebliche Schnittlinie 1933 für «Kapitulation und Scheitern», die auch Porombka kritisiert, ist schon deshalb falsch, weil Tucholskys Schaffen von diesem Gefühl seit 1919 begleitet wurde. In zahlreichen Briefen und selbst in einigen Artikeln kann man dies kontinuierlich verfolgen, verschiedene Höhepunkte, wie 1919, 1921, 1923 und seit 1927 in immer kürzeren Abständen, lassen sich bereits aus dem bislang veröffentlichten Material klar ablesen. Die künstlich aufgebaute Bruchlinie negiert auch die Tatsache, daß Tucholsky manisch-depressiv war, und dies nicht erst seit 1933.

96 GW 7, S. 189

97 MT an KT, 4.4.1932. Interessant ist in diesem Zusammenhang die Charakterisierung durch Fritz Lunkebein, der mit Tucholsky zusammen rund ein Jahr lang den Flieger machte. Am 9.6.1918 schilderte Mary Tucholsky ein Gespräch mit Lunkebein: «Auf meine Bemerkung hin, daß man doch nicht gegen seine Überzeugung schreiben kann, meinte er, daß die Schriftsteller alle lügen, daß sie das, wovon sie schreiben, gar nicht empfinden. ‹So ist auch der Tucholsky, ich habe ihn lange genug studiert, da schreibt er etwas von einer traumverlorenen Stimmung oder schwärmt von der Natur, u. im nächsten Augenblick reißt er die frechsten Witze.›»

98 AB, S. 132

99 AB, S. 337; AB 2, S. 177

100 Marcel Reich-Ranicki, Kurt Tucholsky. Deutscher, Preuße, Jude, in:

Herbert A. Strauss und Christian Hoffmann (Hg.), Juden und Judentum in der Literatur. München 1985, S. 269

101 KT an MT, 2.7.1928

102 Harry Pross, Literatur und Politik. Geschichte und Programme der politisch-literarischen Zeitschriften im deutschen Sprachgebiet seit 1870. Olten und Freiburg/Br. 1963, S. 105

103 QT, S. 326

104 UuL, S. 333

105 Undatiert, etwa 1929/30. Wenige Seiten vorher schrieb er: «Ja, merkt er denn nicht – daß das alles, alles Verzweiflung ist?» Tucholsky las ausführlich die zeitgenössische Literatur zu diesem Thema. Einige Titel aus seiner Bibliothek: Wilhelm Michel, Das Leiden am Ich. Anweisungen und Betrachtungen zur praktischen Geistesführung; Otto Fenichel, Hysterien und Zwangsneurosen. Psychoanalytische spezielle Neurosenlehre; Fritz Giese, Körperseele. Gedanken über persönliche Gestaltung; Albert Liebold, Das Recht auf den Tod; Emil Szittya, Selbstmörder; E. Rüdin, Über klinische Formen der Seelenstörungen; Hans Prinzhorn, Gespräch zwischen Frau, Dichter und Arzt; Helmut Fahsel, Die Überwindung des Pessimismus; außerdem Werke von und über Freud.

106 KT an HM, 28.1.1935

107 MT an KT, 4.4.1932

108 UuL, S. 477, Hervorhebung vom Autor

109 MT an KT, 4.3.1927

110 So in zahlreichen Briefen an Mary Tucholsky und Hedwig Müller

111 Hans-Albert Walter, Stets auf der Kippe. Frankfurter Hefte Nr. 10/1983, S. 70

112 UuL, S. 545

113 So der Psychologe Prof. Erwin Ringel. Gespräch mit dem Verfasser

114 QT, S. 281. Schon früher hatte Tucholsky in seinem Sudelbuch notiert: «...aber man will doch wissen, wo man hingehört», und Annette Kolb schrieb ihm am 4.3.1932: «Nein es ist kein Scherz lebenslänglich nirgends ganz daheim zu sein.»

115 GW 8, S. 268ff.

116 GW 4, S. 199

117 UuL, S. 406. Tucholsky blieb zwischen den Klassen und definierte sich indirekt selbst als «berliner Radikalen», «als entwurzelten Bürger», der «anlehnungsbedürftig im Winde» schwankt, und meinte sich selbst mit dem «entwurzelten Bürgersohn, der das Maul zu weit aufreißt, dessen Lebensführung mit seinen Theorien nicht in Einklang steht –: er fühlt wenigstens, was da leidet auf der Welt; er hat ein Ohr, zu hören, ein Herz, das schlägt...» (GW 5, S. 187f.)

118 Schnipsel, S. 61
119 GW 7, S. 15
120 MT an Hans Schönlank, 13. 12. 1955
121 Schnipsel, S. 136
122 KT an Grosz, 5. 9. 1927
123 Grosz an KT, 23. 8. 1927. Auch wenn sich laut Tucholsky alles nur unter 200 Menschen abspielte, auch diese Beziehungen waren ziemlich problematisch. Am Beispiel Tucholsky–Grosz ließe sich exemplarisch aufzeigen, wie das Verhältnis der beiden bis hin zu Opportunismus und Zynismus schwankte. 1924 bezeichnete Grosz Tucholsky als «Weltbühnenfritze, der dicke Kurt», der mit dicker Füllfeder Paris durchstreife. «Hätt'st sehn soll'n, wie Neven sich sogleich anbiederte bei Kurten, und Kurt ebenso bei Neven. Ist natürlich verständlich, aber in der Art (jüdisch?) nicht agréable. Alors! – ohne Verstimmung und Ressentiments – häßlich.» (Herbert Knust [Hg.], George Grosz. Briefe 1913–1959. Reinbek 1979, S. 87) Mitte 1926 empfand er Tucholsky und die Weltbühne unangenehm und «überaus mäßig» (S. 99), was ihn jedoch nicht daran hinderte, ausgiebig und freundschaftlich mit Tucholsky «in alter Treue» zu korrespondieren und ihn für eigene Projekte um Mitarbeit zu bitten. Nach Tucholskys Tod schrieb Grosz an Ulrich Becher: «Tucholsky hat sich umgebracht mit Gift. War zu schwächlich. War auch erledigt. Wer liest denn auch den Dreck nachher? ... gutes Beispiel dieser Herr. Hat sich selbst umgelegt. Kein Verlust weiter. Schlichters Tod weiss ich nicht [...] aber nicht aus Selbstbefriedigung wie beim Curt.» (Uwe Naumann und Michael Töteberg [Hg.], Ulrich Becher / George Grosz. Flaschenpost *Geschichte einer Freundschaft*. Basel 1989, S. 80f.) 1958 stufte er in einem Brief Tucholsky als ganz netten humoristisch-satirischen Schreiber ein, dessen Sachen bereits völlig veraltet seien (Grosz-Briefe, S. 515), nachdem er kurz vorher in seinen Erinnerungen noch geschrieben hatte, daß Tucholsky, den er sehr gern gehabt habe, wieder auferstanden sei, und fragte: «Noch zur Zeit?» (George Grosz, Ein kleines Ja und ein großes Nein. Sein Leben von ihm selbst erzählt. Reinbek 1983, S. 180 – Orig. 1955)
124 AB, S. 298. Die Frage stellt sich dann allerdings, warum sich Tucholsky gegen seine Überzeugung und gegen sein Wissen so lange mit den Kommunisten einließ. Das ganze Thema Tucholsky und die KPD muß angesichts der vielen Widersprüche, die inzwischen aufgetaucht sind, noch einmal völlig neu aufgearbeitet werden.
125 GW 8, S. 247. Der Kommunismus als eine neue Religion, das war keine Erfindung Tucholskys, dieser Vorwurf war bei zahlreichen linken Intellektuellen zu finden. Döblin schrieb etwa: «Sie sind zwar wütende

Antikirchler, aber wenn der Bauer russisch redet, beten sie ihn als Heiligen an. Sie sind allesamt fromme Leute leninistischer Konfession. Im übrigen sind sie gute deutsche Feldwebel, an Gehorsam gewöhnt und wissen, daß sie zu parieren haben, wenn aus Moskau der Kurier kommt.» (Alfred Döblin, Schriften zur Politik und Gesellschaft. Olten und Freiburg/Br. 1972, S. 255) Und Ossietzky meinte, die kommunistische Scholastik würde durch keine neue Situation zu überraschen sein, sie hätte «auch dann noch die notwendigen Marxzitate parat [...], wenn es Stalin plötzlich gefiele, katholisch zu werden». (WB, 2. 12. 1930, S. 812)

126 KT an HM, 10. 12. 33

127 KT an HM, 2. 2. 1934 (im Orig. falsch datiert: «2–1–234»)

128 Anfang 1923 schrieb er seinem Jugendfreund Schönlank eine kritische Selbstbetrachtung: «Für wen schreibe ich –? Für Sie. Das heißt: für eine Schicht sehr freundlicher, mir sehr nahestehender..., der Sache sehr gewogener Leute. Der Sache: id est [das heißt] – diesem Brodem aus Selbstironie, Skepsis, Anmut, Niveau, Distance – was sie wollen. Aber ich schreibe nie und nimmer für die *tätigen* Leute hierzulande. [...] dieses Land ist durch und durch krank... lesen Sie spaßeshalber vier Seiten Storm, und sie sehen, was geworden ist.» (AB, S. 153)

129 KT an Grosz, 14. 6. 1927

130 AB, S. 131

131 KT an MT, 26. 5. 1929: «Schulzwang werde ich wohl mein ganzes Leben haben – aber nicht mit Frauen, sondern in mir selber.»

132 KT an MT, 13. 5. 1929. Siehe auch UuL, S. 521 über Bruno, den Bandwurm

133 KT an MT, 26. 5. 1929

134 UuL, S. 523

135 Z. B.: KT an MT, 13. 8. 1929

136 UuL, S. 505

137 AB, S. 190. Auch wenn er schrieb, daß er nicht «genug» verdiene: zu dieser Zeit hatte er ein durchschnittliches Einkommen von 2500 bis 3000 Mark im Monat.

138 UuL, S. 523 f. «aber Buch ist nicht. Vielleicht ist gar keins drin.»

139 Hölderlins Werke, hg. von Manfred Schneider. Stuttgart 1947. Bd. 1, S. 215

140 GW 3, S. 167

141 Huelsenbeck, Kritik an Deutschland, in: Die Literarische Welt, 20. 2. 1931

142 Das Tagebuch, 12. 10. 1929

143 Frankfurter Zeitung, 4. 10. 1929

144 WB, 25. 11. 1930, S. 784

145 GW 9, S. 163
146 KT an Grosz, 14.6.1927. Siehe dazu auch Harry Graf Kessler, Tagebücher 1918–1937. Hg. von Wolfgang Pfeiffer-Belli. Frankfurt 1982, S. 349f. Kessler vertrat 1922 ziemlich den gleichen Standpunkt.
147 Huelsenbeck, Kritik an Deutschland, in: Die Literarische Welt, 20.2.1931
148 GW 2, S. 323
149 KT an Grosz, 14.6.1927
150 WB 25.9.1924, S. 464
151 SJ an KT, 29.4.1924
152 Grosz an KT, o. D. Am 3.7.27 antwortete KT darauf, daß er das Haus nicht mehr habe. (Siehe auch den Brief von Grosz an Otto Schmalenhausen vom August 1927: «Ich werde Deutschland eine Zeitlang verlassen.» Grosz, Briefe, S. 113) KT gab ihm ausführliche Anregungen für die Wohnungssuche, aber Grosz kehrte im Oktober nach Berlin zurück, nachdem er seit Mai in Frankreich unterwegs war. Zu Grosz' Auseinandersetzung mit der KPD siehe seinen Brief an Otto Schmalhausen, in Grosz, Briefe, S. 102
153 GW 3, S. 388
154 SJ-Briefe, S. 176
155 S. 231.
156 UuL, S. 244
157 Kamber, S. 118
158 MT an KT, 26.8.1929
159 Die Flamme, 12.9.1929
160 Deutsche Allgemeine Zeitung, 2.10.1929
161 Reinhard Kühnl, Die nationalsozialistische Linke 1925–1930. Meisenheim 1966, S. 16
162 Kurt Hiller in der WB, 2.8.1932. Siehe auch Peter Thoma, Der Fall Otto Strasser. Köln, o. J., S. 7
163 Siehe: Tendenzen und Gestalten der NSDAP. Erinnerungen an die Frühzeit der Partei von Albert Krebs. Stuttgart 1959, S. 235f.; Kühnl, Die nationalsozialistische Linke, S. 16f.
164 Das Tagebuch von Joseph Goebbels 1925/26. Mit weiteren Dokumenten herausgegeben von Helmut Heiber. Stuttgart 1961, S. 36/37. Ähnliche Formulierungen finden sich auch in den «NS-Briefen», etwa 15. November 1925, 15. Dezember 1925, 15. Januar 1926
165 Der Nationale Sozialist, 4.7.1930
166 «Kampfgemeinschaft Revolutionärer Nationalsozialisten», ab 1931 «Schwarze Front»
167 Nationalsozialistische Briefe, Heft 7, 1929, S. 119
168 Der Nationale Sozialist, 6.10.1929

169 VB, 20.12.1929. Siehe auch seinen Artikel in: Deutsche Zeitung, Kopie ohne Datumsangabe im KTA

170 WB, 6.10.1931, S. 539

171 Briefwechsel im Bestand RJM, BArch, Fasc. 3796, Bd. 4. Im Dezember 1931 wurde von einer weiteren Verfolgung der Angelegenheit abgesehen und beide Bände wurden wieder in die Bibliothek des Reichstags gestellt, von wo sie entliehen waren.

172 Siehe dazu ausführlich Eva G. Reichmann, Diskussionen über die Judenfrage 1930–1932, in Mosse, Entscheidungsjahr 1932, S. 503 ff.

173 Der nationaldeutsche Jude. Mitteilungsblatt des Verbandes nationaldeutscher Juden E. V., Nr. 12, Dezember 1929, S. 5

174 Deutsche Rundschau, Februar 1931, S. 137. Die Serie ging von Januar bis Juni 1931.

175 AB, S. 212. Jakob Wassermann bedankte sich am 6.3.1931 für den Brief und schrieb: «Ihre Erklärung ist geradezu eine Erleichterung für mich, denn sie reinigt mir ihr Bild.»

176 GW 1, S. 346. Siehe dazu auch die verschiedenen anderen Tiervergleiche, die Jochen Meyer in seinem Katalog anführt: «Entlaufene Bürger» Kurt Tucholsky und die Seinen. Marbach 1990, S. 576 f.; Weitere Vorläufer siehe bei Becker, S. 66 ff.

177 GW 2, S. 429

178 AB, S. 232

179 Laut einem Gespräch zwischen Wieland Herzfelde und Mary Tucholsky im Oktober 1973. Wieland Herzfelde war auch 1973 mit der Fotomontage noch nicht einverstanden.

Mary Tucholsky teilte dies am 14.11.1973 in einem Brief Hans J. Becker mit. Siehe auch Becker, S. 43

180 Blatt vom 26.–29. Juni, abgedruckt bei Siepmann, S. 93

181 Dr. Joh. von Leers, Juden sehen Dich an. Ein Bildwerk über Blut-, Lügen-, Betrugs-, Zersetzungs-, Kunst-, Geld-Juden. NS-Druck und Verlag, Berlin. Börsenblatt für den Deutschen Buchhandel, 8. April 1933, S. 1860, weitere Anzeigen z. B. am 28. April und 26. Mai 1933. Für diese Anzeige wurde ein Bild von Chaplin verwendet.

182 GW 7, S. 194

183 GW 7, S. 193

184 GW 2, S. 399

185 Die Literarische Welt Nr. 34, S. 5

186 Sächsisches Volksblatt, 12.8.1929

187 Gerhart Gleissberg, Tucholskys Bilderbuch, in: Die neue Bücherschau, September 1929

188 MT an KT, ohne Datum, Nr. 23/1929

189 CvO, Rechenschaft. WB, 10.5.1932, S. 691

190 Rolf Nürnberg, Die Gartenlaube von Links, in: Der Scheinwerfer, Heft 3, Oktober 1929

191 Die Frechheit, Heft 9, September 1929. Autor ist wahrscheinlich Kurt Robitschek.

192 Herbert Ihering, Polemik ohne Risiko. Berliner Börsen-Courier 9.10.1929. Der Artikel von Hans Sahl, eine Besprechung von Tucholskys «Das Lächeln der Mona Lisa», stand am 4.4.1929 im Berliner Börsen-Courier, abgedruckt in: Hans Sahl, «Und doch...» Essays und Kritiken aus zwei Kontinenten. Frankfurt/M. 1991, S. 87ff.: «Tucholsky schreibt für die Galerie. Er ist der Mann in Hemdsärmeln, der ewige Zwischenrufer im vierten Rang des politischen Theaters. Seine Stimme entscheidet. Es ist die Stimme, die bis ins Parkett dringt, die Stimme des unbekannten Berliners.»

193 Der Rundfunkvortrag ist abgedruckt in: Das Tagebuch, 12.10.1929, S. 1690ff.

194 Max Brod an Dr. Prescher, 21.12.1960. Abschrift des Briefes im KTA

195 So Kantorowicz in: Blaues Heft, 1.7.1933. Zu ähnlichem Ergebnis kam Walter Fabian in der Leipziger Volkszeitung vom 31.8.1929, in der er Tucholsky als Salonkommunisten und Kritikaster bezeichnete. Kantorowicz meinte später, daß er damals noch nicht «reif» genug gewesen sei, um Tucholsky zu begreifen. (Ders., Als Berlin noch die Weltbühne war. Porträts aus den zwanziger Jahren: I. Tucholsky-Ossietzky, in: Die Zeit Nr. 10, 3.4.1959)

196 Walter Benjamin, Linke Melancholie, in: ders., Gesammelte Schriften III, hg. von Hella Tiedemann-Bartels. Frankfurt [6]1981, S. 281. Benjamin hielt dieses Verdikt auch später aufrecht. (Siehe sein Vortrag: Der Autor als Produzent vom 27.4.1934, abgedruckt in: Fritz J. Raddatz [Hg.], Marxismus und Literatur. Reinbek 1974, Bd. II, S. 272.) Diese Kritik am linken Radikalismus war allerdings nicht neu. Schon 1926/27 wurden die Vorwürfe gegen die «Intellektuellen extremer Prägung, die nur niederreißen, aber nicht aufbauen wollen», immer lauter. (Siehe etwa Paul Herzog, Arbeiterschaft und Intellektuelle, in: Deutsche Republik, Jg. 1, Heft 36, S. 435ff. – Zitat S. 438; Robert Breuer, Toller und die Jugend, in: ebda, Heft 46, S. 769ff.) Breuer sprach von «Gehirnrevolutionären» und «Barrikaden-Aestheten», die nur pessimistisch «orgeln» könnten und die Welt als Hölle darstellten.

In dieser ganzen Diskussion spielten auch die starken Ressentiments der «Praktiker» gegen die «Theoretiker» eine Rolle, die in den linken Parteien und Gewerkschaften von Anfang an zu beobachten waren und teilweise zu erheblichen Spannungen führten. Sogar antisemitisch gefärbte Bemerkungen waren dabei zu hören, etwa wenn der Sozialistenführer Pernerstorfer den linken Flügel seiner Partei abqualifizierte: es handele sich dabei um «ein Häuflein von Akademikern, die ausschließlich Juden seien und die den deutschen Arbeitern das Deutschtum zu verekeln suchten». (Hans-Helmuth Knütter, Die Linksparteien, in: Mosse, Entscheidungsjahr 1932, S. 340) Die Angriffe Tucholskys auf die SPD-Führer müssen *auch* vor diesem Hintergrund gesehen werden, da er vor dem Weltkrieg diese Auseinandersetzungen und Spannungen innerhalb der SPD mitbekommen hatte.

197 S. Kracauer, Minimalforderung an die Intellektuellen, in: Die Neue Rundschau, Heft 7, Juli 1931. Zit. nach Jochen Meyer, Alfred Döblin 1878–1978. Ausstellungskatalog Marbach 1978, S. 307

198 Der Graben. Brief an Kurt Tucholsky von Herbert Lestiboudois, Hamburg. Rheinische Blätter für Kulturpolitik. Düsseldorf, 1.10.1930. Siehe dazu auch das Kapitel über Tucholsky in: Herbert Lestiboudois, Literarische Miniaturen. Bilder, Köpfe und Glossen. Hamburg 1948, S. 15 ff., bes. S. 18 ff.

199 GW 7, S. 14

200 Siehe ausführlich dazu die neueren Veröffentlichungen mit Akten aus der Komintern, etwa: Fridrich Firsow, Aus den Archiven der Komintern, in: Probleme des Friedens und des Sozialismus, 33 (1990) H. 1; F. I. Firsow / K. K. Schirinja, Komintern: Zeit der Prüfungen. Interview in: Beiträge zur Geschichte der Arbeiterbewegung, 32 (1990) H. 1; Günter Rosenfeld, Die Deformation des Sozialismus unter der persönlichen Diktatur Stalins, in: Geschichtsunterricht und Staatsbürgerkunde, 32 (1990) H. 1

201 Siehe ausführlich dazu: Zur Tradition der deutschen sozialistischen Literatur. Eine Auswahl von Dokumenten 1926–1935. Band 1, Berlin und Weimar 1979. Besonders die Beiträge von O. Biha (S. 239 ff.) und J. R. Becher (S. 195 ff.) sind zu erwähnen.

202 Zitiert nach Surmann, S. 154. Im Verlagsprospekt wurde das Buch unter der Rubrik «Humor, Satire, Bilderbücher» angeboten.

203 Rote Fahne, 4.12.1931

204 GW 4, S. 311

205 GW 9, S. 162 f. «Rosen auf den Weg gestreut» ist dem Gedicht «Lebenspflichten» von Ludwig Heinrich Christoph Hölty entnommen.

206 Becker, S. 104

207 BT, 16.10.1929

208 Zit. nach Ralf Dahrendorf, Hingabe an den Dämon. Anmerkungen zur Neuauflage von Max Webers einflußreichem Buch «Politik als Beruf», in: Süddeutsche Zeitung, 10./11.10.1992, S. 202

209 UuL, S. 155. 1927 plant er bereits, aus dem «Wahnsinn» des Tagesjournalismus herauszukommen. «Ich muß und ich will mich umstellen.» (UuL, S. 473)

210 Siehe die Briefe an den Bruder Fritz aus dieser Zeit und die «Briefe an eine Katholikin»: «Im übrigen lese ich viel alte Klassiker, und vom Kram so wenig wie nur möglich. Man wird nur dumm davon. Ein lustiges Land.» (S. 65)

Tucholsky bekam von der «Weltbühne» ein festes Gehalt von 1275 RM, dazu noch von verschiedenen anderen Zeitungen und Verlagen Honorare. Sein monatliches Grundgehalt lag so bei etwa 2000 Reichsmark. Hinzu kamen die Erlöse aus den Büchern. Bis Ende 1931 erhielt er für den Sammelband «Mit 5 PS» rund 18 000 Mark, für «Das Lächeln der Mona Lisa» knapp 16 000 Mark, für «Lerne lachen ohne zu weinen» (1931 erschienen) bereits fast 11 000 Mark. Sein «Pyrenäenbuch» hatte eine Auflage von 11 000 erreicht und brachte ihm rund 8000 Mark ein. «Schloß Gripsholm» wurde in einem halben Jahr 40 000mal verkauft, und Tucholsky verdiente trotz des niedrigen Preises von 2,50 RM rund 15 000 Mark. In dreißig Fortsetzungen erschien «Schloß Gripsholm» zudem als Vorabdruck im Berliner Tageblatt, was auch ein stattliches Honorar einbrachte. – Am 12. Dezember 1931 machten der Rowohlt Verlag und Tucholsky einen neuen Vertrag. Künftig erhielt er 17% des Verkaufspreises, der Verlag verpflichtete sich, ein Jahr lang in jeder zweiten Nummer der Weltbühne Tucholskys Bücher zu inserieren, und ab Dezember 1931 zahlte Rowohlt monatlich an Tucholsky 1500 Mark als Abschlagzahlung. Vorausblickend ließ sich dieser das Geld laut Vertrag bereits ins Ausland überweisen, was damals wegen der Devisenbeschränkung nicht ganz einfach war. (Michael Hepp, Kurt Tucholsky: «die Sache mit dem Geld», in: Gustav Huonker [Hg.], Kurt Tucholsky. «Liebe Winternuuna, liebes Hasenfritzli». Ein Zürcher Briefwechsel. Zürich 1990, S. 47 ff.)

211 AB, S. 244

212 Ebenda

213 Die Uraufführung war am 24. 9. 1932 in Leipzig.

214 Siehe Rep, S. 442 ff.: «Etzliche Gedanken den Herrn Casanova betreffend». Der Entwurf ist von 1932.

215 Das Manuskript von Peter Panter «Seifenblasen» liegt im KTA. Laut Untertitel ist das Stück «nach einer Idee von G. W. Pabst», Vorbild war allerdings eine Rolle von Gussy Holl. (Siehe GW 1, S. 98) Siehe dazu auch den Briefwechsel mit Emil Jannings, der Tucholsky beriet. Das Manuskript war eine Auftragsarbeit der «Nerofilm», der Film wurde aber nach bisheriger Information nicht gedreht. (AB, S. 216; EJ an KT, 12. 8. 31, 21. 8. 31) Im November 1931 beklagte sich Tucholsky in einem «Schnipsel»: «Es war einmal ein Vertrag zwischen einer Filmgesellschaft und einem Autor, der wurde von der Gesellschaft anständig und sauber erfüllt. Das war kurz vor der Erfindung der Fotografie. (GW 9,

S. 308. Siehe auch Helmut Mörchen, Kurt Tucholsky als theater- und filmautor. Wirkendes Wort, April 1981, S. 69 ff.)

216 Siehe Vertrag mit Rowohlt Verlag vom 12. 12. 31 und KT an Hasenclever 16. 6. 33. BK, S. 74: «Gripsholm» war nur «eine Fingerübung; ich wollte einmal sehen, ob ich überhaupt ein kleines Buch lang durchhalten kann. Nun kommt ein dickes – aber ob das nun tief werden wird...? Es wird von Frauen handeln. Man wird ja sehn.» Im «Sudelbuch» sind zahlreiche Notizen und Stichpunkte zu diesem Buch enthalten.

217 BS, S. 35. Fast wörtlich so bereits 1927, UuL, S. 464

218 KT an MT, 29. 6. 1930

219 KT an Almuth Niemann, 7. 11. 1932

220 Trotzdem schrieb er in den Briefen an Hedwig Müller laufend über die politischen Ereignisse, viele dieser Briefe muten eher wie Leitartikel denn als Privatkorrespondenz an. Sosehr er sich auch von diesem ganzen «Kram» wegsehnte, er kam bis zuletzt nicht davon los.

ELF

1 UuL, S. 539

2 Die danach noch erschienenen Beiträge «Worauf man in Europa stolz ist» und «Liebe Weltbühne» sind nur noch kurze Lebenszeichen.

3 AdK, Berlin, Slg. Tucholsky. Aus ihm ist auch ersichtlich, daß fast alle Arbeiten, die 1932 von ihm gedruckt wurden, vor dem 16. 4. geschrieben sind. Zahlreiche Beiträge wurden erst zwei bis drei Monate nach Entstehung veröffentlicht. Die letzten Arbeiten «Lichtenberg» und «Maienklang...» sind bereits am 19. 2. bzw. am 2. 3. geschrieben worden.

4 KT an Walter Mehring, 21. 3. 32

5 AB 2, S. 81 (4. 4. 32). Ignaz Wrobel hielt sich schon länger zurück. Seine Glanzzeit war 1920 mit über 90 Artikeln. 1929–1931 waren es dann noch jährlich etwas über 30 Beiträge, 1932 noch 16. Insgesamt sind für 1932 nur noch etwas über 70 Arbeiten nachgewiesen, aber auch schon 1931 waren es nur noch rund 140.

6 Nach einer Vernehmung Ossietzkys wurde das Verfahren eingestellt, weil dieser ohnehin schon zu eineinhalb Jahren Haft verurteilt war und eine hier zu erwartende Strafe «nicht ins Gewicht fällt». Auch gegen Tucholsky wurde das Verfahren eingestellt: «Er hält sich nach mir von RA. Dr. Apfel gemachter Mitteilung in Rußland auf und gedenkt nicht zurückzukehren. Daher keine weiteren Maßnahmen.» (Landesarchiv Berlin, Generalstaatsanwalt beim LG, Nr 1037) Tucholsky hielt sich zwar nicht in Rußland auf, nach Deutschland kehrte er jedoch tatsächlich nicht mehr zurück.

7 MT an KT, 4.4.32

8 UuL, S. 539. Die Ortsangabe Le Lavandou ist falsch. Tucholsky war noch in Hindås.

9 GW 8, S. 243

10 Das genaue Datum läßt sich nicht mehr ermitteln. Gustav Huonker vermutete «Anfangs April». Anhaltspunkt war ihm dabei das Transitvisum für Belgien, das durch die Belgische Botschaft in Stockholm am 9.4.32 erteilt wurde, und die Verlängerung des Frankreich-Visums am 7.4.32 im Konsulat in Göteborg (bis 7.4.33). Auf den mir vorliegenden Kopien des Reisepasses ist jedoch ein Stempel vom 18. AVR.32, Gare du Nord Paris. (Das Original des Passes liegt in Stockholm.)

11 Zenta Bergkvist erzählte mir, daß sie zusätzlich auch noch das Reisegeld von Tucholsky bekam. Immer, wenn er länger wegfuhr, durfte sie zu ihrem Sohn, der im August 1931 zur Welt kam und bei ihren Eltern in Strängnäs aufwuchs. Der Vertrag zwischen Tucholsky und Zenta wäre im März 1933 ausgelaufen. Da er ohnehin nicht in Hindås war, stimmte er einer vorzeitigen Kündigung zum 31.12.32 zu, wie sie erzählte. Wahrscheinlich wurde der Vertrag aber von Tucholsky voll erfüllt, denn am 5.4.33 bedankte sich Zenta Bergkvist bei Tucholsky für seinen Brief und den Scheck.

12 Bereits Ende März hatte er sich in Kopenhagen operieren lassen, aber es hatte nur eine kurzfristige Besserung gegeben. (Siehe den Briefwechsel mit Ossietzky) Wann die Operation war, ist nicht mehr genau festzustellen. Wahrscheinlich am 24. März. Zwischen dem 8.3. und 30.3. hat Tucholsky nur am 19. einen «Schnipsel»-Beitrag gemacht. Am 25.3. schrieb er, daß er viel freier atmen könne und die Operation anscheinend geholfen habe.

13 Gerda Schairer, Der Dichter Walter Hasenclever. Manuskript im DLA, Marbach, S. 48a ff. Verschiedene Angaben in dem Manuskript sind falsch. So behauptet Gerda Schairer, daß in diesem Sommer 1932 Hasenclever das Stück «Napoleon greift ein» geschrieben habe, das 1930 bereits aufgeführt wurde und daß Hasenclever und Tucholsky in diesem Sommer erst den «Columbus» geplant hätten.

14 AB 2, S. 47. Die Hitze brüllte natürlich nicht, im Gegenteil, es war teilweise ziemlich schlechtes Wetter. Ossietzky reagierte auf einen Brief Tucholskys: «hier ist keine Riviera, aber trotzdem schlechtes Wetter» (8.5.32). Und am 8.6. schrieb Tucholsky an Leonhard: «Hier ist endlich die Sonne ausgebrochen.» (AB2, S. 48)

15 Dietger Pforte (Hg.), «Farbige weithin sichtbare Signalzeichen». Der Briefwechsel zwischen Carl von Ossietzky und Kurt Tucholsky aus dem Jahr 1932. Berlin 1985, S. 36. Chamissos Novelle «Peter Schlemihl's wundersame Geschichte» war sicherlich kein ganz unzutreffender Vergleich

mit Tucholskys Situation. Vor allem, wenn man die Interpretationen der damaligen Zeit hinzunimmt, nach denen z. B. der Mensch ohne Schatten ein Mensch ohne Vaterland sei, anspielend auf den gebürtigen Franzosen Chamisso, der sein Leben lang zwischen der deutschen und französischen Nationalität geschwankt hat und sich dadurch in die Rolle des gesellschaftlichen Außenseiters gedrängt fühlte. Auch der aus dem Jiddischen kommende Name Schlemihl (Schlemiel) paßt auf Tucholsky: es ist die Bezeichnung für einen unglücklichen Menschen, für einen Pechvogel.

16 Am 21.10.30 schrieb Ossietzky seiner Frau, daß er gut angekommen sei, am 24.10., daß der Besuch länger dauere, am 27.10., daß er nun in Kopenhagen sei und bald zurückkäme. In Kopenhagen erkundete er Möglichkeiten der Verlagerung der «Weltbühne» nach Skandinavien, «falls das Blättle einmal bei uns Schwierigkeiten hat». Am 16./17. April 1931 trafen sich Tucholsky und Ossietzky in Lübeck, um über die weitere Strategie des Blattes und den anstehenden «Weltbühnenprozeß» zu beraten. An seine Frau schrieb Ossietzky am 17.4.: «ich bin hier heil und sicher untergekommen und habe den Socius vorgefunden, mit dem ich bis tief in die Nacht geredet habe.» (Briefe im Ossietzky-Archiv der Carl von Ossietzky-Universität Oldenburg. Siehe auch Ursula Madrasch-Groschopp [Hg.], Ossietzky. Ein Lesebuch für unsere Zeit. Berlin und Weimar 1989, S. XXIV)

17 Rudolf Arnheim in einem Gespräch mit Elke Suhr, Juni 1986. Abschrift des Gesprächsprotokolls im Besitz des Autors.

18 GW 9, S. 253. Siehe dazu auch den Artikel von Ludwig Quidde, Die beleidigte Reichswehr, in: WB, 8.3.32, S. 362ff.

19 Zitiert nach Das 12 Uhr Blatt, 3.12.31. Der darin erwähnte Brief Tucholskys an seinen Anwalt Dr. Apfel ist ebenso verschollen wie die Prozeßunterlagen. Im Reichsinnenministerium fand sich lediglich noch eine Akte mit Zeitungsausschnitten zu der Angelegenheit. (BArch, 15.01/26191)

20 GW 5, S. 340. In der von Richard von Soldenhoff herausgegebenen Sammlung «Unser Militär!» läßt sich eindrucksvoll die Häufung dieses Vergleichs nachlesen.

21 Brief ohne Datum, wahrscheinlich Herbst 1931. KTA, Nr. 86.2216/10

22 KT an Walter Mehring, 21.3.32. AdK, Berlin, Slg. Tucholsky

23 Zur Künstlerkolonie siehe u.a. Stefan Berkholz, Die Hungerburg, in: Die Zeit Nr. 44, 25.10.1991, S. 64

24 UuL, S. 537f.

25 MT an KT, 4.4.32. Nur Paul Graetz machte leise Einwände, meinte aber auch, daß er nicht guten Gewissens zum Kommen raten könne.

26 UuL, S. 540

27 Zum Prozeß siehe Stefan Berkholz (Hg.), Carl von Ossietzky – 227 Tage im Gefängnis. Briefe, Texte, Dokumente. Darmstadt 1988, S. 123 ff.

28 Gerhart Hauptmann, Gesammelte Werke in sechs Bänden. Berlin 1906. Bd. 1, S. 54 f.

29 Ossietzky spricht. WB, 5.7.32, S. 10

30 Siehe auch Margaretha Sudhof, Über die Korrelation des Aufgeregtheitsbedarfs einer Wohlstandsgesellschaft und der kriminellen Energie von Verteidigungsarmeen. Manuskript, Frankfurt 1989; Walter Karsch, Eine verworfene Revision, in: WB, 22.11.1932, S. 776 f.

31 Kurt Hiller, Sind Soldaten Mörder? Die Friedens-Warte, Heft 8/1932. S. 250–251

32 Die Friedens-Warte, Heft 8/1932, S. 249

33 WB, 10.5.32, S. 691

34 MT an KT, 17.5.32

35 Pforte, Briefwechsel, S. 38 (*Retorsion:* Erwiderung einer Beleidigung. Hauptsächlich im diplomatischen Verkehr gebräuchlich.) Ossietzky war nicht etwa übervorsichtig, diese Unsicherheit herrschte allenthalben vor. Zahlreiche Redakteure saßen im Gefängnis, Zeitungen und Zeitschriften wurden immer wieder verboten.

36 Ebda., S. 39 und S. 42. Obwohl Tucholsky nicht mehr schrieb, bestand er jedoch darauf, daß ihm die zu druckenden Artikel vorher zugeschickt wurden, wie das in den ganzen Jahren vorher der Fall war. Das führte in der Redaktion zu Spannungen.

37 MT an KT, 17.5.32

38 Was weitgehend übersehen wird, ist die langfristige Wirkung zahlreicher Bücher mit lediglich unterschwellig nationalistischen Tönen, die nur versteckt und nebenbei eingestreut sind. Als Beispiel mag der auch heute noch beliebte Science-fiction-Autor Hans Dominik dienen. In seinem 1923 erschienenen Roman «Die Spur des Dschingis Khan» heißt es z. B.: «Während das rassestolze England auch in seinen schwersten Nöten die Inferiorität der farbigen Rassen in Theorie und Praxis stets betonte und aufrechterhielt, hatte Frankreich ja die selbstmörderische Politik des alten Imperium Romanum übernommen. Es hatte die Farbigen seiner Kolonien den Weißen gleichgestellt und seine Rasse verdorben. Diese Fehler waren nie wieder ganz gutzumachen ...» (S. 286)

39 Hans Fallada an KT, 10.6.32, KT an Fallada, [?].6.32 (AdK, Berlin-Ost, Fallada-Archiv)

40 Ebenda, 10.6.32. Die Besprechung in der WB ist von M.M. Gehrke, Romanze vom Stehkragenproleten. (WB, 29.11.32, S. 793 ff.)

41 Bei der Wahl vom 14.9.1930 gewann die NSDAP knapp 6,4 Millionen Stimmen. 1928 hatte sie erst 12 Abgeordnete. Tucholskys Geschichte erschien am 7.10.1930 in der WB.

42 GW 8, S. 237ff.
43 AB, S. 311
44 Erich Kästner, Über das Verbrennen von Büchern, in: Gesammelte Schriften. Frankfurt (Büchergilde Gutenberg), Bd. 5, Vermischte Schriften, S. 578
45 Hermann Heller, Rechtsstaat oder Diktatur?, in: Die Neue Rundschau. Berlin und Leipzig 1929, Bd. 2, S. 721
46 Jakob Links (das ist: Heinz Pol), Vor dem Bankrott. WB 9.12.1930, S. 849/852
47 Zit. nach Heinrich August Winkler, Der Schein der Normalität. Arbeiter und Arbeiterbewegung in der Weimarer Republik 1924 bis 1930. Berlin Bonn 1985, S. 823
48 GW 10, S. 21
49 WB, 16.2.32
50 Gewerkschafts-Zeitung. Organ des Allgemeinen Deutschen Gewerkschaftsbundes. Nr. 29, 16.7.32, S. 449. (Nachdruck: Bonn 1983)
51 Siehe u.a.: DGB-Archiv, NL Erdmann. Siehe auch die Artikel von Erdmann und Leipart in «Die Arbeit» und «Korrespondent» zum Thema Überparteilichkeit des ADGB. Lothar Erdmann, 1939 im KZ ermordet, war Chefredakteur des theoretischen Gewerkschaftsorgans «Die Arbeit» und enger Vertrauter und Redenschreiber von ADGB-Chef Theodor Leipart. Erdmann vertrat den Standpunkt, daß die Gewerkschaft eine betont nationale Bewegung sein müsse, und hoffte noch nach der «Machtübernahme» der Nationalsozialisten auf eine Einigung auf nationaler Basis. In der «Gewerkschafts-Zeitung» war dann am 29.4.1933 zu lesen: «Vom Nationalsozialismus unterschied uns *keine andere Rangordnung* der Werte *Nation und Sozialismus,* sondern lediglich eine andere Prioritätsordnung. [...] Wir brauchen wahrhaftig nicht ‹umzufallen›, um zu bekennen, daß der Sieg des Nationalsozialismus, obwohl er im Kampf gegen eine Partei errungen wurde, die uns als Träger der sozialistischen Idee galt, auch unser Sieg ist, insofern die sozialistische Aufgabe heute der ganzen Nation gestellt ist.»

Einige Mitglieder der ADGB-Führung wechselten nach 1933 zur «Deutschen Arbeitsfront», etwa Clemens Nörpel, Kurt Gusko oder Hermann Seelbach. Nörpel war seit 1927 Reichsarbeitsrichter und gehörte dem ADGB-Bundesvorstand an. Im «Arbeitswissenschaftlichen Institut der Deutschen Arbeitsfront» beschäftigte er sich u.a. mit der «arbeitsrechtlichen Stellung der Juden» oder dem «Problem des Einsatzes ausländischer Arbeiter». Nörpel, seit 1941 Mitglied der NSDAP, war schon in seiner ADGB-Zeit überzeugter Antisemit, wie Erdmann in seinen tagebuchartigen Aufzeichnungen festhielt. (DGB-Archiv, NL Erdmann. Eintrag vom 31.5.1935; siehe auch Karsten Linne, Von Leipart zu

Ley: Clemens Nörpel, in: 1999. Zeitschrift für Sozialgeschichte des 20. und 21. Jahrhunderts. Heft 4/1988, S. 92ff.; Michael Hepp/Karl Heinz Roth [Bearb.], Sozialstrategien der Deutschen Arbeitsfront. [Micro-Edition] München, London, New York, Oxford, Paris 1988)

52 WB, 10.5.32, S. 692

53 Erster Wahlgang am 13.3.: Hindenburg 49,6%, Hitler 30,1%, Thälmann 13,2%. Zweiter Wahlgang am 10.4.: Hindenburg 53%, Hitler 36,8%, Thälmann 10,2%.

54 Hermann Pünder, Politik in der Reichskanzlei. Aufzeichnungen aus den Jahren 1929–1932. Hg. von Thilo Vogelsang. Stuttgart 1961, S. 128. Aufzeichnung des Staatssekretärs Pünder vom 29.5.1932

55 Chronik 1932, Dortmund 1989, S. 66

56 Die franz. «Populaire» schrieb – fast richtig – dazu: Das Kabinett werde die laufenden Geschäfte erledigen, «bis Hitler an die Macht kommt». (Chronik 1932, S. 101)

57 Chronik 1932, S. 96, 10. Juni

58 Von den rund 62,5 Millionen Deutschen lebten über 38 Millionen in Preußen, das seit 1921 von dem Sozialdemokraten Otto Braun regiert wurde.

59 Wut und Enttäuschung war vielfach die Reaktion der Arbeiter. Augenzeugen berichteten: «Ich sah in jenen Tagen Reichsbannerleute weinen. Alte Funktionäre warfen uns die Mitgliedsbücher hin.» (Heinz Höhne, Die Machtergreifung. Deutschlands Weg in die Hitler-Diktatur. Reinbek 1983, S. 194)

60 Joseph Goebbels, Vom Kaiserhof zur Reichskanzlei. München [34]1942, S. 131/133

61 Woher Tucholsky Dr. Katzenstein kannte, ist nicht klar. Wahrscheinlich ist, daß er ihm von Ernst Toller empfohlen wurde. Erich Katzenstein, geb. am 25. April 1893 in Hannover (Vater Kaufmann), war in der Münchner Räterepublik aktiv (Rat geistiger Arbeiter) und mit Toller befreundet. (Zeitweise hatte Toller sich bei Katzenstein versteckt.) Nach der Zerschlagung der Räterepublik betreute er die Familien der Gefangenen. Seine Frau, Nanette (Netty) Katzenstein (geb. Gerstle), am 1.11.1889 in München geboren, war Mitglied des «Bundes sozialistischer Frauen». Nach der Flucht ihres Mannes in die Schweiz wurde sie in einem Dorf unter Hausarrest gestellt. Netty Katzenstein war während seiner Gefangenschaft die wichtigste Briefpartnerin Ernst Tollers. (Siehe die Briefe an Tessa in den «Gesammelten Werken».) Im Schweizer Exil war sie unter dem Namen Nettie Sutro nach 1933 eine der Initiatoren der Flüchtlingskinderhilfe. Außerdem übersetzte sie Romane von Ignazio Silone. (Quellen: Über die Rolle von Erich und Netty Katzenstein während der Räterepublik gibt es ausführliche Unterlagen in den Prozessen

gegen Albert Daudistel und Thekla Egl. Auszüge davon sind abgedruckt in Hansjörg Viesel, Literaten an der Wand. Die Münchner Räterepublik und die Schriftsteller. Frankfurt/Main, 1980, S. 395 ff. und 613 ff.; siehe auch O. M. Graf, Wir sind Gefangene. Berlin 1928, S. 237: «Recht gewichtig lief der schmalgesichtige Katzenstein herum...» Weitere wichtige Hinweise verdanke ich Gustav Huonker.)

62 Siehe dazu Gustav Huonker, Literaturszene Zürich. Menschen, Geschichten und Bilder 1914 bis 1945. Zürich 1985, S. 162. Dort ist auch der Ausschnitt aus dem Gästebuch mit einer der Eintragungen Tucholskys abgebildet.

63 Siehe dazu ausführlich Peter Kamber, Geschichte zweier Leben – Wladimir Rosenbaum und Aline Valangin. Zürich [2]1990. Wenn nicht anders vermerkt, sind auch die nachfolgenden Zitate von Aline Valangin über Tucholsky diesem Buch entnommen (S. 114–123). Siehe auch die Beschreibung von Elias Canetti, Das Augenspiel. Lebensgeschichte 1931–1937. München, Wien 1985, S. 187–195

64 Die am 9.2.1889 geborene Aline war die Enkelin des Friedensnobelpreisträgers Elie Ducommun und hieß eigentlich Rosenbaum-Ducommun, Valangin war erst seit 1936 ihr Künstlername, unter dem sie auch ihre Gedichte, Erzählungen und Romane veröffentlichte. Obwohl also Tucholsky diesen Künstlernamen vermutlich gar nicht kannte, wird er hier verwendet, da sie unter diesem Namen bekannt wurde.

65 Kamber, S. 150

66 Kamber, S. 110

67 Kamber, S. 149

68 Marietta von Meyenburg berichtete Gustav Huonker sehr anschaulich über die Rivalität zwischen Silone und Tucholsky, die wohl zu der Trennung führte. Erst nachdem Tucholsky im Hochsommer 1932 Aline Valangin verließ und zu Hedwig Müller nach Zürich fuhr, söhnte sie sich wieder mit Silone aus. Auch Tucholsky urteilte abwertend, Aline sei nymphoman. Im Brief vom 15.11.34 an Nuuna meinte er, wer männlich sei und in Zürich wohne, komme bei ihr «mal dran».

69 Kamber, S. 116f. Inge von Wangenheim schilderte in ihren Erinnerungen «Mein Haus Vaterland», Berlin 1950, S. 462 ff. eine Begegnung in Zürich, die im Juni 1932 während eines Gastspiels stattgefunden haben muß.

70 Tucholsky besuchte 1926 Jacobsohn in Sils-Maria. Vielleicht hat er diese Frau damals kennengelernt. Am 23.11.1932 schrieb ihm Erich Kästner: «... schade, daß wir uns in Sils-Maria nicht getroffen haben».

71 AB, S. 220

72 Siehe: AB, S. 120f. In der Weltbühne wurden jedoch keine Erklärungen abgedruckt. Zu Irmgard Keun siehe Jürgen Serke, Die verbrannten Dichter. Weinheim und Basel, 1979, S. 160 ff.

73 In ihrem Brief an den Schriftsteller Humm schrieb Aline Valangin am 30.5.73, die Taschentücher seien aus «allerfeinstem teuerstem Batist» gewesen. Kopie im Besitz von Gustav Huonker.

74 Daß auch Toller zu der Zeit in Comologno war, ist unwahrscheinlich. Im August 32 schrieb er an die «Liebste Frau Aline», daß er leider nicht kommen könne, da eine französische Filmgesellschaft ihn eingeladen habe, sofort nach Cap d'Antibes zu kommen, um die deutsche Fassung eines Films mit Jannings zu bearbeiten. (Brief im Sozialarchiv, Zürich) Am 25.8.32 schrieb er an Aline Valangin: «Ich will im September kommen.» (DLA, Marbach, Bestand Toller) Da Tucholsky am 28.8.32 bereits in Zürich war, ist ein Zusammentreffen auf der «Barca» fast ausgeschlossen.

75 Begegnung im Tessiner Hochtal. Artikel von F. H. in: Die Ostschweiz (St. Gallen), 24./25.12.1960. Eine Kopie des Artikels erhielt ich dankenswerterweise von Gustav Huonker. Die falsche Angabe von Tucholskys Alter wurde im Zitat berichtigt.

76 Mitteilung von Ulrich Thiele über sein Gespräch mit Aline Valangin

77 Aline Valangin an Gustav Huonker, 25.6. und 6.7.73

78 Tucholsky trank nicht übermäßig Alkohol, wie sich Aline Valangin und auch Gertrude Meyer erinnerten. Aber so ein, zwei Gläschen Whisky belebten laut Aline Valangin seine Stimmung: «Sonst sackte er leicht ab und wurde mißmutig.» (Kamber, S. 116)

79 Es ist mehr als auffällig, daß sich dieses Wort bei fast allen *Frauen* findet, mit denen Tucholsky länger zu tun hatte. Für seinen Roman über die Frauen notierte sich Tucholsky im Sudelbuch: «D. Frau als Klagemauer».

80 Aline Valangin an R. J. Humm, 30.5.73

ZWÖLF

1 KT an HM, 2.2.35. Zum Verhältnis zwischen Kurt Tucholsky und Hedwig Müller siehe die ausführlichen Einleitungen von Gustav Huonker in: Mary Gerold-Tucholsky und Gustav Huonker (Hg.), Kurt Tucholsky. Briefe aus dem Schweigen 1932–1935. Reinbek 1977, S. 7–31; dies., Kurt Tucholsky. Die Q-Tagebücher 1934–1935. Reinbek 1978, S. 7–21; Gustav Huonker, «...so wenig wohl fühle ich mich in Zürich», in: ders. (Hg.), Kurt Tucholsky. «Liebe Winternuuna, liebes Hasenfritzli». Ein Zürcher Briefwechsel. Zürich 1990, S. 9-33 (künftig: Huonker, S.); Gustav Huonker, Zur Entdeckung und Edition von Kurt Tucholskys Zürcher Korrespondenz, in: Irmgard Ackermann/Klaus Hübner (Hg.), Tucholsky heute. Rückblick und Ausblick. München 1991, S. 141–148

2 Es ist kein Zufall, daß sich diese beiden Frauen nach Tucholskys Tod

lange ausgezeichnet verstanden. Mary Gerold verbrachte ihre Ferien bei Hedwig Müller in Zürich, und sie schrieben sich oft und ausführlich. «Hedi» bedauerte immer wieder, daß der «liebe Engel» Mary so weit weg wohnte; neben ihrer Schwester wäre sie die einzige Frau, mit der sie sich verstehen würde: «Ich mag Sie sehr leiden». (HM an MT, 10.8.37) Erst Anfang der sechziger Jahre trat eine gewisse Distanz ein.

3 KT an HM, 22.1.1934

4 Siehe beispielsweise KT an HM, 27.10.34

5 Die einzige diesbezügliche Bemerkung: «Der einzige Mann [...] bist Du» (QT, S. 311) bezieht sich nur auf ihre politische Haltung.

6 Der erste Brief datiert bereits aus 1932, o. D., im Oktober 1935 schrieb er dann «Das Kranckenhaus». (BS, S. 223 ff.)

7 KT an HM, 27.1.1934

8 Woher der Begriff kommt, ist unklar. Der Zeitpunkt der Umbenennung von Tatjana in Nuuna spricht dafür, daß dies auf «Nunna», das schwedische Wort für Nonne, zurückzuführen ist. Am 30.10.1934 unterschrieb Hedwig Müller auch mit «Deine verehrte Nonne». Eine andere Möglichkeit wäre das franz. «nounou», das in der Kindersprache für Amme steht. Im Sudelbuch findet sich folgende Stelle: «‹Jetzt muß Nunn schlafen!› – ‹Wer ist Nunn?› – ‹Ich, wenn ich besoffen bin.›» – Ich danke Herrn Dr. Thalberg, dem Hedwig Müller ihre Briefe an Tucholsky übergeben hat, für die Überlassung von Kopien und die freundliche Erlaubnis, die Briefe zu zitieren.

9 Brief von Grete Wels-Schon an MT, 2.4.54. Trotz intensiver Suche gelang es nicht, über Grete Wels nähere Angaben zu bekommen.

10 KT an HM, 11.8.32. Im Druck fehlt dieser Zusatz.

11 HM an KT, 17.5.1934. Nuuna selbst schrieb den Namen oft nur mit einem «u».

12 HM an KT, 22.5.1934

13 KT an HM, 13.9.1934: «du mütterliche Hure meines Herzens».

14 KT an HM, 3.2.35. Dem widerspricht nicht, daß er immer wieder schrieb, er habe Sehnsucht nach einem «Gach» mit Nuuna.

15 Ebd.; «von Pappas impotentem Gewieher auf Visby», 28.7.35; siehe auch den Brief vom 14.11.35.

16 U. a. KT an HM, 19.7.35. Philemon und Baukis, siehe Metarmophosen von Ovid und Goethes Faust, Teil 2, 5. Akt. Auch Nuuna sprach immer wieder davon, daß sie sich auf einen ruhigen Lebensabend mit ihm freue. «Ist diese Ruhebedürftigkeit Altersschwäche? Aber ich gehöre so plötzlich zu der Generation, die nicht mehr mitmachen muß», schrieb sie z. B. am 28.3.34.

17 HM an KT, 4.8.35, fälschlich 4.7.35 datiert

18 Urkunde vom 13.10.1924. (Archiv Gustav Huonker) Nach Huonker

absolvierte sie ihre Praxisjahre bei Prof. Pirquet in Wien und in München. Zu Hedwig Müllers Biografie siehe den hervorragenden Aufsatz von Gustav Huonker, «... so wenig wohl fühle ich mich in Zürich».

19 Huonker, S. 13f.

20 Der offizielle Titel war: Médicin-Conseil de la Société Suisse D'Assurances Générales sur la vie Humaine.

21 An Mary Tucholsky schrieb sie bereits im August 1936, daß ihr eine Festanstellung sehr lieb sei, da sie ein ausgesprochenes Faultier sei und ständigen Druck brauche, um wirklich zu arbeiten. Schon am 22.8.35 taucht erstmals ein Hinweis auf eine mögliche Ganztagsstelle auf (HM an KT).

22 Bereits in den Briefen an Tucholsky tauchte öfter der Rückzugs-Gedanke auf: «Kanada ist ja auch ganz schön» und ähnliche Formulierungen. An Mary Tucholsky schrieb sie 1936/37 mehrmals, daß es ihr nicht besonders gut gehe und «daß ich eigentlich oft nicht mehr recht mag» (12.4.1936), «ich will nur Frieden haben» (10.8.1937).

23 Zum Freundeskreis Hedwig Müllers siehe Huonker, S. 14f. Auch noch nach Tucholskys Tod schrieb sie mehrfach an Mary Gerold, daß sie kaum noch Leute sehen mag. Andererseits waren die Schwestern Gertrud Elisabeth und Hedwig für ihre Geselligkeit bekannt. Was von Hedwig Müllers oft berichteten Rückzügen also nur verbal artikulierter Wunsch war, läßt sich kaum mehr nachweisen.

24 KT an HM, 22.9.32

25 KT an HM, 11.8. und 18.8.32

26 Am 22.8. schrieb er ihr: «ich komme höxtwahrscheinlich am Freitag nach Zürich geloffen (...) Ich bedarf keinerlei ärztlichen Trostes, aber da wäre doch noch so manches. Ich freue mich *sehr*, Sie wiederzusehn...» (Original bei Huonker) Freitag war der 26.8.32.

27 KT an HM, 10.9.32

28 KT an HM, 18.9.32

29 KT an HM, 13.9.32

30 Siehe Huonker, S. 13

31 HM an KT, 5.4.34. In Klammern schrieb sie nach Männerhand: «Du Schwein!» Zum «Ordnungsgott» schrieb Tucholsky ihr am 21.10.34: «Ich bin ein Pedant, erstens, weil das praktischer ist, und zweitens aus Zwangsvorstellung, das weißt Du ja. Wohl auch, weil ich den Rummel bei meiner Mama in der Jugend gesehn habe. Dergleichen ist ja auch eine Erziehungsmethode.» Ein weiterer Grund für Tucholskys penible äußere Korrektheit ist eine wohl unbewußte Kompensierung: Er suchte inneren Halt und fand nur zur äußerlichen «Haltung».

32 Nebelspalter, 24.1.1968

33 Auch später ging es ihm «recht gut», wenn «Mutter» da war, aber gleich

danach war er wieder «total alle und kapott». (KT an HM, 11.9.34) Die psychischen Einflüsse werden hier sehr deutlich.

34 Bethli (das ist Gertrud Elisabeth Dunant-Müller, die Schwester von Nuuna), «Ich könnt besser einen Bessern missen». Nebelspalter, Jan. 1968

35 BS, S. 46

36 BS, S. 45

37 Siehe AB 2, S. 276

38 Eine dreiviertelstündige Operation im Winter 1932 hatte keine Besserung gebracht, er klagte weiterhin über Kopfschmerzen, Mittelohrentzündung usw. und machte eine Inhalationskur.

39 AB, S. 248

40 DT, S. 465 f.

41 AB, S. 251

42 Am 19. April 1933 wurde das Inventar der WB offiziell beschlagnahmt, am 13. Juli bestätigte das Geheime Staatspolizeiamt Edith Jacobsohn, daß auf «Grund des 5 des Gesetzes über die Einziehung kommunistischen Vermögens vom 26. Mai 1933» das vorhandene Mobiliar beschlagnahmt bleibt und ihre Rechte «erlöschen». Am 2. Oktober 1933 verfügte das Gestapa, daß auch die Konten der WB bei der Dresdner Bank und beim Postscheckamt «zugunsten des Preußischen Staates» eingezogen wurden. (Peter Jacobsohn überließ mir freundlicherweise Kopien der beiden Dokumente)

43 Helmut Heiber (Hg.), Goebbels-Reden 1932–1939. Düsseldorf 1971, Bd. 1, S. 108

44 Pol. Archiv des Auswärtigen Amtes, Inland II A/B, 126/1. Auch der «Stahlhelm» hatte bereits am 14. Mai eine ähnliche Falschmeldung verbreitet: «Georg Bernhard, Tucholski, Feuchtwanger und Gesinnungsgenossen haben, vom sichern Port ihrer ausländischen Zufluchtsstätten aus, dem nationalen Deutschland grimmige Fehde geschworen und zu diesem Zweck einen ‹Verband auslandsdeutscher Republikaner› gegründet, der die hehre Aufgabe hat, die deutsche Republik zu verteidigen. Die Mitglieder dieses ach so prächtigen Verbandes behaupten stolz, ‹Vertreter des wahren Deutschland› zu sein.» Zu den Ausbürgerungen siehe auch Michael Hepp (Hg.), Die Ausbürgerung deutscher Staatsangehöriger 1933–45 nach den im Reichsanzeiger veröffentlichten Listen. München, New York, London, Paris 1985 ff. (3 Bde.) Insgesamt wurden auf 359 Listen über 39000 Menschen ausgebürgert.

45 AB, S. 270 ff.

46 AB, S. 315

47 Siehe dazu Gustav Huonker, Literaturszene Zürich. Menschen, Geschichten und Bilder 1914 bis 1945. Zürich 1985, S. 162

48 Paul Meyer, Ernst Rowohlt in Selbstzeugnissen und Bilddokumenten. Reinbek 1968, S. 170
49 KT an HM, 2.7.34
50 HM an KT, 12.3.34
51 HM an KT, 9.4.34. Am 18.4.34: «meine lieben Landsleute sind genauso widerwärtig wie alle andern und das kränkt einen lächerlicherweise».
52 Tucholsky behielt auch mit dieser Voraussage recht. Sowohl Frankreich als auch Dänemark wurden von den Deutschen besetzt, Schweden nicht.
53 Sie hielt sich und Tucholsky für die «letzten überlebenden Idealisten», die von «den Menschen eine viel zu hohe Meinung hätten». (HM an KT, 29.10.34)
54 KT an HM, 3.10.33
55 KT an HM, 27.1.34
56 KT an HM, 16.2. und 7.3.34
57 KT an HM, 14.5.34
58 HM an KT, 17.2.34
59 HM an KT, 5.2.34
60 HM an KT, 15.2.34
61 KT an HM, 18.2.34
62 KT an HM, 25.2.34
63 HM an KT, 1.3.34. Am 22.3.34 schrieb sie ihm: «Ich möchte Dich nur hie und da respektvoll daran erinnern, daß sich sogar für uns noch eine einigermaßen erträgliche Zukunft denken läßt.»
64 HM an KT, 3.3.34
65 HM an KT, 30.1.35
66 HM an KT, 15.2.34, 30.3.34, 18.4.34, 23.4.34, 29.10.34
67 Hedwig Müller kam am frühen Morgen des 25.12.1933 in Göteborg an und fuhr am 20. oder 21.1.1934 wieder nach Zürich zurück.
68 Gertrude Meyer spielte bei diesen Überlegungen offenbar keine große Rolle mehr. Denn in zwei Zimmern auf einem Bauernhof hätte er schlecht mit ihr zusammen leben können.
69 QT, S. 282
70 KT an HM, 2.7.34. Der Brief ist mit 2.8.34 falsch von ihm datiert worden.
71 Mitteilung von Dr. Bode an MT, 1.5.1958. Mary Tucholsky sah das sehr ähnlich: «Er war ein Herr. Er hätte ohne Geld in der Misere nicht leben können, soviel bedeutete das Leben ihm nicht. Er hatte Freude an schönen Dingen. Im Mief oder in einer kleinbürgerlichen Atmosphäre hätte er nicht atmen können.» (MT an Hans Schönlank, 13.12.1955)
72 Im Mai 1935 war Tucholskys finanzielle Reserve erschöpft. Fortan war er hauptsächlich auf Nuunas Geld angewiesen: «Nun hast Du mir erlaubt, an Dein Konto zu gehen, was mir sehr, sehr schwerfällt. (Sag

nichts – Nunchen, ich weiß alles – aber es ist unsagbar schwer. Doch. Ja. Doch.) Bisher habe ich das nicht getan. Wenn Du es erlaubst, möchte ich 500 Kronen herunternehmen ...» Im Dezember hatte er laut Testament bei Nuuna 10000 Schweizer Franken Schulden. Auch Gertrude Meyer erzählt, daß sie immer wieder heimlich Rechnungen für Tucholsky beglichen hatte. Als er dahinterkam, sei er «sehr verärgert» gewesen.

73 KT an HM, 9.6.34. *schon einmal einen Nischnutt gehabt:* Hedwig Müller war einige Zeit mit einem Maler befreundet gewesen, den sie teilweise finanziell unterstützen mußte. Nischnutt = Nichtsnutz

74 HM an KT, 11.9.34

75 HM an KT, 22.3.34

76 KT an HM, 8.6.34

77 Olle Hambert, der 1988 das Haus gefunden hat, berichtet, daß es nicht am Strand, sondern etwa 500–600 Meter entfernt davon lag.

78 Gertrude Meyer besuchte in Paris eine alte Freundin und machte gleichzeitig einen Kochkurs für französische Küche. Das habe allerdings nichts mit Tucholsky zu tun gehabt, und sie habe nie für ihn gekocht. (Gespräch mit Gertrude Prenzlau, August 1988) In anderen Gesprächen schilderte sie hingegen fast mit Stolz, daß sie ab und zu für Tucholsky gekocht habe und er besonders ihre gefüllte Ente so gern mochte.

79 Am 5.8. schrieb Nuuna: «Also in einer Woche bin ich da.» Am 9.8.: «Komme leider unaufhaltsam.» Sie kam um den 12./13.8.1934 in Lysekil an, wo Tucholsky sie abholte.

80 Im ersten Brief nach diesem Urlaub vom 9.9.34, in dem er sich bei Nuuna für alles bedankte, bezog er auch «die Verlobung» mit ein. Da der Absatz – wie fast immer, wenn Tucholsky seine Gefühle verbergen wollte – ziemlich scherzhaft abgefaßt ist, kann dies auch nur einer seiner Scherze sein. Ich halte eine halb scherzhaft, halb ernst gemeinte Verlobung allerdings durchaus für denkbar. 1935 erwähnen beide einen Ring: Am 25.7.35 hoffte KT, daß ihre Freundschaft fürs Leben reiche, oder doch zumindest, bis Nuuna ihren Ring zerschlissen habe. Am 31.7.35 antwortete sie: «Was den Ring anbetrifft, so betrachte ich ihn hie und da mit Liebe und Zärtlichkeit.»

81 KT an HM, 11.9.34

82 KT an HM, 13.9.34

83 HM an KT, 18.10.34

84 KT an HM, 27.9.34

85 HM an KT, 12.5.34

86 HM an KT, 3.10.34. Am 17.7.34: «ich habe von meiner bernischen Seite her noch einen Rest von Bedürfnis nach etwas, was besteht und sich nicht verändert».

87 Auch der Ton in den Briefen Hedwig Müllers an Mary Tucholsky läßt

darauf schließen, daß sich Nuuna nie durch Gertrude Meyer bedroht fühlte.

88 Gertrude Meyer-Prenzlau starb am 16.9.1990 in Hindås. (Siehe ausführlich Gerhard Zwerenz, Eine Liebe in Schweden. Roman vom seltsamen Spiel und Tod des Satirikers K. T. München 1980)

89 Am 3. Juni 1931 reiste Tucholsky über Dover in England ein und blieb bis 1.7. in London. In der ersten Zeit war er mit der «Gräfin» zusammen, dann kam Gertrude nach London, und mit ihr fuhr er nach Kent, wo er ein Landhaus gemietet hatte. Am 3. Oktober kehrte Tucholsky wieder zurück.

90 Beate Schmeichel-Falkenberg, «Und ich sehne mich so nach dem Norden». Kurt Tucholsky in Schweden, in: Huonker (Hg.), Liebe Winternuuna, S. 117

91 Siehe den Schluß des Kapitels und Fußnote 124

92 Es gibt kaum eindeutige Stellen im Briefwechsel. Aber aus den – teilweise sicher auch scherzhaft oder ironisch gemeinten – Zitaten und aus dem Ton mancher Briefe – vor allem der Hedwig Müllers – gehe ich davon aus, daß er Nuunas Drängen nachgegeben hat. Es war dies aber eher ein «taktisches» Ja, um Nuuna zu beruhigen und ihre ständigen Anspielungen abzuwehren.

93 KT an HM, 3.2.35

94 KT an HM, 18.1.35, 28.1.35, 2.2.35. Am 19.2.35 berichtete er über das Gespräch mit der Vermieterin, daß er bis 1. Juni in dem Haus bleiben, aber auch jederzeit vorher ausziehen könne. Einer der Hintergründe für den geplanten Umzug war Tucholskys finanzielle Situation. Er zahlte für das Haus die stolze Summe von 1440 Kronen, im Mai erreichte er dann eine Senkung auf 1200 Kronen.

95 KT an HM, 9.3.1935

96 Tucholsky schilderte in seinem Brief vom 1. Juni 1935 ausführlich die Leidensstationen, die er seit dem 3. Dezember 1934 durchmachen mußte. Fünfmal wurde er operiert, nach der dritten Operation trat erstmals eine Besserung ein. Seit Juni 1935 war Tucholsky dann weitgehend ohne Beschwerden, er bekam seinen Geruch zurück, und auch der ständige Kopfschmerz war weg; der Kopf war wieder ganz klar. Nachdem die Stirnhöhlengeschichte ausgestanden war, plagte Tucholsky aber ein Magendruck. Mitte Oktober ließ er sich deshalb im Sahlgrenschen Krankenhaus in Göteborg stationär untersuchen. (Siehe dazu ausführlich Olle Hambert, «...mir wird mein Leben gestohlen», in: Huonker [Hg.], Liebe Winternuuna, S. 126–141)

97 HM an KT, 20.1.35

98 HM an KT, 30.1.35

99 «Ich habe nicht nur Zeitlang nach Dir, sondern mein Herz schreit nach

Dir wie der Irrigator nach Wasser. [...] Ich freue mich nicht bloß, daß Du kommst, sondern ist dieses eine Lehmsnotwendigkeit. Gehörig hörig, der Mann.» (KT an HM, 12.5.35) «Liebes Nunchen, nun komm man bald an – es ist hexte Zeit.» (KT an HM, 15.5.35)

100 KT an HM, 24.5.35

101 HM fuhr am 8. Juni in Zürich ab und war am Morgen des 10. in Göteborg. Zurück fuhr sie am Sa., 6. Juli.

102 KT an HM, 9.7.35. Auch der Schluß des Briefes nimmt darauf Bezug: «ich habe Dich *sehr* lieb, ohne aber (...) und heiße jahahahahaha – Hasenfritzli».

103 KT an HM, 2.10.35

104 Siehe KT an HM, 25.11.35: «Ich kenne mich: vieles sähe anders aus.»

105 KT an HM, 9.7.35

106 KT an HM, 9.8.35

107 KT an HM, 19.7.35. BS, S. 197

108 So z. B. am 25.7.35, aber auch in vielen Briefen Anfang 1935 und besonders häufig Ende des Jahres.

109 KT an HM, 28.7.35

110 HM an KT, 12.9.35

111 HM an KT, z. B. 15.8.35, 12.9.35, 19.9.35

112 KT an HM, 22.7.35. Am Schluß des Briefes formulierte er auf schwedisch seine Sehnsucht nach Nuuna, wobei die letzten beiden Worte wohl auch ein Sprachspiel sind (med für medizinae): «Jag skulle gerna vilja sova med Fröken!» Ich würde gerne mit dem Fräulein schlafen wollen!

113 HM an KT, 16.8.35. «nicht cheerful»: HM an KT, 9.8.35

114 HM an KT, 27.8.35 und einige Briefe vorher. Tucholsky reagierte darauf mit zwei lapidaren, nichtssagenden Zeilen, nachdem er auf einer halben Seite *seine* Beschwerden aufgeführt hat. (KT an HM, 1.9.35)

115 KT an HM, 10.9.35

116 KT an HM, 8.11.34

117 KT an HM, 15.5.35

118 19.7.35. Nuuna antwortete darauf nur, er solle nicht immer von seiner Zweiten träumen, «Sonst träume ich, Gott behüte, von dem Ersten». (HM an KT, 24.7.35)

119 MT an KT, 28.8.33. Der Rechtsanwalt B., der damals in Hasenclevers Wohnung lebte, arbeitete schon vorher für Tucholsky und hatte auch noch Geld von ihm, das für den Prozeß verrechnet wurde. Der Kontakt kam über Karlchen zustande, dem Tucholsky – nachdem er von Karlchen einen Brief von Mary Tucholsky an sich bekam, in dem sie ihre Schwierigkeiten schilderte – am 11. Juni 33 schrieb: «Bitte schreib der Frau gleich, sie solle sich an diesen Anwalt B. wenden. Sie kennt ihn

auch nicht. Es soll ihr auf alle Fälle gleich geholfen werden, eben, weil das da alles etwas schwierig ist. Sie soll nur hingehen und dem das Geld abverlangen. Denn er hat es ja.»

120 MT an KT, 10.2.34. Tucholsky ließ durch Hedwig Müller 280 frs überweisen, als Beitrag zu den Prozeßkosten. Er entschuldigte sich bei MT dafür, daß es nicht mehr war, aber sie wehrte ab, das sei doch sehr viel.

121 Allerdings muß man dabei berücksichtigen, daß Else Weil, die auch erst im März 1933 ihren Mädchennamen wieder annahm, weil der Name Tucholsky «zu gefährlich» war, im Dezember 1933 ihre kassenärztliche Zulassung entzogen wurde und sie nur noch Privatpatienten behandeln durfte. Sie hatte dadurch kaum noch Einnahmen. Es gelang ihr offenbar, Tucholskys Tantiemen, die noch beim Rowohlt Verlag anstanden, zu pfänden. Das Problem taucht in den Briefen an Hedwig Müller gelegentlich auf.

122 KT an HM, 25.2.34. Tucholsky hob ihr Verhalten immer wieder hervor. Am 14.12.33 schrieb er bereits an Nuuna: «Die zweite Frau benimmt sich so sauber, daß ich mich schäme.»

123 MT, Tb 9.7.33. Mary Tucholsky lernte Karlchen erst 1933 kennen.

124 Karlchen tarnte seine Briefe teilweise, indem er mit «Erika» unterschrieb, Mary Tucholsky unterschrieb mit «die sel. Witwe». Am 3.6.33 schrieb sie z. B.: «Bitte übermitteln Sie Hedwigs Patient meinen besten Dank für seine gute Absicht, und ich lasse schön grüßen.» Die Bezeichnung «Hedwigs Patient» zeigt, daß sie über Tucholsky völlig im Bild war.

125 MT an KT, 5.4.34. Siehe die Antwort in UuL, S. 543, die aus Tarngründen von Gertrude Meyer unterschrieben war.

126 MT, Tb 9.7.1933. Neben Nuuna war wohl Gertrude noch als Erbin vorgesehen.

127 Testament, abgedruckt bei Soldenhoff, Lebensbild, S. 249. – Auch das «Kapitel Gertrude Meyer», die er inzwischen als «Zicke» bezeichnete (KT an HM, 13.10.35) und die zusammen mit dem Dienstmädchen als Zeugin unterschrieb, war damit endgültig und ohne großen Dank beendet. Man kann sich vorstellen, welche Gefühle sie bewegt haben müssen, als sie erfuhr, daß sie lediglich mit einem kleinen Legat «Bücher oder sonstiges» bedacht wurde, wenn Tucholsky auch «generös» hinzufügte, daß sie sich das «nach ihrem Wunsch auswählen» kann. – Ein Teil des Streites zwischen Gertrude Meyer und Mary Tucholsky nach 1945 läßt sich auch aus dem Testament erklären. Bis 1945 besaß Gertrude ja noch ungefährdet alle Andenken an den geliebten Mann, und der Briefton ist in dieser Zeit noch sehr herzlich. Erst nachdem Mary Tucholsky die Herausgabe des Erbes anmahnte, veränderte sich das Klima nachhaltig.

128 Das Testament vom 2.10.35 existiert nur noch in einer schwedischen Abschrift, die am 20. März 1936 bei der Testamentsvollstreckung gemacht wurde. Zum Ring siehe die verschiedenen Bemerkungen in den Briefen vom Juli 35. (Anm. 78) Möglich ist, daß es sich um den «Verlobungs»ring handelt. Auch in diesem Testament war Mary Tucholsky bereits als Universalerbin vorgesehen. Darüber hinaus sollten bekommen: Erich Danehl seine Anzüge und Halstücher, 100 Bücher und den hellbraunen Schreibtisch; Fritz Tucholsky seine Mäntel, Schuhe und die Unterwäsche; Jean de Montaignac seinen weißen Garderobekoffer; Gertrude Meyer Bücher und Gegenstände nach eigener Wahl. – Merkwürdig ist, daß Tucholsky im Oktober noch nichts über die Schulden festgehalten hat. Die 10000 Franken hat er ja nicht erst im Oktober oder November 35 erhalten. Unverständlich auch dieses Austauschen eines emotional sicher wichtigen Andenkens gegen den reinen Schuldenausgleich.

129 AB, S. 277

130 KT an HM, 9.10.35

131 KT an HM, 6.11.35. Tucholsky betonte seit Anfang Oktober in fast jedem Brief, daß er sie «aufrichtig» und «ernstgemeint» liebe.

132 QT, S. 307

133 Sudelbuch, 7.11.35. Abgedruckt auch in UuL, S. 5

134 UuL, S. 544f. Das genaue Datum, wann Tucholsky diesen Abschiedsbrief schrieb, ist nicht mehr zu ermitteln. Meine Vermutung ist Ende November, Anfang Dezember. Beate Schmeichel-Falkenberg wies bereits darauf hin, daß der Brief nicht am 19.12., wie bislang angegeben, geschrieben wurde. (Exil 1988, Heft 1) Ein zweiter Punkt ist ein Eintrag im Sudelbuch vom 9.12.1935, in dem es heißt: «Wenn sie von einem andern ein Kind hätte, so könnte ich sagen: ‹Das ist mein Kind. Es ist, weil ich nicht da gewesen bin.› Und ich denke immerzu: Sie hat ein Kind.» Auch im Abschiedsbrief kam er darauf zu sprechen: «Wäre die Zeit normal (und ich auch), so hätten wir jetzt ein Kind von, sagen wir, 12 Jahren haben können, und, was mehr ist, die Gemeinsamkeit der Erinnerungen.» (UuL, S. 545) Auch hier jedoch wieder: die Erinnerung wäre mehr als das reale Kind! Dies hatte er früher bereits in seinem Sudelbuch festgehalten: «D. Gemeinsamkeit d. Erinnerungen – nur das! zählt.»

135 KT an HM, 29.11.35

136 BS, S. 236. Der Brief ist vom 25.11.35. Im Dezember fing er an, seinen Hausstand aufzulösen. Er wollte die überflüssigen Bücher – «und es sind deren viele» – an einen Antiquar verkaufen (8.12.35), auch einen Teil der Möbel versuchte er loszuwerden. Der Erlös dafür war nur ein Nebenaspekt, er wollte sich drastisch verkleinern, denn beide Varianten

(Ostsee und Zürich) hätten einen derart großen Haushalt nicht zugelassen.

137 Eine der Voraussetzungen für eine Einbürgerung war ein siebenjähriger Aufenthalt in Schweden. Tucholsky hätte also regulär frühestens im Frühjahr 1936 einen Antrag stellen können. Tucholsky hat jedoch nie einen Antrag gestellt, obwohl dies immer wieder behauptet wurde. Der schwedische Tucholskyforscher Olle Hambert hat bei seinen Recherchen herausgefunden, daß in den Diarien des zuständigen Justizministeriums für die Jahre 1934 bis 1935 keine Anträge von Tucholsky existieren. (Mitteilungen an den Autor) Der einzige «Beleg» für die bisherigen Darstellungen ist die «Vita», die Tucholsky am 22. 1. 1934 schrieb und in der es zum Schluß heißt: «Er hat den Wunsch, die schwedische Staatsangehörigkeit zu erwerben, falls dies zulässig ist.» (Vita «Dr. iur. Kurt Tucholsky, Hindås; 22–1–34», in: Text+Kritik, Heft 29, S. 1–5.) Dies war jedoch kein Antrag auf Einbürgerung, die Vita war Beilage seines Antrags auf einen Fremdenpaß, wie aus den Akten eindeutig hervorgeht. Im Antragsformular vom 29. 1. 34 verwies Tucholsky unter Punkt 16 auf die beigefügte «Lebensbeschreibung». Auch im Schreiben des Landsfiskalskontor im Distrikt Bollebygd vom 6. 2. 34 an die Kreisverwaltung Alvsborg, betreffs «Ausstellung eines Fremdenpasses», heißt es: «Im Übrigen verwies Tucholsky auf sein den Dokumenten beigefügtes Schreiben vom 22. 1. laufenden Jahres.» Aus dem Kontext des Briefes geht eindeutig hervor, daß damit seine sogenannte Vita gemeint war. Auch die anderen Unterlagen dieser Akte belegen, daß Tucholsky nicht gleichzeitig mit dem Antrag auf einen Fremdenpaß noch einen Antrag auf Einbürgerung gestellt hat.

Allein die kurze Zeitspanne von nur einer Woche, die angeblich zwischen den beiden Anträgen lag, hätte stutzig machen müssen, denn Schmeichel-Falkenberg schreibt ja treffend, daß so ein Antrag «ermüdend viel Zeit, bürokratischen Aufwand, schwierige Besprechungen beim Anwalt in Göteborg» erfordert hätten. Die Erledigung des Einbürgerungsantrags in nur rund einer Woche wäre also schon aus rein postalischen und bürokratischen Gründen völlig ausgeschlossen gewesen. Zudem hatten bereits Uno Willers und Christina Tegling 1966 sowie Helmut Müssener 1974 völlig korrekt die «Vita» als Anlage zum Antrag auf einen Fremdenpaß dargestellt.

Nachdem dieses Detail klar war, stellte sich die Frage: Wann hat Tucholsky nun den immer wieder angeführten 2. Einbürgerungsantrag gestellt, der angeblich am 30. 11. 1935 abgelehnt worden sein soll, und wo sind die Unterlagen dazu? Das Ergebnis scheint verblüffend: Es hat nie einen solchen Antrag Tucholskys gegeben, es gibt auch keine Akten darüber. (Mitteilung des schwedischen Reichsarchivs an Olle Hambert,

18.5.1992) Wenn man allerdings die Dokumente und die Briefe Tucholskys an Hedwig Müller genau liest, stellt man schnell fest, daß die bisherige Tatsachenbehauptung auf einer schlichten Fehlinterpretation beruht. Sie ist um so verwunderlicher, als Tucholskys Brief vom 30.11.1935 völlig eindeutig ist. Er hatte über seinen Anwalt Arne Kullgren im Herbst 1935 *vorfühlen* lassen, ob es sinnvoll sei, bereits jetzt einen Einbürgerungsantrag zu stellen, obwohl er noch nicht die vorgeschriebenen sieben Jahre im Lande lebte. Das Ergebnis teilte er Nuuna völlig korrekt mit: Die «Familiengeschichte», wie Tucholsky es nannte, lasse sich jetzt nicht machen, von einem Antrag wurde abgeraten. Er fügte noch hinzu: «Mir will scheinen, daß das nach dem Ablauf der Zeit klappen wird – aber dafür gibt es natürlich keine Garantie.» Ob Tucholsky 1936 mit einem Antrag tatsächlich Erfolg gehabt hätte, darüber läßt sich nur spekulieren, aber es wäre durchaus im Bereich des Möglichen gewesen. Denn entgegen der Behauptung von Beate Schmeichel-Falkenberg gab es durchaus Einbürgerungen in Schweden, wenn auch leider nur in verschwindend kleinem Umfang. Aber 1936 hätte Tucholsky wahrscheinlich noch eine Chance gehabt, denn die Gesetzgebung wurde erst im Sommer 1938 erheblich verschärft. Sonja Thomassen beispielsweise, die Tochter von Lisa Matthias, wurde trotzdem 1943 in Schweden eingebürgert.

(Siehe dazu Beate Schmeichel-Falkenberg, «Und ich sehne mich so nach dem Norden». Kurt Tucholsky in Schweden, in: Huonker [Hg.], Liebe Winternuuna, S. 119. Siehe auch Beate Schmeichel-Falkenberg, Kurt Tucholskys letzte Jahre in Schweden 1929–1935, in: Exil Nr. 1/1988, S. 15; Richard von Soldenhoff [Hg.], Kurt Tucholsky 1890–1935. Ein Lebensbild. Berlin 1985, S. 284; Helga Bemmann, Kurt Tucholsky. Ein Lebensbild. Berlin 1990, S. 538; Uno Willers veröffentlichte die Vita erstmals in Moderna Språk, Heft 3/1966, S. 297ff., siehe besonders S. 301: «Das ohne Zweifel interessanteste Dokument ist jedoch ein von Kurt Tucholsky selbst am 22. Januar 1934 verfasstes Promemoria, das zur Unterstützung seines Antrags auf Ausfertigung eines Ausländerpasses dienen sollte»; Christina Tegling, Das Tucholsky-Material der Königlichen Bibliothek zu Stockholm. O.O. [Stockholm] 1966, S. 3; Helmut Müssener, Exil in Schweden. Politische und kulturelle Emigration nach 1933. München 1974, S. 363f. Siehe bei Müssener auch die Abschnitte über die schwedische Flüchtlingspolitik und die entsprechende Gesetzgebung.)

138 KT an HM, 30.11.35. Auch in diesem Punkt ist Tucholsky zerrissen und widersprüchlich. In vielen Briefen schilderte er seine Vorbehalte gegen Zürich, die teilweise sogar in regelrechte Ablehnung umschlugen. Es waren nicht nur die politischen Verhältnisse in der Schweiz, die ihn

abstießen. Am 11.12.35 notierte er auch noch einen rein persönlichen Grund: «Bedrückend wäre ja nur, in einer Umgebung, die mich anders gekannt hat, geduckt sein zu müssen.»

139 Leider sind alle Briefe aus der Zeit nach dem 24.9.35 verschollen. Also gerade diese wichtige Phase ist nur noch aus den Briefen Tucholskys zu rekonstruieren. Nuunas Antwort läßt sich aber aus seinem Brief vom 11.12.35 ersehen.

140 Bereits am 6. November – also an dem Tag, da er auch den Eintrag in seinem Sudelbuch machte! – schrieb er an Nuuna: «Sonst weiß ich nichts als Dich – da aber mit meinen (ernst gemeinten) Liebeserklärungen abgewiesen werde, so wiederhole sie nicht.»

141 KT an HM, 3.12.35. Zur selben Zeit notierte er aber in sein Sudelbuch auch die Gedanken von dem gemeinsamen Kind mit Mary Tucholsky (siehe Anmerkung 134).

142 KT an HM, 17.12.35. Nach den vielen Briefen, in denen er seine Liebe beteuerte, ist das fast abrupte Ende doppelt auffällig.

143 Nuunas Reaktion vom Februar 1936 zeigt auch den Grad der Verletztheit auf. Sie komme langsam zu der Überzeugung, daß kleine Kinder doch die beste und amüsanteste Gesellschaft seien. «Wenigstens reproduzieren sie nicht die Tageszeitungen.» (HM an MT, 19.2.36)

DREIZEHN

1 Walter Mehring, Kurt Tucholsky. Ein freundschaftliches Bekenntnis, in: Der Monat, Heft 53, Februar 1953, S. 558

2 Wolfram Schröder, Mann «mit 5 PS» war ständig unter Dampf, in: Berliner Illustrirte Zeitung, 31.10./1.11.1992, S. 2

3 Schon zu Lebzeiten hat diese Legendenbildung vom Leiden an Deutschland eingesetzt. In einem Brief an Hedwig Müller hat er dies entrüstet zurückgewiesen: «Was die Leute so quatschen... das habe ich Dir gar nicht erzählt. Ich hatte einem prominenten Franzosen gratuliert, zum 70. Darauf er: ‹Unser Freund [Gerlach] hat mir erzählt, Sie seien durch diese Sachen in Deutschland krank geworden.› Nun hör Dir das an! Nachdem ich dem G genau auseinandergesetzt habe, *was* mit mir los ist! Na gut.» (KT an HM, 17.11.1933)

4 Buch im KTA. Die Datierung Februar ergibt sich aus den Briefen von MT an KT. Am 31.1.1932 schrieb sie ihm, daß ihr verschiedene Bücher fehlen, darunter die «Träumereien» und die «Frommen Gesänge», am 1.3.1932 dankte sie ihm für die Zusendung. – Im «Sudelbuch» heißt der – undatierte – Eintrag: «Wenn ich jetzt sterben müßte, würde ich sagen: ‹Das war alles?› – Und: ‹Ich habe es nicht so richtig verstanden.› Und:

‹Es war ein bißchen laut.›» Bereits 1928 notierte er sich: «(Selbstmord) Er ist vor sich selbst weggelaufen – nun hat er sich eingeholt.» Zwei spätere Einträge lauten: «Er machte einen Selbstmordversuch, u. das rettete ihm d. Leben.» – «Er ging leise aus d. Leben fort, wie einer, der eine langweilige Filmvorführung verläßt, vorsichtig, um d. anderen nicht zu stören.» – Bis auf zwei Einträge, die Mary Tucholsky betreffen, sind alle undatiert. Ob die letzten Einträge wie etwa die berühmte «Treppe» auch tatsächlich von 1935 sind, läßt sich nicht mehr feststellen. Gerade diese Treppe würde auch gut ins Jahr 1932 passen, als er zu schreiben aufhörte. Auffällig ist zumindest, daß auf der Seite zuvor Sätze stehen wie: «Prosa ist Mosaikarbeit».

5 KT schrieb am 17.12.1935 an das Osloer Arbeiderbladet, das aber am 19.12. ablehnte: «Die Osloer haben gesagt, wenn es etwas früher gekommen wäre, dann hätten sie sich sehr gefreut. Das glaube ich deshalb, weil sie der Sache sehr viel Raum gewidmet haben». (QT, S. 355) Am 20.12.1935 fragte er deshalb bei Det Norske Studentersamfund an, ob er dort einen Artikel gegen Hamsun schreiben könne.

6 Gertrude Meyer an MT, 20.11.1950. Danach hätten Gertrude und Tucholsky bereits diesbezügliche Verhandlungen aufgenommen. Dies widerspricht sämtlichen Aussagen Tucholskys in seinen Briefen an Nuuna. Er wollte sich verkleinern. Wovon hätte er auch die Miete für einen ganzen Schloßflügel bezahlen sollen? Außerdem geht aus vielen Briefen hervor, daß er Gertrude verlassen und nach Zürich wollte. Daß Tucholsky Gertrude heiraten wollte, erzählte sie mehrfach, so auch in dem Gespräch mit mir.

7 Erich Danehl an MT, 2.1.1936. Er war im Herbst 1935 auch bei Nuuna in der Schweiz und wollte 1936 zu Tucholsky nach Schweden.

8 BS, S. 250

9 Dies bestätigte mir auch der Suizidforscher Prof. Ringel von der Universität Wien.

10 Siehe z. B. Bengt Jansson, Tablettautomatism – en felkälla vid suicidalstatistik, in: Nordisk Medicin Nr. 45, 9.11.1961; Goodman/Gilman, The Pharmacological Basis of Therapeutics. New York, Toronto, London 1985. Besonders Kap. 17, S. 358f.: Barbiturate Poisoning. Hinweise auf die Fachliteratur verdanke ich Olle Hambert.

11 Einige Beispiele für sich absolut widersprechende Aussagen: 1988 sagte mir Gertrude, daß sie keine Tagebücher geschrieben und inzwischen ein schlechtes Gedächtnis habe. (Tonbandprotokoll, S. 21). An Edith Schäfer-Hasenclever schrieb sie am 1.1.1959, daß sie dafür gesorgt habe, daß ihre «Tagebuchaufzeichnungen über Tucholskys letzte Jahre, seine Lebensbeichte und seine gesamte Auffassung des politischen und kulturellen Geschehens der Zeit, in würdiger Form zur Veröffentlichung ge-

langen werden». (AdK, Berlin) Ähnliche Aussagen machte sie gegenüber Gerhard Zwerenz. (Siehe Zwerenz, Biografie, S. 210)

An Frau Schäfer-Hasenclever schrieb sie ebenfalls, daß die dritte Totenmaske, die sie 1936 an Walter Hasenclever geschickt hatte und die dieser aus Geldmangel zurückgehen lassen mußte, nie wieder bei ihr angekommen sei. (Brief 1.1.1959, AdK) Dies ist nachweislich falsch, denn alle drei Totenmasken sind erhalten.

In Gesprächen mit Zwerenz und Elke Suhr behauptete Gertrude immer, daß Mary Tucholsky nie nach Hindås gekommen sei. Im Gespräch mit mir erzählte sie hingegen, daß Mary Tucholsky schon in Hindås war, daß sie aber krank war und sie deshalb nicht empfangen wollte. (Tonbandprotokoll, S. 28) Dies deckt sich auch mit den Aufzeichnungen von Frau Tucholsky vom 20.2.79. Danach war Mary Tucholsky im September 1950 in Schweden, um zusammen mit Gertrude Meyer die Grabplatte zu bestellen und den Nachlaß Tucholskys abzuholen, was allerdings nicht gelang: «Mit einer Eifersucht sitzt sie auf dem Nachlass u. bisher hat sie mich nicht in ihre Wohnung gelassen. [...] Sie betrachtet alles als ihr Eigentum, über das sie zu bestimmen hat...» (Postkarte von MT vom 26.9.50 aus Stockholm; Bericht im Archiv Raddatz)

Geradezu absurd ist eine Behauptung von Gertrude Meyer, die sie am 1.6.1946 in einem Brief an Mary Tucholsky machte: «Erinnerst du dich an dem (sic!) Brief von Peter an Arnold Zweig, der nach Peters Tod durch die ganze Presse ging? Der ist von mir, wenn du es wissen willst, jawohl.» (Der Briefwechsel zwischen Gertrude Meyer und Mary Tucholsky liegt in der Kurt-Tucholsky-Stiftung. Fritz J. Raddatz machte mir dankenswerterweise einige Tucholsky betreffende Stellen zugänglich.)

Laut Angaben von Gertrude Meyer war eine der ausschlaggebenden Ursachen für den Selbstmord Tucholskys Nebenhöhlenvereiterung. Im Einlieferungsprotokoll gab sie an: «Seiner Krankheiten müde und überdrüssig», und in beiden Briefen 1935/36 an Arnold Zweig schrieb sie sogar ausdrücklich, daß die Nasenkrankheit Tucholsky in den Tod getrieben hätte (ausführlich am 22.1.36). Dagegen ist in allen Briefen Tucholskys an Nuuna seit Juni 1935 das genaue Gegenteil zu lesen. Am 29.9.1935 schrieb er sogar ausdrücklich, daß die Nase «ganz und gar frei» und tadellos sei. Am 9.10.: «Die Nase halte ich für einen großen Sieg.»

12 Aussage Gertrude Meyer-Prenzlau, Zwerenz, S. 20; Hepp, S. 8; Zwerenz, Liebe in Schweden, S. 158 ff.

13 Theodor Lessing wurde am 30. August 1933 in Marienbad durch sudetendeutsche Nationalsozialisten ermordet. Zu dieser Zeit war Tucholsky noch in Zürich. Er kehrte erst am 24.9.1933 zurück.

14 KT an HM, 16.10.34

15 Da auch seine Post in Zürich geöffnet ankam, bat er Nuuna, ihm so ein geöffnetes Kuvert zu schicken. Ausdrücklich schrieb er dazu, daß sie dies nicht an Gertrude Meyer, sondern an die Frau in Göteborg schicken solle. (KT an HM, 8.11.34)

16 QT, S. 64. Es kann sein, daß ein Tagebuch fehlt oder daß hier die Datierung nicht stimmt. Im Brief vom 12. 11. schrieb KT an Nuuna, daß er da einen ausführlichen Kriminalroman aufschrieb, aber er halte «das ganze für Dummheiten». Bei dem «Mann mit Hund» scheint es sich um einen privaten Wachmann gehandelt zu haben, denn Tucholsky setzte sich erst am 15.11. mit der Polizei in Verbindung.

17 QT, S. 64, 66, 69/70, 76 und KT an HM, 12. und 15.11.1934

18 Die Aussagen, die sie in verschiedenen Briefen dazu machte, sind äußerst widersprüchlich. Daß es Briefe von Tucholsky an Gertrude gegeben hat, ist sicher, wann die Briefe jedoch verbrannt wurden oder verschwanden, ist unklar. Sie hat bereits in Stockholm, als die Invasion der Nazis erwartet wurde, umfangreiches Material von Tucholsky vernichtet. Nach anderen Aussagen hätten bereits Hedwig Müller und Gertrude Meyer im Januar 1936 einen großen Teil verbrannt. Nach dem Ende des Krieges hat sie sich dann noch lange geweigert, die verbliebenen Materialien an Mary Tucholsky abzugeben. Erst im April 1952 schickte sie einen großen Teil des Nachlasses an Mary Tucholsky. (Briefe an Mary Tucholsky, 21.4. und 19.9.1952)

19 Aussage sowohl Gustav Huonker gegenüber als auch bereits 1936 zu Mary Tucholsky. (Aufzeichnung von MT, 20.2.1979)

20 Hedwig Müller zu Gustav Huonker und Mary Tucholsky. (Aufzeichnung von MT im Archiv Raddatz und Auskunft von Gustav Huonker, 1990)

21 HM an KT, 4.8.1935

22 Exponat 220 der Tucholsky-Ausstellung der Akademie der Künste, Berlin 1985/86. Siehe dazu auch das Ausstellungsverzeichnis, das Stefan Berkholz zusammenstellte und kommentierte. Gerhard Zwerenz schrieb, daß sich Gertrude an den Zettel zuerst gar nicht mehr erinnern konnte. (Biographie, S. 208 und tel. Auskunft, August 1991) Es kann nicht mit Sicherheit gesagt werden, ob der Zettel nicht doch existierte, aber die angeführten Umstände lassen Zweifel aufkommen.

23 Gerhard Zwerenz gab mir sein Tonbandprotokoll von Dezember 1978 und Elke Suhr ihre Tonbänder und die Protokolle. Die Aussagen gegenüber Beate Schmeichel-Falkenberg sind zusammengefaßt in ihrem Artikel Kurt Tucholskys letzte Jahre in Schweden 1929–1935, in: Exil, Heft 1, 1988, S. 5ff. Mein Gespräch mit Gertrude Meyer-Prenzlau datiert von Anfang August 1988.

24 So im Gespräch mit mir und mit Beate Schmeichel-Falkenberg. In den Gesprächen mit Zwerenz und Elke Suhr war davon noch nicht die Rede.

25 Elke Suhr erzählte sie, daß sie einen Arbeiter, der in der Nähe war, geholt und daß dieser die Tür aufgebrochen habe, erst dann habe sie den Chauffeur gerufen. In anderen Gesprächen ist vom Nachbarn und dem Chauffeur die Rede. (Siehe Schmeichel-Falkenberg, Exil, S. 19)

26 Fritz J. Raddatz, Das Porträt – Kurt Tucholsky. WDR, 18.3.1968. In Hindås selbst gab es keinen Arzt, wie Olle Hambert mir mitteilte. Der nächste, Dr. Håkan Larsén, war in Rävlanda. Larsén, 1895 geboren, war von 1931–38 im Sanatorium in Rävlanda, 1936 heiratete er Wilma, die 1901 geborene Tochter von Christian und Maria Luckmann. Larsén wurde auch bei dem Brand des «Hindås Turisthotell» geholt.

27 In der Krankenakte ist kein Einlieferungszeitpunkt vermerkt, es wurde dort lediglich Gertrudes Aussage protokolliert, daß Tucholsky gegen 16 Uhr schlafend gefunden wurde.

28 Etwa fünfhundert Meter Luftlinie von Tucholskys Haus in Hindås stand eine andere große Villa, in der ein Deutscher ein und aus ging: Dr. Max Ilgner, einer der wichtigsten Männer der I. G. Farben. Laut eidesstattlicher Erklärung im Nürnberger I. G. Farben-Prozeß war Ilgner seit 1924 «mit Werna, geb. Haellerstroem» verheiratet, deren Mutter als Witwe in eben diesem Haus in Hindås lebte. Das wäre eigentlich nicht sonderlich bedeutsam, gäbe es nicht die Aussage des ehem. stellvertretenden Chefs der Preußischen Politischen Polizei, Rudolf Diels. Nach dessen Erklärung kam Anfang September 1933 Ilgner zu ihm ins Amt «und sagte, daß er einen ausländischen Nachrichtendienst aufgezogen hätte», und bot dessen Informationen der Geheimen Staatspolizei an. (Nürnberger Prozeß, Dokument NI-4671) Aus den verschiedenen Prozeßakten geht hervor, daß die Zusammenarbeit auch mit der Auslandsorganisation der NSDAP und anderen Dienststellen des «Dritten Reichs» ausgezeichnet funktionierte. (Siehe dazu ausführlich z. B. Omgus. Ermittlungen gegen die I. G. Farben. Hg. von Hans Magnus Enzensberger. Nördlingen 1986) Von Ilgner wurde auch der sogenannte «Wirtschaftsführerkreis» geschaffen, der eng mit dem Propagandaminister Goebbels zusammenarbeitete. (Eidesstattliche Erklärung von Heinrich Gattineau, 13.3.1947. Nürnberger Dokument NI-4833) Ilgner, der nach den Angaben im Prozeß ziemlich häufig in Schweden war, hat mit Sicherheit erfahren, wer da gleich nebenan wohnte, denn Hindås ist ein sehr kleiner Ort, und der scheue Doktor Tucholsky war dort allgemein bekannt. Wie eng das Leben in Hindås verknüpft war, zeigt der Umstand, daß zum Beispiel Gertrude Meyer nach eigener Aussage mit den Ilgners Kontakt hatte und Inga Melin, die vorher für Tucholsky gedolmetscht hatte, eine Schul- und Konfirmationskameradin von Werna Ilgner-Hällerström war. (Mit-

teilung von Olle Hambert über ein Gespräch mit Inga Melin vom Januar 1987) Daß weder Inga Melin noch Gertrude Meyer von den Aktivitäten Ilgners wußten, kann als selbstverständlich vorausgesetzt werden. Außerdem war in dem kleinen Ort allgemein bekannt, wer wo wohnte, dazu bedurfte es keiner «Informationsquellen». Somit ist davon auszugehen, daß Tucholskys Aufenthaltsort sowohl Goebbels als auch der Gestapo bekannt waren. Selbst wenn die Information nicht über Ilgner kam, die Nazi-Dienststellen wußten Bescheid. In den Akten des Konsulats Göteborg ist auf der Ausbürgerungsliste Tucholskys Name angekreuzt, und im Bericht an das Auswärtige Amt in Berlin über seinen Tod wurde nochmals vermerkt, daß er seit Jahren in dem «als Luftkurort bekannten Hindas lebte». (Politisches Archiv des Auswärtigen Amtes, Akten des Konsulats Göteborg betr. Staatsangehörigkeit, Ausbürgerung, Emigrantenerfassung) Tucholskys Aufenthaltsort ist offensichtlich bekannter gewesen als bisher angenommen, seine aufwendige Tarnung war längst löchrig. So schickte der Rabbiner von Göteborg Besucher aus Deutschland zu Tucholsky nach Hindås. (KT an HM, 26. 2. 34) Tucholsky hatte Kontakte mit der 1891 gegründeten Bibliothek der Hochschule in Göteborg, der er Bücher schenkte und bei der er auch regelmäßig Bücher auslieh, die Steuerlisten waren öffentlich zugänglich und so fort.

Diese Bekanntheit von Tucholskys Aufenthaltsort erklärt vielleicht auch eine andere auffällige Tatsache: fast alle staatlichen Akten enthalten kaum noch Angaben zu Tucholsky. Von der Ausbürgerungsakte existiert nur noch der Deckel; weder in der Gesandtschaft Göteborg noch in den Unterlagen der Botschaft in Stockholm gibt es außer den oben erwähnten beiden Blättern Hinweise auf Tucholsky, obwohl sonst ausführliche Dossiers über fast alle mißliebigen und großenteils wesentlich weniger bekannten Personen vorhanden sind. Die Akten des Reichskommissars für Überwachung der öffentlichen Ordnung: bis auf zwei, drei Einträge leer; Reichsinnenministerium, Reichsjustizministerium, Reichswehrministerium, Emigranten-Überwachungsakten: bis auf kleine Splitter ist alles entnommen worden. Das läßt darauf schließen, daß die Unterlagen über Tucholsky gezielt entfernt und an einer Stelle, wahrscheinlich im Reichssicherheitshauptamt, konzentriert worden sind. Erhärtet wird diese Annahme durch die Tatsache, daß Wilhelm Stapel für seinen Bericht über Tucholsky für die «Forschungsabteilung Judenfrage des Reichsinstituts für Geschichte des neuen Deutschlands» Informationen verwenden konnte, die bis dahin unbekannt waren. So den Geburtsort der Mutter, das ungefähre Datum von Tucholskys Taufe und so fort. (Siehe Forschungen zur Judenfrage. Bd. 2, Hamburg 1937, S. 182 ff.) Aus den Unterlagen des Bayerischen Staatsarchivs in München geht hervor, daß die Prozeßakten Wührer gegen Tucholsky vom NSDAP-Hauptarchiv angefordert und übernommen wurden.

Dies alles zeigt deutlich, daß die Nationalsozialisten nach wie vor ein großes Interesse an Tucholsky hatten. Seine 1934/35 öfters geäußerten Hinweise auf geöffnete Briefe bekommen vor diesem Hintergrund ein neues Gewicht. Man kann fast mit Sicherheit davon ausgehen, daß Tucholskys Post und seine Telefongespräche zwischen Zürich und Hindås überwacht wurden. Denn inzwischen ist bekannt, daß eine Spezialabteilung des nationalsozialistischen Nachrichtendienstes mit dem harmlosen Namen «Forschungsamt» sogar das europäische Telefonnetz überwacht hat. Das Amt, das Göring unterstand, las auch Telegramme und den Fernschreibverkehr mit. Wichtige Erkenntnisse wurden Hitler direkt vorgelegt. (Siehe dazu Günther W. Gellermann, ... und lauschten für Hitler. Geheime Reichssache: Die Abhörzentralen des Dritten Reiches. Bonn 1991)

29 Dieser Brief ist nicht einfach so hingeschrieben worden, er ist «komponiert» und offensichtlich in «Reinschrift». Im Gegensatz zu seinen anderen Briefen, in denen er korrigierte, änderte usw., sind in diesem Abschiedsbrief so gut wie keine Tippfehler und Korrekturen.

30 Die beiden langen Briefe vom 5. und 8.12.35 mit all den Ratschlägen kann man nicht als Abschiedsbriefe bezeichnen. Am 5.12. teilte er seinem Bruder erstmals die Adresse von Gertrude mit und bat ihn, ihm ganz ausführlich zu schreiben. Die Briefe waren in einer sehr depressiven Stimmung geschrieben, aber von Abschied ist keine Rede. Fritz Tucholsky empfand sie auch nicht so: «Von Kurt bekam ich nun schon zwei sehr sehr nette Briefe. Es geht ihm zwar nur lila, aber langsam scheint er doch wieder Interesse zu finden...» (Brief an seine Frau, Gertrud Riesch, vom 25.12.1935) Seine Briefe nach Kurt Tucholskys Tod zeigen, daß sowohl Ellen als auch Fritz über die Nachricht geschockt waren und es nicht begreifen konnten.

31 QT, S. 355

32 Walter Hasenclever an Gertrude Meyer, 27.12.1935 (AdK, Berlin)

BIBLIOGRAPHIE

1. Veröffentlichungen zu Lebzeiten

Kurt Tucholsky: Rheinsberg. Ein Bilderbuch für Verliebte. Berlin-Charlottenburg: Axel Juncker Verlag 1912

Ignaz Wrobel: Der Zeitsparer. Grotesken. Berlin: Reuss und Pollack Verlag 1914

Theobald Tiger: Fromme Gesänge. Mit einer Vorrede von Ignaz Wrobel. Berlin-Charlottenburg: Felix Lehmann Verlag 1919

Kurt Tucholsky: Träumereien an preußischen Kaminen. Berlin-Charlottenburg: Felix Lehmann Verlag 1920

Peter Panter: Ein Pyrenäenbuch. Berlin: Verlag Die Schmiede 1927

Kurt Tucholsky: Mit 5 PS. Berlin: Ernst Rowohlt Verlag 1928

Kurt Tucholsky: Das Lächeln der Mona Lisa. Berlin: Ernst Rowohlt Verlag 1929

Kurt Tucholsky: Deutschland, Deutschland über alles. Montiert von John Heartfield. Berlin: Neuer Deutscher Verlag 1929

Kurt Tucholsky: Schloß Gripsholm. Eine Sommergeschichte. Berlin: Ernst Rowohlt Verlag 1931

Kurt Tucholsky: Lerne lachen ohne zu weinen. Berlin: Ernst Rowohlt Verlag 1931

2. Werk- und Briefausgaben

Tucholsky. Ein Lesebuch für unsere Zeit. Hg. von Walther Victor. Weimar 1956

Kurt Tucholsky: Ausgewählte Werke. Bd. 1–6. Hg. von Fritz J. Raddatz (Band 6: von Roland Links). Berlin 1956–1963

Kurt Tucholsky: Gesammelte Werke. Bd. 1–3. Hg. von Mary Gerold-Tucholsky und Fritz J. Raddatz. Reinbek 1960–61

Kurt Tucholsky: Ausgewählte Briefe 1913–1935. Hg. von Mary Gerold-Tucholsky und Fritz J. Raddatz. Reinbek 1962

Kurt Tucholsky: Deutschland, Deutschland über alles. Montiert von John Heartfield. Faksimile der Ausgabe von 1929. Reinbek 1964

Kurt Tucholsky: Ausgewählte Werke. Bd. 1–6. Hg. von Roland Links. Berlin 1969–1973

Kurt Tucholsky: Briefe an eine Katholikin 1929–1931. Reinbek 1970

Kurt Tucholsky: Mit 5 PS durch die Literatur. Hg. von Gerhard Seidel. Berlin und Weimar 1973

Kurt Tucholsky: Gesammelte Werke. Bd. 1–10. Hg. von Mary Gerold-Tucholsky und Fritz J. Raddatz. Reinbek 1975

Kurt Tucholsky: Briefe aus dem Schweigen 1932–1935. Hg. von Mary Gerold-Tucholsky und Gustav Huonker. Reinbek 1977
Kurt Tucholsky: Die Q-Tagebücher 1934–1935. Hg. von Mary Gerold-Tucholsky und Gustav Huonker. Reinbek 1978
Kurt Tucholsky: Unser ungelebtes Leben. Briefe an Mary. Hg. von Fritz J. Raddatz. Reinbek 1982
Kurt Tucholsky: Unser Militär! Hg. von Richard von Soldenhoff. Frankfurt a. M. 1982
Kurt Tucholsky: Justitia schwooft! Hg. von Richard von Soldenhoff. Frankfurt a. M. 1983
Kurt Tucholsky: Briefe. Auswahl 1913–1935. Hg. von Roland Links. Berlin 1983
Das Kurt Tucholsky Chanson Buch. Hg. von Mary Gerold-Tucholsky und Hans Georg Heepe. Reinbek 1983
Kurt Tucholsky: Gedichte. Hg. von Mary Gerold-Tucholsky. Reinbek 1983
Kurt Tucholsky: Die zufällige Republik. Hg. von Richard von Soldenhoff. Frankfurt a. M. 1985
Kurt Tucholsky: Deutsches Tempo. Ergänzungsband 1 der Gesammelten Werke. Hg. von Mary Gerold-Tucholsky und Fritz J. Raddatz. Reinbek 1985
Walter Hasenclever, Kurt Tucholsky: Christoph Kolumbus oder die Entdekkung Amerikas. Hg. von Peter Moses-Krause. Berlin 1985
Ignaz Wrobel: Der Zeitsparer. Faksimile der Ausgabe von 1914. Hamburg 1986. Als Beilage: Annemarie Stoltenberg: Der Studentenulk.
Tucholsky Lesebuch. Wir Negativen. Hg. von Hans Prescher. Reinbek 1988
Kurt Tucholsky: Ich kann nicht schreiben, ohne zu lügen. Briefe 1913–1935. Hg. von Fritz J. Raddatz. Reinbek 1989
Kurt Tucholsky: Republik wider Willen. Ergänzungsband 2 der Gesammelten Werke. Hg. von Fritz J. Raddatz. Reinbek 1989
Kurt Tucholsky: Sprache ist eine Waffe; Sprachglossen. Zusammengestellt von Wolfgang Hering. Reinbek 1989
Tucholsky. Ein Lesebuch für unsere Zeit. Hg. von Roland Links. Berlin, Weimar 1990
Kurt Tucholsky: Sudelbuch. Reinbek 1993
Kurt Tucholsky: Schnipsel. Erw. Neuausgabe. Hg. Von Wolfgang Hering und Hartmut Urban. Reinbek 1995
Kurt Tucholsky: Gesamtausgabe. Texte und Briefe. Hg. von Antje Bonitz, Dirk Grathoff, Michael Hepp und Gerhard Kraiker. 22 Bde. Reinbek 1996ff.

3. Bibliographien

Ackermann, Gregor: Nachtrag zur Tucholsky-Bibliographie. Berlin (Dossier der «Tucholsky-Blätter»)
Bonitz, Antje / Thomas Wirtz: Kurt Tucholsky. Ein Verzeichnis seiner Schriften. 3. Bde., Marbach 1991

Goder-Stark, Petra (Hg.): Das Kurt-Tucholsky-Archiv. Marbach 1978

Lareau, Alan: Kurt Tucholsky-Discographie. Schallplatten, Musikkassetten, CDs 1920–1996. Marbach 1998

4. Biographisches

Bemmann, Helga: Kurt Tucholsky. Ein Lebensbild. Berlin 1990

Hepp, Michael: Kurt Tucholsky. Reinbek 1998

Kleinschmidt, Karl: Kurt Tucholsky. Sein Leben in Bildern. Leipzig 1961

Prescher, Hans: Kurt Tucholsky. Berlin 1959

Raddatz, Fritz J.: Tucholsky. Eine Bildbiographie. München 1961

Raddatz, Fritz J.: Tucholsky – ein Pseudonym. Reinbek 1989

Schulz, Klaus Peter: Kurt Tucholsky. Hamburg 1959

Schulz, Klaus Peter: Wer war Tucholsky? Stuttgart 1996

Soldenhoff, Richard von (Hg.): Kurt Tucholsky 1890–1935. Ein Lebensbild. Berlin 1985

Zwerenz, Gerhard: Kurt Tucholsky. Biographie eines guten Deutschen. München 1979

5. Monographien zu einzelnen Themen (Auswahl)

Ackermann, Irmgard (Hg.): Kurt Tucholsky. Sieben Beiträge zu Werk und Wirkung. München 1981

Ackermann, Irmgard, und Klaus Hübner (Hg.): Tucholsky heute. Rückblick und Ausblick. München 1991

Am Zehnhoff, Hans-Werner: Die Parodie in der satirischen Schreibweise Kurt Tucholskys. Vrije Universiteit Brussel 1983

Arnold, Heinz-Ludwig (Hg.): Kurt Tucholsky. «Text + Kritik», Heft 29, [3]1985

Austermann, Anton: Kurt Tucholsky. Der Journalist und sein Publikum. München, Zürich 1985

Austermann, Anton: Über Löcher, Käse und den Menschen, in: Gustav Huonker (Hg.), Kurt Tucholsky, «Liebe Winternuuna, liebes Hasenfritzli»

Becker, Hans J.: Mit geballter Faust. Kurt Tucholskys «Deutschland, Deutschland über alles». Bonn 1978

Bemmann, Helga: In mein' Verein bin ich hineingetreten. Kurt Tucholsky als Chanson- und Liederdichter. Berlin 1989

Berkholz, Stefan: Tucholskys Stellungnahmen zur Revolution 1918/19 und zu den sozialistischen Arbeiterparteien in den Jahren 1918–1923. FU Berlin, 1980

Böthig, Peter: Kurt Tucholsky Gedenkstätte Schloß Rheinsberg. Ein Bilderbuch für Verliebte und sein Autor. Rheinsberg 1996

Böthig, Peter, und Stefanie Brauer (Hg.): Und immer sind da Spuren. Texte und Portraits 1890–1935. Ausstellungskatalog der Kurt Tucholsky Gedenkstätte Schloß Rheinsberg und des Goethe Instituts. München 1997

Böthig, Peter, und Stefanie Brauer (Hg.): «Warum sein Bild in meinem Zimmer hängt». Kurt Tucholsky über Theodor Fontane und seine Zeit. Ausstellungskatalog der Kurt Tucholsky Gedenkstätte Schloß Rheinsberg 1998
Doerfel, Marianne: Kurt Tucholsky als Politiker. Diss. Mainz 1971
Erich-Mühsam-Gesellschaft (Hg.): Allein mit dem Wort: Erich Mühsam, Carl von Ossietzky, Kurt Tucholsky. Schriftstellerprozesse in der Weimarer Republik. Lübeck 1997 (Schriften der EMG, Heft 14)
Erdmann, Gustav: Familie Tucholsky in Greifswald, in: Norddeutsche Zeitung, Schwerin, 19. 7. 1968
Erwentraut, Kirsten: Die Freud-Rezeption bei Kurt Tucholsky. Diss. Bamberg 1991
Gängel, Andreas und Michael Schaumburg: «Justitia, Trauerweib, du hast geschlafen ...» In: Neue Justiz 1990, Heft 1
Gernhard, Robert und Gerhard C. Krischker: Das Wirtshaus im Spessart. Auf den Spuren Kurt Tucholskys. Bamberg 1996
Grenville, Bryan P.: Kurt Tucholsky. München 1983
Haeflinger, Anton: Kurt Tucholsky als Kulturkritiker. Freiburg 1969
Hambert, Olle: «... mir wird mein Leben gestohlen», in: Gustav Huonker (Hg.), Kurt Tucholsky. «Liebe Winternuuna, liebes Hasenfritzli»
Heilmann, H. D.: Kurt Tucholsky in Berlin. O. O., o. J. (Berlin 1983)
Hepp, Michael: Kurt Tucholsky: «die Sache mit dem Geld». In: Gustav Huonker (Hg.), Kurt Tucholsky, «Liebe Winternuuna, liebes Hasenfritzli»
Hepp, Michael, und Roland Links (Hg.): «Schweden – das ist ja ein langes Land». Oldenburg 1994
Hepp, Michael (Hg.): Kurt Tucholsky und das Judentum. Oldenburg 1996
Hepp, Michael, und Viktor Otto (Hg.): «Soldaten sind Mörder». Dokumentation einer Debatte 1931–1996. Berlin 1996
Hepp, Michael (Hg.): Kurt Tucholsky und die Justiz. Oldenburg 1998
Hepp, Michael (Hg.): Literatur und Revolution. Oldenburg 1999
Hess, Dieter: Aufklärungsstrategien Kurt Tucholskys. Frankfurt a. M., Bern 1982
Huonker, Gustav (Hg.): Kurt Tucholsky. «Liebe Winternuuna, liebes Hasenfritzli». Ein Zürcher Briefwechsel. Zürich 1990
Jacobsohn, Siegfried: Briefe an Kurt Tucholsky 1915–1926. Hg. von Richard von Soldenhoff. München und Hamburg 1989
Jendrian, Uwe: Die Rezeption Schopenhauers im Werk Kurt Tucholskys. FU Berlin 1991
Jens, Walter: «Ich bin einmal ein Schriftsteller gewesen». Kurt Tucholsky zu Ehren, in: Irmgard Ackermann und Klaus Hübner (Hg.): Tucholsky heute. Rückblick und Ausblick. München 1991
Kinder, Sabine, und Ellen Presser: «Ich habe den Eindruck, hier zu stören». Kurt Tucholsky zum 100. Geburtstag. Ausstellungskatalog der Münchner Stadtbibliothek Am Gasteig, München 1990
King, Ian: Kurt Tucholsky als politischer Publizist. Frankfurt a. M., Bern 1983

King, Ian: Tucholsky und die Novemberrevolution: Vom Ulk und der «geistigen Revolution» bis zur Politik, in: Kurt-Tucholsky-Gesellschaft e. V., «Deutschland, Deutschland über alles». Dokumentation der Jahrestagung 1991 in Berlin. O. O., o. J. (Berlin 1992)
Kühn, Volker: Eine unglückliche Liebe. Kurt Tucholsky und das Kabarett. In: «die horen» Heft 177, 1/1995, 59–79
Kurt Tucholsky-Gesellschaft (Hg.): «Deutschland, Deutschland über alles». Dokumentation der Jahrestagung 1991 in Berlin. Berlin 1992
Lensing, Leo A.: Reading Raabe: The Example of Kurt Tucholsky. In: «Seminar», XIX, 2, 1983
Lensing, Leo A.: «Photographischer Alpdruck» oder politische Fotomontage? Karl Kraus, Kurt Tucholsky und die satirischen Möglichkeiten der Fotografie. In: «Zeitschrift für deutsche Philologie», Heft 4, 1988
Links, Roland: Kurt Tucholsky – die Tragik des «tragischen Dichters». In: Anti-Kriegsliteratur zwischen den Kriegen (1919–1939) in Deutschland und Schweden. Stockholm 1987
Löschburg, Winfried: Kurt Tucholskys Jugend- und Studienjahre in Berlin (1890–1915), in: Berliner Heimat, Zeitschrift für die Geschichte Berlins. 2/1960
Matthias, Lisa: Ich war Tucholskys Lottchen. Hamburg 1962
Mayer, Hans: Der pessimistische Aufklärer Kurt Tucholsky. In: «Akzente», Nr. 14/1967
Mebes, Hans-Detlef: Kurt Tucholsky 1924–1935. Ein zweites Leben im geheimen? In: «humanität. Das deutsche Freimaurer Magazin», Nr. 7, Okt./Nov. 1985
Mehring, Walter: Kurt Tucholsky. Ein freundschaftliches Bekenntnis. In: «Der Monat», Heft 53, Februar 1953
Mehring, Walter: Kurt Tucholsky. Hg. von Dietger Pforte. Berlin 1985
Meyer, Jochen (in Zusammenarbeit mit Antje Bonitz): «Entlaufene Bürger». Tucholsky und die Seinen. Ausstellungskatalog, Marbach 1990
Mörchen, Helmut: Schriftsteller in der Massengesellschaft. Zur politischen Essayistik und Publizistik Heinrich und Thomas Manns, Kurt Tucholskys und Ernst Jüngers während der Zwanziger Jahre. Stuttgart 1973
Dr. Owlglass. Ausgewählte Werke des «Simplizissimus»-Dichters Hans Erich Blaich. Mit sämtlichen Briefen an Kurt Tucholsky. Hg. von Volker Hoffmann. München 1981
Pforte, Dietger (Hg.): «Farbige weithin sichtbare Signalzeichen». Der Briefwechsel zwischen Carl von Ossietzky und Kurt Tucholsky aus dem Jahr 1932. Berlin 1985
Philipoff, Eva: Kurt Tucholskys Frankreichbild. München 1978
Poor, Harold L.: Kurt Tucholsky and the ordeal of Germany, 1914–1935. New York 1968
Porombka, Beate: Verspäteter Aufklärer oder Pionier einer neuen Aufklärung? Kurt Tucholsky (1918–1935). Frankfurt a. M. 1990

Prescher, Hans: Dr. Kurt Tucholskys publizistischer Kampf in den Jahren 1919–1932. Diss. München 1956
Pross, Harry: Kurt Tucholsky. In: Hans Jürgen Schultz (Hg.), Der Friede und die Unruhestifter. Herausforderungen deutschsprachiger Schriftsteller im 20. Jahrhundert. Frankfurt a. M. 1973
Pross, Harry: «Und wir, die nie Zufriedenen ...» Kurt Tucholsky und die Indolenz, zu seinem 50. Todestag am 21. Dezember 1985. Stuttgart 1986
Raddatz, Fritz J.: Erfolg oder Wirkung. Schicksale politischer Publizisten. München 1972
Raddatz, Fritz J.: Pyrenäenreise im Herbst. Auf den Spuren Kurt Tucholskys. Reinbek 1985
Reich-Ranicki, Marcel: Nachprüfungen. Aufsätze über deutsche Schriftsteller von gestern. Stuttgart ²1984
Roos, Sylvie-Laurence: Tucholsky und der Antisemitismus. Mémoire de Mâtrise. Université de Nancy 1971
Scheer, Maximilian: So war es in Paris. Berlin 1964 (11–37)
Schmeichel-Falkenberg, Beate: Kurt Tucholskys letzte Jahre in Schweden 1929–1935. In: «Exil», Nr. 1 / 1988, S. 15
Schmeichel-Falkenberg, Beate: «Und ich sehne mich so nach dem Norden». Kurt Tucholsky in Schweden, in: Huonker (Hg.), Kurt Tucholsky. «Liebe Winternuuna, liebes Hasenfritzli»
Schönert, Jörg: Das Rollenbewußtsein des Satirikers Kurt Tucholsky, in: Irmgard Ackermann (Hg.), Kurt Tucholsky. Sieben Beiträge zu Werk und Wirkung. München 1981
Schweickert, Alexander: Notizen zu den Einflüssen Heinrich Heines auf die Lyrik von Kerr, Klabund, Tucholsky und Erich Kästner. Heine Jahrbuch, ⁸1969
Schümann, Kurt: Im Bannkreis von Gesicht und Wirken. Max Brod, Else Lasker-Schüler, Kurt Tucholsky, Alfred Polgar. Vier Vortragsstudien. München 1959
Siems, Renke: Distinktion und Engagement. Kurt Tucholsky im Licht der «Feinen Unterschiede». Oldenburg 1995
Stoltenberg, Annemarie: Ich bin doch nicht Euer Fremdenführer. Tucholsky und seine Buchkritiken. Hamburg 1990
Schweickert, Alexander: Notizen zu den Einflüssen Heinrich Heines auf die Lyrik von Kerr, Klabund, Tucholsky und Erich Kästner. In: «Heine Jahrbuch», Bd. 8, 1969
Suhr, Elke: Zwei Wege – ein Ziel. Tucholsky, Ossietzky & die Weltbühne. München 1986
Urban, Hartmut (Hg.): Auf Tucholskys Spuren. Ein Pyrenäenbuch. Hamburg 1985
Vanoosthuyse, Michele (Hg.): Kurt Tucholsky. «Cahiers d'Études Germaniques», No. 31 / 1996
Vogel, Harald: Tucholsky lesen. Ein Lesebuch mit kommentierenden Lesezeichen. Baltmannsweiler 1994

Weck, Bernhard: Wider den «Dreimännerskat der Justitia». Bemerkungen zur Biographie und Justizkritik Kurt Tucholskys. In: Michael Kilian (Hg.), Dichter, Denker und der Staat. Tübingen 1993
Weck, Bernhard: Kurt Tucholsky und der Prozeß wegen des Attentats auf den Publizisten Maximilian Harden. In: Neue Juristische Wochenschrift 1993, Heft 22
Wilhelm Kurt: Der mit den 5 PS ... ARD, 11. 1. 1965
Willers, Uno: Kurt Tucholsky über sich selbst. In: «Moderna Språk», Heft 3/1966
Wrobel, Hans: Dank an Kurt Tucholsky. Zum 50. Todestag eines Justizkritikers. In: Zeitschrift für Rechtspolitik 1985, Heft 12
Zwerenz, Gerhard: Eine Liebe in Schweden. Roman vom seltsamen Spiel und Tod des Satirikers K. T. München 1980

6. Sekundärliteratur (Auswahl)

Akademie der Künste (Hg.): Geschlossene Vorstellung. Der jüdische Kulturbund in Deutschland 1933–1941. Berlin 1992
Baeck, Leo: Das Wesen des Judentums. Wiesbaden [5]1991
Bald, Detlef: Der deutsche Offizier. Sozial- und Bildungsgeschichte des deutschen Offizierkorps im 20. Jahrhundert. München 1982
Bauer, Michael: Oskar Panizza. Ein literarisches Portrait. München 1984
Benz, Wolfgang (Hg.): Pazifismus in Deutschland. Frankfurt a. M. 1988
Benz, Wolfgang/Hermann Graml: Biographisches Lexikon zur Weimarer Republik. München 1988
Berentzen, Detlef: «Wir sind Eltern, du bist Kind – damit basta», in: Psychologie heute, Jan. 1992
Bergmann, Joachim: Die Schaubühne – Die Weltbühne 1905–1933. Bibliographie und Register mit Annotationen. Teil 1, München 1991
Berkholz, Stefan (Hg.): Carl von Ossietzky – 227 Tage im Gefängnis. Briefe, Texte, Dokumente. Darmstadt 1988
Biographisches Handbuch der deutschsprachigen Emigration nach 1933. Hg. vom Institut für Zeitgeschichte und von der Research Foundation for Jewish Immigration, Leitung Werner Röder und Herbert A. Strauss. München, New York, London, Paris 1980
Brod, Max: Streitbares Leben. München 1960
Brod, Max: Prager Tagblatt. Roman einer Redaktion. Frankfurt a. M. 1979
Budzinski, Klaus: Das Kabarett. Düsseldorf 1985
Bürgel, Tanja (Hg.): Tendenzkunst-Debatte 1910–1912. Berlin 1987
Bullivant, Keith (Hg.): Das literarische Leben in der Weimarer Republik. Königstein 1978
Chronik. Tag für Tag in Wort und Bild. 1917–1933. Dortmund 1986ff.
Deak, Istvan: Weimar Germany's Intellectuals. Berkeley und Los Angeles 1968

Döblin, Alfred: Schriften zur Politik und Gesellschaft. Hg. von Walter Muschg und Heinz Graber. Olten und Freiburg/Br. 1972
Donat, Helmut/Karl Holl: Die Friedensbewegung. Düsseldorf 1983
Doß, Kurt: Reichsminister Adolf Köster 1883–1930. Ein Leben für die Weimarer Republik. Düsseldorf 1978
Eggebrecht, Axel: Der halbe Weg. Zwischenbilanz einer Epoche. Reinbek 1981
Elsner, Eckart: Juden in Berlin, in: Emmuna, 9. Jg., Nr. 1, Jan./Febr. 1974
Enseling, Alf: Die Weltbühne. Organ der intellektuellen Linken. Münster 1962
Fischer, Ernst: Der «Schutzverband deutscher Schriftsteller» 1909–1933. Frankfurt a. M. 1980
Fischer, Jens Malte: Identifikation mit dem Aggressor? Zur Problematik des jüdischen Selbsthasses um 1900, in: Julius H. Schoeps (Hg.), Menora. Jahrbuch für deutsch-jüdische Geschichte. München, Zürich 1992
Fleming, Jens/Claus-Dieter Krohn/Dirk Stegmann/Peter-Christian Witt (Hg.): Die Republik von Weimar. Bd. 1, Das politische System. Königstein/Ts., 1979
Freyburg, W. Joachim und Hans Wallenberg (Hg.): Hundert Jahre Ullstein 1877–1977. Frankfurt a. M., Berlin 1977
Fricke, Dieter (Hg.): Dokumente zur deutschen Geschichte 1910–1914. Frankfurt a. M. 1977
Fricke, Dieter u.a. (Hg.) Lexikon zur Parteiengeschichte 1789–1945. Geschichte der bürgerlichen und kleinbürgerlichen Parteien und Verbände. Leipzig 1986
Gay, Peter: Die Republik der Außenseiter. Geist und Kultur in der Weimarer Zeit 1918–1933. Frankfurt a. M. 1987
Gay, Peter: Freud, Juden und andere Deutsche. Herren und Opfer in der modernen Kultur. München 1989
Grab, Walter: Der deutsche Weg der Judenemanzipation 1789–1938. München 1991
Grab, Walter/Julius H. Schoeps (Hg.): Juden in der Weimarer Republik. Stuttgart, Bonn 1986
Gross, Babette: Willi Münzenberg. Eine politische Biographie. Stuttgart 1967
Graf, Oskar Maria: Wir sind Gefangene. Berlin 1928
Greul, Heinz: Bretter, die die Zeit bedeuten. Die Kulturgeschichte des Kabaretts. München 1971
Grimm, Gunter E./Hans-Peter Bayerdörfer (Hg.): Im Zeichen Hiobs. Jüdische Schriftsteller und deutsche Literatur im 20. Jahrhundert. Frankfurt a. M. [2]1986
Groehler, Olaf (Hg.): Alternative Schicksale deutscher Bürger. Berlin 1987
Grosz, George: Briefe 1913–1959, hg. von Herbert Knust. Reinbek 1979
Grosz, George: Ein kleines Ja und ein großes Nein. Sein Leben von ihm selbst erzählt. Reinbek [2]1983
Heiber, Helmut: Die Republik von Weimar. München [7]1974
Hepp, Michael (Hg.): Die Ausbürgerung deutscher Staatsangehöriger 1933–1945. 3. Bde. München, New York, London, Paris 1985 ff.

Hepp, Michael: Weimar – Kultur in Fesseln? Von den «goldenen Zwanzigern» zur Bücherverbrennung, in: Edelgard Biedermann, Frank-Michael Kirsch, Gunnar Magnusson, Lars-Olof Nyhlén (Hg.), sozusagen – eine Festschrift für Helmut Müssener. Stockholm 1996

Hermand, Jost: Der ‹neuromantische› Seelenvagabund, in: Wolfgang Paulsen (Hg.), Das Nachleben der Romantik in der modernen deutschen Literatur. Heidelberg 1969

Hermand, Jost und Frank Trommler: Die Kultur der Weimarer Republik. München 1978

Hermann-Neiße, Max: Kabarett. Schriften zum Kabarett und zur bildenden Kunst. Hg. von Klaus Völker. Frankfurt a. M. 1988

Herzfelde, Wieland: John Heartfield. Leben und Werk. Berlin 1986

Hiller, Kurt: Köpfe und Tröpfe. Profile aus einem Vierteljahrhundert. Hamburg, Stuttgart 1950

Hirschfeld, Magnus (Hg.): Sittengeschichte des Weltkrieges. Leipzig, Wien 1930

Holl, Karl / Wolfram Wette (Hg.): Pazifismus in der Weimarer Republik. Paderborn 1981

Holly, Elmar E.: Die Weltbühne 1918–1933. Ein Register sämtlicher Autoren und Beiträge. Berlin 1989

Hürten, Heinz: Reichswehr und Republik, in: Gerhard Schulz (Hg.), Ploetz Weimarer Republik. Eine Nation im Umbruch. Freiburg, Würzburg 1987

Huonker, Gustav: Literaturszene Zürich. Menschen, Geschichten und Bilder 1914–1945. Zürich 1985

Jasper, Willi: Der Bruder. Heinrich Mann. München, Wien 1992

Kaes, Anton (Hg.): Weimarer Republik. Manifeste und Dokumente zur deutschen Literatur 1918–1933. Stuttgart 1983

Kamber, Peter: Geschichte zweier Leben – Wladimir Rosenbaum und Aline Valangin. Zürich [2] 1990

Kaznelson, Siegmund (Hg.): Juden im deutschen Kulturbereich. Berlin [3] 1962

Kessler, Harry Graf: Tagebücher. Hg. von Wolfgang Pfeiffer-Belli. Frankfurt a. M. 1982

Klein, Alfred u. a. (Hg.): Aktionen, Bekenntnisse, Perspektiven. Berichte und Dokumente vom Kampf um die Freiheit des literarischen Schaffens in der Weimarer Republik. Berlin / Weimar 1966

Korte, Helmut (Hg.): Film und Realität in der Weimarer Republik. München, Wien 1978

Knütter, Hans-Helmuth: Die Juden und die deutsche Linke in der Weimarer Republik 1918–1933. Düsseldorf 1971

Kraiker, Gerhard / Elke Suhr: Ossietzky und der Sozialismus, in: Gerhard Kraiker, Dirk Grathoff (Hg.), Carl von Ossietzky und die politische Kultur der Weimarer Republik. Symposion zum 100. Geburtstag. Oldenburg 1991

Kraiker, Gerhard und Elke Suhr: Carl von Ossietzky. Reinbek 1994

Krause, Hartfried: USPD. Zur Geschichte der Unabhängigen Sozialdemokratischen Partei Deutschlands. Frankfurt a. M., Köln 1975

Kühn, Volker (Hg.): Hoppla, wir beben. Kabarett einer gewissen Republik 1918–1933. Weinheim, Berlin 1988

Kühn, Volker: Spötterdämmerung. Vom langen Sterben des großen kleinen Friedrich Hollaender. Frankfurt a. M. 1988

Lange, Annemarie: Berlin zur Zeit Bebels und Bismarcks. Berlin 1972

Lange, Annemarie: Das Wilhelminische Berlin. Berlin 1967

Lange, Annemarie: Berlin in der Weimarer Republik. Berlin 1987

Lehnert, Detlef / Klaus Megerle (Hg.): Politische Identität und nationale Gedenktage. Zur politischen Kultur in der Weimarer Republik. Opladen 1989

Lukács, Georg: Deutsche Literatur in zwei Jahrhunderten. Bd. 7 der Werke. Neuwied und Berlin 1964

Madrasch-Groschopp, Ursula: Die Weltbühne. Königstein 1983

Madrasch-Groschopp, Ursula (Hg.): Ossietzky. Ein Lesebuch für unsere Zeit. Berlin und Weimar 1989

Max, Prinz von Baden: Erinnerungen und Dokumente. Stuttgart, Berlin, Leipzig 1927

Mayer, Paul: Ernst Rowohlt in Selbstzeugnissen und Bilddokumenten. Reinbek 1968

Mendelssohn, Peter de: Zeitungsstadt Berlin. Frankfurt, Berlin, Wien 1982

Meyer, Jochen (Bearb.): Berlin – Provinz. Literarische Kontroversen um 1930. «Marbacher Magazin» 35 / 1985

Möller, Alex: Tatort Politik. München, Zürich 1982

Moses, Stéphane und Albrecht Schöne (Hg.): Juden in der deutschen Literatur. Ein deutsch-israelisches Symposion. Frankfurt a. M. 1986

Mosse, Georg L.: Jüdische Intellektuelle in Deutschland. Zwischen Religion und Nationalismus. Frankfurt a. M., New York 1992

Mosse, Werner E. (Hg.): Entscheidungsjahr 1932. Zur Judenfrage in der Endphase der Weimarer Republik. Tübingen 1965

Müller, Hans-Harald: Der Krieg und die Schriftsteller. Der Kriegsroman der Weimarer Republik. Stuttgart 1986

Müssener, Helmut: Exil in Schweden. Politische und kulturelle Emigration nach 1933. München 1974

Nachama, Andrea / Gereon Sievernich (Hg.): Jüdische Lebenswelten. Katalog zur Ausstellung. Berlin 1991

Neumann, Sigmund: Die Parteien der Weimarer Republik. Stuttgart 1965

Nickel, Gunther: Die Schaubühne – Die Weltbühne. Siegfried Jacobsohns Wochenschrift und ihr ästhetisches Programm. Opladen 1996

Nössing, Manfred / Johanna Rosenberg / Bärbel Schrader: Literaturdebatten in der Weimarer Republik. Berlin und Weimar 1980

Oppenheimer, John F. (Hg.): Lexikon des Judentums. München 1967

Oschilewski, Walther G.: Zeitungen in Berlin. Berlin 1975

Ossietzky, Carl von: Sämtliche Schriften. Hg. vn Werner Boldt, Dirk Grathoff, Gerhard Kraiker und Elke Suhr. 8 Bde. Reinbek 1994

Osterroth, Franz/Dieter Schuster: Chronik der deutschen Sozialdemokratie. Berlin, Bonn 1975

Petersen, Klaus: Die «Gruppe 1925». Geschichte und Soziologie einer Schriftstellervereinigung. Heidelberg 1981

Pilot, Hans: «Pieron», in: «Der Oberschlesier», 8. Jg., 3. Heft, März 1926

Polgar, Alfred: Kleine Schriften. Hg. von Marcel Reich-Ranicki in Zusammenarbeit mit Ulrich Weinzierl. Reinbek 1982

Prager, Eugen: Das Gebot der Stunde. Geschichte der USPD. Berlin, Bonn 1980

Pross, Harry: Literatur und Politik. Geschichte und Programme der politisch-literarischen Zeitschriften im deutschen Sprachgebiet seit 1870. Olten und Freiburg/Br. 1963

Reich-Ranicki, Marcel: Über Ruhestörer. Juden in der deutschen Literatur. München 1973

Reichshandbuch der deutschen Gesellschaft. Berlin 1930/31

Reinhardt, Stephan (Hg.): Lesebuch Weimarer Republik. Deutsche Schriftsteller und ihr Staat von 1918–1933. Berlin 1982

Ringer, Fritz K.: Die Gelehrten. Der Niedergang der deutschen Mandarine 1890–1933. Stuttgart 1983

Rosenberg, Arthur: Entstehung und Geschichte der Weimarer Republik. Hg. von Kurt Kersten. Frankfurt a. M. 1961

Rothe, Wolfgang (Hg.): Die deutsche Literatur in der Weimarer Republik. Stuttgart 1974

Ruge, Wolfgang/Wolfgang Schumann (Hg.): Dokumente zur deutschen Geschichte 1917–1919. Frankfurt a. M. 1977

Scherer, Thomas: Die Aktiengesellschaft für Verkehrswesen. Kleinbahnen, Diamanten, Großbaustellen (Manuskript)

Schiffhauer, Nils/Carola Schelle: Stichtag der Barbarei. Anmerkungen zur Bücherverbrennung 1933. O. O., 1983

Schneidereit, Otto: Berlin wie es weint und lacht. Berlin 1968

Schoeps, Julius H. (Hg. im Auftrag des «Salomon Ludwig Steinheim-Institutes für deutsch-jüdische Geschichte»): Menora. Jahrbuch für deutsch-jüdische Geschichte. München, Zürich 1990ff.

Schoeps, Julius H. (Hg.): Neues Lexikon des Judentums. Gütersloh 1992

Serke, Jürgen: Die verbrannten Dichter. Weinheim, Basel 1979

Shaked, Gershon: Die Macht der Identität. Essays über jüdische Schriftsteller. Frankfurt a. M. 1992

Sheppard, Richard: Artists, Intellectuals and the USPD 1917–1922, in: Literaturwissenschaftliches Jahrbuch im Auftrag der Görres-Gesellschaft hg. von Kunisch/Berchem/Heftrich/Link/Wolf. Berlin 1991

Siepmann, Eckhard: Montage: John Heartfield. Berlin 1983

Silberner, Edmund: Rosa Luxemburg, ihre Partei und die Judenfrage. In: Walter Grab (Hg.), Jahrbuch des Instituts für deutsche Geschichte. Universität Tel-Aviv, 1978, Bd. VII

Simmel, Georg: Schopenhauer und Nietzsche. München und Leipzig 1920

Spiecker, Karl: Den Vergessenen!, in: «Der Oberschlesier», 8. Jg., 3. Heft, März 1926

Sontheimer, Kurt: Antidemokratisches Denken in der Weimarer Republik. München 1968

Strauss, Herbert A. und Christhard Hoffmann (Hg.): Juden und Judentum in der Literatur. München 1985

Suhr, Silke: Carl von Ossietzky. Eine Biographie. Köln 1988

Surmann, Rolf: Die Münzenberg-Legende. Zur Publizistik der revolutionären Arbeiterbewegung 1921–1933. Köln 1983

Theweleit, Klaus: Buch der Könige. Basel, Frankfurt 1988

Thieß, Frank: Verbrannte Erde. Wien, Hamburg 1964

Turel, Adrien: Bilanz eines erfolglosen Lebens. Ausgewählt von Hugo Loetscher. Frauenfeld 1976

Ullstein, Heinz: Spielplatz meines Lebens. Erinnerungen. München 1961

Vetter, Karl: Geburt einer Hymne. Frankenpost, Hof, 24. 5. 1952

Viesel, Hansjörg: Literaten an der Wand. Die Münchner Räterepublik und die Schriftsteller. Frankfurt a. M. 1980

Vogel, Rudolf: Deutsche Presse und Propaganda des Abstimmungskampfes in Oberschlesien. Diss. Leipzig, gedruckt in Beuthen/OS 1931

Vogel, Rudolf: Die Öffentlichkeitsarbeit im oberschlesischen Abstimmungskampf 1919–1921, in: Jahrbuch der Schlesischen Friedrich-Wilhelms-Universität zu Breslau. Bd. XVII, Berlin, München 1972

Vogelsang, Thilo: Reichswehr, Staat und NSDAP. Beiträge zur deutschen Geschichte 1930–1932. Stuttgart 1962

Weischedel, Wilhelm: Die philosophische Hintertreppe. München 1975

Wenzel, Georg (Hg.): Arnold Zweig 1887–1968. Werk und Leben in Dokumenten und Bildern. Berlin und Weimar 1978

Wette, Wolfram: Gustav Noske. Eine politische Biographie. Düsseldorf 1987

Willmann, Heinz: Geschichte der Arbeiter-Illustrierten-Zeitung 1921–1928. Berlin 1974

Winkler, Heinrich August: Der Schein der Normalität. Arbeiter und Arbeiterbewegung in der Weimarer Republik 1924–1930. Berlin, Bonn 1985

Wiznitzer, Manuel: Arnold Zweig. Das Leben eines deutsch-jüdischen Schriftstellers. Frankfurt a. M. 1987

Wohlfeil, Rainer/Hans Dollinger: Die Deutsche Reichswehr. Bilder, Dokumente, Texte. Zur Geschichte des Hunderttausend-Mann-Heeres 1919 bis 1933. Wiesbaden 1977

Zimmermann, Moshe: «Die aussichtslose Republik» – Zukunftsperspektiven der deutschen Juden vor 1933, in: Menora. Jahrbuch für deutsch-jüdische Geschichte. München, Zürich 1990

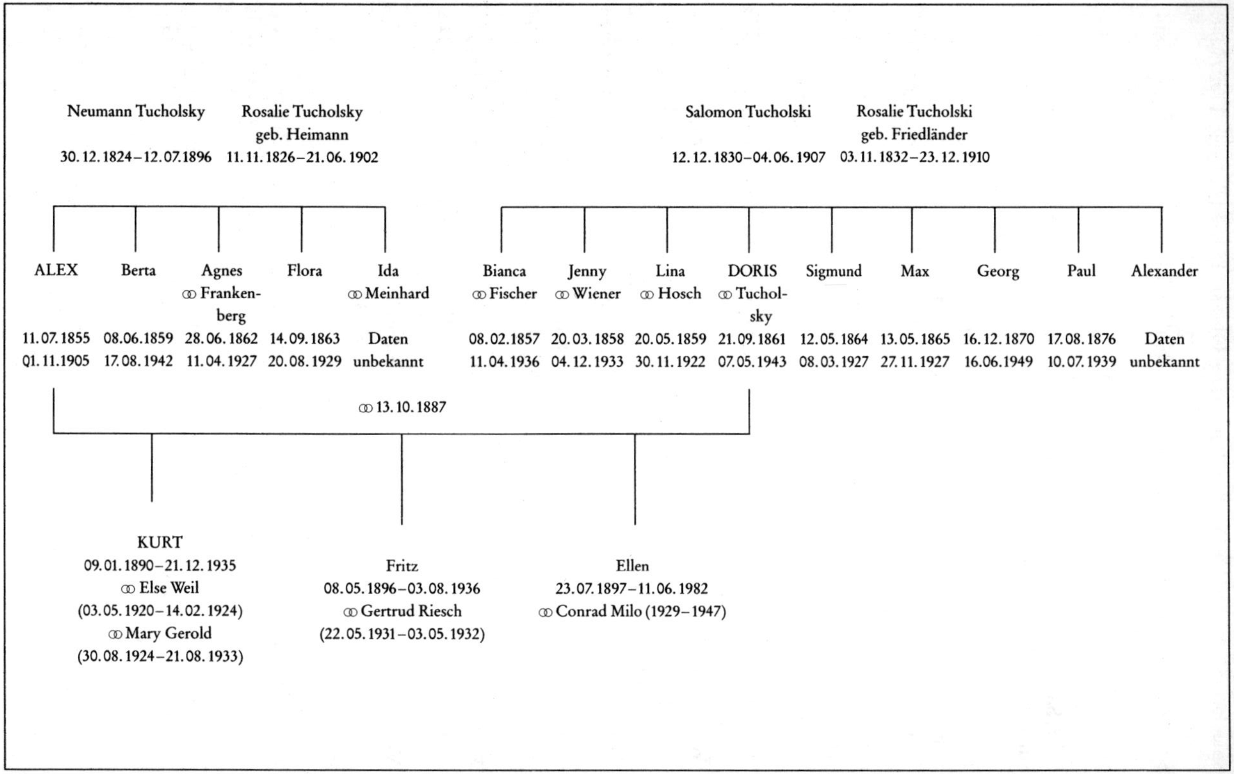
Neumann Tucholsky
30. 12. 1824–12. 07. 1896
Rosalie Tucholsky
geb. Heimann
11. 11. 1826–21. 06. 1902
Salomon Tucholski
12. 12. 1830–04. 06. 1907
Rosalie Tucholski
geb. Friedländer
03. 11. 1832–23. 12. 1910
ALEX
11. 07. 1855
01. 11. 1905
Berta
08. 06. 1859
17. 08. 1942
Agnes
⚭ Franken-
berg
28. 06. 1862
11. 04. 1927
Flora
14. 09. 1863
20. 08. 1929
Ida
⚭ Meinhard
Daten
unbekannt
Bianca
⚭ Fischer
08. 02. 1857
11. 04. 1936
Jenny
⚭ Wiener
20. 03. 1858
04. 12. 1933
Lina
⚭ Hosch
20. 05. 1859
30. 11. 1922
DORIS
⚭ Tuchol-
sky
21. 09. 1861
07. 05. 1943
Sigmund
12. 05. 1864
08. 03. 1927
Max
13. 05. 1865
27. 11. 1927
Georg
16. 12. 1870
16. 06. 1949
Paul
17. 08. 1876
10. 07. 1939
Alexander
Daten
unbekannt
⚭ 13. 10. 1887
KURT
09. 01. 1890–21. 12. 1935
⚭ Else Weil
(03. 05. 1920–14. 02. 1924)
⚭ Mary Gerold
(30. 08. 1924–21. 08. 1933)
Fritz
08. 05. 1896–03. 08. 1936
⚭ Gertrud Riesch
(22. 05. 1931–03. 05. 1932)
Ellen
23. 07. 1897–11. 06. 1982
⚭ Conrad Milo (1929–1947)

CHRONOLOGISCHER ÜBERBLICK

1890

09.01. Kurt Tucholsky wird um 18.45 Uhr in Berlin, Lübecker Straße 13^{II}, geboren. 1887 hatte der Vater Alex (11.7. 1855–1.11.1905) seine Cousine Doris Tucholski (21.9. 1861–7.5.1943) geheiratet

1892

Umzug der Familie Tucholsky ins Berliner Hansaviertel, Holsteiner Ufer 46^{III}

1893

Umzug der Familie nach Stettin, Kronprinzenstraße 29. Alex Tucholsky soll hier in der Filiale der Eisenbahnbaufirma Lenz & Co die Berliner Handelsgesellschaft (BHG) vertreten

1896

Ostern Kurt Tucholsky wird eingeschult

08.05. Geburt des Bruders Fritz

12.07. Großvater Neumann Tucholsky (geb. 30.12.1824) stirbt

1897

23.07. Geburt der Schwester Ella-Ida (Ellen)

1898

05.09. Onkel Georg Tucholski tritt aus dem Judentum aus

1899

Rückkehr nach Berlin. In der Zentrale der Firma Lenz & Co, Dorotheenstraße 11, bezieht die Familie Tucholsky eine Dienstwohnung im 4. Stock

April Kurt Tucholsky wird als Nachzügler im Französischen Gymnasium eingeschult

1901

Juni Gründung der Aktiengesellschaft für Verkehrswesen (AGV), Alex Tucholsky wird Vorstandsmitglied, außerdem Direktor (Bereichsleiter) in der BHG

1902

21.06. Großmutter Rosalie Tucholsky (geb. 11.11.1826) stirbt

1903

29.09. Wechsel vom Französischen Gymnasium an das Kgl. Wilhelms-Gymnasium

1905

08.05. Direktor A. Tucholsky wird auf der Generalversammlung der AGV als Vorstandsmitglied bestätigt

07.09. Das erste Heft von Siegfried Jacobsohns (28.1.1881–3.12.1926) Zeitschrift *Die Schaubühne* erscheint

01.11. Alex Tucholsky stirbt. Er wird am 5.11. auf dem jüdischen Friedhof Weißensee beigesetzt

1906

Umzug der Familie in die Motzstraße 42

1907

Tucholsky verläßt das Kgl. Wilhelms-Gymnasium und wird von dem Privatlehrer Dr. Willi Kraßmöller auf das Abitur vorbereitet

04.06. Großvater Salomon Tucholski (geb. 12.12.1830) stirbt

22.11. Im *Ulk* erscheinen (anonym) Tucholskys erste Arbeiten: *Märchen* und *Vorsätze*

1908

Die Familie zieht in die Helmstedter Straße 6

14.05. Prüfung für den Einjährigen Freiwilligendienst

1909

21.09. Reifeprüfung als Externer am Kgl. Luisen-Gymnasium

07.10. Beginn des Jura-Studiums an der Friedrich-Wilhelm-Universität in Berlin

1910

14.03. Tucholsky exmatrikuliert sich in Berlin und verbringt das Sommersemester (8.4.–15.7.) an der Universität in Genf

19.10. Else Weil (19.6.1889–11.9.1942) immatrikuliert sich an der Universität Berlin (Philosophische Fakultät; im April 1911 Wechsel zur Medizinischen Fakultät)

25.10. Tucholsky immatrikuliert sich wieder an der Universität Berlin

23.12. Großmutter Rosalie Tucholski (geb. 3.11.1832) stirbt

1911

25.04.	Tucholskys erster Artikel im *Vorwärts* erscheint (Mitarbeit bis Sommer 1914)
August	Mit Else Weil, genannt Claire Pimbusch, in Rheinsberg, anschließend drei Wochen an der Ostsee
Ende Sept.	Zusammen mit dem Maler Kurt Szafranski (17.10. 1890–1.3.1964) besucht er Max Brod in Prag. Dabei lernen sie auch Franz Kafka kennen (30.9.)
05.10.	Erstmals als Absender Nachodstraße 12
Herbst	Tucholsky arbeitet im Wahlkampf für die SPD

1912

	Verlobung mit Kitty Frankfurther
17.01.	Durch Vermittlung Brods erscheint Tucholskys erste Arbeit im *Prager Tagblatt*
10.08.	Er verläßt die Universität und bereitet sich auf das juristische Staatsexamen vor
August	Urlaub in «Warnemünde-Rheinsberg»
15.11.	*Rheinsberg. Ein Bilderbuch für Verliebte* erscheint bei Axel Juncker
Ende Nov.	Tucholsky und Szafranski eröffnen auf dem Kurfürstendamm die *Bücherbar*. Nach Weihnachten geben sie den Laden in dem ehem. Lokal «Mampes Gute Stube» wieder auf

1913

03.01.	Tucholsky und Szafranski versuchen in München Kontakt zu dem *Simplicissimus*-Autor Hans Erich Blaich zu bekommen, verpassen ihn jedoch (Zwischen Tucholsky und Blaich entwickelt sich ein intensiver Briefwechsel)
09.01.	Tucholskys erster Artikel in der *Schaubühne* erscheint: *Die beiden Brüder H.* (Bereits im ersten Jahr seiner Mitarbeit ist er mit mehr Arbeiten als der Herausgeber SJ vertreten. Er veröffentlicht unter den Pseudonymen Ignaz, Horatio von Massarena, Peter Panter, Schigolch, Theobald Tiger und Ignaz Wrobel)
15.03.	Zulassung zur ersten juristischen Prüfung. KT tritt aber von der Prüfung zurück, da er angeblich ab
April	in der Haude & Spenerschen Verlagsbuchhandlung Max Paschke in Berlin arbeitet
07.04.	Erste Arbeit für den *Simplicissimus*
02.08.	Gesuch um Zulassung zur Promotion an die Schiller-Universität in Jena. Dissertation über *Die Vormerkung aus § 1179 BGB und ihre Wirkungen*

01.09.	Tucholsky und Szafranski beginnen mit der Einladung zur Mitarbeit am geplanten *Orion – ein Jahreskreis in Briefen*. Angeschrieben werden u. a.: Rilke, Freud, Hesse, Wedekind, Hamsun, Rathenau, Barlach, Kubin, Kollwitz, Klimt
25.09.	Blaich vermerkt den Eingang des Buches *Der Zeitsparer*, Grotesken von Ignaz Wrobel (Reuss und Pollack Verlag). Im Impressum ist als Erscheinungsjahr 1914 angegeben
Ende	In der zweiten Mitgliederliste des 1910 gegründeten *Schutzverbandes deutscher Schriftsteller* von Ende 1913 wird Tucholsky bereits als Mitglied genannt

1914

21.01.	Die juristische Fakultät der Universität Jena lehnt Tucholskys Dissertation ab
03.04.	Beginn der Werbekampagne des Kurt Wolff Verlags für den *Orion*
07.05.	In der *Schaubühne* erscheint die Theaterrezension *Rosa Bertens*, die gleichzeitig eine Schilderung der eigenen Mutter ist
12.05.	Tucholsky immatrikuliert sich erneut an der Universität Berlin und belegt Vorlesungen über Erdkunde und Psychologie
09.06.	Erneutes Gesuch um Zulassung zur Promotionsprüfung an der Universität Jena. Er legt die geänderte Fassung der Dissertation bei
Juni	Einstellung des Projekts *Orion*, da nicht genug Bestellungen eingegangen sind
01.07.	Austritt aus der jüdischen Gemeinde Berlin
01.08.	Beginn des Ersten Weltkriegs
08.08.	Tucholsky exmatrikuliert sich
27.08.	Sein letzter Artikel erscheint in der *Schaubühne* (Erst 1916 erscheinen im *Ulk*, im *Simplicissimus* und in der *Schaubühne* wieder einige Beiträge)
19.11.	Mündliche Prüfung in Jena um 17 Uhr

1915

14.01.	Die mehrfach überarbeitete Dissertation wird angenommen
12.02.	Tucholsky erhält die Doktorwürde der Universität Jena
März	Musterung
10.04.	Dienstantritt als Armierungssoldat. Nach Vereidigung und Einkleidung in Suwalki Einsatz im Memelgebiet. Bis
10.05.	Stellungskampf zwischen Augustow, Mariampol und Pillwiski
Juni	Tucholsky rückt zum Kompanieschreiber auf
29.09.	Stellungskampf gegen Jakobstadt (bis 20.8.1916)

1916

Juni	Urlaub in Berlin
22.07.	Else Weil verläßt die Universität
Ende Aug.	Tucholskys Einheit wird zum Bau der Fliegerschule Ost nach Alt-Autz (Kurland) verlegt
	Tucholsky entwickelt das Konzept für eine Soldatenzeitschrift
26.11.	Das erste Heft der Zeitschrift *Der Flieger* erscheint

1917

	Anfang des Jahres wird Tucholsky Schreiber des Stabes in Alt-Autz, er leitet die Bibliothek sowie die Druckerei
18.02.	Tucholsky muß als Schreiber bei der Erschießung von russischen Spionen assistieren
24.03.	Im *Flieger* erscheinen die ersten Werbeartikel und -gedichte für die Kriegsanleihe
29.03.	Dr. Erich Danehl (22.6.1887–23.12.1954), genannt Karlchen, wird für einen Monat nach Alt-Autz versetzt
08.04.	Beförderung zum Gefreiten
24.04.	Offizielle Versetzung zur Stabskompagnie der Artillerie-Fliegerschule Ost I in Alt-Autz
Juni	Urlaub in Berlin
11.09.	Beförderung zum Unteroffizier
13.10.	Else Weil erhält die Approbation
11.11.	Tucholsky lernt in der Kassenverwaltung von Alt-Autz Mary Gerold (28.11.1898–16.10.1987) kennen, die nach der Eroberung Rigas durch die deutsche Armee (im September) nach Alt-Autz dienstverpflichtet wurde
27.11.	Tucholsky überreicht dem Kommandeur von Alt-Autz Zimmermann ein Widmungsexemplar des ersten Jahrgangs des *Fliegers*

1918

01.01.	Else Weil wird Assistentin in der Klinik für Frauenkrankheiten und Geburtshilfe in Berlin
04.04.	Jacobsohn ändert den Titel seiner Zeitschrift in *Die Weltbühne*
06.04.	Anforderung durch die Politische Polizei in Bukarest
12.04.	Beförderung zum Vizefeldwebel
14.04.	Tucholsky erhält das «Verdienstkreuz für Kriegshilfe» für seinen Einsatz für die Kriegsanleihe
24.04.	Tucholsky verläßt Alt-Autz und fährt auf Urlaub nach Berlin. Dort löst er die Verlobung mit Kitty Frankfurther
08.05.	Versetzung zur Zentralpolizeistelle Bukarest

12.05.	Ankunft in Craiova, wo sich seine vorgesetzte Dienststelle befindet. Hier lernt er Hans Fritsch (20.8.1889–19.3.1931), genannt Jakopp, kennen. Szafranski ist ebenfalls in Craiova
20.05.	Tucholsky wird der Polizeistelle Turn-Severin zugewiesen
28.06.	Die *Frankfurter Zeitung* lehnt seine regelmäßige Mitarbeit ab
21.07.	Tucholsky läßt sich in Turn-Severin protestantisch taufen
24.08.	Die *Frankfurter Zeitung* veranstaltet ein Preisausschreiben zur 9. Kriegsanleihe. Tucholsky beteiligt sich daran, sein Gedicht *Trotzdem* wird am 25.9. veröffentlicht
02.09.	Beförderung zum Offiziers-Aspiranten
20.10.	Vizefeldwebel Tucholsky wird mit einer oberen Beamtenstelle – Feldpolizeikommissar – beliehen und nach Calafat versetzt
09.11.	Philipp Scheidemann ruft die freie deutsche Republik aus
Mitte Nov.	Tucholsky verläßt mit den anderen Kommissaren Danehl und Fritsch Rumänien. Fahrt über Hermannstadt, Budapest, Wien, München nach Berlin
19.11.	Besuch in München bei Dr. Blaich
20./21.11.	Rückkehr nach Berlin. Er wohnt wieder in der Nachodstraße 12
Dezember	Tucholsky übernimmt die Redaktion des *Ulk*, der satirischen Wochenbeilage des *Berliner Tageblatts* und der *Berliner Volks-Zeitung*. Die Nr. 50 vom 13.12. weist ihn erstmals als Verantwortlichen Redakteur aus. Das Pseudonym Theobald Tiger bleibt künftig für den *Ulk* reserviert, Kaspar Hauser übernimmt in der *Weltbühne* dessen Platz
Ende Dez.	Mary Gerold kehrt nach Riga zu ihrer Mutter zurück
	1919
02.01.	Tucholsky wird aus der Armee entlassen
03.01.	In Riga übernehmen die Bolschewiki die Macht
09.01.	Mit dem Artikel *Offizier und Mann* eröffnet Tucholsky die *Militaria*-Serie in der *Weltbühne*, in der er schonungslos mit den Offizieren abrechnet
16.01.	Tucholsky klagt über Grippe und Stirnhöhleneiterung
13.03.	In der *Weltbühne* erscheint sein programmatischer Artikel *Wir Negativen*
22.05.	Die Bolschewiki werden durch die deutschen Baltikumtruppen wieder aus Riga vertrieben
Juni	Kurt Tucholsky übernimmt teilweise redaktionelle Aufgaben für die *Weltbühne* über sein Büro beim *Ulk*
Ende Juni	Mary Gerold flieht vor den Bolschewiki mit den abrückenden deutschen Truppen aus Riga

01.08. Tucholsky fährt für drei Tage nach Hamburg zu seinen «rumänischen Freunden» Jakopp und Karlchen

16.08. Er fährt für zehn Tage zu Hans Fritsch nach Nussbach (Baden)

27.08. Lübeck

30.08. Bis 14.9. Urlaub in Kirchdorf auf der Insel Poel bei Wismar (Mecklenburg), Kurhaus Schwarzer Busch

02.10. Gründung des *Friedensbundes der Kriegsteilnehmer*. Neben Ossietzky (3.10.1889–4.5.1938), Vetter, Gumbel, Nicolai und anderen gehört auch Tucholsky zu den Mitbegründern. Geplant sind jährliche Massendemonstrationen unter dem Motto «Nie wieder Krieg!»

Ende Okt. Die Gedichtsammlung *Fromme Gesänge* von Theobald Tiger mit einer Vorrede von Ignaz Wrobel erscheint bei Felix Lehmann

Tucholsky arbeitet für das Kabarett *Schall und Rauch*, das im

Dezember eröffnet wird

14.12. Kundgebung des *Friedensbundes der Kriegsteilnehmer*. Tucholskys Rede gegen das Militär führt zu Tumulten

15.12. Mary Gerold kommt mit ihrer Einheit in einem Gutshof in der Nähe von Memel unter

1920

Januar Neben Friedrich Hollaender und Klabund gehört auch Theobald Tiger zum künstlerischen Beirat des *Schall und Rauch*. Er schreibt Chansons und Kabarett-Texte u.a. für Gussy Holl und Paul Graetz. Für das Juni-Heft von *Schall und Rauch* übernimmt Peter Panter die Schriftleitung

Danehl ist zu Besuch in Berlin

05.01. Mary Gerold kommt nach Berlin und trifft Tucholsky nach eineinhalb Jahren wieder. Es tritt auf beiden Seiten schnell eine Entfremdung ein

05.02. Tucholsky schlägt Mary Gerold eine Trennung vor

09.02. Athenäum-Gesellschaftsabend im Großen Schauspielhaus, Berlin. Aufführung von Nestroys *Judith und Holofernes* in der parodistischen Neubearbeitung von Th. Tiger. Regie: Max Reinhardt (Wiederholung am 4.12.1920)

10.02. Nach einem längeren Gespräch trennen sich Mary Gerold und Kurt Tucholsky

11.02. Tucholsky kündigt Theodor Wolff zum 31. März *(Ulk)*

01.03. Eintritt in die USPD

10.03. Nach Tucholskys Kritik am *Simplicissimus* bricht Blaich die Korrespondenz mit ihm ab

03.05.	Kurt Tucholsky heiratet in Wilmersdorf die Ärztin Else Weil. Trauzeugen sind Siegfried Jacobsohn und Sigmund Weil. Die neue Adresse ist: Kaiser-Allee 79, Berlin-Friedenau
Mai	Tucholsky schreibt für die USPD-Blätter *Freie Welt* und *Die Freiheit*
15.05.	Tucholsky und Mary Gerold treffen sich zufällig in der Stadt wieder
30.05.	Tucholsky wird erster Schriftführer im *Schutzverband Deutscher Schriftsteller*
04.06.	Tucholsky spricht in Wiesenthal bei der Beerdigung Hans Paasches, der von Freikorpsleuten ermordet worden war
Juni	Tucholsky übernimmt auch redaktionelle Aufgaben bei der USPD-Presse
17.06.	Else Tucholsky erhält die kassenärztliche Zulassung
Juli	Tucholsky übernimmt die Redaktion der Zeitschrift *Pieron*, die im oberschlesischen Abstimmungskampf als Gegenstück zum polnischen *Kocynder* gegründet wird
01.07.	Konstituierung des «Nie-wieder-Krieg»-Aktionsausschusses. Zu den Initiatoren gehört auch Tucholsky
17.07.	Das erste Heft des *Pieron* erscheint und löst heftige Reaktionen aus
01.08.	Tucholsky redet auf der «Nie-wieder-Krieg»-Kundgebung am Berliner Lustgarten
04.08.	Tucholsky schickt Mary Gerold einen Strauß Rosen und Peter Nansens *Die Romane des Herzens*. In ihrem Tagebuch notierte sie: «Ob wir noch einmal zusammenkommen?»
26.08.	Auf Anregung Erich Mühsams leitet Tucholsky in der *Weltbühne* eine Spendenaktion für die politischen Gefangenen in Bayern ein
30.08.–13.09.	Urlaub mit seiner Frau in Graal/Mecklenburg, Pension Buchenhof
24.09.	Tucholsky und Mary Gerold treffen sich zufällig (Von da an schreibt er ihr wieder regelmäßiger Briefe)
01.10.	Else Tucholsky eröffnet eine eigene Praxis
Oktober	Für die Nelson-Revue *Total Manoli* schreibt Theobald Tiger den Titelsong
November	*Träumereien an preußischen Kaminen* von Peter Panter erscheint bei Felix Lehmann. Gewidmet ist das Buch Mary Gerold
23.11.	Lesung aus eigenen Werken im Saal der Sezession in Berlin, Kurfürstendamm
Dezember	Wegen seiner Arbeit für den *Pieron* darf Tucholsky nicht

	mehr für die USPD-Organe *Freie Welt* und *Freiheit* schreiben. Sein letzter Beitrag für die *Freiheit* erscheint am 7.12., für die *Freie Welt* am 19.12.
18.12.	Wegen des zunehmenden öffentlichen Drucks kündigt er zum 31.12. seine Mitarbeit am *Pieron* (Bis zum 18.4.1921 arbeitet er jedoch inoffiziell weiter mit)

1921

03.01.	Verhandlung im Beleidigungsverfahren Sklarz contra *Ulk*. Sklarz zieht nach Entschuldigung Tucholskys seine Klage zurück, das Verfahren wird eingestellt
10.01.	Klagen über Stirnhöhleneiterung
27.01.	Lesung aus eigenen Werken in Berlin im Meistersaal
06.03.	Tucholsky gehört zu den Mitunterzeichnern des Gründungsaufrufs für den *Republikanischen Reichsbund* (RRB)
13.06.–22.07.	Urlaub in Kölpinsee / Usedom, Hotel Seeblick
26.07.	Berlin
Ende Juli	Für einige Tage bei Rudolf Nelson in Heringsdorf, Planung einer neuen Revue
08.–28.08.	Kurhaus Georgenwalde / Ostpreußen
September	Mary Gerold fährt nach Riga zu ihrer Mutter auf Urlaub
Oktober	Premiere der Nelson-Revue *Bitte zahlen* mit zahlreichen Chansons von Th. Tiger
03.11.	Auf Antrag von Reichswehrminister Geßler Prozeß gegen Kurt Tucholsky wegen dessen Artikel *Offiziere*. Freispruch

1922

30.02.	In der *Weltbühne* erscheint Ignaz Wrobels Militärkritik *Die Erdolchten*. Tucholsky verwechselt darin die Namen von zwei Offizieren. Die Reichswehrführung stellt Strafantrag
26.04.	Kundgebung der *Deutschen Liga für Menschenrechte*. Neben Gerlach und Gumbel spricht Tucholsky über die Justiz der Republik
17.06.	Das Zentralkomitee der USPD findet Tucholskys ehem. Mitarbeit am *Pieron* nicht als «antisozialistisch». Es fordert die Parteiblätter auf, ihn wieder als Mitarbeiter zu beschäftigen
24.06.	Reichsaußenminister Walther Rathenau wird ermordet
03.07.	Neben Max Hoddan und Harry Graf Kessler spricht auch Ignaz Wrobel auf der «Rathenau-Versammlung» des *Deutschen Friedenskartells*
	Auf den Publizisten Maximilian Harden wird ein Mordanschlag verübt

20.–30.07.	Tucholsky bei Rudolf Nelson in Heringsdorf
30.07.	Antikriegskundgebung im Lustgarten. Tucholskys Gedicht *Drei Minuten Gehör* wird an diesem Tag im ganzen Reich vorgetragen
11.08.	In Berlin wird der «Geburtstag der Reichsverfassung» gefeiert. Tucholsky beteiligt sich an der Vorbereitung dieser Massenkundgebung
31.08.	Berichtigung zum Artikel *Die Erdolchten* in der *Weltbühne*
24.09.	Die USPD löst sich auf, ein Teil der Mitglieder geht zur KPD, der Rest verschmilzt auf dem Parteitag in Nürnberg mit der SPD. Tucholsky wird dadurch Mitglied der SPD
30.09.	*Die Freiheit* stellt ihr Erscheinen ein
Herbst	Tucholsky sucht einen Job in der Wirtschaft und bewirbt sich bei verschiedenen Unternehmen
Oktober	Premiere der Nelson-Revue *Wir steh'n verkehrt*, für die Tucholsky sämtliche Texte schrieb
30.11.	Tante Lina Hosch (geb. 20.5.1859) stirbt
	1923
05.01.	Kundgebung des *Republikanischen Reichsbundes* in den Berliner Kammersälen. Neben Otto Nuschke ist Ignaz Wrobel Hauptredner
20.–23.01.	In Hamburg zu Besuch bei Hans Fritsch
21.–28.02.	Urlaub im Kurhaus Zippendorf bei Schwerin. Am 24.2. kommt Mary Gerold nach
01.03.	Eintritt ins Bankhaus Bett, Simon & Co. Im Sommer wird er Sekretär des Seniorchefs Hugo Simon
Juni	Eröffnung des Cabarets *Die Gondel*, an dessen Gründung Tucholsky beteiligt war
22.06.	Tucholsky verläßt die gemeinsame Wohnung mit seiner Frau Else und bezieht zwei möblierte Zimmer in der Windscheidstraße 34, Berlin-Charlottenburg
15.07.	Jacobsohn bietet Tucholsky eine feste Mitarbeit im Verlag der *Weltbühne* an, was dieser jedoch vorerst ablehnt
August	Tucholsky schreibt für Trude Hesterbergs Kabarett *Wilde Bühne*
01.11.	Nach verlorenem Prozeß Widerruf zu *Die Erdolchten* in der *Weltbühne*
	1924
14.02.	Die Scheidung von Else Tucholsky wird rechtskräftig
15.02.	Mitarbeiter-Vertrag mit Siegfried Jacobsohn: «Dr. Tucholsky tritt in die Redaktion und in den Verlag der ‹Weltbühne› ein»

09.03. Veranstaltung der *Liga Junge Republik* zum Thema «Kampf gegen die Kunst oder Wille zur Kultur». Neben Ignaz Wrobel sprechen Grosz, Kortner, Kerr, Bab, Holitscher

24.03. Aufnahme in die Berliner Freimaurerloge *Zur Morgenröte*

06.04. Tucholsky fährt als Korrespondent der *Weltbühne* und der *Vossischen Zeitung* nach Paris und wohnt zunächst im Hotel de Grammont, 22, rue de Grammont

24.04. In der Avenue Mozart 89 mietet er im 4. Stock eine 3-Zimmer-Wohnung

04.07. Besuch der Schlachtfelder von Verdun. Völlig aufgewühlt schreibt er das *Gebet nach dem Schlachten* und *Vor Verdun*

08.07. Verhandlungen in Berlin mit dem Ullstein-Verlag. Ullstein will ihn als Chefredakteur der geplanten Zeitschrift *Uhu* für 3000 Mark monatlich. Tucholsky lehnt ab, da er nicht nach Berlin zurück will

16.07. Rückfahrt nach Paris. Da ein Visum fehlt, am 17.7. Zwischenaufenthalt in Aachen

26.07. Tucholsky kehrt für sieben Wochen nach Berlin zurück, um bei der Vorbereitung der Ullstein-Zeitschrift *Uhu* mitzuhelfen

30.08. Kurt Tucholsky und Mary Gerold heiraten. Trauzeugen sind Felix und Theresa Stössinger

08.09. Tucholsky wird in Berlin in der Loge *Zur Morgenröte* zum Freimaurergesellen befördert

16.09. Nach Abschluß eines neuen Vertrags mit Ullstein fahren Kurt und Mary Tucholsky nach Paris

13.10. Gemeinsame Reise durch die Provence an die Riviera (bis Mitte November)

23.10. In der *Weltbühne* erscheint zum erstenmal Kaspar Hausers Figur des *Herrn Wendriner*

23.11. Die Urne des ermordeten französischen Sozialistenführers Jean Jaurès wird in das Panthéon überführt. Tucholsky nimmt als Delegierter der *Deutschen Liga für Menschenrechte* an der Zeremonie teil

1925

04.04. Mary Tucholsky berichtet ihrer Mutter, daß sie einen «Pavillon» mit 5 Zimmern, Küche, Badezimmer und Garten zum 1. Mai gemietet haben

01.05. Umzug von Paris nach Le Vésinet, 28, Avenue des Pages

16.06. Aufnahme als Mitglied der Loge *Les Zélés Philanthropes*

23.06. Aufnahme als Mitglied der Loge *l'Effort*

07.07.	Die erste *Nachher*-Geschichte von Kaspar Hauser erscheint in der *Weltbühne*
18.08.	Reise mit seiner Frau Mary in die Pyrenäen (bis Mitte Oktober)
03.10.	Tucholsky sagt Rudolf Leonhard zu, sich an der *Gruppe 1925* zu beteiligen, an der u. a. auch Brecht, Brod, Döblin, Grosz, Hasenclever, Holitscher, Mehring, Toller mitarbeiten
18.10.	Zurück in Vésinet
06.11.	Tucholsky beendet die «Erste Niederschrift» vom *Pyrenäenbuch*
16.11.	Hat mit Erschütterung Kafkas *Prozeß* gelesen (Die Besprechung erscheint am 9.3.1926 in der *WB*)
Ende Nov.	Konstituierende Sitzung der *Gruppe 1925* in Berlin (Angeblich ist auch Tucholsky anwesend)
11.12.	Tucholsky wird in Paris in der Freimaurerloge *Les Zélés Philanthropes* zum Meister befördert

1926

11.02.	Berichtet Kate Kühl, daß er «etwa 40 Vorträge gehalten» hat. Die meisten auf Anforderung der *Ligue des Droits de L'Homme*
24.05.	Basel
26.05.	Wien, Hotel Astoria. Besprechung mit Max Reinhardt wegen einer geplanten Revue, die er zusammen mit Alfred Polgar für Max Pallenberg und Fritzi Massary schreiben soll
29.05.	Zurück in Vésinet. Zum Schreiben will er sich in die Stille zurückziehen
05.06.	Er mietet sich in St.-Valéry-en-Caux (Normandie) eine Wohnung mit Klavier. Mary Tucholsky sucht inzwischen in Paris eine neue Wohnung
Juli	Kurt Hiller gründet die *Gruppe Revolutionärer Pazifisten*. Dem Vorstand (Exekutive) gehört neben Richard Huelsenbeck, Helene Stöcker, Erich Weinert auch Ignaz Wrobel an. Später auch E. Brehm, E. Toller, W. Mehring, R. Leonhard, A. Goldschmidt, W. Karsch
06.07.	Tucholsky fährt nach Garmisch (Hotel Wittelsbach), um dort mit Polgar die Revue fertigzumachen
16.07.	Tucholsky und Polgar liefern das Manuskript der Revue, die nie produziert wird, ab München, Hotel Vier Jahreszeiten. Besuch einer Vorstellung von Karl Valentin (Besprechung am 8.8. in der *Vossischen*)
17.–20.07.	Tucholsky bei Siegfried Jacobsohn, der in Sils-Maria im Oberengadin Urlaub macht

01.08.	Auf der außerordentlichen Mitgliederversammlung der *Deutschen Liga für Menschenrechte* wird der abwesende Ignaz Wrobel mit dem zweitbesten Stimmenergebnis in den Vorstand gewählt, ebenfalls Carl von Ossietzky
05.–26.08.	Mit Mary Tucholsky in Le Val André, Cote du Nord
07.09.	Laut Überwachungsakten des Reichskommissars für Überwachung der öffentlichen Ordnung trifft Tucholsky in Berlin ein
28.09.	Rückfahrt nach Paris
Oktober	Umzug nach Fontainebleau, 11, rue Béranger
03.12.	Siegfried Jacobsohn stirbt. Tucholsky fährt sofort nach Berlin und übernimmt bis Mai 1927 die Leitung der *Weltbühne*. «Sitzredakteur» ist C. v. Ossietzky
17.12.	Fritz Tucholsky tritt aus dem Judentum aus
19.12.	11.30 Uhr: Gedenkfeier für Siegfried Jacobsohn im Deutschen Theater. Neben Kurt Tucholsky sprechen Ernst Toller, Arthur Eloesser, Fritz Kortner. Erich Kleiber dirigiert das Orchester der Staatsoper
20.12.	Nach längerer Pause wieder ein Artikel im *Simplicissimus*
28.12.	Telegramm von Wrobel, Rußbüldt und Großmann im Auftrag der *Liga für Menschenrechte* an Reichspräsident von Hindenburg mit dem Vorschlag einer großen Neujahrs-Amnestie

1927

04.01.	Tucholsky bei Zuckmayer in Berlin (mit Brecht und Mehring)
08.01.	Bewirbt sich bei der *Frankfurter Zeitung* und fordert 1800 Mark netto. Verhandlungen mit Edith Jacobsohn über die Weiterführung der *Weltbühne*
25.01.	Auf dem Künstlerball bei Schlichter lernt Tucholsky Lisa Matthias (1894–1982) kennen, die später als «Lottchen» in seinen Arbeiten auftaucht
29.01.	(Zwei Tage in Hamburg bei Fritsch?)
28.02.	Veranstaltung der *Liga für Menschenrechte* zur Justiz. Redner u. a. Kurt Tucholsky
März	Klagen über Grippe und Nasenbeschwerden
	Wohnung: Duisburgerstraße 16
	Von Peter Panter erscheint *Ein Pyrenäenbuch* (Verlag Die Schmiede, Neuauflage 1930 bei Rowohlt); gewidmet ist es dem Andenken Siegfried Jacobsohns
08.03.	Onkel Sigmund Tucholski (geb. 12.5.1864) stirbt
30.03.	Tucholsky spricht auf der Versammlung im Herrenhaus über die *Volksbühne*, zusammen mit Toller, Holitscher, Piscator

01.04.	Umzug der *Weltbühne* in die Kantstraße 152
11.04.	Tante Agnes Frankenberg (geb. 28.6.1862) stirbt
23.04.	Mary Tucholsky löst die Wohnung in Fontainebleau auf
05.05.	Verlagsvertrag mit Rowohlt über einen Auswahlband *(Mit 5 PS)*
14.05.	Besuch in Hamburg bei Danehl und Fritsch
15.05.	Jahresmitgliederversammlung der *Deutschen Liga für Menschenrechte*. Referat Tucholskys über *Die Arbeit der Zukunft*. Er wird wieder in den Vorstand gewählt
Mai	Kurt Tucholsky gibt die Redaktion der *Weltbühne* an Carl v. Ossietzky ab und fährt nach Dänemark
22.05.	Auf dem 2. Reichskongreß der *Roten Hilfe Deutschland* wird der abwesende Tucholsky in den Zentralvorstand gewählt
30.05.	Tucholsky wohnt in Kopenhagen im Hotel Hafnia
Juni	Mary Tucholsky kommt nach Kopenhagen und reist von dort aus nach Riga, Kurt Tucholsky fährt am 9.6. nach Morgenstrup-Kro per Lou. Er stellt dort den Sammelband *Mit 5 PS* zusammen
14.07.	Kopenhagen
15.07.	Bei Hans Fritsch in Hamburg
20.07.	Lisa Matthias kommt nach Hamburg. Reise nach Lüneburg
27.07.	Rückkehr nach Paris
29.07.	Tucholsky mietet eine möblierte Wohnung in der Avenue de Colonel Bonnet 5
26.08.	Mary Tucholsky kommt aus Riga nach Paris zurück
09.–29.09.	Tucholsky unternimmt mit Danehl und Fritsch eine Spessart-Wanderung. Lisa Matthias kommt am 18.9. nach Würzburg. Am 25.9. kommt auch Ossietzky (Peter Panter schreibt für die *Vossische* einen langen Bericht über diese Reise, der am 18.11. unter dem Titel *Das Wirtshaus im Spessart* erscheint)
	Mary Tucholsky sucht inzwischen in Paris eine bessere Wohnung
16.09.	Der *Dortmunder General-Anzeiger* lehnt eine Aufbesserung der Honorarpauschale ab, da derzeit nur etwa ein Artikel pro Monat erscheint
Oktober	Umzug nach: 1, Place de Wagram
11.10.	Der neue Herausgeber der *Weltbühne* wird nun auch offiziell auf dem Titelblatt genannt: «Unter Mitarbeit von Kurt Tucholsky geleitet von Carl von Ossietzky»
27.11.	Onkel Max Tucholski (geb. 13.5.1865) stirbt

Dezember	Der Sammelband *Mit 5 PS* erscheint bei Rowohlt
11.12.	Tucholsky fragt beim *Prager Tagblatt* an, warum so wenig von ihm gedruckt wird

1928

15.01.	Mitgliederversammlung der *Liga für Menschenrechte*. Der abwesende Tucholsky wird wieder in den Vorstand gewählt
17.01.	Tucholsky ist bis 29.1. in Berlin und läßt sich von Dr. Friedmann behandeln. Klagen über Nasenbeschwerden
30.01.	Rückkehr nach Paris
12.02.	Die Piscatorbühne fragt an, ob Tucholsky in einem Autorenkollektiv mit Brecht an einer politischen Revue mitarbeiten würde. Tucholsky sagt grundsätzlich zu
16.02.	«Ich war beinahe ein Vierteljahr krank»
17.03.	Paris. Eintrag Emil Ludwigs: «Abends mit Jarosy, Tucholsky und Rowohlt 7–2: viel über Amerika bei viel Champagner. Tucholsky merkwürdig dunkel.»
21.03.	Erstes Gedicht für die *AIZ*
24.03.	Verlagsvertrag mit Rowohlt *(Das Lächeln der Mona Lisa)*
07.05.	Lisa Matthias kommt zu Tucholsky nach Paris
11.–17.05.	Er fährt mit ihr nach Südfrankreich (Blois, Orleans, Tours)
19.05.	Berichtet in der Loge über sein Interview mit dem französischen Ministerpräsidenten Poincaré (erscheint am 27.5. in der *Vossischen*)
24.05.	Tucholsky fühlt sich krank: «Ich bin zu fett, immerzu erkältet», seit Dezember immer wieder bettlägrig. Will zur Kur nach Dresden
26.05.	Berlin, offizielle Adresse: Hotel Hessler. Mary Tucholsky auf einer dreimonatigen Urlaubsreise (Italien, Belgien, Frankreich)
	Gespräch mit dem Privatsekretär Stresemanns über den deutschen Botschafter in Paris
02.06.	Besprechung bei Rowohlt (mit E. Ludwig) über das geplante «Fürstenbuch»
04.–09.06.	Dresden, Weißer Hirsch
10.06.–13.07.	Dresden-Loschwitz, Sanatorium am Königspark. Kuraufenthalt bei Prof. Weidner
14.07.	Ankunft in Hamburg
20.07.	Abfahrt von Hamburg nach Malmö
25.07.	Ystad, Weiterreise nach Kivik. Will dort ein Theaterstück über Kolumbus und einen neuen Sammelband für Rowohlt machen

08.08.	Hat *Wo kommen die Löcher im Käse her* für die *Vossische* geschrieben (erscheint am 29.8.)
09.08.	Schafft *Kolumbus* nicht. Macht nur einen Sammelband
20.08.	«Ich bin sehr alt geworden, in diesem Jahr, und es ist eine böse Krise. Hätte ich meine Routine nicht, sähe das böse aus. In Wahrheit ist gar nichts mehr in mir drin...»
22.08.	*Das Lächeln der Mona Lisa* ist fertig
24.08.	Neuer Vertrag mit Ullstein ab 1. Oktober Eintritt in die *Radio-Gesellschaft für Senderechte*, da man ihm jahrelang Honorare vorenthalten hat
01.09.	Hamburg. Am 2.9. kommt auch Lisa Matthias
04.09.	Danehl kommt nach Hamburg (bis 7.9.). Fritsch fährt zur Hochzeit nach Schneidemühl. Danehl und Tucholsky fahren mit Lisa Matthias in die Holsteinische Schweiz
06.09.	Peter Panter veröffentlicht in der *Vossischen Zeitung* erstmals einen seiner *Lottchen*-Monologe In der *AIZ* erscheint das Gedicht *Gesang der englischen Chorknaben*. (Am 6.11. wird deshalb ein Ermittlungsverfahren gegen Tucholsky und Münzenberg wegen «Gotteslästerung» eingeleitet)
07.09.	Mit Danehl und Lisa Matthias in Malente. Vorher in Lübeck. Mit Lisa Matthias nach Gremsmühlen und Eutin
18.09.	Berlin. Ärger mit Ullstein wegen der *AIZ*-Beiträge
19.09.	Verhandlungen mit Willi Münzenberg über eine engere Zusammenarbeit
25.09.	Mit Lisa Matthias in Düsseldorf. Treffen mit Danehl
26.09.	Mit Danehl und Lisa Matthias nach Köln
27.09.	Vortrag in Köln über *Frankreich heute*
29.09.	Rückkehr nach Paris
01.10.	Paris. Treffen mit Toller und Hasenclever
17.11.	Dr. Wührer stellt beim Amtsgericht München Strafantrag wegen Beleidigung gegen Kurt Tucholsky wegen dessen Artikel in der *Weltbühne* vom 9.10.: *Verhetzte Kinder – ohnmächtige Republik*
20.11.	Mary Tucholsky verläßt ihren Mann und siedelt nach Berlin über. Kurt Tucholsky will vorerst keine Scheidung
Dezember	Der Sammelband *Das Lächeln der Mona Lisa* erscheint bei Rowohlt
02.–10.12.	Lisa Matthias bei Tucholsky in Paris
13.12.	Tucholsky wird vom Amtsgericht München wegen «Beleidigung» des Studienrats Dr. Wührer zu 2000 RM verurteilt
20.12.	Tucholsky fährt zu Lisa Matthias ins Tessin

1929

	Das ganze Jahr über Klagen über Kopfschmerzen (Stirnhöhle) und andere Krankheiten wie Grippe, Magen, Ohren
04.01.	Rückkehr nach Paris
11.01.	Carte d'identité. Republique Française. Gültig 1929/30. Adresse: Place Wagram
14.01.	Kurt Tucholsky bekommt von der Deutschen Botschaft in Paris einen neuen Reisepaß, gültig bis 14.1.1934
27.01.	Mitgliederversammlung der *Liga für Menschenrechte*. Der abwesende Tucholsky wird wieder in den Vorstand gewählt
06.02.	Lisa Matthias kommt nach Paris
09.02.	Erich Danehl kommt nach Paris
27.02.	Das Polizeipräsidium Berlin bittet das Amtsgericht München um Überlassung der Akten Wührer ./.Tucholsky (Werden am 2.3. übersandt)
01.03.	Visum für Frankreich, gültig bis 1.3.1930
03.03.	Basel
12.03.	Vortrag über Frankreich in der Freimaurerloge in Hamburg In der *Weltbühne* erscheint von Walter Kreiser der Artikel *Windiges aus der deutschen Luftfahrt*
13.03.	Vortrag in Hamburg auf Einladung der «Kunstgesellschaft» über *Frankreich heute*
15.03.	Berlin, wohnt bei Hessler. Treffen mit Mary Tucholsky
17.03.	Lesung aus eigenen Schriften in Berlin im Bechstein-Saal
18.03.	Versammlung der *Deutschen Liga für Menschenrechte* im Künstlerhaus. Vortrag Tucholskys über *Deutschland und Frankreich*
22.03.	Am «Tag des Buches» liest Tucholsky im Westdeutschen Rundfunk aus eigenen Werken (16^{35}–17^{00} Uhr)
23.03.	Lesung in Köln, am 25. in Frankfurt, am 27. in Mannheim
24.03.	Tucholsky-Matinee der *Universum-Bücherei für Alle* im Theater am Nollendorfplatz mit Hollaender, Busch, Valetti, Hase, Barbusse
31.03.	Hamburg
05.04.	Travemünde–Trelleborg. Tucholsky fährt mit Lisa Matthias nach Schweden (Im Mai ist sie jedoch bereits wieder in Lugano)
10.04.	Stockholm
April–Oktober	Tucholsky wohnt im Haus Fjälltorp in Läggesta, in der Nähe von Schloß Gripsholm
13.05.	Lehnt das Angebot Münzenbergs ab, auch an den anderen Blättern des Konzerns mitzuarbeiten

25.05.	Das Ermittlungsverfahren gegen Tucholsky wegen «Gotteslästerung» wird nach seiner Vernehmung (im März) eingestellt
August	Lisa Matthias kommt wieder nach Läggesta. Gemeinsame Reise nach Westschweden
01.08.	Strafantrag gegen Ossietzky wegen des Artikels *Windiges aus der deutschen Luftfahrt* (Anklageerhebung erst am 30.3. 1931)
06.08.	*Deutschland, Deutschland über alles* von Tucholsky (mit Fotomontagen von John Heartfield) erscheint in Münzenbergs Neuem Deutschem Verlag. Es löst heftige Reaktionen und Angriffe aus, auch bei Freunden und Kollegen
07.08.	Tucholsky mietet die Villa Nedsjölund in Hindås. Mitte August Rückfahrt nach Läggesta, Lisa Matthias fährt Ende des Monats nach Berlin zurück
20.08.	Tante Flora Tucholsky (geb. 14.9.1863) stirbt
04.10.	Trelleborg–Travemünde
05.10.	Hamburg
07.10.	Trier. Moselreise (wahrscheinlich mit Erich Danehl und Hans Fritsch)
10.10.	Cochem
14./15.10.	Auf dem III. Reichskongreß der *Roten Hilfe Deutschland* wird Tucholsky wieder in den Zentralvorstand gewählt
15.10.	Berlin. Tucholsky wohnt bis 16.11. bei Lisa Matthias
18.11.–02.12.	Große Lesereise. 18.11. Köln; 19.11. Frankfurt; 22.11. Mannheim; 23.11. Wiesbaden (wo es zu Tumulten kommt. Walter B. Meyer wird für Tucholsky gehalten und verprügelt); 25.11. Darmstadt; 26.11. Mainz; 28.11. Dresden; 29.11. Leipzig; 30.11. Breslau; 2.12. Hamburg
29.11.	Einleitung eines Verfahrens gegen Tucholsky wegen seines Vortrages in Wiesbaden durch den Oberstaatsanwalt in Wiesbaden (Einstellung am 28.12.)
06.12.	Über Basel zu Lisa Matthias nach Lugano (bis Ende Januar)
15.12.	Mary Tucholsky bekommt über den *SDS* eine Wohnung in der Künstlerkolonie, Laubenheimerstraße 3^{II}. Kurt Tucholsky muß den Mietvertrag unterschreiben

1930

17.01.	Tucholsky und Lisa Matthias fahren nach Hamburg und besuchen dort Hans Fritsch
20.01.	Weiterreise über Warnemünde–Gedser–Kopenhagen nach
22.01.	Hindås. Tucholsky zieht offiziell nach Schweden. Bis das Haus eingerichtet ist, wohnen sie im Turisthotell

07.02.	Tucholsky bezieht die Villa Nedsjölund. Die Vermieterin, Ida Widegren aus Göteborg, meldet ihn ab 8.2.1930 in Hindås an
23.02.	Mitgliederversammlung der *Liga für Menschenrechte*. Tucholsky kandidiert nicht mehr für den Vorstand, wird aber in den Politischen Beirat gewählt
Ende Feb.	Lisa Matthias fährt nach Berlin zurück, kommt jedoch Mitte Mai wieder nach Hindås
16.05.	Verlagsvertrag mit Rowohlt über das *Pyrenäenbuch*
Ende Mai	Kalmar
01.06.	Tucholsky und Lisa Matthias fahren nach Berlin
12.06.	Tucholsky fährt nach Hindås zurück
01.07.	Göteborg Flughafen – Flugwache Lübeck-Travemünde – Berlin
19.07.	Kurhaus Sonnmatt in Luzern. Tucholsky klagt seit Monaten über «eine Magensache» und Nase
28.07.	Kurhaus Sonnmatt, Luzern
09.08.	Locarno
14.08.	Grand Hotel Brissago (ca. 14 Tage, zusammen mit Erich Kästner)
22.08.	Bellinzona
Anf. Sept.	Berlin
08.09.	Hamburg
11.09.	Flug von Lübeck nach Göteborg
Oktober	Gertrude Meyer (19.1.1897–16.9.1990) kommt als Sekretärin und Dolmetscherin zu Tucholsky. Es entwickelt sich aber bald eine Beziehung zwischen den beiden
21.10.	Ossietzky bei Tucholsky in Hindås
27.10.	Ossietzky erkundet in Kopenhagen mögliches Ausweichquartier für die *Weltbühne*
10.12.	Vertrag mit Rowohlt über *Schloß Gripsholm*. Das Manuskript soll bis 15.1.1931 fertig sein
25.12.	Lisa Matthias besucht Tucholsky in Hindås

1931

11.02.	Lisa Matthias fährt nach Berlin zurück. 1931 zerbricht die Beziehung endgültig
16./17.03.	Tucholsky trifft in Lübeck Ossietzky, um mit ihm die weitere Strategie des Blattes und des «Weltbühnenprozesses» zu beraten
19.03.	Hans Fritsch (Jakopp) stirbt
20.3.–26.4.	Vorabdruck der Sommergeschichte *Schloß Gripsholm* im *Berliner Tageblatt*

22.03.	Tucholsky in Hamburg zur Beerdigung von Hans Fritsch
27.03.	Rückfahrt nach Hindås
29.03.	Mitgliederversammlung der *Liga für Menschenrechte*. Tucholsky gehört weiterhin zum Politischen Beirat
11.04.	Visum-Verlängerung für Frankreich bis 11.4.32 durch das Französische Konsulat Göteborg
16.04.	Ausreise nach Deutschland – Berlin
18.04.	Bei Emil Jannings am Wolfgangsee/Österreich (bis Mitte Mai)
Anf. Mai	*Schloß Gripsholm* erscheint bei Rowohlt
15.05.	Über die Schweiz nach Paris (bis Anfang Juni)
22.05.	Fritz Tucholsky heiratet die Gewerbelehrerin Gertrud Riesch
03.06.	Calais–Dover. Aufenthaltsgenehmigung für 1 Monat
Juni	London, Park Lane Hotel. Erst mit Jean de Montaignac, dann kommt Gertrude Meyer nach
01.07.	Tucholsky meldet sich in London nach Kent ab
03.07.	Anmeldung in Kent, Ashford, zusammen mit Gertrude Meyer
02.08.	Tucholsky schickt dem Rowohlt Verlag das Exposé zu dem geplanten Roman *Eine geschiedene Frau*
04.08.	In der «Friedensnummer» der *Weltbühne* erscheint Ignaz Wrobels Beitrag *Der bewachte Kriegsschauplatz*. Wegen des Satzes «Soldaten sind Mörder» erstattet die Reichswehrführung Anzeige
17.08.	Tucholsky bittet Jannings um Hilfe wegen *Kolumbus*. Das «Filmmanuskript *(Seifenblasen)* ist fertig» (Der Film wird nie gedreht)
18.08.	Austritt aus dem *Schutzverband deutscher Schriftsteller*
Mitte Sept.	Hasenclever kommt zu Tucholsky nach Ashford, um mit ihm an dem Theaterstück *Christoph Kolumbus* zu arbeiten. Tucholsky ist krank
29.09.	In der *Vossischen* erscheint als letzte Arbeit Tucholskys *Ein Ehepaar erzählt einen Witz*. Die Zeitung hat ihm zum 1.10. gekündigt
03.10.	Ausreisestempel: Ashford Kent
16.10.–08.11.	Paris, Hotel Royal Condé. Liegt mit Mandelentzündung im Bett (am 26.10. Operation)
Mitte Okt.	Der Sammelband *Lerne lachen ohne zu weinen* erscheint bei Rowohlt. Gewidmet ist er dem Andenken Jakopps
09.11.	Rückfahrt über Warnemünde–Gedser–Helsingborg
11.11.	Hindås. Tucholsky hat in Kopenhagen Walter Hasenclever «aufgegabelt». Gemeinsame Arbeit am *Kolumbus*

17.–23.11.	«Weltbühnenprozeß», Verhandlung vor dem Reichsgericht in Leipzig gegen Ossietzky und Kreiser. Wegen Verrats militärischer Geheimnisse je eineinhalb Jahre Gefängnis
12.12.	Vertrag mit Rowohlt, wonach Tucholsky ein Jahr lang monatlich 1500 RM als Vorschuß erhält. Das Honorar wird von 15 auf 17 % pro Exemplar erhöht
Dezember	Tucholsky und Hasenclever verbringen Weihnachten in Kopenhagen. Peter Panters Artikel darüber erscheint am 3.1. in der Zeitung *Politiken*

1932

04.01.	Vertrag zwischen Hasenclever und Tucholsky über das Theaterstück *Christoph Kolumbus oder Die Entdeckung Amerikas*
07.01.	Ermittlungen der Staatsanwaltschaft Berlin wegen unerlaubten Aufrufs zu Spenden für die *Rote Hilfe* in Tucholskys Artikel *Im Gefängnis begreift man.* (Nach Vernehmung Ossietzkys am 18.1. wird das Verfahren am 27.1. eingestellt)
15.01.	Hasenclever verläßt Hindås
02.02.	*Det Norske Studentersamfund* in Oslo bittet Tucholsky um einen Vortrag vor norwegischen Studenten über die politische Lage in Deutschland
15.02.	Tucholsky lehnt wegen seines schlechten Gesundheitszustandes die Einladung ab
22.02.	Vertrag zwischen Hasenclever, Tucholsky und Felix Bloch Erben über *Christoph Kolumbus*
24.03.	Nasenoperation in Kopenhagen
02.04.	Das beim Reichspräsidenten Paul von Hindenburg eingereichte Gnadengesuch für Carl von Ossietzky, das zahlreiche Prominente wie Thomas Mann unterstützten, wird abgelehnt
07.04.	Verlängerung des Frankreich-Visums durch das Konsulat in Göteborg bis 7.4.1933
09.04.	Transitvisum der Belgischen Botschaft in Stockholm für Belgien
16.04.	Tucholsky schreibt die letzten Arbeiten für die *Weltbühne*
18.04.	Paris, dann weiter nach Le Lavandou (Villa Emeraude) zu Walter Hasenclever (bis 15.6.)
03.05.	Scheidung der Ehe zwischen Fritz Tucholsky und Gertrud Riesch
10.05.	Ossietzky tritt seine Haftstrafe im Gefängnis Berlin-Tegel an
15.06.	Zürich. Tucholsky wohnt in der Pension Florhof

24.06. Tucholsky wird von Dr. Katzenstein in die *Museumsgesellschaft* eingeführt. In Zürich lernt er auch den Rechtsanwalt Wladimir Rosenbaum und dessen Frau Aline (Valangin) kennen und ist häufig bei ihnen zu Besuch

01.07. Prozeß gegen Ossietzky wegen Tucholskys Satz «Soldaten sind Mörder». Die Verhandlung endet mit Freispruch. (Die von der Staatsanwaltschaft eingelegte Revision wird am 17.11.1932 verworfen)

Juli Kurhaus Tarasp im Unterengadin. Tucholsky macht eine Diätkur. Kurzer Abstecher nach Sils-Maria

August Längerer Besuch bei Aline Valangin in deren Sommerhaus Castello La Barca in Comologno (Tessin). Bei einem Ausflug nach Locarno lernt er dort die Zürcher Ärztin Dr. Hedwig Müller (23.7.1893–1.12.1973), genannt Nuuna, kennen. Nach deren Rückkehr schreibt er ihr am 11.08. den ersten Brief und kündigt seine baldige Ankunft in Zürich an

ca. 26.08. Tucholsky fährt nach Zürich

07.09. Abfahrt nach Wien zur Kur ins Park-Sanatorium Hietzing. In Wien trifft sich Tucholsky mit William Schlamm, der die österreichische Ausgabe der *Weltbühne* vorbereitet

19.09. Erich Danehl besucht Tucholsky für einen Tag in Wien

24.09. Uraufführung von *Christoph Kolumbus* im Leipziger Schauspielhaus

29.09. Mit dem Artikel *Berliner in Österreich? Nein: Sozialisten bei Sozialisten!* eröffnet Kurt Tucholsky die Wiener Ausgabe der *Weltbühne*. Es ist gleichzeitig sein letzter veröffentlichter Artikel

08.10. Tucholsky fährt nach Zürich und wohnt bis 7.9.1933 bei Hedwig Müller in der Florhofgasse 1

Herbst Der HNO-Spezialist Dr. Klingenberg nimmt zwei kleinere Operationen an der Nase vor, die jedoch nichts helfen

28.11. Offizielle Anmeldung in Zürich. Aufenthaltsbewilligung bis 5.1.1933. «Zweck: Erholung resp. ärztl. Behandlung»

22.12. Carl von Ossietzky wird nach einer Amnestie aus dem Gefängnis entlassen

1933

21.01. Verlängerung der Aufenthaltsgenehmigung für Zürich bis 31.3.1933

30.01. Hitler wird Reichskanzler

28.02. Reichstagsbrand. Die Nationalsozialisten nehmen ihn zum Anlaß, zahlreiche Linke zu verhaften, darunter auch Os-

	sietzky, der bis 1934 im Konzentrationslager Sonnenburg, danach im KZ Esterwegen inhaftiert und gequält wird
07.03.	Das letzte Heft der Berliner *Weltbühne* erscheint
28.03.	Else Tucholsky nimmt ihren Mädchennamen Weil wieder an
19.04.	Mobiliar und Vermögen der *Weltbühne* werden beschlagnahmt
04.04.	Verlängerung der Aufenthaltsgenehmigung für Zürich bis 30.6.1933
Mai	Fritz Tucholsky flieht nach Prag
10.05.	Bücherverbrennung. Neben den Werken von Tucholsky wird fast die gesamte fortschrittliche Literatur verbrannt
Juni	Tucholsky trifft in Zürich mit Ernst Rowohlt zusammen. Da Tucholskys Bücher in Deutschland verboten sind, werden die Verlagsverträge gelöst
	Tucholsky lehnt alle Angebote zu öffentlichen Auftritten ab. Auch an der Exilpresse will er sich nicht beteiligen
01.07.	Verlängerung der Aufenthaltsgenehmigung für Zürich bis 31.8.1933
09.07.	Erich Danehl will Mary Tucholsky zu einer gemeinsamen Urlaubsreise nach Hindås überreden. Er erzählt ihr, daß Tucholsky sie zur Alleinerbin bestimmt hat
14.07.	Gesetz über die «Aberkennung der deutschen Staatsangehörigkeit»
31.07.	Tucholsky bittet den Schweizer Theologen und Pazifisten Leonhard Ragaz um Adressen englischer Gesinnungsfreunde, die bei der Befreiung Ossietzkys helfen könnten
August	Doris Tucholsky und Ellen Milo-Tucholsky emigrieren nach Südfrankreich (Menton)
21.08.	Die Scheidung von Mary Tucholsky wird rechtskräftig
23.08.	Kurt Tucholsky wird mit 32 anderen Personen, darunter Kerr, Feuchtwanger, H. Mann, Gumbel, Münzenberg, Toller und anderen auf der ersten Liste im *Reichsanzeiger* vom 25.8.1933 ausgebürgert
04.09.	Verlängerung der Aufenthaltsgenehmigung für Zürich bis 7.9.1933
	Verlängerung des Frankreich-Visums bis 15.10.1933 durch das Französische Konsulat Zürich
07.09.	Einreise in Frankreich
11.09.	Tucholsky besucht in Paris mit Gerlach die Protestversammlung des *Hilfskomitees für die Opfer des Hitlerfaschismus* gegen den Reichstagsbrandprozeß
22.09.	Rückreise von Paris über Brüssel

24.09.	Ankunft in Göteborg
21.10.	Mary Tucholsky nimmt ihren Mädchennamen Gerold wieder an
Dezember	Else Weil verliert die kassenärztliche Zulassung
	Tucholsky löst seine Lebensversicherung auf. Im Februar 1934 wird der Rückkaufswert von 12000 Schweizer Franken auf sein Konto in Zürich überwiesen, 9500 Franken überweist Hedwig Müller davon auf sein Konto in Göteborg
	Ellen Milo-Tucholsky zieht mit ihrem Mann nach Haag in Holland
04.12.	Tante Jenny Wiener (geb. 20.3.1858) stirbt
25.12.	Hedwig Müller besucht Tucholsky in Hindås

1934

14.01.	Tucholskys Reisepaß wird ungültig
20./21.01.	Hedwig Müller fährt nach Zürich zurück
29.01.	Antrag beim Königl. Auswärtigen Amt in Stockholm auf Ausstellung eines Fremdenpasses
06.02.	Tucholsky bittet den englischen Journalisten Henry Wickham Steed, sich auch weiterhin für Ossietzkys Freilassung einzusetzen
01.03.	Tucholsky bittet die einflußreiche Lady Margot Asquith, sich für Ossietzkys Freilassung einzusetzen. Auch die britische Zeitung *New Statesman and Nation* bittet er um Mithilfe bei der Kampagne für Ossietzky
03.03.	Tucholsky erhält einen schwedischen Fremdenpaß, gültig bis 8.9.1934. «Arbeitsaufnahme nicht erlaubt»
16.04.	Im *Pariser Tageblatt* fordert Georg Bernhard, den diesjährigen Friedensnobelpreis an Carl von Ossietzky zu verleihen (Im Mai setzen Unterstützungskampagnen in Prag, Paris, London und USA ein. Für 1934 wird der Preis jedoch dem englischen Politiker Arthur Henderson verliehen. 1935 wird die Kampagne zugunsten Ossietzkys weltweit verstärkt)
08.05.	Tucholsky trifft in Paris ein
20.5.–14.6.	Schwefelkur in Calles-les-Eaux. Tucholsky wohnt im Grand Hôtel du Château
14.–29.06.	Tucholsky bei Hedwig Müller in Zürich. Am 2. Juli ist er wieder in Hindås
01.07.	Doris Tucholsky ist nach Berlin zurückgekehrt und enterbt ihre Tochter Ellen
03.7.–29.9.	Tucholsky in Lysekil an der westschwedischen Küste. Ende März hat er dort ein Haus für den Sommerurlaub gemietet

09.08. Tucholsky lehnt die Einladung zum Schriftstellerkongreß in Moskau ab

12.08. Hedwig Müller kommt für vier Wochen (bis ca. 8.9.) zu Besuch

27.09. Brief Tucholskys an das Nobel-Komitee in Oslo. Er sähe in der Verleihung des Friedensnobelpreises an Carl von Ossietzky die «Erfüllung der Nobelschen Ideen»

15.11. Verlängerung des Fremdenpasses bis 8.3.1935

29.11. Tucholsky lehnt einen weiteren Verkauf seiner Sammelbände durch den Verleger Emil Oprecht in Zürich ab. Die Zeit für diese Bücher sei vorbei. Allenfalls sein *Pyrenäenbuch* und *Schloß Gripsholm* kämen dafür noch in Frage. Da Oprecht nur 6% Honorar anbietet, lehnt er am 26.12.1934 ganz ab

03.12. Erste (zweistündige) von fünf Nasenoperationen, die bis Mai 1935 durchgeführt werden

1935

Januar Tucholsky kündigt sein Haus in Hindås zum 15.4. Er will an die Ostküste. Nachdem im Mai die Vermieterin den Mietpreis senkt, gibt er die Wohnungssuche vorläufig auf

09.03. Der ehem. Mitarbeiter der *Weltbühne* Berthold Jacob wird von einem Gestapo-Spitzel aus der Schweiz nach Deutschland entführt

28.03. Verlängerung des Fremdenpasses bis 8.9.1935

29.03. Tucholsky bittet den Schweizer Bundesrat, sich nachdrücklich für die Freilassung Berthold Jacobs einzusetzen (Am 17.9.1935 wird Jacob freigelassen)

Mai Tucholskys finanzielle Reserven sind erschöpft. Er ist nun auf Hedwig Müllers Unterstützung angewiesen

10.06.–6.7. Hedwig Müller verbringt ihren Urlaub bei Tucholsky in Hindås

11.06. Tucholsky bittet Norman L. Angell, sich in Oslo für die Verleihung des Friedensnobelpreises an Ossietzky einzusetzen (nochmals am 3.10.)

06.09. Auf Bitten Tucholskys treffen sich Hedwig Müller und Erich Danehl in Rorschach. (Danehl will Anfang 1936 Tucholsky in Hindås besuchen)

14.7.–29.9. Mit Gertrude Meyer in Visby auf Gotland

September Fritz Tucholsky emigriert nach Amerika

07.09. Tucholsky bittet um eine Paßverlängerung für ein Jahr

08.09. Tucholsky bedankt sich bei Mia Leche-Löfgren für ihren Artikel in *Dagens Nyheter* zugunsten Ossietzkys

02.10.	Im Testament werden neben der Universalerbin Mary Gerold noch Danehl, der Bruder Fritz, Jean de Montaignac, Hedwig Müller und Gertrude Meyer mit Legaten bedacht
03.10.	Verlängerung des Fremdenpasses bis 8.3.1936
14.10.–04.11.	Wegen andauernder Magenbeschwerden läßt sich Tucholsky im Sahlgrenschen Krankenhaus in Göteborg stationär untersuchen
13.11.	Arnold Zweig erkundigt sich bei Tucholsky nach dessen Ergehen
21.11.	Der von Tucholsky einst bewunderte Schriftsteller Knut Hamsun veröffentlicht einen polemischen Artikel gegen Ossietzky, der weltweit Proteste auslöst
	Das Nobel-Komitee beschließt, den Friedensnobelpreis für 1935 nicht zu verleihen (Am 23.11.1936 wird er Ossietzky zugesprochen)
Ende Nov.	Undatierter Abschiedsbrief an Mary Gerold
30.11.	Tucholsky wird abgeraten, bereits jetzt ein Einbürgerungsgesuch zu stellen
	Änderung des Testaments. Mary Gerold bleibt Alleinerbin, aus dem Nachlaß sollen aber 10000 Schweizer Franken bezahlt werden, die Tucholsky Hedwig Müller schuldet
15.12.	Tucholsky antwortet Arnold Zweig mit einem langen Brief, in dem er mit den Emigranten und den in Deutschland gebliebenen Juden scharf ins Gericht geht. (Nach seinem Tod wird dieser Brief auszugsweise in zahlreichen Blättern abgedruckt. Auch die Nationalsozialisten veröffentlichen ihn unter der Überschrift «Jüdische Schlußbilanz»)
14.12.	Tucholsky bietet der *Nationalzeitung* in Basel einen Artikel an, in dem er mit Hamsun wegen dessen Angriffen auf Ossietzky abrechnen will. Am
17.12.	fragt er deshalb auch bei der sozialdemokratischen Zeitung *Arbeiderbladet* in Oslo an
19.12.	Absage des *Arbeiderbladet*
20.12.	Anfrage bei *Det Norske Studentersamfund*, ob er den Artikel bei ihnen bringen kann
21.12.	Ca. 18 Uhr Einlieferung im Sahlgrenska Krankenhaus in Göteborg. Um 21.55 Uhr stirbt Kurt Tucholsky
24.12.	Abnahme der Totenmaske. Testamentseröffnung Obduktion
27.12.	Einäscherung und Trauerfeier in Göteborg

1936

20.01. Tucholsky-Gedenkfeier des *Schutzverbandes deutscher Schriftsteller* in Paris mit Reden u. a. von E. E. Kisch, R. Leonhard, G. Bernhard, G. Regler

02.02. Hedwig Müller fährt nach Hindås, um Gertrude Meyer bei der Auflösung des Hauses zu helfen. Auf der Hinfahrt trifft sie erst Karlchen in Leipzig, dann Mary Gerold in Berlin

08.02. Auf der Rückfahrt über Berlin bringt sie Mary Gerold Tucholskys Abschiedsbrief und das «Sudelbuch»

11.03. Doris Tucholsky unterschreibt die Verzichtserklärung auf das Erbe ihres Sohnes

20.03. Testamentsvollstreckung

11.04. Tante Bianca Fischer (geb. 8. 2. 1857) stirbt

11.07. Urnenbeisetzung auf dem Friedhof in Mariefred / Gripsholm

03.08. Fritz Tucholsky verunglückt tödlich

NAMENREGISTER

Kursivierte Seitenangaben beziehen sich auf den Anhang.

Kurt Tucholsky

Eine Auswahl der bei rororo erschienenen Bände von **Kurt Tucholsky**:

Gesammelte Werke
1907–1932
Herausgegeben von Mary Gerold-Tucholsky und Fritz J. Raddatz
Kassette mit 10 Bänden
(rororo 29011)

Politische Briefe
(rororo 11183)

Politische Justiz
(rororo 11336)

Politische Texte
(rororo 11444)

Sprache ist eine Waffe
Sprachglossen
(rororo 12490)

Schloß Gripsholm *Eine Sommergeschichte*
(rororo 10004)

Unser ungelebtes Leben *Briefe an Mary*
(rororo 12752)
Tucholskys Briefe an seine spätere Frau Mary müssen zu den ungewöhnlichsten Funden der Literatur des 20. Jahrhunderts gezählt werden.
«Hinter dem kämpferischen Publizisten wird ein sensibler, nach Liebe sich sehnender, von Einsamkeit bedrängter Mann erkennbar, dem die Erfüllung seines Glücks auf Erden versagt blieb.»
Neue Zürcher Zeitung

rororo Literatur

Wenn die Igel in der Abendstunde *Gedichte, Lieder und Chansons*
(rororo 15658)

Jelängerjelieber *Von der Liebe, den Frauen und anderen Entzückungen*
(rororo 13613)
Die zahlreichen Texte zeigen den selbstironischen Spötter Tucholsky, aber auch den Erotiker, dem jede Prüderie fremd war.

Zwischen Gestern und Morgen
Eine Auswahl aus seinen Schriften und Gedichten
(rororo 10050)

Ein vollständiges Verzeichnis aller lieferbaren Titel von **Kurt Tucholsky** finden Sie in der *Rowohlt Revue*. Vierteljährlich neu. Kostenlos in Ihrer Buchhandlung.

Rowohlt im Internet:
http://www.rowohlt.de

3280/4a